湖南省精品课程配套教材

21世纪全国高等院校财经管理系列实用规划教材

MARKETING

市场营销学

（第3版）

主　编◎陈　阳
副主编◎梁青玉　王晓梅
参　编◎刘洪深　李祝平
　　　　张世新　庞芳兰
　　　　李大林　冯　莉

北京大学出版社
PEKING UNIVERSITY PRESS

内容简介

本书为湖南省级精品课程——市场营销学的最新教材建设成果。本书共分为 16 章,全面系统地阐述了市场营销学的基本理论和方法,并融入了市场营销方面的最新研究成果。本书主要内容包括市场营销导论、市场营销环境、消费者市场与组织市场、市场调研与预测、市场细分与目标市场、市场竞争战略、产品策略、价格策略、分销策略、促销策略、市场营销整合策划与实施、国际市场营销、服务营销、网络营销、市场研究的数据分析方法、市场营销综合案例分析。

本书适合作为高等院校工商管理类专业的本科生教材,也可作为理、工、农、医等非工商管理专业的选修课教材,同时对现代企业相关管理和营销人员的自学和培训也有较高的参考价值。

图书在版编目(CIP)数据

市场营销学/陈阳主编. —3 版. —北京:北京大学出版社,2016.8
(21 世纪全国高等院校财经管理系列实用规划教材)
ISBN 978-7-301-27121-6

Ⅰ.①市… Ⅱ.①陈… Ⅲ.①市场营销学—高等学校—教材 Ⅳ.①F713.50

中国版本图书馆 CIP 数据核字(2016)第 099993 号

书　　名	市场营销学(第3版) SHICHANG YINGXIAOXUE
著作责任者	陈　阳　主编
策划编辑	李　虎　王显超
责任编辑	翟　源
标准书号	ISBN 978-7-301-27121-6
出版发行	北京大学出版社
地　　址	北京市海淀区成府路 205 号　100871
网　　址	http://www.pup.cn　新浪微博:@北京大学出版社
电子信箱	pup_6@163.com
电　　话	邮购部 62752015　发行部 62750672　编辑部 62750667
印 刷 者	北京虎彩文化传播有限公司
经 销 者	新华书店
	787 毫米×1092 毫米　16 开本　24.75 印张　578 千字 2008 年 3 月第 1 版　2012 年 1 月第 2 版 2016 年 8 月第 3 版　2018 年 8 月第 2 次印刷
定　　价	49.00 元

未经许可,不得以任何方式复制或抄袭本书之部分或全部内容。

版权所有,侵权必究

举报电话:010-62752024　电子信箱:fd@pup.pku.edu.cn
图书如有印装质量问题,请与出版部联系,电话:010-62756370

前　言

21世纪是人类面临新挑战的世纪，是经济全球化、知识化、信息化的时代。企业面临的生存与发展环境发生了很大的变化，企业要在竞争激烈的现代市场环境中求生存、求发展，所采取的市场营销的策略和方法就必须适应现代市场营销的要求。所以，现代市场营销知识的学习和传播对企业在现代市场环境中的生存和发展具有重要的理论指导和实际操作意义。

本书较全面、系统地阐述了市场营销学的基本理论和方法，并结合案例分析说明理论与方法的应用，同时吸收了国内外市场营销领域研究的新成果和新经验。在内容处理上，概念陈述清晰，理论联系实际，并力求分析全面，使读者对每个问题的认识能达到一定的深度，为在实践中灵活运用相关知识打下基础。本书结构严谨、形式活泼，将理论性、实用性和先进性融为一体，具有较强的系统性、启迪性和可操作性。

本书主要具有以下3个特点。

(1) 传统市场营销知识与现代市场营销理论相结合，如在介绍传统市场营销知识的同时，还讲述了市场营销观念的新发展、供应链管理、网络营销、服务营销等现代市场营销理论方面的内容。

(2) 知识体系与案例分析体系相结合，如每章后都有一个与本章内容相关的案例分析，第16章专设为市场营销综合案例分析。

(3) 加强了市场营销定量分析技术的介绍与应用，如第15章为市场研究的数据分析方法。

本书由长沙理工大学、河南理工大学和兰州理工大学3所大学合作编写，由长沙理工大学的陈阳任主编，兰州理工大学的梁青玉和河南理工大学的王晓梅任副主编。本书的具体编写分工如下：长沙理工大学陈阳(第15章、第16章)、刘洪深(第13章、第14章)、李祝平(第11章、第12章)；河南理工大学王晓梅(第8章、第10章)、冯莉(第9章)、李大林(第6章、第7章)；兰州理工大学梁青玉(第2章、第5章)、庞芳兰(第3章)、张世新(第1章、第4章)。全书由长沙理工大学的陈阳总纂定稿，在定稿过程中，长沙理工大学的刘小敏、张彩花、宋丽敏、谢清先做了大量的修改和整理工作。

本书第1版于2008年3月出版，第2版于2012年1月出版，第3版保留了原书特色和风格的同时，精简内容、优化结构，增加了部分新知识，以适应时代要求。编者在编写本书过程中，参考了很多国内外出版的市场营销学教材、专著和论文，在此，谨向这些作者致以衷心的感谢！

由于编者水平有限，书中疏漏之处在所难免，敬请广大读者批评指正。

编　者
2016年3月

目 录

第1章 市场营销导论 1
1.1 市场及市场营销 2
- 1.1.1 市场的概念 2
- 1.1.2 市场营销的概念 3
- 1.1.3 市场营销与企业职能 4

1.2 市场营销学的产生与发展 4
- 1.2.1 市场营销学的产生 4
- 1.2.2 市场营销学的发展 5
- 1.2.3 市场营销学的"革命" 5
- 1.2.4 市场营销学在中国的传播和发展 6

1.3 市场营销观念及发展 7
- 1.3.1 市场营销观念的概念及核心 8
- 1.3.2 市场营销观念的演变与发展 8
- 1.3.3 市场营销观念的新发展 10

本章小结 14
思考题 15

第2章 市场营销环境 16
2.1 企业与市场营销环境 17
- 2.1.1 市场营销环境的概念 17
- 2.1.2 企业与营销环境的关系 18

2.2 宏观营销环境分析 18
- 2.2.1 人口环境 18
- 2.2.2 经济环境 20
- 2.2.3 自然环境 23
- 2.2.4 技术环境 24
- 2.2.5 政治环境 26
- 2.2.6 文化环境 28

2.3 微观营销环境分析 31
- 2.3.1 企业 31
- 2.3.2 供应商 31
- 2.3.3 营销中介 33
- 2.3.4 顾客 34
- 2.3.5 竞争者 34
- 2.3.6 公众 35

2.4 SWOT分析 35
本章小结 37
思考题 39

第3章 消费者市场与组织市场 40
3.1 消费者市场及购买行为 40
- 3.1.1 消费者市场的概念及其特点 41
- 3.1.2 影响消费者购买行为的因素 42
- 3.1.3 消费者购买决策过程 50

3.2 组织市场及购买行为 56
- 3.2.1 组织市场的类型及特点 57
- 3.2.2 生产者市场购买行为 59
- 3.2.3 中间商市场购买行为 64
- 3.2.4 政府市场和非营利组织市场购买行为 66

本章小结 72
思考题 75

第4章 市场调研与预测 76
4.1 市场调研 77
- 4.1.1 市场调研的含义和作用 77
- 4.1.2 市场调研的类型 77
- 4.1.3 市场调研的内容 79
- 4.1.4 市场调研的程序 80
- 4.1.5 市场调研的方法 81
- 4.1.6 市场调研报告的撰写 82

4.2 市场预测 84
- 4.2.1 市场预测的概念 84
- 4.2.2 市场预测的内容 84
- 4.2.3 市场预测的步骤 87
- 4.2.4 市场预测的方法 88

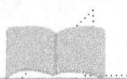

　　本章小结 96
　　思考题 97

第5章　市场细分与目标市场 98

5.1　市场细分 98
　　5.1.1　市场细分的概念与作用 98
　　5.1.2　市场细分的依据与方法 100
5.2　目标市场 107
　　5.2.1　选择目标市场的原则 107
　　5.2.2　选择目标市场的策略 108
　　5.2.3　影响目标市场选择的因素 109
5.3　市场定位 110
　　5.3.1　市场定位的含义及方式 110
　　5.3.2　市场定位的步骤 112
　　5.3.3　市场定位的策略 113
本章小结 114
思考题 116

第6章　市场竞争战略 117

6.1　竞争者分析 117
　　6.1.1　竞争者识别 118
　　6.1.2　竞争者战略与目标分析 121
　　6.1.3　竞争者的市场反应 123
6.2　竞争战略的一般形式 124
　　6.2.1　成本领先战略 124
　　6.2.2　差异化战略 125
　　6.2.3　集中化战略 128
6.3　不同竞争地位企业战略 129
　　6.3.1　市场领导者战略 129
　　6.3.2　市场挑战者战略 130
　　6.3.3　市场追随者战略 131
　　6.3.4　市场补缺者战略 132
本章小结 132
思考题 135

第7章　产品策略 136

7.1　产品与产品组合 136
　　7.1.1　产品整体概念 137
　　7.1.2　产品组合概念 137
　　7.1.3　产品组合策略 138

7.2　产品市场生命周期 142
　　7.2.1　产品市场生命周期的概念 142
　　7.2.2　产品市场生命周期各阶段
　　　　　特点 143
　　7.2.3　产品市场生命周期各阶段
　　　　　营销策略 144
7.3　新产品的开发管理 149
　　7.3.1　新产品的概念和种类 149
　　7.3.2　新产品开发的组织 149
　　7.3.3　新产品开发的程序 150
7.4　产品品牌与包装 157
　　7.4.1　产品品牌的含义与作用 157
　　7.4.2　产品品牌策略 158
　　7.4.3　产品包装的含义与作用 159
　　7.4.4　产品包装策略 160
本章小结 162
思考题 164

第8章　价格策略 165

8.1　影响定价的主要因素 165
　　8.1.1　定价目标 166
　　8.1.2　产品成本 167
　　8.1.3　市场的需求 169
　　8.1.4　竞争者的产品与价格 170
8.2　定价的基本方法 171
　　8.2.1　成本导向定价法 171
　　8.2.2　需求导向定价法 173
　　8.2.3　竞争导向定价法 174
8.3　定价的基本策略 176
　　8.3.1　新产品的定价策略 176
　　8.3.2　产品组合定价策略 178
　　8.3.3　折扣定价策略 180
　　8.3.4　差别定价策略 181
　　8.3.5　心理定价策略 182
本章小结 183
思考题 185

第9章　分销策略 186

9.1　分销渠道的概念与类型 187

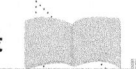

	9.1.1 分销渠道的概念 187
	9.1.2 分销渠道的类型 188
9.2	中间商的功能与种类 191
	9.2.1 中间商的功能 191
	9.2.2 中间商的种类 193
9.3	分销渠道的设计与管理 198
	9.3.1 分销渠道的设计 198
	9.3.2 分销渠道的管理 201
9.4	供应链管理与分销渠道 203
	9.4.1 供应链的含义与模式 204
	9.4.2 供应链与分销渠道的关系 206

本章小结 207
思考题 210

第10章 促销策略 211

- 10.1 促销与促销组合 211
  - 10.1.1 促销的概念与作用 211
  - 10.1.2 促销组合策略 213
- 10.2 商业广告 215
  - 10.2.1 广告的概念与作用 215
  - 10.2.2 广告决策 217
- 10.3 人员推销 219
  - 10.3.1 人员推销的概念与作用 219
  - 10.3.2 人员推销的方式与步骤 221
  - 10.3.3 人员推销的组织与管理 222
- 10.4 营业推广 225
  - 10.4.1 营业推广的概念与作用 225
  - 10.4.2 营业推广决策 226
- 10.5 公共关系 230
  - 10.5.1 公共关系的概念与作用 230
  - 10.5.2 公共关系的对象与方式 231

本章小结 233
思考题 234

第11章 市场营销整合策划与实施 235

- 11.1 市场营销管理过程 236
  - 11.1.1 分析市场机会 236
  - 11.1.2 选择目标市场 237
  - 11.1.3 确定市场营销组合 240
  - 11.1.4 市场营销管理系统 240
- 11.2 市场营销计划 242
  - 11.2.1 市场营销计划的分析方法 242
  - 11.2.2 市场营销计划的内容 242
- 11.3 市场营销组织 244
  - 11.3.1 市场营销组织的含义 244
  - 11.3.2 市场营销组织的演变 244
  - 11.3.3 市场营销组织的形式 246
- 11.4 市场营销控制 249
  - 11.4.1 市场营销控制的原则 249
  - 11.4.2 市场营销控制的基本形式 251

本章小结 254
思考题 256

第12章 国际市场营销 257

- 12.1 国际市场营销概述 257
  - 12.1.1 国际市场营销的概念 257
  - 12.1.2 国际市场营销与国际贸易 258
- 12.2 国际市场营销环境 259
  - 12.2.1 国际政治法律环境 259
  - 12.2.2 国际经济环境 262
  - 12.2.3 国际社会文化环境 264
- 12.3 进入国际市场的策略 266
  - 12.3.1 进入国际市场策略的要素 266
  - 12.3.2 进入国际市场模式的类型 267
  - 12.3.3 进入国际市场模式的选择 268
- 12.4 国际市场营销策略 269
  - 12.4.1 国际市场营销产品策略 269
  - 12.4.2 国际市场营销价格策略 273
  - 12.4.3 国际市场营销的分销策略 279
  - 12.4.4 国际市场营销的促销策略 281

　　本章小结 285
　　思考题 287

第 13 章　服务营销 288

13.1　服务营销概述 288
　　13.1.1　服务的分类与特征 289
　　13.1.2　服务市场营销组合 292

13.2　服务质量管理 293
　　13.2.1　服务质量的定义 293
　　13.2.2　服务质量的测定 293
　　13.2.3　提高服务质量的策略 294
　　13.2.4　服务质量与顾客服务 297

13.3　服务营销策略的特点分析 298
　　13.3.1　服务营销的产品策略 298
　　13.3.2　服务营销的价格策略 302
　　13.3.3　服务营销的分销策略 303
　　13.3.4　服务营销的促销策略 305
　　13.3.5　服务营销的人员策略 306
　　13.3.6　服务营销的有形
　　　　　　展示策略 309
　　13.3.7　服务营销的过程策略 311

　　本章小结 313
　　思考题 314

第 14 章　网络营销 315

14.1　网络营销概述 316
　　14.1.1　网络营销的内涵 316
　　14.1.2　网络营销的特征 317

14.2　网络营销的内容与层次 318
　　14.2.1　网络营销的内容 318
　　14.2.2　网络营销的层次 319

14.3　网络消费者购买行为分析 322
　　14.3.1　网络消费需求特点分析 322
　　14.3.2　影响消费者网络购买的
　　　　　　主要因素 323
　　14.3.3　网络消费者购买过程
　　　　　　分析 324

14.4　网络营销策略 325
　　14.4.1　网络营销的产品策略 325
　　14.4.2　网络营销的价格策略 328
　　14.4.3　网络营销的分销策略 330
　　14.4.4　网络营销的促销策略 331

　　本章小结 335
　　思考题 336

第 15 章　市场研究的数据分析方法 337

15.1　聚类分析 337
　　15.1.1　聚类分析的基本思想 337
　　15.1.2　聚类分析的统计量 338
　　15.1.3　聚类分析的方法 339
　　15.1.4　聚类分析的基本步骤 340
　　15.1.5　聚类分析的假设条件和
　　　　　　局限性 340

15.2　因子分析 341
　　15.2.1　因子分析的基本思想 341
　　15.2.2　因子分析的基本模型 342
　　15.2.3　因子分析的基本步骤 343
　　15.2.4　因子分析的假设条件和
　　　　　　局限性 344

15.3　对应分析 346
　　15.3.1　对应分析的基本思想 346
　　15.3.2　对应分析的有关统计
　　　　　　术语 346
　　15.3.3　对应分析的基本步骤 346

15.4　多维偏好分析 350
　　15.4.1　多维偏好分析的基本
　　　　　　思想 350
　　15.4.2　主成分分析方法 350
　　15.4.3　多维偏好分析的基本
　　　　　　步骤 351

15.5　联合分析 353
　　15.5.1　联合分析的基本思想 353
　　15.5.2　联合分析的基本模型 354
　　15.5.3　联合分析的基本步骤 355
　　15.5.4　联合分析的假设条件和
　　　　　　局限性 356

　　本章小结 360

第 16 章　市场营销综合案例分析 362

16.1　东方汽轮机厂的战略选择 362
16.1.1　案例资料 362
16.1.2　分析 364
16.1.3　讨论 366

16.2　春都集团沉浮录 366
16.2.1　案例资料 366
16.2.2　分析 368
16.2.3　讨论 371

16.3　General Motors：Cadillac 371
16.3.1　案例资料 371
16.3.2　分析 375
16.3.3　讨论 377

16.4　Ford: Lincoln 377
16.4.1　案例资料 377
16.4.2　分析 382
16.4.3　讨论 383

参考文献 384

第1章 市场营销导论

教学目标与要求

通过本章的学习，学生应了解市场营销学相关理论的发展、演进与应用，为学习本课程奠定基础；学习市场营销有关的概念，了解市场营销学的产生和发展及其在中国的传播与应用，掌握市场营销的概念及其发展。

本章知识点

市场的概念；市场营销的概念；市场营销学的产生和发展；市场营销观念及其发展。

宝洁公司和一次性尿布

宝洁公司(P&G)以其寻求和明确表达顾客潜在需求的优良传统，被誉为在面向市场方面做得最好的美国公司之一。其婴儿尿布的开发就是其中的一个例子。

1956年，该公司开发部主任维克·米尔斯在照看其出生不久的孙子时，深切感受到一篮篮脏尿布给家庭主妇带来的烦恼。洗尿布给了他灵感。于是，米尔斯就让手下几个最有才华的人研究开发一次性尿布。

一次性尿布的想法并不新鲜。事实上，当时美国市场上已经有好几种牌子的一次性尿布了。但市场调研显示，多年来，这种尿布只占美国市场的1%。原因首先是价格太高；其次是父母们认为一次性尿布不好用，只适合在旅行或不便于正常换尿布时使用。调研结果还表明，一次性尿布的市场潜力巨大。美国和世界许多国家正处于战后婴儿出生高峰期。将婴儿数量乘以每日平均需换尿布次数，可以得出一个大得惊人的潜在销量。

宝洁公司产品开发人员用了一年的时间，力图研制出一种既好用又对父母有吸引力的产品。产品的最初样品是在塑料裤衩里装上一块打了褶的吸水垫子。但1958年夏天现场试验的结果，除了父母们的否定意见和婴儿身上的痱子以外，一无所获，于是又回到图纸阶段。

1959年3月，宝洁公司重新设计了它的一次性尿布，并在实验室生产了37 000个样子类似于现在式样的产品，拿到纽约州做现场试验。这一次，有2/3的试用者认为该产品胜过棉布尿布。然而，接踵而来的问题是如何降低成本和提高新产品质量。为此要进行的工序革新，比产品本身的开发难度更大。一位工程师说它是"公司遇到的最复杂的工作"。生产方法和设备必须从头搞起。不过，到1961年12月，这个项目进入了能通过验收的生产工序和产品试销阶段。

公司选择地处美国最中部的城市皮奥里亚试销这种后来被定名为"帮宝适"(Pampers)的产品,发现皮奥里亚的妈妈们喜欢用"帮宝适",但不喜欢10美分一片尿布的价格。因此,价格必须降下来。降多少呢?在6个地方进行的试销进一步表明,定价为6美分一片,就能使这类新产品畅销,使其销售量达到零售商的要求。宝洁公司的几位制造工程师找到了进一步降低成本的办法,并把生产能力提高到使公司能以该价格在全国销售"帮宝适"尿布的水平。

"帮宝适"尿布终于被成功推出,直至今天仍然是宝洁公司的拳头产品之一。它表明,企业的产品来自市场,企业必须树立正确的营销观念,企业对市场真正需求的把握需要通过直接的市场调研来论证,通过潜在用户的反映来指导和改进新产品的开发工作。企业各职能部门必须通力合作,不断进行产品试用和调整定价。最后,公司做成了一桩全赢的生意:一种能够减轻每个做父母的最头疼的一种家务工作量的产品,成为给公司带来收入和利润的重要新财源。

1.1 市场及市场营销

1.1.1 市场的概念

市场营销在一般意义上可理解为与市场有关的人类活动。因此,我们首先要了解市场的概念。

在日常生活中,人们习惯将市场看成是买卖的场所,如集市、商场、商品批发市场等。这是一个时空(时间和空间)市场概念。我国古代有"日中为市,致天下之民,聚天下之货,交易而退,各得其所"(《易·系辞下》)的记载,就是对这种在一定时间和地点进行商品交易的市场的描述。

经济学家从揭示经济实质角度提出市场概念。他们认为市场是一个商品经济范畴,是商品内在矛盾的表现,是供求关系,是商品交换关系的总和,是通过交换反映出来的人与人之间的关系。经济学家指出,市场是社会分工和商品生产的产物,是为完成商品形态变化,在商品所有者之间进行商品交换的总体表现。

管理学家则侧重从具体的交换活动及其运行规律认识市场。在他们看来,市场是供需双方在共同认可的一定条件下所进行的商品或劳务的交换活动。如美国学者奥德森(W.Alderson)和科克斯(R.Cox)就认为:"广义的市场概念,包括生产者和消费者之间实现商品和劳务的潜在交换的任何一种活动。"营销学家菲利普·科特勒(Philip Kotler)则进一步指出:"市场由一切具有特定欲望和需求并且愿意和能够以交换来满足这些需求的潜在顾客所组成。"因此,"市场规模的大小,由具有需求、拥有他人所需的资源且愿意以这些资源交换其所需的人数而定"。

可见,人们可以从不同角度界定市场。本书认为:市场是商品经济中生产者与消费者之间实现产品(服务)价值,满足需求的交换关系、交换条件和交换过程。

首先,市场是建立在社会分工和商品生产上的,即商品经济基础上的交换关系。这种交换关系是由一系列交易活动构成,并由商品交换规律(其基本规律是价值规律)所决定的。

其次,现实市场的存在要有若干基本条件。这些条件包括以下几方面。

① 存在消费者(用户)一方,他们有某种需要或欲望,并拥有可供交换的资源。

② 存在生产者(供给者)另一方,他们能提供满足消费者(用户)需求的产品或服务。

③ 要有促成交换双方达成交易的各种条件,如双方接受的价格、时间、空间、信息和服务方式等。

最后，市场的发展是一个由消费者(买方)决定，而由生产者(卖方)推动的动态过程。在组成市场的双方中，买方需求是决定性的。

站在经营者的角度，人们常常把卖方称为行业，而将买方称为市场。它们之间的关系如图1.1所示。

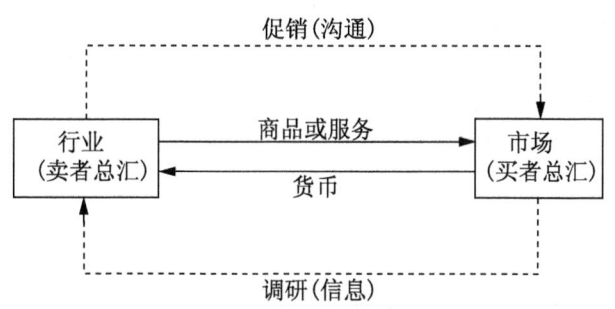

图1.1 简单的市场关系

这里，买卖双方由4种流程相连：卖方将商品或服务送达市场，并与市场沟通；买方把货币和信息送达行业。图1.1中，内环表示钱物交换，外环表示信息交换。

在现实经济中，由于有许多类劳动分工，特定商品生产者之间的各类交换活动使市场形成复杂的相互联结的体系。图1.2表示现实经济中的基本市场种类及其交换关系。

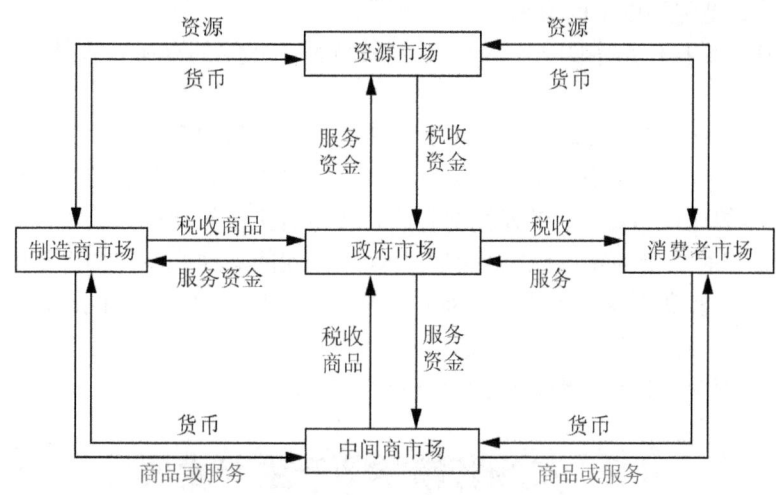

图1.2 简单的市场系统

其中，制造商从资源市场(由原材料、劳动力、资金等市场组成)购买资源，转变为商品和服务后卖给中间商，中间商再出售给消费者。消费者出卖劳动力赚取金钱，再换取所需的产品或服务。政府是另一种市场，它为公众需要提供服务，对各市场征税，同时也从资源市场、制造商市场和中间商市场采购商品。

1.1.2 市场营销的概念

国内外学者对市场营销的定义有上百种，企业界对营销的理解更是各有不同。美国学者基恩·凯洛斯曾将各种市场营销的定义分为3类：一是将市场营销看作是一种为消费者服务的理论；二是强调市场营销是对社会现象的一种认识；三是认为市场营销是通过销售渠道把生产企业同市场联系起来的过程。这从一个侧面反映了市场营销的复杂性。本书采用著名营销学家菲利普·科特勒的定义：市场营销是个人和群体通过创造并同他人交换产品和价值以满足需求和欲望的一种社会和管理过程。

根据这一定义，可以将市场营销概念具体归纳为下列要点。

(1) 市场营销的最终目标是"满足需求和欲望"。

(2) "交换"是市场营销的核心，交换过程是一个主动、积极寻找机会，满足双方需求和欲望的社会过程和管理过程。

(3) 交换过程能否顺利进行，取决于营销者创造的产品和价值满足顾客需求的程度和交换过程管理的水平。

1.1.3　市场营销与企业职能

迄今为止，市场营销的主要应用领域是企业。在下一节我们将会看到，市场营销学的形成和发展与企业经营在不同时期所面临的问题及其解决方式是紧密联系在一起的。

在市场经济中，企业存在的价值在于它能否有效地提供满足他人(顾客)需要的商品。因此，管理学大师彼得·德鲁克(Peter F. Drucker)指出："顾客是企业得以生存的基础，企业的目的是创造顾客，任何组织若没有营销或营销只是其业务的一部分，则不能称之为企业。"并且他认为"市场营销和创新，这是企业的两个功能"，"营销是企业与众不同的独一无二的职能"。这是因为以下的原因。

(1) 企业作为交换体系中的一个成员，必须以对方(顾客)的存在为前提。没有顾客，就没有企业。

(2) 顾客决定企业的本质。只有顾客愿意花钱购买产品和服务，才能使企业的资源变成财富。企业生产什么产品并不是最重要的，顾客对他们所购物品的感觉及价值判断才是最重要的。顾客的这些感觉、判断及购买行为，决定着企业的命运。

(3) 企业最显著、最独特的职能是市场营销。企业的其他职能，如生产职能、财务职能、人事职能，只有在实现市场营销职能的情况下，才是有意义的。因此，市场营销不仅用"创造产品或服务的市场"标准将企业与其他组织区分开来，而且将营销作为企业的核心职能，不断促使企业将营销观念贯彻于每一个部门。

1.2　市场营销学的产生与发展

1.2.1　市场营销学的产生

市场营销学于20世纪初创立于美国，后来传到欧洲、日本和其他国家，在实践中不断完善和发展。它的形成阶段为1900—1930年。

人类的市场经营活动，从市场出现就开始了。但直到20世纪之前，市场营销还没有成为一门独立学科。进入19世纪，伴随着世界经济的发展，资本主义的固有矛盾日趋尖锐，频频爆发的经济危机，迫使企业日益关心产品销售，研究如何更有效地应对竞争，在实践中不断探索市场营运的规律。到19世纪末20世纪初，世界主要资本主义国家先后完成了工业革命，垄断组织加快了资本的积聚，使生产规模迅速扩大。在这一时期，以泰勒(Frederick Winslow Taylor)为代表的以提高劳动生产率为主要目标的"科学管理"理论、方法应运而生,并受到普遍重视。一些大型企业实施科学管理,结果产品迅速增加,对流通领域有了影响,这就要求对相对狭小的市场有更精细的经营。同时,科学技术的发展,也使企业内部计划与组织变得更为完善,从而有可能运用科学的调查研究方法,预测市场变化趋势,制订有效的生产计划和销售计划,控制和调节市场销售量。在这种客观需要与可能的条件下,市场营销学作为一门独立的经营管理学科诞生了。

在此之前,美国学者已经发表和出版了一些论著,分别论述产品分销、推销、广告、定价、产品设计和实体分配等专题。到20世纪初,一些学者如阿克·肖(Arch W. Shaw)、爱德华·琼斯(Edward D. Jones)、拉尔夫·斯达·巴特勒(Ralph Starr Butler)、詹姆斯·海杰蒂(James Hagerty)等,将上述专题综合起来,形成市场营销学科。1902—1905年,密歇根大学、加利福尼亚大学、伊里诺伊大学和俄亥俄大学等相继开设了市场营销课程。1910年,执教于威斯康星大学的巴特勒教授出版《市场营销方法》一书。而后,弗莱德·克拉克(Fred E. Clark)于1918年编写了《市场营销原理》讲义,被多所大学用作教材,并于1922年出版,邓肯也于1920年出版了《市场营销问题与方法》。

1.2.2 市场营销学的发展

1929—1933年资本主义经济大危机,震撼了整个资本主义世界。生产严重过剩,产品销售困难,已直接威胁企业的生存。从20世纪30年代开始,主要资本主义国家市场明显呈现供过于求。这时,企业界广泛关心的首要问题已经不是扩大生产和降低成本,而是如何把产品销售出去。为了争夺市场,解决产品销售问题,企业家开始重视市场调查,提出了"创造需求"的口号,致力于扩大销路,并在实践中积累了丰富的资料和经验。与此同时,市场营销学科研究也大规模展开。一些著名大学的教授对市场营销的研究已深入到各个具体问题,调查和运用大量实际资料,形成了许多新的原理。例如,弗莱德·克拉克和韦尔法在其《农产品市场营销》(1932年)中将农产品市场营销系统划分为集中(农产品收购)、平衡(调节供求)和分散(化整为零销售)3个相互关联的过程,详细研究了营销者在其中执行的7种市场营销职能——集中、储存、融资、承担风险、标准化、销售和运输。拉尔夫·亚历山大(Ralph S. Alexander)等学者在1940年出版的《市场营销》一书中,强调市场营销的商品化职能包含适应顾客需要的过程,销售是"帮助或说服潜在顾客购买商品或服务的过程"。1937年,美国全国市场营销学和广告学教师协会及美国市场营销学会合并组成美国市场营销学会(American Marketing Association,AMA)。该学会在美国设立几十个分会,从事市场营销研究和营销人才的培训工作,出版市场营销专刊和市场营销调研专刊,对市场营销学的发展起到了重要作用。到第二次世界大战结束,市场营销学得到长足发展,并在企业经营实践中得到广泛应用。但在这一阶段,它的研究主要集中在销售推广方面,应用范围基本上仍局限于商品流通领域。

1.2.3 市场营销学的"革命"

第二次世界大战后,市场营销学从概念到内容都发生了深刻的变化。战后的和平条件和现代科技进步,促进了生产力的高度发展。社会产品数量剧增,花色品种日新月异。垄断资本的竞争加剧,销售矛盾更为尖锐。西方国家政府先后推行所谓高工资、高福利、高消费以及缩短工作时间的政策,在一定程度上刺激了需求,但并未引起实际购买量的直线上升。消费者的需求和欲望在更高层次上发生变化,对社会供给提出了更高的要求。这时,传统的市场营销学已经不能适应形势的要求，需要进行重大变革。

许多市场营销学者经过潜心研究，提出了一系列新的观念。其中之一就是将"潜在需求"纳入市场概念，即把过去对市场"是卖方与买方之间的产品或劳务的交换"的旧观念，发展成为"市场是卖方促使买方实现其现实的和潜在的需求的任何活动"。这样，凡是为了保证通过交换实现消费者需求(包括现实需求与潜在需求)而进行的一切活动，都纳入了市场营销学的研究范围。这也就要求企业将传统的"生产—市场"关系颠倒过来，即将市场由生产过程的终点，置于生产过程的起点。这样，也就从根本上解决了企业必须根据市场需求来组织生产及其他企业活动，确立以消费者为中心而不是以生产者为中心的观念问题。这一新概念导致市场营销学基本指导思想的变化，在西方被称为市场营销学的一次"革命"。

第二次世界大战后的 60 多年来，市场营销论著如云，理论不断创新。营销学逐步建立起以"满足需求""顾客满意"为核心内容的框架和体系，不仅在工商企业，而且在事业单位和行政机构也得到广泛运用。市场营销学研究领域每隔几年就有一批有创见的新概念出现。这些概念推动了市场营销学研究从策略到战略、从顾客到社会、从外部到内部、从一国到全球，得到全面系统的发展和深化。

1.2.4 市场营销学在中国的传播和发展

20 世纪 30~40 年代，市场营销学在中国曾有一轮传播。现存最早的教材，是丁馨伯编译的《市场学》，由复旦大学出版社于 1933 年出版。当时一些大学的商学院开设了市场学课程，教师主要是欧美留学归来的学者，但由于长期战乱及半殖民地半封建社会政治经济条件的限制，其研究和应用都没有很好地展开。新中国成立后，20 世纪 50~70 年代末，由于西方的外部封锁和国内实行高度集中的计划经济体制，市场和商品经济在理论上遭到否定，在实践中没有基础，缺乏需要，市场营销学的研究在中国内地基本中断。在这段时间里，中国内地学术界对国外迅速发展的市场营销学知之甚少。

党的十一届三中全会后，中国确定了以经济建设为中心，对外开放、对内搞活的方针。经济学界努力为商品生产恢复"名誉"，改革开放的实践则不断冲击着旧体制，逐步明晰了以市场为导向，建立社会主义市场经济体制的改革目标，为我国重新引进和研究市场营销学创造了良好条件。

1978—1983 年，是市场营销学再次被引进中国的启蒙阶段。期间，北京、上海和广州等地的学者率先从国外引进市场营销学，为这一学科的宣传、研究、应用和人才培养做了大量工作。通过论著、教材翻译评介，到国外访问、考察和学习，邀请境外专家学者来华讲学等方式，系统地引进了当代市场营销理论和方法。高等院校相继开设了市场营销课程，组织编写了第一批市场营销学教材。1980 年，中华人民共和国对外贸易部与设在日内瓦的国际贸易中心(International Trade Center, ITC)合作，在北京举办了市场营销培训班。中华人民共和国国家经济委员会(现已撤销)、中华人民共和国国家计划委员会(现名国家发展和改革委员会)和中华人民共和国教育部与美国政府合作举办了以国有企业厂长、经理为培训对象的培训，聘请美国著名的营销专家讲课，对营销理论、方法的实际运用起到了推动作用。在此期间，除高校图书馆从国外购买和通过交流获得外文原版教科书外，还翻印和翻译了多种多样的市场学教材，部分综合性大学和财经院校也编写出版了一些市场学教材，开设市场学课程的院校逐渐增多。

1984—1994 年，是市场营销学在中国广为传播的时期。适应国内深化改革、经济快速成长和市场竞争加剧的环境，企业界营销管理意识开始形成。市场营销的实战热潮从外贸企业、商业企业、乡镇企业逐步扩展到国有工业企业；从消费品市场扩展到工业品市场。能源、材料、交通、通信企业也开始接受市场营销概念。市场营销热点也开始从沿海向内地推进。社会对市场营销管理人才出现了旺盛的需求。

1984年1月，为加强学术交流和教学研究，推进市场营销学的普及与发展，全国高等财经院校、综合性大学市场学教学研究会(1987年改名为中国高等院校市场学研究会)在湖南长沙成立。该研究会汇集了全国100多所高等学校的市场营销学学者，每年定期交流研讨，公开出版论文集，对市场营销学的传播、深化和创新运用做出了积极贡献。此后几年，许多省、市(区)也逐步成立了市场营销学会，广泛吸纳学者和有影响的企业家参加研讨活动。各地学会举办多种形式的培训班，通过电视讲座和广播讲座，推广传播营销知识。广东营销学会还定期出版了《营销管理》会刊。

到1988年，国内各大学已普遍开设了市场营销课程，专业教师超过4 000人。不少学校增设了市场营销专业，有50多所大学招收了市场营销方向的研究生。1992年前后，部分高校开始培养市场营销方向博士生。与此同时，国内学者编著出版了市场营销教材、专著300多种，发行超过1 000万册。国内最早编写的几本《市场学辞典》和篇幅达210万字的《现代市场营销大全》也是在1987—1990年出版的。

1991年3月，中国市场学会在北京成立。该学会成员包括高等院校、科研机构的学者，国家经济管理部门的官员和企业经理人员。此后，中国高等院校市场学研究会、中国市场学会作为中国营销的主要学术团体，开展了一系列活动，为促进学术界和企业界、理论与实践的结合，为企业提供营销管理咨询服务和培训服务，建立对外交流渠道，做了大量卓有成效的工作。邓小平南巡讲话奠定了建立社会主义市场经济体制的改革基调。几年时间，改革全方位展开，经济结构迅速变化，外资企业大量进入，买方市场特征逐步明显，中国市场竞争进一步加剧：在这种形势下，强化营销和营销创新成为企业的重要课题。

1995年以后，是市场营销理论研究与应用深入拓展时期。1995年在北京召开的"第五届市场营销与社会发展国际会议"，标志着市场营销学在中国的传播进入新的阶段。一方面，中国营销学术界加强国际学术交流，举办了一系列市场营销国际学术会议；另一方面，中国高层领导日益关注市场营销，学术界也展开了以中国企业实现"两个转变"(即从计划经济向市场经济转变和从粗放经营向集约化经营转变)为主题的营销创新研究，以及以"跨世纪的中国市场营销""中国市场的特点与企业营销战略""新经济与中国市场营销"和"知识经济和市场营销创新"等为专题的营销学术研究。在这一阶段，理论与实际结合更为紧密，出现了一批颇有价值的研究成果。

至21世纪初，我国本科开设市场营销专业的院校有200多所，招收市场营销方面硕士研究生的院校约150所，招收博士生的院校超过20所，学习过市场营销学课程的当以千万人计。值得关注的是，教育部在"九五"后期，将市场营销学列为"工商管理类核心课程"；不少营销学学者在市场营销学的中国化方面，也做了有益的探索。

1.3 市场营销观念及发展

任何企业的营销管理都是在特定的思想或观念的指导下进行的，因此能否确立正确的市场营销观念，对企业经营成败具有决定性意义。

通用电气公司营销观念转变

美国通用电气公司是最早应用现代营销的企业之一。在开始树立市场导向的观念时,该公司总经理改变了本公司的经营态度,首先将原来的一个"电扇电毯部"改为"家庭舒适化服务部"。当时,许多同行很不理解,认为这个名称不伦不类,这种做法莫名其妙,此事一时被传为笑谈。但是公司总经理和该部门经理心里都明白,这不是部门名称的简单改变,而是为了满足消费者对家用电器的需要,使他们的家庭生活更舒适、更方便。确立这种营销观念之后,这个部门根据消费者的需求大力研发各种家用电器,产品品种迅速增加,除了继续生产经营电扇电毯以外,又陆续推出了各种电灶、电子调湿器、电动吸尘器和各种照明设备等新产品,销售额迅速增加,企业获得了巨额利润。此时,原来持嘲笑态度的同行才恍然大悟,争相学习通用电气公司的营销态度,树立市场导向的营销观念。

1.3.1 市场营销观念的概念及核心

1. 市场营销观念的概念

市场营销观念是指企业进行经营决策、组织管理市场营销活动的基本指导思想,也就是企业的经营哲学。它是一种观念、一种态度、一种企业思维方式。

2. 市场营销观念的核心

市场营销观念的核心是正确处理企业、顾客和社会三者之间的利益关系。这些利益既相辅相成,又相互矛盾。企业必须正确处理这三者之间的关系,确定自己的原则和基本取向。

1.3.2 市场营销观念的演变与发展

近百余年来,市场营销管理的指导思想经历了一个漫长的演变过程。最初以"生产观念"和"产品观念"为指导思想;继而以"推销观念"为指导思想;第二次世界大战后,又逐渐演变为"市场营销观念";到20世纪70年代,有些学者又提出了"社会市场营销观念"。

1. 生产观念

生产观念盛行于19世纪末20世纪初,该观念认为,消费者喜欢那些可以随处买到和价格低廉的商品,企业应当组织和利用所有资源,集中一切力量提高生产效率和扩大分销范围,增加产量,降低成本。显然,生产观念是一种重生产、轻营销的指导思想,其典型表现就是"我们生产什么,就卖什么"。以生产观念指导营销活动的企业,称为生产导向型企业。

20世纪初,美国福特汽车公司制造的汽车供不应求,亨利·福特(Henry Ford)曾傲慢地宣称:"不管顾客需要什么颜色的汽车,我只有一种黑色的。"福特公司1914年开始生产的T型车,就是在"生产导向"经营哲学的指导下创造出奇迹的。福特汽车公司不断使T型车的生产效率提高,成本降低,以使更多的人买得起。到1921年,福特T型车在美国汽车市场上的占有率达到56%。

2. 产品观念

产品观念是与生产观念并存的一种市场营销观念，也是重生产轻营销。产品观念认为，消费者喜欢高质量、多功能和具有某些特色的产品。因此，企业管理的中心应致力于生产优质产品，并不断精益求精，日臻完善。在这种观念的指导下，公司经理人常常迷恋自己的产品，以至于没有意识到产品可能并不迎合时尚，甚至市场正朝着不同的方向发展。他们在设计产品时只依赖工程技术人员而极少让消费者介入。

产品观念把市场看作生产过程的终点，而不是生产过程的起点；忽视了市场需求的多样性和动态性，过分重视产品而忽视顾客需求。当某些产品由于供过于求或销售不对路而产生积压时，企业却还不知产品为什么销不出去，最终导致"市场营销近视症"。

3. 推销观念

推销观念产生于资本主义经济由"卖方市场"向"买方市场"的过渡阶段，盛行于 20 世纪 30~40 年代。推销观念认为，消费者通常有一种购买惰性或抗衡心理，若听其自然，消费者就不会自觉地购买大量本企业的产品，因此企业管理的中心任务是积极推销和大力促销，以诱导消费者购买产品。其具体表现是"我卖什么，就设法让人们买什么"。执行推销观念的企业，称为推销导向型企业。在推销观念的指导下，企业相信产品是"卖出去的"，而不是"被买去的"。他们致力于产品的推广和广告活动，以求说服甚至强制消费者购买。他们聘请了大批推销专家，做大量广告，对消费者进行无孔不入的促销信息"轰炸"。如美国皮尔斯堡面粉公司的口号由原来的"本公司旨在制造面粉"改为"本公司旨在推销面粉"，并第一次在公司内部成立了市场调研部门，派出大量推销人员从事推销活动。但是，推销观念与前两种观念一样，也是建立在以企业为中心的"以产定销"观念基础上，而不是建立在满足消费者真正需要的基础上。因此，以上 3 种观念被称为有关市场营销的旧观念。

4. 市场营销观念

市场营销观念形成于 20 世纪 50 年代，是以消费者需要和欲望为导向的经营哲学，是消费者主权论的体现。该观念认为，实现企业诸目标的关键在于准确确定目标市场的需要和欲望，一切以消费者为中心，并且比竞争对手更有效、更有利地提供目标市场所期望满足的东西。

市场营销观念的产生，是市场营销哲学质的飞跃和革命，它不仅改变了传统旧观念的逻辑思维方式，而且在经营策略和方法上也有很大突破。它要求企业营销管理贯彻"顾客至上"的原则，将管理重心放在发现和了解目标顾客的需要上，并千方百计满足顾客的需要，从而实现企业目标。因此，企业在生产经营时，必须进行市场调研，根据市场需求及企业自身条件选择目标市场，组织生产经营，最大限度地提高顾客满意程度。

5. 社会营销观念

社会营销观念是以社会长远利益为中心的市场营销观念，是对市场营销观念的补充和发展。

从 20 世纪 70 年代起，随着全球环境破坏、资源短缺、人口爆炸、通货膨胀和忽视社会服务等问题日益严重，要求企业顾及消费者整体利益与长远利益的呼声越来越高。西方市场营销学界提出了一系列新的理论及观念，如人类观念、理智消费观念、生态准则观念等。其共同点是，企业生产经营不仅要考虑消费者需要，而且还要考虑消费者和整个社会的长远利益。这类观念统称为社会营销观念。

社会营销观念的基本核心是以实现消费者满意以及消费者和社会公众的长期福利作为企业的根本目的与责任。理想的营销决策应同时考虑到：消费者的需求与愿望的满足、消费者和社会的长远利益、企业的营销效益。

1.3.3　市场营销观念的新发展

营销观念是企业在组织和谋划营销活动过程中所依据的指导思想和行为准则，它是在一定的经济基础上并随着社会经济的发展和市场形势的变化而不断创新发展的。现代市场营销观念在经历了生产观念、产品观念、推销观念、市场营销观念和社会市场营销观念之后，继续随着实践的发展而不断深化、丰富，产生了许多新的观念，这些新的观念相互交融，共同构成了现代营销观念的新特色。

1. 创造需求的营销观念

现代市场营销观念的核心是以消费者为中心，认为市场需求引起供给，每个企业必须依照消费者的需要与愿望组织商品的生产与销售。几十年来，这种观念已被公认，在实际的营销活动中也备受企业家的青睐。然而，随着消费需求的多元性、多变性和求异性特征的出现，需求表现出模糊不定的"无主流化"趋势，许多企业对市场需求及走向常感到捉摸不定，适应需求难度加大。另外，完全强调按消费者购买欲望与需要组织生产，在一定程度上会压抑产品创新，而创新正是经营成功的关键所在。为此，在当代激烈的商战中，一些企业总结现代市场营销实践经验，提出了创造需求的新观念，其核心是市场营销活动不仅仅限于适应、刺激需求，还在于能否生产出对产品的需要。日本索尼公司前董事长盛田昭夫对此进行了表述："我们的目标是以新产品领导消费大众，而不是问他们需要什么，要创造需要。"索尼公司的认识起码有3个方面是新颖的：第一，生产需要比生产产品更重要，创造需求比创造产品更重要；第二，创造需要比适应需要更重要，现代企业不能只满足于适应需要，更应注重"以新产品领导消费大众"；第三，"创造需求"是营销手段，也是企业经营的指导思想，它是对近几十年来一直强调"适应需求"的市场营销观念的发展。

2. 关系市场营销观念

关系市场营销观念是在市场营销观念基础上形成的，是市场竞争激化的结果。传统的交易市场营销观念的实质是卖方提供一种商品或服务以向买方换取货币，实现商品价值，是买卖双方价值的交换，双方是一种纯粹的交易关系，交易结束后不再保持其他关系和往来。在这种交易关系中，企业认为卖出商品赚到钱就是胜利，顾客是否满意并不重要。而事实上，顾客的满意度直接影响到重复购买率，关系到企业的长远利益。由此，从20世纪80年代起美国理论界开始重视关系市场营销，即为了建立、发展、保持长期的、成功的交易关系进行的所有市场营销活动。它的着眼点是与企业发生关系的供货方、购买方、侧面组织等建立良好稳定的伙伴关系，最终建立起一个由这些牢固、可靠的业务关系所组成的"市场营销网"，以追求各方面关系利益的最大化。这种从追求每笔交易利润最大化到追求同各方面关系利益最大化是关系市场营销的特征，也是当今市场营销发展的新趋势。

关系市场营销观念的基础和关键是"承诺"与"信任"。承诺是指交易一方认为与对方的相处关系非常重要，而保证全力以赴去保持这种关系，它是保持某种有价值关系的一种愿望和保证。信任是当一方对其交易伙伴的可靠性和一致性有信心时产生的，它是一种依靠其交易伙伴的愿望。承诺和信任的存在可以鼓励营销企业与伙伴致力于关系投资，抵制一些短期利益的诱惑，而选择保持发展与伙伴的关系去获得预期的长远利益。因此，达成"承诺—信任"，然后着手发展双方关系是关系市场营销的核心。

3. 绿色营销观念

绿色营销观念是在当今社会环境破坏、污染加剧、生态失衡、自然灾害威胁人类生存和发展的背景下提出来的新观念。20 世纪 80 年代以来，伴随着各国消费者环保意识的日益增强，在世界范围内掀起了一股绿色浪潮，绿色工程、绿色工厂、绿色商店、绿色商品、绿色消费等新概念应运而生。不少专家认为，我们正走向绿色时代，21 世纪将是绿色世纪。在这股浪潮的冲击下，绿色营销观念也就自然而然地产生了。

绿色营销观念主要强调把消费者需求、企业利益和环保利益三者有机地统一起来。它最突出的特点，就是充分顾及资源利用与环境保护问题，要求企业从产品设计、生产、销售到使用整个营销过程都要考虑到资源的节约利用和环保利益，做到安全、卫生、无公害等，其目标是实现人类的共同愿望和需要——资源的永续利用与保护和改善生态环境。为此，开发绿色产品、发展绿色产业是绿色营销的基础，也是企业在绿色营销观念下从事营销活动取得成功的关键。

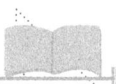

【拓展期刊】

4. 文化营销观念

文化营销观念是指企业成员共同默认并在行动上付诸实施，从而使企业营销活动形成文化氛围的一种营销观念。它反映的是现代企业营销活动中，经济与文化的不可分割性。企业的营销活动不可避免地包含着文化因素，企业应善于运用文化因素来实现市场制胜的目的。

在企业的整个营销活动过程中，文化渗透于始终。一是商品中蕴含着文化，商品不仅仅是有某种使用价值的物品，同时，它还凝聚着审美价值、知识价值、社会价值等文化价值的内容。"孔府家酒"之所以能誉满海外，备受海外华人游子的青睐，不仅在于它的酒味香醇，更在于它满足了海外华人思乡恋祖的文化需要。日本学者本村尚三郎曾说过，"企业不能像过去那样，光是生产东西，而要出售生活的智慧和欢乐"，"现在是通过商品去出售智慧、欢乐和乡土生活方式的时代了"。二是经营中凝聚着文化。日本企业经营的成功得益于其企业内部全体职工共同信奉和遵从的价值观、思维方式和行为准则，即所谓的企业文化。营销活动中尊重人的价值、重视文化建设、重视管理哲学及求新、求变精神，已成为当今企业经营发展的趋势。美国 IBM 公司"尊重个人，顾客至上，追求卓越"三位一体的价值观体系；日本松下公司"造物之前先造人"的理念；瑞士劳力士手表"仁心待人，严格待事"的座右铭等，充分说明了企业文化的因素是把企业各类人员凝集在一起的精神支柱，是企业在市场竞争中赢得优势的源泉和保证。

5. 服务市场营销观念

市场营销的实质是一种交换关系，物质产品营销的理论和原则也适用于服务营销。服务市场营销的要素主要有以下几点。

1) 产品

服务产品必须考虑的要素是提供服务的范围、质量、品牌、保证以及售后服务等。服务产品包括核心服务、便利服务和辅助服务。核心服务体现了企业为顾客提供的最基本效用，如航空公司的运输服务、医院的诊疗服务等；便利服务是为配合、推广核心服务而提供的便利，如订票、送票、送站、接站等；辅助服务用以增加服务的价值或区别于竞争者的服务，有助于实施差异化营销战略。

2) 分销

随着服务领域的扩展，服务销售除直销外，经由中介机构销售的情况日渐增多。中介机构主要有代理、代销、经纪、批发、零售等形态。如歌舞剧团演出、博览会展出、职业球队比赛等，往往经中介机构推销门票。在分销因素中，选择服务地点至关重要，商店、电影院、餐厅等服务组织，如能坐落于人口密集、人均收入高、交通方便的地段，服务流通的范围较广泛，营业收入和利润也就较高。

3) 定价

由于服务质量水平难以统一界定，质量检验也难以采用统一标准，加上季节、时间因素的影响，服务定价必须有较强的灵活性；而在区别一项服务与另一项服务时，价格是一种重要的识别标志，顾客往往从价格中感受到服务价值的大小。

4) 促销

服务促销包括广告、人员推销、营业推广、宣传、公共关系等营销沟通方式。为增进消费者对无形服务的印象，企业在促销活动中要尽量使服务产品有形化。如美国著名的"旅游者"保险公司在促销时，用一个伞式符号作为象征，促销口号是"你们在'旅游者'的安全伞下"。这样，无形的保险服务就具有了一种形象化的特征。

5) 人员

服务业的操作人员，在顾客心目中实际上是产品的一个重要组成部分。如这款发型是某位理发师的杰作，这首歌曲是某位歌星演唱的。服务企业的特色，往往体现在操作者的服务表现和服务销售上。因此，企业必须重视雇员的甄选、训练、激励和控制。另外，顾客与顾客间的关系也应受到重视。一位顾客对服务质量的认识，很可能要受到其他顾客的影响。

6. 整体营销观念

1992年美国市场营销学界的权威菲利普·科特勒提出了跨世纪的营销新观念——整体营销，其核心是从长远利益出发，公司的营销活动应囊括构成其内外部环境的所有重要行为者，他们是供应商、分销商、最终顾客、职员、财务公司、政府、同盟者、竞争者、传媒和一般大众。前四者构成微观环境，后六者体现宏观环境。公司的营销活动，就是要从以下10个方面进行。

(1) 供应商营销：对于供应商，传统的做法是选择若干数目的供应商并促使他们相互竞争。现在越来越多的公司开始倾向于把供应商看作合作伙伴，设法帮助他们提高供货质量及及时性。为此，一是要确定严格的标准以选择优秀的供应商；二是积极争取那些业绩卓著的供应商并使其成为自己的合作伙伴。

(2) 分销商营销：由于销售空间有限，分销商的地位变得越来越重要。因此，开展分销商营销，以获取他们主动或被动支持成为制造商营销活动的一项内容。具体来讲，一是进行"正面营销"，即与分销商展开直接交流与合作；二是进行"侧面营销"，即公司设法绕开分销商的主观偏好，而以密集广告、质量改进等手段建立并维持、巩固顾客的偏好，从而迫使分销商购买该品牌产品。

(3) 最终顾客营销：这是传统意义上的营销，指公司通过市场调查，确认并服务于某一特定的目标顾客群的活动过程。

(4) 职员营销：职员是公司形象的代表和服务的真实提供者。职员对公司是否满意，直接影响着其工作积极性，影响着顾客的满意度，进而影响着公司利润。为此，职员也应成为公司营销活动的一项重要内容。职员营销由于面对内部职工，因而也称"内部营销"。一方面，职员营销要求通过培训提高职员的服务水平、敏感性及与顾客融洽相处的技巧；另一方面，要求强化与职员的沟通，理解并满足他们的需求，激励其在工作中发挥最大潜能。

(5) 财务公司营销：财务公司提供一种关键性的资源——资金，因而财务公司营销至关重要。公司的资金能力取决于它在财务公司及其他金融机构的资信。因此，公司需了解金融机构对它的资信评价，并通过年度报表、业务计划等工具提升金融机构对它的评价，这其中的技巧就构成了财务公司营销。

(6) 政府营销：所有公司的经济行为都必然受制于一系列由政府颁布的法律。为此，开展政府营销，以促使其制定有利于己的法律、政策等，已成为众多公司营销活动的内容。

(7) 同盟者营销：由于市场在全球范围的扩展，寻求同盟者对公司来说日益重要。同盟者一般与公司组成松散的联盟，在设计、生产、营销等领域为公司的发展提供帮助，双方建立互惠互利的合作关系。如何识别、赢得并维持同盟者是同盟者营销需要解决的问题，需根据自身实际资源状况和经营目标加以选择，一旦确定目标同盟者，就应设法吸引他们参加合作，并在合作过程中不断加以激励，以取得最大的合作效益。

(8) 竞争者营销：通常的看法，认为竞争者就是与自己争夺市场和利益的对手。事实上，只要"管理"得当，竞争者可以转变为合作者。这种对竞争者施以管理，以形成最佳竞争格局、取得最大竞争收益的过程就是竞争者营销。

(9) 传媒营销：大众传媒，如广播、报刊、电视等，直接影响着公司的公众形象和声誉，公司甚至受到它的制约。为此，传媒营销的目的就在于鼓励传媒做有利的宣传，尽量淡化不利的宣传。这就要求企业一方面与记者建立良好的关系，另一方面要尽量赢得传媒的信任和好感。

(10) 大众营销：公司的环境行为者中最后一项是大众，公司逐渐认识到大众的看法对其生存与发展有至关重要的影响。为获得大众喜爱，公司必须广泛搜集公众意见，确定他们关注的新焦点，并有针对性地设计一些方案以加强与公众的交流，如赞助各种社会活动，与大众进行广泛接触、联系等。

案例 1-2

东北虎林园

哈尔滨松花江太阳岛北边有一处人造旅游景点——东北虎林园，这是一块非常大的场地，用电网圈起来，里面没有笼子，养了四五十头东北虎，这些东北虎都是从过去东北虎繁育中心和动物园铁笼子里放出来的。为什么要搞这个东北虎林园呢？

过去在繁育中心和动物园的笼子里养老虎，门票收入有限，国家补贴有限，老虎饭量又太大，一只东北虎每天要吃15千克牛肉，而每天只有100元的伙食费，结果个个吃不饱，饿得皮包骨头。

现在建起东北虎林园，饲养费问题就迎刃而解了。游客坐在带铁丝网的旅游面包车里面参观，可以集体出钱买活的鸡、兔子、羊、小牛给老虎，游客愿意看饿虎扑食，老虎的饲养费当然就由游客来出，饲养费问题也就基本解决了。更重要的是,东北虎是国家一级保护动物,要真正保护它们,就要让它们回归自然。但是铁笼子里养大的老虎如果立即回归大自然,可能会一时适应不了,需要在东北虎林园这个半自由的场地适应一段时间,待其基本适应这种半自由状态之后,再逐步将它们放归大自然。

东北虎林园刚开园得时候,有游客买了活鸡和小牛给东北虎吃,没想到它们却吓得不敢吃。

在笼子里关得时间太长了,东北虎连基本的竞争能力都没有了,百兽之王的威风也失去了。但等转轨期过后,这种情形完全发生了改变。东北虎一看到有人投放活的动物,马上就会扑过去。

本 章 小 结

市场是商品经济中生产者与消费者之间的价值交换关系、条件和过程。市场营销则是个人和群体通过创造并同他人交换产品和价值,以满足需求和欲望的一种社会过程和管理过程,其核心概念是交换,基本目标是满足需求和欲望。市场营销是企业最重要的职能。市场营销作为一门学科于 20 世纪初形成于美国,经过漫长的发展道路,不断充实提高和创新,现今已经成为具有系统理论、策略和方法论的一门现代管理学科。学习、研究市场营销学,对于迎接新世纪的各种挑战、促进经济快速健康成长、促进企业发展具有重大理论意义和现实意义。

关键术语

市场——market　　需要——need　　市场营销——marketing
欲望——demand　　交易——transaction　　市场营销者——marketing people
市场营销学——marketing　　宏观市场营销学——macro marketing
微观市场营销学——micro marketing

瀛海威的兴衰

1998 年 6 月 22 日,瀛海威信息通信有限公司(以下简称瀛海威)第一届董事会在兴发大厦会议室举行。按照惯例,会议主持请总裁张树新介绍近期公司经营状况。尽管数月来公司状况不大好,但张树新仍满怀信心地发言。正当张树新踌躇满志地结束讲话,会议进入自由讨论之时,中国兴发信息——瀛海威最大的股东,突然决定将它的股东贷款转为股份,债权变股权。这一决定使兴发集团的持股比例一跃上升为 75%,按照公司的章程,兴发集团有权任命或罢免总经理。张树新顿时明白,这是兴发集团下的逐客令,她本人随即无奈地提出了辞职申请,结果竟是全体股东一致通过。张树新的辞职几乎已成为中国互联网代名词的瀛海威公司衰落的标志性事件。2000 年,在"中国互联网影响力调查"中,瀛海威的影响力跌至第 131 名,几乎已经被人们遗忘了。瀛海威为什么会在短短的几年时间内由盛变衰,它究竟怎么了?

瀛海威的创始人张树新毕业于中国科技大学化学系,1994 年她在美国游历期间接触到了当时刚刚兴起的互联网,立即被这个新生的事物深深吸引了。1995 年,她在北京创立瀛海威科技有限责任公司,成为中国第一个申请做互联网服务的人。1996 年,北京中关村大街上竖起了一个巨大的广告牌"中国人离信息高速路有多远——向北 1 500 米",一时引起媒体广泛关注,成为中国网络产业的一个重要的里程碑事件,很多中国人由此开始认识互联网，也认识了瀛海威。经过3年的苦心经营，到1998年，瀛海威已经发展成为拥有37 000家客户的全国知名ISP公司和除邮电系统之外中国最大的一家电信网络公司。瀛海威建立了中国第一个公司网和电子商务网站。瀛海威几乎成了中国人了解关于互联网的基本概念的宣传者。张树新被誉为中国"第一代织网人"，瀛海威的名字也因此深入国人心中，成为中国ISP产业的大哥大。

瀛海威自诞生之日起，就在不间断地自造"新闻热点"，由此在短短几年时间里，从一个无名的地方性网络公司成为广为人知的"中国信息行业的开拓者"。遍及全国各地的"瀛海威时空科教馆"用最通俗的语言一遍又一遍地告诉大家互联网的概念，人们知道的几乎所有有关这个行业的概念都源于这家公司在这个行业的故事。随着瀛海威业务的不断扩大，它一直没有停下斥巨资进行公司形象以及品牌宣传的脚步，公司的知名度一直很高。

张树新在创立瀛海威的初期将该网站定义为百姓网，但随着增值服务业的发展和市场的细化，瀛海威并没有对业务进行适时转型。事实上，在大量公共宣传的背后，瀛海威对自己究竟要开展什么样的业务，一直模糊不清。用张树新本人的话说，瀛海威是在大雾中领跑，在迷茫中小心摸索。使用瀛海威的网络服务，可以阅读电子报纸、到聊天室和不见面的朋友交谈、到网络论坛上发表真知灼见……张树新一直沉醉于"百姓网"之中，对网站的商业价值考虑不够。当投资人要求网站要有商业价值时，她无法开辟这样的客户市场，没有任何资金启动了。据统计，瀛海威的使用者登记人数有6万人，但绝大多数是25岁以下月收入一两千元的网民。他们上网的目的是消遣和娱乐，这样的资金流动显然不足以支撑该网站的运行。

瀛海威一直坚持自行开发软件的思路，其软件标准同互联网的TCP/IP通信协议不同，瀛海威迫使用户不得不面对一个哭笑不得的事实：想通过瀛海威上网必须使用瀛海威专有程序，而不能使用大家都很熟悉的IE浏览器。这当然给用户带来了极大的不便，他们必须放弃过去的习惯而重新学习使用一种新的软件，非常麻烦。用户的抗议声一直在持续，公司内部人员也认为这是一个很大的问题，可是直到1997年10月，瀛海威才宣布取消这一规定。而在这之前两年的时间里，瀛海威的高层主管坚持不改这一规定的原因是"公司花了大量财力人力研制出的专用软件不能随便舍弃"。死抱住所谓的技术创新不放而忽略市场需求，这是工业时代生产方式的通病。令人遗憾的是，当今很多高科技领域的企业也常常会违反市场法则而重蹈覆辙。瀛海威自1995年9月创立以来，这一个技术问题始终没有解决。顾客投诉非常多，改正过来并不难，可拖了两年就是没人做。公司关心的是更大的项目，如"交换中心"和"网上交费系统"；后者当时在技术上非常超前，一位留美博士后做了8个月，做成后放在网上却看不到市场价值。

瀛海威一直没有能够实现预期的利润，引起了投资者的强烈不满，最终张树新本人也不得不辞职。此后的几年中，公司一直没能找到合适的发展模式，经营状况每况愈下。中国互联网行业的第一个明星企业在网络的春天即将到来之时就悄悄地退出了历史的舞台。

讨论：
(1) 瀛海威所持的是哪一种营销观念？
(2) 瀛海威为什么会衰落？

思 考 题

(1) 简述市场的概念和市场营销的概念，结合实例分析它们之间的异同之处。
(2) 市场营销学的发展经历了哪几个阶段？各有何特点？分析各发展阶段的内在动力。
(3) 什么是市场营销观念及其核心内容？结合实例予以说明。
(4) 有哪几种典型市场营销观念？各有何特征？
(5) 市场营销观念的发展主要表现在哪几个方面？各有何特征？

第 2 章 市场营销环境

教学目标与要求

通过本章的学习，学生应对市场营销环境的概念及其对营销活动的影响有一定的了解和认识，能熟练掌握营销环境的构成要素，能正确运用所学环境分析方法对不同行业和不同企业的营销环境进行基本分析，并在此基础上研究企业面对市场环境变化应采取的对策；了解市场营销环境对市场营销活动的重要影响作用，熟悉微观环境和宏观环境的主要构成，掌握分析评价市场机会与环境威胁的基本方法。

本章知识点

市场营销环境的概念；宏观营销环境分析；微观营销环境分析；SWOT 分析方法。

凯迪拉克轿车营销环境分析

1. 宏观环境分析

豪华汽车作为奢侈品，其市场份额的大小直接受宏观经济的影响，因此，在市场分析时需要对宏观经济发展趋势进行预测。

(1) 20 世纪 70 年代中期以后，西方各国经济开始面临严重衰退和通货膨胀，失业率逐年上升。1981 年以后，里根总统采取大幅度减税，减少政府开支以刺激供给，以财政赤字激增的代价，取得了一定成效。美国失业率从 1980 年的 7.1%降到 1988 年的 5.4%，通货膨胀率由 1980 年的 13.5%降低到 1988 年的 7.1%。国民平均收入也持续增长，从 1981 年的 8 476 美元增加到 1988 年的 13 123 美元。国民生产总值增长率一直保持在 4%以上。这使企业能够对未来经济做出乐观的估计。

(2) 美国的石油一半以上依赖进口，石油价格上涨会对美国经济产生不利影响。世界石油价格自 1980 年达到最高点 40 美元/桶，在 20 世纪 80 年代逐渐下滑。石油是不可替代的资源，从长远讲，其价格趋势必然是上升的，为避免石油价格的冲击，研究节能型及替代石油能源的汽车应是在很长时间内都必须考虑的问题。综上所述，可以比较乐观地说，在未来几年内，宏观经济环境是有利于豪华汽车市场发展的。

2. 微观环境分析

1) 竞争对手分析

凯迪拉克轿车的主要竞争品牌是美国企业生产的林肯、奥斯摩比尔、别克、水星和克莱斯勒；德国生产的梅塞德斯-奔驰、宝马和奥迪；英国生产的劳斯莱斯和美洲虎；还有瑞典的沙泊和沃尔沃等。它主要的国内竞争对手是福特公司的林肯和其他国内品牌轿车，主要的国外竞争对手是欧洲的企业，如英国的劳斯莱斯和德国的梅塞德斯-奔驰、宝马、奥迪以及亚洲竞争对手——日本。

20 世纪 80 年代末，日元的坚挺使得日本人失去了低成本的优势，日本人不再像前些年那样制造出价格低廉，能与韩国、美国国内厂家相竞争的车型。由于难以获得期望的利润，日本人开发了许多结构紧凑、尺寸适中的车型，这类车包括本田的雅阁、丰田的凯美瑞和克莱西达，以及尼桑的马克西马。

2) 顾客分析

(1) 顾客的性别结构。由美国人口统计局的资料可知，20 世纪 80 年代，在美国，男子的收入水平是女子的 2 倍以上；另外 40%的妇女不外出工作。因此可以有把握地说，豪华汽车市场的用户群绝大部分是有较高收入的男性。

(2) 顾客的年龄结构。在美国市场，中青年用户受过大学教育的比例很高，大学毕业年龄为 22 岁，大学毕业以后走上工作岗位。最开始时工资不高，需要有一定工作经验后才能获得较高收入。近似估算，在 25 岁以后才能获得有能力购买豪华车的收入(50 000 美元左右)，因此年龄下限大致确定为 25 岁。凯迪拉克车的车主平均年龄为 58 岁，美洲虎车的用户平均年龄为 50 岁，两者取中估算，中青年用户市场年龄上限大致确定为 54 岁。

2.1 企业与市场营销环境

任何企业总是生存在一定的环境之中，企业的营销活动不可能脱离环境而单独进行。菲利普·科特勒的"大市场营销"理论认为，企业要成功地进入特定的市场，在策略上应协调地运用经济、心理、政治和公共关系等手段，以博得有关各方面的合作与支持，为企业从事营销活动创造一个宽松的外部环境。环境分析是制定市场营销战略的基础，市场营销活动必须以环境为依据。企业应主动适应环境，并采取积极措施以主动影响和改变环境，这样才能提高市场营销活动的有效性，使环境有利于企业的生存和发展。

2.1.1 市场营销环境的概念

按照菲利普·科特勒的解释，市场营销环境是影响企业市场和营销活动的不可控制的参与者和影响力。具体地说，就是"市场营销环境是影响企业市场营销的管理能力，使其能卓有成效地发展和维持与目标顾客交易及关系的外在参与者和影响力"。因此，市场营销环境是指与企业营销活动有潜在关系的所有外部力量和相关因素的集合，它是影响企业生存和发展的各种外部条件。

企业市场营销环境的内容既广泛又复杂，不同的因素对营销活动的影响也不尽相同，同样的环境因素对不同的企业所产生的影响也会大小不一。一般来说，市场营销环境主要包括两个方面的构成要素：一是微观环境要素，即指与企业紧密相连，直接影响其营销能力的各种参与者，这些参与者包括企业的供应商、营销中间商、顾客、竞争者以及社会公众和影响营销管理决策的企业内部各个部门；二是宏观环境要素，即影响企业微观环境的巨大社会力量，包括人口、经济、政治、法律、科学技术、社会文化及自然地理等多方面的因素。微观环境直接影响着企业的市场营销活动，而宏观环境主要以微观营销环境为媒介间接影响企业的市场营销活动。前者可称为直接营销环境，后者可称为间接营销环境。两者之间并非并列关系，而是主从关系，即直接营销环境受制于间接营销环境。

推销员不同的环境观

美国有两名推销员到南太平洋某岛国去推销企业生产的鞋子，他们到达后却发现这里的居民没有穿鞋的习惯。于是，一名推销员给公司拍了一份电报，称岛上居民不穿鞋子，这里没有市场，随之打道回府；而另一位推销员则在给公司的电报上称，这里的居民不穿鞋子，所以市场潜力很大，只是这个市场需要开发。他让公司运了一批鞋过来免费赠给当地的居民，并告诉他们穿鞋的好处。逐渐地，人们发现穿鞋确实既实用又舒适而且美观，所以穿鞋的人越来越多。这样，该推销员通过自己的努力，打破了当地居民的传统习俗，改变了企业的营销环境，获得了成功。

2.1.2 企业与营销环境的关系

市场营销环境通过其内容的不断扩大及其自身各因素的不断变化，对企业营销活动产生影响。

首先，市场营销环境的内容随着市场经济的发展而不断变化。20 世纪初，西方企业仅将销售市场作为营销环境；30 年代后，西方企业将政府、工会、竞争者等与企业有利害关系者也看作环境因素；进入 60 年代，西方企业又把自然生态、科学技术、社会文化等作为重要的环境因素；90 年代以来，随着政府对经济干预力度的加强，西方企业愈加重视对政治、法律环境的研究。环境因素由内向外扩展，国外营销学者称之为"外界环境化"。环境因素经常处于不断变化之中。环境的变化既有环境因素主次地位的互换，也有可控程度以及是否可控的变化，还有矛盾关系的协调。随着我国社会主义市场经济体制的建立与完善，市场营销宏观环境的变化也将日益显著。

其次，营销环境是企业营销活动的制约因素，营销活动要适应这些环境才得以正常进行。这表现在：营销管理者虽可控制企业的大部分营销活动，但必须注意环境对营销决策的影响，不得超越环境的限制；营销管理者虽能分析、认识营销环境提供的机会，但无法控制环境因素的变化，更无法有效地控制竞争对手；由于营销决策与环境之间的关系复杂多变，营销管理者无法直接看到企业营销决策实施的最终结果。此外，企业营销活动所需的各种资源，需要在环境许可的条件下取得，企业生产与经营的各种产品，也需要获得消费者的认可与接纳。

最后，虽然企业营销活动必须与其所处的外部和内部环境相适应，但营销活动绝非只能被动地接受环境的影响，营销管理者应采取积极的态度主动地适应营销环境。就宏观环境而言，企业可以以不同的方式增强适应环境的能力，避免来自环境的威胁，有效地把握市场机会。在一定条件下，也可运用自身的资源，积极影响和改变环境因素，创造更有利于企业营销活动的空间。菲利普·科特勒的"大市场营销"理论认为，企业要成功地进入特定的市场，在策略上应协调地使用经济、心理、政治和公共关系等手段，以博得外国或地方有关各方面的合作与支持，借以消除壁垒很高的封闭型或保护型市场存在的障碍，为企业从事营销活动创造一个宽松的外部环境。就微观环境而言，直接影响企业营销能力的各个参与者，事实上都是企业营销部门的利益共同体。企业内部其他部门与营销部门利益的一致性自不待言，企业营销活动的成功，也应为顾客、供应商和营销中间商带来利益，并造福社会公众。即使是竞争者，也存在互相学习、互相促进的因素，在竞争中，有时也会采取联合行动，甚至成为合作者。

2.2 宏观营销环境分析

2.2.1 人口环境

人口是构成市场的首要因素。因为市场是由那些想购买商品同时又具有购买力的人构成的，所以人口的多少直接决定市场的潜在容量，人口越多，市场规模就越大。而人口的年龄结构、地理分布、婚姻状况、出生率、死亡率、人口密度、人口流动性及其文化教育程度等人口特性，都会对市场格局产生深刻影响，并直接影响企业的市场营销活动和企业的经营管理。企业必须重视对人口环境的研究，密切注视人口特性及其发展动向，不失时机地抓住市场机会，当出现威胁时，应及时、果断地调整营销策略以适应人口环境的变化。

1. 人口数量与增长速度对企业营销的影响

联合国人口基金会发布的 2014 年世界人口现状报告显示，世界人口已经突破 70 亿，且以每年 8 000 万～9 000 万的速度增长，其中 80%的人口属于发展中国家。截至 2014 年，我国总人口已超过 13 亿。众多的人口及偏高的人口增长率，给企业带来市场机会的同时，也带来了威胁。首先，人口数量是决定市场规模和潜量的一个基本要素，如果收入水平不变，人口越多，则对食物、衣着、日用品的需要量也越大，那么市场也就越大，因此，按人口数目可大略推算出市场规模，我国人口众多，无疑是一个巨大的市场。其次，人口的迅速增长促进了市场规模的扩大。因为随着人口的增加，其消费需求也会迅速增加，那么市场的潜力也就越大。例如，随着我国人口增加，人均耕地减少，粮食供应不足，人们的食物消费模式将发生变化，这就可能对我国的食品加工业产生重要影响；随着人口增长，能源供需矛盾将进一步扩大，因此研制节能产品和技术是企业必须认真考虑的问题；而人口增长将使住宅供需矛盾日益加剧，这就给建筑业的发展带来了机会。然而，另一方面，人口的迅速增长也会给企业营销带来不利的影响。比如人口增长可能导致人均收入下降，限制经济发展，从而使市场吸引力降低。又如由于房屋紧张引起房价上涨，从而增大企业产品成本。另外，人口增长还会对交通运输产生压力，企业对此应予以关注。

2. 人口结构对企业营销的影响

人口结构主要包括人口的年龄结构、性别结构、家庭结构、社会结构及民族结构。

1) 年龄结构

不同年龄的消费者对商品的需求不同。我国人口年龄结构的显著特点是现阶段青少年比重约占总人口的一半，反映到市场上，在今后 20 年内，婴幼儿和少年儿童用品及结婚用品的需求将明显增长。目前我国人口老龄化现象开始凸显，反映到市场上，就是老年人的需求出现高峰。这样，诸如保健用品、营养品、老年人生活必需品等市场将会兴旺。

2) 性别结构

不同性别，其市场需求也有明显的差异。据调查，0～62 岁年龄组内，男性的市场需求略多于女性，其中 37～53 岁的年龄组内，男性多于女性约 10%，但到 73 岁以上，女性多于男性约 20%，反映到市场上就会出现男性用品市场和女性用品市场。例如，在我国，妇女通常是去购买自己及家人的生活用品、杂货、衣服，而男子则购买大件物品。

3) 家庭结构

家庭是消费的基本单位，家庭的数量直接影响到某些商品需求的数量。目前，世界上普遍呈现家庭规模缩小的趋势，越是经济发达地区，家庭规模就越小。欧美国家的家庭规模基本上是户均 3 人左右，亚非拉发展中国家户均 5 人左右。在我国，"四代同堂"的现象已不多见，"三位一体"的小家庭则很普遍，并逐步由城市向乡镇发展。家庭数量的剧增必然会引起对炊具、家具、家用电器和住房等需求的迅速增长。

4) 社会结构

我国农村人口约占总人口的50%，因此，农村是个广阔的市场，有着巨大的潜力。这一社会结构的客观状况决定了企业在国内市场中，应当以农民为主要营销对象，市场开拓的重点也应放在农村。尤其是一些中小企业，更应注意开发价廉物美的商品以满足农民的需要。

5) 民族结构

我国除了汉族以外，还有55个少数民族，民族不同，其生活习性、文化传统也不相同，反映到市场上，就是各民族的市场需求存在着很大的差异。因此，企业营销者要注意民族市场的营销，重视开发符合各民族特性、受其欢迎的商品。

3. 人口的地理分布及区间流动对企业营销的影响

地理分布指人口在不同地区的密集程度。由于受自然地理条件以及经济发展程度等多方面因素的影响，人口的分布绝不会是均匀的。从我国来看，人口主要集中在东南沿海一带，约占总人口的94%，而西北地区人口仅占6%左右，而且人口密度逐渐由东南向西北递减。另外，城市的人口比较集中，尤其是大城市人口密度很大，在我国就有上海、北京、重庆等好几个城市的人口超过1 000万人，而农村人口则相对分散。人口的这种地理分布表现在市场上，就是人口的集中程度不同，则市场大小不同；消费习惯不同，则市场需求特性不同。例如，南方人以大米为主食，北方人以面粉为主食，江浙沪沿海一带的人喜食甜，而川湘鄂一带的人则喜辣。随着经济的活跃和发展，人口的区域流动性也越来越强。在发达国家除了国家之间、地区之间、城市之间的人口流动外，还有一个突出的现象就是城市人口向农村流动。在我国，人口的流动主要表现为农村人口向城市或工矿地区流动，内地人口向沿海经济开放地区流动。另外，经商、观光旅游、学习等使人口流动加速。对于人口流入较多的地方而言，一方面由于劳动力增多，就业问题突出，从而加剧行业竞争；另一方面，人口增多也使当地基本需求量增加，消费结构也发生一定的变化，继而给当地企业带来较多的市场份额和营销机会。

2.2.2 经济环境

经济环境指企业营销活动所面临的外部社会条件，其运行状况及发展趋势会直接或间接地对企业营销活动产生影响。

1. 直接影响营销活动的经济环境因素

市场不仅是由人口构成的，同时这些人还必须具备一定的购买力。一定的购买力水平是形成市场并影响市场规模大小的决定因素，同时它也是影响企业营销活动的直接经济环境，主要包括以下几个方面。

1) 消费者收入水平的变化

消费者收入是指消费者个人从各种来源所得的全部收入，包括消费者个人的工资、退休金、红利、租金、赠予等收入。消费者的购买力来自消费者的收入，但消费者并不是把全部收入都用来购买商品或劳务，购买力只是收入的一部分。因此，在研究消费收入时，要注意以下几点。

(1) 国民生产总值。它是衡量一个国家经济实力与购买力的重要指标，从国民生产总值的增长幅度，可以了解一个国家经济发展的速度。一般来说，工业品的营销与这个指标有关,而消费品的营销则与此关系不大。国民生产总值增长越快,对工业品的需求量和购买力就越大;反之,就越小。

(2) 人均国民收入。这是用国民收入总量除以总人口的比值。这个指标大体反映了一个国家人民生活水平的高低,也在一定程度上决定商品需求的构成。一般来说,人均收入增长,对消费品的需求和购买力就大;反之,就小。根据近40年的统计,一个国家人均国民收入达到5 000美元,就可以普及机动车,其中小轿车约占一半,其余为摩托车和其他类型的机动车。

(3) 个人可支配收入。这是从个人收入中扣除税款和非税性负担后所得余额,它是个人收入中可以用于消费支出或储蓄的部分,构成实际的购买力。

(4) 个人可任意支配收入。这是在个人可支配收入中减去用于维持个人与家庭生存不可缺少的费用(如房租、水电、食物、燃料、衣着等多项开支)后剩余的部分。这部分收入是消费需求变化中最活跃的因素,也是企业开展营销活动时所要考虑的主要对象。因为这部分收入主要用于满足人们基本生活需要之外的开支,一般用于购买高档、耐用消费品、旅游、储蓄等,它是影响非生活必需品和劳务销售的主要因素。

(5) 家庭收入。很多产品是以家庭为基本消费单位的,如冰箱、抽油烟机、空调等。因此,家庭收入的高低会影响很多产品的市场需求。一般来讲,家庭收入高,对消费品需求大,购买力也大;反之,需求小,购买力也小。需要注意的是,企业营销人员在分析消费者收入时,还要区分"货币收入"和"实际收入"。只有"实际收入"才影响"实际购买力"。因为实际收入和货币收入并不完全一致,由于通货膨胀、失业、税收等因素的影响,有时货币收入增加,而实际收入却可能下降。实际收入是扣除物价变动因素后实际购买力的反映。

2) 消费者支出模式和消费结构的变化

随着消费者收入的变化,消费者支出模式会发生相应变化,继而使一个国家或地区的消费结构也发生变化。西方一些经济学家常用恩格尔系数来反映这种变化。恩格尔系数表明,在一定的条件下,当家庭收入增加时,收入中用于食物开支部分的增长速度要小于用于教育、医疗、享受等方面的开支增长速度。食物开支占总消费量的比重越大,恩格尔系数越高,生活水平越低;反之,食物开支所占比重越小,恩格尔系数越小,生活水平越高。

这种消费支出模式不仅与消费者收入有关,而且还受到下面两个因素的影响。

(1) 家庭生命周期阶段的影响。据调查,没有孩子的年轻人家庭,往往把更多的收入用于购买冰箱、电视机、家具、陈设品等耐用消费品,而有孩子的家庭,则在孩子的娱乐、教育等方面支出较多,而用于购买家庭消费品的支出减少。当孩子长大独立生活后,家庭收支预算又会发生变化,用于保健、旅游、储蓄的支出就会增加。

(2) 家庭所在地点的影响。如住在农村的消费者与住在城市的消费者相比,前者用于交通方面支出较少,用于住宅方面的支出较多,而后者用于衣食、交通、娱乐方面的支出较多。

3) 消费者储蓄和信贷情况的变化

消费者的购买力还要受储蓄和信贷的直接影响。消费者个人收入不可能被全部花掉,总有一部分以各种形式储蓄起来,这是一种推迟了的、潜在的购买力。消费者储蓄一般有两种形式:一是银行存款,增加现有银行存款额;二是购买有价证券。当收入一定时,储蓄越多,现实消费量就越小,但潜在消费量越大;反之,储蓄越少,现实消费量就越大,但潜在消费量越小。企业营销人员应当全面了解消费者的储蓄情况,尤其是要了解消费者储蓄目的的差异。储蓄目的不同,往往会导致潜在需求量、消费模式、消费内容、消费发展方向的不同。这就要求企业营销人员在调查、了解储蓄动机与目的的基础上，制定不同的营销策略，为消费者提供有效的产品和劳务。

西方国家广泛存在的消费者信贷对购买力的影响也很大。所谓消费者信贷，就是消费者凭信用先取得商品使用权，然后按期归还贷款，以购买商品。这实际上就是消费者提前支取未来的收入，提前消费。西方国家盛行的消费者信贷主要有：①短期赊销；②购买住宅分期付款；③购买昂贵的消费品分期付款；④信用卡信贷。信贷消费允许人们购买超过自己现实购买力的商品，从而创造了更多的收入以及更多的需求、更多的就业机会；同时，消费者信贷还是一种经济杠杆，它可以调节积累与消费、供给与需求的矛盾。当市场供大于求时，可以发放消费信贷，刺激需求；当市场供不应求时，必须收缩信贷，适当抑制、减少需求。消费信贷把资金投向需要发展的产业，刺激这些产业的生产，带动相关产业和产品的发展。我国现阶段的信贷消费还主要是公共事业单位提供的服务信贷，如水、电、煤气费用的交纳，其他方面，如教育、住宅建设以及一些商家的信用卡消费正在逐步兴起。

2. 间接影响营销活动的经济环境因素

除了上述直接影响企业市场营销活动的因素外，还有一些经济环境因素也间接对企业的营销活动产生或多或少的影响。

1) 经济发展水平

企业的市场营销活动要受到一个国家或地区的整体经济发展水平的制约。经济发展阶段不同，居民的收入不同，顾客对产品的需求也不一样，从而会在一定程度上影响企业的营销。例如，以消费者市场来说，经济发展水平比较高的地区，在市场营销方面强调产品款式、性能及特色，品质竞争多于价格竞争。而在经济发展水平低的地区，则较侧重于产品的功能及实用性，价格因素比产品品质更为重要。在生产者市场方面，经济发展水平高的地区，其生产设备一般是投资较大、能节省劳动力的先进、精密、自动化程度高、性能好的设备。在经济发展水平低的地区，其机器设备大多是一些投资少、耗劳动力多、简单易操作、较为落后的设备。因此，对于经济发展水平不同的地区，企业应采取不同的市场营销策略。

2) 经济体制

世界上存在着多种经济体制，有计划经济体制、市场经济体制、计划市场经济体制、市场计划经济体制等，不同的经济体制对企业营销活动的制约和影响不同。例如，在计划经济体制下，企业是行政机关的附属物，没有生产经营自主权，企业的产、供、销都由国家计划统一安排，企业生产什么，生产多少，如何销售，都不是企业自己的事情。在这种经济体制下，企业不能独立地开展生产经营活动，也就谈不上开展市场营销活动。而在市场经济体制下，企业的一切活动都以市场为中心，市场是其价值实现的场所，因而企业必须特别重视营销活动，并通过营销实现自己的利益目标。

3) 地区与行业发展状况

我国地区经济发展很不平衡，形成了东部、中部、西部三大地带和东高西低的发展格局，同时在各个地区的不同省市，还呈现出多极化发展趋势。这种地区经济发展的不平衡，对企业的投资方向、目标市场以及营销战略的制订等都会带来巨大影响。

我国行业与部门的发展也有差异。今后一段时间，我国将重点发展农业、原料和能源等基础产业，这些行业的发展必将带动商业、交通、通信、金融等行业和部门的相应发展，也给市场营销带来一系列影响。因此，企业一方面要处理好与有关部门的关系，加强与它们的联系；另一方面，则要根据与本企业联系紧密的行业或部门的发展状况，制订切实可行的营销措施。

4) 城市化程度

城市化程度是指城市人口占全国总人口的百分比，它是一个国家和地区经济发展水平的重要特征之一。城市化是影响营销的环境因素之一，这是因为城乡居民之间存在着某种程度的经济和文化上的差别，进而导致消费行为的不同。例如，目前我国大多数农村居民的自给自足程度仍然较高，而城市居民则主要通过货币交换来满足需求。此外，城市居民一般受教育程度较高，思想较开放，容易接受新生事物，而农村相对闭塞，农民的消费观念较为保守，故而一些新产品、新技术往往首先被城市所接受。企业在开展营销活动时，要充分注意到这些消费行为的城乡差别，相应调整营销策略。

2.2.3 自然环境

一个国家、一个地区的自然地理环境包括该地的自然资源、地形地貌和气候条件，这些因素都会不同程度地影响企业的营销活动，有时这种影响对企业的生存和发展起决定性的作用。企业要避开由自然地理环境带来的威胁，最大限度利用环境变化可能带来的市场营销机会，就应不断地认识和分析自然地理环境变化的趋势，并根据不同的环境来设计、生产和销售产品。

1. 物质自然环境

物质自然资源是指自然界提供给人类的各种形式的物质财富，如矿产资源、森林资源、土地资源、水力资源等。这些资源分为 3 类：一是无限资源，如空气、水等；二是有限但可以更新的资源，如森林、粮食等；三是有限但不可再生资源，如石油、锡、煤、锌等矿物。自然资源是进行商品生产和实现经济繁荣的基础，和人类社会的经济活动息息相关。由于自然资源的分布具有地域的差别性，分布很不均衡。因此，企业到某地投资或从事营销就必须了解该地的自然资源情况。如果该地对本企业产品需求大，但缺乏必要的生产资源，那么，企业就适宜向该地销售产品。但是如果该地有丰富的生产资源，企业就可以在该地投资建厂，当地生产，就地销售。可见，一个地区的自然资源状况往往是吸引外地企业前来投资建厂的重要因素。此外，自然环境对企业营销的影响还表现在两个方面。

(1) 自然资源短缺的影响。随着工业的发展，自然资源逐渐短缺。例如，我国资源从总体看是丰富的，但从人均占有量来说又是短缺的。近几年，资源紧张使得一些企业陷入困境，但又促使企业去寻找替代品，降低原材料消耗。例如，一段时间天然油脂吃紧，使一些以此为主料的肥皂厂陷入困境，四川某肥皂厂也遇到同样困难，但该厂马上研制出"芙蓉牌"肥皂粉，既提高了产品的功效，又降低了原材料的消耗，这一产品也很快赢得了消费者的青睐，占领了市场。这种情况表明，资源短缺将使企业生产成本大幅度上升，企业必须积极从事研究开发，尽力寻求新的资源替代品。

(2) 环境的污染与保护。环境污染已成为举世瞩目的问题。占世界人口总数 15%的工业发达国家，其工业废物的排放量占世界废物排放总量的 70%。我国虽属发展中国家，但工业"三废"(废渣、废水、废气)对环境也造成严重污染，其中煤烟型污染最为突出。对此，各国(包括我国)政府都采取了一系列措施，对环境污染问题进行控制。这样，一方面限制了某些行业的发展，另一方面也为企业创造了两种营销机会：一是为治理污染的技术和设备提供了一个大市场；二是为不破坏生态环境的新的生产技术和包装方法创造了营销机会。因此，企业经营者要了解政府对资源使用的限制和对污染治理的措施，力争做到既能减少环境污染，又能保证企业发展，提高经济效益。

2. 地理环境

一个国家或地区的地形地貌和气候，是企业开展市场营销所必须考虑的地理环境因素，这些地理特征会对市场营销产生一系列影响。例如，气候(温度、湿度等)与地形地貌(山地、丘陵等)特点，都会影响产品和设备的性能及使用，在沿海地区运转良好的设备到了内陆沙漠地区就有可能发生性能的急剧变化。有些国家地域辽阔、南北跨度大，各种地形地貌复杂，气候多变，在这种情况下企业必须根据各地的自然地理条件生产与之相适应的产品，才能适应市场的需要。例如，我国北方寒冷与南方炎热的气候，都会对产品提出不同的环境适应性要求。这就是夏天在"三大火炉"之一的武汉市，降温产品(冷饮、电风扇、空调器、电冰箱)特别畅销的原因所在。如果从经营成本上考虑，平原地区道路平坦，运输费用比较低，而山区丘陵地带道路崎岖，运费自然就高。可见，气候、地形、地貌不仅直接影响一个地区的经济、文化和人口分布状况，而且还会影响到企业的经营、运输、通信、分销等活动。因此，企业开展营销活动，必须考虑当地的气候与地形地貌，使其营销策略能适应当地的地理环境。

2.2.4 技术环境

进入 20 世纪以来，科学技术日新月异，第二次世界大战以后，新科技革命蓬勃兴起，形成了科学-技术-生产体系，科学技术在现代生产中起着主导作用。工业发达国家科技进步因素在国民生产总值中所占比例已从 20 世纪初的 5%~20%，提高到现在的 80%以上，我国目前这一比例仅为 40%左右，这说明我国的科技水平还比较落后。科学技术的发展对于社会的进步、经济的增长和人类社会生活方式的变革都起着巨大的推动作用。现代科学技术是社会生产力中最活跃的决定性因素，它作为重要的营销环境因素，不仅直接影响企业内部的生产和经营，而且还与其他环境因素相互依赖、相互作用，共同影响企业的营销活动。

1. 科技环境对企业营销的影响

(1) 科学技术的发展直接影响企业的经济活动。在现代，生产率水平的提高，主要依靠设备的技术开发(包括原有设备的革新、改装以及设计、研制效率更高的现代化设备)、创造新的生产工艺和新的生产流程。同时，技术开发也扩大和提高了劳动对象的利用广度和深度，不断创造新的原材料和能源。这些都不可避免地影响到企业的管理程序和市场营销活动。科学技术既为市场营销提供了科学理论和方法，又为市场营销提供了物质手段。

(2) 科学技术的发展和应用影响企业的营销决策。科学技术的发展，使得每天都有新品种、新款式、新功能、新材料的商品在市场上推出，因此，科学技术进步所产生的效果，往往借助消费者和市场环境的变化而间接影响企业市场营销活动的组织。营销人员在进行决策时，必须考虑科技环境带来的影响。

(3) 科学技术的发明和应用，可以造就一些新的行业、新的市场，同时又使一些旧的行业与市场走向衰落。例如，太阳能、核能等技术的发明应用，使得传统的水力和火力发电受到冲击。太阳能、核能行业的兴起，必然给掌握这些技术的企业带来新的机会，又给水力、火力发电行业带来较大的威胁。再如，晶体管取代电子管，后又被集成电路所取代；复印机工业对复写纸工业、电视业对电影业、化纤工业对传统棉纺业的冲击等。这一切无不说明，伴随着科学技术的进步，新行业排挤、替代旧行业，这对新行业技术拥有者是机会，但对旧行业却是威胁。

(4) 科学技术的发展，使得产品更新换代速度加快，产品的市场寿命缩短。今天，科学技术突飞猛进，新原理、新工艺、新材料等不断涌现，使得刚刚兴起的技术和产品转瞬间成了明日黄花。这种情况要求企业不断地进行技术革新，赶上技术进步的浪潮。如果企业的产品跟不上更新换代的步伐，跟不上技术发展和消费需求的变化，就会被市场无情地淘汰。

(5) 科学技术的进步，将会使人们的生活方式、消费模式和消费需求结构发生深刻的变化。科学技术是一种"创造性的毁灭力量"。它本身创造出新的东西，同时又淘汰旧的东西。一种新技术的应用，必然导致新的产业部门和新的市场出现，使消费对象的品种不断增加，范围不断扩大，消费结构发生变化。例如，在美国，汽车工业的迅速发展使美国成为一个"装在车轮上的国家"，现代美国人的生活方式，无时无刻不依赖于汽车。再如，电子计算技术的发展使人们改变了传统的笔算和拨算盘珠的习惯，甚至在日常生活中也逐渐离不开电子计算机和微型计算器。企业如果能深刻认识到这些生活方式的变革，主动采取与之相适应的营销策略，营销活动就能获得成功。所以，企业在组织市场营销时，必须深刻认识和把握由于科学技术发展而引起的社会生活和消费结构的变化，看准营销机会，积极采取行动，并且要尽量避免科技发展给企业造成的威胁。

(6) 科学技术的发展为提高营销效率提供了更新更好的物质条件。首先，科学技术的发展，为企业提高营销效率提供了物质条件。例如，新的交通运输工具的发明或旧的运输工具的技术改进，使运输的效率大大提高；信息、通信设备的改善，更便于企业组织营销，提高营销效率；现代商业中自动售货、邮购、电话订货、电视购物、电子商务等方式的发展，既满足了消费者的要求，又使企业的营销效率更高。其次，科学技术的发展可使促销措施更有效。例如，广播、电视、传真等现代信息传媒技术的发展，可使企业的商品和劳务信息及时、准确地传送到全国乃至世界各地，这将大大有利于本国和世界各国消费者了解这方面的信息，并起到刺激消费、促进销售的作用。最后，现代计算技术和手段的发明运用，可使企业及时对消费者的消费需求及动向进行有效的了解，从而使企业营销活动更加切合消费者需求的实际情况。科学技术的发展，推动了消费者需求向高档次、多样化方向变化，消费者消费的内容更加纷繁复杂。因此，生产什么商品、生产多少商品去满足消费者需要这个问题，还得依靠调查研究和综合分析来解决。这种情况，传统的计算和分析手段是无能为力的，而现代计算和分析手段的发明运用，提供了解决这些问题的武器。例如，利用高级电子计算机对消费者及其需求的资料进行模拟和计算、分析和预测，就能及时、准确地为企业提供相关资料，以作为企业营销活动的客观依据。

总之，科学技术的进步和发展，必将给社会经济、政治、军事以及社会生活等各个方面带来深刻的变化，这些变化也必将深刻地影响企业的营销活动，给企业造成有利或不利的影响，甚至关系到企业的生存和发展。因此，企业应特别重视科学技术这一重要的环境因素对企业营销活动的影响，以便能够抓住机会，避免风险，求得生存和发展。

2. 互联网对营销的影响

互联网作为跨时空传输的"超导体"媒体，能够克服营销过程中时空的限制，为市场中所有顾客提供及时的服务，同时通过互联网的交互性也可以了解不同市场顾客特定需求并针对性地为之提供服务，因此，互联网可以说是营销中满足消费者需求最具魅力的营销工具之一。互联网将4P(产品/服务、价格、分销、促销)和以顾客为中心的4C(顾客、成本、方便、沟通)相结合，对企业营销产生深刻影响。

1) 以顾客为中心提供产品和服务

市场上顾客需求差异性大，利用互联网很好的互动性和引导性，企业可引导用户对产品或服务进行选择或提出具体要求，并根据顾客的选择和要求及时进行生产并提供及时服务，同时，企业还可以及时了解顾客需求的变化以及时满足顾客变化的需求，并提高企业的生产效益和营销效率。如美国戴尔公司在20世纪90年代中期还是亏损的，但它通过互联网销售电脑，仅用了一年销售额增长了100%。

2) 以顾客能接受的成本进行定价

在当代经济全球化、全球竞争日益激烈的市场格局下，传统的以生产成本为基准的成本导向定价，应当转变为以市场为导向的定价方法。由于营销可能面对不同市场和地区的顾客，其消费层次和需求可能千差万别，因而要求价格具有很大的弹性。以需求为导向定价，除考虑顾客的价值观念外，还要考虑顾客能接受的成本，并依据该成本来组织生产和销售。企业以顾客为中心定价，必须能测定市场中顾客的需求以及对价格认同的标准，否则以顾客的接受成本来定价就是空中楼阁。通过互联网，顾客可以提出接受的成本，企业根据顾客的成本提供柔性的产品设计和生产方案供用户选择，直到顾客认同确认后再组织生产和销售。

3) 产品的分销以方便顾客为主

网络营销是一对一的分销渠道，是跨时空进行的销售，顾客可以随时随地利用互联网订货和购买产品。

4) 从强迫式促销转向加强与顾客直接沟通的促销方式

【拓展期刊】

传统的促销是以企业为主体，通过一定的媒体或工具对顾客进行强迫式的促销，以加强顾客对公司和产品的接受度和忠诚度，顾客是被动地接受，企业缺乏与顾客的直接沟通，同时公司的促销成本很高。互联网上的营销是一对一和交互式的，顾客可以参与到公司的营销活动中来，因此互联网更能加强企业与顾客的沟通和联系，直接了解顾客的需求，得到顾客的认同。

2.2.5 政治环境

政治与法律是影响企业营销的重要宏观环境因素。政治因素像一只无形的手，调节着企业营销活动的方向，法律则为企业规定商贸活动的行为准则。政治与法律相互联系，共同对企业的市场营销活动发挥影响和作用。

1. 政治环境因素

政治环境指企业进行市场营销活动的外部政治形势状况以及国家政策方针的变化对市场营销活动带来的或可能带来的影响。

1) 政治局势

政治局势指企业营销所处的国家或地区的政治稳定状况。一个国家的政局稳定与否会给企业营销活动带来重大的影响。如果政局稳定，生产发展，人民安居乐业，就能够为企业营造良好的营销环境。相反，政局不稳，社会矛盾尖锐，秩序混乱，这不仅会影响经济发展和人民的购买力，而且对企业的营销心理也有重大影响。战争、暴乱、罢工、政权更替等政治事件都可能对企业营销活动产生不利影响，能迅速改变企业环境。例如，一个国家的政权频繁更替，尤其是通过暴力改变政局，这种政治的不稳定，会给企业投资和营销带来极大的风险。因此，社会是否安定对企业的市场营销关系极大，特别是在对外营销活动中，一定要考虑投资国政局变动和社会稳定情况可能造成的影响。像中东地区的一些国家，虽然有较大的市场潜力，但由于政治不稳定，国内经常发生宗教冲突、派系冲突，还有恐怖组织的恐怖活动，国家之间也常有战事，这样的市场有较大的风险，需要认真评估。

2) 方针政策

各个国家在不同时期，都会根据不同需要制定一些经济政策，制定一些经济发展方针，这些方针政策不仅会影响本国企业的营销活动，而且还会影响外国企业在本国市场的营销活动。例如，我国在产业政策方面制定的《国务院关于当前产业政策要点的决定》，明确提出了当前生产领域、基本建设领域、技术改造领域、对外贸易领域各主要产业的发展序列。还有诸如人口政策、能源政策、物价政策、财政政策、金融与货币政策等，都给企业研究经济环境、调整自身的营销目标和产品构成提供了依据。就对本国企业的影响来看，一个国家制定出来的经济与社会发展战略、各种经济政策等，企业都是要执行的，而执行的结果必然要影响市场需求，改变资源的供给，扶持和促进某些行业的发展，同时又限制另一些行业和产品的发展。也就是说，企业必须按照国家的规定，生产和经营国家允许的行业和产品。这是一种直接的影响。国家也可以通过方针政策对企业营销活动施以间接影响。例如，国家可以通过征收个人收入调节税，调节消费者收入，通过影响消费者的购买力来影响消费者需求；国家还可以通过增加产品税来抑制某些商品的需求，如对香烟、酒等课以较重的税收来抑制消费者的消费需求。这些政策必然影响社会购买力，影响市场需求，从而间接影响企业营销活动。

3) 国际关系

这是指国家之间的政治、经济、文化、军事等关系。发展国际经济合作和贸易关系是人类社会发展的必然趋势，企业在其生产经营过程中，都能或多或少地与其他国家发生往来，开展国际营销的企业更是如此，因此，国家间的关系也就必然会影响企业的营销活动。这种国际关系主要包括两个方面的内容。

(1) 企业所在国与营销对象国之间的关系。例如，中国在国外经营的企业要受到市场国对中国外交政策的影响。如果该国与我国的关系良好，则中国企业在该国经营有利；反之，如果该国对我国政府持敌对态度，那么，中国的企业就会遭到不利的对待，甚至遭到攻击或抵制。例如，中美两国之间的贸易关系就经常受到两国外交关系的影响。美国经常在贸易上采取一些歧视政策，如搞配额限制和所谓的"反倾销"措施等，阻止中国产品进入美国市场。这对中国企业在美国市场上的营销活动是极为不利的。

(2) 国际企业的营销对象国与其他国家之间的关系。国际企业对于市场国来说是外来者，但其营销活动要受到市场国与其他国家关系的影响。例如，中国与伊拉克很早就有贸易往来，伊拉克曾是我国钟表和精密仪器的较大客户，海湾战争后，由于联合国对伊拉克的经济制裁，使我国企业的很多贸易往来不能进行。阿拉伯国家也曾联合起来，抵制与以色列有贸易往来的国际企业。当可口可乐公司试图在以色列办厂时，引起阿拉伯国家的普遍不满，因为阿拉伯国家认为，这样做有利于以色列发展经济。而当可口可乐公司在以色列销售成品饮料时，却受到阿拉伯国家的欢迎,因为他们认为这样做会消耗以色列的外汇储备。这说明国际企业的营销对象国与其他国家之间的关系,也是影响国际企业营销活动的重要因素。

2. 法律环境因素

法律是体现统治阶级意志,由国家制定或认可,并以国家强制力保证实施的行为规范的总和。对企业来说,法律是评判企业营销活动的准则,只有依法进行各种营销活动,才能受到国家法律的保护。因此,企业开展市场营销活动,必须了解并遵守国家或政府颁布的有关经营、贸易、投资等方面的法律、法规。如果从事国际营销活动,企业就既要遵守本国的法律制度,还要了解和遵守市场国的法律制度和有关的国际法规、国际惯例和准则,这方面因素对国际企业的营销活动有深刻的影响。例如,一些国家对外国企业进入本国经营设定各种限制条件。日本政府曾规定,任何外国公司进入日本市场,必须要找一个日本公司同它合伙。也有一些国家利用法律对企业的某些行为作为特殊限制,美国《反托拉斯法》规定不允许几个公司共同商定产品价格,一个公司的市场占有率超过 20%就不能再合并同类企业。除上述特殊限制外,各国法律对营销组合中的各种要素,往往有不同的规定。例如,产品由于其物理和化学特性往往涉及消费者的安全问题,因此,各国法律对产品的纯度、安全性能有详细甚至苛刻的规定,目的在于保护本国的生产者而非消费者。美国曾以保证安全为由,限制欧洲制造商在美国销售汽车,以致欧洲汽车制造商不得不专门改进其产品,以符合美国法律的要求;英国也曾借口法国牛奶计量单位采用的是公制而非英制,将法国牛奶逐出本国市场;而德国以不符合噪声标准为由,将英国的割草机逐出德国市场。各国法律对商标、广告、标签等都有自己特别的规定。比如加拿大的产品标签要求用英、法两种文字标明;法国却只使用法文产品标签。广告方面,许多国家禁止电视广告,或者对广告播放时间和广告内容进行限制。例如德国不允许做比较性广告和使用"较好""最好"之类的广告词;许多国家不允许做烟草和酒类广告等。这些特殊的法律规定,是企业特别是进行国际营销的企业必须了解和遵循的。

2.2.6 文化环境

社会文化是指一个社会的民族特征、价值观念、生活方式、风俗习惯、伦理道德、教育水平、语言文字、社会结构等的总和。它主要由两部分组成:一是全体社会成员所共有的基本核心文化;二是随时间变化和外界因素影响而容易改变的社会次文化或亚文化。人类在某种社会中生活,必然会形成某种特定的文化。不同的社会与文化,代表着不同的生活模式,不同国家、不同地区的人民对同一产品可能持有不同的态度,这些都会直接或间接地影响产品的设计、包装、信息的传递方法、产品被接受的程度、分销和推广措施等。社会文化因素通过影响消费者的思想和行为来影响企业的市场营销活动。因此,企业在从事市场营销活动时,应重视对社会文化的调查研究,并做出适宜的营销决策。社会文化所包含的内容很多,下面仅就与企业营销关系较为密切的社会文化因素进行讨论。

1. 教育水平

教育水平是指消费者受教育的程度。一个国家、一个地区的教育水平与经济发展水平往往是一致的。不同的文化修养表现出不同的审美观,其购买商品的选择原则和方式也不同。一般来讲,教育水平高的地区,消费者对商品的鉴别力强,容易接受广告宣传和接受新产品,购买的理性程度高。因此,教育水平高低影响着消费者心理、消费结构,影响着企业营销组织策略的选取以及销售推广方式的差别。例如,在文盲率高的地区,用文字形式做广告,难以收到良好效果,而用电视、广播和当场示范表演的形式,才容易为人们所接受。又如在教育水平低的地区,适合采用操作使用、维修保养都较简单的产品,而教育水平高的地区,则需要先进、精密、功能多、品质好的产品。因此,在设计和制订产品策略时,应考虑当地的教育水平,使产品的复杂程度、技术性能与之相适应。另外,企业的分销机构的整体水平和分销人员受教育的程度等,也会对企业的市场营销产生一定的影响。

2. 语言文字

语言文字是人类交流的工具,它是文化的核心组成部分之一。不同国家、不同民族往往都有自己独特的语言文字,即使同一国家,也可能有多种不同的语言文字,即使语言文字相同,也可能存在着不同的表达和交流方式。

语言文字的不同对企业的营销活动有巨大的影响。一些企业由于其产品命名与产品销售地区的语言习惯相悖,给企业带来了巨大损失。例如,美国一家汽车公司生产了一种牌子叫"Cricket"(奎克脱)的小型汽车,这种汽车在美国很畅销,但在英国却不受欢迎,其原因就在于语言文字上的差异。"Cricket"一词有蟋蟀、板球的意思,美国人喜欢打板球,所以一提到"Cricket"就想到是蟋蟀,汽车牌子叫"Cricket",意思是个头小,跑得快,所以很受欢迎。但在英国,人们不喜欢玩板球,所以一说"Cricket"就认为是板球,人们不喜欢牌子叫板球的汽车。后来,美国公司把其在英国的产品改为"Avengex",意思是复仇者,因为这个名称不是说明它小,而是说明它很有力量,结果很受欢迎,销量大增。同样,美国有一种汽车牌子为"Matador"(马塔多),"Matador"在美国通常是刚强、有力的象征,但在波多黎各,这个名称意为"杀手",在交通事故死亡率较高的地区,这种含义的汽车肯定不受欢迎。我国有一种汉语拼音叫"MaxiPuke"的扑克牌,在国内销路很好,但在英语国家不受欢迎。因为"MaxiPuke"译成英语就是"最大限度地呕吐"。国产"白象"牌电视在国内也较畅销,出口到西方国家却无人问津,因为"白象"一词在英语中的含义是"花了心力,耗费了金钱,但又没有多少价值"。有些企业由于公司名称在国外的含义有问题而给企业造成了损失。如埃及一家名叫"Misair"(密斯爱尔)的私人航空公司,就非常不受法国人青睐,原因在于这一名称在法语中听起来好像"悲惨"的意思,故这一名称给公司带来了困扰。此外,语言的差异有时在国内营销中也可能遇到麻烦。例如美国一家销售"PetMilk"(皮特牛奶)的公司,在国内讲法语的地区推销就遇到了麻烦,因为"Pet"在法语里有"放屁"的意思,那么"PetMilk"当然也就难有好的销路。可见,语言文字的差异对企业的营销活动有很重大的影响。企业在开展市场营销尤其是国外市场营销时,应尽量了解市场国的文化背景,掌握其语言文字的差异,这样才能使营销活动顺利进行。

3. 价值观念

价值观念是人们对社会生活中各种事物的态度、评价和看法。不同的文化背景下,人们的价值观念差别是很大的,而消费者对商品的需求和购买行为深受其价值观念的影响。例如,在西方一些发达资本主义国家,大多数人追求生活上的享受,超前消费是司空见惯的事情。一些人为了生活上的享受,采用分期付款、赊销等形式购买产品或服务,甚至大举借债。在我国,勤俭节约是民族的传统美德,借钱买东西这种消费行为往往被看成是不会过日子的表现,人们大多攒钱购买商品,而且大多局限在货币的支付能力范围内,量入为出。可见,不同的价值观念在很大程度上决定着人们的生活方式,从而也决定着人们的消费行为。因此,对于不同的价值观念,企业营销人员应采取不同的策略。对于喜欢猎奇、富有冒险精神、较激进的消费者,应重点强调产品的新颖和奇特性;而对一些注重传统、喜欢沿袭传统消费习惯的消费者,企业在制定促销策略时应把产品与目标市场的文化传统联系起来。例如,东方人将群体、团结放在首位,所以广告宣传往往突出人们对产品的共性认识;而西方人则注重个体和个人的创造精神,所以其产品包装也显示出醒目或标新立异的特点。我国人民重人情,求同步,消费偏于大众化,这些东方人的传统习俗,也对企业营销产生了广泛的影响。

4. 宗教信仰

不同的宗教信仰有不同的文化倾向和戒律,从而影响人们认识事物的方式、价值观念和行为准则,影响着人们的消费行为。宗教信仰与企业的营销活动有密切的关系。特别是在一些信奉宗教的国家和地区,宗教信仰对市场营销的影响力更大。据统计,全世界基督教教徒有10多亿人,伊斯兰教教徒有8亿人,印度教教徒有6亿人,佛教教徒有28亿人,泛灵论者有3亿人。教徒信奉的宗教不同,禁忌也不同。这些信仰和禁忌引导教徒的消费行为,某些国家和地区的宗教组织对教徒的购买决策有重大影响。一种新产品出现,宗教组织有时会提出限制和禁止教徒使用,认为该商品与该宗教信仰相冲突。相反,有的新产品出现,得到宗教组织的赞同和支持,它就会号召教徒购买、使用,起到一种特殊的推广作用。因此,企业应充分了解不同地区、不同民族、不同消费者的宗教信仰,生产适应其要求的产品,制定适应其特点的营销策略。否则,就会触犯宗教禁忌,失去市场机会。这说明,了解和尊重消费者的宗教信仰对企业营销活动具有重要意义。

5. 审美观

审美观通常指人们对事物的好坏、美丑、善恶的评价。不同的国家、民族、宗教、阶层和个人,往往社会文化背景不同,其审美标准也不尽一致。有的以"胖"为美,有的以"瘦"为美,有的以"高"为美,有的则以"矮"为美,不一而足。例如,缅甸的巴洞人以妇女长脖为美,而非洲的一些民族则以文身为美等。因审美观的不同而形成的消费差异更是多种多样。例如,在欧美,妇女结婚时喜欢穿白色的婚礼服,因为她们认为白色象征着纯洁和美丽;在我国,妇女结婚时喜欢穿红色的婚礼服,因为红色象征吉祥如意、幸福美满。又如,中国妇女喜欢把装饰物品佩戴在耳朵、脖子、手指上,而印度妇女却喜欢在鼻子上、脚踝上配以各种饰物。因此,不同的审美观对消费的影响是不同的,企业应针对不同的审美观所引起的不同消费需求,开展自己的营销活动,特别要把握不同文化背景下的消费者审美观念及其变化趋势,制定良好的市场营销策略以适应市场需求的变化。

6. 风俗习惯

风俗习惯是人们根据自己的生活内容、生活方式和自然环境,在一定的社会物质生产条件下长期形成,并世代相传的一种风尚和由于重复、练习而巩固下来并变成需要的行动方式等的总称。它在饮食、服饰、居住、婚丧、信仰、节日、人际关系等方面,都表现出独特的心理特征、伦理道德、行为方式和生活习惯。不同的国家、不同的民族有不同的风俗习惯，它对消费者的消费嗜好、消费模式、消费行为等具有重要的影响。例如，不同的国家、民族对图案、颜色、数字、动植物等都有不同的喜好和使用习惯，像中东地区严禁带六角形的包装；英国忌用大象、山羊做商品装潢图案。再如中国、日本、美国等国家特别喜爱熊猫，但一些阿拉伯人却对熊猫很反感；墨西哥人视黄花为死亡，视红花为晦气，但喜爱白花，认为白花可驱邪；德国人忌用核桃，认为核桃是不祥之物；匈牙利人忌数字"13"；日本人忌荷花、梅花图案，也忌用绿色，认为不祥；南亚有一些国家忌用狗作商标；在法国，仙鹤是蠢汉和淫妇的代称，法国人还特别厌恶墨绿色，这是基于对第二次世界大战的痛苦回忆；新加坡华人很多，所以对红、绿、蓝色都比较喜好，但视黑色为不吉利，在商品上不能用如来佛的形象，禁止使用宗教语言；伊拉克人用绿色代表伊斯兰教，但视蓝色为不吉利；日本人在数字上忌用"4"和"9"，因在日语发音中"4"同"死"相近，"9"同"苦"相近；我国港台地区商人忌送茉莉花和梅花，因为"茉莉"与"末利"同音，"梅花"与"霉花"同音。我国是一个多民族国家，各民族都有自己的风俗习惯，如蒙古族人喜穿蒙古袍，住帐篷，饮奶茶，吃牛羊肉，喝烈性酒；朝鲜族人喜食狗肉、辣椒，穿色彩鲜艳的衣服，食物上偏重素食，群体感强，男子地位较突出。企业营销者应了解和注意不同国家、民族的消费习惯和爱好，做到"入境随俗"。可以说，这是企业做好市场营销尤其是国际经营的重要条件，如果不重视各个国家、各个民族之间的文化和风俗习惯的差异，就可能造成难以挽回的损失。

2.3 微观营销环境分析

2.3.1 企业

企业为开展营销活动，必须设立某种形式的营销部门。营销部门不是孤立存在的，它还面对着其他职能部门以及高层管理部门。企业营销部门与财务、采购、制造、研究与开发等部门之间既有多方面的合作，也存在争取资源方面的矛盾。这些部门的业务状况如何，它们与营销部门之间是否协调发展，对营销决策的制定与实施影响极大。高层管理部门由董事会、总经理及其办事机构组成，负责确定企业的任务、目标、方针政策和发展战略。营销部门在高层管理部门规定的职责范围内做出营销决策，市场营销目标从属于企业总目标，是为总目标服务的次级目标，营销部门所制订的计划也必须在高层管理部门批准后实施。

市场营销部门一般由市场营销副总裁、销售经理、推销人员、广告经理、营销研究与计划以及定价专家等组成。营销部门在制定和实施营销目标与计划时，不仅要考虑企业外部环境力量，而且要充分考虑企业内部环境力量，争取高层管理部门和其他职能部门的理解和支持。

2.3.2 供应商

供应商是向企业及其竞争对手供应各种所需资源的工商企业和个人。供应商供应的原材料价格的高低和交货是否及时，数量是否充足等，都会影响产品的成本、售价、利润和交货期。因此，营销管理人员必须对供应商的情况有比较全面的了解和透彻的分析。一般来说，按照与供应商的对抗程度，可以把供应商分为两类：一类是作为竞争对手的供应商(寄生关系)，另一类是作为合作伙伴的供应商(共生关系)。

对供应商管理的目的就是确定在哪些条件下对哪些原料可以通过自行生产来解决，而哪些原料需要通过外购来解决。

1. 作为竞争对手的供应商

一般来说，对供应商的管理意味着实现采购成本的最优化，也就是说，企业主要关心原料的价格和数量，并设法维持一种强有力的与供应商讨价还价的能力。

例如，当一个企业在决定是自行生产还是在开放的原料市场上购买所需原材料和其他物料时，它实际上关心的是以哪种形式能获得更大收益。

因此，把供应商作为竞争对手的观念实际上是倡导这样一种原则，即尽可能地减弱他们的讨价还价的能力，以获得更大的收益。在这种情况下，下列一些做法有利于企业维持与供应商的关系，并能保证原材料的有效供应。

(1) 寻找和开发其他备选的供应来源。降低单一原材料在产品总成本中所占的比例，以尽量减少对某种原材料及其供应商的过分依赖。

(2) 如果企业仅有一两个供应商，可以通过积极地寻找替代品供应商而减弱他们与企业讨价还价的能力(如用塑料容器代替玻璃容器)。

(3) 选择一些规模相对较小的供应商。企业的购买量在其总产量中占较大比重，增加供应商对企业的依赖性。

2. 作为合作伙伴的供应商

企业把供应商作为竞争对手来考虑，往往引起一些消极的后果，如采购价格的大幅波动，供应量无法保证，供货时间可能被推延，原材料质量无法监控等。为了获得原材料或者其他物料的稳定供应，维持质量的一致性，企业最好的选择是把供应商作为自己的伙伴，保持与供应商长期而灵活的关系，并在此基础上考虑自己的营销活动。这种合作模式首先产生于日本，这种模式的主要特点是企业在管理供应商过程中更多地采用谈判方式，而不是讨价还价，力图维持与供应商长期和互利的关系。为实现上述目标，可以考虑以下几种方案。

(1) 与供应商签订长期合同而不是采用间断式的购买方式从供应商那里获得原材料。这对于稳定供应关系有很大的作用。如果签订包销合同，竞争者就无法从供应商那里获得原材料。在许多情况下，供应商也喜欢签订长期合同。人们常担心长期合同会使企业丧失灵活性。事实上，一份经过充分准备的长期合同需要考虑将来发生的偶然事件(如需求变化、产品线扩张等)，以及在这些偶然事件中合同双方各自的利益。此外，签订长期合同也有助于企业更好地对库存、运输、供货的数量以及供应商的位置进行规划，而这些正是战略营销思维必须要考虑的问题。

(2) 说服供应商积极地接近顾客。尤其是当企业处于下游生产过程，也就是更接近于终端用户时，帮助供应商了解顾客可能是有益的，它有助于供应商更有效地为企业提供服务。

(3) 分担供应商的风险。例如，企业可以与供应商密切协作，以改进原材料制造工艺提高产品质量，这样做有可能降低供应商的成本。在特殊情况下，企业甚至应向供应商投资以促进其对新技术的采用和生产能力的扩大。在必要的情况下，企业也可以与供应商联合或组成合资企业，并通过共同研究和开发来进入新的市场。

虽然分析上述两种模式对于帮助企业认识不同的供应商是有益的，但在现实中，可能并没有哪一家供应商的行为完全与其中某一种模式相吻合，更可能出现的是两种模式的混合体。但无论是哪种类型的供应商，营销管理人员都应该培养一种对其进行理性分析的能力。应该指出，尽管目前营销人员在顾客和市场研究方面已变得相当成熟，同时关于竞争者和竞争态势的分析也已逐步深入，但比较起来，对供应商的分析仍处于起步阶段。

2.3.3 营销中介

1. 中间商

中间商是协助企业寻找顾客或直接与顾客交易的商业性企业。中间商可分为两类：代理中间商和买卖中间商。代理中间商有代理商、经纪人和生产商代表，他们专门介绍客户或与客户磋商交易合同，但并不拥有商品所有权。买卖中间商又称经销中间商，主要有批发商、零售商和其他再售商。他们购买商品，并拥有商品所有权，然后再售商品。中间商对企业产品从生产领域流向消费领域具有极其重要的影响。中间商与目标顾客直接打交道，因而其销售效率、服务质量就直接影响到企业的产品销售，所以，必须选择合适的中间商。在与中间商建立合作关系后，随时了解和掌握其经营活动，并可采取一些激励性合作措施，推动其业务活动的开展，而一旦中间商不能履行其职责或市场环境变化时，企业应及时解除与中间商的关系。

2. 实体分配公司

实体分配公司主要是指储运公司，它是协助厂商储存货物并把货物从产地运送到目的地的专业企业。仓储公司提供的服务可以是针对生产出来的产品，也可以是针对原材料及零部件。一般情况下，企业只有在建立自己的销售渠道时，才会主要依靠仓储公司。在委托中间商销售产品的场合，仓储服务往往由中间商去承担，仓储公司储存并保管要运送到下一站的货物。运输公司包括铁路、公路、航空、货轮等货运公司，生产企业主要通过权衡成本、速度和安全等因素来选择成本效益最佳的货运方式。因此，仓储公司的作用在于帮助企业创造时空效益。

3. 营销服务机构

营销服务机构主要有营销调研公司、广告公司、传播媒介公司和营销咨询公司等，范围比较广泛。它们帮助生产企业推出和促销其产品进入适宜的市场。如今，大多数企业都要借助这些服务机构来开展营销活动，如请广告公司制作产品广告，依靠传播媒介传播信息等。企业选择这些服务机构时，须对其所提供的服务、质量、创造力等方面进行评估，并定期考核其业绩，及时替换那些达不到预期服务水平和效果的机构，这样才能提高经济效益。

4. 财务中间机构

财务中间机构包括银行、信用公司、保险公司和其他协助融资或保障货物的购买与销售风险的公司。在现代经济生活中，企业与金融机构有着不可分割的联系，如企业间的财务往来要通过银行账户进行结算；企业财产和货物要通过保险公司进行保险等。而银行的贷款利率上升或是保险公司的保险金额上升，会使企业的营销活动受到影响；信贷来源受到限制会使企业处于困境。诸如此类的情况都将直接影响到企业的日常运转。因此，企业必须与财务中间机构建立密切的关系，以保证企业资金流转的渠道畅通。

2.3.4 顾客

顾客是企业产品或劳务的购买者，是企业服务的对象。顾客可以是个人、家庭，也可以是组织机构(包括其他企业和转售商)和政府部门。它们可能与企业同在一个国家，也可能在其他国家和地区。

对于一个企业来说，顾客永远是最重要的微观环境因素。如果顾客采取了不利于企业的行动，如许多顾客突然开始购买竞争者的产品，对企业的产品和服务提出更高要求等，企业的营销活动就会受到很大的影响。这时，企业应做出怎样的反应以避免失去顾客呢？答案自然应该是做一个妥善的计划以赢回失去的顾客和满足他们的要求。

分析顾客的目的在于了解顾客为什么选择企业的产品或服务，是因为价格低、质量高、快速送货、可靠的服务、有趣的广告还是能干的推销人员？如果企业不能准确地知道是哪些东西吸引顾客或他们的选择将来可能会发生怎样的变化，那么，企业最终将失去在市场上的优势地位。有效的顾客分析应包括下列几个步骤。

(1) 收集有关顾客的全面信息，并仔细地加以研究：①企业的顾客是个人、家庭还是组织；②购买本企业产品的目的；③选择本企业产品的原因；④产品对用户的最终适用性(如技术上的要求是否适合顾客的产品或工艺)；⑤要求特性(服务、质量和功能)；⑥顾客的统计学特点；⑦顾客的购买方式；⑧地理位置。

(2) 明确企业需要在哪些方面深化对顾客的了解。一旦初步选定了所要服务的顾客群体，下一步就是仔细考察企业在对顾客的认识上仍存在哪些空白，它们往往成为下一步数据收集和分析的焦点。主要包括以下几个方面：①现有产品满足了顾客的哪些需求；②顾客还有哪些要求未得到满足；③顾客对企业产品和技术的熟悉程度如何；④谁是购买的决定者和参与者；⑤顾客的购买标准是什么；⑥顾客群体的范围和增长程度如何。

(3) 决定由谁以及如何分析、利用收集到的信息。在这一过程中，至关重要的是将收集到的信息在企业各部门内广泛交流，要求市场、销售和研究开发部门的管理人员明确顾客分析的特殊意义，以及他们各自应采取哪些新的行动来应对顾客的需求。企业高层管理人员应该判断企业的计划是否真正符合顾客的需要；研发部门要考虑对产品进行哪些改进；营销部门要考虑设计哪些推广活动以更好地同顾客进行沟通。总之，顾客分析的目的在于帮助企业做一些实际的决策，而不是将一大堆数据和报告束之高阁。

2.3.5 竞争者

竞争是商品经济的基本特性，只要存在着商品生产和商品交换，就必然存在着竞争。企业在目标市场进行营销活动的过程中，不可避免地会遇到竞争者或竞争对手的挑战，因为只有一个企业垄断整个目标市场的情况是很少出现的。即使一个企业已经垄断了整个目标市场，竞争对手仍然有参与进来的可能，因为只要存在着需求向替代品转移的可能性，潜在的竞争对手就会出现。

从市场营销的角度分析，企业在市场上面临4种类型的竞争者。

(1) 愿望竞争者。当消费者想要满足各种目前愿望时企业面临的是愿望竞争，这时能满足消费者不同愿望的不同生产者，即是企业的愿望竞争者。

(2) 类别竞争者。当消费者确定要满足一种愿望时，他面临着满足这种愿望的种种方法，企业这时面临的是类别竞争，提供这种方法的企业就是类别竞争者，如满足对交通工具的需要，汽车、摩托车、自行车等制造商是类别竞争者。

(3) 产品形式竞争者：即能满足消费者某种愿望的同类商品在质量、规格、价格、外观上的竞争者。

(4) 品牌竞争者：即能满足消费者的某种欲望的同种产品不同品牌的竞争者。如电视机有长虹、康佳、TCL 等电视机，这些品牌电视机的生产者就是品牌竞争者。

2.3.6 公众

公众是指对企业实现其目标的能力感兴趣或发生影响的任何团体或个人。一个企业的公众主要有以下几种。

(1) 金融公众，指那些关心和影响企业取得资金能力的集团，包括银行、投资公司、证券公司、保险公司等。

(2) 媒介公众，指那些联系企业和外界的大众媒介，包括报纸、杂志、电视台、电台等。

(3) 政府公众，指负责企业的业务、经营活动的政府机构和企业的主管部门，如主管有关经济立法及经济政策、产品设计、定价、广告及销售方法的机构；国家经委及各级经委、工商行政管理局、税务局、各级物价局等。

(4) 公民行动公众，是指有权指责企业经营活动破坏环境质量、企业生产的产品损害消费者利益、企业经营的产品不符合民族需求特点的团体和组织，包括消费者协会、保护环境团体等。

(5) 地方公众，主要指企业周围居民和团体组织，他们对企业的态度会影响企业的营销活动。

(6) 一般公众，是指并不购买企业产品但深刻地影响着消费者对企业及其产品的看法的个人。

(7) 内部公众，指企业内部全体员工，包括领导(董事长)、经理、管理人员、职工，处理好内部公众关系是搞好外部公众关系的前提。

公众对企业的生存和发展产生巨大的影响，公众有增强企业实现其目标的能力，也有妨碍企业实现其目标的能力。所以，企业必须采取积极适当的措施，主动处理好同公众的关系，树立企业的良好形象，促进市场营销活动的顺利开展。

2.4 SWOT 分析

SWOT 分析法(自我诊断方法)是一种能够较客观而准确地分析和研究一个单位现实情况的方法。利用这种方法可以从中找出对自己有利的、值得发扬的因素，以及对自己不利的、应该避开的东西，发现存在的问题，找出解决的办法，并明确以后的发展方向。根据分析结果，可以将问题按轻重缓急分类，明确哪些是目前急需解决的问题，哪些是可以稍微拖延的事情，哪些属于战略目标上的障碍，哪些属于战术上的问题。它很有针对性，有利于领导者和管理者在单位的发展上做出较正确的决策和规划。

SWOT 4 个英文字母代表 Strength、Weakness、Opportunity、Threat。意思分别为：S，强项、优势；W，弱项、劣势；O，机会、机遇；T，威胁、对手。从整体上看，SWOT 可以分为两部分。第一部分为 SW，主要用来分析内部条件；第二部分为 OT，主要用来分析外部条件。另外,每一个单项如 S 又可以分为外部因素和内部因素,这样就可以对情况有一个较完整的概念了。

在发达国家,许多公司、医院、政府机构、工厂、学校,不管是营利单位,还是非营利单位,都非常关注本单位的发展。所以,他们经常用这种方法进行分析研究,有的一季度一次,有的一年一次,有的甚至一两个月一次。因为他们已经习惯了对目前的情况、存在的问题、条件和环境的变化经常进行了解,以期得到较清晰、连续的跟踪信息,并根据自己的发展目标,做出一套相适应的计划和规范来确保达到目的。他们非常想知道本单位的市场、产品、顾客、服务等的定位情况。

用 SWOT 分析法分析国内单位时,一定要考虑中国的国情和单位的具体情况,不能全盘照搬。只有将 SWOT 分析法同本单位的实际结合起来,并考虑中国的文化、经济、政治、人文等因素,才能得出正确的结论。

案例 2-2

培训机构的 SWOT 分析及发展对策

1. SWOT 分析

1) S:强项,优势

(1) (外部)在国内外有一定的知名度,是层次较高的培训机构之一,具有几项培训的资格。

(2) (内部)有一部分素质较高、积极肯干的员工;有一批国外赠送的设备(交通工具、计算机、教学设备等),这些设备质量较好;受训人员层次较高,有政府官员,也有企业管理者。

2) W:弱项,劣势

(1) (外部)顾客面较窄,仅限于政府官员和部分企业领导;在一些培训班的组织上受制约较多;没有形成自己的网络,信息反馈少;没有叫得响的、具有特色的产品;对外宣传力度不够,对外联络不够广泛、主动。

(2) (内部)一小部分人员自身素质不高,达不到现代培训的要求,缺乏自己的师资力量,没有能够承担高层次授课任务的教师;单位的福利较差,人员的数量和工作所需相比多了些。另外,行政后勤人员多于培训人员,"大锅饭"的意识较浓,管理还不够完善。

以上两项是单位的内部环境和情况。

3) O:机会,机遇

(1) (外部)国内外有不少单位希望同该培训机构建立友好关系,进行资助并建立合作项目;国内的高层次培训需求量大,培训市场大。有不少单位希望接受高级管理强化培训,并到国外进行实地考察、研究。

(2) (内部)已有许多待开发的项目,包括和国外的合作项目;有能够开拓创新的人,有能力执行国内外的项目;还可以进行多方位的开发,如出教材、拍电视片、建立联合网络;有可开发的大市场,也可以创造出较好的产品。

4) T:威胁,竞争对手

(1) (外部)国家又成立了一家类似的培训机构,并给予了较大的投入,如人员、资金等;许多省、自治区、直辖市及各部(委)相继成立了自己的培训机构,在本系统内进行行业管理培训;这些机构都在扩大自己的市场,寻找自己的客户;培训课程的内容雷同或相似。

(2) (内部)产品单一,质量和内容有待根据发展和现时需求而提高和丰富。自满感较强,服务意识不到位;管理机制未进一步理顺,一小部分人员由于福利较差而不稳定;工作量安排不合理;激励机制和奖励制度不健全;没有自己的企业文化和中期、远期目标。

以上两项是外部环境和情况。

2. 问题诊断

从以上 SWOT 分析中可以看出,在目前的情况下,这个单位内部和外部情况从总体上讲还是基本可以的。

但是如果不抓紧对发展趋势的研究、分析,则很快就会滑向劣势。因为它的优势是暂时的,随着市场的发展和需求的变化,如果不迅速扩大自己的市场范围,提高产品质量和服务意识,则势必会遇到强劲的挑战;如果不能适应,还会被淘汰。而制约着市场和产品的重要因素之一就是管理,这样一来就给这个单位的管理层提出了一个刻不容缓的、需认真考虑的问题:怎样针对主要问题加强管理,改变观念,适应形势,完善发展。

(1) 从内部讲,首先,这个单位应充分利用自己目前的优势,如声誉好、层次高、有认证资格等。其次,它应该抓紧时间,立即策划自己的企业文化,尽快提高自身素质,改变观念,使单位和员工适应市场的变化和发展,用经济的观点和意识去考虑问题、分析问题、解决问题。同时,它应迅速建立一支高质量的师资队伍,开始研究市场需求,并能讲授市场上急需的课程。最后,加紧同外单位的联系,利用召开反馈会、通气会、研讨会和其他手段,持续、稳定地提高自己的知名度。这个单位的领导层应该通过SWOT分析反映出来的情况,清楚地意识到本单位在发展道路上所处的环境和可能遇到的威胁与挑战;这些竞争会威胁到单位的哪些领域,危及自己的哪些产品、顾客和市场。同时,还要认真分析、研究单位内部的具体问题,如少部分人不稳定,是由于单位的福利差,还是因为看不到单位的希望和前途,或是其他原因。人心问题非常严峻,因为它可能引发许多其他意想不到的后果。

(2) 从外部情况看,这个单位由于自己的优势较多,所以其生存的机会、发展的机遇比较多。这些可以转化为发展的有利因素,也可以转化为不利因素,关键就是怎样看待、处理和把握这些优势,使它们向有利因素方面发展。绝不能躺在这些优势和以前的成绩上,不再开发新的领域,不再拓展新的市场。对其他的竞争对手,应清楚地看到其能在这里分得多少市场份额,形成什么威胁,能给本单位留下多少比例,并做出整体战略决策。面对众多竞争对手是个非常棘手的问题:第一,这个单位不能取消这些培训机构;第二,它不能干涉那些培训机构的市场;第三,它本身没有下指令性文件要求别人接受培训的权利。这样,激烈的竞争就出现了。

3. 发展对策

从以上的分析看,这个单位的面前是一条布满障碍的道路。从目前看,情况也不容乐观。即使发展得好,前景不错,也必须正视现实,研究内部、外部的情况,并针对目前的产品和发展力量进行深层次的研究。要从战略的高度和角度来看待整体性的开发问题,这个问题越早抓,对这个单位就越有利。这个企业应该采取以下措施来完成发展规划。

(1) 确立单位的企业文化和整体发展理念。目标如何设定,要由全体职工讨论决定,由领导牵头实施,从点滴入手,建立、发展、完善企业自身的形象。

(2) 认真进行市场调查,划分好自己的市场,找准自己的顾客群,加强联系和沟通。

(3) 建立一支有效的课题队伍,针对目前市场所需,配备一套好的教材和案例。

(4) 建立一支高素质的教师队伍,敢于承担并胜任高层次的课程教学任务。

(5) 利用自身的优势,迅速同国内外建立新的、有特色的合作项目。

(6) 在创造社会效益的同时,注意较大幅度地提高经济效益,并将其中相当一部分作为再发展资金。

(7) 建立有效的激励制度和管理发展制度。

本 章 小 结

市场营销环境是存在于企业营销部门外部不可控制的因素和力量,是影响企业营销活动及其目标实现的外部条件。一般来说,市场营销环境主要包括两个方面的构成要素:一是微观环境要素,即指与企业紧密相连,直接影响其营销能力的各种参与者,可称为直接营销环境;二是宏观环境主要以微观营销环境为媒介,间接影响和制约企业的市场营销活动,可称为间接营销环境。

企业的宏观环境包括6种主要因素:人口环境、经济环境、自然环境、技术环境、政治法律环境和社会文化环境。企业的微观环境包括5种主要因素:企业本身、市场营销渠道企业、市场、竞争者、公众。

环境对企业营销活动的影响,可分为威胁环境与机会环境,前者指对企业营销活动不利的各项因素的总和,后者指对企业营销活动有利的各项因素的总和。企业需要通过环境分析来评估环境威胁与环境机会,避害趋利,从而有针对性地采取适当措施,消除或减轻威胁,利用市场机会,争取比竞争者利用同一市场机会获得较大的成效。

关键术语

市场营销环境——marketing environment　　宏观环境——macro-environment
微观环境——micro-environment　　内部环境——internal environment
品牌竞争者——brand competition　　类别竞争者——industry competition
形式竞争者——form competition　　愿望竞争者——generic competition
优势——strength　　劣势——weakness　　机会——opportunity　　威胁——threat

案例应用分析

"银发世界,商机无限"——"夕阳"产业"钱"景广阔

国际上,一般社会上65岁以上人口占总人口的比例达到7%及以上,这个社会就叫作老年型社会(另一种计算方法是人口总数中60岁以上人口占人口总数的10%就是老年型社会)、联合国在2001年2月28日发布的统计报告表明,目前全世界60岁以上的老人有6.06亿,预计到2050年将上升到20亿,届时80岁以上老人将达到4亿,100岁以上的老人也将达到320万。2010年,我国进行了第六次全国人口普查。普查表明,我国65岁及以上人口占总人口的8.87%,可以说,我国已基本上进入了老年社会,其中广东、山东、福建、浙江、辽宁、北京、上海和天津等省市已经大大超过了8%,早已进入了老年社会,因此老年人口的急剧增加,已成为世人所关注的一个重要社会问题和重要理论课题。它对于企业来说是一个机遇,可以开拓出一个广阔的老年人市场,在"银发世界"里,蕴含着无限商机,人们普遍认为"老人产业"是21世纪最有前途的产业之一。

1. "老人产业"发展的可能性与必要性

一方面,老年人有很强的购买力,为实现消费提供了可能性和前提条件。目前,全国老年人的退休金、再就业收入、子女孝敬的赡养费,2005年达到4 000亿元,其中,仅退休金就达到2 500亿元。可见,老人市场的确是个亟待开发的天地。另一方面,"老人产业"覆盖的领域十分广泛。以前很多老人习惯苛待自己,他们是"宁伤竹子,不伤笋",一味为子女;如今老人的消费观已大大改变,很多人已明白,"儿孙自有儿孙福",而且在这个竞争社会里,过分地呵护孩子反而对孩子不利。他们还认识到,自己的健康对自己、对孩子都是福。观念变了,生活方式随之而变。现在的老人大多追求"老有所养、老有所乐、老有所学、老有所为",还奉行"长寿四字诀"——"一要跳(生命在于运动)、二要笑(笑一笑,十年少)、三要俏(穿好有利于身心健康)、四要掉(自掉架子)",并开始"吃讲营养,穿讲漂亮,住讲宽敞,用讲高档,行讲便当,心讲舒畅"。商机,就蕴含在这些新的生活方式之中。

2. "老人产业"发展的对策

1) 产品策略:实用性、舒适性、针对性

企业在开发老年产品时,必须考虑老年人的生理、心理及行为特征,注重其实用性、方便性和保健性。如在饮食方面,老年人一般食用一些易嚼、易消化,且低脂、低糖、低胆固醇的食物;在穿着方面,基本要求是服装大方实用，易穿易脱；在用的方面，要求物品轻便、实用等。除了老年人用品市场以外，老年人服务市场更是一个亟待开发的市场，如开办老年公寓，提供生活服务、教育服务、送温暖服务、保健服务、医疗服务、娱乐服务、旅游服务、咨询服务和送终服务等一系列服务。老年人服务商品化和市场化，是市场经济发展和完善的必然结果，也是社会进步的表现。在我国，老年人服务市场的发展潜力十分巨大。

2）价格策略：适中实惠，物有所值

一般老年人生活阅历较为丰富，消费者主权意识较强，是一个成熟的消费群体，他们购买产品时一般较为慎重。因此，企业在产品定价时一定要实事求是、价格适中、实实在在、物有所值。

3）渠道策略：增加便利，开设专柜，服务上门

渠道策略应以增加老年人的便利条件，尽量接近消费者为主线，如开设老年专柜、老年专卖店、老年便利店等。店铺的位置应分布在老年人较集中的居住区；店铺的设施应尽量自动化，增加休息区；店铺的服务应细致周到，热情为老年人提供商品介绍、购物咨询的服务，为行动不便的老年人提供上门服务、电话预约购物等。

4）促销策略：情感营销，以情促销

企业应适当应用广告策略，针对老年消费者制作的广告，应该多选择介绍性、提示性和劝说性广告，而避免炫耀性、夸张性广告，名人广告对老年消费者的影响也不大。在广告媒体的选择上我们可以发现，视听广告和报刊广告是两个比较重要的媒体。同时，还要注意老年人不喜欢孤独，又最容易孤独，他们渴望与人接触，渴望得到社会与家人的尊重和关注。因此在促销的各个环节上，都要用"情"字贯穿始终，以情感人，以情动人，时时处处为老年人着想。

当今社会人口发展变化趋势是老龄化，而人口是构成市场的第一要素。因此，企业要密切关注人口环境的变化，及时抓住商机，赢得市场。

讨论：

(1)"夕阳"产业"钱"景广阔，请问还有哪些老人产品可以开发？请举例说明。

(2) 老年消费者的消费行为有何特点？

(3) 老年消费者对产品促销的态度如何？广告对老年消费者的影响如何？为什么？

思 考 题

(1) 什么是市场营销环境？如何理解市场营销和营销环境的关系？
(2) 消费者支出结构变化对企业营销活动有何影响？
(3) 人口环境的变化会对企业的市场营销活动产生怎样的影响？
(4) 结合我国实际说明法律环境对整个营销活动的重要影响。
(5) 宏观环境的科学技术是怎样影响市场营销组合的？

第3章 消费者市场与组织市场

教学目标与要求

通过本章的学习，学生应对消费者市场和组织市场的购买行为有一定的了解和认识，并通过对一定案例的分析，掌握消费者市场和组织市场购买决策类型与决策过程；运用所学理论对消费者市场和不同组织市场的购买行为进行基本分析；了解消费者市场和组织市场的概念和特点，熟悉影响消费者市场和组织市场购买行为的因素，理解消费者市场和不同组织市场的购买类型与购买决策过程。

本章知识点

消费者市场和组织市场的概念及特点；影响消费者市场和组织市场购买行为的因素；消费者市场和不同组织市场的购买决策过程。

宜家家居

家居用品企业在制定营销策略时首先要对消费者购买行为有一个准确把握。消费者需要怎样的家居用品？企业采取哪些措施才会使消费者的购物满意？

成立于1943年的瑞典宜家公司，是一家跨国家居用品大型连锁零售企业。它成功地将自己的产品推向市场，并被消费者广泛认可和接受。宜家的体验营销使消费者的购买经历成为一种休闲旅行。在卖场，消费者通过拉开抽屉、打开柜门、在地毯上走、对产品进行破坏性实验等，就能体验到其产品质量如何。公司商品的交叉展示及样板间不仅可以使消费者买到称心如意的家居用品，而且可以获得色彩搭配等许多生活常识和装饰灵感。它的产品目录不仅使消费者能较快地获得产品信息，更让消费者从中学到不少家居知识。

宜家成功的体验营销是建立在对消费者购买行为准确把握的基础上的。那么企业应该如何系统、全面地对消费者市场进行分析呢？本章将给出答案。

3.1 消费者市场及购买行为

现代市场营销理论认为，企业营销活动的起点和归宿是市场，其营销活动的主要对象是购买者。企业开展营销活动不仅要研究它所面临的宏观环境和微观环境，而且要具体研究各类市场的特点及其购买者行为。首先要研究消费者市场及其购买行为。

3.1.1 消费者市场的概念及其特点

1. 消费者市场的概念

消费者市场又称消费品市场、最终产品市场或生活资料市场，其主体是指为满足生活需要而购买产品和服务的一切个人和家庭。由于生活消费是产品和服务流通的终点，因而消费者市场是市场体系的基础，是起决定作用的部分。因此，消费者市场是现代营销理论研究的主要对象。其他类型的市场和它有极强的关联性。不管是生产者市场、中间商市场，还是政府市场，虽然交易量超过了消费者市场，但其最终的服务对象还是消费者，仍然要以最终消费者的需求和偏好为转移。例如，虽然纺织厂的产品一般不直接卖给消费者，而是卖给服装厂、毛巾厂制成服装、毛巾等产品出售，但纺织厂也必须认真研究最终消费者的需要，并以其需要为依据来制订营销方案。

2. 消费者市场的特点

由于受多种主观和客观因素的影响，消费者的需要呈现多种特点。消费者市场的特征主要表现在以下几个方面。

(1) 从交易的商品看，消费者市场人数众多，个体差异大。年龄、职业、收入、教育程度、居住区域、民族和宗教信仰等方面的不同，决定了消费者的需要、欲望、兴趣、爱好和习惯的多样性，因而他们对不同商品或同类商品的不同品种、规格、性能、式样、价格等方面的需求是丰富多彩和千差万别的。在市场交易的商品品种、性能、样式、价格等亦纷繁复杂。大多数商品的生命周期一般较短，尤其是电子产品的更新换代非常迅速。商品的专用性相对不强，许多商品在功能上可以相互替代。除生活必需品外，大多数商品的价格需求弹性较大，也就是说，价格的变动对需求量的影响较大。

(2) 从交易的规模和方式看，消费者市场的交易频繁，但每次交易的商品数量较少，交易方式简单。消费品的购买，一般以个人和家庭为单位，由于受消费品本身特点和家庭收入的制约，消费者每次购买的消费品以能满足一定时间内个人及家庭需要为限，一般来说交易的数量和金额相对较少，多属零星购买，购买频率较高。于是绝大部分商品都是通过中间商来销售，以方便消费者购买。现实生活中，商厦、代销店、广场、马路边乃至于田间地头都会成为消费品市场的一部分。

(3) 从购买行为看，消费者的购买行为具有很大程度的可诱导性。消费者在决定采取购买行为时，不像生产者市场的购买决策那样，常常要受到生产技术的限制以及国家政策和计划的影响，而是具有自发性、冲动性。由于需求的复杂性导致了产品的多样化，使得人们在购买时经常显得缺乏专门的甚至是必需的商品知识、价格知识和市场知识。对产品品牌、性能、使用、保管、维修方法等，除非有过该领域工作经验，否则大多数人都显得外行。因此，消费者相对容易受到促销影响，消费需求会发生转移，具体表现为潜在需求上升为现实需求，未来的消费需求转变为近期需求，打算购买 A 品牌产品，结果购买了 B 品牌的产品等。

(4) 从市场动态看，消费者市场呈现出流动性与全球性。普通消费者的购买力相对有限，消费者对需要的满足及满足需要的产品必然慎重选择，加之经济全球化趋势的发展，国际交往日益增多，人口的流动性越来越大，导致消费者的购买力经常在不同产品、不同品牌和不同企业之间流动。

3.1.2 影响消费者购买行为的因素

消费者确立了购买意向以后，其购买行为的指向仍然是不确定的，因为在众多内外因素的影响下，消费者的购买行为会发生很大的变化。而这些内外因素主要可概括为四大类：文化因素、社会因素、个人因素、心理因素，具体如图 3.1 所示。

通过对影响消费者购买行为的各种因素的研究，把握消费者购买行为的基本规律，对于企业的市场营销活动显得尤为重要。下面分别阐述四类因素的内容及其与购买者的关系。

1. 文化因素

文化因素是影响消费者需求和购买行为的最基本因素之一。文化因素的影响包括购买者的文化、亚文化和社会阶层对购买行为所起的作用。

1) 文化

被称为"人类学之父"的爱德华·B.泰勒1971年在其代表作《原始文化》中给文化下的定义是："文化是一个复合的整体，其中包括知识、信仰、艺术、道德、法律、风俗以及作为社会成员而获得的其他方面的能力和习惯。"文化是人类欲望和行为最基本的决定因素。每一个社会和群体都有自己的文化，人们通过家庭、学校、组织等其他社会组织学习、模仿和

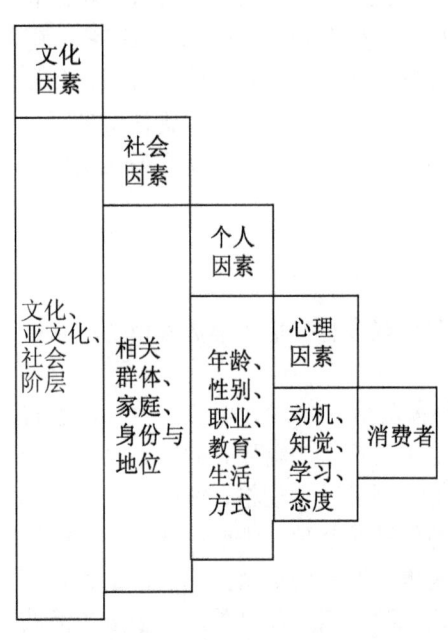

图 3.1 影响消费者购买行为的主要因素

接受本社会最基本的价值观、社会规范、宗教信仰、风俗习惯等一系列的行为准则。这些都会影响人们对产品的评价和选择。不同的文化造就了不同的消费者购买观念，能满足文化需求的产品较易获得顾客的认可；反之，会导致企业营销活动的失败。例如，宝洁的佳美(CAMAY)香皂在日本的广告节目中出现男人直接恭维女人外表的场景。这个广告与日本文化相冲突，结果导致这种香皂在日本滞销，广告活动也因此终止。因此，企业营销人员应该关注自己的产品是否符合目标顾客的文化需求。

案例 3-1

迥异的风俗习惯

在美国，购买食品被认为是一种琐事，因而妇女们到超市采购的次数虽然较少，但每次购买量很大；而在法国，家庭主妇在购物过程中与店主和邻居交往是其日常生活的一个组成部分，因而她们的采购是多次、少量的。正因如此，广告对美国主妇的影响很大，而现场陈列对法国主妇最有效。另外，美国家庭冰箱的容积要比法国家庭的大些。

一家航空公司几乎丧失了为中东地区服务的资格，因其广告画面是一位空姐微笑着向头等舱旅客提供香槟，该广告违反了伊斯兰文化的基本原则——穆斯林不准喝酒，不戴面纱的妇女不得和非亲属的男性在一起。

第 3 章 消费者市场与组织市场

某企业发明一种治皮肤病的药,要倒在澡盆中用,在英国销售成功,但在法国却失败了,因为法国人只淋浴。

可口可乐有一个广告,画面上将支撑雅典神庙的石柱换成四个可乐瓶,尊崇此神庙的希腊人大怒,广告被迫撤回。

英国出口到非洲的食品罐头一个也卖不出去,因为罐头盒子上印了一个美女图案,而非洲人认为罐头里装什么,外面图案就画什么。

中国海尔空调商标上的"海尔兄弟"图案在法国受到欢迎,因为购买空调的多为女性,她们喜爱孩子;但在中东地区却禁止该标志出现,因为这两个孩子没穿上衣。

美国一家玩具公司生产的洋娃娃在美国很受欢迎,但出口到德国却无人问津,因为该洋娃娃的形象与德国风尘女郎非常相似。后来产品做了适当调整才受到德国人欢迎。

加拿大一家公司将一种洗发剂引入瑞典市场,起先销路不好,当了解到瑞典人洗头通常在早晨而不是晚上后,便把品牌"EveryNight"改为"EveryDay",使该产品销量大为增加。

2) 亚文化

每种文化又可细分为不同的亚文化,它包括种族亚文化、宗教亚文化、民族亚文化及地域亚文化。同一种亚文化的成员具有更明确的认同感和集体感,许多亚文化构成了重要的细分市场,营销人员应根据这些亚文化成员的需要设计产品、制定营销策略。例如,美国市场营销人员将黑人消费者作为一种亚文化对待,一些大公司,如西尔斯、麦当劳、可口可乐都聘请黑人模特做广告,在黑人杂志上做宣传,极力对这个市场进行渗透。

 案例 3-2

宗教亚文化对市场营销的影响

1984 年,比利时有一家地毯商在滞销的小地毯上嵌入一个特制的"指南针",当穆斯林跪在地毯上祈祷时,"指南针"能自动指向伊斯兰教第一圣地、穆罕默德诞生地——沙特阿拉伯的麦加城,确保他们在任何时间、地点祷告时都能正对麦加方向。这种经小小改进的地毯在短短两年中就卖掉了 2.5 万块。

日本精工(Seiko)钟表公司推出一种多功能的穆斯林手表,它可随时把世界 114 个城市的当地时间自动转换成麦加时间,每天自动鸣叫 5 次提醒戴表者按时祈祷。这种表一面世就赢得了几亿穆斯林的喜爱。

3) 社会阶层

人们根据职业、收入、教育、财产等因素,把社会划分为不同的社会阶层。所谓社会阶层,是指一个社会中具有相对同质性和持久性的群体。在每一个社会阶层中,其成员的价值观、生活方式、行为方式有相似性。处于不同社会阶层的消费者,由于其收入水平、职业特点的不同,造成他们在消费观念、审美标准、消费内容和方式上存在明显差异。不同社会阶层的消费者所选择和使用的产品是存在差异的。在服装、住宅、家具和汽车等能显示地位与身份的产品的购买上,不同阶层消费者的消费差别十分明显。在我国,上层消费者多拥有别墅,住宅区环境幽雅,室内装修豪华,家具和服装讲究名牌,档次和品位也很高,拥有高档豪华轿车或者跑车;中层消费者住宅条件也较为不错,但他们中的一部分人对内部装修不是特别讲究,服装、家具不少但高档的不多,一般拥有家庭轿车;下层消费者的住宅环境较差,在服装与家具上投资较少,买不起家庭轿车。又如,20 世纪 80 年代美国出现一个"雅皮士"阶层,他们收入较高,追求高档消费品及生活享受。一些著名企业的营销人员根据这个目标市场,树立名贵、高档的品牌形象,并运用适当的促销手段,取得了在这个市场的成功。

因此，营销人员可针对不同的社会阶层细分市场，采取具有针对性的营销策略。

美国7种主要社会阶层的特征

1. 上上层(不到1%)

上上层继承了大量遗产，是出身显赫的达官贵人。他们捐巨款给慈善事业，拥有多处宅第，送孩子就读于最好的学校。这些人是珠宝、古玩、住宅和度假用品的主要市场。他们的采购和穿着常较保守，不喜欢炫耀自己，这一阶层人数很少，当其消费决策向下扩散时，往往作为其他阶层的参考群体，并成为他们模仿的榜样。

2. 上下层(2%左右)

上下层的人由于其在职业和业务方面能力非凡，因而拥有高薪和大量财产。他们常常来自中产阶级，对社会活动和公共事业颇为积极，喜欢为自己的孩子采购一些与其地位相称的产品，诸如昂贵的住宅、游艇、游泳池和汽车等。他们中有些是暴发户，他们摆阔挥霍浪费的消费形式是为了给低于他们这个阶层的人留下印象。这一阶层的人的志向是被接纳入上层，但情况是，其子女达到上层的可能性比他们本人更大一些。

3. 中上层(12%)

这一阶层既无高贵的家庭出身，又无多少财产，他们关心的是"职业前途"，并已获得了像自由职业者、独立的企业家以及公司经理等职位。他们注重教育，希望其子女成为自由职业者或是管理技术方面的人员，以免落入比自己低的阶层。这个阶层的人善于构思和接触"高级文化"，参加各种社会组织，有高度的公德心。他们是优良住宅、衣服、家具和家用器具等最适宜的市场，同时，他们也追求家庭布置，以招待朋友和同事。

4. 中间层(32%)

中间层是中等收入的白领和蓝领工人，他们居住在"城市中较好的一侧"，并且力图"干一些与身份相符的事"。他们通常购买"赶潮流"的产品。25%的人拥有进口汽车，其中大部分看重时尚，追求"一种良好品牌"，其理想居住条件是"在城市中较好一侧"，有个"好邻居"的"一所好住宅"，还要有"好的学校"。中间层认为有必要为他们的子女在"值得的见识"方面花较多的钱，并要求他们的子女接受大学教育。

5. 劳动阶层(38%)

劳动阶层包括中等收入的蓝领工人和那些具有"劳动阶层生活方式"的人，而不论他们的收入多高，学校背景及职业怎样。劳动阶层主要依靠亲朋好友在经济上和道义上的援助，依靠他们介绍就业机会，购物听从他们的忠告，困难时期依靠他们的帮助。度假对于劳动阶层来说，指的是"待在城里"，"外出"指的是到湖边去，或者去不到两小时远的地方。劳动阶层仍然保持着明显的性别分工和陈旧习惯，他们偏好的汽车包括标准型号或较大型号的汽车，对国内外的小型汽车不感兴趣。

6. 下上层(9%)

下上层的工作与财富无缘，即使他们的生活水平刚好在贫困线之上，他们无时不在追求较高的阶层，却干着那些无技能的劳动，工资低得可怜。下上层往往缺少教育，虽然他们几乎落到贫困线上，但他们千方百计"表现出一副严格自律的形象"，并"努力保持清洁"。

7. 下下层(6%)

下下层与财富不沾边，一看就知道贫穷不堪，常常失业或干"最肮脏的工作"，他们对寻找工作不感兴趣，长期依靠公众或慈善机构救济。

2. 社会因素

社会因素是指消费者周围的人对他所产生的影响，其中以相关群体、家庭以及身份与地位对消费者行为的影响最为重要。

1) 相关群体

群体是指通过一定的社会关系结合起来进行共同活动而产生相互作用的集体。群体规模可以比较大，如几十人组成的班集体；也可以比较小，如经常一起打网球的朋友。群体一般有较经常的接触和互动，从而成为影响消费者购买行为的关键因素，如在生活方式变化的趋势中、在对新潮流的接触和对新产品的使用及采纳等方面，群体影响无所不在。相关群体也称为参考群体、参照群体，是指对一个人的看法、态度和行为起着参考、影响作用的个人或团体。相关群体可以是个人，比如运动员、政要、影视明星，或者也可以由相似的个体组合而成，如运动队、政党、音乐组合。相关群体可分为成员群体(隶属群体)和非成员群体，直接参照群体和间接参照群体，正面影响群体和负面影响群体。

相关群体对消费者起着示范、比较、诱导、规范，促使人们的购买行为趋于某种"一致化"的作用，从而影响消费者对某些产品和品牌的选择。相关群体对消费者购买行为的影响强度取决于多方面的因素：对生活必需品的影响较小，对非必需品的影响较大；对处于导入期、成长期的产品影响大，对处于成熟期的产品在品牌选择上影响大，对处于衰退期的产品影响较小；对与群体功能的实现关系密切的产品影响大；对遵守群体规范的消费者影响大；对在购买中自信程度低的消费者影响大。营销者应注意向相关群体传递信息，充分利用他们对消费者施加影响，扩大产品销售。

相关群体影响消费者购买行为的方式表现在3个方面：一是影响消费者的生活方式，进而影响其购买行为；二是引起消费者的购买欲望，从而促成其购买行为；三是影响消费者对产品品牌及商标的选择。因此，企业在市场营销中，首先要识别目标顾客的相关群体，特别是相关群体中的意见领导者，他们是大众市场顾客的模仿对象。意见领导者分散于社会各阶层，某人在某一产品方面可能是意见领导者，但在其他产品方面也许只是意见的追随者。其次要充分利用社会群体的影响，尤其是相关群体的意见领导者的影响，要注意研究意见领导者的特性，提供其爱好的商品，并针对他们做广告，以发挥其"导向"和"引导"作用。

案例 3-4

相关群体的影响

克莱斯勒汽车公司(Chrysler Corporation)在LH系列轿车全面上市之前，通过对25个城市数百万名社会杰出人士的调查，从中选择出6 000名企业或社会的领导者，并将LH系列轿车免费提供给他们试用。在试用期内，通过遍布全国的营销网络与轿车试用者保持积极接触，及时倾听他们对于新轿车的评价，迅速解决他们遇到的问题。与此同时，向这些试用者提供大量的产品信息，以增进他们对轿车各项性能的了解。在试用结束后的调查中发现，98%的试车者都向他们的朋友推荐了这一新车型。市场反应强烈，克莱斯勒公司在新车上市的当年就出色地完成了销售任务。

2) 家庭

家庭是一个基本的消费单位和购买决策单位，也是最重要的一种参照群体。家庭对消费者的行为有着重要的影响。一个人的大部分时间都要在家庭中度过，人的一生中一般有两个家庭：一个是自己所出生的家庭，每个人从父母那里得到政治、经济、文化的导向和价值观，即使离开这个家庭，其行为也已打上了这个家庭的烙印。另一个是自己所创造的家庭，这是社会中最终的消费者购买单位。这两个家庭对消费者的购买行为都会产生影响，其中，受所出生家庭影响比较间接，受自己创造的家庭影响比较直接。

在不同家庭中，夫妻参与购买决策的程度不同。家庭购买决策大致有 3 种类型：一人独自做主型；全家参与、一人做主型；全家共同决定型。夫妻参与购买决策的程度又因产品的不同而有很大差异。传统上，食物、日用杂品、日常衣着的购买主要由妻子承担。但随着妇女就业状况的改善，丈夫在这类采购活动中也已开始承担责任。在购买价格昂贵的耐用消费品或高档商品时，家庭决策模式比较复杂。一般来说，主要在丈夫影响下决定购买的产品和服务有电视机、摩托车、保险等；主要在妻子影响下决定购买的产品有洗衣机、地毯、厨房用具等；双方影响均等的产品有家具、住房等。丈夫一般在决定是否购买，何时、何处购买等方面有较大影响，妻子则一般在决定所购商品的外观特征方面影响较大。

3) 身份与地位

作为重要的社会因素，身份与地位也会对消费者的购买行为产生影响。一个人在一生中会属于许多群体，如家庭、俱乐部或其他组织等，他在每一个群体中的位置可用角色和地位来确定。如一个男人，在父母眼里他是儿子；在妻子眼里他是丈夫；在孩子眼里他是父亲；在公司里，他是部门经理；在环境保护组织里，他是成员。每一个角色都将在某种程度上影响其购买行为。他扮演的每个角色都附着一种地位，地位能够反映出这一角色在社会中受尊重的程度。部门经理的地位比销售经理高，销售经理的地位比办公室职员高。一般来说，消费者的购买行为必定与其社会、经济地位相一致，产品与品牌往往成为地位的象征。

3. 个人因素

消费者的购买决策会受个人因素的影响，这些因素主要包括年龄和家庭生命周期、职业、经济状况、生活方式、个性以及自我形象。

1) 年龄与家庭生命周期阶段

消费者处在不同的年龄阶段，消费的欲望和偏爱都会有所不同。比如年轻人和中老年人的消费观念、消费习惯、消费方式等很多方面都表现出较大的差异性。人生周期阶段是指家庭生命周期的各个阶段，西方学者根据家庭特点把人的生命期划分为几个阶段，营销人员经常把自己的产品定位在某个特定的阶段上。表 3-1 所示为西方家庭的 9 个阶段以及不同阶段家庭的财务状况与感兴趣的典型产品。市场营销人员经常把目标市场定位在某个阶段的家庭群体上。

表 3-1 西方家庭生命周期和购买行为

家庭生命周期	购买和行为方式
单身阶段：年轻、不住在家里	状态：几乎没有经济负担，新观念的带头人，娱乐导向 购买：一般的厨房用品和家具、汽车、模型娱乐、度假
新婚阶段：年轻、无子女	状态：经济状况较好，购买能力强，耐用品购买力高 购买：汽车、冰箱、电炉、家具、耐用家具、度假
满巢阶段 I：最幼的子女不到 6 岁	状态：家庭用品采购的高峰期，流动资产少，不满足现有经济状态。储蓄部分钱，喜欢新产品，如广告宣扬的产品 购买：洗衣机、烘干机、电视机、婴儿食品、胸部按摩器和止咳药、维生素、玩具娃娃、手推车、雪橇、冰鞋等
满巢阶段 II：年幼的子女 6 岁或超过 6 岁	状态：经济状况好，有一些妻子有工作，对广告不敏感，购买大型包装品，配套购买 购买：食品、清洁用品、自行车、音乐课本、钢琴

续表

家庭生命周期	购买和行为方式
满巢阶段Ⅲ：年长的夫妇和尚未独立的子女同住	状态：经济状况仍然较好，许多妻子有工作，一些子女也有工作，对广告不敏感，耐用品购买力强 购买：新颖别致的家具、汽车、旅游用品、非必需品、船、牙齿保健劳务、杂志
空巢阶段Ⅰ：年长的夫妇，无子女同住，劳动力中的骨干	状态：在高级住宅区拥有自己的住宅，经济富裕有储蓄，对旅游、娱乐、自我教育尤感兴趣，愿意施舍和捐献，对新产品无兴趣 购买：度假用品、奢侈品、家用装修用品
空巢阶段Ⅱ：年长的夫妇，无子女同住，已退休者	状态：收入锐减，赋闲在家 购买：有助于健康和消化的医用护理保健产品 鳏寡阶段：尚在工作 状态：收入仍较可观，但也许会出售房子 鳏寡阶段：退休 状态：需要与其他群体相仿的医疗用品，收入锐减，特别需要得到关注、情感和安全保障

2) 职业

个人职业也影响着消费模式。普通员工会在公交车票、工作服上花钱，公司经理则在高档西装、飞机票、轿车上花钱。市场营销人员应能找出对自己的产品与服务有超出常规需要的职业群体。

3) 经济状况

商品的选购在很大程度上取决于个人的经济状况。经济状况主要包括收入、存款、资产和筹款能力的大小。经济状况直接影响着消费者的购买力和兴趣爱好，因此，营销人员在产品设计和市场定位时应充分考虑不同群体的经济状况。

4) 生活方式

生活方式通过人的行为、兴趣、观念等表现出来，即使属于同一种文化背景，同一社会阶层，相同职业的人也会因生活方式的不同产生不同的购买行为方式。比如同一企业同一部门的员工，老员工的消费习惯与刚毕业的大学生有很大不同。

5) 个性和自我形象

消费者的个性也会影响到购买行为，营销人员根据消费者的性格可分析消费者对品牌的选择。例如，性格外向的人容易对新产品感兴趣，往往成为新产品的试用者；性格保守的人则易成为品牌忠实者。自我形象是消费者对自己的形象定位，消费者一般都选择符合自己形象气质的品牌，甚至把购买行为作为体现自我形象的重要方式。

4. 心理因素

消费者的购买行为要受 4 个主要心理因素的影响，即动机、知觉、学习以及信念和态度。

1) 动机

在任何时期，人总有许多需要。有些需要是由生理状况而引起的，诸如饥饿、口渴、不安等。另外一些需要是心理性的，由心理状况紧张而引起，例如认识、尊重和归属。其中大部分需要在一定时间内不会发展到激发人采取行动的程度。只有当需要升华到足够的强度时，这种需要才会变为动机。动机也是一种需要，它能够及时引导人们去探求满足需要的目标，一旦需要满足之后，紧张感随即消除。

实践中，消费者的购买动机多种多样，主要有以下几种。

(1) 求实动机。消费者在购买商品时非常注重商品的内在质量和实际效用，不大强调商品的外观、花色和款式。具有这种购买动机的人大多支付能力有限或注重传统习惯和购买经验。

(2) 求新动机。具有这种购买动机的消费者在购买商品时，不太计较商品的价格，而是注重商品是否时尚，要求商品款式新颖、格调清新、市场流行。他们总是期望自己能够领导消费新潮流。

(3) 求美动机。具有这种购买动机的消费者在购买商品时，重视商品的欣赏价值和艺术价值，追求商品的装饰性、艺术性，要求商品能美化人体、装饰环境、陶冶情操。具有这种购买动机者多为青年和妇女，而容易被消费者从"美"的角度加以审视的商品多为家具、服装等。

(4) 求廉动机。消费者购买商品注重商品的价格，对便宜、降价和处理商品具有浓厚的兴趣，但对商品的款式、花色等不太在意。

(5) 求名动机。即以追求产品能显示自己的地位和威望为主要特征的消费者购买动机。受这种动机驱使的消费者，对名牌产品具有特殊的偏好，而对非名牌产品缺乏信任感。在购买产品时，消费者很注重产品的名称、产地和销售地点。

(6) 求同动机。亦称"仿效心理动机"，是以注重追随社会潮流为主要特征的消费者购买动机。受这种动机驱使的消费者，在购买商品时愿意随大流，适应社会的传统习惯，又不甘落在潮流的后面，因而购买那些周围人群普遍购买的商品。

(7) 求异动机。即以追求商品的与众不同为主要特征的消费者购买动机。受这种动机驱使的消费者，在购买商品时愿意标新立异，表现出与众不同的个性，因而购买那些周围人群从未购买或很少购买的商品。

总之，消费者的购买动机是纷繁复杂的，同一购买行为可由不同动机引起，同一购买动机也可引起不同的购买行为，因而各类企业均需认真分析，深入研究，以便确立正确的市场营销策略。

2) 知觉

一个被激励的人随时准备行动，如何行动则受到他对客观事物知觉程度的影响。所谓知觉，是指人对事物传递或表现出的信息的一种综合性反应。而感觉是人通过个别的感觉器官感知到事物的个别属性，不是对事物整体性的认识判断。只有将这些感觉综合起来，才形成人们对事物整体的判断、认识并成为行动依据。人是根据知觉行动的，人们之所以对同一刺激物产生不同的知觉，是因为在感觉上升到知觉的过程中，人们会经历 3 种知觉形成过程，从而产生对同一事物的不同知觉，并表现出行为的差异性。这 3 种知觉过程如下。

(1) 选择性注意。人们在日常生活中面对众多刺激，只对部分刺激有所注意。选择性注意是指人在同一时间内只能感知周围的少数对象(刺激物)，其他的对象(刺激物)则被忽略了。调研结果表明如下：①人们会更多地注意那些与当前需要有关的刺激物；②人们会更多地注意他们期待的刺激物；③人们会更多地注意与刺激物的正常大小相比有较大差别的刺激物。

仅以商业性广告刺激为例，平均每人每天要接触 1 500 个以上的广告，但人们感兴趣的只有少数几个广告。一位想购买冰箱的消费者，走进琳琅满目的大商场，尽管呈现在他眼前的有彩色电视机、洗衣机、空调等各种电器，但他真正关心的只有冰箱的广告和展销的冰箱产品，而不会对其他产品的广告和样品留下太深的印象。

(2) 选择性扭曲。选择性扭曲就是人们将信息加以扭曲，使之合乎自己见解的倾向。例如，有些消费者特别偏爱名牌产品，他(她)就可能会曲解这些产品，认为名牌产品的质量、功效等都是上乘的。所以，营销人员要尽可能地考虑到消费者的各种思维倾向，从而在企业产品或服务的促销策略上做出更符合市场要求的选择。

(3) 选择性保留。消费者在接触到的大量信息中，会保留与自己的看法一致和自己相信的一些信息。例如，一些消费者认为意大利的皮具是世界闻名的，那么当他(她)得到有关意大利皮具的信息时，会记住皮具的皮料优质、做工精良等特点。选择性保留解释了为什么营销人员在传递信息给目标市场的过程中需要选用大量戏剧性手段和重复手段。

3) 学习

学习是指由于经验而引起的个人行为的改变。人类行为大都来源于学习或受后天经验影响。在后天经验理论中，应用比较普遍的是"刺激-反应"理论(stimulus response theory)，简称为"S-R"模式。这种理论认为，消费者的购买动机是下列5种要素互相作用的结果：驱动力、刺激物、提示物、反应和强化。这5个要素相互作用的过程可用图3.2表示。

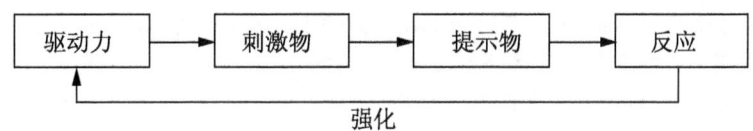

图 3.2　"S-R"模式

"S-R"模式告诉我们，一个企业要扩大销售，不仅要了解自己的产品(刺激物)与潜在消费者的驱动力的关系，而且还要善于向消费者提供诱发需求的提示物——适当的广告宣传手段，积极进行反复宣传的"强化"工作，以加强消费者的印象。

如果一位消费者购买了一套意大利真皮沙发，经过使用，发现这套沙发非常好。那么当他再购买沙发时可能还会选择该品牌的沙发，甚至会推荐给亲朋好友。营销人员研究消费者的这种学习心理，主要是为了强化本企业产品的驱动力，使消费者对产品产生良好的印象，促使消费者产生多次购买的需求。

4) 信念和态度

信念是指一个人对某些事物所持有的看法或评价。它是一种描述性的看法，没有好恶之分，如相信某种空调省电、噪声小、价格合理等。一些信念是建立在知识的基础上，能够验证其真实性；而另外一些信念则建立在成见基础上，很难验证其真实性。企业应该关注消费者对产品的信念，因为信念会形成产品和品牌形象，会影响消费者的购买选择。

态度是指一个人对某些事物或观念长期持有的好与不好的认识上的评价、情感上的感受和行动倾向。人们几乎对所有事物都持有态度，例如宗教、政治、衣着、音乐、食物等。态度模式一旦形成便具有一定的稳定性，将长期影响人们的购买行为。因此企业在经营过程中要注意树立良好的品牌及企业形象，使消费者对产品和企业自身产生信赖感。例如，瑞典名车VOLVO(沃尔沃，由2010年被中国浙江吉利控股集团有限公司收购)由于无与伦比的安全特性深入人心，在北欧就造就了一些"VOLVO家庭"。年轻人婚前或婚后没有小孩时，多是买跑车，可一旦有了孩子，就会换一辆VOLVO。孩子长大后，第一辆车一般都是旧车，父母亲的车会传给他们，加上VOLVO安全的特性，所以孩子的第一辆车很多都是VOLVO，以后他们再买车时，传统的力量就会发生作用。

由于态度模式的稳定性，营销人员不要试图改变消费者态度，而是要改变自己的产品以迎合消费者已有的态度，最好使企业的产品与消费者既有的态度相一致；如果企业确实需要改变目标市场消费者的态度，那是需要时间的，并要为此付出高昂的费用和艰辛的努力。如果成功改变了消费者的态度，收获将会颇丰。因此，企业应该对改变消费者态度的持久性和艰苦性有足够的认识和准备。

案例 3-5

原产地效应

原产地效应是消费者对产品态度的具体表现形式之一，是指人们对于原产地的看法，影响其对产品的态度。人们总是将一些代表性的商品与原产地联系起来，如日本的汽车和消费电子产品；美国的高技术发展、软饮料、玩具、香烟和牛仔裤；法国的红酒、香水和奢侈品。所以，价格相差不多且性能相近的美国汽车和日本汽车相比较，后者的销量明显超过前者。这是因为，人们认为日本汽车比同等价格的美国汽车质量更好。

原产地效应随着时间的推移而转变，人们对待日本产品的态度印证了这一点。第二次世界大战结束后，日本人在废墟上开始发展自己的工业，那时的日本产品在国际市场上，被认为是地摊货，是"粗糙、性能低劣"的代名词。后来，在盛田昭夫、松下幸之助等精英企业家的带领下，日本产品开始精益求精，在国际市场上逐渐站稳脚跟，"Made in Japan"成了质量的保证。

总之，以上的文化、社会、个人、心理4个方面的因素是影响消费者购买行为的主要因素，营销人员研究这些因素，有助于制定更有效的营销策略并更有效地开拓市场。

3.1.3 消费者购买决策过程

对营销人员来说，仅仅了解影响消费者购买行为的主要因素是远远不够的。营销人员还需要了解消费者是如何做出购买决策的，即目标购买者是谁，他们面临着什么样的决策，哪些人参与决策，消费者购买决策的主要步骤是什么。

1. 消费者购买决策的参与者

以一个人为单位购买商品，商品的购买者是显而易见的。然而，有些商品的购买决策过程，往往有多人参与，他们组成了一个购买决策单位。人们在一项购买决策过程中可能充当以下角色。

(1) 发起者：是指首先提出或有意向购买某一产品或服务的人。

(2) 影响者：是指其看法或建议对最后决策具有一定影响的人。

(3) 决策者：是指在是否买、买什么、买多少、为何买、哪里买等方面的购买决策做出完全或部分最后决定的人。

(4) 购买者：是指实际进行采购的人。

(5) 使用者：是指实际消费或使用产品或服务的人。

了解商品或服务的购买参与者和影响者在购买中发挥的不同作用，能够帮助营销人员制定切实可行的营销策略。例如，VOLVO汽车就注意到了所有参与购买者的需要。在它的广告中，不仅有白发的老年夫妇和稳重的中年夫妇形象，而且有充满活力的年轻人、快乐的少年，甚至婴儿也可悠然地躺在特制的座位里面。

2. 消费者购买行为模式

消费者的行为受消费者心理活动支配。按照心理学的"刺激-反应"理论，人们行为的动机是一种内在的心理活动过程，像一只黑箱，是一个不可捉摸的神秘过程。客观的刺激，经过黑箱(心理活动过程)产生反应，引起行为，只有通过对行为的研究，才能了解心理活动过程。消费者购买的行为模式如图 3.3 所示。

营销刺激是指企业营销活动的各种可控因素，即产品、价格、分销、促销；其他刺激，指消费者所处的环境因素(经济、技术、政治、文化等)的影响。这些刺激通过购买者黑箱产生反应，即购买者行为。刺激和反应之间的购买者黑箱包括两个部分：第一部分是购买者的特性。购买者特性受到许多因素的影响，并进而影响购买者对刺激的理解和反应，不同特性的购买者对同一种刺激会产生不同的理解和反应。第二部分是购买者的决策过程，它直接影响最后的结果。

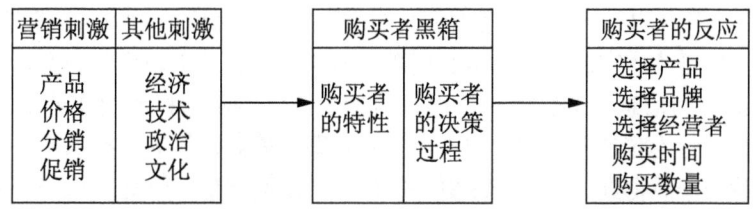

图 3.3　消费者购买行为模式

3. 购买行为的类型

消费者在购买商品时，会因商品价格、购买频率的不同，而投入购买的程度不同。如购买一台计算机整机和购买一把牙刷的购买决策行为会大不相同。前者属于大件商品，可能需要广泛收集信息，反复比较选择，而后者则可以考虑较少，随时购买。阿萨尔(Henry Assael)根据购买者在购买过程中参与者的介入程度和品牌间的差异程度，将消费者的购买行为分为 4 种类型，见表 3-2。

表 3-2　消费者购买行为的 4 种类型

介入程度 品牌差异	低度介入	高度介入
品牌差异小	习惯性购买行为	减少不协调感的购买行为
品牌差异大	多样化购买行为	复杂购买行为

1) 习惯性购买行为

许多产品的购买是在消费者低度介入，品牌差异小的情况下完成的。消费者对大多数价格低廉、经常购买的产品介入程度很低。在低度介入的产品中，消费者的购买行为并没有经过正常的信念—态度—行为顺序等一系列过程。他们并没有对品牌信息进行广泛研究，也没有对品牌特点进行评价，对决定购买什么品牌也不重视。相反，他们只是在看电视或阅读印刷品广告时被动地接受信息。广告的重复，会产生品牌熟悉，而不是品牌信念。一个购买过程就是消费者通过被动的学习而形成对品牌的信念，随后产生购买行为，对购买行为做出评价，或不做评价。比如食盐的购买就是最为典型的习惯性购买行为。

2) 复杂购买行为

当消费者初次选购价格昂贵的、购买次数较少的、冒风险的和高度自我表现的商品时，则属于高度介入购买。由于对这些产品的性能缺乏了解，为慎重起见，他们往往需要广泛地收集有关信息，并经过认真的学习，产生对这一产品的信念，形成对品牌的态度，并慎重地做出购买决策。例如，一辆汽车的购买，如果购买者对汽车不具备专业技术知识，那么他在购买之前一般要经过一个学习过程。首先要了解汽车的性能、特点，逐渐树立起对产品的看法，经过比较权衡，最后才做出购买决策行为。这种购买就是复杂购买行为。对这种类型的购买行为，企业应设法帮助消费者了解与该产品有关的知识，并设法让他们知道和确信本产品在比较重要的性能方面的特征及优势，使他们产生对本产品的信任感。这期间，企业要特别注意针对购买决策者进行多种形式的广告宣传，介绍本产品特性。

3) 减少不协调感的购买行为

当消费者高度介入某项产品的购买，但又看不出各品牌有何差异时，对所购产品往往产生失调感。因为消费者购买一些品牌差异不大的商品时，虽然他们对购买行为持谨慎的态度，但其注意力更多的是集中在品牌价格是否优惠，购买时间、地点是否便利上，而不会花很多精力收集不同品牌的信息并进行比较，而且他们从产生购买动机到决定购买之间的时间较短。因而这种购买行为容易产生购后的不协调感，即消费者购买某一产品后，或因产品自身的某些方面不称心，或得到了其他产品更好的信息，从而产生不该购买这一产品的后悔心理或心理不平衡。为了改变这样的心理，追求心理的平衡，消费者广泛地收集各种对已购产品的有利信息，以证明自己购买决策的正确性。为此，企业应通过调整价格和售货网点的选择，并向消费者提供有利的信息，帮助消费者消除不平衡心理，坚定其对所购产品的信心。

4) 多样化购买行为

广泛选择的购买行为又叫作寻求多样化购买行为。如果一位消费者购买的商品品牌间差异虽大，但可供选择的品牌很多时，他们并不会花太多的时间选择品牌，而且也不会专注于某一产品，而是经常变换品种。例如，购买饼干，消费者上次买的是巧克力夹心，而这次想购买奶油夹心。这种品种的更换并非由于消费者对上次购买饼干的行为不满意，而是想换换口味。

面对这种广泛选择的购买行为，当企业处于市场优势地位时，应注意以充足的货源占据货架的有利位置，并通过提醒性的广告促使消费者采取习惯性购买行为；而当企业处于非市场优势地位时，则应以降低产品价格、免费试用、介绍新产品的独特优势等方式，鼓励消费。

4. 消费者购买决策过程

在复杂的购买行为中，遵循一般规律，消费者要完成某一商品购买决策的全过程应经历以下 5 个阶段，如图 3.4 所示。

图 3.4　消费者购买的决策过程

1) 确定需要

购买过程从消费者对某一问题或需要的认识开始。所谓需要认识，就是消费者发现现实情况与其所要达到的要求之间有一定的差距时，产生的相应的解决问题的需要。这种需要是购买决策的起点。需要可由内在原因或外在刺激引起，也可以是两者相互作用的结果。内在原因，可能是由人体内在机能的感受所引起的。一个人的正常需要如饥饿、干渴、寒冷等上升到某一界限，就成为一种驱动力，人们从以往的经验中学会了如何对付这种驱动力，从而激励自己购买所知道的能满足这种驱动力的某一产品。例如，当人们感到饥饿、干渴、寒冷时，会意识到对食物、饮料、衣服、住房等的需求。消费者的某种需要可能由外在刺激引起。产生外在刺激可能是由于收入增加、企业促销力度较大或消费者的所见等，如看到新出炉的面包产生食欲；动人的新车广告引发购买汽车的想法；朋友买了一套高级组合音响，或者商家促销有多项优惠等促使消费者产生购买音响的想法等。

营销人员应该深入理解消费者产生某种需要的环境，找到引发这种需要的内在动因和外在刺激因素，从而运用多种营销手段，促使消费者与刺激因素频繁接触，并强化刺激因素与该需要之间的必然联系。例如，对汽车制造商而言，可以广泛而持续地宣传其产品的卓越性能和独特的造型，从而引发人们的购买欲望。

2) 收集信息

当唤起的需求动机很强烈，而且可以满足需求的物品又易于购买时，消费者的需求就能很快得到满足。但在大多数情况下，需求不是立即就能够得到满足的，如消费者购买一台空调机可能要积蓄几个月，购买一套住房可能要积蓄几十年，因此，需求便储存在记忆中。这时，消费者处于一种高度警觉的状态，对于需要满足的事物极其敏感，有些消费者就会着手收集有关信息。包括同其需求相关的一般信息，如要购买空调机，就从各种广告媒体及其他信息渠道中寻求有关空调机的信息，以及同其需求相联系的具体信息，如空调机的各种型号、价格、性能、款式、规格等。

对于营销人员来说，这一阶段的一个关键问题是要了解消费者所要求的信息来源，以及这些信息来源对消费者购买决策的相对影响程度。消费者购买商品的主要信息来源一般有以下4个方面。

(1) 个人来源：家庭成员、朋友、邻居或同事等提供的信息。

(2) 商业来源：从推销员、广告、零售商、商品包装、展示会、商品说明书等方面获得的信息。

(3) 公共来源：大众传播媒介、消费者评估组织等提供的有关信息。

(4) 经验来源：消费者本人通过以前购买使用或从当前试验中获得的信息。

这些信息来源的相对影响力随产品和购买者的不同而变化。总的来看，消费者得到的关于产品的信息主要来自商业来源，而最有影响力的来源是个人来源，个人来源在服务的购买上影响更大。商业来源一般只是将信息告知购买者，而个人来源能为消费者提供对产品的评价。例如，医生通常从商业来源处了解到有关新药，但还要寻求其他医生对该药的评价。

3) 选择评价

消费者在通过各种渠道获得有关产品的信息后，需要分析和处理所得信息，逐渐对市场上各种品牌的产品形成不同评价，最后决定购买。消费者对产品的评价主要从以下几个方面进行。

(1) 分析产品属性。产品属性是指产品能够满足消费者某种需要的特性。消费者一般都将产品看成能提供实际利益的各种产品属性组合，对不同的产品，消费者感兴趣的属性是不同的，如下面一些产品。

照相机：照片清晰度，摄影速度，相机大小，价格。

旅馆：位置，清洁度，气氛，费用。
漱口剂：颜色，效力，杀菌能力，价格，味道。
轮胎：安全，耐磨寿命，行驶质量，价格。

产品的各项不同属性可以满足消费者的多方位需求。然而，并不是产品属性越丰富，消费者越满意。消费者更看重产品的性价比，即产品的各项性能组合与产品价格的比例关系。消费者对某些产品的性价比并不看好，如各类 DVD 机，在一定价格水平上，有相当比例的功能在整个产品寿命期内几乎不发挥作用。因此，企业开发的产品属性，越是符合消费者的实际需要，消费者越是满意。

(2) 建立属性等级。在现实生活中，每一件产品的所有属性并非都是最优的，消费者也不会将产品的众多属性看作同等重要，而是从产品满足需要的角度出发，对产品属性进行分析后，建立自己心目中的属性等级。例如，对于专业摄影者来说，其购买照相机首先考虑的是图像是否清晰，能否快速成影，其次才考虑(有的可能不考虑)价格；而对于初学摄影者来说，其首先考虑的是价格，其次才考虑图像。可见，每种商品的属性在购买者心目中的重要程度是不同的，企业应当根据购买者对不同属性的态度进行市场细分，采取多种对策影响购买者决策，提高本产品被选中的概率。

(3) 确定品牌信念。品牌信念是消费者对某品牌产品的某一属性的评价。关于某个特定品牌产品的一系列信念被称为品牌形象。消费者的个人经验、选择性注意、选择性曲解、选择性记忆会影响其对某品牌的信念，而这种信念可能与产品的真实属性不一致。

(4) 形成"理想产品"。消费者会运用效用函数，对各品牌产品就其各项属性带来的效用，进行整体评价，从众多品牌中选出其理想品牌。

4) 购买决定

购买决策是消费者购买行为过程中的关键性阶段，因为只有做出购买决策，才会产生实际的购买行动。消费者经过分析比较和评价以后，便产生了购买意图。但消费者购买决策的最后确定，除了消费者自身的喜好外，还受其他因素的影响，如他人态度、预期环境因素、非预期环境因素等。

(1) 他人态度。这是影响购买决策的因素之一，如丈夫想买一台大屏幕的液晶电视机，但妻子坚决反对，丈夫极有可能改变或放弃购买意向。他人态度对消费者购买决策的影响程度，取决于他人反对态度的强度以及他人劝告可接受性的强度。

(2) 预期环境因素。消费者购买决策受产品价格、产品的预期利益、本人的收入等因素的影响，这些影响是消费者可以预测到的，所以称为预期环境因素。

(3) 非预期环境因素。消费者在购买决策过程中除了受上述因素影响外，还会受推销态度、广告促销、购买条件等因素的影响，这些影响消费者是不大可能预测到的，所以称为非预期环境因素。例如，消费者在购买化妆品时，原来准备购买某一品牌的化妆品，后受到各种大众传播媒介的影响，而改变了原来的态度。

因此，在消费者的购买决策阶段，营销人员一方面要向消费者提供更多、更详细的有关产品的情报，便于消费者比较产品优缺点；另一方面则应通过各种销售服务，创造方便顾客的条件，加深其对企业及产品的良好印象，促使消费者做出购买本企业产品的决策。

5) 购后评价

购后评价是消费者就所购买产品的满意程度进行的评价。消费者购买产品后，购买的过程并没有结束，他(她)还会通过使用或其他有关商品的信息对其购买进行检验，比较产品期望(E)和该产品可觉察性能(P)。消费者对其购买产品的满意度(S)是其产品期望(E)和该产品可觉察性能(P)的函数,即

$$S=f(E,P)$$

若 $E=P$,消费者会满意;若 $E>P$,消费者会不满意;若 $E<P$,消费者会非常满意。产品期望来自消费者从企业、朋友以及其他来源所获得的信息。如果企业夸大其产品的优点,则会导致消费者对产品期望过高,购买后不可避免地产生不满意感。由此导致消费者不会再购买这种产品,甚至有可能退货,或劝阻他人购买。如果企业能使其产品真正体现出可觉察性能,就会使消费者感到满意。而满意的购后感觉则会在客观上鼓动、引导其他人购买该产品。有些企业可能有保留地宣传产品的优点,反倒使消费者达到对产品高于期望的满意程度。波音公司出售的每架飞机都价值几千万美元,客户的满意度是很关键的。波音公司在估计他们的产品时很保守,比如在耗油量方面,他们在说明书中标明可节省油5%,但实际节省 8%。客户的实际满意度超出了预期,所以很满意。他们会继续购买波音飞机,并告知其他客户波音公司的承诺。

总之,消费者的购后评价对企业非常重要,正如西方企业家信奉的格言所说:"最好的广告是满意的顾客。"因此,企业在营销中一定要加强与用户的联系,视质量为产品的第一生命,努力做好销售服务工作,力争消费者对产品产生良好的购后评价。例如,可口可乐公司 1983 年首先设立 800 被叫方付费电话专线,认为对公司有意见的 50 位顾客中,只有一位会投诉,另外 49 位会转向其他企业,而 800 电话能够把这 49 位顾客找回来。建立此"热线"是一项"心桥工程",花费小,收效大,影响直接,可以让顾客了解、支持企业,可树立企业形象,效益长久。

5. AIDA 模型

企业的市场营销人员,在了解消费者购买决策过程的基础上,应采用各种灵活的营销技巧,诱导说服消费者购买本企业的商品。AIDA(由注意、兴趣、需求、行动 4 个英文单词的首字母缩写组成)模式提供了一种有效的方法,如图 3.5 所示。

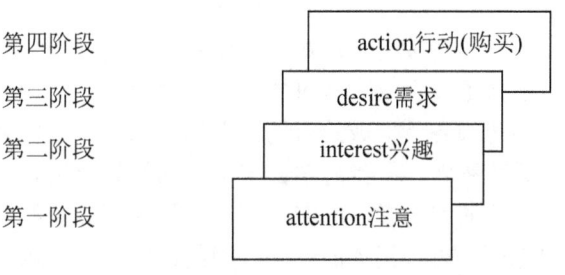

图 3.5 AIDA 模型图

首先,企业的营销人员应展示商品,引起购买者"注意";其次,采取各种营销刺激促使购买者发生"兴趣";再次,宣传商品的优点,以引起购买者使用的"需求";最后,维持要求直至购买行为发生。

研究和了解消费者的需要及其购买过程,是市场营销成功的基础。营销人员通过了解消费者如何做出购买决策的全过程,可以获得许多有助于满足消费者需要的有用信息,同时,营销人员通过了解购买过程的各种参与者及其对购买行为的影响,就可以为目标市场设计有效的市场营销计划。

奇瑞"QQ"

奇瑞汽车公司作为中国地方汽车企业，曾经成功推出奇瑞"旗云""东方之子"等性价比较高的轿车，6个月销售2.8万多台，创造单一品牌微型轿车销售纪录，并且凭借自主品牌的优势与合理的价格优势向国外出口轿车产品，已经在全国形成相当的知名度。奇瑞"QQ"的目标客户是收入并不高但有知识、有品位的年轻人，同时也兼顾有一定事业基础、心态年轻、追求时尚的中年人。一般大学毕业两三年的白领都是奇瑞"QQ"潜在的客户。人均月收入2 000元即可轻松拥有这款轿车，许多时尚男女都因为"QQ"的靓丽外形和高性价比而将这个可爱的小精灵领回家了。

奇瑞公司有关负责人介绍说，为了吸引年轻人，奇瑞"QQ"除了轿车应有的配置以外，还装载了独有的"I-say"数码听系统，成了"会说话的QQ"，堪称目前小型车时尚配置之最。据介绍，"I-say"数码听是奇瑞公司为用户专门开发的一款车载数码装备，集文本朗读、MP3播放、U盘存储多种时尚数码功能于一身，让"QQ"与计算机和互联网紧密相连，迎合了年青一代的需求。

"QQ"的目标客户群体对新生事物感兴趣，富于想象力，崇尚个性，思维活跃，追求时尚。虽然由于资金的原因他们更注重实际，对品牌的忠诚度较低，但是他们对汽车的性价比、外观和配置十分关注，是容易互相影响的消费群体；从整体的需求来看，他们对微型轿车的使用范围要求较多。奇瑞把"QQ"定位与"年轻人的第一辆车"结合起来，从性价比上满足其工作、娱乐、休闲、社交的需求。

奇瑞公司根据"QQ"的营销理念推出符合目标消费群体特征的品牌策略：在产品名称方面，"QQ"在网络语言中有"我找到你"之意，"QQ"突破了传统品牌名称非洋即古的窠臼，充满时代感与亲和力，同时简洁明快，朗朗上口，富有冲击力；在品牌个性方面，"QQ"被赋予了"时尚、价值、自我"的品牌个性，将消费群体的心理情感注入品牌内涵。其次是引人注目的品牌语言，富有判断性的广告标语"年轻人的第一辆车"，及"秀我本色"等流行时尚语言配合创意的广告形象，将追求自我、张扬个性的目标消费群体的心理感受描绘得淋漓尽致，与目标消费群体产生情感共鸣。

3.2 组织市场及购买行为

大部分企业并不能把产品直接卖给消费者，而是先卖给组织购买者，然后由他们提供给消费者市场。组织市场指工商企业为从事生产、销售等业务活动以及政府部门和一些组织为履行职责而购买产品和服务所构成的市场。例如，当海尔公司将其产品销售给分销商或政府时，其便作为组织营销者；但当海尔公司将产品销售给消费者时，其便作为消费营销者。组织市场在购买决策的参与者、影响购买行为的因素以及购买过程等方面与最终消费者市场有一定的相似之处，也有很大的不同，因此，向组织市场出售产品或服务的企业面临着不同的挑战，所以供应商需要了解组织采购者复杂的购买过程，研究其购买行为的特点以及影响其决策的因素，找到相应的营销战略和战术。

组织市场是巨大的，它涉及的价值与产品要比消费市场多得多。例如，在为生产和销售一副轮胎而涉及的大量商业交易中，各种企业向生产轮胎的公司销售其生产轮胎所需的橡胶、钢铁、设备及其他产品。然后公司再将轮胎卖给批发商，批发商再卖给零售商，零售商将轮胎卖给消费者。而且公司还将轮胎销售给制造商，制造商将其作为原材料安装在新车上，或销售给那些拥有自己车队的公司，作为备用轮胎。下面具体分析组织市场的类型、特点及购买行为。

3.2.1 组织市场的类型及特点

1. 组织市场类型

组织市场包括4种类型,即生产者市场、中间商市场、非营利组织市场和政府市场。

1) 生产者市场

生产者市场又称为产业市场、工业品市场或生产资料市场,是指工业企业为了获取利润进行再生产而购买产品的市场。生产者市场是一个庞大的市场,其购买者分布在各个行业中,包括农业、林业、渔业、牧业、采矿业、制造业、建筑业、运输业、通信业、银行业、保险业以及其他一些行业。生产者市场的交易内容主要为生产资料和各项生产要素(资金、劳动力、技术、信息、房地产等),它们构成生产者市场的两个细分市场。

2) 中间商市场

中间商市场又称转卖者市场,它是由以营利为目的、购进商品后再转卖或出租给他人的所有组织和个人所组成的市场。中间商不提供产品形式效用,只提供产品的时间、地点和占有方面的效用。中间商经营的产品种类繁多。事实上,除了少数几类产品如重型或复杂的机械、定制的产品以及直接邮购或上门推销的产品由制造商直接卖给最终顾客外,绝大多数的产品都是通过销售中间商才被卖到最终购买者的手中的。供应商应把中间商看作是其顾客的采购代理商,而不是代表供方的销售代理商。中间商有两种基本类型:批发商和零售商。在地理分布上,中间商市场与生产者市场相比较为分散,但与消费者市场相比较为集中。

3) 非营利组织市场

非营利组织(Non-Profit Organization,NPO),又称非营利部门,是指所有不以营利为目的而从事社会公益事业的机构、组织和团体,可以是现有的政府事业单位和教育机构、注册的民办科技机构等。非营利组织是组织市场内相当重要而不可忽视的一部分。世界任何一个国家的非营利组织都发挥着十分重要的作用。它们不仅构成一个重要的产业,而且还是活跃于现代生活的一支经济力量,是各国国民经济中一个重要组成部分。世界各国的非营利组织不仅成为最大的"雇主",也是最大的买主,构成了一个潜力巨大的市场,对促进竞争、活跃市场、吸纳就业、扩大内需、稳定市场、促进经济增长以及倡导文明、推动人类社会的进步发挥着至关重要的作用。著名管理学权威彼得·德鲁克曾精辟地指出:非营利组织不仅在功能上代替政府解决了许多社会问题,同时,因为非营利组织的效能是政府的2倍,也削减了政府的财政赤字。

4) 政府市场

政府市场是指为了执行政府职能而购买或租用产品的各级政府和下属各部门组成的采购市场。各国政府通过税收、财政预算掌握了相当部分的国民收入,形成了潜力极大的政府采购市场,成为非营利组织市场的主要组成部分。政府购买的基础是获取那些能实现公众目标所必需的产品和服务。政府采购的商品和服务的范围是惊人的,包括轰炸机、黑板、家具、卫生设施、灭火器、机动设备及燃料等,用于国防、公共福利、医疗保健、基础设施建设和自然资源开发,以及公共服务、住房和城市改造。政府采购的目的不是为了赢利,而是为了执行政府职能,向社会提供公共产品,维护国家安全和社会公众利益。例如,政府参与市场调节,稳定物价和市场;政府的扶贫以及在国际上的人道主义援助等。由于开支决策受到审查,政府组织要做大量的文书工作。在采购获得批准之前必须填制和签发精心制作的表格。供应商常常会抱怨政府组织纷繁的文字工作、各种规章制度、主管人员的频繁更替。

2. 组织市场的特点

1) 组织市场的市场结构

(1) 购买者少、购买规模大。在消费者市场上，购买者是消费者个人或家庭，购买者必然为数众多，购买规模很小。而在组织市场上，情形正好相反，比如，鞋厂的数量要比使用鞋子的消费者数量少。发电设备生产者的顾客是各地有限的发电厂，面向采煤设备生产者的顾客是少数大型煤矿，某轮胎厂的命运可能仅仅取决于能否得到某家汽车厂的订单。尽管组织市场的客户数量少，但客户的购买量很大。格罗斯等人估计组织市场大约是消费者市场的 4 倍。组织市场购买量大，主要表现在组织市场在总交易量、每笔交易的当事人数、客户经营活动的规模和多样性、生产阶段的数量和持续的时间等方面。组织市场还会按照一定的周期重复购买。例如，旅馆对香皂的需求量，远比一般家庭的香皂需求量大得多。有时一位买主就能买下一个企业较长时期内的全部产量，有时一张订单的金额就能达到数千万元甚至数亿元。

(2) 组织市场的地理分布相对集中。例如，很多国家在石油、橡胶、钢铁、农业等行业显示出相当强的地理区域集中性。在我国，大多数组织购买者集中在北京、天津、上海、武汉、广州、成都、深圳等国内工业较为集中的城市。美国前 10 位的大城市也是组织购买者比较集中的地区，如纽约、芝加哥、巴尔的摩、洛杉矶、费城、波士顿、底特律、达拉斯、匹兹堡和休斯敦。这种地理分布上的集中有助于购买者辨认、比较和顺利开展其购买活动。对供应商来说，可以吸引更多的客户。例如，义乌小商品批发市场和临洮康家崖马铃薯批发市场都体现了这些特征。

因此，市场的容量大、客户数量少、购买规模大以及购买者在地理区域上相对集中就构成了组织市场的市场结构特征。

2) 组织市场的需求特征

(1) 组织市场的派生需求。没有消费者市场的相应需求，就没有组织市场的需求。组织市场的需求还随着消费者市场相应需求的变化而变化。组织市场的派生需求往往是多层次的，形成环环相扣的链条。消费者市场的相应需求是这一链条的起点，是组织市场需求的动力和源泉。例如，消费者市场对汽车的需求带来汽车制造商对轮胎、汽车制造设备等的需求，而这些需求又引发对橡胶业、钢铁业等相关行业产品的需求。

(2) 需求缺乏弹性。相对于消费市场，生产者市场产品价格的上升或下降，对产品需求不会有太大的影响。组织市场的需求具有派生性。它对原料的需求主要来自顾客对产品的需求。当顾客的需求没有增加，即使原料价格下跌，组织市场的需求也不会出现。此外，组织市场本身的需求还受限于有效产能与仓库固定容量，因此原料价格下降还要由产能的消化能力与仓储的容量状况来决定其影响，所以需求弹性较小。另外，如果原材料或零部件占最终产品的比例很小，则其价格升降对成本的影响也很有限，也不会影响到产品的需求。例如，在酒类需求总量不变的情况下，粮食价格下降，酒厂未必就会大量购买，除非粮食是酒成本中的主要部分且酒厂有大量的存放场所。粮食价格上涨，酒厂未必会减少购买，除非酒厂找到了其他代用品或发现了节约原料的方法。

(3) 组织市场的需求波动大。组织市场对工业性产品的需求，特别是新工厂对原材料和设备的需求，通常比消费产品的需求还不稳定。消费者需求只要有一点增加或减少，就会引起生产产品的工厂和设备需求的很大变动，经济学上将这种现象称为乘数效应，又称加速原理。例如，当消费者的需求增加时，零售商为了满足消费者增加的需求，就会增加其对产品的需求，从而批发商或经销商也增加对产品的需求，最后制造商也会受到影响而增加产品的需求。因此，消费者需求增加，可能会引发相当大幅度的组织需求增加；反之，消费者需求减少，也很可能会引发较大幅度的组织需求减少，所以组织购买者的需求波动要比消费者的需求波动大。

3) 组织市场购买者的成分特性

组织市场上的购买者成分复杂，并多为受过专门训练的采购人员。经过专业训练的采购人员，具有丰富的产品和购买知识。他们不仅要对购买的产品在性能、规格以及技术细节上的要求较为熟悉，而且要灵活运用谈判技巧。在涉及较为复杂的购买决策时，会涉及更多的人甚至公司高管或政府高官。可见，为了应对具有专门知识、经过专业训练的采购人员，供应商应十分重视对推销人员的挑选和培训，使之具有良好的专业知识和销售知识，具有较强的人际交往能力。技术性较强的产品，其推销人员更应具有完备的技术知识。

4) 组织市场购买者的决策类型和过程

组织市场购买者的决策，通常比消费者的决策更为复杂，涉及更大数额款项、更为复杂的技术和经济问题，因此往往需要花费更多的时间进行反复论证。组织购买者的决策行为比消费者更为规范，对大额购买通常要求详细的产品规格、文字购买清单、对供应商的调查和真实的审批程序。

5) 组织市场买卖双方的关系

在组织市场上，买卖双方往往倾向于建立长期的客户关系，保持密切往来。在购买决策的各个阶段，从帮助客户确定需求，寻找能满足这些需求的产品和劳务，直至售后服务，卖方始终参与并同客户密切合作，甚至还要经常按客户要求的品种、规格定期提供产品和劳务。从长期看，组织市场上的营销者要通过为客户提供可靠的服务及预测他们眼前和未来的需要与客户建立持久的关系，从而保持自身的销售额。另外，买卖双方的关系有时体现在互惠购买上，即买卖双方经常互换角色，互为买方和卖方。例如，造纸公司从化学公司大量购买造纸用的化学物品，化学公司也从造纸公司那儿大量购买办公和绘图用的纸张。当然，互惠购买优势还可表现为三角形或多角形。假设有 A、B、C 三家公司，C 是 A 的顾客，A 是 B 的潜在顾客，B 是 C 的潜在顾客，A 就可能提出这种互惠条件：B 买 C 的产品，A 就买 B 的产品。

此外，组织市场往往通过租赁方式取得所需产品。许多企业无力购买或需要融资购买所需的昂贵产品如机器设备、车辆等，此时采用租赁的方式可以节约成本。

3.2.2 生产者市场购买行为

1. 生产者购买决策的参与者

企业除专职的采购人员之外还有一些其他人员也参与购买过程。根据成员对购买过程执行职能的不同，可分为以下 5 种角色。

1) 使用者

使用者是指公司中具体使用欲购某种产业用品的人员。例如，实验室的实验员是各种仪器的使用者，钢铁厂炼钢设备的使用者是炼钢工人。使用者往往是购买产业用品的最初提出者，他们在计划购买产品的品种、规格、品牌中起着重要作用。

2) 影响者

影响者是指企业内部和外部直接或间接影响购买决策的人员。他们参加拟订采购计划，协助明确采购商品的规格、型号、品牌等。企业的技术员、工程师常常是采购任务的主要影响者。

3) 决策者

决策者是指企业里有权决定购买产品或服务的人。在经常性的采购中，采购者往往就是决策者，在复杂的采购中，特别是在新采购中，采购单位的高级负责人往往亲自决定取舍。

4) 采购者

采购者是指被赋予权力按照采购方案选择供应商并商谈采购条款的人员。采购者可能帮助确定采购商品的规格，但他们的主要任务是选定供应商，并在采购权限内具体进行交易条款的磋商。在复杂的采购中，采购单位的高级人员往往亲自参加磋商交易。

5) 信息控制者

信息控制者是指采购单位有权阻止推销员或信息与采购部门成员接触的人。例如，企业的技术人员、秘书，甚至电话接线员可以拒绝或终止有关供应信息。

2. 生产者市场购买行为的主要类型

生产者市场购买行为的主要类型按照购买决策的难易程度，可分为3种：新购、修正重购和直接重购。

1) 新购

新购是指购买者第一次购买某种产品或服务。这是组织市场购买中最复杂、成本风险也相对较大的一种类型。当企业受到内外方面的刺激，可能会进行新购。例如，新的产品线的扩充会导致企业对新的原材料、新部件的需求；或为了满足客户的新需求而添置新的设备等。企业需要采购以往从未使用过的产品和服务时，借助于经验通常很难达到满意的效果。于是企业需要在采购之前收集大量的信息以做出购买决策。

奥萨恩和丘吉尔把新购过程分为认识、兴趣、评估、试用和采用阶段。在每一阶段中信息传递工具所起的作用不尽相同。在认识阶段，大众媒体对于组织购买决策的作用最为突出；在兴趣阶段，销售人员的经验和技巧起到主要影响作用；在评估阶段，技术信息源最为重要；在试用阶段，产品本身的质量和性能是关键因素，营销人员的努力也起作用。营销人员应根据新购过程中的不同阶段采取不同的策略。新购是所有企业的机会。企业应派出强有力的营销人员，积极向购买者提供优质产品、优质服务和商品信息，争取对方的订货。

2) 修正重购

修正重购是指购买者对产品的规格、交易条件、价格或其他条款等要素进行修正的购买行为。造成修正重购的可能原因有计划外的发展问题(如质量、供应状况、存款)或者环境的变化(如经济法律、最终用户、技术变革)；客户需求的变化(如数量、服务水平、交付期限)或供应商供应的变化(如价格、产品开发)；供应商或客户对购买的定期复查。

当决策者认为通过对可供选择的产品和供应商的再评估能够获得最大利益的时候，如质量改进或成本降低，采购者倾向采取修正重购。在这种情况下，虽然生产者具备一定的经验和具体详细的采购标准，但由于和原有供应商的不愉快关系，以及是否转到新供应商和在寻求新供应商的过程中存在的不确定性，信息收集工作仍然很重要。面对这种购买类型，原供应商要清醒地认识到自己所面临的威胁，积极改进产品规格，提高服务质量，全力以赴维持现有的客户，而对于其他竞争者此时则是获取新订单的好机会。

3) 直接重购

当供应商能够及时准确地完成送货服务、保证产品质量以及提供合理而有竞争力的价格时，购买者往往进行直接重购。直接重购是建立在购买者和供应商之间良好的关系基础上的。

直接重购是指企业的采购部门按照过去的订货目录、购买方式和条件，继续向原来的供应商购买产品的购买方式。它是一种最简单，也是最普遍的购买类型。直接重购有一定的例行程序，在授权上较彻底。例如，公司文具的采购往往有固定的供应商，而公司对这种文具可能在第一次采购时会做一个较复杂的评估，主要比较各个替代的供应商与供应条件，接着做决定，然后授权公司的采购中心进行直接重购。直接重购的整个购买程序有一定表单和步骤，因此是相当例行性的工作。对于这种购买行为，原有的供应者不必重复推销，而应努力使产品的质量和服务保持一定的水平，减少购买者的购买时间，争取稳定的关系。对于未被列入名单的供应商来说，获得销售机会的可能性极小，但还是可以通过自己的营销活动，促使购买者转移或部分转移购买。

3. 影响生产者购买决策的因素

在正常情况下，影响生产者购买决策的主要因素有环境因素、组织因素、人际因素、个人因素。

1) 环境因素

环境因素是指影响生产者购买的一切外部因素，主要包括经济状况、社会文化、法律政治、自然环境、技术环境等因素。这些因素影响着生产者市场的整体发展及其购买行为。环境波动时可能给生产者带来意想不到的影响。通常生产者无法改变外部环境，生产者总是寻找适应环境的渠道和方法，或者利用环境资源发展自身，或者将环境对自身的不利影响降低到最低程度。总之，生产者需要保持对环境充分的估计和对形势的灵活把握，密切关注当前各环境状况以及预期的状况，同时监视技术发展和革新、政治法律的调整以及产业和渠道环境等因素，并做出准确及时的应对。

2) 组织因素

组织因素是指组织内部的各种因素，包括组织的目标、政策、业务程序、组织结构和制度等。这些因素将从组织内部的利益、经营与发展战略等方面影响组织机构购买的决策和行为。

不同类别或同一类别的生产者，他们的组织目标可能有所不同。有的追求较高的市场份额，有的追求当前利润最大化。组织目标的确定会影响到购买人员的购买行为。例如，以追求成本领先为目标的企业，会对符合本企业要求的尽可能低价的产品感兴趣；而追求市场领先的企业，会对技术先进、优质高效的产品感兴趣。生产企业组织规模的大小也影响购买决策过程。规模大的组织通常比较复杂，可能拥有管理、财务等各方面的专家，倾向于集体协商决策，而一些小的组织则可能由个人承担组织购买任务。企业内部成员的构成影响企业文化。例如，一个软件公司的员工可能大部分是由受过高等教育的技术人才组成，这种成员结构会影响企业文化，进而对购买人员的购买行为产生影响。

3) 人际因素

人际因素表现为组织内部的人事关系。以采购中心为例，生产资料购买的决定，是由公司各个部门和各种不同层次的人员组成的"采购中心"做出的。"采购中心"的成员由质量管理者、采购申请者、财务主管者、工程技术人员等组成。这些成员的地位不同,权力有异,说服力有区别,他们之间的关系亦有所不同,而且对生产资料的采购决定所起的作用也不同,因而在购买决定上呈现较纷繁复杂的人际关系。生产资料营销人员必须了解用户购买决策的主要人员、决策方式和评价标准、决策中心成员间相互影响的程度等,以便采取有效的营销措施,获得用户的关注。

4) 个人因素

个人因素包括各个参与决策者的年龄、受教育程度、个性和购买风格等。生产者的购买行为都是在有组织的相互影响的基础上产生的个人行为,由个人确定问题、做出决策和采取行动。虽然产业市场的购买行为是理性活动,但参与采购决策的仍然是一个个具体的人,而每个人在做出决定和采取行动时,都不可避免地受其年龄、收入、所受教育、职位和个人特性以及对待风险的态度的影响。例如,在各成员重点关注的因素方面,生产人员(使用者)往往主要考虑交货时间和可靠性能;工程技术人员主要考虑有关产品质量的各因素;购买人员往往强调可靠性和价格等。这些因素必然对生产者购买行为产生作用。

市场营销人员应该了解采购中心各个成员的性格特点、偏好等个人情况,以便采取"因人而异"的营销措施。图 3.6 是对影响生产者购买行为的主要因素的总结。

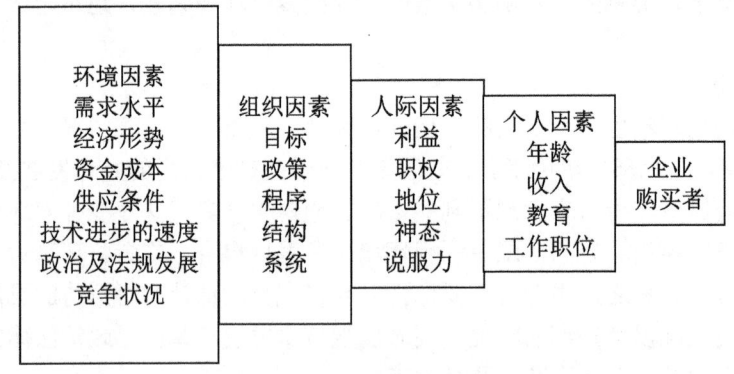

图 3.6　影响生产者购买行为的主要因素

4. 生产者购买决策过程

与消费资料的购买者一样,生产资料的购买者也有决策过程。供货企业的最高管理层和市场营销人员还要了解其顾客购买过程的各个阶段的情况,并采取适当措施,以适应顾客在各个阶段的需要,才能使之成为现实的买主。生产者购买过程阶段的多少,取决于其购买情况的复杂程度。直接重购通常只需经过绩效评价阶段,修正重购可能要经过提出需要、确定总需要、确定产品规格等阶段,而新购则要经过完整的 8 个阶段,如表 3-3 所示。

表 3-3　不同类型生产者购买行为所经历的购买阶段

购买阶段 \ 购买类型	新购	修正重购	直接重购
提出需求	是	可能	否
确定需求	是	可能	否
说明需求	是	是	是

续表

购买阶段＼购买类型	新购	修正重购	直接重购
寻求供应商	是	可能	否
征求建议	是	可能	否
选择供应商	是	可能	否
发出正式订单	是	可能	否
绩效评价	是	是	是

1) 提出需求

提出需求是生产者购买决策过程的起点。需求的提出，既可以是内部的刺激，也可以是外部的刺激引起的。内部的刺激，如企业决定生产新产品，需要新的设备和原材料；因存货水平开始下降，需要购进生产资料；因发现过去采购的原料质量不好，需更换供应者等。外部刺激如商品广告、营销人员的上门推销等，使采购人员发现了质量更好、价格更低的产品，促使其提出采购需求。因此，在这个阶段，营销人员应为加强推销，经常开展广告宣传，派人访问用户，增强外部刺激，发掘潜在需求。

2) 确定需求

生产者认识到某种需求之后，要进一步确定所需产品的品种数量等。简单的采购任务则由采购人员直接决定。复杂的采购任务，由采购人员同企业内部的有关人员共同确定。

3) 说明需求

确认需求之后，就要对所需产品的规格型号等技术指标做详细的说明，这要由专业人员运用价值分析法进行，即将产品及其配件的功能与各自的成本或费用相对比，得出它们的经济效益，确保产品的必要性。营销人员也要运用价值分析技术，向顾客说明其产品的良好功能。

4) 寻求供应商

采购人员通过各种途径搜集有关供应商的信息，排除那些生产能力不足、供货信誉差的企业，而对那些认为合格的供应商则要通过电话、计算机查询或登门拜访的方式，进一步了解他们的产品及供货行为，最后确定信誉良好和合乎自身要求的供应商作为备选对象。供应商应努力推出强有力的广告和促销计划，以提高公司的知名度。

5) 征求建议

对已物色的多个候选供应商，购买者应请他们提交供应建议书，尤其是对价值高、价格贵的产品，还要求他们写出详细的说明；对经过筛选后留下的供应商，要求其提出正式的说明。因此，供应商的营销人员应根据市场情况，写出实事求是而又别出心裁，能打动人心的产品说明，力求全面而形象地表达所推销产品的优点和特性，力争在众多的竞争者中胜出。

6) 选择供应商

在收到多个供应商的有关资料后，采购者将根据资料选择比较满意的供应商。在选择供应商时，不仅要考虑其技术能力，还要考虑其能否及时供货，能否提供必要的服务。其筛选的主要条件是交货快慢、产品质量、产品价格、企业信誉、产品品种、技术能力和生产设备、服务质量、付款结算方式、财务状况、地理位置等。根据上述条件筛选出数个供应商，企业在最后确定供应商之前，有时还要和供应商面谈，争取更优惠的条件。不少企业最后确定的供应商，不限一个，其目的在于：一方面有多个供应商，以免受制于人；另一方面则可以促使供应者之间展开竞争，促使他们改进服务质量。当然，企业在确定的几个供应商中，一般一个为主,其他几个为辅。比如购买者最后确定了3个供应商,便向为主的供应商购买所需产品总量的60%,向为辅的两个供应商分别购买所需产品总量的30%和10%。

7) 发出正式订单

这是购买决策过程中的实际购买阶段,一般是生产企业将订货单给选定的供应商,在订单上列举技术说明、需要数量、期望交货时间以及退货条款和保证条款等。目前,许多企业普遍采用"一揽子合同",即生产企业与供应商建立长期供货关系。供应商通过一定方式的承诺,可根据生产企业的需要随时按照原定交换条件供货,这样他的产品有了固定的销路,竞争的压力也减轻了。而生产企业则减少了多次购买签约的成本,也减轻了库存的压力,加速了资本周转。

8) 绩效评价

产品购进后,采购者还会及时向使用者了解其对产品的评价,考查各个供应商的履约情况,并根据了解和考查的结果,决定今后是否继续采购某供应商的产品。考查有两个方面的内容:一方面,对购买的工业品的质量要验证,看是否符合明细表和设计图纸的要求;另一方面,对所付出的购买金额和差旅费等进行分析,是突破还是节余,查明原因,以决定继续购买还是改换供应单位。为此,供应商在产品销售出去以后,要加强追踪调查和售后服务,以赢得采购者的信任,保持长久的供求关系。同时,对本次购买活动进行总结。

案例 3—7

同仁堂的采购法

北京同仁堂是中药行业著名的老字号,创建于清康熙八年(1669年)。在300多年的历史长河中,历代同仁堂人恪守"炮制虽繁必不敢省人工,品味虽贵必不敢减物力"的传统古训,树立"修合无人见,存心有天知"的自律意识,确保了同仁堂金字招牌的长盛不衰。自雍正元年(1723年)同仁堂正式供奉清皇宫御药房用药,历经八代皇帝,长达一百多年,这就造就了同仁堂人在制药过程中兢兢业业、精益求精的严细精神。其产品以"配方独特,选料上乘,工艺精湛,疗效显著"而享誉海内外。在300多年的发展过程中,同仁堂积累了许多经商的经验,下面介绍同仁堂采购药材的方法。

河北省安国县的庙会,是全国有名的药材集散市场。每年冬、春两季,各地药农、药商云集于此。北京同仁堂的药材采购员在采购中使用了一连串的技巧,并善于积极反馈信息,所购的药材比其他药店便宜许多。他们一到安国县,并不急于透露自己需要采购什么,而是先注意收集有关信息。他们往往开始只是少量购进一些比较短缺的药材,以"套出"一些信息。例如,本来需要购进5 000千克黄连,他们往往只买进50千克上等货,而且故意付高价。"价高招商客",外地的药商、药农闻讯,便纷纷将黄连运到安国县。这时同仁堂的采购员却不再问津黄连,而是大量买进市场上其他滞销的且又必须采购的药材,等其他生意做得差不多时,再突然返回来采购黄连。此时,他们已得到信息反馈:黄连由于大量涌进市场,形成滞销之势。各地来的药商,为了避免徒劳往返,多耗运输费用,或者怕卖不出去而亏本,都愿意低价出售。经过这一涨、一落,同仁堂就大量收购了市场上各种滞销的药材。药商们吃了亏,影响到第二年药农的积极性,自然就会减少产量。同仁堂的采购员能够预测到第二年的情况。这样一来,这些减产的药材第二年又会因大幅度减产而价格暴涨,而这时同仁堂的库存早已备足。

3.2.3 中间商市场购买行为

中间商市场的购买行为与生产者市场的购买行为有相似的地方,也有一定的区别。相似的方面主要有:中间商采购组织也有多人参与决策;其购买过程与生产者市场的购买过程基本相同；环境、组织等因素同样影响其购买行为。二者的区别体现在中间商市场的购买行为在采购业务类型、采购决策及其参与者等方面。

1. 中间商市场的购买决策内容

中间商采购商品的目的是为了将所购商品转卖给其顾客，为此，中间商必须按照顾客的要求来制订采购计划。在购买活动中，中间商要做的决策是经营范围及花色品种的决定、卖主选择、交易价格与条件的选择。其中，商品搭配是最主要的决策，它决定中间商的市场地位。批发商和零售商可从下面4种品种组合策略中做出选择。

(1) 独家搭配，即只经销一家制造商的产品品种，以求得较好的供货条件。一般只是规模较小的少数企业采用这类策略。

(2) 深度搭配，即经销一个产品族，产品来自许多制造商，这为顾客在购买某种商品时提供较大的选择余地，从而增强对顾客的吸引力。这种策略在目前较具竞争力。

(3) 广泛搭配，即经营范围广泛，但商品品种尚未超出行业界限。这种策略使中间商具有一定的经营范围，也使顾客方便购得相关商品。

(4) 混合搭配，即经销众多的彼此不相关的产品品种系列。这种策略能减少中间商因外界环境变化所带来的经营风险，但要求企业有雄厚的经营实力。

例如，一家照相机商店可能只经销某一品牌照相机(独家型品种组合)；或经销许多品牌的相机(深度型品种组合)；或经销照相机、盒式录音机、收音机和立体声设备(广泛型品种组合)；或者再加上电炉和冰箱(混合型品种组合)。

2. 中间商市场的购买类型

在采购业务中，中间商要根据不同的购买类型，做相应的决策。中间商市场的购买类型有3种。

(1) 新产品采购。中间商根据某种新产品销路的好坏决定是否进货以及如何进货。

(2) 最佳供应商选择。若中间商需要经营的产品已经确定，有可能经常要进行最佳供应商的重新选择。导致中间商做出此类购买决策的原因有：一是由于各种局限，中间商不能经营目前所有供应商的产品，只能从中选择一部分供应商的产品以供经营；二是中间商打算提供自有品牌商品，选择为自己制造品牌产品的最佳生产企业。例如，英国的马狮百货公司从严格选择的供应商那里购进商品，然后打上马狮的品牌印记，以"马狮"的品牌形象销售商品。

(3) 寻求较好的供应条件。对于这类决策，中间商并不想更换供货商，只是试图从原有供应商那里获得更为有利条件的购买类型。当同类产品的供应商增多或其他供应商提出了更有吸引力的价格和供货条件时，中间商希望原有供货商改善供货条件，如更为合适的信贷条件、更为优惠的价格折扣等。

3. 中间商市场的购买决策的参与者

中间商市场购买决策参与者的多少取决于中间商的经营规模和采购项目的规模与重要程度。对小批发商和零售组织而言，采购往往由一个或几个兼做其他工作的雇员担任，或者由业主亲自从事商品选择和采购业务。但较大规模的中间商通常有一个像生产商那样的采购中心。采购工作由专职的采购部门执行。不同类型的中间商有不同的购买决策及决策参与者。以连锁超市为例，中间商市场参与购买决策的人员或机构主要有下述 3 种。

(1) 专职采购员。专职采购员(或称商店经理)负责决定商品搭配，接待推出新品牌的企业的推销人员，并有权决定是否接受新品牌产品。多数公司的做法是，授权专职采购员对那些明显不能接受或明显可以接受的项目做出决定，而一些重要项目则需要提交采购委员会审议，并由采购委员会做出决定。在国内连锁店和独立的超级市场上，仓库里有 2/3 的新商品是商品经理决策订购的，只有 1/3 不是经理决策的。

(2) 采购委员会。采购委员会通常由公司总部的各部门经理和商品经理组成，主要负责审查商品经理提出的新产品采购建议，做出是否购买的决策。

(3) 分店经理。分店经理是连锁超市下属各分店的负责人，通常负责分店一级的采购决策。美国连锁超级市场各个分店的货源有 2/3 是由分店经理自行决定采购的。

4. 影响购买决策的主要因素和购买决策过程

1) 影响购买决策的主要因素

中间商市场同生产者市场一样，其购买行为同样受环境因素、组织因素、人际因素和个体因素的影响。卖方必须对这些影响因素给予足够的重视，并且推出那些能够帮助中间商赚钱或降低成本的战略。此外，中间商市场的购买行为还受到购买者的购买风格的影响。美国学者狄克森把购买者个人的购买风格分为 7 类。

(1) 忠诚型购买者。这类购买者忠于同一供应商，不轻易更换供货来源。

(2) 机会型购买者。这类购买者通常与几个符合其长期发展战略的供应商保持合作关系，并随时选择对自己最有利的供应商，而不会固定于其中任何一个。

(3) 最佳交易型购买者。这类购买者选择某一时点上可获得的最佳交易。

(4) 创造型购买者。这类购买者会就他们所需的产品、价格和服务方面向卖方提出条件。

(5) 广告型购买者。这类购买者在每一笔交易中都要求供应商补贴广告费。

(6) 斤斤计较型购买者。这类购买者总想通过谈判取得供方在价格上的特别让步。他们只接受最大价格折让的卖方，这种价格折让是他们感到别的卖方不大可能提供的。

(7) 挑剔型购买者。这类购买者选择的货源都是物美价廉、最适销的商品。

2) 购买决策过程

对于新品种购买来说，中间商的购买过程与生产商的购买过程基本相同，需要经过 8 个阶段。对于选择最佳供应商和寻求最佳购买条件的购买决策可能跳过某些阶段。随着科技的发展，中间商的采购技能不断增强，如中间商大量应用电子通信技术和设备处理采购业务。采购者通过电脑系统向供货商发出要货通知，供货商根据要货通知随时供货。这样中间商不用自己建立仓库即可及时得到供货，加速资金周转，降低经营费用。

3.2.4 政府市场和非营利组织市场购买行为

政府市场和非营利组织市场为许多企业提供了大量的营销机会。有些企业只是偶尔向政府和非营利组织出售产品和服务，而另一些企业主要依靠政府和非营利组织生存，所以，企业有必要了解和研究政府市场和非营利组织市场的特点，了解影响政府和非营利组织采购决策的主要因素，以及其采购决策的过程等。

1. 政府市场的购买行为

1) 政府采购的特点

与一般工商企业的采购不同，政府采购有其自身的特点，主要表现为以下几个方面。

(1) 政府采购一般是按照年度预算进行的，年度预算具有法律效力，不会轻易变动。也就是说，政府在一个财政年度内的采购规模基本上是固定不变的，这是政府市场相对稳定的一个重要原因。政府的有关部门对于有意进入政府采购市场的供应商要求提供规定的资料，用以说明其能够提供的产品类别、规格、企业的实力、资信等情况。只有经审定被列入政府采购供应商名单中的企业，才有可能参加有关政府采购的竞标活动。

(2) 政府采购往往通过竞争性的招标采购、有限竞争性采购和竞争性谈判等方式来选择合适的供应商。对于很多产品，政府有关部门会制定出详细的标准和细则，包括技术规范、运送货物的时间要求、包装要求、保证书要求及其他采购要求。

(3) 已经被列入政府采购供应商名单的企业必须能够提供完全符合这些标准和细则的产品和服务才有资格进入竞标阶段。在竞标阶段，价格基本上是唯一的竞争因素，政府一般会选择竞标价最低的企业作为供应商，除非竞标价次低的企业能拿出有力的证据说明竞标价最低的企业所提供的产品和服务不符合要求。

(4) 进入政府市场困难大，但回报丰厚。政府市场中非军需品的需求稳定，信誉好，同时还可提高供应商的声誉及社会地位。这也是政府市场的吸引力所在。

(5) 政府采购出于保护本国产业的目的，更倾向于采购本国供应商而非外国供应商的产品。《中华人民共和国政府采购法》(以下简称《政府采购法》)被列入第九届全国人大常委会立法规划的第一类立法项目。《政府采购法》起草工作总体安排是：1999年，在搜集资料、调查研究的基础上起草出政府采购法草案的基本框架和基本草案大纲；2000年，提出草案初稿并广泛征求意见；2001年修改完善草案；2002年6月29日全国人大常委会审议通过了《政府采购法》，并于2003年1月1日起正式实施。政府采购制度自身的特点，使其在中国一经试行，就显示出极大的优越性。由于政府采购具有公平、公正、公开性，被人们称为"阳光工程"和"阳光下的交易"，规范政府采购的法律和法规被称为"阳光法案"。

2) 政府采购过程的参与者

各国的政府部门都设有采购组织来完成政府购买行为。一般来说，政府市场购买过程的参与者有两种类型：行政部门的购买组织和军事部门的购买组织。

(1) 行政部门的购买组织。他们的采购经费主要由财政部门拨款，分级政府机构的采购办公室负责经办采购事务。

(2) 军事部门的购买组织。军事部门采购的军需品包括军事装备(武器)和一般军需品(生活消费品)。各国军队都有国防部和国防后勤部(局)。国防部主要采购军事装备，国防后勤部(局)主要采购一般军需品。在我国，总装备部负责军事装备的采购与分配，总后勤部负责采购和分配一般军需品。各大军区、各兵种也设立后勤部门负责自己所需军需品的采购。

美国政府的采购

在美国，政府市场由各种为执行政府的主要职能而采购或租用商品的联邦、州以及地方的政府单位组成。1980年，美国政府单位采购了价值为5 350亿美元的商品及服务，占国民生产总值的20%，从而使它成为全美最大的主顾，在各级政府单位中，联邦政府的采购支出约占总支出的35%。

政府采购是建立在为实现公众目标所必须得到的产品和服务的基础上的。政府机构采购的产品及服务范围惊人，它们购买轰炸机、雕塑品、黑板、家具、卫生设备、衣服、材料搬运设备、灭火器、汽车设备以及燃料等。例如，1980年美国联邦、州及地方政府单位总共花费了大约1 430亿美元用于教育，1 490亿美元用于国防，640亿美元用于公共福利，440亿美元用于医疗保健，330亿美元用于公路建设，350亿美元用于自然资源开发，此外，还花了少量支出用于邮政建设、太空研制、住宅及城市改造。每一级政府单位都有不同的支出组合，在联邦预算方面，主要用于国防支出，其占联邦预算的33%。在州预算、地方预算方面，教育支出占到37%。可见，政府市场对任何厂家或销售商来说，都是一个巨大的市场。

在联邦、州、地方各级都存在政府的采购组织。联邦一级的采购组织为最大，其采购单位管辖民政和军用两大部门。联邦民政采购机构由7种类型组成(每类的例子以圆括号表示)：部(商务部)、管理局(物资采购供应局)、署(联邦航空总署)、局(铁路局)、委员会(联邦通信委员会)、执行办公室(管理与预算执行办公室)，以及其他机构(田纳西河谷管理局)。"没有一个联邦机构承办政府需要的全部商品和服务。在任何机构中，也没有一个采购者能采购该机构所需要的所有单项物料、设备或服务"。许多机构自己控制了采购的大部分，尤其是工业品和专用设备。与此同时，物资采购供应局在集中采购民政部门所共同使用的物品方面(如办公用家具与设备、交通工具和燃料等)和为其他机构制定标准化采购程序上起着主要的作用。

联邦军用采购是由国防部，大部分则通过国防军需机构和陆海空三军的采购部门来执行的。国防军需机构创立于1916年，用以采购和分配军用部门所需要的军用物品，力图降低巨大的重复采购支出，它管辖6个供应中心，这些供应中心专门用于营建、电子、燃料、人员支持、工业及一般供应，目前的趋势是为一些主要产品分类朝"单一经理"发展。每一后勤分支机构采办与其使命相符的一系列设备和物料。例如，陆军部就设有自己的后勤分支机构从事采购该部所需要的材料、交通工具、医疗用品和各种服务设备以及武器。州及地方采购机构包括学校、公路部门、医院、物业机构和其他机构，它们各自都有其销售商必须掌握的购买程序。

3) 影响政府采购行为的因素

政府采购一般也受环境、组织、人际关系、个人特性等因素的影响，然而政府采购的独特之处在于它还受到社会公众的制约。在西方国家，监督者有国会和审计局，它们抨击政府的浪费行为或负责审查政府的开支。此外一些民间监督机构或媒体机构也往往监督政府机构，保护纳税人的利益。

在政府采购中，非经济原则起着日益重要的作用。有些要求政府采购时要照顾衰退的行业和不发达地区，照顾小企业和没有种族、年龄、性别歧视的企业。政府机构会倾向于本国的供应者，而不是外国的供应商。例如，微软公司的办公软件与国产的金山办公软件在北京市政府采购竞标中，在有绝对优势的前提下反而落败，这就是政府采购中非经济原则在起作用。

4) 政府采购方式

一般的政府采购方式与非营利机构的采购方式是一样的，即公开招标、议价合约和例行采购3种。我国《政府采购法》明确指出，政府采购主要通过公开招标、邀请招标、竞争性谈判、询价和单一来源采购等方式选择合适的供应商。政府采购法对每种方式的适用情况都做出了相应的规定。

(1) 公开招标采购是政府采购的主要方式，具体含义是政府机构邀请那些有资格的供应商参加投标，然后按照物美价廉的原则与中标的供应商签约。政府用公开招标的方式购买产品，一方面是为了防止采购过程中可能出现的腐败行为，另一方面也是为了通过公开的招标，降低采购成本。在需要购买商品或服务时，事先通过发布公告，将需要采购的产品、数量、规格和其他条件分开招标，然后在公开透明的原则下对投标企业的标书评标，最后选定购买对象。由于产品的特征被加以详细的规定，所以产品差异不是营销因素，广告和个人推销对中标影响也很小。

(2) 邀请招标采购，也称选择性招标，是指采购人根据供应商或承包商的资信和业绩，选择若干合格供应商(不得少于 3 家)向其发出招标邀请书，由被邀请的供应商投标竞争，从中选定中标者的招标方式。

(3) 竞争性谈判采购，是指谈判小组(由采购人的代表和有关专家共 3 人以上的单数组成，其中专家的人数不得少于成员总数的 2/3)从符合相应资格条件的供应商名单中确定不少于 3 家的供应商参加谈判的采购方式。

(4) 询价采购是指询价小组(由采购人的代表和有关专家共 3 人以上的单数组成，其中专家的人数不得少于成员总数的 2/3)根据采购需求，从符合相应资格条件的供应商名单中确定不少于 3 家的供应商向其发出询价单让其报价，由供应商一次报出不得更改的报价，然后询价小组在报价的基础上进行比较，并确定最优供应商的一种采购方式，也就是通常所说的货比三家。它是一种相对简单而又快速的采购方式。《政府采购法》规定实行询价采购方式的，应符合采购的货物规格、标准统一、现货货源充足且价格变化幅度小的政府采购项目。

(5) 单一来源采购，也称直接采购，是指达到了限额标准和公开招标数额标准，但所购商品的来源渠道单一，或属专利、首次创造、合同追加、原有采购项目的后续扩充和发生了不可预见紧急情况不能从其他供应商处采购等情况。

就具体的实施状况来看，2011 年我国政府采购规模达到 11332.5 亿元，其中，采用公开招标的采购规模为 9147.3 亿元，占采购总规模的 80.7%。从中标企业规模划分及合同授予情况看，2011 年全国政府采购合同授予中小企业的采购规模为 9016.5 亿元，占采购总规模的 79.6%。

综上所述，供应商为了在政府采购这个巨大的市场上分一杯羹，需要密切关注政府采购的需求动向、发展趋势及相关的法律规定，答复政府提出的要求，而且还应主动提出适合政府需要的多项建议，并通过强大的信息网向政府显示公司实力，以争取更多的政府订货。例如，印度尼西亚政府准备在雅加达附近招标建一个水泥厂。一家美国公司上交一份建议书，其中包括选择厂址、设计工厂、招聘建筑工程队伍、调集的材料和设备，最后交给印度尼西亚政府一个建好的工厂。另一家日本公司，在拟定建议书时，除包括以上各条款之外，另外还雇用和培训工人，并通过其贸易公司替该厂将水泥向国外出口，而且用该工厂生产的水泥修建一条通往雅加达的公路，在雅加达建一些办公大楼。最后印度尼西亚政府选择了日本公司建水泥厂。

 **案例 3-9**

某区学校电脑集中招标采购

1. 项目背景

本项目为学校计算机采购项目，于 2015 年 8 月 23 日下达采购中心，被列入政府采购范围。这次联合集中采购计算机为 3 120 台，涉及 120 所学校，分布在某区的各个地方；计算机的配置要求高，尤其是 120 台教师用机的配置要求为当前最先进配置，且要求是具有极高性能价格比的高档机，学生用机的数量也具有前所未有的规模。

2. 招标准备

由于本次采购计算机数量多,所以在确定招标方式上,既考虑120所学校需要计算机的时间上的急迫性,又考虑到采购程序的严密性以及招标的最大范围的公开性,最终把招标方式确定为公开招标。2015年8月24日以公开招标的方式在某区政府采购网站发布招标公告,8月25日在当地主要报纸上发布招标公告。

招标文件编制的具体做法是将计算机分为A、B、C三个包,A包为2 000台学生机,B包为1 000台学生机,C包为120台教师机。这样分主要考虑到两个因素,其一是要求制造供应商供货时间短,3 000台计算机可能的话由两家供应商提供,缩短制造周期,其二是教师机要求配置高,性能稳定可靠,兼顾到中高档国内外品牌的投标、中标机会。

2015年8月27日开始出售标书,共有15家公司购买了招标文件。

3. 招标过程

2015年9月6日在某区政府采购中心开标,特别邀请某区公证处的两位公证员开标公证,邀请某区政府采购监督小组的两位监督员作为监标人,某区有线电视中心等新闻媒体进行了采访,评标专家由××市政府采购中心提供,在评标当天通知某区采购中心,保证了评标专家的保密性和公正性。9月7日评标,邀请4位××市资深专家和1位使用单位人员组成评标小组,评标小组决定3 000台学生计算机项目授予L公司,120台教师电脑项目授予T公司。

4. 合同履行情况

2015年9月10日与L公司签订合同,L公司授权,具体工作由B公司实施。

2015年9月14日与T公司签订合同,T公司授权,具体工作由Q公司实施,随后采购中心与使用单位、中标单位、被授权单位召开了协调会议,达成"工作安排备忘录"。

2015年9月17~21日,B公司进行用户情况调查,他们组织人员对120所学校逐一进行实地调查:邀请学校老师参加培训,调查学校计算机机房情况、电源情况等。

中标的教师用机虽然不多,仅仅120台,但这120台电脑必须送到遍布某区各个角落的120所小学,搬运到指定楼层的电脑教室,并安装调试。合同签订后,即开始按单生产(生产周期在10天左右)。由于10月1~7日放国庆长假,某区很多路段封路,为了按时履约,要求T公司按紧急情况处理。从这批电脑到达上海的第二天开始,Q公司每天用5辆车,每车随行3人,以不同路线送到每个学校,3天内将120台电脑全部送到位。有时找一所学校要走一个多小时。在电脑全部送到位后,Q公司派出6名工程师,用5天时间,到每一所学校进行安装调试,为学校安装必备软件,并请校方亲临验收与盖章确认。校方验收的满意率达到100%,其中非常满意的用户达到80%。在开机的过程中,Q公司为每一个学校留下了名片,记录下了学校总务老师和计算机老师的联系电话,以便今后的服务和联系。

由于本次招标要求的教师机的配置很高,部分学校在使用中遇到了不少问题,Q公司都一一上门解决,个别学校在教师机内安装了视频卡,引起资源冲突,Q公司也上门帮助解决问题。从严格意义上来说,这些都不是机器本身的问题,并不在他们服务范围内,但为了某区的教学活动正常开展,为了公司的信誉,Q公司将这一切"分外事"都当做自己的工作给予解决,得到了很多学校的好评。

2015年9月18日~25日,B公司组织学校教师培训,安排120所小学的计算机老师进行学生机的培训(电脑基本知识、使用及维护),共有86所学校参加。在学校具备安装条件的情况下,截至10月13日总共完成98所学校的安装调试,因部分学校的客观因素,其余的22所学校无法及时完成验收。

5. 结果评价

定标与签订合同之后,采购中心的工作并未完成,监督履约和项目的验收及付款等是政府采购工作的重要环节。项目的执行责任人必须保持与供应商、买方、出资方的经常联系,了解履约中出现的问题,及时进行协调,这方面的工作今后有待加强。

本次招标项目节约了资金364.8万元,节约率达21.9%,效果比较明显。使用单位在提供教师机配置时,强调了计算机的主板要求,供应商在供货时间有限的情况下,针对用户提出的配置进行性能匹配测试,结果是主板、硬盘不匹配,最后经技监部门确认,使用了同档次的供应商成熟的机型。因此,使用单位要考虑计算机配置的合理性,避免浪费时间和资源。对于公开招标的项目,要做到公正、公平的一个重要环节是评标小组的组成,使用单位往往作为评标小组的组成人员之一,在评标时,专家评委有时首先倾听他们的意见,使用单位有可能提出一些片面的带有某些导向性的意见,如何避免类似的问题有待思考。

为了确保大批量计算机的供货质量，采购中心在签订供货合同的时候，特意增加了一条，就是在计算机送到学校后，抽查一定数量机器到技监部门做性能和防辐射检测，合格后使用。这样供应商在制造计算机时，势必加强对产品质量的控制，使用户对政府采购感到放心满意。

2. 非营利组织市场的购买行为

1) 非营利组织市场的类型

非营利组织市场按照不同的划分标准，可分为不同的市场类型。这里主要介绍按照不同职能和不同经费来源划分的非营利组织市场类型。

(1) 按照职能不同，非营利组织可以分为3类。

① 履行国家职能的非营利组织。指服务于国家和社会以实现社会整体利益为目标的有关组织，主要有各级政府及下属部门、消防队、监狱等。

② 促进群众交流的非营利组织。指一些群众性组织，主要是为了加强群体之间的思想和感情的交流，宣传某些知识和观念，或是为了维护群体利益，如宗教组织、各种协会等。

③ 提供社会服务的非营利组织。指为某些公众的特定需要提供特殊服务的非营利组织，如医院、学校、红十字会、慈善机构和福利机构等。

(2) 按照经费来源，非营利组织主要有3种类型。

① 自给自足型。这些非营利组织在经费上完全是自负盈亏。例如，大多数医院，必须为所提供的服务设置一个合适的收费标准，以便得到适当的收益来补偿全部开支，维持正常的运营。

② 部分收费型。这些非营利组织能得到政府财政拨款和有关方面的捐款。由此，所提供的服务或产品收费标准可以低于其平均成本。例如，我国高等教育所收取的学费仅占培养学生平均成本的很小部分，随着经济的发展，学费会逐步提高，但仍将低于其运行成本。

③ 无偿提供型。这些非营利组织完全依靠政府的财政拨款或捐助支持运行，无偿提供服务，最典型的是消防、天气预报、地震报警等。

2) 非营利组织市场的购买特点

(1) 限定总额。非营利组织设立的目的不是为了创造利润，其正常运转的活动经费主要来自政府拨款或者社会捐助，因此经费的预算与支出都会受到严格的控制。因此，非营利组织的采购必须量入而出，不能随意突破。

(2) 保证质量和价格低廉。由于受到经费预算的限制，大多数非营利组织在采购时往往更倾向于选择报价更低的供应商，但同时为了维持组织运行和履行组织职能的需要，又对产品或者服务的质量有很高的要求。

(3) 受到控制。为了使有限的资金发挥更大的作用，非营利组织的采购人员受到较多的制约，只能按照规定的条件购买，缺乏自主性。

(4) 团体采购将成为非营利组织市场采购的一个重要的发展趋势。所谓团体采购，就是指几家甚至几十家机构组成一个联合采购单位或委托专门的采购组织进行采购。通过团体采购，可以获得价低、质优的各类产品和服务的供给。同时，团体采购还具有削减各成员的管理费用、采购规范化及更富有竞争力等优点。面对团体采购，营销人员必须充分意识到其专业性、规范性、规模大的特点，只有提供富有竞争力的产品及富有效率的营销策略才可能在众多的供应商中脱颖而出。

至于非营利组织市场购买类型、购买方式、影响其购买的因素与政府市场相似，不再赘述。

本 章 小 结

市场是企业经营的起点和归宿,根据购买者在市场上购买商品的特点和购买目的的不同,可将市场划分为消费者市场和组织市场。消费者市场是指满足生活需要而购买产品和服务的一切个人和家庭组成的市场。消费者市场的特点:人数众多,交易频繁但交易量小,其消费行为具有诱导性、流动性和全球性。消费者购买行为受其不同的文化、社会、个人和心理因素组合的影响。消费者购买行为包括复杂购买行为、多样化购买行为、减少不协调感的购买行为、习惯性购买行为 4 种购买类型。典型的消费者购买决策过程包括确定需要、收集信息、选择评价、购买决定、购后评价 5 个阶段。

组织市场泛指一个组织向其他组织推销商品或服务的任何市场。这类市场包括 4 种类型,即生产者市场、中间商市场、非营利组织市场和政府市场。组织市场特点是市场容量大、客户数量少、购买规模大,购买者在地理区域上相对集中;组织市场的需求是派生需求,需求缺乏弹性,而且需求波动大;组织市场上的购买者成分复杂,并多为受过专门训练的采购人员。组织市场购买者的决策,通常比消费者的决策更为复杂;在组织市场上,买卖双方往往倾向于建立长期的客户关系,保持密切往来。此外,组织市场往往通过租赁方式取得所需产品。影响组织市场购买行为的因素通常有环境因素、组织因素、个人因素、人际因素。其购买决策过程要经过 8 个阶段:提出需求、确认需求、说明需求、寻求供应商、征求建议、选择供应商、正式订购和购后评价。

关键术语

消费者市场——consumer market　　消费者购买行为——consumer buying behavior
参照群体——reference groups　　文化——culture
亚文化——subculture　　社会阶层——social classes
需求确定——need recognition　　信息寻找——information search
选择评价——alternative evaluation　　购买决策——purchase decision
购后评价——post purchase evaluation　　组织市场——business market
派生需求——derived demand　　直接重购——straight rebuy
修正重购——modified rebuy　　新购——new task
采购中心——buying center　　生产者市场——industry market
中间商市场——reseller market　　政府市场——government market
非营利组织——nonprofit organization

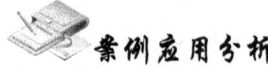

案例应用分析

迅速崛起的国美

1. 案例背景

国美电器控股有限公司(以下简称国美)成立于 1987 年 1 月 1 日,是一家以经营各类家用电器为主的全国性家电零售连锁企业。

多年来,国美始终坚持"薄利多销、服务争先"的经营策略,把规模化的经营建立在完善的售后服务体系基础之上,从而得到了广大消费者的青睐。目前已发展成为全国最大的家电零售连锁企业,在北京、天津、上海、广州等城市设立了34个子公司,拥有包括香港地区在内的400余家直营门店,6万多名员工。在商务部公布的中国连锁业三十强排行榜中,国美名列家电连锁榜首,连续多年领跑中国家电零售业,并成为长虹、TCL、康佳、厦华、海信、东芝、索尼、松下、LG、飞利浦、夏普、三洋等众多厂家在中国的最大经销商。

在国美的史册上记录着多个全国第一:国美电器1994年最早首创包销制,脱离中间商,商家与厂家直接对话;首家走出坐店经营的传统营销模式;首家推出特价彩电,击垮彩电限价联盟;首家走出北京,走向全国;首家在我国香港地区开店,向国际市场迈进;首家与电影界展开互动营销,开创了中国家电领域文化营销的先例。

仔细研究国美的成长历史,就不难理解国美的各项第一是如何创造的了。

2. 实施成本领先战略,国美进行大规模采购

1) 首创包销制,获得价格优势

国美电器于1987年1月1日成立时,只是北京珠市口一家100米^{2}左右的小门店,经营进口家电。当时电器商品还处于求大于供的状况,国美创始人黄光裕决定做长久生意,因而并没有采取高价销售的撇脂策略,而是确定了薄利多销的经营策略。

国美的独特之举还在于率先在《北京晚报》中缝做了标价广告,借助广告这一现代营销手段引导了顾客消费和消费者与媒体的新型互动关系,走出了坐店经营的传统模式。标价广告为国美带来了滚滚财源,到1992年时,国美已经陆续开了七八家店名各不相同的门店。

1996年以长虹为首的国产家电崛起,面对国产家电品牌势不可当的发展趋势,国美开始了经营战略的调整,由先前单纯经营进口商品转向经营国产、合资品牌家电。当对国产、合资品牌有了一定的销售努力和销售经验后,国美决意创建新的供销模式:脱离中间商,与厂家直接接触,搞包销制。通常,销售商为了减少资金占压,与厂家合作时大多采用代销形式,即使同意经销,也不轻易承诺销售量。国美经过慎重考虑和精心论证,决定以销售量向厂家表示合作诚意。国美与多家生产厂家达成协议,厂家给国美以优惠价格和优惠政策,而国美则包销产品,即承诺经销责任,且保证相当大的销售量。这种越过中间商,与厂家直接贸易的营销模式,使国美在商品成本上获得了比较优势,带动销量大增。

2) 国美频频抛出大额订单

国美的低成本战略依赖于大规模的低价采购。随着在全国连锁店数目和销售量的增加,国美频频抛出大额订单。

2000年10月,国美推出千万元彩电采购大招标,厦华、索尼先后接标,国美分别与之签订了1 800万和2 564万元采购合同,彩电采购总量达10 850台。

随后,国美又开出亿元采购订单,分别与荣事达和TCL签订8 000万元和1.5亿元的销售合同,被经济学家称为"商业资本"重新抬头。

2002年2月,国美在全国推出"差价补偿"承诺,以进一步突出规模销售所体现的价格优势,并受到消费者热烈欢迎。

2002年12月,国美在北京召开"2002年中国彩电高峰论坛",推出国美彩电"新科技一族",并与众厂家签订了总额为32亿元的彩电包销协议。

国美频抛大单意味着中国"商业资本"的抬头,同时也引发了家电行业厂商的供销模式革命。

3) 国美再出会展型采购新招数

2002年12月,国内第一次由流通企业举办的大规模家电业展览会——"国内家电博览会"亮相上海,借国内外厂家悉数到场之机,国美一举抛出100亿元的采购订单,这个巨大的订单占中国家电零售总额的1/30,创造了中国家电史的一个新纪录。以往家电连锁都是今天采购一个品种、明天采购一个品种,有规模但不够经济。而此种会展型集中采购,可使国美借会展之机成倍地扩大采购规模,从时空上加快了流通

速度,大大降低了成本,从而掌握了同业竞争的主动地位。

国美此次采购的目标是市场竞争力强、科技含量高、符合消费潮流的家电新品。"科技、环保、个性、未来"是对签单产品的基本要求,"以中高档商品为主,低档商品为辅,站在中国家电发展的潮头",一反以往的"价格杀手"形象。国美通过大额包销、买断和定制等方式来争取产品的市场竞争优势,让消费者得到更多的实惠。

国美此次签下的订单中,50%为科技含量高的产品,最为突出的特点是时尚性、高科技产品明显增加。这100亿元订单中包括彩电、空调、手机、冰箱、洗衣机等七大类,吸引了索尼、松下、夏普、西门子等世界明星企业和海尔、长虹、康佳等本土企业。

4) 大规模采购多方受益

国美的规模优势导致其在与众多家电厂商的合作中,能够享受到最优惠的进货价格,而厂商也因此受益。他们与国美的结算以银行为后盾,只要国美的仓库对厂家的货物签收,厂商便可直接到银行划款,因为国美在银行有很高的授信额度,并且在付款方式上国美能够做到提前付一定比例的款项,交货后再付一定比例,很少压厂家的款,这对于厂家来说,无疑极具吸引力。许多全国性的家电品牌与国美签有全国性协议,提供最低价位的进货条件,否则将执行惩罚条款。这也是国美门店得以在全国遍地开花迅速扩张的前提。厂商还通过国美收集市场资料,某些型号由国美按照顾客的定制需求,向厂商提出生产数量和要求,由国美独家经营,定制包销,从功能、性价比、外观上做到更加符合顾客要求。目前此种商品占到国美所有商品的1/10。

3. 国美三件宝

1) 连锁化经营

国美电器采用"正规连锁"和"加盟连锁"两种经营形态,但无论何种经营业态,均属同一经营系统。经营业务实行总部统一管理、统一订货、统购分销、同一形象。这种规模化发展策略最大限度地降低了经营成本,使费用分摊变薄,以求得更实效、更迅速地扩展国美的连锁之路。

2) 三级管理体系

国美电器连锁系统组织机构分为总部、分部、门店三个层次:总部负责总体发展规划等各项管理职能;分部依照总部制定的各项经营管理制度、政策和指令负责对本地区各职能部门、各门店实行二级业务管理及行政管理;门店是总部政策的执行单位,直接向顾客提供商品及服务。

3) 经营管理手册

总结成功经验,借鉴国际先进管理理念是国美在管理上不断跃升的源泉。随着国美的成功,国美人自己在实践中不断总结出的管理模式——国美经营管理宝典——《国美经营管理手册》,从文化、组织规范、经营模式、各岗位的职能到工作流程、标准及管理制度,都有严格而切合实际的行为规范。它是国美持续、稳步发展的有力保障。

4. 厂商博弈

1) 推出特价彩电,击垮彩电限价联盟

2000年6月9日,九大彩电企业聚会深圳,成立彩电限价联盟。一时间,彩电价格成为全社会关注的焦点。但国美代表家电流通企业发出自己的声音,连续数个周末在京、津、沪各门店推出特价彩电,先后有厦华、长虹、LG品牌的产品,后来特价产品由彩电扩展到DVD。国美的这一行动,迫使彩电峰会成员相继在国美"跳水",使商家不再是生产、流通、消费各环节的价格执行者,而成为价格的主宰者。

2) 108亿元大单采购击碎空调涨价联盟

2004年"五一"黄金周期间,空调进入热销季节。随着空调原材料的不断涨价,全国空调涨价已是必然趋势。但国美销售的空调没有涨价。这是因为国美在2004年3月在"2005年空调流行趋势发布会"上与众多空调厂家签订了总金额108.1亿元的采购大单。大规模的采购使国美降低了成本,同时由于这些空调全部是在厂家涨价前就已经采购进库,国美有理由和资本不涨价。

讨论:

(1) 国美的购买行为有何特点?

(2) 国美的大规模采购方式对供应商、消费者以及国美自身有何影响?
(3) 从国美和供应商的厂商博弈来看,国美应如何协调好与供应商的矛盾?

思 考 题

(1) 消费者市场和组织市场的特点是什么?
(2) 影响消费者市场和组织市场购买行为的因素有何不同?
(3) 消费者的购买决策包括哪些主要阶段?
(4) 你认为组织市场可以怎样影响企业的营销活动?
(5) 生产者市场购买决策有哪几种类型?购买过程一般要经过哪几个阶段?
(6) 中间商购买决策的内容是什么?

第4章 市场调研与预测

教学目标与要求

通过本章的学习,学生应掌握市场调研与预测的相关内容,能对未来的市场需求量及影响需求的因素进行分析和预测,为企业市场营销管理决策提供依据;了解市场调研的含义、掌握市场调研的类型、内容及程序,了解市场预测的概念,掌握市场预测的内容、步骤及方法。

本章知识点

市场调研的含义及内容;市场调研的程序及方法;市场预测的概念及内容;市场预测步骤及方法。

中国消费者需要什么样的快餐

快餐不是一个新话题,却是最近几年的一个热门话题。国外的快餐不仅进入中国的特大城市如北京、上海等,而且开始在中国大中城市如雨后春笋般飞速布点,安家落户。麦当劳、必胜客、肯德基等西式快餐店雄心勃勃,说是要"从孩子抓起,彻底改变中国人的饮食习惯";若果真如此,不仅中式快餐危在旦夕,就是素以"色、香、味"俱全获得世界各国称道的中国菜有一天也会面临从中国人餐桌上消失的危险。

中国人自然对此不以为然,中餐自然也不会消失。不过,城里的孩子们对麦当劳和肯德基很有好感,小朋友聚会要去,过节日要去,平时也哭着闹着要去。人们的生活节奏在改变,工作习惯也在变,一向被认为是"好习惯"的午休,也在一些部门被悄然取消,对生活情调的追求似乎也成为一种时尚。越来越多的人在不自觉中和快餐结了缘。

零点调查中心在北京、上海、广州、武汉、沈阳5个城市对中国的快餐业做了一次深入调查。调查中心向每一个城市发放了300份问卷,由调查人员随机入户访问。调查结果显示如下:①常吃快餐的人中,吃中式快餐的是吃西式快餐的2倍;②29.3%的人在过去一个月中没有吃过快餐;③8.3%的人吃过,但记不清次数和地点;④剩下那些吃过快餐的人,在过去的一个月间平均吃过9.6次。

尽管西式快餐的声势强大,但是,人们最常吃的快餐还是米饭套餐,22.18%的受调查者说,他们首选米饭套餐。

而且调查结果还显示出以下几点。①北京市的受调查者有58.67%常吃西餐,其中女性比男性更爱吃西餐;②上海42.5%的人首选西餐,而且,30岁以下吃快餐的是30岁以上的1倍,按照人均寿命73岁,考虑新中国成立后的生育高峰,30岁以上的人口远远多于30岁以下的;③广州、武汉具有相似的特征,常吃西餐者占27.50%,而且,似乎收入的影响更加明显,吃快餐的人中年收入在4万元人民币以上的占到62.7%；④沈阳人吃快餐的少一些，只有16.12%。⑤消费者在选择过程中，还会有一些侧重。94.46%的人会较多地考虑卫生程度，75.38%的人考虑口味，62.56%的人关心就餐环境，51.17%的人要求较好的服务水平，40.16%的人考虑价格，13.03%的人会把快餐和正餐分开，吃快餐并不会影响适时的正餐。

4.1 市场调研

4.1.1 市场调研的含义和作用

1. 市场调研的含义

市场调研就是运用科学的方法，有目的、有计划地收集、整理和分析有关市场营销方面的信息，提出解决问题的建议，供营销管理人员了解营销环境，发现机会与问题，作为市场预测和营销决策的依据。

市场调研与市场调查二者互相联系又互相区别。市场调查主要是通过各种调查方式与方法，系统地收集有关商品产、供、销的数据与资料，进行必要的整理和分析，如实反映市场供求与竞争的实况；而市场调研则是在市场调查的基础上，运用科学的方法，对所获得的数据与资料进行系统、深入的分析研究，从而得出合乎客观事物发展规律的结论。

2. 市场调研的作用

市场调研主要有以下3个方面的作用。

(1) 有利于制订科学的营销规划。通过营销调研，分析市场、了解市场，才能根据市场需求及其变化、市场规模和竞争格局、消费者意见与购买行为、营销环境的基本特征，科学地制订和调整企业营销规划。

(2) 有利于优化营销组合。企业根据市场调研的结果，分析研究产品的生命周期，开发新产品，制定产品生命周期各阶段的营销策略组合。例如，根据消费者对现有产品的接受程度，对产品及包装的偏好，改进现有产品，开发新用途，研究新产品创意、开发和设计；通过测量消费者对产品价格变动的反应，分析竞争者的价格策略，确定合适的定价；综合运用各种营销手段，加强促销活动、广告宣传和售后服务，增进产品知名度和顾客满意度；尽量减少不必要的中间环节，节约储运费用，降低销售成本，提高竞争力。

(3) 有利于开拓新的市场。通过市场调研，企业可发现消费者尚未得到满足的需求，测量市场上现有产品及营销策略满足消费者需求的程度，从而不断开拓新的市场。营销环境的变化，往往会影响和改变消费者的购买动机和购买行为，给企业带来新的机会和挑战，企业可据以确定和调整发展方向。

4.1.2 市场调研的类型

由于主体、客体、范围、时间、功能等方面所存在的差异，市场调研不同的类型表现出不同的特征。

1. 按市场调研的主体进行分类

(1) 企业的市场调研。企业是市场调研的主体。在经营过程中，企业必须经常对各种营销问题作出判断和决策，因而需要进行市场调研。本书的叙述是以企业为主体展开的，但是，这并不妨碍本书内容对其他市场主体，即个人或其他社会组织的适用性。

(2) 政府部门的市场调研。政府部门在社会经济活动中承担着管理者和调节者的职能，在许多情况下，还从事某些直接经营活动。无论是执行管理和调节职能，还是从事直接经营活动，都需要了解和掌握充分的市场信息，为此，政府部门需要经常开展市场调研活动。一般而言，政府部门的市场调研所涉及的范围比较广。

(3) 社会组织的市场调研。各种社会组织，如各种学术团体，各种中介组织、事业单位、群众组织、民主党派等，为了学术研究、工作研究、提供咨询等需要，也会组织开展一些市场调研活动。这种市场调研通常具有专业性较强的特点。

(4) 个人的市场调研。个人也是一类市场调研的主体。某些个人由于种种原因，也需要进行市场调研。例如，某些个体业主，由于个体经营的原因，需要了解相关的市场信息，从而进行市场调研活动；另外，有些研究人员、消费者为开展研究或进行个人决策也需要了解有关市场信息，从而进行一定范围的市场调研活动。但一般而言，这类调研活动范围较小，运作也欠规范。

2. 按市场调研的范围分类

(1) 专题性市场调研。专题性市场调研(简称专题调研)，是指市场调研主体为解决某个具体问题而针对市场中的某个方面进行的调研。这种市场调研具有组织实施灵活方便，所需人力、物力有限，对调研人员的要求相对较低的优点。但是，它所提供的信息具有某种局限性，市场调研主体无法仅凭此对市场进行全面了解。在许多情况下，当企业或其他市场调研主体需要对某些涉及面较小的具体问题做出决策时，只要专题调研所提供的信息能保证满足决策所需，专题调研就是合理的选择。事实上，大多数市场调研都是专题调研。

【相关视频】

(2) 综合性市场调研。综合性市场调研(简称综合调研)，是指市场调研主体为全面了解市场状况而对市场各个方面进行的全面调研。相对于专题调研而言，综合调研涉及市场的各个方面，提供的信息能全面地反映市场的全貌，有助于市场调研主体正确地了解和把握市场的基本状况。但是，由于这种市场调研涉及面广，组织实施比较困难，不仅需要投入相当多的人力、物力，费时费钱，而且对调研人员的要求也相对较高。一般而言，这种市场调研只有在必要时才组织实施，在实践中应用较少。

3. 按市场调研的功能分类

(1) 探测性调研。探测性调研是为了掌握和理解调研者所面临的市场调研问题的特征和与此相联系的各种变量的市场调研。顾名思义，探测性调研是通过对一个问题或一种状况进行探测和研究达到对其了解的目的。

(2) 描述性调研。描述性调研是结论性调研的一种。顾名思义，描述性调研的主要目标是对市场调研问题，通常是对市场的特征或功能，对调研问题的各种变量等进行尽可能准确的描述的市场调研。描述性调研所要了解的是有关问题的相关因素和相关关系。它要回答的是"什么""何时""如何"等问题，并非要回答"为什么"的问题。所以，描述性调研的结果通常说明事物的表面特征，并不涉及事物的本质及影响事物发展变化的内在原因。它是一种最基本、最普通的市场调研。

(3) 因果关系调研。因果关系调研是结论性研究中的一种，其目的是要获取有关起因和结果之间联系的证据。

因果关系研究的目的包括下述内容：了解哪些变量是起因(独立变量或自变量)，哪些变量是结果(因变量或响应)；确定起因变量与要预测的结果变量间的相互关系的性质。

4. 按调研的对象分类

按调研对象分类可以分为消费者市场调研、生产者市场调研、消费者及其购买行为调研、广告调研、形象调研、产品调研、价格调研、销售渠道调研等。

4.1.3 市场调研的内容

市场调研涉及营销活动的各个方面，如图 4.1 所示。

1. 产品调研

产品调研包括对新产品设计、开发和试销，对现有产品进行改良，对目标顾客在产品款式、性能、质量、包装等方面的偏好趋势进行预测的调研。定价是产品销售的必要因素，需要对供求形势及影响价格的其他因素的变化趋势进行调研。

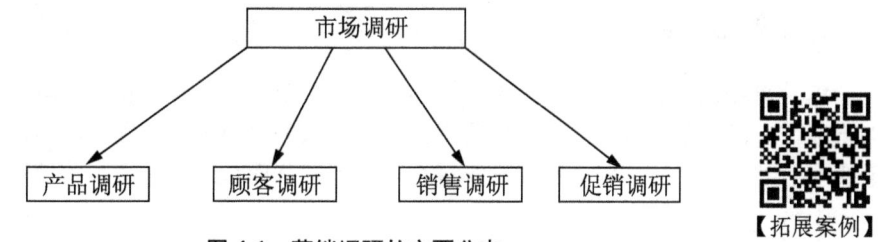

图 4.1　营销调研的主要分支

2. 顾客调研

顾客调研包括对消费者心理、消费者行为的特征进行调查分析，研究社会、经济、文化等因素对购买决策的影响，以及这些因素的影响作用到底发生在消费环节还是分配环节或是生产领域。还要了解潜在顾客的需求情况(包括需要什么、需要多少、何时需要等)，影响需求的各因素变化的情况，消费者的品牌偏好及对本企业产品的满意度等。

3. 销售调研

销售调研包括对购买行为的调查，即研究社会、经济、文化、心理等因素对购买决策的影响；还包括对企业销售活动进行全面审查，如对销售量、销售范围、分销渠道等方面的调研；另外，产品的市场潜力与销售潜力，市场占有率的变化情况，也都是销售调研的内容。销售调研还应该就本企业相对于主要竞争对手的优劣势进行评价。

4. 促销调研

促销调研主要是对企业在产品或服务的促销活动中所采用的各种促销方法的有效性进行测试和评价。例如，对广告目标、媒体影响力、广告设计及效果的评价，公共关系的主要措施及效果，企业形象的设计和塑造等，都需有目的地进行调研。

4.1.4 市场调研的程序

现代市场调研是一种科学研究活动。在长期的实践中,为了保证市场调研的质量和效率,形成了一套严格的工作程序。一般来说,任何一项具体的市场调研活动,都包括相互联结的 10 个环节。图 4.2 清晰地显示了这些环节的内容及相互关系。

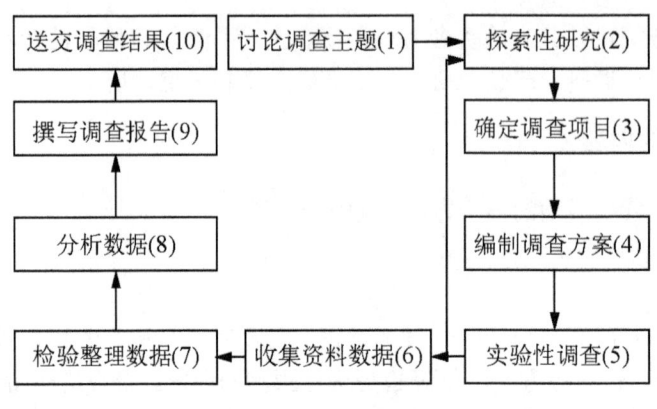

图 4.2　市场调研程序

1. 讨论调查主题

这是市场调研的第一步。调查项目的来源有两个:一是自己发现的问题;二是受委托的调查项目。在这个环节中,调查部门应该明确,该项目属于何种性质,具体涉及哪些范围,最终要达到什么目标,以及预计工作量有多大等,从而组织调配适当的调查人员。

2. 探索性研究

探索性研究的主要内容是对承接的调查项目的初步认识,也被称为"初步调查"。调查人员在这个环节的主要工作有 3 项:第一项是查找有关文献资料。例如,调查项目的主题是"基本产品销售量最近为什么下降",那么就应该查找有关该产品性能、质量、产量及社会环境方面的记录,包括企业内部和外部的资料,如报纸、杂志、档案等一切有关资料。第二项是访问有关方面的专家。这里所谓的"专家",是指对该问题有实际经验或有一定研究水平的人员,可以是工程师、管理干部营销员,也可以是生产工人。在访问中认真听取专家的意见,以形成初步的认识。第三项是研究几个有启发性的事例,如访问几位顾客。其目的不在于收集资料,而在于通过解剖事例,得到启发,增进对未来调查对象以及环境的感性认识。

3. 确定调查项目

该环节的主要工作包括,将调查题目、范围具体化,即明确规定要调查的具体指标或因素。例如,在上面提到的例子中,将"销售量为什么下降"这一题目,在这一环节变成若干具体的调查项目,如提出"替代品的出现是其主要原因"的假设,或"顾客需求变化"调查的重点等,并对"顾客需求"的表现及拟调查的具体方面给予明确的限定,形成规范的调查提纲。

4. 编制调查方案

明确规定出此项市场调研要干些什么,怎样干,在什么时间内完成,结果是以什么形式呈现等,是保证调查质量的必要条件。在承担客户委托项目时,该调查方案须得到客户的认可。调查方案一般包括：调查目的、内容，调查对象，调查方式、步骤及进度，质量要求以及经费，物资保证等项目的具体说明和规定。

5. 实验性调查

该环节的主要目的是在正式调查前用小样本全面检查调查方案的可行性及各种调查工具的有效性。对于较生疏的题目或较大规模的调查项目，一定要进行实验性调查，以避免在正式实施时才发现问题，造成很大浪费，甚至是不可弥补的损失。

注：以上 5 个环节统称为市场调研企划，具体的格式要求和技巧方法，将在下面详细讨论。

6. 收集资料数据

收集资料数据就是依据调查方案选定的方法和时间安排，进行调查对象的选取、调查工作的安排并实地搜集资料。可见该环节是将调查方案变成现实的关键环节。

7. 检验整理数据

该项工作的目的在于鉴定搜集到的资料的有效性，以及编码、登录等，最终建立数据文件库。

8. 分析数据

根据调查方案规定的要素，按统计清单处理数据，把复杂的原始数据变成易于理解和解释的资料，并对其给予全面系统的统计和理论分析。

9. 撰写调查报告和递交调查结果

这是市场调研的最后一个环节，是形成调查结论的环节。调查报告是全面调查工作的结晶，递交调查结果是完成调查的标志。

4.1.5 市场调研的方法

1. 确定调查对象的方法

调查对象的代表性直接影响调查资料的准确性。根据调研的目的及人力、财力、时间情况，要适当地确定调查样本的数量和确定调查对象。

1) 普查和典型调查

普查是对调查对象进行逐个调查，以取得全面、精确的资料，普查信息准确度高，但耗时长，人力、物力、财力花费大。典型调查是选择有代表性的样本进行调查，据以推断总体。只要样本代表性强，调查方法得当，典型调查可以收到事半功倍的效果。

2) 抽样调查

当调查对象多、区域广而人力、财力、时间又不允许进行普查时，依照同等可能性原则，在所调研对象的全部单位中抽取一部分作为样本，根据调查分析结果来推断全体。常用的抽样方法如下。

(1) 纯随机抽样。完全不区别样本是从总体的哪一部分抽出，在总体中的每一个单位都有同等机会被抽取出来，如采用抽签法组成乱数表。

(2) 机械抽样。遵循随机原则，将全部调查单位按照与研究标志无关的一个中立标志加以排列，严格按照一定的间隔机械地抽取调查样本。由于样本在总体中分配较均匀，样本代表性也较大。

(3) 类型抽样。实行科学分组与抽样原理相结合，先用与所研究现象有关的标志，把被研究总体划分为性质相近的各组，以降低各组内的标志变异度，然后在各组内用纯随机抽样或机械抽样的方法，按各组在总体中所占比重成比例地抽出样本。这种方法又称类型比例抽样，样本代表性更大，可得到比纯随机抽样或机械抽样更精确的结果。

(4) 整群抽样。上述方法都是从总体中抽取个别单位，整群抽样则是整群地抽取样本，对这一群单位进行全面观察，其优点是比较容易组织，缺点是样本分布不均匀，代表性较差。

(5) 判断抽样，由专家判断而决定所选的样本，也称立意抽样。

2. 收集资料的方法

调查收集第一手资料的方法，主要有以下几种。

(1) 固定样本连续调查法：用抽样方法，从母体中抽出若干样本组成固定的样本小组，在一段时期内对其进行反复调查以取得资料。调查技巧可采用个别面谈、问卷调查、消费者观察记录调查。

固定样本连续调查能掌握事项的变化动态，分析发展趋势。但如持续时间长，被调查者会感到厌烦。所以，对一般问题的调查，往往采用一次性调查，其方法包括观察法、实验法和询问法。

(2) 观察法：由调查人员到现场对调查对象有目的、有针对性地进行观察记录，据以研究被调查者的行为和心理。这种调查多是在被调查者未觉察的条件下进行的，除人员观察外，也可利用机械记录处理。例如，对于广告效果数据，国外多利用机械记录器来收集。直接观察所得资料比较客观，实用性也较强。其局限性在于只能看到事态的现象，往往不能说明原因，更不能说明购买动机和意向。

(3) 实验法：在给定的条件下，通过实验对比，对营销环境与营销活动过程中某些变量之间的因果关系及其发展变化进行观察分析。如在特定地区及时间内进行一项推销方法的小规模实验，并用市场营销原理分析其是否值得大规模推行，即销售实验。

(4) 询问法：按预先准备好的调查提纲或调查表，通过口头、电话或书面方式进行调查。

4.1.6 市场调研报告的撰写

概括地评价调查过程、总结成果、提出对策思路与建议以及需要进一步调查研究的问题，是撰写市场调研报告的核心内容。

1. 市场调研报告的格式

市场调研报告作为一种特殊的应用文，其格式总的特点是开山见门，准确简练。从一般结构上看，一篇完整的调查报告由题目、目录、摘要、正文和附件等几部分组成。

1) 题目

报告题目应简明准确地表达报告的主要内容，一般是通过扼要地突出本次市场调研全过程中最有特色的环节的方式，揭示本报告所要论述的内容。其格式可以只有正标题，也可以采用正副标题形式。例如，《关于××城市居民金饰品消费状况与趋势的调查报告》，或者《黄金饰品不再是保值的货币——××城市居民金饰品消费状况抽样调查报告》。作为一种习惯做法，调查报告题目的下方，紧接着注明报告人或单位、报告日期，然后另起一行，注明报告呈交的对象。这些内容编排在调查报告的第一页上。

2) 目录与摘要

当市场调研报告的页数较多时，应使用目录或索引的形式列出主要纲目及页码，编排在报告题目的后面。报告应提供"报告摘要"，主要包括四方面的内容。

(1) 明确指出本次调查的目标。

(2) 简要指出调查时间、地点、对象、范围以及调查的主要项目。

(3) 简要介绍调查实施的方法、手段以及对调查结果的影响。

(4) 调查中的主要发现，或结论性内容。

摘要以浓缩的方式说明本次调查的基本情况和主要结论，并将重点放在调查的主要发现和对策措施上。

3) 正文

正文是指完整的市场调研报告，应依据调查内容充分展开。一般来说，一篇报告应包括四个主要部分：第一部分是调查方案，包括整体方案和技术方案的执行结果评价，特别是对关于调查对象选择、问题的设计与依据、收集资料方式及调查时间等调查方法给予评价；第二部分需要指出分析问题的角度或出发点，包括对一些测量方式的解释以及调查误差的估计；第三部分提炼分析的结论性意见；第四部分提出建议对策，或依据资料对发展趋势进行估计等。

正文的写作要求言之有据，简练准确。每层意思可以用另起一段的方式处理，而不需刻意注意文字的华丽与承接关系，但逻辑性要强，要将整个报告作为一个整体来处理。

4) 附件

市场调研报告的附件往往是大量的，它可能要包括一系列附件，以专门地说明某一个技术性问题，或与正文结论不尽相同的可供选择的解释等。因而，附件是指调查报告正文包含不了或对正文结论的说明，是对正文报告的补充或更为详细的专题性说明。例如，数据的汇总表、统计公式或统计参数选择的依据，与本调查题目相关的整体环境资料或有直接对比意义的完整数据等，均可单独成为报告的附件。

2. 写调查报告需要注意的问题

一篇高质量的调查报告，除了要符合调查报告的一般格式并具有很强的逻辑结构外，写作手法可以是多样的，但其中必须注意的问题有以下两点。

1) 调查报告不是流水账或数据的堆积

市场调研报告需要概括整个调查活动，但绝不是将调查方案、质量控制方案等原始的文件重抄一遍。而是要说明这些方案执行落实的情况，特别是需要认真分析实际完成的情况对调查结果的影响。这样才有利于阅读者分析调查报告的真实性与可信程度。

在市场调研报告中，资料数据显得很重要，占有很大的比重。用准确的数据证明事实的真相往往比长篇大论更能令人信服。但是运用数据要适当，过多地堆砌数字常会使人感到眼花缭乱，不得要领。正如在理论分析中所指出的，数据本身并不能说明什么，其意义在于为理论分析提供客观依据。因而，市场调研报告必须以明确的观点统率资料数据，通过定性与定量分析的结合，达到透过现象看本质，认识市场现象发展变化的目的。

2) 市场调研报告必须真实、准确

以实事求是的科学态度，准确而又全面地总结和反映研究结果，是写好市场调研报告的最重要原则。真实性首先表现在一切结论来自客观的事实，要从事实出发，而不是从某人观点出发，先入为主地做出主观判断。调查前所设计的理论模型或先行的工作假设，都应毫无例外地接受调查资料的检验。凡是与事实不符的观点，都应该坚决舍弃；凡是暂时还拿不准的，应如实写明，或放在附件中加以讨论。

市场调研报告的真实性还表现在所采用的数据必须准确。只有建立在精确论据上的论点才真实可信，因此，调查报告所提供的事实材料，必须经过认真核实，数据应当经过反复检验。

市场调研报告的真实性还表现在如实地指出本次调查结果的局限性，指明调查结果适用的范围，以及在调查过程中曾出现的失误或可能存在的各种误差，如抽样误差、调查误差等。承认调查中存在误差，并不会降低报告的质量。相反，坚持实事求是的态度，可以提高报告的可信度，增强读者的信任感。而且，最重要的是，承认局限性，可以为调查结果的应用提供可比的参考依据。

总之，市场调研报告是一次调查活动的最终产品，是全部调查人员劳动的结晶，理应认真完成。市场调研报告应该真实，应该易于理解和阅读，文字精练，文风朴实，再现所调查现象在市场运行中的真实状态和客观规律性。

4.2 市场预测

4.2.1 市场预测的概念

市场预测是经济预测的重要组成部分。在市场经济条件下，市场预测是经济预测的基础和核心内容。要深入准确地理解市场预测的内涵，必须首先明确什么是预测，什么是经济预测。预测是指对未来不确定事件的推断和测定，是研究未来不确定事件的理性表述，是对事物未来发展变化的趋向以及对人类实践活动的后果事先所做的估计和测定。客观世界中许多事物的发展具有不确定性，它们在一定的时间和空间范围内能否发展，如何演变，产生何种影响往往是不确定的。人们很难预先进行完全肯定。然而，人类为了达到认识世界和改造世界的目的，必须探求客观事物未来的发展变化趋势，将未来事物发展变化的不确定性极小化，减少事物不确定性对人类活动的影响。在人类采取行动之前，使其认识能最大限度地接近事物未来发展的客观实际，在把握事物发展变化趋向的基础上，制订行动计划，以指导目前行动，趋利避害，引导客观事物朝着有利于人类健康的方向发展。

所谓经济预测，是指对未来不确定的经济过程或经济事件变动趋势作出合乎规律的推测和预见，揭示经济现象错综复杂的内在联系及其发展变化趋势。经济预测包括对整个国民经济发展的综合性预测，各经济部门、各行业经济发展预测以及各类经济目标的专项预测。在市场经济条件下，市场预测是经济预测中的最基本、最主要的内容。正确的市场营销决策，来自于对市场供求变化的科学预见。市场预测是指企业在市场调研的基础上，运用逻辑推理、统计分析、教学模型等科学方法，对市场上商品的供需发展趋势和未来状况以及与之相联系的各种因素的变化，进行测算、分析、预见和推断，从而为企业确定发展目标、制定生产经营决策提供科学的依据。

4.2.2 市场预测的内容

市场预测是为经济决策和计划管理服务的。无论是国有经济管理部门还是企业，在实施有效的决策管理中,都需要掌握市场商情动态,预测市场未来变动的趋势,从而为制订经济发展计划提供客观依据。由于不同经济管理部门和不同企业的决策和计划的具体要求不同,其市场预测内容的侧重点也不同,因此,市场预测的内容既广泛又繁杂,下面概括介绍常规市场预测的内容。

1. 市场需求预测

市场需求预测是指在一定时间、地点和营销环境条件下进行的消费者和社会集团对消费资料以及物质生产部门对生产资料需求的预测。

消费资料市场需求的预测主要研究消费者及社会集团对消费品未来的需求,分析影响需求变化的原因及其变动趋势。首先,要做好消费者平均消费水平的预测,如人口数量及其增长速度的预测,商品价格水平变动的预测,人均收入水平变化的预测,消费结构变动趋势的预测等。其次,要做好社会集团对消费资料需求的预测,如国家财政收支状况变动趋势的预测,社会集团购买力水平的预测,国家有关方针政策变化的预测,社会集团消费结构变动趋势的预测等。

生产资料市场需求的预测主要研究物质资料生产部门(如工业和农业)对生产资料未来的需求,分析影响需求变化的原因及其变动趋势。从工业生产资料市场需求的预测看,它包括对工业发展规模、结构变化、基建投资、劳动生产率、技术进步、固定资产使用年限、管理水平等方面的预测;从农业生产资料市场需求看,它包括对可用耕地面积、农业内部结构变化、农民收入水平、农业贷款、农用生产资料价格、农业新产品和新技术的发展等方面的预测。

2. 市场供给预测

市场供给预测是指对商品供给的品种、数量、质量和时间的预测。它主要包括对资源的预测,如资源储量、布局、开发能力、开发速度、技术条件、运输能力、资源价格等方面的预测;对商品生产能力的预测,如固定资产规模及增长速度、投资额及资金来源、人力资源及素质、技术进步、能源耗费、动力和运输能力、新产品开发等预测;对企业预期利润的预测,如原材料和产品的价格、生产成本和流通费用、利润率变动趋势等方面的预测;对同行业、同类产品生产能力及竞争能力的预测;对企业产品销售及市场占有率的预测;对国家进出口商品变动趋势的预测。

3. 消费品购买力及其投向预测

消费品购买力及其投向预测是对一定时期内全国或某一地区市场范围内有支付能力的消费品市场购买力总额量及其购买力投向的变动趋势的预测。

4. 重要商品市场供求关系预测

重要商品市场供求关系预测是指对列入国家指令性计划和指导性计划的商品市场供求变动趋势的预测,对关系国计民生的重要商品供需变动趋势,以及重要商品的种数、规格、花色、功能等具体需求的变动趋势进行预测。

5. 重要商品价格变动趋势预测

重要商品价格变动趋势预测是指对关系国计民生的重要生活资料和生产资料价格变动

趋势进行预测，它主要包括生产成本预测、供求关系变化对价格变动影响的预测、市场批发价格和零售价格的预测、农副产品收购价格的预测等。

6. 外贸商品预测

外贸商品预测是指对外贸易进出口商品总额、重要商品进出口数量、价格及其贸易收支变动趋势的预测。

7. 产品生命周期预测

产品生命周期预测是指对产品使用生命周期(自然周期)和产品市场生命周期的预测。产品生命周期的预测一般以市场生命周期为重点，通过产品在投入期、发展期、成熟期、衰退期不同特点的对比分析，掌握产品投入市场的时机，采取灵活多变的价格策略、分销策略和促销策略，增强企业的竞争力，提高经济效益。

8. 相关科技发展前景预测

相关科技发展前景预测是指现代科学技术重大突破所引起的物质资料生产部门技术构成变化前景的预测。科学技术水平的高低是企业生存与发展的生命线，是战胜竞争对手、使自己立于不败之地的根本所在。企业加强本行业技术状况及发展趋势的预测，就可以加速对新产品、新工艺、新材料和新能源的开发利用，推陈出新，升级换代，将企业运行建立在科技进步的基础上。应强调的是，对资金技术密集性企业来说，相关科技发展的预测更为重要。

9. 商业营销发展趋势预测

商业营销发展趋势预测是指对流通领域中商品经销组织、经销设施、营销人员数量和素质、商业网点的设置与布局、商品流通渠道及环节等发展趋势的预测。这种预测可以为国家宏观决策提供客观依据，对扩大商品销路、加速商品流转、节约流通费用、方便群众、繁荣市场、满足需要都有重要的意义。

10. 经济效益预测

经济效益预测是指对未来一定时期内企业生产经营活动所取得的经济效果与劳动耗费进行的预见和测算。它为企业明确营销方向、合理调整投资和产品结构、扬长避短、发挥优势、减少市场风险、扩大市场份额、增加企业赢利提供了客观依据。

11. 社会效益预测

社会效益预测是指对各类生产经营企业从事市场营销活动的结果给社会宏观效益所带来的影响的预测。衡量企业市场营销成果大小的标准，不仅要看它的经济效益，而且要看它所产生的社会效益。这是社会主义市场经济条件下，商品生产经营活动的出发点。通过社会效益预测，国家可以从经济上、政策上积极扶植社会急需但利润微薄甚至亏损商品的生产与经营，对经济效益高但公害严重、损害消费者身心健康的商品加以限制或取缔，以造福于人民。

12. 市场占有率预测

市场占有率预测是指对本企业商品销售量或销售额占市场销售总量或销售总额比例的变动趋势的预测。

除上述外,各类经济形式市场经营比重变动趋势的预测,商业网络发展趋势预测,商品资源变动趋势预测,消费者收入变动趋势预测,企业生产经营商品成本、价格及赢利的变动趋势预测,企业投资效益预测,新产品开发前景预测,价格总水平预测,消费者行为预测等内容,都是市场预测的重要内容,在此不再一一阐述。

4.2.3 市场预测的步骤

市场预测包括以下几个步骤。

1. 确定预测目标

预测目标决定了预测的内容、范围、要求、期限,它是预测的主题,直接影响预测结果。因此,确定预测目标要准确、清楚和具体。

2. 拟订预测方案

根据预测目标的内容和要求,编制预测计划并确定参加人员,为全面展开预测工作做好组织上、行动上的准备。

3. 搜集整理资料

通过各种调查形式,搜集、整理、筛选、分析与主题有关的各种资料(包括调查访问获得的一手资料和经过有关单位分析简化的二级资料;国家政府部门的计划资料、统计资料和调查报告;工商企业的计划、报表、统计资料;科研单位、学术团体、大专院校的科研成果;报纸、杂志;学术专著、论文公布的资料;国外科技经济情报及统计资料等),要去粗取精,去伪存真,由此及彼,由表及里,全面、真实、准确地占有相关资料。

4. 建立预测模型

在获得数据资料基础上,根据有关市场理论、预测目标、预测要求及实际情况,选择适当的预测和评估方法,确定经济参数,分析各种变量间的关系,建立起反映实际情况的预测模型。

5. 进行分析评价

利用选定的预测模型和方法,对各种变量数据进行具体计算并将获得的结果进行分析、检验和评价,若预测值与测算的实际值相差较小,在要求允许的范围之内,则预测效果好,可以采用;反之,则预测效果差,不能采用,应加以修正或重新预测。

6. 修正预测模型

当预测结果和实际情况差异较大时,应具体分析产生差异的原因,并及时加以修正、重新测算和预测。常用的修正方法有:增加样本容量;增加解释变量个数;改变方程结构形式;根据平均误差的大小调整方程截距;改变预测方法等。

7. 写出总结报告

全面、完整、系统地总结市场预测,提交总结报告。其主要内容是预测目标、主要内容、具体方法、预测时间、参加人员、参考资料、实际结果以及分析评价意见,以供国家部门进行宏观调控和工商企业进行市场营销决策参考。

4.2.4 市场预测的方法

市场预测方法是指在全面、系统、准确地占有相关数据资料的基础上,对预测目标进行定性和定量分析的各种技术和方法的总称。

市场预测是一门科学,也是一门艺术。现代市场预测方法种类繁多,有名可查的已达150多种,大大丰富了市场预测学科。在有关论述市场预测方法的教科书中,有的将它归类为定性预测方法、定量预测方法、定时预测方法、定比预测方法和评价预测方法;有的将其归类为分析判断预测法、时间序列分析预测法、因果分析预测法、计量模型分析预测法;有的将其归类为主观性市场预测法和客观性市场预测法;有的将其归类为计量模型预测法和直观经验判断预测法。尽管对不同的市场预测领域或不同的预测目标,可以有多种不同的预测方法,同一预测方法也可以适用于不同的预测领域或不同的预测目标,但就其论述的具体市场预测方法来说许多是大同小异的。从科学和实用的角度,我们把市场预测的方法归类为两大类:定性预测法和定量预测法。具体的预测方法如下。

1. 定性预测

定性预测是指不依托数学模型的预测方法。这种方法在社会经济生活中有广泛的应用,特别是在预测对象的影响因素难以分清主次,或其主要因素难以用数学表达式模拟时,预测者可以凭借自己的业务知识、经验和综合分析的能力,运用已掌握的历史资料和直观材料,对事物发展的趋势、方向和重大转折点做出估计与推测。定性预测的主要方法有指标法、专家预测法、销售人员意见综合法和购买意向调查预测法等。

1) 专家预测法

专家预测法是以专家为索取信息的对象,运用专家的知识和经验,考虑预测对象的社会环境,直接分析研究和寻求其特征规律,并推测未来的一种预测方法。其主要包括个人判断法、集体判断法和德尔菲法。

(1) 个人判断法。个人判断法是用规定的程序对专家个人进行调查的方法。这种方法是依靠个别专家的专业知识和特殊才能来进行判断预测的。其优点是能利用专家个人的创造能力,不受外界影响,简单易行。但是,依靠个人的判断,容易受专家的知识面、知识深度、占有资料是否充分以及对预测问题有无兴趣所左右,难免带有片面性。专家之间的当面讨论又可能产生不和谐。因此,这种方法最好与其他方法结合使用,使被调查的专家之间不发生直接联系,并给时间让专家反复修改个人的见解,才能取得较好的效果。

(2) 集体判断法。这种方法是在个人判断法的基础上,通过会议进行集体分析判断,将专家个人的见解综合起来,寻求较为一致的结论的预测方法。这种方法参加的人数多,所拥有的信息量远远大于个人拥有的信息量,因而能凝集众多专家的智慧,避免个人判断法的不足,在一些重大问题的预测方面较为可行可信。但是,集体判断的参与人员也可能受到感情、个性、时间及利益等因素的影响,不能充分或真实地表达自己的观点。

因此,运用集体判断法,会议主持人要尊重每一位与会者,鼓励与会者各抒己见,使与会者在积极发言的同时要保持谦虚恭敬的态度,对任何意见都不应带有个人偏见性。同时还要掌握好会议的时间和节奏,既不能拖得太长,也不要草草收场;当话题分散或意见相持不下时,能适当提醒或调节会议的进程等。

(3) 德尔菲法。德尔菲法是为避免专家会议法的不足而采用的预测方法。这种方法始于美国兰德公司,在国外颇为流行。这一方法的特点是,聘请一批专家以相互独立的匿名形式就预测内容各自发表意见,用书面形式独立地回答预测者提出的问题,并反复多次修改各自的意见,最后由预测者综合确定市场预测的结论。

用德尔菲法进行市场预测的步骤如下所述。

① 做好准备。准备好已搜集到的有关资料,拟定准备向专家小组提出的问题(问题要提得明确)。

② 请专家做出初步判断。在做好准备的基础上,邀请有关专家成立专家小组,将书面问题寄发各专家(如有其他资料,也随同寄发),请他们在互不交流的情况下,对所咨询的问题做出自己的初次书面分析判断,按规定期限寄回。

③ 请专家修改初次判断。为使专家集思广益,对收到各专家寄回的第一次书面分析判断意见加以综合后,归纳出几种不同判断,并请身份类似的专家予以文字说明和评论,再以书面形式寄发各专家,请他们以与第一次同样的方式,比较自己与他人的不同意见,修改第一次的判断,做出第二次分析判断,按期寄回。如此反复修改多次,直到各专家对自己的判断意见比较固定,不再修改时为止。在一般情形下,经过三次反馈,即经过初次判断和两次修改,就可以使判断意见趋于稳定。

④ 确定预测值。即在专家小组比较稳定的判断意见的基础上,运用统计方法加以综合,最后做出市场预测结论。

德尔菲法应用

某空调机厂对某种型号的空调机投放市场后的年销售量进行预测,聘请9位专家应用德尔菲法,进行4轮的征询、反馈、修改汇总后得到表4-1中的数据。

从表4-1中可以看出专家的第一轮意见汇总得出的中位数为27,极差为31。数据表明,专家的意见相当分散。专家根据反馈意见,大多数人修改了自己的意见并向中位数靠拢,因此,第二轮意见汇总后极差变小。但第四轮征询时,每位专家都不再修改自己的意见了,于是得出最终的预测值,可以认为年销售量将达到26万台,但极差达20万台。

表4-1 空调机销售量德尔菲法预测表

单位:万台

征询次数	专家									中位数	极差
	1	2	3	4	5	6	7	8	9		
1	58	45	23	52	27	24	30	22	19	27	31
2	49	45	25	43	26	24	29	24	23	26	23
3	48	45	26	40	26	25	27	24	23	26	22
4	46	45	26	40	26	25	27	24	23	26	20

2) 销售人员意见综合预测法

这里所指的销售人员,除了直接从事销售的人员,还包括管理部门的工作人员和销售主管等人员。销售人员意见综合预测法在实施过程中要求每一位预测者给出各自的销售额的"最高""最可能""最低"预测值,并且就预测的"最高""最可能""最低"出现的概率达成共识。

这种预测方法的具体做法是:假设第 i 位预测者($i=1,2,3,4,5,\cdots,n$)给出的预测值为 F_{ij},其中,$j=1$ 表示预测最高值,$j=2$ 表示预测最可能值,$j=3$ 表示预测最低值。最高预测值给

出的概率是 P_1，最可能值给出的概率是 P_2，最低值给出的概率是 P_3。于是，第 i 位预测者的预测值为

$$F_i = \sum P_j F_{ij} \quad (i=1,2,3,4,5,\cdots,n; j=1,2,3)$$

若第 i 位预测者的意见权重为 $W_i(i=1,2,3,4,5,\cdots,n)$，则最终预测结果为

$$F = \sum W_i F_i$$

案例 4-2

销售人员意见综合法应用

某公司销售经理和两位副经理对某地区本公司的产品的销售量进行预测，得到表 4-2 中的数据，试求预测值。

表 4-2 预测数据表

项 目	最高销量/万元	最可能销量/万元	最低销量/万元	权 重
经理	2 720	2 510	2 350	0.6
副经理甲	1 900	1 800	1 700	0.2
副经理乙	2 510	2 490	2 380	0.2
概率	0.3	0.4	0.3	

经理的预测值为

$F_1=0.3\times2\,720+0.4\times2\,510+0.3\times2\,350=2\,525$(万元)

副经理甲的预测值为

$F_2=0.3\times1\,900+0.4\times1\,800+0.3\times1\,700=1\,800$(万元)

副经理乙的预测值为

$F_3=0.3\times2\,510+0.4\times2\,490+0.3\times2\,380=2\,463$(万元)

最终预测值为

$F=0.6\times2\,525+0.2\times1\,800+0.2\times2\,463=2\,367.6$(万元)

3) 购买意向调查预测法

购买意向预测法是一种在市场研究中最常用的市场需求预测方法。这种方法以问卷形式征询潜在购买者未来的购买量，由此预测出市场未来的需求。由于市场需求是由未来的购买者实现的，因此如果在征询中潜在的购买者如实反映购买意向的话，那么据此做出的市场需求预测将是相当有价值的。在应用这一方法时，对生产资料和耐用消费品的预测较非耐用品精确，这是因为对非耐用消费品的购买意向更容易受到多种因素的影响而发生变化。

在某市区进行空调机需求的市场调研中，访问 500 个样本，被访者表明购买意向如表 4-3 所示。

表 4-3 对空调机需求的市场调研结果表

购 买 意 向	人 数	所占比例/(%)
一定会买	150	30
可能会买	75	15
不能决定是否购买	125	25

续表

购买意向	人数	所占比例/(%)
可能不会买	100	20
肯定不会买	50	10
总计	500	100

对于上述的调查结果还必须进行某种加权处理才能得出符合实际情况的结论。例如，被访者回答一定会购买或可能购买可能包含夸大购买倾向的成分。被访者之所以具有这种夸大购买倾向，一方面是为了使访问者有一种满足感，另一方面是因为回答时往往没有慎重考虑会影响购买的多种因素，仅仅是脱口而出而已。类似的，即使是回答可能不会买或肯定不会买的被访者也有成为最终购买者的可能。根据这种分析，在实际处理时，可对每一种选择赋予适当的购买权重，如对一定会购买赋予权数 0.9，可能会购买赋予权数 0.2，肯定不会购买赋予权数 0.02 等，如表 4-4 所示。

表 4-4 所选答案及加权百分比

选择答案	回答百分比	指定权数	加权百分比
一定会买	30%	0.90	27%
可能会买	15%	0.20	3%
不能肯定是否购买	25%	0.10	2.5%
可能不会买	20%	0.03	0.6%
肯定不会买	10%	0.02	0.2%

根据表 4-4，平均购买可能性为

平均购买可能性=27%+3%+2.5%+0.6%+0.2%=33.3%

根据公式"未来市场需求量=家庭总户数×平均购买可能性"，假设这一地区共有家庭总数 200 万个，则该地区空调的未来可能购买量为

2 000 000×33.3%=666 000(个)

2. 定量预测

1) 移动平均法

移动平均法是取预测对象最近一组历史数据的平均值作为预测值的方法。这种方法不是仅取最近一期的历史数据作为下一期的预测值，而是取最近一组历史数据的平均值作为下一期的预测值，这一方法使近期历史数据参与预测，使历史数据的随机成分有可能互相抵消，平均所含的随机成分就会相应减少。

移动平均法的"平均"是指对历史数据的"算术平均"，而"移动"是指参与平均的历史数据随预测值的推进而不断更新。当一个新的历史数据进入平均值时，要剔除原先参与预测平均的一个陈旧的历史数据，并且每一次参与平均的历史数据的个数是相同的。

其计算公式为

$$F_{t+1} = \frac{1}{n} \sum_{i=t+1-n}^{t} x_i$$

式中，F_{t+1} 表示预测值；x 表示历史数据；n 表示参与平均的数据的个数。

案例 4-3

移动平均法应用

某公司根据 2015 年 12 月的某产品的销量，采用移动平均法预测 2016 年 1 月份的销售量情况，见表 4-5。求预测值并分析其误差。

表 4-5 移动平均法计算表

单位：万元

月序数(t)	实际销量(x_t)	3月移动平均值 (F_{t+1})	预测误差 ($x_{t+1}-F_{t+1}$)	误差平方 $(x_{t+1}-F_{t+1})^2$
1	190.1	—	—	—
2	220.0	—	—	—
3	188.1	—	—	—
4	198.0	199.4	−1.4	1.96
5	210.0	202.0	8	64
6	207.0	198.7	8.3	68.9
7	238.0	205.0	33	1 089
8	241.0	218.3	22.7	515.3
9	220.0	228.7	−8.7	75.7
10	250.0	233.0	17	289
11	261.0	237.0	24	576
12	270.0	243.7	26.3	691.7
		260.3		

2) 指数平滑法

指数平滑法是取预测对象全部历史数据的加权平均值作为预测值的一种预测方法。指数平滑法对移动平均法有两方面的改进：一是全部历史数据而不是一组历史数据参与平均；二是对历史数据不是采用算术平均而是采用加权平均，对近期历史数据赋予较大权数，远期历史数据赋予较小权数。这和近期实际数据对预测有较大影响，远期历史数据影响较小是一致的。

指数平滑法的计算公式为

$$F_{t+1} = \alpha x_t + (1-\alpha)F_t$$

式中，F_{t+1} 表示预测值；x 表示历史数据；α 表示平滑系数，α 在(0，1)中取值。在应用这一公式时直接取 $F_1 = x_1$。

案例 4-4

指数平滑法应用

某公司根据最近 12 年的销售额，预测第 13 年的销售额情况，用一次指数平滑法进行预测(α =0.3)，如表 4-6 所示。

表 4-6　一次指数平滑法预测值计算表

月序数(t)	实际销量(x_t)	3月移动平均值 (F_{t+1})	预测误差 ($x_{t+1}-F_{t+1}$)	误差平方 $(x_{t+1}-F_{t+1})^2$
1	140.0	140.0	—	—
2	136.0	140.0	−4	16
3	157.0	138.8	18.2	331.2
4	174.0	144.3	29.7	882.1
5	130.0	153.2	−23.2	538.2
6	179.0	146.2	32.8	1 075.8
7	180.0	156.0	24	576
8	154.0	163.2	−9.2	84.6
9	170.0	160.4	9.6	92.2
10	185.0	163.3	21.7	470.9
11	170.0	169.8	0.2	0.04
12	168.0	169.9	−1.9	3.6
13	—	169.3	—	—

平滑系数的取值直接影响预测结果的精度。一般平滑系数按如下的原则选取。

(1) 对于斜坡趋势型的历史数据，一般可取较大的平滑系数 $0.6<\alpha<1$。

(2) 对于水平型历史数据一般可取较小的平滑系数 $0<\alpha<0.3$。

(3) 对于水平型和斜坡趋势型混合的历史数据，一般可取适中的平滑系数 $0.3\leqslant\alpha\leqslant0.6$。

3) 因果分析法

因果分析法也叫回归分析法，就是分析市场变化的原因，找出原因与结果的联系的方式，并据此预测市场未来的发展趋势。

在生产和流通领域的活动中，经常遇到一些同处于一个统一体中的变量。在这个统一体中，这些变量是相互联系、相互制约的，它们之间客观上存在着一定的关系。为了深入了解事物的本质，需要利用适当的数学表达式来表明这些变量之间的依存关系。微积分是研究完全确定的函数关系。然而，在许多实际问题中，不是由于变量之间的关系比较复杂，使人们无法得到精确的数学表达式，就是由于生产或实验过程中不可避免地存在着误差的影响，而使它们之间的关系具有某种不确定性。

因此，需要用统计方法，在大量的实践或观察中，寻找隐藏在上述随机性后面的统计规律性。这类统计规律称为回归关系，有关回归关系的计算方法和理论通称为回归分析法。用回归分析法来分析一个或几个自变量(y)的变动，推测另一个自变量(x)变动的方向和程度，就是回归预测。回归预测主要分为一元线性回归预测、多元线性回归预测、非线性回归预测等。

(1) 一元线性回归预测法。一元线性回归预测是运用一个在事物变动的诸因素中起主要的和决定作用的自变量的变动，来推测另一个因变量的变动情况，并得出它们之间的关系式，从而进行市场预测的一种方法。因为这两个变量之间的关系式一般呈线性关系，所以叫作线性回归预测法。根据它们相关的方向不同，又有正相关(顺相关)与负相关(逆相关)之分。例如，某地区居民人均年收入增加，某种耐用销售品的销售量也随之增加，其变动方向一致，因此称为正相关。如果根据商品流通费率的大小来预测商业利润的增减，由于流通费率增大，利润率就会随之降低，其变动方向是反的，就称为负相关。

一元线性回归法的公式为

$$y = a + bx$$

式中，y 为因变量；x 为自变量，即引起市场变化的某影响因素；a、b 为回归系数，其中 a 为截距，b 为斜率。在市场预测中，回归分析则是通过历年数据确定回归系数 a、b 之值。推算 a、b 值的常用方法是最小二乘法。公式为

$$b = \frac{n\sum XY - \sum X \sum Y}{n\sum X^2 - (\sum X)^2}$$

$$a = \frac{\sum Y - b\sum X}{n}$$

式中，X 为自变量的取值；Y 为因变量的取值。

案例 4-5

因果分析法应用

表 4-7 为 2010—2014 年某地区居民人均年收入与某企业生产的某种耐用消费品的年销售量。根据上述公式，得 $b=1.08$，$a=5$。

表 4-7 某地区居民人均收入和某种耐用消费品年销售量

年 份	人均年收入 x/千元	x^2	年销售量 y/万台	xy	年销售量理论值/万台
2010	3	9	8.0	24	8.24
2011	4	16	9.5	38	9.32
2012	5	25	10.6	53	10.40
2013	6	36	11.5	69	11.48
2014	7	49	12.4	86.8	12.56
Σ	25	135	52	270.8	52.00

据此建立的预测模型为

$$y = 5 + 1.08x$$

当 2015 年居民人均年收入为 9 000 元时，该企业的年销售量预测值为

$$y = 5 + 1.08 \times 9 = 14.72 (万台)$$

(2) 多元线性回归预测法。

在市场变化中，一般影响因变量的因素不止一个，所以需要研究多元回归。多元回归分析的理论与一元基本相同，只是表达式和计算都较为复杂。多元线性回归的一般公式为

$$y = a + b_1 x_1 + b_2 x_2 + \cdots + b_n x_n$$

式中，y——因变量；

x_i——变量；

a——回归系数；

b_i——回归系数

接下来以二元线性回归模型为例进行分析，二元线性回归模型的公式为

$$y = a + b_1 x_1 + b_2 x_2$$

利用最小二乘法可以求得 3 个标准方程式，即分别对 a、b_1、b_2 求偏导数，并令函数的一阶导数等于 0，可得到以下 3 个标准方程式：

$$\sum y = na + b_1 \sum x_1 + b_2 \sum x_2$$
$$\sum x_1 y = a \sum x_1 + b_1 \sum x_1^2 + b_2 \sum x_1 x_2$$
$$\sum x_2 y = a \sum x_2 + b_1 \sum x_1 x_2 + b_2 \sum x_2^2$$

解上列 3 个方程式，将 x_1、x_2、y、$x_1 y$、$x_2 y$、$x_1 x_2$ 各项数值之和代入 3 个方程式进行运算，求出 3 个参数 a、b_1、b_2 的数值。最后将参数代入多元方程式，即进行预测。

案例 4-6

空调消费调研

20××年 4 月 5 日至 29 日，深圳市标准市场研究公司在武汉、广州、成都三地同时进行了空调消费公益性调查，本次调查的对象为未来 2 年内准备购买空调的消费者，样本量设计为 600 个，广州、成都和武汉 3 个城市的样本量相同。本次调查抽样方法采用根据电话号码数据库等距抽取样本，主要进行消费者认知和购买行为调查。

1. 空调消费者认知研究

1) 消费者最关注的内容是空调质量

调查显示，消费者表示最关注的是空调质量，其次是空调的服务、价格。

在进行不同城市间空调消费者关注点差异性分析时我们发现，虽然三地消费者的选择差异性较小，但广州消费者更倾向于关注服务和价格，而对于质量则敏感度相对较差。

2) 消费者对空调新品的认知度总体比较高

(1) 消费者对于绿色环保空调认知度较高。调查显示，近七成的消费者对绿色环保空调给予了肯定的评价，不过也有一成多的消费者对绿色环保空调持否定态度，有近两成的消费者对绿色环保概念理解不够。

(2) 消费者对变频空调的认知度相对较低。调查显示，有 60.3%的消费者对变频空调比较了解，这个比例比绿色环保空调低了近 9 个百分点，有近三成的消费者对变频空调不了解。

(3) 消费者对静音空调的认知度最高。调查显示，84.1%的消费者对静音空调比较了解，和绿色环保、变频空调相比，这个比例都高出许多，另外广州和武汉两地有两成多的消费者认为静音是空调的必需要求。

(4) 消费者受影响程度。消费者概念认同和实现消费还存在差异，调查显示，有六成多的消费者表示空调厂家的绿色健康、变频、静音等新品的宣传推广对购买决策存在不同程度的影响，但也有两成多的消费者表示其不会对自己的购买决策产生影响。

2. 消费者对空调价格认知调查

1) 消费者对空调降价原因认知调查

调查显示，消费者认为空调降价的原因有许多方面，主要是增加产品竞争力、增加市场占有率、让利促销等方面的原因，可以总结为直接或间接增加产品销量。从结果来看，还有一部分消费者认为是"厂家清理库存""降低产品质量"，但总体比例相对较少，说明消费者总体对降价有正面的判断。看来空调厂家所担心的降价负面影响虽然在一定程度上存在，但所占比例相对较小。

2) 消费者心理价位调查

消费者对自己所要购买的空调类型做出心理价位判断。调查显示，消费者对空调的心理价位集中在 2 000～4 000 元。

空调的功率是空调价格的决定因素之一，消费者大多选择功率为 1～2 匹的空调，占总体样本比重的 61.8%，另外购买 3 匹等大功率空调的消费者也有近一成的比重。1 匹及 1 匹以下的空调，消费者可接受的心理价位比例最多的为 2 000～3 000 元，1.5 匹的心理价位集中为 3 000～4 000 元，2 匹及 2 匹以上空调的心理价位集中在 5 000～7 000 元。

3. 消费者购买行为调查

1) 消费者对空调的购买类型

冷暖机和单冷机各有优缺点。消费者是购买单冷机还是冷暖机，与气候及其生活消费习惯有关系。调查显示，有 57.7%的消费者将购买冷暖机，有 40%的消费者选择购买单冷机。

从对壁挂机、柜机乃至中央空调的选择来看，消费者最喜欢壁挂机，其次是柜机，说明了壁挂机仍然是市场的主流空调产品。

2) 促销——想说爱你不容易

空调促销在某种程度上可以增加销售量，但促销不是最主要的营销手段。调查显示，有五成多的消费者选择不一定或者不会在促销期间购买空调，说明了大部分消费者购买空调时不会刻意选择在促销期间。

比较而言，广州的消费者更接受在促销期间购买空调，成都和武汉的消费者对促销期间购买空调的抵触强度大一些。具体分析可以看出，由于广州的市场规模大，市场意识较强，消费者也相对习惯市场促销手段，所以相对较多的人会选择促销期间购买空调。

3) 家电连锁商场和大型电器商场是主战场

调查显示，有 46.9%的消费者会考虑在大型电器商场购买空调，有近四成的消费者选择在大型综合性商场和专卖店购买空调；值得注意的是有 27.2%的消费者考虑在家电连锁商场购买空调，说明家电连锁商场已经开始为消费者接受。

4) 报纸刊物、电视等仍然是信息传播的主渠道

调查显示，有 58.6%的被访者表示空调信息的来源是报纸刊物，有 47.1%的消费者由电视中得知，另外还有通过卖场和朋友同事介绍得知等。

本 章 小 结

本章介绍了市场调研的含义及作用，讨论了市场调研的类型，介绍了由产品调研、顾客调研、销售调研、促销调研 4 个部分组成的市场调研内容，同时，还介绍了市场调研程序、市场调研的方法、市场调研报告的撰写等方面内容。

在市场预测方面，介绍了市场预测的概念及内容、市场预测的步骤、市场预测的方法。在定性预测方法上，介绍了专家预测法、销售人员意见综合预测法及购买意向调查预测法；在定量预测方法上，介绍了移动平均法、指数平滑法及因果分析法。

关 键 术 语

市场调研——market investigation　　市场预测——market forecast

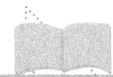

营销调研系统——marketing investigation system　　营销分析系统——marketing analysis system
市场调研过程——market investigation process　　市场预测过程——market forecast process
访问调研——survey investigation　　实验调研——experimental investigation
观察调研——observational investigation　　定性分析——qualitative analysis
定量分析——quantitative analysis

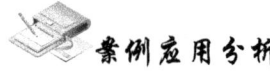案例应用分析

利达公司的市场需求预测

1995年10月17日，利达公司总裁在新华社的一次年会上宣读了《争做中国第一纳税人》的报告。他预测，该公司眼下发展速度是2 000%，到1997年的增长速度放慢到200%，1998年放慢到100%，1999年放慢到50%。至21世纪末，就可以完成900亿元到1 000亿元的产值，成为中国第一纳税人。他说："中国500强企业中，最大的企业是××，它现在的产值有346亿元，我们在5～6年的时间内超过它是大有希望的。"其勃勃雄心溢于言表。

为了实现这一理想，该公司制定了1995年奋斗目标，即开辟"第二战场"，向医疗电子、精细化工、生物工程、材料工程、物理电子及化妆品6个行业渗透，进行一场多元化的"产业革命"，后来又计划再上一个饮料厂。该总裁说："我们研制成功了一种饮料产品，就连现在世界上的名牌产品××可乐也无法与之相比，我们准备马上注册专利，将来与××可乐一比高低，占领国际市场。"

当然，更让总裁激动的想法是将公司建成一个"日不落"的生物工程王国，将人类寿命延长10岁。为了实现这一美好的愿望，公司在1997年一口气兼并了20多个制药厂，为此公司扩资5亿元。在激情之中，该公司尝试了产品多元化经营和产权经营。结果与预期相差得很远，多元化只有化妆品生产上了规模，而产业兼并则让公司背上了个大包袱。

当企业进入产权经营阶段，企业发展战略决策显得越来越重要，个人决策的非理性因素可能导致"一招不慎满盘皆输"，加强市场需求预测已经是刻不容缓的大事。

讨论：
(1) 从利达公司的决策失误分析市场需求预测对企业生存和发展的重要意义。
(2) 我国企业在市场需求预测问题上的认识误区主要有哪些？

思 考 题

(1) 走向知识经济时代，我国企业应如何改进市场营销信息工作？
(2) 加强营销调研工作对参与市场竞争有何重要意义？
(3) 市场需求预测中应深入研究哪些因素？
(4) 需求预测中容易出现的失误有哪些？
(5) 怎样根据不同的情况选择不同的预测方法？

第 5 章 市场细分与目标市场

教学目标与要求

通过本章的学习，学生应掌握市场细分的概念和方法，能应用市场细分原理、目标市场选择策略及市场定位方法，分析企业目标市场营销中存在的各种问题；了解市场细分、目标市场、市场定位的含义，熟悉市场细分依据及目标市场战略步骤，理解目标市场选择策略，掌握市场细分原理和市场定位方法。

本章知识点

市场细分的概念；市场细分的因素与方法；目标市场的概念与目标市场选择策略；市场定位的含义与市场定位策略。

钟表公司的市场细分

第二次世界大战后，美国钟表公司将美国手表市场划分为 3 类不同的消费群：第一类消费者想以最低的价格购买能计时的手表，他们占美国手表市场的 23%；第二类消费者想以较高的价格购买计时更准确、式样更好、更耐用的手表，他们占到美国手表市场的 46%；第三类消费者想购买名贵手表，他们购买手表往往是作为礼品，追求象征性和感情性的价值，这类购买者占美国手表市场的 31%。当时几家著名的手表公司都是以第二类消费者群体作为目标市场，而占美国手表市场的 54%的第一、第三类消费者群体的需求远远没有得到满足。美国钟表公司发现这个良机后，当机立断，选择第一、第三类消费者群体作为自己的目标市场，并且迅速进入这个市场，结果很快使市场占有率大大提高，成为世界上最大的钟表公司。

5.1 市 场 细 分

5.1.1 市场细分的概念与作用

1. 市场细分的概念

市场细分理论是由美国著名市场学家温德尔·斯密(Wendell R. Smith)在 20 世纪 50 年代中期提出来的。所谓市场细分，是指根据整体市场上顾客需求的差异性，以影响顾客需求和欲望的某些因素为依据，将一个整体市场划分为两个或两个以上的顾客群体，每一个

第5章 市场细分与目标市场

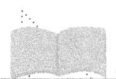

需求特点相类似的顾客群就构成一个细分市场或子市场。在各个不同的细分市场上，顾客的需求有较明显的差异，而在同一细分市场上需求基本相似。

市场细分不是通过产品分类来进行的，如汽车市场、服装市场、粮食市场等，而是按照顾客需求爱好的差别，求大同存小异来划分市场。市场细分是识别具有不同需求和欲望的购买者或用户群，并加以分类的活动过程，其目的是使企业选择和确定目标市场，实施有效的市场营销组合，从而以最少、最省的营销费用实现最佳的经营。市场细分理论的提出被视为营销学的第二次革命，是继以消费者为中心的观念提出后对营销理论的又一次质的发展，它的出现使营销学理论更趋于完整和成熟。

案例 5-1

少儿百科全书市场细分

近十多年来，少儿百科全书因为契合了国人求全、实用的购买心理，一直具有相对平稳的市场空间，不管价格如何，盼子成才心切的家长们大都会给孩子买上一本可以从小学用到高中的百科全书，家长们这种"一次投资，终身受益"的购买心理一度造就了少儿百科图书市场的繁荣。

1. 原创与引进共创纷繁局面

在目前所有的原创少儿百科全书中，浙江教育出版社出版的《中国少年儿童百科全书》是最为成功的一套。该书出版于1991年4月，至2006年年底印数已经高达300多万套，是一套名副其实的双效书。此外，上海少儿出版社出版的《少年科学小百科》也都取得过很好的市场业绩。此外，吉林美术出版社的《新世纪少儿百科》特别考虑到了低幼读者的阅读能力和价格承受能力，文字十分通俗、口语化，配图活泼有趣，是原创类百科图书中销量较好的一套书，曾获得过吉林省图书最高奖"长白山优秀图书奖"。

然而，并非所有的原创少儿百科都这么幸运，有的不仅没有为出版者带来效益，反而带来了损失，原因就在于这些图书多为仓促之作，在内容的设计和语言的表达方面显得有些粗糙，跟风和重复的味道较浓，互相模仿的痕迹很明显。

由于自编制少儿百科全书的周期非常长，许多出版社便瞄准了版权引进这条捷径。在引进的少儿百科全书中，湖南少年儿童出版社出版的《儿童百科全书》(不列颠版)是早期引进中较为成功的一个范例。该书出版于1989年4月，到1996年8月印数已达到了11万多套，其首版的定价才40元，到1996年提高到每套60元，每印张的定价不到0.9元。而辽宁教育出版社1998年从牛津大学出版社引进了最为有名的《牛津少年儿童百科全书》后，根据市场的不同定位出版了定价860元和280元的两种版本，两种版本内容一致，只不过前一种采用的是铜版纸4色印刷，而280元的经济型版本迎合了一般家庭的需求，是当时引进版里销售势头良好的一套书。

引进国外版少儿百科全书的优势：国外市场的开发已很成熟，版本繁多，选择余地大，而且引进版权的费用不高，比原创成本要低。但是，国外最新的少儿百科全书类读物也有其局限性，一是大多制作精美，成本高，投入大；二是有些内容不太适合中国读者，对中国的孩子缺乏亲和力，而且版权来源多同为国外的那几家出版社。

2. 市场细分寻求深度发展

随着竞争的进一步加剧和市场的细分，目前的少儿百科细分市场在出版动向上出现了"大而全""中而专""小而便"的趋势。市场细分本是一个富于层次感的范畴，同时也预示着少儿百科全书类读物的出版趋向层次性将更加明晰。

(1) 细分的第一个层次是"大而全"。像中国大百科全书出版社推出的《中国儿童百科全书》、辽宁教育出版社的《牛津少年儿童百科全书》、团结出版社的《大不列颠少儿百科》、四川辞书出版社的《新世纪少年儿童百科全书》就属此类情况。它们既强调知识的权威性和全面性，又重视图片对儿童阅读兴趣的调动，还突出了其作为工具书的查考功能和实用特色。

(2) 细分的第二个层次是"中而专"。一些出版社将少儿百科全书转向某一单科门类知识的纵深方向发展，像明天出版社的《中国少年儿童军事百科全书》、湖北教育出版社的《少儿动物百科》、湖南少年儿童出版社的《恐龙百科》等"中而专"的百科全书都在读者中引起了一定的反响。

(3) 细分的第三个层次是"小而便"，即把知识点的散布从集中描述汇聚为百科全书式的知识构架。此类百科全书有中国纺织出版社的《袖珍趣味百科丛书》(48开)、湖南少年儿童出版社的《小口袋大世界丛书》(40开)等，其吸引读者的一个重要方面就在于它是拆散成可以装在口袋里的小开本百科全书，非常便于小读者的阅读和携带。这几套丛书每本只讲述一个知识点，在讲述知识时特别注意趣味性，讲究严肃的科学知识和有趣的人文知识的结合，并试图在少儿百科全书走近读者方面做些开创性的实验，辟出一条新路。

其实，内容细分只是少儿百科全书类读物走近读者的一个方面，这类读物走近读者还有很多方面，它还可以表现为：表达形式更具趣味性；装帧设计更加强调插图的作用，甚至变文配图为图配文，开本由16开一统天下向各类开本转变，小开本成为百科市场的新宠儿。"拿得起，读得懂，喜欢读"将是未来百科全书的新面貌。

2. 市场细分的作用

市场细分被西方企业誉为具有创造性的新概念，它给企业营销带来了以下意义。

1) 细分市场是企业发展市场机会的起点

在发达的商品经济"买方市场"条件下，企业营销决策的起点在于发现具有吸引力的市场环境机会，这种环境机会能否发展成市场机会，取决于两点：其一，这种环境机会是否与企业战略目标一致；其二，利用这种环境机会能否比竞争者具有优势，并获得显著收益。显然，这些必须以市场细分为起点。通过细分市场，企业可以发现哪些市场需求已得到满足，哪些只满足了一部分，哪些仍是潜在需求。相应地可以发现哪些产品竞争激烈，哪些产品竞争较少，哪些产品亟待开发。

2) 细分市场有助于掌握目标市场的特点

不进行市场细分，企业选择目标市场必定是盲目的，不认真地鉴别各个细分市场的需求特点，就不能进行有针对性的市场营销。20世纪80年代中期中国粮油公司向日本市场出口冻鸡，销量出现起伏，就是一个很有说服力的例子。

3) 细分市场是企业制定市场营销组合策略的前提条件

市场营销组合是企业综合考虑产品、价格、促销形式和销售渠道等各种因素而制订的市场营销方案。上述几个因素各自又存在不同的层次，各个因素之间又有多种组合形式。但就每一个企业特定的市场而言，却只有一种最佳的组合形式，而这种最佳组合只能是进行市场细分的结果。

5.1.2 市场细分的依据与方法

1. 市场细分的依据

1) 消费者市场细分的依据

如前所述，一种产品的整体市场之所以可以细分，是由于消费者或用户的需求存在差异性。引起消费者需求差异的变量很多，概括起来，细分消费者市场的变量主要有4类，即地理变量、人口变量、心理变量、行为变量。以这些变量为依据来细分市场就产生出地理细分、人口细分、心理细分和行为细分4种市场细分的基本形式。

(1) 按地理变量细分市场。按照消费者所处的地理位置、自然环境来细分市场，如根据国家、地区、城市规模、气候、人口密度、地形地貌等方面的差异将整体市场分为不同的小市场。地理变量之所以可作为市场细分的依据，是因为处在不同地理环境下的消费者对于同一类产品往往有不同的需求与偏好，他们对企业采取的营销策略与措施会有不同的反应。例如，在我国南方沿海一些省份，某些海产品被视为上等佳肴，而内地的许多消费者则觉得味道平常。又如，由于居住环境的差异，城市居民与农村消费者在室内装饰用品的需求上存在差异。

(2) 按人口变量细分市场。按人口统计变量，如年龄、性别、家庭规模、家庭生命周期、收入、职业、教育程度、宗教、种族、国籍等为基础细分市场。消费者需求、偏好与人口统计变量有着很密切的关系，如只有收入水平很高的消费者才可能成为高档服装、名贵化妆品、高级珠宝等的经常买主。人口统计变量比较容易衡量，有关数据相对容易获取，这是企业经常以它作为市场细分依据的重要原因。

① 性别。由于生理上的差别，男性与女性在产品需求与偏好上有很大的不同，如在服饰、发型、生活必需品等方面均有差别。美国的一些汽车制造商，过去一直是迎合男性要求设计汽车，现在，随着越来越多的女性参加工作和拥有自己的汽车，这些汽车制造商开始逐步研究市场机会，设计具有吸引女性消费者特点的汽车。

② 年龄。不同年龄的消费者有不同的需求特点，如青年人对服饰的需求与老年人的需求差异较大。青年人需要鲜艳、时髦的服装，老年人需要端庄、素雅的服饰。

③ 收入。高收入消费者与低收入消费者在产品选择、休闲时间的安排、社会交际与交往等方面都会有所不同。例如，同是外出旅游，在交通工具以及食宿地点的选择上，高收入者与低收入者会有很大的不同。正因为收入是引起需求差别的一个直接而重要的因素，在诸如服装、化妆品、旅游服务等领域根据收入细分市场的现象相当普遍。

④ 职业与教育。指按消费者职业的不同、所受教育的不同以及由此引起的需求差别细分市场。例如，农民购买自行车偏好载重自行车，而学生、教师则喜欢轻型的、样式美观的自行车。又如，由于消费者所受教育水平的差异所引起的审美观具有很大的差异，不同消费者对居室装修用品的品种、颜色等会有不同的偏好。

⑤ 家庭生命周期。一个家庭，按年龄、婚姻和子女状况，可划分为 9 个阶段(参见本书第 3 章表 3-1)、在不同阶段，家庭购买力、家庭人员对商品的兴趣与偏好会有较大差别。

另外，经常用于进行市场细分的人口变量还有家庭规模、国籍、种族、宗教等。实际上，大多数公司通常是采用两个或两个以上人口统计变量来细分市场。

(3) 按心理变量细分市场。根据购买者所处的社会阶层、生活方式、个性特点等心理因素细分市场就称为心理细分。

① 社会阶层。社会阶层是指在某一社会中具有相对同质性和持久性的群体。处于同一阶层的成员具有类似的价值观、兴趣爱好和行为方式，不同阶层的成员则在上述方面存在较大的差异。很显然，识别不同社会阶层的消费者所具有的不同特点，将为很多产品的市场细分提供重要的依据。

② 生活方式。通俗地讲，生活方式是指一个人怎样生活。人们追求的生活方式各不相同，如有的追求新潮、时髦，有的追求恬静、简朴；有的追求刺激、冒险；有的追求稳定、安逸。西方的一些服装生产企业，为"简朴的妇女""时髦的妇女"和"有男子气的妇女"分别设计不同服装；烟草公司针对"挑战型吸烟者""随和型吸烟者"及"谨慎型吸烟者"推出不同品牌的香烟，均是依据生活方式细分市场。

③ 个性。个性是指一个人比较稳定的心理倾向与心理特征，它会导致一个人对其所处环境做出相对一致和持续不断的反应。俗语说"人心不同，各如其面"，每个人的个性都会有所不同。通常，个性会通过自信、自主、支配、顺从、保守、适应等性格特征表现出来。因此，个性可以按这些性格特征进行分类，从而为企业细分市场提供依据。在西方国家，对诸如化妆品、香烟、啤酒、保险之类的产品，有些企业以个性特征为基础进行市场细分并取得成功。

(4) 按行为变量细分市场。根据购买者对产品的了解程度、态度、使用情况及反应等将他们划分成不同的群体，称为行为细分。许多人认为，行为变量能更直接地反映消费者的需求差异，因而成为市场细分的最佳起点。按行为变量细分市场主要包括以下几种。

① 购买时机。根据消费者提出需要、购买和使用产品的不同时机，将他们划分成不同的群体。例如，城市公共汽车运输公司可根据上班高峰时期和非高峰时期乘客的需求特点划分不同的细分市场，并制定不同的营销策略；生产果汁之类清凉解暑饮料的企业，可以根据消费者在一年四季对果汁饮料口味选择的不同，将果汁市场消费者划分为不同的子市场。

② 追求利益。消费者购买某种产品总是为了解决某类问题，满足某种需要。然而，产品提供的利益往往并不是单一的，而是多方面的。消费者对这些利益的追求有侧重，如购买手表，有的追求经济实惠、价格低廉，有的追求耐用可靠和使用维修的方便，还有的则偏向于显示出社会地位等。

③ 使用者状况。根据顾客是否使用和使用程度细分市场，通常可分为：经常购买者、首次购买者、潜在购买者、非购买者。大公司往往注重将潜在使用者变为实际使用者，较小的公司则注重保持现有使用者，并设法吸引使用竞争产品的顾客转而使用本公司产品。

④ 使用数量。根据消费者使用某一产品的数量大小细分市场，通常可分为大量使用者、中度使用者和轻度使用者。大量使用者人数可能并不很多，但他们的消费量在全部消费量中占很大的比重。美国一家公司发现，美国啤酒的80%是被50%的顾客消费掉的，另外一半的顾客的消耗量只占消耗总量的20%。因此，啤酒公司宁愿吸引重度饮用啤酒者，而放弃轻度饮用啤酒者，并将重度饮用啤酒者作为目标市场。公司还进一步了解到大量喝啤酒的人多是工人，年龄为25~50岁，喜欢收看体育节目，每天看电视的时间不少于3小时。很显然，根据这些信息，企业可以大大改进其在定价、广告传播等方面的策略。

⑤ 品牌忠诚程度。企业还可根据消费者对产品的忠诚程度细分市场。有些消费者经常变换品牌，另外一些消费者则在较长时期内专注于某一个或少数几个品牌。通过了解消费者品牌忠诚情况和品牌忠诚者与品牌转换者的各种行为与心理特征，不仅可为企业细分市场提供依据，同时也有助于企业了解为什么有些消费者忠诚本企业产品，而另外一些消费者则忠诚于竞争企业的产品，从而为企业选择目标市场提供启示。

⑥ 购买的准备阶段。消费者对各种产品的了解程度往往因人而异。有的消费者可能对某一产品确有需要，但并不知道该产品的存在；还有的消费者虽已知道产品的存在，但对产品的价值、稳定性等还存在疑虑；另外一些消费者则可能正在考虑购买。针对处于不同购买阶段的消费群体，企业可以进行市场细分并采用不同的营销策略。

⑦ 态度。企业还可根据市场上顾客对产品的热心程度来细分市场。不同消费者对同一产品的态度可能有很大差异，如有的持肯定态度，有的持否定态度，还有的则持既不肯定也不否定的无所谓态度。针对持不同态度的消费群体进行市场细分并在广告、促销等方面应用不同的策略。

2) 生产者市场细分的依据

许多用来细分消费者市场的标准，同样可用于细分生产者市场，如根据地理、追求的利益和使用率等变量加以细分。不过，由于生产者与消费者在购买动机与行为上存在差别，所以，除了运用前述消费者市场细分标准外，还可用一些新的标准来细分生产者市场。

(1) 用户规模。在生产者市场中，有的用户购买量很大，而另外一些用户购买量很小。以钢材市场为例，建筑公司、造船公司、汽车制造公司对钢材需求量很大，动辄数万吨的购买量，而一些小的机械加工企业，一年的购买量也不过几吨或几十吨。企业应当根据用户规模大小来细分市场；根据用户或客户的规模不同，企业的营销组合方案也应有所不同。例如，对于大客户，宜直接联系、直接供应，在价格、信用等方面给予更多优惠；对于众多的小客户，则宜使产品进入商业渠道，由批发商或零售商组织供应。

(2) 产品的最终用途。产品的最终用途不同也是生产者市场细分标准之一。生产者购买产品，一般都是供再加工使用，对所购产品通常都有特定的要求。例如，同是钢材用户，有的需要圆钢，有的需要带钢；有的需要普通钢材，有的需要硅钢、钨钢或其他特种钢。企业此时可根据用户要求，将要求大体相同的用户集合成群，并据此设计出不同的营销策略组合。

(3) 生产者购买状况。根据生产者购买方式来细分市场。生产者购买的主要方式包括直接重购、修正重购及新任务购买。购买方式不同，采购程度、决策过程等也不相同，因而可以此为依据将整体市场细分为不同的小市场群。

2. 市场细分的方法

在进行市场细分时，并不是每种商品都需要按照所有市场细分的依据来进行市场细化，而只需根据商品的特点采用一些有实际意义的依据来细分市场。例如，对儿童玩具市场的需求，主要按年龄划分；对文具用品市场的需求，则主要按教育程度划分等。市场细分的方法一般可分为单一变数法和综合变数法。

1) 单一变数法

根据影响消费需求的某一种因素进行市场细分。该方法的具体应用如下所述。

(1) 人口统计细分。这是指按照不同的人口统计特征区分的人群。例如，在大的方面，按性别特征可区分为男性人群市场和女性人群市场，按年龄可区分为婴幼儿市场、青少年市场和中老年人市场。当然，不同年龄段的人群根据其他特征还可以进行进一步细分，如老年人可分为富裕的老年人、经济状况一般的老年人以及贫困的老年人。很多产品具有明显的人口统计特征，如剃须刀主要针对的是成年男性人群；卫生巾主要针对的是介于青春期和绝经期之间的妇女；奶粉主要针对的是哺乳期的婴幼儿。服装市场就有明显的年龄特征，可以按年龄分组：16周岁以下、16~24周岁、25~44周岁、45~59周岁、60周岁以上。不同年龄组的人对服装的尺寸、颜色、款式、质料、价格等都有不同的要求和偏好。

人寿保险公司市场细分

上海有一家中外合资的人寿保险公司，它经过研究发现上海女性在家庭中的地位很高，一般家庭的主要开支由女性来决定，特别是上海女性中的白领职业女性都比较注重自身利益的维护和保障。于是这家保险公司开发了一系列女性保险，主要针对较高收入的女性白领市场，取得了很好的市场销售业绩。

(2) 职业特征细分。这是指具有相同职业特征的人群，最粗略的划分如蓝领和白领。传统的蓝领职员多从事制造业工作，因此其往往要求产品具有持久耐用的特点，而白领职员对所使用产品则往往具有表面体面的基本要求。

有一位十分成功的投资人发现在一些高档办公区上班的人的穿着，从以往的西装革履逐步变得休闲，于是他将一些投资在生产职业装的企业中的资金转投向生产休闲服的企业，结果取得了很好的投资收益。

图书市场具有较明显的职业特征。对于从事涉外工作的人们来说，外语工具书、各类商贸外语书籍是他们喜欢的；对于大中小学生而言，教科书、参考书、试题集等是他们会仔细选择的；对于从事计算机和网络工作的人们来说，计算机技术、编程教材、网页设计等书籍是他们感兴趣的；对于家庭主妇们来说，烹调、育儿、时尚服饰、家庭装饰等书籍是她们愿意经常买来参考的。

(3) 收入层次细分。这是指具有相近收入的人群。收入相近的人群一般具有相近的支付能力，企业可以根据个人或家庭的年收入来细分客户群，如年收入在 5 万元以下的家庭，其对生活消费品的价格比较敏感，年收入超过 10 万元的家庭可能会产生购买家用汽车的需求，年收入超过 30 万元的家庭需要的住宅是高档的商品房。

近几年在中国逐渐形成消费热点的家用汽车市场上，不同汽车生产厂商和不同品牌的汽车主要也根据客户的收入层次来划分客户群。例如，吉利、夏利、羚羊、佳宝、哈飞等品牌的汽车，主要针对的是中低收入者，其定价一般在 10 万元以下；赛欧、宝来、爱丽舍、POLO 等主要针对的是中等收入的城市人群，其定价一般在 10 万~20 万元；别克、帕萨特、奥迪以及一些进口汽车，如本田、宝马、奔驰等针对的是高收入人群，定价一般在 30 万元或以上。当然，汽车厂商除了主要依据收入层次细分市场以外，还会根据消费者的偏好生产不同类型的汽车，如向喜爱运动、冒险、刺激的人群提供越野车，为白领女性提供外形精巧美观、色彩鲜艳的小型轿车。

(4) 地理区域细分。这是指在相同地区具有相同特征的人群。例如，居住在我国海南岛的居民，应该是不会购买冷热空调的，因为海南岛四季气温高，单制冷的空调受到普遍欢迎。又如，在中国的四川、湖南，当地的人们都喜欢吃辣椒。案例 5-3 中的现象很能说明不同地区的人所形成的不同习惯对产品需求的差别。

案例 5-3

城乡区域市场细分

20 世纪 90 年代中期，我国的经济发展较快，城乡之间的差距也较大。鸡肉是人们较常用的肉类食品，一般家庭在有客人来的时候总会煮一只鸡来款待来客。热情待客的中国人习惯于将自己认为好的食物请客人享用。如果到农村做客，主人会热情地招待客人吃鸡腿；如果到城市家庭做客，主人会用鸡爪款待客人。这是由于当时城市的生活水平比农村提高得快，吃的东西油水太多，所以不喜欢吃鸡腿而喜欢吃鸡爪；而农村生活水平相比城市较低，人们认为鸡腿是相对较好的食物。一些聪明的鸡肉供应商就把鸡腿主要供应到农村，把鸡爪主要供应给城市，农村人一般不吃的也不值钱的鸡爪在城市里也卖了个好价钱。

2) 综合变数法

综合变数法是根据影响消费需求的两种或两种以上的因素进行综合市场细分。例如，美国市场营销学专家瓦尔特·约翰逊根据购买行为及消费者性格因素,将旅游市场细分为7种类型。

(1) 商人型:喜欢改变旅游地点,但不愿改变生活方式,乐意享受周到的服务,注意安全,不在乎多花钱。

(2) 舒适型:讲究舒适和方便,主要和志趣相投者结伴,组织旅游团体,游览城市或旅游胜地。

(3) 享受型:有某种专门的癖好、消遣和兴趣,有着强烈的追求,而实现这种追求,一般又无需付出太大的代价与太多的精力。

(4) 好奇型:不断寻找新的感受,探索鲜为人知的生活方式,对服务是否完善不太介意,但追求一种生动活泼的环境与气氛。

(5) 活动型:喜欢体育的游客,所到之处,要能尽情活动,对服务是否完善也不太介意,追求运动生活。

(6) 冒险型:喜欢在冒险中度过旅游生活,如围坐在山野篝火旁,一边品尝具有异国风味的饭菜,一边倾听野兽的吼叫。

(7) 匆忙型:精心计划和盘算旅游日程与时间,既要节省时间,又要节省费用,还要达到旅游的基本目标。

上面所说的是一些基本的或者说是常用的细分市场的方法。企业细分市场的标准还有很多,企业需要结合自身行业的特点和提供产品的特性来决定使用哪一种细分市场方法,或者选用几种不同的细分标准组合来进行不同层次的市场细分工作。

案例 5-4

市场细分是固网增值新出路

自我国电信市场引入竞争以来,我国电信业经过了邮电分营、移动剥离、电信重组等一系列变革,随着中国联通等运营商的发展壮大,电信市场竞争日趋激烈,产品和服务同质性越来越强,"价格战"是当前电信市场竞争最显著的特征,无差异化策略是固网运营商的普遍做法,市场经营工作比较粗放。在竞争日趋激烈的今天,固网运营商要在市场竞争中始终赢得竞争优势,市场经营工作必须由注重产品导向向注重客户价值导向、由无差异化策略向市场细分策略方向转变。只有这样才能从根本上提高市场营销的有效性,增强企业竞争力。因此在当前市场环境下,对我国固网运营商来说,搞好市场细分工作至关重要,它关系到企业的长远发展。

1. 固网运营商市场细分现状

搞好市场细分是我国固网运营商适应市场竞争、增强竞争优势的必然选择,它对有序开展业务创新、实行差异化营销、营造竞争优势具有重要意义。搞好市场细分,首先要把握当前我国固网运营商市场细分现状及存在的问题,概括起来主要有以下几个特点。

1) 市场细分已受到固网运营商的广泛重视

随着电信市场竞争的日益加剧,产品同质性越来越强,以往无差异化营销越来越不适应市场竞争的需要,差异化营销成为各运营商的重要经营战略。例如,中国电信优化渠道建设,成立大客户、商业客户、公众客户的营销机构,逐步建立 CRM 客户管理信息系统,加强对客户分析并根据不同客户的消费特征推出差异化的产品和策略等。这一系列措施都充分说明了我国固网运营商面临市场竞争和发展的压力,积极转变经营观念,高度重视市场细分,向差异化营销方向迈进。

2) 市场细分还停留在初级阶段,动态、多维度的客户细分还有很长的路要走

长期以来,电信运营商主要扮演的还是"普遍服务"的角色,为广大电信用户提供的几乎是无差别的产

品和服务,无论是大客户还是一般客户都享受同样的待遇。随着电信改革的进一步深入和市场竞争的进一步加剧,各大电信运营商的实力正在逐步接近。同时人们消费水平也正在不断提高,消费观念发生了很大转变,电信市场消费需求的多元化、个性化、多层次、差异化的特点也日益突出。我国电信业已经进入一个新的时期,对市场进行准确细分、根据不同用户群体的需求实行差异化服务已经成为当前电信业发展的一大趋势。

虽然当前我国固网运营商重视市场细分工作,但市场细分仍比较粗放,主要表现在:客户主要按住宅和单位进行划分,客户简单地划分为大客户、商业客户、公众客户,细分变量比较单一,主要按照消费金额、区域进行细分,以客户人口统计特征、心理特征、购买行为、客户忠诚度等变量进行细分还难以做到。主要原因是企业缺乏动态的客户化的信息管理系统以及对客户需求缺乏了解。真正为不同目标市场推出差异化策略并不多见,更多还是停留在形式上,市场细分还处于起步阶段。

3) 缺乏对市场细分工作的评估机制

市场细分不是为细分而细分,而是通过市场细分发现市场机会,集中企业有限资源以满足客户差异化、个性化需求,实现客户价值最大化。如今固网运营商十分重视市场细分工作,推出各类策略,如对大客户采取一对一营销,对不同客户、不同产品推出差异化策略,但由于企业缺乏有效的评估机制,导致在经营策略上比较粗放,很大程度上是为策划而策划,缺乏创新精神,对营销策划活动效果没有正常的跟踪评价和奖惩机制,不可避免地出现不顾效益的粗放式经营的现象,不利于企业的健康发展。

2. 如何推进市场细分工作

诚然,重视市场细分工作是企业树立"以客户为中心、以市场为导向"的具体体现,它有利于企业发现市场机会,有利于选择目标市场和制订差异化的市场营销策略、营造竞争优势,有利于集中企业资源占领市场,提高企业经济效益。对于传统固网运营商来说,重视开展市场细分工作是第一步,如何做好市场细分工作是至关重要的。当前固网运营商搞好市场细分工作应从以下几个方面入手。

(1) 建立完善的、动态的客户管理信息系统。目前企业建立系统很多,主要是以业务为切入点建立的,客户化管理信息系统尚未完全建立起来,给市场细分、实行差异化战略、客户流失管理带来很大的困难,因此建立客户化的管理信息系统迫在眉睫。客户管理系统完全以客户为切入点,建立客户关系信息系统,并有效运用所储存的资料,对客户进行科学化、系统化、规范化管理。固网运营商需要对目前企业的账务系统、营业系统、网管系统、客户服务系统进行整合,建立真正面向客户的统一的 CRM 系统。通过这个系统可以了解、把握客户的消费特征和变化趋势,这对企业进行市场细分、制订可行的经营策略、提高顾客满意度具有重要意义。

(2) 建立与电信企业相适应的市场细分体系。首先,有效选择关键性的市场细分变量。市场细分变量不是越多越好,关键是选择的市场细分变量要有利于发现有价值的客户市场,能提高企业经济效益。对电信企业来说,关键性市场细分变量主要包括客户价值、客户忠诚度、消费行为、新老客户、企业的行业性质、居民的收入水平和职业、使用次数、对价格的敏感程度等。

其次,运用科学的市场细分方法。市场细分方法主要有 CHAID 分析法、聚类分析法、层次分析法、因素分析法、主成分分析法等多种分析方法,实际中固网运营商要充分运用这些分析方法,科学地进行市场细分。

最后,加强对市场细分的分析和评估。通过市场细分,固网运营商要对各目标市场发展现状、市场潜力、企业可满足的资源条件、进入壁垒等进行分析。针对具有吸引力、增长性好、企业拥有竞争优势的目标市场,企业要集中资源选择进入,占领这一市场。

另外,搞好目标市场的营销策划。目标市场策略主要包括集中性策略、差异化策略和无差异化策略,固网运营商要根据不同目标市场需求特征制订差异化的策略,进行营销策划、产品包装和开发,满足目标市场需求,营造无弹性的价格,从而获得竞争优势。

(3) 重视和开展市场调查,不断把握客户需求,进一步做好市场细分工作。搞好市场调查有助于企业搞好市场细分工作,避免市场细分的主观性。在市场环境日益变化的今天,重视和开展市场调查十分重要。固网运营商要通过内外结合的方式,开展市场调查,可委托专职调查公司实施调查,科学设计调查问卷,了解和把握客户真实的需求。在实践中要大量采用抽样调查方法,进行合理推断、科学细分和分析,发现市场机会。

(4) 固网运营商要不畏艰险,切实推进市场细分工作。当前由于受 IT 系统、经营观念、人才匮乏等多种因素的影响,市场细分工作还处于起步阶段,市场细分比较粗放。但从企业发展和适应市场竞争环境来

第 5 章 市场细分与目标市场

看,加强和重视市场细分工作是大势所趋。虽然前进中还有不少困难,切实推进市场细分工作却不可松懈。固网运营商要制订市场细分工作的推进目标和规划,确保市场细分的各项工作有条不紊地开展。

(5) 固网运营商要加快建立一支高水平的市场细分、统计分析、营销策划等方面的人才队伍。人是生产力的最根本性因素,是决定企业成败的关键。搞好市场细分没有高水平的专业人才是不行的。企业应成立市场细分部门(营销策划部门),通过社会招聘、内部招聘等形式,加强员工培训,将懂营销、统计、计算机和具有创新意识的员工充实到市场细分部门中去,不断提高市场细分质量,增强企业参与市场的竞争力。

5.2 目 标 市 场

5.2.1 选择目标市场的原则

所谓目标市场,是企业在细分市场的基础上,根据自身资源优势所选择的、主要为之服务的那部分特定的顾客群体。在市场细分的基础上,企业无论采取什么策略,也无论选择几个细分市场,所确定、所选择的目标市场必须具有最大潜力,能为自己带来最大利润。因此,在确定目标市场时,应该遵循以下 3 个原则。

(1) 所确定的目标市场必须足够大,或正在扩大,以保证企业获得足够的经济效益。

 案例 5-5

美国 Lee 牌牛仔裤的目标市场

美国的 Lee 牌牛仔裤就始终把目标市场对准占人口比例较大的那部分"婴儿高峰期"的消费者群体,从而成功地扩大了该品牌的市场占有率。在 20 世纪 60~70 年代,Lee 牌牛仔裤以 15~24 岁的小青年为目标市场。因为这个年龄段的人正是那些在"婴儿高峰期"出生的,在整个人口中占有相当大的比例。可是,到 80 年代初,昔日"婴儿高峰期"的小青年一代已经步入中青年阶段。新一代小青年在人口数量上已大大少于昔日小青年。为了提高市场占有率,在 80 年代末,Lee 牌牛仔裤又将其目标对准 25~44 岁年龄段的消费者群体,即仍是"婴儿高峰期"一代。为适应这一目标市场的变化,厂商只是将原有产品略加改进,使其正好适合中青年消费者的体形。结果,20 世纪 90 年代初,该品牌牛仔裤在中青年市场上的份额上升了 20%,销售量增长了 17%。

(2) 所选择的目标市场是竞争对手尚未满足的,因而有可能属于自己的市场。

 **案例 5-6**

日本本田汽车的目标市场

日本本田公司在向美国消费者推销其汽车时,就遵循这一原则,从而成功地选择了自己的目标市场。同奔驰、奥迪、沃尔沃等高级轿车相比,本田的汽车不仅价格较低,技术也较高,足以从竞争对手口中争食。然而,本田公司没有这样做。根据本田的预测,随着家庭收入的增多,年轻消费者可随意支配的收入将越来越多,涉足高级轿车市场的年轻人也将越来越多。与其同数家公司争夺一个已被瓜分的市场——一部分早就富裕起来并拥有高级轿车的中老年消费者市场,不如开辟一个尚未被竞争对手重视的,因而可完全属于自己的市场——刚刚和将要富裕起来的中青年消费者市场。

(3) 所确定的目标消费者最可能对本品牌提供的好处做出肯定反应。如果所选择的目标市场很大,但该市场的消费者对本品牌不感兴趣,仍然不能获得利润。

案例 5-7

德国宝马汽车的目标市场

在 20 世纪 70 年代中期,德国宝马汽车在美国市场上将目标对准当时的高级轿车市场。调查却发现,该细分市场的消费者不但不喜欢,甚至还嘲笑宝马,说宝马就像是一个大箱子,既没有自动窗户也没有皮座套,同其他车简直无法媲美。显然,这个市场对宝马的高性能并无兴趣。于是,生产厂家决定将目标转向收入较高、充满生气、注重驾驶感受的青年市场。因为该市场的消费者更关心汽车的性能,更喜欢能够体现不同于父辈个性和价值观的汽车。为吸引这个市场的消费者,厂家就突出宣传该车的高超性能,结果,到 1978 年,该车的销售量虽然还未赶上奔驰,但已达到 3 万多辆,到 1986 年,已接近 10 万辆。

然而,到 20 世纪 80 年代末 90 年代初,美国经济开始走向萧条,原来的目标消费者已经成熟,不再需要通过购买高价产品来表现自我,加上日本高级轿车以其"物美价廉"的优势打入美国市场,宝马面临新的挑战。市场调查发现,消费者之所以喜欢宝马,是因为它能给驾驶人一种与众不同的感觉,即人驾驭车而不是车驾驭人。驾驶宝马,消费者感到安全、自信,因为他们不仅可以感觉汽车、控制汽车,从宝马身上,他们还可以得到如何提高驾驶技术的反馈。于是,厂家又将目标市场对准下列 3 种人:相信高技术驾驶人应该驾驶好车的消费者、为了家庭和安全希望提高驾驶技术的消费者、希望以高超驾驶技术体现个人成就的消费者。到 1992 年,尽管整个美国汽车市场陷入萧条,宝马的销售量却比 1991 年提高了 27%。

5.2.2 选择目标市场的策略

企业在选择目标市场时通常可采用的策略有以下 3 种。

1. 无差异性市场策略

无差异性市场策略是指企业不进行市场细分,而是以市场总体为服务对象。采用此种策略时,企业对构成市场的各个部分一视同仁,只针对人们需求中的共同点,而不管差异点。它试图仅推出一种产品,以单一的营销策略来满足购买群体中绝大多数人的需求。例如,某汽车厂生产 4 吨载重汽车,以一种车型、一种颜色、一个价格行销全国,无论企业或机关、城市或农村,都无例外。在无差异性市场策略下,企业视市场为一个整体,认为所有消费者对这一产品都有共同的需要,因而希望凭借大众化的分销渠道、大量的广告媒体以及相同的主题,在大多数消费者心目中树立产品形象。又如,在相当长的时间内,可口可乐公司因拥有世界性的专利,仅生产一种口味、一样容量和同一形状瓶装的可口可乐,连广告词也只有一种。

无差异性市场策略的立论基础是成本的经济性,认为营销就像制造中的大量生产与标准化一样,缩减产品线可降低生产成本,无差异市场策略能因广告类型和市场研究的简单化而节省费用。然而,无差异性市场营销完全忽略了市场需求的差异性,将顾客视为完全相同的群体,致使越来越多的人认为,这一策略不一定算得上最佳策略,因为一种产品长期被所有消费者接受,毕竟罕见。并且,采用这一策略的企业,一般都针对最大的细分市场发展单一的产品与营销计划,易引起在此领域内的竞争过度,而较小的细分市场又被忽视,致使企业丧失机会。剧烈的竞争将使最大细分市场的赢利率低于其他较小细分市场的赢利率。认识到这一点,将促使企业充分重视较小细分市场的潜力。

2. 差异性市场策略

差异性市场策略是指企业在市场细分的基础上,选择其中两个或两个以上的市场面为服务对象。

采用此种策略时,企业承认不同细分市场的差异性,并针对各个细分市场的特点,分别设计不同的产品与市场营销计划,利用产品与市场营销的差别,占领每一个细分市场,从而获得大销量。由于差异性市场营销能分别满足各顾客群的需要,因而能提高顾客对产品的信赖程度和购买频率。

在差异性市场策略下,企业试图以多产品、多渠道和多种推广方式,满足不同细分市场消费者的需求,力求增强企业在这些细分市场中的地位和顾客对该类产品的认同。近年来,由于大市场的竞争者增多,国外一些稍具规模的企业,越来越多地实行差异性市场策略。例如,可口可乐公司现已采用各种大小不同的瓶装,加上罐装,推销网遍及世界各地。过去的美国雪佛兰汽车只是单一形式的低价品种,以一种规格型号卖给所有的顾客,现已有多种形式、多样车体及一系列新型品种,价格与特征也各有不同,以满足不同细分市场的需要。在工业品营销活动中,实行差异性市场策略的趋势正在发展,生产者接受不同买主不同规格的订货日益增多。

尽管差异性市场策略能更好地满足不同消费者群体的需要,并给予次要的细分市场以足够的注意,因而能够增加企业总销售量。但是,企业资源将被分散用于各个细分市场,企业产品的变动成本、生产成本、管理费用、存货成本和营销费用,势必随之增加。

3. 密集性市场策略

密集性市场策略是指企业在市场细分的基础上,选择一个市场面为服务对象。

企业面对若干细分市场,无不希望尽量网罗市场的大部分及全部。但如果企业资源有限,过高的希望将成为不切实际的空想。明智的企业家宁可集中全力于争取一个或少数几个细分市场,而不再将有限的人力、财力、物力分散于所有的市场。在部分市场若能拥有较高的占有率,远胜于在所有市场都获得微不足道的份额。在一个或几个细分市场占据优势地位,不但可以节省市场营销费用,增加赢利,而且可以提高企业与产品的知名度,并可迅速扩大市场。

无差异性市场策略或差异性市场策略是以整个市场为目标。而密集性市场策略则是选择一个或少数几个子市场为目标,这使得企业可集中采用一种营销手段,服务于该市场。所以采用密集性市场策略,企业对目标市场的需求容易做较深入的调查研究,获得较透彻的了解;加之可能提供较佳的服务,企业常可在目标市场获得较有利的地位和特殊的信誉;再加上生产及营销过程中作业专业化的结果,产品设计、工艺、包装、商标等都精益求精,营销效益大为提高。密集性市场策略也有较大的风险性,因为把企业的前途和命运全系于一个细分市场,若该特定的目标市场遭遇不景气时,则企业将受到很大的影响,甚至大伤元气。即使在市场景气时,有时也会招来有力的竞争者进入同一目标市场而引起营销状况的较大变化,致使在总需求增长不变或不快的情况下,使原企业的赢利大幅度降低。因此,多数企业在采取密集性市场策略的同时,仍然愿意局部采用差异性市场策略,将目标分散于几个细分市场中,以便获得回旋的余地。

5.2.3 影响目标市场选择的因素

3 种目标市场策略各有利弊,各自适用于不同的情况,企业在选择目标市场策略时,必须全面考虑各种因素，权衡得失，慎重决策。需考虑的因素主要有以下几个方面。

1. 企业的实力

企业的实力包括企业的设备、技术、资金等资源状况和营销能力等。一般来说，大型的企业实力比较雄厚，资金多，原材料比较充足。那么，它就有条件采用无差异性市场策略和差异性市场策略。反过来，如果没有这个实力，就适合把力量集中起来专攻一个或两个市场面。一般来说，我国的中小企业比较适合采用密集性市场策略。

2. 产品的自然属性

产品的自然属性指产品在性能、特点等方面差异性的大小以及产品特性变化的快慢。例如，汽油、钢铁、原粮，其特性长时间不会有太大的变化，这类商品适宜采用无差异性营销策略。反之，特性变化快的商品，如服装、家具、家用电器等，则适合采用差异性或密集性市场策略。

3. 市场差异性的大小

市场差异性的大小即市场是否"同质"。如果市场上所有顾客在同一时期偏好相同，对营销刺激的反应也相近，则可视为"同质市场"，宜实行无差异性营销策略；反之，如果市场需求的差异性较大，则为"异质市场"，则宜采用差异性或密集性策略。

4. 产品所处市场生命周期的阶段

新产品在试销期和成长期较适合于采用密集性市场策略或无差异性市场策略；到了成熟期，一般适合采用差异性市场策略和密集性市场策略。

5. 竞争对手状况

一般来说，企业的目标营销策略应该与竞争对手有所区别，反其道而行之。假如竞争对手采用的是无差异性市场策略，以一种产品来供应所有的消费者，在这种情况下，要想打进市场，仍采用同一种策略就很难成功，应当采用差异性或密集性市场策略。当竞争对手已经采取了差异性营销策略，就不宜采用无差异性市场策略。当然，这些只是一般原则，并没有固定模式，营销者在实践中应根据竞争双方的力量对比和市场具体情况灵活抉择。

5.3 市场定位

目标市场确定后，企业为了能与竞争产品有所区别，开拓和抢占目标市场，取得产品在目标市场上的竞争地位和优势，更好地为目标市场服务，还要在目标市场上为本企业产品做出具体的市场定位决策。

5.3.1 市场定位的含义及方式

1. 市场定位的含义

所谓市场定位，就是企业为了适应消费者心目中的某一特定地位而设计自己的产品和营销组合的行为。这里的"位"，不是地理位置，而是产品在消费者感觉中所处的地位，是一个抽象的心理位置的概念。市场定位是树立企业形象、品牌形象、产品形象的基础。

"定位"这个词是由艾尔·里斯和杰克·屈劳特于1972年提出来的，他们说："定位并不是你对一件产品本身做什么，而是你在有可能成为你的顾客的人的心目中做些什么。也就是说，你得给你的产品在他们的心中定一个适当的位置。"不管企业是否意识到产品的定位问题，对于消费者来说，不同商标的产品在他们心目中会占据不同的位置，他们会在内心按自己认为重要的产品属性将市场上他们所知的产品进行排序。目前市场上商品越来越丰富，与竞争者雷同的产品通常无法吸引消费者的注意。因此，企业应该根据竞争者现有产品的特色以及在市场上所处的地位，针对顾客对产品特征或属性的重视程度，强有力地塑造本企业产品与众不同的、形象鲜明的个性或特征，并将这种个性或特征生动地传递给顾客。从这个意义上来说，目标市场定位是一种竞争性定位。

市场定位的实质就在于取得目标市场的竞争优势，确定产品在顾客心目中的适当位置并留下深刻的印象，以便吸引更多的顾客。因此，市场定位是市场营销战略体系中的重要组成部分，它对于确定企业及产品的鲜明特色，满足顾客的需求偏好，提高企业竞争实力具有重要的意义。

2. 市场定位的方式

市场定位作为一种竞争战略，体现了一种产品或一家企业同类似的产品或企业之间的竞争关系。定位方式不同，竞争态势也不同。下面分析3种主要的定位方式。

(1) 避强定位。这是一种避开强有力的竞争对手的市场定位。其优点是能够迅速在市场上站稳脚跟，并能在消费者或用户心目中迅速树立起一种形象。由于这种定位方式市场风险较小，成功率较高，常常为多数企业所采用。

(2) 迎头定位。这是一种与市场上占据支配地位的，亦即最强的竞争对手"对着干"的定位方式。显然迎头定位有时会是一种危险的战术，但不少企业认为这是一种更能激励自己奋发上进的可行的定位尝试，一旦成功就会取得巨大的市场优势。在国外，这类事例屡见不鲜，如可口可乐和百事可乐之间持续不断的争斗，汉堡王与麦当劳的"对着干"等。实行迎头定位，必须知己知彼，尤其应清醒地估计自己的实力，不一定试图压垮对方，只要能够平分秋色就已是巨大的成功。

(3) 重新定位。企业确定目标市场后，对产品进行市场定位，这是对产品的第一次定位，也称初次定位。一般新产品投入市场均属初次定位。企业产品的市场定位，不是一成不变、一劳永逸的。重新定位是指企业为已在某市场销售的产品重新确定某种形象，以改变消费者原有的认识，争取有利市场地位的活动。通常是指对销路少、市场反应差的产品进行二次定位。例如，某日化厂生产的婴儿洗发剂，以强调该洗发剂不刺激眼睛来吸引有婴儿的家庭。但随着出生率的下降，产品销售量逐渐降低。为了提升销售量，该企业将产品重新定位，强调使用该洗发剂能使头发松软有光泽，以吸引更多、更广泛的购买者。很明显，这种重新定位旨在摆脱困境，重新获得增长与活力。这种困境可能是由企业决策失误引起的，也可能是对手有力反击或出现新的强有力竞争对手造成的。不过，也有的重新定位并非因为企业已经陷入困境，相反，却是因为产品意外地扩大了销售范围而引起的。例如，专为青年人设计的某种款式的服装在中老年消费者中流行开来，该款式就会因此而被重新定位。重新定位对于企业适应市场环境、调整市场营销战略是必不可少的，可以视为企业的战略转移。重新定位可能导致产品的名称、价格、包装和品牌的更改，也可能导致产品用途和功能上的变动,因此企业必须考虑定位转移的成本和新定位的收益问题。

深圳太太药业的市场定位

作为国内保健品市场的后来者,深圳太太药业集团近年来取得了不俗的市场表现。其成功的关键在于市场的选择和定位的准确。产品刚上市时,定位于治疗黄褐斑。所谓"三个女人一个斑",产品是有一定市场潜力的。但是,相对于女性保健品市场的需要,这一定位显然过窄,不利于企业发展。20世纪90年代中期,产品定位转变为"祛斑、养颜、活血、滋阴"。这一定位虽然全面,但与众多的其他产品没有多大的区别,失去了产品的特色,向消费者传递的产品信息过于混乱、肤浅。后来,产品定位逐渐稳定为"令肌肤重现真正的天然美",通过重点强调产品中含有丰富的营养物质、能够调解内分泌,来凸现产品特色。其广告词为"发自内在的魅力——挡也挡不住!"

5.3.2 市场定位的步骤

市场定位的关键是企业要设法在自己的产品中找出比竞争者更具有竞争优势的特性。竞争优势一般有两种基本类型:一是价格竞争优势,就是在同样的条件下比竞争者定出更低的价格,这就要求企业采取一切努力来降低单位成本;二是偏好竞争优势,即能提供确定的特色来满足顾客的特定偏好,这就要求企业采取一切努力在产品特色上下功夫。因此,企业市场定位的全过程可以通过以下三大步骤来完成:明确潜在的竞争优势、相对的竞争优势和显示独特的竞争优势。

1. 明确潜在的竞争优势

这是市场定位的基础。企业的竞争优势通常表现在两个方面:成本优势和产品差别化优势。成本优势使企业能够以比竞争者低廉的价格销售相同质量的产品,或以相同的价格水平销售更高质量水平的产品。产品差别化优势是指产品独具特色的功能和利益与顾客需求相适应的优势,即企业能向市场提供在质量、功能、品种、规格、外观等方面比竞争者更好地满足顾客需求能力的产品。为实现此目标,企业首先必须进行规范的市场研究,切实了解目标市场需求特点以及这些需求被满足的程度。一个企业能否比竞争者更深入、更全面地了解顾客,这是能否取得竞争优势、实现产品差别化的关键。另外,企业还要研究主要竞争者的优势和劣势,知己知彼,方能战而胜之。可以从以下3个方面评估竞争者:一是竞争者的业务经营情况,如估测其近3年的销售额、利润率、市场份额、投资收益率等;二是评价竞争者的核心营销能力,主要包括产品质量和服务质量的水平等;三是评估竞争者的财务能力,包括获利能力、资金周转能力、偿还债务能力等。

2. 相对的竞争优势

竞争优势是指企业能够胜过竞争对手的能力。这种能力既可以是现有的,也可以是潜在的。选择竞争优势实际上就是一个企业与竞争者各方面实力相比较的过程。比较的指标应是一个完整的体系,只有这样,才能准确地选择相对竞争优势。通常的方法是分析、比较企业与竞争者在经营管理、技术开发、采购、生产、市场营销、财务和产品7个方面究竟哪些是强项,哪些是弱项,借此选出最适合本企业的优势项目,以初步确定企业在目标市场上所处的位置。

3. 独特的竞争优势

这一步骤的主要任务是企业要通过一系列的宣传促销活动,将其独特的竞争优势准确传播给潜在顾客,并在顾客心目中留下深刻印象。为此,企业首先应使目标顾客了解、知道、熟悉、认同、喜欢和偏爱本企业的市场定位,在顾客心目中树立与该定位相一致的形象。其次,企业通过各种努力强化在目标顾客心中的形象,保持目标顾客的了解,稳定目标顾客的态度和加深目标顾客的感情来巩固与市场相一致的形象。最后,企业应注意目标顾客对其市场定位理解出现的偏差或由于企业市场定位宣传上的失误而造成的目标顾客模糊、混乱和误会,及时纠正与市场定位不一致的形象。

5.3.3 市场定位的策略

实行市场定位应与产品差异化结合起来。正如上述,定位更多地表现在心理特征方面,它产生的结果是潜在的消费者或用户对一种产品的认识,对一种产品形成的观念和态度。产品差异化是在类似产品之间造成区别的一种战略。因而,产品差异化是实现市场定位目标的一种手段。没有产品差异化,在同一目标市场上就不会有竞争的产品,不会有替代的产品,不会有互为补充的产品。如此,也就没有了市场定位。

不论是产品的初次定位或重新定位,一般都有以下 3 种产品市场定位策略可供选择。

1. 抢占或填补市场空位策略

这种策略是将企业产品定位在目标市场的空白处,避开市场竞争,不与目标市场上的竞争者直接对抗。在目标市场的空隙或空白领域开拓新的市场,生产销售目标市场上尚没有的某种特色产品,以更好地发挥企业的竞争优势,获取较好的经济效益。

2. 与竞争者并存和对峙的市场定位策略

这种策略是将本企业的产品位置确定在目标市场上现有竞争者的产品旁,相互并存和对峙着。一些实力不太雄厚的中小企业大都采用此策略。采用这种策略的好处:①企业可仿制竞争者的产品,向市场销售自己品牌的产品;②由于竞争者已开发这种产品,本企业可节省大量研究的开发费用,降低成本;③由于竞争者已为产品进行了推广宣传、市场开拓,本企业既可节省推广费用,又可减少不适销的风险。

企业决定采用对峙和并存的市场定位策略的前提:首先,该市场还有很大的未被满足的需求,足以吸纳新进入的产品;其次,企业推出的产品要有自己的特色,能与竞争产品媲美,才能立足于该市场。

3. 取代竞争者的市场定位策略

这种策略就是将竞争者赶出原有位置,并取而代之。一些实力雄厚的大企业,为扩大自己的市场范围,通常会采取这种取而代之的策略。企业要实施这种定位策略,必须比竞争对手有明显的优势,提供比竞争者更加优越和有特色的产品,并做好大量的推广宣传工作,提高本企业产品的形象和知名度,冲淡顾客对竞争者产品的印象和好感。

本 章 小 结

本章讨论的主要是企业如何计划实施目标市场营销战略管理过程,包括市场细分、目标市场、市场定位。在市场细分方面,介绍了市场细分的概念、市场细分的作用、市场细分的依据和方法;在目标市场方面,介绍了选择目标市场的原则、选择目标市场的策略和影响目标市场选择的因素;在市场定位方面,介绍了市场定位的含义、市场定位的方式及市场定位的步骤。

关键术语

市场细分——market segmentation　　市场定位——market positioning
目标市场——target market　　目标市场选择——selecting target market
市场定位——marketing positioning　　无差异策略——undifferentiated strategy
差异策略——differential strategy　　集中策略——concentrated strategy

案例应用分析

"亿利甘草良咽"——一种新产品切入成熟市场

"亿利甘草良咽"由内蒙古亿利医药有限公司(以下简称亿利)生产。在广告播出后的8个月内,市场零售额已达一亿元。"亿利医药"不仅老百姓没听说过,在业内也是一个陌生的名字。

咽喉药品、保健品并不是一种市场容量非常大的主流产品,内地全年销售额也就是20亿元左右;但市场上已有以金嗓子喉宝、西瓜霜、草珊瑚等为代表的五六个老百姓耳熟能详、将近有10年历史的一二线品牌,两三年历史的三线品牌就更多了。其中单金嗓子喉宝的年销售额就将近6亿元。

市场情况如此险恶,亿利为什么还要进入?短时间内,从队伍、渠道、行业知名度、产品知名度、业内经验统统为零到销售额过亿,亿利快速进入市场所仰仗的利器是什么?

1. **市场分析:咽喉类产品已形成行业性成熟市场**

一位当时非常著名的女歌星出现在电视上,歌毕,众人蜂拥而上,在鲜花丛中,一个最忠实的歌迷送上了润喉良药金嗓子喉宝,歌星顿时笑逐颜开。在当时,有这样广告力度的产品并不多见,从此,奠定了金嗓子喉宝江湖老大的地位。多年来,金嗓子喉宝树立了很高的品牌知名度、亲近度,在渠道上无孔不入,渗透力极强,在人们所能见到的药店、宾馆、火车站、飞机场触目可及。

"榜样的力量是无穷的",效仿者众多,从此开辟了一个咽喉类保健品、药品的战场,西瓜霜含片及喷剂年销售收入为2亿元,江中草珊瑚含片年销售收入为1.5亿元,华素片、黄氏响声丸、健民咽喉片、咽利爽滴丸、咽炎片、养阴口香液等产品年销售收入在6 000万~1亿元。各个产品的销量几年来一直没什么大的变化。咽喉药品销量市场格局已经形成。

这些产品最少也有了两三年的上市时间,渠道建设完善,品牌知名度高,且各企业在每一年度均有持续的广告投入和较高的市场费用支持,消费者需求基本得到满足或至少没有觉得在疗效上有很大的不满意,价格便宜,均在2.6~5元。消费者对经常消费的产品满意度比较高,难以形成品牌转换。

基于这样的市场现状,这两年几乎没有新品进入。

内蒙古亿利医药有限公司是上市公司内蒙古亿利科技有限公司(以下简称亿利科技)的全资子公司,亿利科技一直在经营大宗化工原料的生产加工业务,实力雄厚,但却因行业的关系既没有品牌产品,企业也没有知名度。但当今社会,"品牌效应"才是一个企业获得增值利润、快速发展的根本。怎样才能使一个不容易树立品牌的原料加工型企业转型呢?

亿利科技并没有头脑发热、盲目投资,而是将目光投向了自身所拥有的资源上。因为地处内蒙古,亿利科技拥有很丰富的中蒙药资源,尤以甘草为代表。甘草是一味中药,有解毒、润肺的疗效,对呼吸系统的病症有很好的治疗作用。同时,保健品行业具有启动快、操作相对简单、易受百姓关注的特点。因此,亿利科技决定生产一种以甘草为主要原料的咽喉保健品。但纵观这个市场,对新进入者来说,还能有市场机会吗?在哪里?

2. 市场细分:从咽喉不适的市场中"摘"出烟民市场

虽已决心进入,但亿利绝不是"架上梯子强行攻城",与"强大的敌人"正面冲突,那样说不定会白白送死。在对众位前辈的招法潜心揣摩后,亿利豁然发现了各位前辈的软肋——产品同质化严重。

虽说以金嗓子喉宝、草珊瑚等为代表的产品更强调"入口见效",而以华素片为代表的更强调药理作用,但从产品诉求上看,大家表达得非常相似,都是从"保护嗓子、防止用嗓过度"的角度出发,针对所有咽喉不适的人群。广告上有的请歌星,有的请影星,有的请教师,大家互相比着谁的嗓子最累。在表达这个诉求上最极致的广告,就是某个品牌的药片在留声机上随着唱片不停地转。

其次,大多数产品包装粗糙、缺乏个性,价位都很低,但"买贵的"已经成为许多人的嗜好。现在人们买东西不仅是在买产品本身,而是买这个产品从品质、包装、品牌给顾客心理上带来的满足感,使用什么样的产品似乎与他的阶层和品位相联系着。听起来这种心理好像是有点"不买最好,就买最贵"似的无聊,但这就是实实在在地体现在市场中的消费心理,谁也不能漠视它。因此,消费者会有比较强的尝试新品的愿望。

2002年4月份,亿利决定新产品上马,2002年5月,亿利为自己的产品提炼出了"核心概念"——为咽喉不适的烟民们提供一种解决方案。

这个核心概念的提出,并不是亿利在市场上看了一圈就拍脑袋想出来的。在一个月中,单是委托专门机构进行的大规模市场调研就有5次,费用达上百万元。结果发现,在整个咽喉不适并使用咽喉类产品的人群中,50%多的人属于感冒、上呼吸道感染而形成的咽喉不适,12%是属于用嗓过度的特殊职业人群,18%是由于烟酒过度造成不适。

为了突出产品的核心概念,亿利为产品从内到外提供了以下一套准确指向自己的细分市场的设计方案。

(1) 从包装设计上,产品的外包装像一个烟盒,上面有拉撕的烟膜。

(2) 从广告上,"抽、抽、抽,抽完你给我含一片","从这到那全舒服",强调抽烟者与产品的关系。

(3) 从口感上,是超强的辣和凉,满足口感比较重的人。因为抽烟的人大部分的味觉都不太敏感。这还有一个好处,就是缓解症状的即时效果强,这也符合烟民的需要。

(4) 从品名上,咽喉类药的品名既可以侧重于"咽",也可以侧重于"喉"。已有产品的名称大部分是侧重于"喉",亿利本来起名叫"宜喉爽",而没有在"咽"上面做文章。但确定了自己的细分市场之后,就侧重于"咽",全名"亿利甘草良咽"。"亿利"是企业的品牌名,"甘草"强调了这种对"咽"有独特功效的原料,"咽"是"烟"的谐音。这个名字在咽喉药市场中可以算是第一个有特别明确核心概念指向的产品名称。

(5) 在定价时,亿利同样做了大量的调研工作。针对现有产品,人们普遍认为总体定价是偏低的。消费者普遍能接受的价格是6元钱,其中有38%的消费者能够接受8元钱以上的产品。而市场上大部分产品都卖2.5~5元钱。亿利决定将自己的产品定价为9.9元人民币,与其他产品拉开较大距离。

讨论:
(1) "亿利甘草良咽"采用了怎样的目标市场营销战略?
(2) 对保健品市场进行细分时,应考虑的主要细分因素有哪些?
(3) 新产品进入成熟市场时应注意哪些问题?

思 考 题

(1) 细分消费者市场依据有哪些主要变量?
(2) 细分产业市场依据有哪些主要变量?
(3) 企业怎样选择目标市场?
(4) 企业怎样进行市场定位?

第 6 章 市场竞争战略

教学目标与要求

通过对本章的学习，学生应能够掌握竞争者分析、竞争战略的3种基本形式以及处于不同市场地位的企业所可能采取的竞争战略的相关知识，并且具备为企业制定竞争战略和对竞争对手攻击性行为制定反击战略的能力；熟练掌握竞争者识别范畴的相关知识；了解竞争者的4种分类方法；掌握迈克尔·波特的五力模型；熟练掌握3种基本的竞争战略形式。

本章知识点

竞争者识别；竞争战略与目标分析；企业竞争战略的基本形式及应用；不同竞争地位企业竞争战略及应用。

国产彩电的 5 次价格战

第一次，1988 年，由长虹发起。每台彩电降价 350 元让利销售，在长虹降价 50 天后，国家出台了彩电降价政策。长虹成了这一次降价战中的唯一赢家，为其他企业上了生动的一课。

第二次，1996 年，由长虹发起。其彩电在全国范围内降价 30%，引起彩电行业空前震荡。康佳、TCL 等企业也以积极的姿态降低了自己产品的价格。这次的赢家是整个彩电行业，消费者不再盲目迷信外国彩电品牌，国产彩电开始占领国内市场的绝对主导地位。经过这轮优胜劣汰，我国彩电行业企业数量减少了，但集约化程度却大大提高了。

第三次，1997 年，由高路华最先发起。高路华推出超低价位彩电冲击一些地区市场。此后各彩电厂家纷纷推出自己的一系列低价位机型，以适应不同层次消费者的需求。

第四次，1998 年，由康佳、TCL 发起。两家公司首先推出了几种特价型机，其后市场占有率大幅提高，同时给长虹以极大的冲击。1998 年 6 月，长虹大规模购买和囤积彩管，引起全行业警觉。

第五次，1999 年 4 月 7 日开始，由长虹发起，康佳、创维等公司应战。

为什么中国家电产业会有如此频繁的价格战，其原因何在？通过本章的学习，将掌握分析上述问题的工具。

6.1 竞争者分析

"知己知彼，百战不殆。"企业要制定出正确的市场竞争战略，就必须对竞争对手有深入的了解,这就涉及竞争者分析的相关内容。

6.1.1 竞争者识别

1. 竞争者识别的有关范畴

1) 行业及行业结构

在市场营销中,我们把买方的集合称为市场,把卖方的集合称为行业。而在竞争者识别的有关范畴中,可以把生产一种或一类可以相互替代的产品的企业集群称为行业。例如,生产和销售食品的企业群可以称为食品业,生产和销售通信产品的企业群构成了通信业。

按照传统产业经济学的观点,不同的行业,具有不同的竞争状况。行业竞争状况主要受以下因素的影响:竞争者的数量、产品的同质性或异质性、企业规模等。根据以上因素,可以将行业分为不同的类型,行业结构类型主要有以下 4 种。

(1) 完全竞争。完全竞争行业由许多生产同类产品的企业所构成,不同企业生产的产品不存在任何差别,在这样的行业中,没有任何支配力量存在。市场中的企业数目众多且规模小,每个销售者和购买者提供或需求的产品数量都很少,任何销售者和购买者都不能影响市场价格,市场价格完全是由供求关系决定的。行业不存在任何进入与退出障碍,新企业进入产业或原有企业退出产业有充分的自由,生产要素在产业间的转移没有任何阻力。生产者和消费者掌握市场的全部信息,既了解市场上每个生产者的产品、技术和成本,也了解消费者的偏好和支付能力,企业生产销售活动以及消费者的购买活动的信息完全对称。完全竞争行业是一种理想状态,在现实中并不存在。

(2) 垄断竞争。垄断竞争型的行业中存在数量众多的小企业,每个企业的产量在产业的总产量中只占较小的比例。不同企业生产的产品之间存在差别,但是相互之间的替代弹性较大。产业的进入障碍较低,新企业能够自由进入产业。当产业内的供给量超过需求量而导致企业收益下滑或亏损时,企业也可以退出产业。各个独立的企业之间存在着激烈的竞争,但是由于产品差别的存在,各个企业又可以凭借产品差别特点形成一定程度的垄断。

(3) 寡头垄断。在寡头垄断的行业内,少数几家大企业占有大部分市场。这种行业类型又可以分为两种:一是少数几家大企业占有大部分市场,同时行业内还有很多小企业占有小部分市场;二是少数几家大企业占有行业的全部市场。该类型行业内,企业所生产的产品部分有差别,存在产品差别的行业称为差别寡头垄断,不存在差别的行业称为纯粹寡头垄断。行业的进入障碍很高,新企业进入行业往往相当困难,大量投资、专利权垄断和行业内原有企业的协调行为等因素,形成了新企业进入行业的壁垒。

(4) 完全垄断。在完全垄断的行业中,只有唯一的供给者。在完全垄断行业上可能会有多个生产企业,但是,只有一家企业向市场提供产品。因为没有相关替代品,唯一的供给者在制定价格时不必考虑其他替代因素。

2) 行业集中度

行业集中度是指行业中企业的市场份额分布情况。产业经济学中集中度指数代表行业集中的程度。例如,CI_4 表示行业中最大 4 家企业的市场份额之总和,可用来衡量行业集中度。设测定范围内全部企业的销售额为 x,其中 i 企业的销售额为 x_i,则 i 企业的集中率为 x_i/x。

3) 进入、退出障碍

阻止潜在进入者进入行业的因素构成了行业的进入障碍。形成进入障碍的因素包括对资本的要求、规模经济、专利、原料供应、分销渠道的控制、政府的政策等。例如，进入电信行业需要大量的固定资产投资，这就形成了进入壁垒；制药行业常常因为专利而形成进入障碍；石油行业、奶业主要是由原料供应来源形成进入障碍；当企业进入其他国家开展生产经营活动的时候，就会遇到因竞争对手对分销渠道的控制而形成的进入障碍；政府政策也会形成进入障碍，我国政府对关系国计民生的重点企业和行业实施了政策性保护。阻止行业内现存企业退出该行业的因素构成了行业的退出障碍。构成退出障碍的因素包括对顾客、债权人和员工存在的法律和道义上的义务，高度纵向一体化，资产的高度专用性等。例如，我国的国有企业在退出市场时，常常因为破产可能造成的大量失业人口而受到地方政府的阻止；高度纵向一体化的企业一旦退出市场，会牵连其他企业，因而这样的企业也无法自由地退出市场；资产的高度专用性会带来巨大的沉没成本，这也会给企业退出市场带来困难。

4) 竞争战略和战略集团

竞争战略就是要制造差异，也就是说，要有意选择一套不同的经营活动以创造一种独特的价值组合。在一个行业内，所有企业可能采取同一种竞争战略，也可能分别采取不同的竞争战略，但更多的情况是部分企业采取相似或相同的战略。行业中采取相同或相似战略的企业群构成了战略集团，极端的情况是一个行业内只存在一个战略集团，或者每一个企业都构成一个战略集团，而更多的情况是一个行业内存在几个战略集团。

2. 竞争者的分类

识别竞争者对企业来说非常重要，只有建立在对竞争者战略充分了解基础之上的竞争战略，才能确保企业竞争优势地位的确立。根据不同的分类方法，竞争者可以被分为不同类别。

1) 按不同层次对竞争者进行分类

根据市场上产品替代性程度的强弱，可以将竞争对手分为不同的层次。

(1) 品牌竞争者。所谓品牌竞争者就是指同一行业内以相似的价格向相同的顾客群提供类似产品或服务的所有企业。品牌竞争者是企业在市场上所面临的最直接的竞争对手，它们之间的竞争最为激烈和残酷。

(2) 行业竞争者。行业竞争者是指提供同一类或同一种产品的所有企业。在同一行业中，不同企业所提供产品的型号、档次、价格不同，它们不构成品牌竞争者，但它们之间也存在着竞争。这些企业之间的竞争就构成了行业竞争者之间的竞争。例如，富康、捷达、哈飞、奇瑞是低档车的品牌；丰田、本田、红旗是中档车的品牌；宝马、奔驰是高档车的品牌，同档次品牌之间构成了品牌竞争者，不同档次的品牌之间则构成了行业竞争者。

(3) 需要竞争者。需要竞争者是指满足和实现消费者同一需要的企业。企业分析竞争对手的时候，不仅要关注品牌竞争者和行业竞争者，而且要关注需要竞争者，需要竞争者也会对企业的市场构成有效的威胁。例如，消费者有出行的需要，飞机、长途汽车、火车、私家车都可以满足这种需要，它们之间就构成了需要竞争。现代市场营销理念要求企业扩大市场定义的范围，将这些需要竞争者都纳入考虑范围。

(4) 消费竞争者。消费竞争者是指生产不同产品，但目标顾客相同的企业。例如，消费者的积蓄可以用于购置房产、购买汽车、旅游消费，那么所有提供以上产品或服务的企业就构成了消费竞争者。

2) 根据竞争者在目标市场内的地位分类

在同一目标市场内，企业的实力、规模和市场份额不同，就形成了企业在目标市场内不同的竞争地位。根据企业在目标市场内的地位，可以把竞争者划分为市场领导者、市场挑战者、市场追随者和市场补缺者。

(1) 市场领导者。市场领导者就是占市场份额最大的企业。例如，可口可乐是可乐市场的领导者，宝洁是日用化工产品市场的领导者，格兰仕是微波炉市场的领导者。市场领导者在市场上拥有很大的影响力，其他企业要么向它发出挑战，要么采取跟随战略对市场领导者的战略进行模仿。

(2) 市场挑战者。市场挑战者是指在目标市场上位居第二、第三或名次稍低的企业。例如，百事可乐是可乐市场的挑战者，高露洁是日用化工产品市场的挑战者。市场挑战者通常作为市场领导者的挑战者存在，它们总是试图寻找进攻机会，扩大市场份额。

(3) 市场追随者。市场追随者是指在目标市场上位于第二、第三或稍后名次，在战略上追随市场领导者的企业。市场追随者不对市场领导者发起直接的进攻，而是密切关注市场领导者的战略选择，在产品开发、价格、分销和促销等方面与市场领导者保持一致。与此同时，市场追随者也具有自己的特色，从而保持自己的市场份额。

(4) 市场补缺者。市场补缺者主要是指行业中实力相对弱小的中小企业。这些中小企业无力与大企业相抗衡，它们专注于大企业所忽视的市场空白地带，为目标市场提供专门的产品或服务，从而谋得自己的生存与发展。

3) 根据竞争者的反应模式进行分类

在市场竞争中，不同的企业面对竞争所作出的反应是不一样的。企业家有不同的经营理念和企业文化，因此他们面对价格战、广告战、品牌战等竞争行为的反应是大相径庭的。根据企业面对竞争的反应模式可以将竞争者划分为：从容型竞争者、选择型竞争者、凶狠型竞争者和随机型竞争者。

(1) 从容型竞争者。从容型竞争者是指对市场上竞争者的进攻行为采取漠视态度的企业。这类企业认为消费者对本企业的品牌和产品的忠诚度高，因此，对竞争对手的攻击行为不采取行动或只采取有限行动。从容型竞争者往往是在竞争中具有竞争优势的企业，与无力对竞争做出反应的企业不同。

(2) 选择型竞争者。选择型竞争者是指对竞争对手的竞争行为有选择地做出反应的企业。这样的企业根据自身的能力和竞争对手的攻击行为对自身的危害程度，有选择地对竞争行为做出反应。

(3) 凶狠型竞争者。凶狠型竞争者是指对市场上任何竞争行为都做出强烈反应的企业。这类企业实力强大，它要向对手传达的信息就是任何攻击行为都是徒劳无益的，最后的结果也只是两败俱伤。凶狠型竞争者一般在同行中占有很重要的位置，产品研发能力强，品牌知名度高，市场份额大，有能力对竞争对手的攻击行为做出强烈的反应。

(4) 随机型竞争者。随机型竞争者是指对竞争行为的反应模式不确定的企业。这类企业对竞争对手的攻击行为采取行动与否缺乏固定的模式可以遵循，只是随机地对某些竞争行为做出反应。

4) 根据竞争者的特性进行分类

根据竞争者的特性，可以将竞争者分为强竞争者与弱竞争者、良性竞争者与恶性竞争者。

(1) 强竞争者与弱竞争者。强竞争者是指那些经营能力、规模、研发能力、品牌号召力等各方面都很强的竞争者。企业在面对强竞争者时，要谨慎地采取攻击行为。弱竞争者是指规模、实力、品牌号召力都较弱的企业。企业的攻击性行为一般都首先选取弱竞争者为目标。

(2) 良性竞争者与恶性竞争者。良性竞争者是指其竞争行为能够为企业带来战略上的好处并可以改善行业环境的竞争者。良性竞争者通过吸收需求的波动,提供互补产品,降低反垄断风险以及提供成本保护等,给企业带来战略上的好处。良性竞争者通过自身的市场营销活动,扩大产品的需求,并且通过营销费用的膨胀构筑了进入壁垒。在新产品开发时,良性竞争者还可能为企业承担开发新产品和开拓新市场的风险。恶性竞争者是指那些其竞争行为会对整个行业带来危害的竞争者。

6.1.2 竞争者战略与目标分析

1. 竞争者战略分析

1) 迈克尔·波特的五力模型

竞争者所采取的竞争战略取决于决定行业结构的 5 种基本力量,这 5 种基本的力量即现有企业之间的竞争、潜在进入者的威胁、替代品的威胁、供方讨价还价的能力和买方讨价还价的能力,如图 6.1 所示。

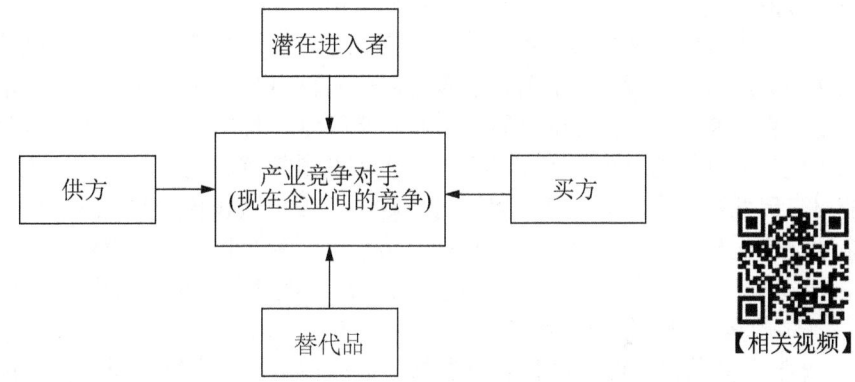

图 6.1 驱使产业竞争的力量

(1) 行业内现有企业之间的竞争。在现代市场经济条件下,大部分行业都存在竞争。有些行业还存在着激烈的竞争,如我国的彩电行业,企业为了生存不得不一次次举出"价格战"的大旗。对于大多数企业来说,行业内现存的竞争者是企业所面对的最直接的对手,因此对这些竞争对手的战略进行分析就成为当务之急。

(2) 潜在进入者的威胁。如果行业存在较高的利润率或者该行业拥有良好的发展前景,那么就会吸引有能力的企业进入该行业。当然,潜在进入者是否进入某个行业,还取决于该企业的预期和行业进入壁垒的高低。对于行业内现存的企业来说,潜在进入者就是潜在的竞争者。因此,针对竞争者的战略分析当然不能忽视对潜在进入者的分析。面对潜在进入者,行业内现有企业可以通过降低行业的利润率来打消潜在进入者的进入意图。例如,格兰仕在微波炉行业就采取了这种战略,它的规模每上一个台阶,就会大幅度地降价,以此来阻碍潜在进入者的进入。当然,行业内现有企业也可以通过提高行业壁垒的方法来阻碍潜在进入者。

(3) 替代品的威胁。替代品是指在功能上能部分或全部代替某一产品的产品。替代品与现有产品之间存在着较高正值的需求交叉弹性,因此,可以说生产替代品的行业与生产该产品的整个行业都是竞争者。企业在进行竞争者分析时不能忽视对生产替代品的企业和行业的分析。

(4) 供方讨价还价的能力。如果供方在与企业的博弈过程中处于优势地位，那么它就拥有较强的讨价还价能力。供方设置较高的供应价格，会大大压缩下游企业的利润空间。因此，企业也要关注供方的成本构成、战略及其意图。最好的结果是，企业与供方建立战略性伙伴关系，共同争夺市场。

(5) 买方讨价还价的能力。在买方具有很强的讨价还价能力的条件下，它会压低产品价格、要求更高的质量以及更多的服务，这势必降低企业的赢利能力，并且增加企业的经营风险。例如，国美电器因为拥有渠道优势，所以向家电生产企业提出了苛刻的进货条件，致使广大的家电企业苦不堪言。

要对竞争者展开有效的分析，必须将竞争者置于以上5种力量之中。

2) 竞争者战略分析方法

所谓竞争者战略分析就是要了解竞争者的营销战略以及营销战略的优势和劣势之所在。竞争者战略分析的方法非常简单，就是将企业自己现有的(或计划中的) 目标市场和营销组合的优势和弱势与竞争者会对此战略做出的反应相比较。

竞争者战略分析的第一步是找出潜在竞争者。这些竞争者包括了企业在经营过程中可能遇到的所有竞争者，主要有品牌竞争者、行业竞争者、需求竞争者、消费竞争者。只有将这些竞争者都纳入企业的视野，企业才能避免患上"营销近视症"。竞争者战略分析的第二步就是将分析的重点集中在竞争对手中那些最接近的竞争者企业。企业在认识到哪些企业对自己危害最大之后，就可以通过各种渠道搜集这些企业的信息，为下一步对竞争者战略的分析累积资料。竞争者战略分析的最后一步就是根据企业所获得的信息对竞争者的营销战略展开分析，并通过与自身战略的对比来发现竞争对手营销战略的优势和劣势之所在。

3) 收集竞争者信息的渠道

(1) 公共信息来源。尽管竞争者的很多商业信息不会被披露，但通过各类媒体还是可以获取很多关于竞争者经营状况的信息。

(2) 其他竞争者信息来源。这些来源包括贸易刊物、销售代表、中间商和其他行业专家以及顾客。

(3) 互联网。互联网正在成为搜集信息最便利的工具。搜集竞争企业在其网站上向顾客发布的销售信息，就是企业获取竞争者信息的一种途径。与此同时，有了互联网，企业就可以轻易地在众多的网上出版物和数据库中寻找竞争者的任何信息。

2. 竞争者目标分析

竞争者的战略目标主要有以下3种。

1) 生存

生存是企业最基本的目标。企业只有先生存下去，才能谋求进一步的发展。所以，企业战略目标的设定必须首先保证这一目标的实现。

2) 发展

生存下来的企业，必须谋求进一步的发展。只有持续的赢利、扩大经营规模、开发新产品、开拓新市场，企业才能够发展壮大。

3) 获利

企业作为市场经济条件下配置资源最有效的方式，当然会强调投入产出比。这就要求企业不断提高经营效益，以获取利润。没有利润，企业就无法为进一步的发展壮大积累资金，不能够获利的企业没有存在的必要。

6.1.3 竞争者的市场反应

在对市场竞争者的营销目标、营销假设、现行战略和营销能力分析的基础上，可以进一步明确市场竞争者可能对营销活动中的种种问题做出什么样的反应。竞争者面对市场竞争，一般有以下两种市场反应行为。

1. 进攻性行为

企业应该对竞争者是否会采取进攻性行为做出评估。首先，企业应该将竞争者的营销目标与其在市场上的地位进行对比，以衡量竞争者对目前市场形势的满意程度。如果竞争者的满意程度较低，则其可能采取进攻性行为。其次，企业还要分析竞争者的营销假设、营销能力，以及其对自身能力的看法。通过这样的分析，可以了解竞争者将会把哪些企业作为自己主要的对手，以及其对未来市场竞争形势的预期。最后，还要对竞争者的进攻性行为的成本与其可能的成果做出对比，以此来预测竞争者进攻行为的强烈程度。

2. 防御性行为

面对竞争者的进攻性行为，有些企业会针锋相对地采取攻击性行为，而另外一些企业则会采取防御性行为。对于防御者来说，当遇到的竞争性行为威胁到自身地位和营销目标的实现时，无论其愿意与否，总会被迫实施报复反击行为，而且大多数企业都会有反映在既定目标等方面的"敏感点"，"敏感点"一旦被触及，企业就会做出超常反应。因此对市场竞争者营销目标、营销假设、现行战略和营销能力方面的分析，能清楚了解到竞争对手会不会做出反应，其是否会由于某种因素的阻碍，无法反击或者反应迟缓。同时，能提醒竞争者避免触及对手的"敏感点"，提高竞争的成功率。

案例 6-1

没有对手的营销战必然失败——可口可乐与百事可乐的双赢战

一位国际著名的营销大师指出，所谓营销计划一定是针对某一种产品或某一个竞争对手而制订的，没有对手的营销战必然失败。在竞争对手进行的激烈营销战中，往往对立的双方都是胜利者。这一点可以从可乐世界的国际性大战中得到证实。

我们知道，可乐世界的两大最畅销饮料是可口可乐与百事可乐。可口可乐比百事可乐早12年。它们之间的竞争激烈，竞争时间之久令世人瞩目，长达80多年。

美国著名市场消费战略学家阿·拉依斯及杰克·特劳特断言说："百事可乐与可口可乐在竞争的过程中，正在赢得这场可乐战的胜利。"

纵观可口可乐部队与百事可乐大军之间绵延数十年的战争，可以发现，在百事可乐向市场、向可口可乐的进攻中，也发动过价格战。尤其值得注意的是，正是百事可乐20世纪30年代的价格攻击，才使得其得以脱颖而出。这里，我们提及的就是这场战役，一场重要的可乐价格战。

早期的可口可乐内含有从古柯树中提炼出来的可卡因和从可拉果中提炼出来的咖啡因，它"美味、提神、健脑、强身，对所有的神经衰弱、病理性头痛、神经痛、癫病、忧郁症均有疗效"(早期的营销计划如是说)，因而一上市便赢得了人们的喜欢。

20世纪初，可口可乐的销售更加可喜。

1902年，它就已经成为全美牌子中叫得最响的饮料产品。

1915年，一名来自印第安纳州叫特雷豪特的设计师，发明了一种新颖的6.5盎司容量的瓶子来到可口可乐公司，获得了可口可乐盛器专利权。新瓶的可口可乐备受人们喜爱。于是，各种仿冒品纷纷上市，一时在全美各地盛行。仅1916年一年，就有153种冒牌产品被法庭惩处。

自20世纪20年代起，可口可乐在国际市场上纵情驰骋，无人敢于挑战。20世纪30年代爆发了世界资本主义范围的经济大萧条，美国也不例外。异军突起的百事可乐伺机向可口可乐发动了商战大猛攻，将当时最高价的百事饮料降价为5美分，而可口可乐只能装6.5盎司，百事可乐装12盎司。百事可乐在降价的同时，大肆渲染销售气氛，在电台播放旧曲新词的英国打猎歌《John Peel》："百事可乐击中要害，分量12盎司，实实在在，花上5分镍币也能买两份，百事可乐饮料对您竭诚相待。"

这是百事可乐向可口可乐发起的第一次饮料工业中的价格大战。百事可乐大出风头，名声高扬，订量大大增加。从此以后，百事可乐与可口可乐一直在进行或缓或紧的战争，时至今天。

百事可乐在首次价格大战中之所以取得成功，有三点原因。

(1) 它成功地选择了年轻人这一可观的市场，前途广阔。因为少年儿童和青年喜欢的是数量而不是质量。

(2) 成功的进攻业必须是在竞争对手的实力范围内寻觅到弱点，然后奋起而攻之。可口可乐的弱点是什么？①可口可乐掉以轻心，认为可乐瓶本身就属于自己最强的实力。但是，被亚特兰大可口可乐据为专利、被誉为"最佳设计使用包装"的可乐瓶容量只有6.5盎司。面对百事可乐的价格攻势，可口可乐也许只有忍痛废掉大约10亿只6.5盎司容量的瓶子，才能增加瓶装可乐量，百事可乐看准了此点。结果，百事可乐的这番行动点石成金，使可口可乐的实力转为弱点。②面对百事可乐的低价攻击，可口可乐能否采取强有力的降价措施予以反击呢？当然不能，因为在市场上，它报出的5美分1瓶6.5盎司的软饮料品种和产品实在太多，牵一发而动全身。结果，可口可乐只能以不变应万变了。

(3) 对已左右市场的可口可乐公司来讲，它始终应该有效地利用其战略攻势，不失时机地实施自我进攻。它本该在百事可乐发动攻势之前就早早地推出第二牌子的可乐，即在20世纪30年代那场经济危机刚刚爆发的当口，利用低价的百事风味的可乐创出自己的第二个牌子。但正如人们看到的那样，可口可乐错过了封锁阻隔百事可乐公司推出低档可乐商标的良机。

6.2 竞争战略的一般形式

美国哈佛大学商学院的著名教授迈克尔·波特认为，有成本领先战略、差异化战略和集中化战略3种竞争战略可供企业选择。企业必须在这3种战略之中选择其一，并且只能选择一种战略。任何"骑墙"行为都会导致定位模糊，最终致使企业战略失败。

6.2.1 成本领先战略

成本领先战略是指企业通过扩大生产和经营规模，从而实现规模经济和范围经济，提高经营效益，加强管理，进而降低总成本，在市场谋求竞争优势的战略。成本领先战略作为可供企业选择的战略，有其自身的优势和局限性。

1. 成本领先战略的优势

(1) 采取成本领先战略的企业可以获得高于产业平均利润水平的利润。采取该战略的企业因为成本较低，在以同等价格出售产品时，可以获得较高的利润率。

(2) 可以使企业拥有较大的降价空间，因而能够提升企业抵抗价格战攻击的能力。

(3) 采取该战略的企业可以以较低的价格销售产品,从而扩大市场份额,进而享受规模效益所带来的好处。

(4) 赋予企业使用价格战武器的权力。不可否认,价格战是市场竞争中非常有效的进攻手段,通过价格战可以阻止潜在进入者的进入,或者将竞争者赶出市场。

2. 成本领先战略的风险

(1) 如果竞争者采取同样的战略,会抵消企业降低成本所带来的竞争优势。
(2) 采取该战略会诱发企业发动价格战的冲动,最终导致整个行业无利可图。
(3) 当竞争者采取差异化战略和集中化战略时,会抵消企业通过成本领先战略所形成的竞争优势。
(4) 成功实施该战略会导致企业将注意力集中于对市场份额的争夺,而忽视了对于长期战略的思考。

3. 成本领先战略的使用条件

(1) 市场需求具有价格弹性,价格优势能够带来市场规模方面的优势。
(2) 行业内企业生产的产品差异性不大,因而价格成为决定企业市场地位的重要因素。
(3) 实现产品差异化的途径很少,为其他企业采用差异化战略造成了困难。
(4) 大多数客户以相同的方式使用产品。
(5) 消费者面临较低的转换成本,因而能够很方便地选择价格低廉的产品。

6.2.2 差异化战略

差异化战略是指将企业提供的产品或服务标奇立异,形成一些在全行业范围中具有独特性、差异化的东西。

1. 企业实现差异化的主要方法

1) 产品差异化

企业可以使自己的产品区别于其他产品。产品差异化主要包括工作质量差异化、产品特色差异化、产品设计差异化。工作质量必须以顾客的需求为起点,以顾客的知觉为终点,如果顾客要求较高的可靠性、耐用性或者高性能,那么这些要素就构成了顾客眼中的质量。也就是说,企业设计产品必须以顾客的需求为起点,在这一阶段,企业必须多听取顾客的意见。产品质量的优劣必须以顾客的评价为标准。产品特色是指产品基本功能之外的一些增补,它也是产品差异化的一个很重要的工具。产品设计是一个综合的因素,它决定了产品的特色、性能、稳定性、耐用性等。好的设计要求外表美观、操作简单、使用方便、经久耐用等。

2) 服务差异化

服务差异化是指企业向顾客提供别具一格的良好服务。服务差异化主要表现在订货方便、交货、安装、客户培训、客户咨询、维修和多种服务上。订货方便是指企业必须使顾客能够方便地向公司订货。例如,许多企业都设置了 800 免费电话以及网上订购服务。交货是指企业必须保证货物准确及时地送达顾客,它包括送货的及时性、准确性和文明送货。安装是为确保产品在预定地点正常使用而需要做的工作。客户培训是指企业有义务向顾客提供必要的培训,以使其能够方便地使用购买的产品。客户咨询是指卖方无偿或有偿地向买方提供有关资料、信息系统或提出建议等服务。维修是指企业在产品出现故障的时候，能够向顾客提供必要的修理服务。多种服务是企业可以为顾客提供的其他方面的服务。例如，企业可以向顾客提供一份比竞争者更好的产品担保和保修合同。

3) 人员差异化

人员差异化是指企业比竞争者拥有更为优秀的员工而形成的差异化。只有满意的员工才能创造满意的顾客，一位受过良好训练的工作人员应具有以下6种特性。

(1) 称职，即员工应具有圆满完成分内工作所需要的各种知识和技能。

(2) 诚实，即健康是人的第一生命，诚信是人的第二生命，这是对员工的基本要求。

(3) 可靠，即员工应该能够始终如一、准确无误地完成本职工作。

(4) 负责，即员工应该及时对顾客的困难和要求做出反应。

(5) 沟通，即员工应该具有良好的沟通能力，及时了解顾客的需要，并将企业的营销信息准确地传达给顾客。

(6) 谦恭，即友好、能尊重人，并善于体谅别人。

4) 形象差异化

形象差异化是指企业通过各种不同的途径创造性地树立企业独一无二的形象。例如，人们一看到"M"标志，就会想到麦当劳。

2. 企业差异化战略需要实现的目标

企业有效地实行差异化战略，必须达到以下目标。

(1) 差异化有利于扩大企业品牌和产品的知名度，强化顾客的品牌忠诚度。品牌知名度的扩大有利于促使老顾客重复购买，并且可以促使潜在顾客使用本企业的产品。品牌知名度的提升有利于企业降低推广新产品的成本，或者减小新产品推广失败所带来的对品牌的损伤。

(2) 差异化要能够促使顾客更加关注产品的个性和特色，而忽视价格的重要性。

(3) 差异化要有利于提升企业形象。

(4) 差异化战略要有利于企业强化创新，从而有利于培养和提升企业的核心能力。

案例 6-2

农夫果园：差异化摇动果汁市场

农夫果园的上市策略中，充满了差异性，正是这些差异性的整合，形成了农夫果园的核心竞争力，使其成为果汁市场上最具锋芒的新星。

1. 果汁市场虽缺老大，但竞争门槛抬高

果汁市场前景诱人。据统计，美国人年均消费果汁45升，德国消费46升，日本和新加坡消费16～19升，世界人均消费量达7升，而我国人均年消费量仅为1升，国内果汁市场的增长空间很大。从市场现状看，果汁行业发展迅猛，消费者的选择率超过35%，2002年的市场容量就达到200万吨，并又一直保持两位数的增长幅度。

但就整个行业分析，目前还缺少强势的领导品牌。中华全国商业信息中心发布的一份报告中称，果汁市场排名前10位的品牌没有一个市场综合占有率超过20%，而同为饮料行业的瓶装饮用水、碳酸饮料，市场集中度则要高出很多，前3位的领导品牌市场占有率明显高于其他品牌。

领导品牌的暂缺意味着各品牌的发展空间很大，而且一旦在果汁行业胜出，即可获得绝对多数的市场份额，这也是新的企业为什么纷至沓来的原因所在。2002 年以来，可口可乐、康师傅、娃哈哈、健力宝等饮料巨头纷纷挺进果汁行业，一时间，果汁市场硝烟四起、群雄逐鹿。在这样的形势下，行业竞争门槛相应抬高，新进入者要想有所突破，光考虑资金、设备、原料等硬件设施已经不够，还需要对营销策略做出完整的规划，步步为营，获取一定的竞争优势。

农夫山泉股份有限公司(以下简称农夫)2003 年出击果汁市场，所处的就是这样一个行业背景。新产品上市，意味着要打破市场平衡，争取市场份额的重新分配。短短几个月，农夫果园的销售已经攀升过亿，作为果汁饮料新成员，这样的业绩越来越显示出大品牌的气势。取得这样的成功要归功于其独到的差异化营销策略。

2. 混合口味：产品设计差异化

选择混合果汁作为突破点，是农夫果园差异化营销的第一步。市场上 PET 包装的果汁饮料口味繁多，主要有橙汁、西柚汁、苹果汁、蓝莓汁、相思果汁、柠檬汁、葡萄汁、梨汁、芒果汁、桃汁、杏汁、猕猴桃汁、草莓汁、山楂汁、菠萝汁、西番莲汁、番茄汁、番石榴汁等，一般以橙汁、苹果汁、桃汁、葡萄汁 4 种最为常见。但这些产品一般都是单一口味，如统一的鲜橙多、汇源的真鲜橙、可口可乐的酷儿，还有三得利等，而且目前市场的主要竞争停留在单一的橙汁口味上。

农夫果园作为一个后进的品牌，在产品设计上没有像一般的厂家那样依照现有的口味跟进，而是独辟路径选择了"混合口味"作为突破口，凭此屹立于强手如林的果汁市场。

以混合口味作为差异化营销的基础，做出这样的选择显示了农夫的勇气，因为在国内市场上"混合口味"的果汁还没有成功的先例。虽然果汁饮料品牌中牵手是混合果汁，但其主要是果汁含量为 100%的不同果蔬混合，而且牵手也没有提出混合果汁的概念，采用的主要是利乐包，不利于即饮渠道的推广。

农夫果园走混合果汁路线，一来可以避开与先入为主的几大品牌正面冲突，二来可以确立在混合果汁品牌中的领先地位。这样的差异化营销手法，在农夫山泉的天然水之争中也可以找到身影。当初的农夫山泉就是凭借其水源优势，树立了天然水品牌的行业老大地位，以此迅速闯入水业三甲之列。

与天然水的概念一样，混合果汁应该有它的"混合优势"。第一是营养互补的概念。一般人们都会认为，多种水果营养更全面，更符合人体对各类营养元素的需求。第二就是口味。对于 PET 包装的果汁饮料来说，口味是消费者最为注重的一个指标，混合果汁能够做到各类水果风味互补，调制出独特的口感。农夫果园目前推出的果汁有橙子、胡萝卜、苹果混合和菠萝、芒果、番石榴混合等多种口味。

3. "喝前摇一摇"：宣传诉求差异化

2001 年，统一企业率先推出 PET 包装的果汁饮料——鲜橙多，这一包装以大众即兴消费为主，随处可以买到，随时可以喝，携带方便，给中国果汁业带来一场革命。随后，众多企业迅速跟进，如康师傅推出"每日 C"系列，汇源推出"真"系列，娃哈哈也相应推出果汁饮料和果汁汽水，但这些产品在跟进统一的同时，宣传诉求也更多地模仿了鲜橙多。

在这一方面，可口可乐旗下的酷儿首先走上差异化道路，以可爱的卡通人物 Qoo 将自己从众多的果汁品牌中区分开来，一举成为 2002 年果汁市场上的一个亮点。

2003 年，农夫果园的宣传诉求也充分运用了差异化策略，广告上不仅摆脱了美女路线，而且与酷儿的角色营销也不一样。农夫果园彻底扬弃所谓的形象代言人，而以一个动作作为其独特的品牌识别——那就是"摇一摇"。

"农夫果园，喝前摇一摇"这一宣传诉求在农夫果园的广告片当中得到了充分的展现。伊拉克战争打响以后，在中央电视台收视率最高的 4 套和 1 套，都可以看到这样一个广告片：身穿沙滩装的父子俩到饮料店前购买饮料，看到宣传画上写有"农夫果园，喝前摇一摇"的标语，便高举双手自觉地扭起了屁股，随后出现农夫果园产品形象。整个片子在诙谐轻松的气氛中，烘托出农夫果园 3 种水果在里面，喝前"摇一摇"的主题。将"摇"作为宣传诉求的差异性，是农夫果园差异化营销成功的第二步。

4. 包装、容量、浓度的标新立异

(1) 包装上的差异化。农夫果园的包装瓶签是 3 种水果横剖面的组合图，色彩艳丽，图案为一个果农怀抱一大筐水果，洋溢着丰收的气氛。包装上最吸引人的还有农夫果园超大口径的瓶口，市场上 PET 包装瓶口一般为 28 毫米，而农夫果园的瓶口直径达到了 38 毫米，这多少显得有些异类，在终端的果汁货架上能够吸引更多的关注。据称，这样的设计在国内还是第一家，大瓶口更具人性化，饮用时能够使整个口腔充满果汁，让味蕾更多地品尝果汁原味。

(2) 容量上的差异化。在容量上，农夫果园也显得别出心裁。农夫果园目前有两种规格：600 毫升和 380 毫升。而市场上的 PET 果汁饮料，如统一、康师傅、健力宝、汇源、酷儿等，都为 500 毫升或 350 毫升，农夫果园在容量上分别比同类产品多 100 毫升和 30 毫升。这样有利于其在终端店头的陈列和促销员的口碑推荐，也为其价格策略做好了铺垫。

(3) 浓度上的差异化。在浓度上，农夫果园独树一帜，在 PET 果汁饮料中率先向高浓度靠拢。包装标签上"果汁含量30%"的字样显得异常醒目，这正是农夫果园与众不同的地方。

对于果汁产品来说，浓度与口味往往存在着矛盾。100%的果汁营养价值高，但不易储存，而且口感普遍不是太好，如橙汁含量为 100%，就增加了水果本身的酸涩味。统一鲜橙多 PET 包装面市时迎合了大众的口味，将浓度降低到 10%。随后，10%左右的浓度便一统果汁市场的江湖，酷儿在日本的果汁含量为 20%，引进到国内时也将含量降低到 10%。而农夫果园采取差异化，将果汁浓度调整到 30%，充分利用混合优势，突破了果汁含量与口味之间的矛盾，既保留了清爽不黏口的优势，又从营养成分方面留下日后发挥的空间。当然，这也为其价格策略做好了铺垫。

4) 价格策略的差异化

农夫果园终端的销售价格为 3.5～4 元，明显高于同类果汁饮料，这是其价格体系差异化策略的表现。开辟 PET 高端市场，自觉回避同类产品的价格纷争。选择这一道路的农夫果园对果汁市场目前的价格体系有深入的分析，目前 PET 包装的果汁行业价格上存在以下特点。

(1) 产品无明显差异，价格非常接近，一般出厂价在 2 元/瓶左右。

(2) 价格战已经开始。2003 年 3 月开始，通路价格稳定性被打破，统一、汇源在部分区域已经争相降价。

(3) 酷儿新增 10 条生产线，汇源加大 PET 事业部的投入，娃哈哈以大产量切入市场，其他诸如统一、康师傅等也积蓄力量扩大果汁项目，众多企业扩大产能的做法将使价格战进一步深化。

(4) 在激烈的价格竞争下，高于 2 元/瓶的市场逐渐出现空白。

在这样的市场状态下，差异性的定价策略可以避免陷入价格战的漩涡，对于农夫果园来说，在上市之初也有利于保障新品价格体系的稳定性。

当然，农夫果园实行差异化的价格走高端市场，还必须经受消费者认可和经销商接受两大考验。如果没有一套完整的差异化策略，不对各种差异性进行整合，是不可能取得成功的。正因为有了前面一系列的差异化策略奠定基础，农夫果园的价格差异化策略才能得到很好地推行。

6.2.3 集中化战略

集中化战略是指企业将其力量集中在几个细分市场服务上，而不是追求全部市场。在这种战略的指导下，企业从了解这些细分市场的需要入手，在选中的细分市场上，运用成本领先、产品差异或两者兼有的战略。与此同时，企业又不断地寻找可为其服务的其他补缺市场。这一战略实施的前提条件是企业能够以更高的效率、更好的效果为某一细分市场的顾客提供产品或服务。

1. 集中化战略的实施范围

当市场符合以下 4 个条件时，企业就可以采用集中化战略。

(1) 市场上存在不同的客户群，不同的客户群之间存在不同的需求或以不同的方式使用产品。

(2) 在企业所选择的目标市场上，不存在采取相同战略的企业。

(3) 企业的资源不允许其追求更广泛的市场。

(4) 行业中各细分市场在规模、成长率和获利能力等方面存在很大的差异，导致某些细分市场比其他市场更有吸引力。

2. 集中化战略的风险

集中化战略的实施也包含很多风险。

(1) 竞争者可能找到更有效的方式，在服务于狭窄的目标市场方面超过实施集中化战略的企业。

(2) 顾客的偏好发生变化，如从企业的特定产品转移到一般产品，从而使企业的差异化战略失败。

(3) 采取集中化战略的企业所生产的产品的特色与个性，不足以抵消低价格对消费者的吸引力。

6.3 不同竞争地位企业战略

6.3.1 市场领导者战略

市场领导者的主要目标在于保住在市场上的优势地位，可供其采用的战略主要有以下3种。

1. 扩大整体市场规模

市场领导者在市场上处于主导地位，因此整体市场规模扩大的最大受益者就是市场领导者。扩大市场需求的途径是为产品寻找新用户、新用途或促使现有用户增加使用量，使其消费得更多、更频繁。

2. 扩大市场份额

市场领导者也可通过进一步提高市场占有率来增加销售额。尤其在一些规模较大的市场上，每提高一个百分点的市场占有率就意味着销售收入的成倍增长。而且，进一步研究表明，提高市场占有率与增加利润率有对应关系。但是，市场领导者在追求提高市场占有率之前必须认真筹划，以免成本上升过快，导致市场占有率上升利润却下降的问题。在现有市场上扩大市场份额，就意味着向其他企业发起进攻，虽然市场领导者是处于市场主导地位的企业，也须慎重行事。

在选择进攻对象时，市场领导者需要注意以下两个问题。

(1) 被进攻企业实力的强弱。进攻实力弱小的企业风险较小，但相应的成果也较小；相对来说，进攻实力强大的企业风险较大，但企业可以借此巩固自己的领导者地位。

(2) 进攻近者还是远者。所谓"近"或"远"，是指与本企业经营范围、产品的相近程度。一般企业容易将经营范围与自己最为相似的竞争者作为进攻对象。这样做的风险是成功后可能反而会引来更强有力的新公司介入，树起更危险的"敌人"。

3. 保持市场份额

市场领导者必须注意保护自己已有的市场阵地和占有率。否则，其扩大整体市场规模的努力将成"为他人做嫁衣"。保持市场份额的上策是以攻为守，不断创新，确保在新产品构思、顾客服务、效率和成本等方面始终处于行业领先地位。同时注意抓住对手的弱点，主动出击。

可供企业采用的防御战略有以下 6 种。

(1) 阵地防御，即不断改进现有产品，强化品牌知名度，防止竞争对手的进攻。

(2) 侧翼防御，即通过改善生产和经营中的薄弱环节来防止竞争对手对市场份额的侵占，或者发展与竞争对手相类似的业务来牵制竞争对手的进攻行为。

(3) 先发制人，即在竞争对手发起市场攻击之前，向竞争对手发起进攻。

(4) 反击式防御，即关注竞争对手的进攻态势，在适当的时候通过强有力的反击阻断对手的进攻。

(5) 运动防御，即通过拓展业务范围或实施多角化经营开拓新的业务范围，以此来扶持原有业务的发展。

(6) 收缩性防御，即主动放弃无利可图的业务，将力量集聚到主业上。

6.3.2 市场挑战者战略

【拓展期刊】

挑战型的企业大多在市场上处于第二位、第三位，甚至更低名次。它们的共同之处是决心向主导企业或其他竞争者发动进攻，获取更大的市场份额。它们与市场追随者最大的区别在于后者选择维持现状，而非引起争端。挑战者的决策主要由两个方面内容组成：一是确定进攻对象和目标；二是选择适当的进攻策略。

1. 确定进攻对象和进攻目标

市场挑战者发动进攻的总目标是扩大市场份额并提高利润率，但又因进攻对象的不同而有所差异。

挑战者企业可选下述其他 3 类企业中的一类作为进攻对象，重要的是一定要有明确的目标。

(1) 攻击市场领导者。这是比自身实力还要强大的对手，因此风险很大，当然成功的效果也很明显。进攻的策略主要有两种：一是开发出比市场领导者的产品品质、性能更为优良的新产品、新服务；二是寻找市场领导者经营活动中的决策失误之处，然后充分利用这些时机扩大自己的市场份额。

(2) 攻击与自己实力相当的竞争者。主要是那些经营不善或资源不足的企业，以争夺它们的顾客。

(3) 攻击一些仅在有限细分市场上从事经营活动的中小企业，这可以通过企业兼并来实现。

2. 选择进攻的策略

菲利普·科特勒将进攻的策略归纳为以下 5 种。

(1) 正面进攻，即集中攻击对手的强项而不是弱点，如在产品开发、定价、广告等方面较量。正面进攻的胜负取决于谁的力量更强。因此，若无在相应项目上优于(至少一倍的优势)对手的资源、能力，贸然采取此策略，就会造成企业在市场上的失败。

(2) 侧翼进攻。多数企业实际上不可能一开始就正面强攻，而是采取侧翼进攻，即选择对手之弱点或"缺口"，以己之长，攻彼之短。例如，进攻偏僻地区市场或某个细分市场，有时这些地区市场几乎没有竞争者的推销力量，或这些细分市场并未被竞争者明确意识到，因此是最容易取得攻击胜利的薄弱之处。随着本企业在这些市场上销售量的增长，竞争者的市场份额将逐渐被侵占。

(3) 包围进攻。包围进攻的目标要比侧翼进攻大，即看准敌方一块阵地后，从前后左右几条战线上同时进攻，强迫其全面防守，却又顾此失彼。例如，产品包围战就是针对竞争者的产品，推出质量、风格、特点各异的数十种同类产品，以此淹没对手的产品，最后夺取市场。

(4) 迂回进攻。这是一种间接进攻策略，即并不进攻竞争者现有的市场或地盘，相反，对这些产品和市场采取回避态度，绕过竞争者。或是开发新产品去满足未被任何竞争者满足的市场；或是开展多角化经营，进入与竞争者不相关的行业；或是寻找新的、未被竞争者列入经营区域的地区市场。这种迂回战术也能帮助企业逐渐增强自己的实力，一旦时机成熟，即可转入包围进攻或正面进攻。

(5) 游击式进攻。游击战在军事上是以小胜大、以弱胜强的有效战略，在市场营销中也不例外。其典型做法是向竞争者的不同领域或不同部位发动小规模、时断时续的攻击，骚扰对手，使之不得安宁，疲于应对，最终逐渐被削弱和瓦解。如突然在某一地区加大促销强度，在某个特定时点降低商品售价，或对某位经销商努力推销做出特殊许诺。游击战特别适合弱者向强者发动的进攻，以较小代价耗费对方资源。但若进攻者要"击败"对手，最终须有强大的进攻作为后盾，因此，毋宁说游击策略是一场强大攻击前的准备。

以上5种策略，市场挑战者可选择其一实施，也可以综合运用各种进攻策略。这取决于市场挑战者自身的资源约束和其所要达到的战略目标。

6.3.3 市场追随者战略

市场追随者战略的核心是寻找一条避免触动竞争者利益的发展道路。但追随并不等同于被动挨打，况且，追随者通常又是挑战者攻击的目标，因此，追随者要学会在不刺激强大竞争对手的同时保护好自己。

可供市场追随者选取的战略主要有以下3种。

1. 追随

采取这种战略的市场追随者模仿市场领导者的产品、品牌甚至包装，只是稍做改变。例如，市场追随者可以采用与市场领导者相类似的品牌和包装，只是价格较为低廉。

2. 有距离地追随

有距离地追随是指市场追随者在产品、包装和价格方面与市场领导者接近，但有一定的差异。

3. 有选择地追随

有选择地追随是指市场追随者根据自身条件，选择市场领导者战略中适合自身条件的部分，作为自己制定战略、策略的依据。

6.3.4 市场补缺者战略

市场补缺者一般是指行业中相对较弱小的中小企业。这些企业在竞争中避免与实力强大的企业发生正面冲突，选择那些未被满足的细分市场，走差异化的道路，向细分市场提供专门的产品或服务，以谋求生存与发展。市场补缺者成功的关键因素是专业化，即有专业化的技术、人才、产品或促销手段。

本 章 小 结

在市场经济条件下，企业时刻面临着激烈的市场竞争。多少优秀的企业在残酷的市场竞争和急剧变化的市场形势面前轰然坍塌。要使企业实现从优秀到卓越的跨越，就必须为企业制定一个正确的竞争战略。这个过程包括对竞争者进行分析、在3种可能的竞争战略中做出取舍及评估竞争对手的反应。对竞争对手的分析包括对竞争对手的战略和目标的分析；3种可能的竞争战略包括成本领先战略、差异化战略和集中化战略；竞争对手的可能反应包括主动攻击和防御。总之，知己知彼，百战不殆，企业竞争战略的制定必须建立在对竞争者深入分析的基础之上。

关键术语

战略集团——strategic group　　成本领先战略——cost leadership strategic
差异化战略——differentiation leadership strategic　　产品差异化——product differentiation
服务差异化——service differentiation　　人员差异化——personnel differentiation
形象差异化——image differentiation　　集中化战略——focus strategic

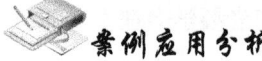
案例应用分析

"中国人，奇强"

南风化工集团股份有限公司(以下简称南风集团)，是一个跨全国10个省(市)份，跨化工、轻工和药业3大行业的特大型企业集团。公司于1996年4月组建，1997年发行股票，成为国有控股上市公司。现拥有5个分公司、19个子公司，总资产达35亿元。集团公司以市场为导向，坚持制度、管理、技术创新，并在资本运营中扩大了规模，增强了实力，取得了显著的经济效益，销售收入为32亿元，是国家重点扶持的520家企业之一。

1999年，南风集团的洗涤剂、元明粉、硫酸钾3大系列产品销量分别达到了42万吨、135万吨、16万吨，分别占到全国市场的20%、70%、40%，均在全国同行业中名列第一。南风集团的奇强洗衣粉年产10多亿袋，自1997年以来，连续3年保持产销量第一，集团的销售收入、实现利税分别比上年增长30%、23%。公司原董事长王梦飞带领着公司的全体员工，将一个濒临破产的国有企业苦心经营到今天这样，深知这一切确实来得不易。

1. 创业历程

南风集团的前身是有着50多年历史的老牌国有企业——山西运城盐化局。1992年，王梦飞在最初走上这个企业领导岗位时，无机化工产品包销制被取消，产品堆积如山，资金周转困难。王梦飞经过一番市场调查后,觉得企业要想快速发展就必须调整产品结构。于是他提出利用资源优势,开发高附加值的洗衣粉产品。随后,他们租赁了濒临破产的运城洗涤剂厂,推出奇强牌洗衣粉,开始进军洗衣粉市场。1995年,奇强牌洗衣粉的生产能力扩大到8万吨,但只占全国消费量的5%,而当时号称世界洗涤行业"4大军团"的美国宝洁、德国汉高、日本花王、英国联合利华,占据了中国洗涤市场的半壁江山。原中华人民共和国轻工业部确定的47家洗涤定点生产厂,其前10名中有8家换上了合资企业的招牌,中国轻工总会合成洗涤剂协会负责人感叹:"我们都快成合资协会了。"论实力,运城盐化局根本不足以抗衡"4大军团"。

王梦飞开始酝酿组建自己的"联合舰队"。1995年,王梦飞用2 100万元购并了辽宁本溪石化厂,盘活了价值1亿多元的资产,打开了东北市场。1996年运城盐化局吸收西北最大的洗涤剂厂——西安日化公司入股,联合发起成立了南风集团公司。这次跨省区的资本运作,共投入6 000万元,却盘活了3个亿的存量资产,使南风集团的洗衣粉生产能力从8万吨猛增到20万吨。1997年,南风集团利用股票上市筹集亿元资金,先后收购了破产的安庆合洗厂,兼并了西安牙膏厂,控股了贵州合洗、四川彭山化工厂等。南风集团的洗涤剂生产能力达到了万吨。1998年南风集团又利用配股资金收购了江苏洪泽和四川同庆两个元明粉企业,连同彭山元明粉厂,实现了元明粉行业前5名中4家的联合。南风集团的元明粉生产能力达到了120万吨,市场占有率为60%,成为世界上最大的元明粉供应商和出口基地。几次成功的资本运作,使得南风集团用不到2亿元资金控制了10亿元的资产,一下成为拥有本部8个分公司、在8省区有9个子公司的大型企业集团。

2. 占领农村市场

1993年南风集团刚刚开始进军洗衣粉市场时,其生产能力才为2万吨,可是面对跨国公司的重压,就是这么一点产品也难以销售,南风集团的市场机会在哪里?王梦飞并没有因此而气馁,经过详细的市场调研后,他发现跨国公司所占的市场份额虽然很大,但是它们的目标市场主要在城市,而在农村市场上跨国公司并不占什么优势。因此,王梦飞决定将南风集团的市场定位在农村,避开与跨国公司的正面冲突。为了设计、制造出符合农民消费特点的产品,南风集团组织人马,深入千家万户开展市场调研。他们发现,农民洗衣不像城里人次数多,衣服多是重垢型的,加上大多数农民讲究实惠,希望每包洗衣粉量多一些,价格低一些,去污力强一些。根据这些特点,南风集团组织科研人员很快开发出一系列去污力强、去汗渍力强、价格便宜的洗衣粉品种。由于产品的针对性强,一上市就受到了广大农民的欢迎。不少农民称南风集团的洗衣粉是"咱庄户人的专用粉"。产品的知名度提高了,南风人并没有因此而骄傲自满。他们深知要想真正地赢得农民的心,必须时时刻刻地为农民着想。

"把产品送到农民的家门。这不仅是销售的策略,更是服务的真情。"这话常挂在南风集团销售人员的嘴边。1993年春夏之交南风集团的前身运城盐化局启动了全新的促销机制——网络销售,送货上门。他们先是在山西、陕西、河南一些地方进行送货上门销售试点。刚开始,缺东少西的销售点靠"一辆自行车、一根麻绳、一挂鞭炮"就开业了,甚至不少销售员连自行车也没有,只能肩扛手提,乘坐公共汽车送货。货送去了,消费者不一定接受,销售人员便常常在村头巷尾为人们做"路洗"推销演示。

经过几年发展,现在南风集团在华北、华东各地区都设立了办事处,建立了地县级销售科,下设经销部,销售队伍逐渐壮大,实现了镇镇有点,村村成网,庞大销售网覆盖了全国的乡镇和村庄市场。他们为各销售点配备各种送货车辆,做到巡回送货,使南风集团产品直接与消费者见面。南风人的努力没有白费,1999年南风集团生产奇强牌洗衣粉10亿袋,其中有8亿袋销往了农村,8亿农民人均1袋,奇强牌洗衣粉在农村的市场份额达50%以上。

3. 进军城市

在稳占农村50%的份额后,南风集团有实力、有信心与跨国公司一争高下。从1997年开始,公司全面启动了进军省会城市和直辖市的市场战略。当南风集团要进军城市市场的消息传开后,竞争对手纷纷议论,"奇强的市场在农村,这种档次的品牌在城市里没有竞争","山西南风这样负担沉重、机制不活的国有企业对实力雄厚、市场经验丰富的老牌外企构不成威胁。"故此,宝洁和联合利华等大公司根本没把南风集团当作城市市场的竞争对手。然而,南风集团却对此不以为然,他们仍然按照自己的战略部署,一步一步地稳扎稳打。

通过详细的市场调研后，公司发现城里人生活节奏快，洗衣服时泡得时间短。而且城里人对衣着很讲究，洗衣喜欢增白、加香。针对这些特点，南风集团在 1997 年初联合清华大学建立了新产品研究开发中心，合作仅 3 个月，就开发出了国内领先的适用于城市消费的奇强牌速效、增白、加香洗衣粉。而当年"六一"前后在北京国际展览中心将举办洗涤用品展销洽谈会，南风集团决定趁此机会打入北京市场。

当南风集团市场部经理李红星带着新产品——奇强速效洗衣粉来到国际展览中心时，前期布展期已过，宝洁、联合利华等日化企业的气球广告早已飘在半空，并且几乎所有能做广告的地方都已经被占领了。怎么办？李红星虽然心急如焚，但他仍然保持着清醒的头脑，他深知 5 万元一个的气球广告对奇强来说太贵了，而且山西南风集团和奇强还都不为北京人所知，如果也放一只气球，根本就无法引起人们的注意，要提高南风集团和奇强的知名度必须出奇制胜。李红星想了许久仍然想不出什么好的方法，于是他来到展馆，希望在现场找点灵感。一到展馆，李红星就发现展馆门口的空地是个做广告的好地方，他马上找到展馆的广告负责人并与其商量在展馆门口做广告的事，展馆的广告负责人很快就答应了李红星的请求。由于 1997 年是牛年，因此李红星决定在展馆门口放几头牛，于是第二天，3 只披着绶带、憨态可掬的大牛就成了展会的迎宾使者。一进大门，"奇强洗衣粉 1996 年全国销量第一"、"荣获国货金奖"和"被评为城市消费最理想品牌" 3 条标语赫然入目。

初期的宣传取得了不错的效果，可是如何才能进一步扩大南风集团和奇强的知名度，又成了摆在李红星面前的一道难题。考虑到"六一"儿童节的因素，李红星决定实行买一袋洗衣粉送一个风车的促销活动。第二天，来参加展览的人惊奇地发现在奇强的 3 个展位上有着无数花花绿绿带着"奇强洗衣粉"品牌标记的小风车。买一袋洗衣粉送一个风车的方法很受欢迎，即使是不带小孩的人也想在儿童节给孩子带回一件意外的小礼物，而不少童心未泯的成年人也来凑热闹。一时间，展位前排起了长队。另一个同时出现的长队是在几天前还犹犹豫豫的经销商们，他们受到眼前热闹场面的感染，争先恐后地前来洽谈，把奇强请进自己的超市。在这个展会上，奇强出尽了风头。1997 年 6 月的北京变成了风车的天下，30 万个奇强风车被北京的消费者拿在手中。那几天，无论在超市还是在公园，奇强的风车总是那么显眼。趁着这股热闹劲儿，奇强的广告攻势也达到了高潮。《精品购物指南》登了整版广告，整个版面上只有一具望远镜，看到的是奇强洗衣粉。《北京晚报》连续几天都在登通栏广告，如"独具慧眼的你，相信这次也不会例外"等。

1999 年南风集团准备开拓上海市场。当时上海的著名品牌"白猫佳美洗衣粉"在上海影响最大，是上海市民喜爱的品牌。"从白猫嘴里夺食"并不是一件容易的事情。上海人不大喜欢用外来的牌子，某著名国际品牌曾在上海投了 500 多万元开拓市场，却碰了一鼻子灰。据说是因为上海人在高档洗衣粉中，只认奥妙浓缩洗衣粉。面对这样一个市场，南风集团没有退缩。通过调查他们发现，上海洗衣粉销售量最多的地方是超市，当时最畅销的洗衣粉品种是加酶加香增白洗衣粉。南风集团就用这个品种来进攻。他们抓住上海人务实的心理，在超市里搞起买一袋(400 克) 赠 40 克的活动，而且每袋 2.5 元的价格比白猫佳美洗衣粉便宜 3 毛多，精明的上海人很快就算出了其中的实惠。价格战取得了初步的成功后，南风集团开始注重企业形象的宣传。上海的居民住得比较集中，小区的围墙也比较矮，南风集团就在小区入口处的墙上安放了一个灯箱。在宣传奇强洗衣粉的同时做些如环保、防火防盗的公益广告，花不了多少钱，却受到了居民的欢迎。同时南风集团还同居委会合作，用奇强洗衣粉品牌出资赞助他们进行一些社区比赛活动。针对上海人的环保意识比较强的特点，南风集团举办了一场以奇强包装袋换奇强洗衣粉的环保活动。送回一个奇强洗衣粉包装袋可换取 20 克奇强洗衣粉。许多上海人听说这个消息后纷纷起来换取洗衣粉，起到了极好的宣传效果。奇强进攻上海市场花了 300 万元，战果是月销售额从 5 月的 40 万元上升到 9 月的近 200 万元。

4. 结束语

通过寻找进入市场的缝隙及切实有效的广告宣传，奇强洗衣粉成功地进入了我国最大的两个城市，为南风集团进军城市市场的战略计划打下了坚实的基础。然而企业在高兴之余，却不能有丝毫懈怠，因为奇强洗衣粉在城市市场的地位还不稳定，南风集团前期的成功与美国宝洁、德国汉高、日本花王、英国联合利华这些大的跨国公司对南风集团不够重视有一定的关系。一旦这些公司将南风集团视为竞争对手，南风集团的产品就会面临残酷的市场竞争。所以南风集团要做好充分的准备，坚守住自己成功的果实。

讨论：
(1) 市场补缺者可以采用的战略有哪些？
(2) 面对跨国巨头，南风集团采取了怎样的竞争战略？
(3) 南风集团若想维持目前的市场份额，需要进一步采取哪些措施？

思 考 题

(1) 什么是行业及行业结构？
(2) 有哪几种行业结构？
(3) 简述竞争者的4种分类方法。
(4) 简述迈克尔·波特的五力模型。
(5) 企业如何对竞争者的战略和模型展开分析？
(6) 竞争战略的一般形式有哪些？

第 7 章 产品策略

教学目标与要求

通过对本章的学习，学生应能应用产品整体概念、产品市场生命周期概念、产品组合的概念以及品牌和包装的知识分析和解决企业市场营销中产品方面的有关实际问题；掌握产品整体概念、产品市场生命周期概念、产品线和产品项目的概念、品牌策略和包装策略、开发新产品的流程，了解品牌和包装的作用。

本章知识点

产品整体概念与产品组合概念；产品市场生命周期各阶段特点和营销策略；新产品的概念及其开发管理；产品品牌和包装策略。

RC 公司的新产品开发

RC 公司新近成功开发了一种家庭自动化兼防卫系统，可以通过打电话来控制家里的所有电器，还具有防盗报警的功能。产品分为主机和外部设备两部分，主机由公司生产，外部设备需要购买各专业防盗传感器厂家生产的可匹配产品。经过市场调查后，公司选择了一个百姓能接受的价位，准备将产品推向市场，公司的销售人员带着产品参加了几次电子产品博览会后反映也都很好。现有的产品包装中只有主机部分，由于公司并不生产外部设备，所以在包装中无外部设备，只是在说明书中写明了可以采用哪一类的外部设备，并由技术人员写了几页如何安装的介绍。产品正式推向市场后，销量并没有公司预测的那样好。主要反映出来的问题有：许多用户既买不到外部设备，买回来后也不会连接或是连接的不对；安装好后还有不少人不会正确使用。这些问题影响了产品的销售。那么 RC 公司在工作中有哪些失误？

7.1 产品与产品组合

菲利普·科特勒对产品的定义是：产品是能够提供给市场以满足人们需要和欲望的任何东西。产品在市场上包括实体产品、服务、体验、事件、人物、地点、财产、组织、信息和创意。

7.1.1 产品整体概念

关于产品的概念，传统的解释经常局限在产品特定的物质形态和具体用途上，而在现代市场营销中，产品则被归结为人们通过交换而获得的需要和满足，是消费者或用户追求的实际利益。由此，产品概念包含的内容大大扩充了，产品是指人们向市场提供的能满足消费者或用户某种需要的任何有形产品和无形服务。有形产品主要包括产品实体及其品质、特色、式样、品牌和包装；无形服务包括可以给买主带来附加利益和心理上的满足感及信任感的售后服务、维修保证、产品声誉等。这就是产品整体概念。产品整体概念由3个基本层次组成：核心产品、形式产品、扩大产品。

1. 核心产品

核心产品是产品整体概念最基本的层次。它所要回答的是顾客需要的中心内容是什么，核心产品为顾客提供最基本的效用和利益。消费者或用户购买某种产品绝不仅是为获得构成某种产品的各种构成材料，而是为了满足某种特定的需要。例如，人们购买冰箱，并不是为了买到装有压缩机、冷藏室、开关按键的大铁箱，而是为了通过冰箱的制冷功能，使食物保鲜，更好地方便人们的生活。核心产品向人们说明了产品的实质。企业市场营销人员在销售产品时，最重要的是向顾客说明产品的实质。应当指出，服务也是产品，这种产品的实质是通过某种特定的服务质量和过程来满足某种特定的需求，如理发是为了满足人们清洁、卫生、美容的需要等。

2. 形式产品

形式产品，即产品的形式，较产品实质具有更广泛的内容。它是目标市场消费者对某一需求的特定满足形式。产品形式一般通过不同的侧面反映出来，如质量水平、产品特色、产品款式以及产品包装和品牌等。仍以冰箱为例，产品形式不是指冰箱的制冷功能，人们在购买时还要考虑产品的品质、造型、颜色、品牌等因素。服务产品也有产品形式，如人们在理发时，不仅要求剪短头发，而且要求提供满意的发型；同一种发型也有质量高低之分。可见，形式产品向人们展示的是核心产品的外部特征，它能够满足同类消费者的不同要求。

3. 扩大产品

扩大产品，即产品的各种附加利益的总和，通常指各种售后服务，如提供产品使用说明书、保证、安装、维修、送货、技术培训等。许多企业的成功，在一定程度上应归功于其能够很好地认识到服务在产品整体概念中所处的地位，他们除了提供特定的产品实体外，还根据需要提供多种服务。在现代市场营销环境下，企业销售的绝不只是特定的使用价值，而必须是反映产品整体概念的一个系统。在日益激烈的市场竞争环境中，扩大产品给顾客带来的附加利益，已成为竞争的重要手段。

7.1.2 产品组合概念

产品组合是一个企业生产和销售的全部产品的结构，它常由几条产品线组成。而产品线是由满足同类需求但规格型号不同的一组产品构成，这些不同的个别产品，称为产品项目。产品组合的衡量标准可以分为产品组合的宽度、长度、深度和相关度。下面以宝洁公司为例来说明这些问题，宝洁公司的产品组合宽度和产品线长度见表7-1。

表 7-1　宝洁公司的产品组合宽度和产品线长度

	产品组合的宽度				
	清洁剂	牙膏	条状肥皂	纸尿布	纸巾
产品线深度	象牙雪(1930) 德来夫特(1933) 汰渍(1946) 快乐(1950) 奥克雪多(1914) 达什(1954) 波尔德(1965) 盖恩(1966) 伊拉(1972)	格利(1952) 佳洁士(1955)	象牙(1879) 柯克斯(1885) 洗污(1893) 佳美(1926) 爵士(1952) 保洁净(1963) 海岸(1974) 玉兰油(1993)	帮宝适(1961) 露夫(1976)	媚人(1928) 粉扑(1960) 旗帜(1982) 绝顶(1992)

1. 产品组合的宽度

产品组合的宽度是指产品组合中包含的产品线的数量。产品线越多，产品组合越宽。由表 7-1 可知，宝洁公司有 5 条产品线，这就是在量上给予产品组合宽度的衡量。企业发展多条产品线，主要是为了降低经营风险。

2. 产品组合的长度

产品组合的长度是指企业产品组合中，所包含的产品项目的数量。将企业所有产品线包括的产品项目加总，就可以在量上衡量企业产品组合的长度。如表 7-1 所示，宝洁公司共有 25 个产品项目，这就是宝洁公司产品组合的长度。企业增加产品组合的长度，可以最大化货架空间，并且给予消费者多样化的选择，从而造成企业相对于竞争对手的优势地位。

3. 产品组合的深度

产品组合的深度是指产品组合内各产品线的产品项目平均数。它反映着企业占领同类产品细分市场、满足消费者或用户不同需求的程度。就专业性较强的企业来说，其产品组合的深度较大；而一般综合性经营企业，其产品组合的深度较小。例如，宝洁公司产品组合的深度为

$$25(产品组合的长度)/5(产品组合的宽度)=5$$

4. 产品组合的相关度

产品组合的相关度是指各产品之间的关联性。这些关联性表现在最终用途、生产条件、分销渠道、技术或者其他方面。由于宝洁公司的产品大多为日化产品，并且可以使用相同的销售渠道，所以说宝洁公司的产品组合具有相关度，但就这些产品的最终用途大相径庭而言，可以认为产品组合不具有相关度。产品组合相关度的强弱是企业进行产品多角化应该认真考虑的问题，过弱的产品组合相关度会给新产品带来风险。

7.1.3　产品组合策略

企业的产品组合策略，就是根据企业的目标，对产品组合的宽度、长度、深度和相关度进行决策。在一般情况下，扩大产品组合的宽度，加深产品组合的长度和深度，加强产

品组合的相关度，都有可能产生促进销售、增加利润的效果。但企业产品组合的决策受 3 个方面因素的影响：一是受企业所拥有资源条件的影响；二是受市场需求情况影响；三是受竞争条件影响。企业对其产品组合宽度、长度、深度和相关度的决策，要根据宏观营销环境和微观营销环境的具体情况来决定。

1. 产品线分析

产品线分析是指营销人员根据产品线上每一个产品项目的销售额和利润，决定针对不同产品项目的发展、维持、收益和放弃策略。同时，营销人员还需要了解每种产品的市场轮廓。

1) 销售额和利润分析

一个企业可以根据产品对企业销售额和利润增长的贡献大小，将产品划分为以下 4 种类型。

(1) 中心产品。中心产品是指销售量大，促销方便，但利润率低的产品，这些产品往往被看作是无差别的产品。企业往往通过价格优势来获取市场领先地位。例如，个人计算机中基本配置的计算机就属于中心产品。

(2) 主要产品。主要产品是指销售量比较小，不需要促销，并且利润率比较高的产品。例如，计算机中的中央处理器和大型存储器就属于这一类产品。

(3) 特殊产品。特殊产品是指销售量小，促销力度大，或者是通过提供服务而获得收入的部分。前者如数字电影制作设备，后者如个人递送、安装或在线培训。

(4) 方便产品。方便产品是指大量销售并且促销力度小的产品，如打印机的油墨、声卡、软件等。消费者一般喜欢在购买原设备的场所购买这些产品，因为这样比较方便。另外，这些产品通常利润率比较高。

营销人员需要帮公司做的就是识别哪些商品定价高些、哪些商品广告做得多些，会更多地增加销售量或提高利润，或者两者兼得。

2) 市场轮廓

营销人员必须给予市场和竞争者足够的关注，特别是竞争对手的产品线，以此为本企业的产品线谋求一个合理的定位。市场定位要争取做到"人无我有，人有我优"。

2. 产品线长度

1) 产品线长度评判标准

公司的产品线是否应该延长取决于产品线经理对利润的追求，如果产品线经理可以通过产品项目的增加来获取利润，那么公司的产品线就相对短了；如果产品线经理不能通过增加产品项目来增加企业的利润，那么公司的产品线就已经足够长了。

2) 公司目标对产品线长度的影响

公司延长产品线取决于产品线能够满足企业以下两个目标。

(1) 延长产品线可以增加企业的销售量，产品线的延长意味着将有更多的产品可供顾客选择，现有顾客可能增加购买量，潜在顾客也可能加入购买队伍，甚至可以吸引一部分竞争对手的顾客。

(2) 较长的产品线可以避免经济波动的影响。经济周期会引起个别产品项目销量的巨大变化，较多的产品项目组合可以降低这种波动的影响，使得企业可以保持一个较为稳定的利润额。

3) 产品线延长趋势

生产能力的过剩导致产品线有不断延长的趋势。产品线的延长带来成本的增加，这些成本包括设计费和工程费、仓储费、转运费、订货处理费、运输费以及新产品项目的促销费。当成本增长过快时，企业延长产品线的利益将丧失。因此，产品线的延长必须是适度的。

4) 产品线变动策略

(1) 产品线扩展。在通常情况下，企业的产品线只是整个行业中的一部分，也就是说，一个企业不可能提供整个行业的所有产品。例如，奔驰汽车是汽车产业中的高档汽车，但同时，汽车行业还存在大量的中低档汽车厂商。

所谓的产品线扩展，是指公司超出现有的经营范围去拓展它的产品线。这种拓展可以有3种选择：①向下扩展。产品位于中端市场的企业，发展低档产品线。这种策略在以下3种情况下是可行的：第一，可以给企业带来大规模成长的机会；第二，可以防止低端市场潜在进入者的进入；第三，当中端市场处于停滞状态时，企业可以利用这种战略找到新的增长点。与此同时，向下扩展可能会给企业原有品牌带来一定的影响，因此企业必须考虑新产品的品牌策略，有3种策略可供企业选择：第一，使用原品牌，从而可以使新产品迅速被消费者接受，但这种策略下，一旦新产品失败，可能会给品牌声誉带来负面影响；第二，用次级品牌推出新产品，这样一方面可以避免给原品牌带来负面影响的危险，另一方面也可以让新产品分享原品牌的声誉；第三，新产品使用新品牌。这种策略可以避免对原品牌的负面影响，但增加了消费者对新产品认知的困难。②向上扩展。原来经营中低端产品的企业试图进入高端市场。这主要是因为高端市场具有较高的利润率，并且可以给企业带来较高的声誉。例如，日本企业在利用中低档汽车开拓出美国市场后，随即推出了高档汽车雷克萨斯。③双向扩展。这主要是指经营中档产品的企业同时推出高档产品线和低档产品线。这种策略通常是企业出于占领市场和竞争的需要。

(2) 产品线填补。产品线填补是指在企业现有的产品线中添加新的产品项目。企业采取这种策略的目的主要有获取增量利润；满足那些经常抱怨由于产品线不足而使得销售额下降的经销商；充分利用剩余的生产能力；争取成为领先的产品线完整的公司；设法填补市场空隙，防止竞争者进入。

但是企业在采取这种策略的时候，要注意保持产品项目之间具有足够的差异性，避免导致同一产品线上产品项目之间的相互竞争。因此，企业有必要对不同的产品项目给予不同的定位。例如，宝洁的海飞丝、潘婷定位于不同的目标市场。

3. 产品线现代化、特色化和削减

1) 产品线现代化

企业的产品线必须适时地进行升级换代。通过产品线的现代化，企业可以吸引住顾客，并且可以把现有顾客引向附加值较高的产品，从而获得高利润率。但是，在现代化的速度方面，企业应该谨慎地选择，缓慢的现代化风险较小、成本较低，但容易被竞争对手察觉，从而失去了战略的突然性。另外，现代化的时机也是一个需要企业认真思考的问题，过早的现代化会对现有的产品线带来伤害，过迟的现代化会使得竞争对手占尽先机。

2) 产品线特色化

产品线的特色化主要是指企业选择产品线中一个或几个典型的产品项目进行特色化。在具体选择哪种产品进行特色化这个问题上，营销学者还没有达成统一的意见。

第 7 章 产 品 策 略

3) 产品线削减

产品线削减主要是指企业对产品线中的产品项目进行剔除。这主要出于两个原因：第一，该产品项目对企业来说不再具有价值；第二，企业没有能力继续经营该产品项目。例如，联合利华曾经将自产品项目从 1 600 种削减到 970 种。

案例 7-1

"雪莲"牌羊绒衫的产品整体概念

北京羊绒衫厂(以下简称"京绒")建于 1963 年，经过多年的发展，该厂已成为我国羊绒衫生产和出口的重要企业之一。该厂生产的"雪莲"牌羊绒衫曾获全国"银质奖"，在国内外具有一定的声望，不少客户和消费者都竞相订货或购买。其产品发展过程主要表现在以下几个方面。

1. 不断提高产品的内在质量

羊绒衫是服装中的高档商品，具有轻薄、柔软、滑爽、舒适的特点，外加做工精细、款式讲究，因而在质量上要求比较严格。国际羊毛局对羊绒衫制定了一套质量指标，与国际羊毛局规定指标相比，京绒羊绒衫还有一定的差距，京绒对以下几个方面进行了改进。

(1) 京绒为了解决容易变形的问题和增加产品柔软、滑爽的程度，专门从意大利进口了一批干洗机，用干洗缩毛代替传统的水洗缩毛工艺，不仅增强了羊绒衫柔软、滑爽、手感好等特点，还解决了容易变形的难题，同时也解决了羊绒衫容易腐烂的问题。

(2) 防虫蛀是顾客最关心的问题之一。为了解决不能防蛀的问题，京绒进行了反复研究，多次试验，终于解决了这一问题，并已经做到了大批量生产。

(3) 为了提高毛纱条干的均匀度，京绒着重对工人进行技术培训，对青年挡车工进行技术考核，即使在原料较差的条件下也能纺出高档纱，使羊绒衫的外观大大改善。

(4) 与科研单位合力攻关，提高分梳绒制成率。经过两年的研究，取得重大突破。

经过以上几个方面的改进，京绒羊绒衫的质量有了显著的改进，按国际羊毛局质量指标检验，该厂一等品合格率从 94%提高到 96.5%。

2. 不断增加新品种、新款式

服装的产品寿命周期很短，要想使企业获得发展，就必须经常增加新品种，设计新款式。为此，该厂设立了专门的新产品设计试制组，有成员 25 人，由副总工程师亲自抓。经过努力他们就设计出 400 个新品种、新款式，绝大多数受到了顾客的欢迎。例如，他们根据国外流行式样设计的蝙蝠衫，穿着舒适、大方、有特色，我国香港一位客户一次就订货 20 000 件。当世界流行细纱羊绒衫，他们就抓紧试制，纺出了 26 支和 32 支纱线，做成旗袍、连衣裙、两件套、三件套等夏令服装。美国一位客户一次就订购 26 支 V 领男套衫 80 000 件。京绒首先开创了以羊绒原料做夏令服装的新领域，走在了同行业的前列。

京绒为了增加新品种，还试制成功了以羊仔毛、驼绒、牦牛毛、兔毛与羊绒混纺的产品，既保持了高档产品的特色，又使价格降低了 30%以上，受到了国内消费者的欢迎。

3. 改进染色工艺，增加产品花色

羊绒衫讲究"流行色"。京绒的羊绒衫过去只有灰、米、驼、蓝等几种颜色，近年来增加了豆绿、米橙、米黄、紫等鲜艳而雅致的颜色。同时，京绒还把过去纺成纱后染色改为散毛染色工艺，使羊绒衫的颜色既丰满又自然，同时降低了染花率，提高了产品的外观质量。

4. 改进包装

京绒羊绒衫的包装，原来是一件装一个塑料袋，塑料袋上印有雪莲图案，每十件装在一个大纸盒内。这种包装显然已与羊绒衫的高档特点很不相称。后来他们对包装进行了改进，用比较精致的长方形浅绿色纸盒包装，盒上有凸出来的金色雪莲花，上半部开一"大窗"，透过玻璃纸可以清楚地看到羊绒衫的颜色和商标。"雪莲"牌羊绒衫获全国"金质奖"之后，又在每件羊绒衫上挂了一个金属吊牌，上面标有"金奖"等字，更衬托出羊绒衫的高贵。

5. 扩大"雪莲"的知名度

雪莲象征纯洁、高雅,是一个好牌子。为了扩大雪莲的知名度,京绒除在国内设立一些广告牌和进行电视广告宣传等以外,还利用外商在国外进行宣传。日本富士电视台两次来京,拍了"羊绒衫生产和产品"以及"驼绒产品"两部电视片,在日本放映后效果很好,订货量达到 10 多万件。

6. 及时交货

羊绒衫是季节性很强的商品,能不能按时、按质、按量交货,对于商业信誉和商品价格都会产生很大影响。多年以来,京绒一直很重视研究出口国家的气候、穿着习惯等情况,及时交货,客户对此比较满意。

7. 提供售后服务

羊绒衫价格较高,提供适当的售后服务是必要的。京绒开展这项服务的内容包括每件羊绒衫上附有一小支本色纱和一枚纽扣,以便修理或换用;由于个人保存、穿着不当造成的破损,工厂给予无偿修补、整理。出口产品如有问题,可按合同规定退货和提供索赔,但至今尚未发生此类问题。

由于京绒紧紧抓住了以上 7 个构成产品质量和产品形象的关键因素,不断进行改进和改革,使羊绒衫质量不断提高,产量稳步上升,市场进一步扩大,销量不断增加,且使得利润大幅度上升。

7.2 产品市场生命周期

7.2.1 产品市场生命周期的概念

1. 产品市场生命周期理论

菲利普·科特勒认为,企业的产品市场生命周期对企业来说意味着 4 件事情:①产品有一个有限的生命周期,由于市场和技术条件的变化,一种产品不可能永远在市场上存在,而这个由诞生到消亡的过程则有长有短、有急有缓;②产品销售经过不同的阶段,每一阶段都对销售者提出了不同的挑战;③在产品生命周期的不同阶段,产品利润有高有低;④在产品生命周期不同的阶段,产品需要不同的营销、财务、制造、购买和人力资源战略。

营销学者通常认为,产品的市场生命周期是指产品从进入市场开始直至被市场淘汰为止的全部时间,产品的市场生命周期要经历 4 个阶段,即市场导入期、市场成长期、市场成熟期和市场衰退期。而产品的生命周期是指产品从开始使用起直至报废为止的全部时间。

2. 产品市场生命周期划分标准

企业需要了解产品处于哪个市场生命周期阶段,以便采取具有针对性的营销策略。划分标准包括以下几种。

1) 类比法

这是一种参照类似产品的发展情况来划分产品市场生命周期阶段的方法。例如,可以参照普通液晶电视机的销售资料来判断 LED 液晶电视机的发展趋势,或者参照国外的一些资料来判断国内家用电器市场的发展变化阶段。

2) 销售成长率划分法

这种方法是用后期与前期销售情况的对比百分率之值作为划分标准来划分产品市场生命周期的方法。经验数据如下(Δx:前期销售额;Δy:后期销售额):

(1) $\dfrac{\Delta y}{\Delta x}$ 大于 10%属于市场成长期;

(2) $\dfrac{\Delta y}{\Delta x}$ 为 1%～10%属于市场成熟期；

(3) $\dfrac{\Delta y}{\Delta x}$ 在 1%以下或小于 0，即呈连续下降趋势，表示该商品已进入衰退期。

3) 社会普及率法

许多耐用消费品，使用期为 5～10 年以上的，如电视机、电冰箱、电脑等，其社会需求量，与社会普及率有很大的关系，当然，这里还要考虑货币支付能力等问题。根据这一经验数据判断，大致呈现以下规律：

(1) 社会普及率为 10%以下者，属于市场导入期；
(2) 社会普及率为 10%～30%者，大致处于市场成长期；
(3) 社会普及率为 50%～70%者，大致处于市场成熟期；
(4) 社会普及率为 70%以上的，已处于市场衰退期。

7.2.2　产品市场生命周期各阶段特点

1. 产品的市场导入期

1) 特点

销售增长缓慢，市场还没有完全接受新产品，销量较小，利润很低或根本不存在，消费者对产品和品牌缺乏足够的认知。

2) 原因

学者罗伯特·巴泽尔(Robert D.Buzzell) 认为，市场导入期的产品缓慢增长的主要因素是：生产能力扩展上的延误；有待解决的技术问题；获得足够的分销零售网点上的延误；顾客不愿意改变以前的行为模式。对于昂贵的新产品，如高清晰度彩电，妨碍销售增长的原因还有其他因素，如产品的复杂性和只有少数购买者。另外，配套产品的缺乏也可能导致新产品市场增长缓慢。

2. 产品的市场成长期

1) 特点

市场成长期的主要特点是销售量迅速增长，利润大量增加，消费者对产品的认知增加，潜在进入者开始大量进入市场，竞争日趋激烈。

2) 利润增长原因分析

菲利普·科特勒认为，在市场成长期企业利润大量增加的原因主要有促销成本被大量的销售量所分担；随着生产经验的增加，单位产品制造成本比价格下降得更快。

3. 产品的市场成熟期

1) 特点

大多数的潜在消费者已接受产品，销量增长乏力，同时，日趋激烈的竞争导致利润下滑，企业促销成本上升，个别企业面临被淘汰的危险。产业结构面临着从垄断竞争向少数垄断的过渡。

2) 成长、稳定和衰退

成熟阶段可以进一步划分为 3 个阶段，即成长、稳定和衰退阶段。第一个阶段是成长中的成熟，此时由于分销饱和，销售成长率开始下降。虽然还有一些潜在购买者会进入市场，但已经没有新的分销渠道可供开辟了。第二阶段是稳定中的成熟，由于市场饱和，销售量增长与人口增长呈同一水平。几乎所有的潜在购买者都已经使用了产品，未来销量的增加必须寄希望于人口数量的增加。第三阶段是衰退中的成熟，销售的绝对数量开始下降，顾客开始寻求其他产品和替代产品。

3）行业结构的演变

处于产品市场成熟期的行业，行业结构呈现由几个巨型企业所统治的趋势——也许是质量领先者、服务领先者和成本领先者。其余的补缺市场则被大批的中小型企业所占领，包括市场专家、产品专家和产品定制者。

4. 产品的市场衰退期

销售量下降趋势增强，市场不断萎缩，部分企业退出市场，利润率不断下降。

7.2.3　产品市场生命周期各阶段营销策略

1. 市场导入期营销策略分析

1）市场开拓者营销策略分析

(1) 市场开拓者的优势。

【拓展期刊】

① 市场开拓者通常拥有"第一实践者"优势，市场开拓者通常拥有较高的收益。营销学者的研究表明，晚进6个月但预算及时者在头5年平均减少利润33%；产品及时进入但预算超过50%者，仅减少利润4%。

② 市场开拓者更容易成为市场主导者，并且拥有更大的市场份额。由于进入行业较早，市场开拓者往往成为行业的象征，从而在消费者心目中拥有不可替代的位置，如可口可乐和施乐公司。

(2) 市场开拓者的劣势。

① 新产品失败的风险。企业开发的新产品失败的概率很大，据市场研究，这一概率达到了70%。成功的新产品一般需要具有以下特征：一是相对优点，即产品应较市场上的同类其他产品具有相对优势，如有更多的功能、价格更便宜或性能更好等；二是兼容性，即新产品需要与目标消费者的生活方式、价值观念和以前的消费经验等相一致、相吻合；三是低复杂性，即复杂程度低的产品，被采用的也越快，其成功的概率也越高；四是可试用性，即越易于操作和使用、便于体验其利益的产品，成功的可能性越大；五是可观察性，即如果消费者能够目睹他人成功地使用某种创新产品，该产品的成功概率也就越高。

② 市场失败的风险。由于市场开拓者没有采取合适的市场策略，从而将市场让给紧随其后进入市场的企业。市场开拓者用于新产品的开发无法完全收回，并且市场后入者可以通过技术模仿和战略模仿来降低自己进入行业的成本，从而赢得成本优势。

(3) 市场开拓者的营销策略。

① 关注大众市场。只有市场达到一定规模，市场开拓者才能弥补开发新产品的开发成本，并且给企业带来利润。因此，市场开拓者不能够将目光集聚于小众市场，除非该市场具有相当丰厚的利润，并且企业对市场抱有强烈的自信心。

② 塑造品牌。品牌是连接消费者与企业之间的桥梁，消费者通过品牌对企业产生认知。市场开拓者通过塑造品牌，可以将自己塑造为行业的代言人，从而在消费者心目中形

成权威形象。拥有强势品牌的市场开拓者可以制定行业标准和竞争规则,从而大大增加自身经营的确定性。

③ 持续创新。在现代的技术条件下,一次性的创新无法保证企业的竞争优势地位,企业要想保持行业领导者的地位,必须持续进行技术创新、市场创新和流程创新。通过创新来淘汰弱小的竞争者,并且构筑市场壁垒。

④ 财务支持。作为市场开拓者,必须获得财务的支持。在市场导入期,企业必须为新产品的市场开拓投入大量的营销力量,并且由于达不到规模经济,企业通常在很长一段时间内处于"无利可图"的境地。脱离了财务的支持,企业可能无法负担开发市场的成本,而导致新产品市场失败。

⑤ 资产平衡。市场开拓者在市场导入期需要投入大量资金用于新产品的市场开拓,但必须"适可而止",企业资产必须保持平衡。过多的负债会给企业未来的持续经营埋下隐患。

2) 通用策略

(1) 产品策略。根据消费者的需要不断对产品的形式、特征、包装等方面给予持续改进,以期满足消费者的现实需要,最大化产品市场。

(2) 价格促销策略主要包括以下4种。

① 快速掠取策略,即以高价格和高促销水平的方式推出新产品。在这种策略下,企业给产品制定一个高价格,获取高额利润,同时通过大量促销来吸引顾客,加快市场渗透。该策略适用于以下情况:目标市场顾客缺乏产品知识和价格知识;了解产品的顾客愿意为产品支付高价从而成为创新产品采用者;企业面临潜在竞争压力,能够迅速建立品牌忠诚。

② 缓慢掠取策略,即企业以高价格和低促销水平推出新产品。在这种定价策略下,企业可以获得较高的利润。其适用条件为:市场规模有限,消费者了解产品,并且愿意为产品支付高价;潜在的竞争压力不大。

③ 快速渗透策略,即企业以低价格和高促销水平迅速开拓市场,企业采取这种营销策略的目的在于迅速占领市场。其适用条件为:市场规模大;消费者缺乏产品知识,对价格敏感;潜在竞争很激烈;产品成本随着生产规模的扩大和学习经验的增加而下降。

④ 缓慢渗透策略,即企业以低价格和低促销水平的方式推出产品。其适用条件为:市场容量大,产品知名度高;目标市场上消费者的价格弹性大、促销弹性小,并且潜在竞争压力较大。

具体情况如图7.1所示。

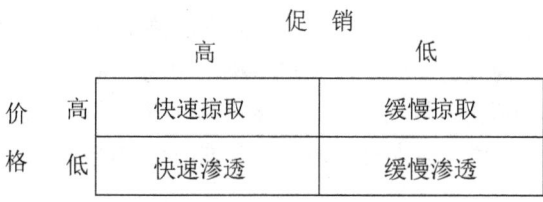

图7.1 价格促销矩阵

2. 市场成长期营销策略分析

(1) 企业应该改进产品质量,并且增加新产品的特色和式样。通过一段时间的市场投放之后,企业得到消费者的反馈,可以基于此对产品质量进行改进,完善产品。在企业赢得了一定利润之后,就可以增加产品的特色和式样,最大化市场规模,并且构筑市场壁垒。

(2) 增加新式样和侧翼产品。市场成长期一个很大的特点就是潜在竞争压力迅速增加，新进入者和潜在进入者对市场开拓者造成很大的威胁，企业必须通过增加产品新式样和侧翼产品来抵御竞争者的进攻。

(3) 进入新的细分市场。原有的细分市场由于竞争加剧而利润摊薄，企业必须通过进入新的细分市场来谋求新的利润增长点。

(4) 进入新的分销渠道。在市场成长期，成长的动力来自于消费人群在数量上的增加。因此，企业必须增加新的分销渠道，以满足潜在顾客的需要。

(5) 广告从产品知名度转到产品偏好上。在市场成长期，消费者对产品具有一定的了解，与此同时，竞争品牌增加。因此，在这一阶段，企业的广告目标应从提高产品知名度转变为培养消费者的品牌偏好。

(6) 调整价格策略。居高不下的价格对潜在进入者造成了很大的诱惑，并且阻挡了很大一部分消费者需求的实现。因此，企业在市场成长期应该选择适当的时期降低产品价格，吸引对价格敏感的消费者进入市场。

3. 市场成熟期营销策略分析

为了应对市场衰退期的销售量下降和市场萎缩的趋势，企业可从3个方面予以改进。

1) 市场改进

(1) 增加品牌消费者的数量。这包括：①吸引非顾客成为顾客；②进入新的细分市场；③争取竞争对手的顾客。

(2) 增加品牌消费者的使用数量。这包括：①增加品牌消费者的使用频率；②增加每件产品的使用量；③增加产品的用途，如小苏打就由于被消费者发现了新的用途而销售量大增。

2) 产品改进

企业通过对产品的改进吸引更多顾客的购买。产品改进包括以下3个方面。

(1) 质量改进。企业通过增加产品的功能特性来吸引更多的顾客购买企业的产品，并且通过卓越的产品质量来塑造企业的竞争优势地位。

(2) 特点改进。特点改进的内容包括增加产品的新特点(如尺寸、重量、材料、添加物、附件等)，从而扩大产品的多功能性、安全性和便利性。通过特点改进，企业可以进一步确立自己技术领先的形象，赢得细分市场的忠诚。特点改进还可以为企业进行免费的大众宣传。但是特点改进所带来的新特点又容易被竞争者模仿，从而造成企业不断进行特点改进的压力。

(3) 外观改进。外观改进主要是对企业的产品增加美学诉求。消费者不仅重视产品的实际功能，也重视产品的外观设计，这一特点在手机上得到了完美的体现。例如，韩国企业三星公司便是通过外观设计赢得市场的典型。这缘于韩国有很多专事设计的小企业，这些小企业被称为 Design House。所以，企业针对产品外观的改进也能够使企业的产品脱颖而出。

3) 营销组合改进

这包括对产品、价格、分销渠道和促销方式的改变。

(1) 价格改进。在市场成熟期，企业需要考虑是否需要通过削价来应付日益激烈的市场竞争。或者通过其他的手段来促销，如赠券、有奖销售等。

(2) 分销改进。在市场成熟期，企业同样需要考虑现有的分销渠道能否满足企业扩大市场的需求，能否对企业达成自己的战略目标予以帮助，是否需要进行渠道改进以应对新的竞争形势。

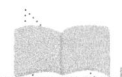

(3) 广告改进。日趋激烈的竞争，要求企业对广告做出改进，这包括广告内容、广告媒体、广告设计、广告播出的频率和时间等。

(4) 人员推销。在某些情况下，企业可以考虑加强人员推销的力度。

(5) 服务改进。产品的同质化，导致企业在"红海"中厮杀。为了赢得高于平均水平的利润，企业可以考虑开辟"蓝海"，这就包括对企业的服务策略给予改进。企业服务策略的改进主要包括服务业务人员素质的提升、响应性的加强、服务面的拓宽等内容。

4. 市场衰退期营销策略分析

1) 选择是否继续在行业内经营

在市场衰退期，市场萎缩，销售量急剧下降，企业面临着是否退出市场的选择。除非拥有强有力的理由可以使企业在行业内继续保留下去，企业一般都应该迅速地退出市场。

2) 退出战略

凯瑟琳·哈利根(Katherine Halligan)总结了公司的5种退出战略。

(1) 增加公司的投资(使自己处于支配地位或得到一个有利的竞争地位)。

(2) 在未解决行业的不确定因素前，公司保持原有的投资水平。

(3) 公司有选择地降低投资态势，抛弃无利润的顾客群体，同时加强对有利可图的补缺领域的投资。

(4) 从公司的投资中收获(或榨取)利润，以便快速回收现金。

(5) 尽可能用有利的方式处理它的资产，迅速放弃该业务。

案例 7-2

"无声小狗"便鞋在生命周期各阶段的销售术

20世纪50年代是流行旅游鞋的年代。然而，20世纪60年代的美国，却是"无声小狗"猪皮便鞋风行一时的世界。回顾"无声小狗"便鞋从投入到衰退的整个产品生命周期和各阶段所采用的促销策略，会获益匪浅。

1. "无声小狗"便鞋生命周期的划分

"无声小狗"便鞋在1957—1967年，各年的销售额、利润及计算的各年销售额增长率，见表7-2。

表7-2 "无声小狗"便鞋各年的销售额、利润及计算的各年销售额增长率

年 份	销售额/万美元	环比增长率/(%)	利润/万美元
1957	1 092.5		12.5
1958	1 137.6	4.0	34.1
1959	1 526.4	34.2	59.1
1960	1 792.9	17.5	65.8
1961	2 399.2	33.9	121.8
1962	3 323.3	38.4	194.5
1963	3 902.1	17.4	252.7
1964	4 908.3	25.8	414.8
1965	5 535.7	12.8	479.7
1966	5 581.3	0.83	379.6
1967	5 483.9	−1.75	285.7

从 3 项指标情况，特别是年销售额的环比增长率看，"无声小狗"便鞋构成了一个完整的生命周期，导入期是 1957—1958 年，成长期是 1959—1962 年，成熟期是 1963—1965 年，1966—1967 年是销售增长率剧减时期。

2. "无声小狗"便鞋的诞生

美国澳尔·费林环球股份有限公司(以下简称费林公司) 在 1903 年以前是一个皮革、皮鞋的供应商，1903 年以后，开始从事皮革和皮鞋的生产。1950 年以前，它的主要产品是马皮及马皮制作的鞋。后来，由于马皮减少，该公司决定开发猪皮来代替马皮。猪皮制作的鞋穿起来比较舒服，并且防汗、耐潮、不易变质，更重要的是猪皮资源充足。所以，费林公司凭借自己有制作各种皮革的经验，率先采用猪皮来制鞋。

但是，剥猪皮在当时是项困难的工作，不如剥马皮和牛皮那么容易。一名熟练的工人需要半个小时才能宰剥一头猪并剥下猪皮，而肉食加工厂每小时要加工 600 头猪，剥猪皮的时间实在是太久。为此，该公司花费了 200 多万美元和相当长的时间对剥皮进行机试，改进了原有的猪皮加工机，终于攻克了剥猪皮这个难关，研制出独特的高级剥皮机，每台机器一小时就能剥下猪皮 460 张。

公司根据潜在顾客的需要，决定将制鞋业投向穿着舒服的皮鞋市场。1957 年，他们生产出有 11 种颜色、鞋底和鞋帮结合的男式便鞋，向农村和小镇试销，非常成功。到 1958 年，他们给鞋子起名为"无声小狗"，意指此鞋穿上去十分轻便，走起路来没有任何声响，同时，该公司还设计了一只长着忧郁的眼睛，耷拉着耳朵的矮脚猎狗作为广告标志。从此，这一新产品诞生了。

3. 投入期的促销策略

一般来说，产品在投入期遇到的困难是知名度不高，市场占有率和销售增长率都很低，"无声小狗"也遇到了这一困难，同时，它还面临着目标市场和渠道转变的困难，因为该公司原来的产品主要是卖给农民的马皮鞋，鞋子的特点是结实、抗酸，现在"无声小狗"则强调舒适，消费对象是城市和郊区农民。因而原有的销售点、销售网及推销人员都不能适应。

针对上述两大困难，费林公司采取了正确的促销策略。首先，它加强了广告宣传。其"无声小狗"便鞋广告，主要刊登在发往 35 个城市的《本周》杂志上，并通知销售经理，如果在 6 周内能在 35 个城市设立 600 个新零售点，公司即批准拿出销售额的 17%用作其广告预算。其次，在 1958 年 8 月，该公司调回分散在各地的推销人员，集训 1 个多月后，再将他们派往 35 个城市，集中力量掀起了"无声小狗"便鞋的推销高潮。所有推销人员忘我地工作，每人都带着 11 种不同颜色的样品鞋，向潜在顾客表演猪皮鞋如何防酸、防雨和防污，一时各推销人员成了人们关注的中心人物，销路终于打开了。

4. 成长期的促销策略

1959 年，该公司进一步扩大了广告的范围，他们利用《旅行》杂志做广告，开拓了 50 多个市场。这一时期的广告预算占销售额的 7%，是过去制鞋业平均广告费的 4 倍。但公司还继续增加广告费投入，又在《家庭周刊》的星期日副刊以及其他报纸杂志上刊登广告。与此同时，公司又不断开发新款式男便鞋，销售额成倍地增长，广告费用也继续增加，到 1961 年，"无声小狗"便鞋在美国已成为名牌。

由于这一时期的生产远远赶不上需要，费林公司将价格由每双的 7.95 美元提高到了 9.95 美元，同时确定了重点经销商，开发了新款式。到 1962 年年底，不但有了女式便鞋，而且还开发了 5 岁以上儿童的各式猪皮便鞋。产品销售量在这一时期猛增，但仍供不应求，工人一天两班倒着干活，采购人员忙着采购更多的猪皮。

5. 成熟期的促销策略

1963 年，销售额的增长率趋缓，产品开始跨入成熟期，公司和广告商开始较详细地调查消费者购买"无声小狗"便鞋的资料。通过调查，他们发现有 61%的成年人知晓"无声小狗"便鞋，但只有 10%的成年人买过一双。买主的平均收入较高，也有较高的文化水平，如所有购买"无声小狗"便鞋的调查对象中，年家庭收入在 5 000~7 500 美元的占 51%；7 500~10 000 美元的占 28%；10 000 美元以上的占 21%(当时这种收入属高水平)，他们当中大多数是专业人员，购买的主要原因是"无声小狗"便鞋穿起来舒服、轻便、耐穿。从此，公司真正了解了人们购买"无声小狗"便鞋的主要原因以及买主的经济收入和教育水平情况。

于是，公司采取了以下策略：首先，继续扩大广告范围。从 1964 年起，开始采用电视广告，在《今日》和《今夜》两个黄金时间栏目内做广告宣传，同时还增加了 13 种杂志广告，将影响进一步扩大到新的目标市场。其次，强调"无声小狗"便鞋的特点是舒适，在 1965 年打出"穿上无声小狗便鞋，使人行道变得更柔软"的宣传主题口号。最后，继续拓展销售渠道，发展新的零售点。这时，费林公司已拥有 15 万个"无声小狗"便鞋的零售点，主要是鞋店和百货公司，同时还使一些实力非常强的竞争对手也成了费林公司的最大买主，"无声小狗"便鞋通过其零售店出售。

6. 销售增长率剧减时期的促销策略

从 1966 年开始，"无声小狗"便鞋的总销售量、利润开始逐年下降，特别是年销售增长率出现了急剧下降的势头，1966 年比 1965 年下降了 12 个百分点，利润额也下降了 21%，到了 1968 年，形势更加严峻。除了竞争更加激烈、原料成本上涨等因素外，更主要的是消费者很少重新购买，原因是穿过一段时间后的顾客不像刚买鞋的新顾客那样喜欢经常穿它，同时，鞋子质量很好，不易穿坏，影响再次购买。

该公司的经理们为销量的下降伤透了脑筋，他们仍认为"无声小狗"便鞋的特点似乎应该是舒适，从以前的促销经验中，他们对是否有能力重新唤起人们的购买热潮仍有信心，但采用什么样的广告形式还得考虑，有一点是肯定的，即产品款式是一定要更新了。

7.3　新产品的开发管理

7.3.1　新产品的概念和种类

1. 新产品的概念

新产品是一个相对的概念，可以用以下两条标准来界定新产品。
(1) 本公司的新产品。本公司第一次生产经营的产品，但在市场上并非第一次出现。
(2) 市场新产品。市场上第一次出现的新产品。

2. 新产品的种类

根据以上对新产品的界定，可以将新产品划分为 6 种类型。
(1) 新问世产品：开创了新市场的产品。
(2) 新产品线：在市场上已经存在，但对企业来说是第一次生产和经营的产品。
(3) 现有产品的增补品：公司已经建立的产品线上增补的新产品(包括尺寸、口味、外观设计等)。
(4) 现有产品的改进更新：提供改进性能或有较大的可见价值的新产品，并替代现行产品。
(5) 市场重新定位：以新的市场或细分市场为目标的现行产品。
(6) 成本减少：以较低的成本提供同样性能的产品。

7.3.2　新产品开发的组织

1. 新产品开发的预算安排

企业必须对新产品开发的成本予以有效的控制，以最大化创新效应为基本，确保企业新产品开发的成本处于合理的范围之内。新产品开发的预算安排包括以下 4 种形式。
(1) 鼓励措施和财务支持。美国管理学者彼得·德鲁克(Peter F.Drucker)认为，企业只有两项职能，那就是创新和营销。因此，对于新产品开发这样的创新活动，企业必须不遗余力地予以支持，具体措施就包括财务支持。

(2) 销售额百分比法。在企业的销售额中按固定比率提取企业新产品开发费用。

(3) 行业基本法。企业按照行业内通行的标准来确定自己的新产品开发费用，但关于竞争者新产品开发投入的相关信息不易获取。

(4) 倒推法。企业先确定需要多少成功的新产品，然后倒推出需要投资于新产品开发的费用。

2. 新产品开发的组织安排

新产品开发的组织安排就是要在制度上给予企业开发新产品以保证。新产品开发往往需要调动企业各方面的资源，需要各个部门的通力配合。因此，企业需要设立专门的新产品开发部门，并且由一位高层领导来负责这个部门。

1) 新产品开发部门

该部门最好由企业的高层领导来负责，或者安排一位有实权的领导者直接和高层领导联系。

2) 混合小组

由各业务部门人员组成，负责把一种特定产品或生意投入市场。他们是摆脱了其他职责的"公司内部强人"，被赋予预算、时间期限和"科研重地"。跨部门小组需要符合以下标准。

(1) 团队领导和专业技能水平。团队作业需要成员发挥团队精神，这需要一个具有团队领导能力的领导者，并且新产品的开发需要较高的专业技能水平。

(2) 团队成员的能力和专长要能够胜任新产品开发工作。企业组建的新产品开发团队需要各个部门的专业人才。

(3) 对新产品概念有一定的兴趣。对新产品概念具有兴趣的团队成员才能自觉地将自己的精力放在新产品开发上，从而发挥主观能动性。

(4) 个人收益的潜力。新产品的成功能够给团队成员带来利益，从而对他们形成激励作用。

(5) 团队成员的多样性。这包括种族、性别、国籍、经验、跨专业和性格等方面的多样性。越是具有很强的多样性的团队，团队的潜力也就越大。

7.3.3 新产品开发的程序

1. 创意的产生

1) 创意的来源

创意的来源包括以下几个方面。

(1) 顾客。从顾客的抱怨中，企业可以发现产品在哪些地方可以做出改进，从而产生新产品的创意。同时，通过对消费者行为的研究也可以得到很多创意。

(2) 员工。企业员工也是创意的一个重要来源。具有创造力的员工，通常会提出很多有意义的创意，企业如果将这些创意收集起来，那就会给企业带来很大的益处。例如，丰田公司的员工每年会提出 200 万个新创意，并且 85% 会被企业采纳，从而给企业带来巨大的经济效益。

(3) 专家。专家和学者的发明，也是企业新产品的一个重要来源。

(4) 竞争者。企业通过对竞争者产品和服务的观察也可以获得创意。将竞争者的产品和服务与企业的产品和服务进行对比，从而发现消费者喜欢竞争者产品和服务的原因所在，是改进企业产品的一种途径。

(5) 经销商。经销商与消费者保持着密切的接触，他们能够很方便地获得关于消费者的第一手资料。与此同时，他们也很清楚地知道竞争者的发展情况。

【拓展期刊】

(6) 高层管理者。企业的高层管理者，能够接触到大量关于市场的信息，从而使得他们也能够提出很多创意。

创意的其他来源还包括发明家、专利代理人、大学和商业性的实验室、行业顾问、广告代理商、营销研究机构和工业出版物。

2) 产生创意的方法

(1) 属性列举法。列出一种产品的各种属性，然后对每一种属性进行修正，从而产生与原产品相比具有创新性的产品。

(2) 强制关联法。将几个不同的物体排列出来，然后考虑每一物体与其他物体之间的关系。例如，在设计新的办公用具的时候，可以考虑将桌子、书橱和文件柜分别进行构思，可以设想一张连着书橱的书桌，或一张带有文件柜的桌子，或者一个包括文件柜的书橱。

(3) 物型分析法。将能够满足同种需要的产品进行组合，以创造出新的产品。

(4) 反转假设分析。列出关于某种产品或某项服务的所有正常的假设，然后对这些假设进行反转，以创造出新的产品或服务。例如，正常的饭店都有菜单供顾客点菜，反转这些正常的假设，就得到只出售厨师早上采购到的菜的饭店。

2. 创意的筛选

企业不可能将所有的创意都付诸实施，因此必须有一个对创意进行筛选的过程。

1) 创意筛选程序

企业通常需要设立一名专事创意筛选的经理，专门负责收集各种创意，对这些创意进行筛选，并将创意分为三组：有前途的创意、暂时搁置的创意和放弃的创意。随后，创意经理将有前途的创意提交给创意委员会进行进一步的审核。最后通过审核的创意，将被企业付诸实施。

2) 创意筛选中的谬误

创意筛选过程中的谬误，会给企业带来或大或小的损失，因此，必须给予它们足够的重视。

(1) 误舍谬误。这种谬误主要是指企业将那些有缺点但却很有价值的创意舍弃。IBM公司就曾经舍弃过个人电脑这样的创意。

(2) 误用谬误。这种谬误主要是指企业将一个有错误的创意付诸实施，包括以下内容：①产品的绝对失败，指企业不仅损失了金钱，而且其销售额连变动成本都无法收回；②产品的部分失败，指企业虽然损失了金钱，但它的销售可以收回全部的变动成本和部分固定成本；③产品的相对失败，指企业能够收回一定的利润，但是，低于公司正常的报酬率。

3) 创意的分等

对于众多通过筛选的创意，企业必须找出那些有必要优先付诸实施的创意，这就涉及对创意的分等。创意的分等主要采用指数加权法进行，见表7-3。

表 7-3 创意分等的指数加权法

产品成功的必要因素	相对权数(1)	产品能力水平(2)	评分(1×2)
产品的独特优点	0.40	0.8	0.32
高的绩效成本比率	0.30	0.6	0.18
高的营销资金支持	0.20	0.7	0.14
较少的强力竞争	0.10	0.5	0.05
合计	1.00	2.6	0.69*

*分等标准：0.00～0.30 为差，0.31～0.60 为尚可，0.61～0.80 为佳，最低标准为 0.61。

表 7-3 第一列表示产品成功导入市场的必要因素。第二列是管理层根据这些因素的相对重要性而给予的权数。下一步测试是在每一个因素上对公司的能力进行 0～1.0 的分等处理。最后是将每一成功因素的权数和本公司的能力水平相乘，得到公司成功地将产品导入市场的能力总评分。

3. 产品概念的形成

创意必须转化为市场可接受的产品概念才能为企业所采用，并且为进一步的产品开发打下基础。

1) 形成产品概念

产品创意是企业希望提供给企业并为企业所接受的一个可能产品的设想，而产品概念则是用有意义的消费者术语来表达的详细的构想。通过以下几个问题的组合，一个产品创意可以转化为几种产品概念：①产品的使用者是谁？②产品对消费者的益处是什么？③产品的使用场合在哪里？

2) 发展产品概念

通过上述步骤所形成的每一种产品概念都是一个类别概念。接下来的步骤是给每一个类别概念给予相应的市场定位。最后，产品概念发展成为品牌概念。

3) 产品概念测试

企业发展出来的产品概念要在目标消费者中给予测试，以察看该产品概念与市场的匹配度如何。在这一过程中，可以借助于计算机绘制出未来产品的样子，随后让顾客发表对该产品的看法。对于秉持现代市场营销观念的企业来讲，必须在新产品开发过程中高度重视顾客的意见。消费者的意见应该包括以下内容。

(1) 产品概念的可传播性和可信度。即消费者对产品的效用了解多少，他们在多大程度上可以觉察到这些利益。

(2) 消费者对产品的需要程度。消费者对产品是否存在着需求，需求的强烈程度如何。需求强烈程度越大，预期的市场反应就越好。

(3) 现有产品与产品概念的差距水平。消费者如果使用现有产品实现与产品概念的相同效用，那么现有产品与产品概念的差距越大，预期市场对产品概念所催生出的新产品就越欢迎。

(4) 认知价值。消费者对产品概念的认知价值越高，新产品预期的受欢迎程度就会越强烈。

(5) 消费者的购买意图。消费者对概念中的新产品是否有着强烈的购买意图。消费者的购买意图越强烈,概念中新产品的市场前景就越明确。

(6) 用户目标、购买时间和购买频率。这也是企业应该明确的内容。

4) 组合分析法

菲利普·科特勒认为,组合分析法是区分消费者使用一种产品各种属性层次后所产生的效用价值的方法。它向被测试者显示这些属性在不同组合水平的各种假设供应体,要求他们根据偏好对各种供应体进行排序。其结果能被用于确定有最佳吸引力的供应商、估计市场份额和公司可以获得的利润等一系列管理工作中。

5) 制定营销策略

完成对产品概念的测试之后,还必须在产品开发之前,制订出新产品初步的市场营销计划。这包括3个步骤的工作。

(1) 描述目标市场的规模、结构和行为,所计划产品的市场定位、销售量、市场份额、产品投放市场最初几年内的利润目标。

(2) 描述产品的计划价格、分销策略和第一年的营销预算。

(3) 描述预期的长期销售量和利润目标,以及不同时间的销售战略组合。

6) 商业前景分析

企业必须对产品概念的商业前景做出估计。企业必须考察产品概念是否能够满足企业的战略目标,以期对产品概念做出进一步的取舍。这包括以下两个步骤。

(1) 估计总销售量。按照产品销售量的变化趋势,可以将产品分为3类:①一次性购买产品,即产品刚投放到市场上的时候,销售量逐渐上升,达到最高峰后,由于潜在购买者的减少,销售量就开始急剧下降,最后趋近于零;②非经常性购买产品,即这种产品既受物理寿命的限制,又可能因为市场的变化而被抛弃,对于这类产品销售量的估计要区分首次销售量和更新销售量;③经常性购买的产品,即对于这种产品,首次购买的人数较多,随后人数逐渐减少,但如果顾客深感满意就会成为企业的忠诚顾客,从而在市场上形成一个对企业产品稳定的需求量,到这时,该产品就不再属于新产品的范畴了。因此,企业对于产品销售量的估计,不仅要预测首次购买量的多少,还要估计出重复购买的数量。

(2) 估计成本和利润。对销售量的分析,只是商业前景分析的一部分内容。另外一个很重要的内容就是对概念产品成本和利润的估计。成本包括研发成本、营销成本、管理成本和其他成本,这需要研究开发部门、制造部门、营销部门和财务部门的通力合作。利润主要是指概念产品可能给企业带来的利润,当然还包括由于开发了新产品给企业带来的整体效益——新产品开发的形象效益、新产品开发带给原有产品的好处、新产品带来的规模经济和新产品开发带来的营销上的效益等。企业必须对两项内容做出准确的估计,一是最大投资损失,即投资新产品开发可能给企业带来的最大损失是多少;二是投资回收期,即企业在多长时间内可以收回投资。

4. 新产品开发

在新产品开发过程中,需要工程人员和技术人员的通力配合。新产品开发的新技术是质量功能展开(QFD)。

1) 质量功能展开的含义

质量功能展开最先由日本学者赤尾洋二于1966年提出,并于1972年在三菱重工神户造船厂首次应用于实践。它主要是指把顾客需求转变为工程设计人员所能理解的工程指标,并逐步地部署到产品设计、开发、工艺设计和生产控制中的方法。它是一种提高产品质量,增加顾客满意度，增强产品竞争力和降低产品成本的新产品开发技术。

2) 质量功能展开的原理

消费者对产品的质量要求必须转化为工程技术语言，才能够为企业所操作。这样的要求称为质量要素。质量要素的具体质量指标为设计质量。例如，对于防盗报警系统来说，故障率低是用户的要求质量，设计质量可以表述为：平均故障时间间隔(MTBF) =25 000 小时。消费者对产品质量要求有时候通过一项质量要素就可以达到，但有时候却需要通过一组质量要素才能满足。质量功能展开的基本工具是质量屋(HOQ)。

3) 质量功能展开的实施步骤

(1) 产品规划阶段。把用户的要求质量转换为最终产品的工程特性，并通过技术竞争能力评估(从技术角度出发对现有的竞争对手进行工程特性的评价)的结果来确定最终产品各项工程特性的目标值。

(2) 零部件配置阶段。利用第一阶段确定的各项最终产品工程特性的目标值，在多个不同的方案间进行均衡比较，从多个方案中选出一个最终方案，并通过零件配置矩阵将其转换为关键零件的特征。

(3) 工艺规划阶段。以关键零件的特征作为输入值，利用工艺规划矩阵，确定实现关键产品特性、零件特性及满足用户需求所必须保证的关键工艺参数。

(4) 生产计划阶段。通过工艺质量控制矩阵为关键的零件特征和工艺参数选择适当的质量控制方法，以实现对上述参数的合理控制。

4) 新产品测试

新产品原型开发出来以后，还面临着一系列功能测试和消费者测试，以进一步给予产品改进，为将来的商业化打下坚实的基础。

(1) 功能测试。功能测试主要是把产品置于不同的环境中，从而检测产品是否能在不同的环境中表现出应有的功效，在此基础上给予产品进一步的改进。

(2) 消费者测试。有一些企业请消费者试用新产品，然后请其谈谈其试用后的效果，在消费者意见的基础上对产品给予进一步的改进。

5. 市场测试

市场测试就是新产品的试投放，选择一定的目标市场测试消费者和市场对产品的反应。市场测试的最终目的主要是为了了解消费者和经销商如何处理、使用和再购买产品。与此同时，市场测试的数量也是需要控制的，这主要受制于以下两个因素：一是投资成本和风险的影响；二是受到时间压力和研究成本的影响。既然市场可以分为消费品市场和企业市场，那么市场测试也就可以划分为消费品市场测试和企业市场测试。

1) 消费者市场测试

针对消费品的市场测试，企业需要了解产品试用率、首次购买率、采用和购买频率。消费者市场测试的方法主要包括以下4种。

(1) 销售波研究。这种方法主要是指企业选取一部分目标顾客，然后将新产品免费派送给消费者。在消费者试用了新产品之后，再将新产品以较低的价格出售给消费者。企业重复向消费者提供产品3~5次，然后观察有多少消费者再次选择本企业的产品以及他们对产品满意度的信息。销售波研究也涉及使消费者看到一种或几种粗略的广告概念的形式，以观察广告对重复购买的影响。

(2) 模拟市场测试。这种测试方法需要企业找到 30～40 名熟悉该类产品和品牌的目标顾客，请他们观看一组广告，其中包括了本企业产品和竞争产品的广告，然后向他们分发货币，并要求他们到市场上去购买产品。公司需要观察这些目标顾客在购买期间的消费行为以及有多少顾客购买了本企业的产品，并向他们询问购买或不购买本企业产品的理由。几个星期以后，企业再打电话向他们询问关于产品的使用情况、满意程度和再购买意图。最后，将这些结果输入到预测模型里，便可以得到企业产品的预期销量。

(3) 控制测试营销。这是一种在有控制的条件下对消费者市场进行分析和研究的方法。企业需要找到一个地方性的商场，在给予对方一定报酬的情况下，在其店内进行关于企业新产品的实验。企业负责安排货架位置、饰面数量、陈列和购买点的促销活动和定价等。这种方法的优势在于可以在没有消费者参与的情况下对产品的市场反应做出观察，并且企业不需要动用自己的销售力量和建立自己的分销渠道，但这种方法也极其容易让企业暴露在竞争者面前。

(4) 测试市场。测试市场是指企业选择若干个区域市场作为目标市场，然后派出销售力量向供应商和顾客推广自己的产品。在这些目标市场上，企业将像向全国推出产品那样，展开促销活动。在市场测试之前，管理层必须对以下问题做出决策：测试多少城市、选择哪些城市、测试期限、搜集什么信息和采取哪些行动等。

2) 企业市场测试

企业市场与消费者市场有很多不同点，企业市场测试可以通过以下方法进行。

(1) 试用测试。请客户在企业内部和外部试用企业的产品，并且做出评价，以便企业估计产品的特性能否满足目标市场的需要和对市场前景做出估计。

(2) 展览会。企业开发出新产品后，可以将其拿到展览会上展览。通过这种方法，企业可以知道有多少客户对新产品感兴趣以及新产品的受欢迎程度如何。

(3) 陈列室。企业将自己的新产品放到经销商的陈列室里进行展销，并且和竞争者的产品摆到同一个货架上，以此来测试消费者在本企业产品和竞争者产品之间如何做出抉择。

6. 商业化

企业将研发出来的产品正式投放市场，在这个时候，企业将面临巨大的成本压力。首先，企业需要在最优产量上做出抉择，产量太小，无法达到规模经济，也可能不能满足市场潜在的需要。过大的产量则可能造成产品的积压与库存。另外，企业也要很好地控制自己的营销成本。在将企业的产品投放市场之前，企业需要考虑以下 4 个问题。

1) 产品投放市场的时机

在产品投放市场之时，企业必须考虑竞争因素。相对于竞争者来说，企业可以有以下 3 种选择。

(1) 领先进入市场。这种选择，可以形成企业的先发优势，包括争取到最有利的经销商，并在消费者心目中争取到有利的市场定位。

(2) 同时进入。这样企业可以和竞争者共担风险，并且造成较大的市场影响。

(3) 后期进入。后期进入的企业可以避免开发市场的风险，并且可以学习先进入企业的经验，避免先进入企业出现的失误。

如果企业是要用一种新产品来代替老产品，应该等老产品退出市场之后再推出新产品。

2) 产品投放市场的地理区域

企业在将新产品推出市场的时候，应该考虑是先投放到若干区域市场，还是向全国市场全面铺开，甚至于打入国际市场。这些选择与企业的规模有很密切的关系，规模小的企业可以选择先占领区域市场，再逐步扩大市场规模的方法。规模大的企业则可以有较大的选择余地。如果企业要把新产品同时推向国际市场，则要考虑对产品进行重新设计，以适应目标国的风俗文化。在选择目标市场的时候，企业可以按照从易到难、从利润高到利润低的顺序来逐步扩大自己的市场。

3) 目标客户的选择

消费者个人的特征会影响他们对创新产品的使用。这包括以下几个方面。

(1) 消费者的创新性。这反映的是消费者对创新产品的态度，有些消费者比较容易接受新事物，另外一些则对新事物持排斥态度。

(2) 教条性与教条主义。教条性与教条主义反映的是个体对不熟悉的事物或与其现有信念相抵触的信息在多大程度上持僵化立场的个性特征。非常教条主义的人对待新事物往往持僵化立场，而稍有教条主义的消费者则容易接受新事物。另外，教条主义倾向严重的人更可能接受带有"权威诉求"的新产品广告。

(3) 社会性格。在心理学领域，社会性格是用来描述个体内倾的个性特质。内倾型的消费者倾向于运用自己内心的价值观或标准来评价产品，他们更可能成为创新采用者，相反，外倾型消费者倾向依赖别人的指引做出是非判断，因此成为创新采用者的可能性比较小。

(4) 最适激奋水平。最适激奋水平反映的是消费者追求的生活方式刺激水平。如果生活方式缺乏刺激，消费者就会追求刺激，也就会采用创新产品；反之，如果生活过度刺激，消费者就会追求安宁。

因此，对于企业来讲，要首先找到倾向于采用新产品的消费者，将产品销售给他们。为了促使普通大众尽快采用新产品，最好能够找到意见领袖，他们具有率先采用新产品的天性，并且在普通消费者中具有较大的影响力。

4) 产品投放市场的方法选择

企业必须选择一种合适的方法将产品投放到市场上，当然这种方法要能够吸引到最多的注意力。例如，汽车厂商每推出一款新车，都要举行盛大的新车发布仪式，以吸引社会方方面面的注意。

 案例 7-3

开发新产品——阿尔法电子技术公司的成功之道

新产品是企业的财富之源，它直接关系到企业的生存与发展。企业每时每刻都能体会到来自四面八方的危机，不是光凭勇气和蛮干便能成功的，企业必须知道自己的优势，然后充分利用。手中有了王牌产品，企业就可以在任何棋局上镇定自若，从容下注，从而得到源源不尽的财富。

日本东京都墨田区隅田川两岸是著名的街道式厂区，这里集中着大批中小企业。阿尔法电子技术公司就设在这里，它生产除它之外只有美国一家公司才能制造的超精密金属箔电阻，在日本独一无二。

金属箔电阻在1万瓦的电力下，温度只上升1℃，电阻值只变化一千万分之一。这一尖端产品是该公司董事堀井和夫在东京电气工业公司开发研究所工作时研制出来的，他当时是这一科研项目的领导人。由于市场有限，公司认为赚不了大钱，不愿将这一科研成果投入生产。于是，堀井和夫约集了13名志同道合者自筹资金300万日元，创办了名为阿尔法的电子技术公司。2年后，他们又在秋田县这个劳动力丰富、工资低廉的地区建立了协作厂，两处加在一起，也只有34名职工和4 000万日元的资本。阿尔法电子技术公司除了将上述金属箔电阻投入生产和市场外，还先后研制成功超精密级电阻网络、高精密感温电阻等新产品。目前，产品销售额已达5亿日元。

阿尔法电子技术公司研制新产品的经验是要敢于向未知的领域挑战。例如，金属箔电阻，前人没有做过，如何生产书本上也没有记载，要想研发，只有凭自己的手反复做实验，公司不知经过了多少次失败，才找到了最佳配方。企业能否发展，关键在于能否研制和生产具有特点、与众不同而且价格更低廉、质量更可靠的王牌产品。该公司在开业的初期连员工的工资都出不出，而现在，连东芝公司的最新医疗设备也采用了金属箔电阻，用户达到了数百万家。

7.4 产品品牌与包装

7.4.1 产品品牌的含义与作用

1. 产品品牌的含义

企业竞争的最高层次表现为品牌之间的竞争。企业创建品牌的工作，是一项技术，更是一项艺术。美国市场营销学会给予品牌的定义是：品牌是一种名称、术语、标记、符号或设计，或是它们的组合运用，其目的是借以辨认某个销售者或某群销售者的产品或服务，并使之同竞争对手的产品和服务区别开来。

一个完整的品牌应该具有以下6层意思。

(1) 属性。一个品牌首先应该代表一定的属性。例如，海尔代表优良的服务，沃尔玛代表低价格。

(2) 利益。品牌所代表的属性必须转化为对消费者有意义的利益。例如，优质的服务代表消费者可以更放心地使用该企业的产品。

(3) 价值。品牌还表示企业所代表的价值。例如，梅赛德斯-奔驰代表了高性能、安全和威信。

(4) 文化。就目前的市场营销发展趋势来看，品牌的文化内涵已经越来越受到人们的重视。例如，可口可乐就代表了美国文化。

(5) 个性。品牌个性是品牌形象的一部分，是指产品或品牌特性的传播以及在此基础上消费者对这些特性的感知。消费者需要借助于品牌个性来延伸自我。

(6) 使用者。品牌还能勾画出产品使用者的特征。例如，人们印象中坐在奔驰车轿里的应该是一位50岁的经理，而非20岁的女秘书。

2. 产品品牌的作用

1) 将企业的产品与竞争者产品区别开来

品牌是企业产品的象征和标志。消费者通过品牌将企业的产品与竞争者的产品区别开来，对于企业来说，这形成了企业产品与竞争者产品的相对差异性，从而使得企业可以制定一个相对差异的价格；对于消费者来说，通过选择某个品牌的产品进而形成品牌忠诚，可以在一定程度上降低购买的认知风险，减少精力和时间的耗费。

2) 保护企业的无形资产

品牌特别是知名品牌是企业的一项极其重要的无形资产。品牌中的商标通过法律注册后，就会受到法律的保护。这样一方面可以避免其他企业对企业品牌的模仿和假冒，另一方面也增强了消费者购买的信心。

3) 降低企业营销的难度

企业可以通过创建知名品牌，赢得市场竞争优势。这是因为，一方面消费者很大程度上会选择熟悉的知名品牌来购买产品，从而增强企业推广其品牌的迫切性；另一方面，产品自身的特征会影响品牌的美誉度，这就促使企业努力提高其产品的性能，以满足消费者的需要。

4) 增值功能

知名品牌能够给企业带来差别于竞争者的独特优势，从而使得企业在市场上赢得溢价。企业的超额利润就是品牌的增值功能。当然，品牌本身作为企业的一项无形资产，也会随着品牌知名度和美誉度的不断提升，得到很大程度的增加。

7.4.2 产品品牌策略

可供企业选择的产品品牌策略主要包括以下6种。

1. 品牌有无策略

企业首先要对是否创建品牌做出抉择。产品是否使用品牌要视企业产品的特征和战略意图来定，大多数产品需要通过品牌塑造来提升其形象。但有些产品则没有必要塑造品牌，这包括：①大多数未经加工的原料产品，如棉花、矿砂等；②同质化程度很高的产品，如电力、煤炭、木材等；③某些生产比较简单，选择性不大的小商品，如小农具；④临时性或一次性生产的产品。这类产品的品牌通常效果不大，因此企业不塑造品牌反而可以为企业增加利润。

2. 品牌使用策略

企业在决定了使用品牌之后，还要决定如何使用品牌。企业通常可以在3种品牌使用策略之间进行选择，它们包括：①制造商品牌策略，即企业创立品牌，从而赋予产品更大的价值，并从中获得品牌权益；②经销商品牌策略，即实力强大的经销商会倾向于树立自己的品牌，而实力弱小、无力塑造品牌的小企业则通过OEM(定点生产)来赢利，有一部分大企业也会将这种业务当作自己重要的利润来源，这是由于渠道实力的逐渐增强所导致的；③混合策略，企业对自己生产的一部分产品使用制造商品牌，而对另外一部分产品则使用中间商品牌，这种策略可以使企业获得上述两种策略的优点。

3. 统分品牌策略

如果企业决定使用自己的品牌，那么还要进一步在使用单一品牌和使用多品牌之间做出抉择。

1) 统一品牌策略

企业对所有产品均使用单一的品牌。例如，海尔集团的所有家电均使用海尔品牌。单一品牌策略可以使企业的品牌效益最大化，使不同的产品都享受到品牌所带来的声誉，并建立企业对外统一的形象。但单一品牌也可能使企业由于某些产品的失败而受损。

2) 个别品牌策略

企业对不同的产品使用不同的品牌。这种策略避免了品牌由于个别产品失败而丧失声誉的危险，同时有助于企业发展多种产品线和产品项目，开拓更广泛的市场。这种策略的主要缺点是品牌过多，不利于发挥营销上的规模性。这种策略适用于那些产品线很多，产品之间关联性小的企业。

4. 品牌延伸策略

品牌延伸策略是指企业利用已有的成功品牌来推出新产品的策略。例如，百事可乐公司在碳酸饮料取得成功之后，又推出了服装、运动包等产品。这种策略可以借助成功品牌的声誉将新产品成功地推向市场，节约了企业市场推广的费用，但新产品的失败可能给原有品牌的声誉带来影响。

5. 多品牌策略

多品牌策略是指企业为一种产品设计两个或两个以上的品牌。这种策略的主要优势在于以下几个方面。

(1) 可以占据更多的货架空间，从而减少竞争者产品被选购的机会。
(2) 可以吸引那些喜欢求新求异而需要不断进行品牌转换的消费者。
(3) 多品牌策略可以使企业发展产品的不同特性，从而占领不同的细分市场。
(4) 发展多种品牌，可以促进企业内部各个产品部门和产品经理之间的竞争，提高企业的整体效益。例如，宝洁公司的洗发水就拥有潘婷、海飞丝、飘柔等不同的品牌。

6. 品牌重新定位策略

由于消费者需求和市场结构的变化，企业的品牌可能丧失原有的吸引力。因此，企业有必要在一定的时期对品牌进行重新定位。在对品牌进行重新定位的时候，企业需要考虑以下两个问题。

(1) 将品牌从一个细分市场转移到另外一个细分市场所需要的费用，包括产品质量改变费、包装费及广告费等。
(2) 定位于新位置的品牌的赢利能力。赢利能力取决于细分市场上消费者人数、平均购买力、竞争者的数量和实力等。

企业需要认真考察各种对品牌进行重新定位的方案，以选择赢利能力最强的方案来实施。

7.4.3 产品包装的含义与作用

1. 产品包装的含义

产品的包装通常是指产品的容器、包装物和装潢的设计。
1) 产品包装的层次
产品包装一般包括以下 3 个层次。
(1) 基本包装，即商品的直接容器和包装物，如盛装啤酒的瓶子、装香烟的纸盒。
(2) 次级包装，即基本包装外层的包装。
(3) 运输包装，即为了运输的安全和方便而加于产品之上的包装。
2) 产品包装的构成要素
(1) 商标。企业一般要在包装的显著位置表明代表企业产品的商标。
(2) 形状。包装的形状要便于搬运、储存与陈列，而且还要符合消费者的审美观念。
(3) 颜色。颜色也是包装的一个组成部分，颜色的选用要能够突出产品的包装，并符合目标市场的文化要求。例如，中国联通将标志由蓝色改为红色就是为了塑造一种亲近顾客的形象。
(4) 图案。包装上的图案要能够突出产品特色，并且清晰、易懂。
(5) 材料。恰当的包装材料能够促进企业产品的销售，因此企业也要注意对包装材料的选择。

2. 产品包装的作用

产品包装最初的作用是保护产品、方便运输。随着市场竞争的发展，包装也已成为企业非价格竞争的一个重要手段。良好的包装能够为企业带来营销价值。产品包装的具体作用包括以下 4 个方面。

1) 保护产品

这是包装的基本功能，良好的产品包装能够保护产品在运输、储存过程中免于损坏。

2) 促进销售

设计精美、富有新意的包装能够起到吸引消费者注意力、促销产品的功能。与此同时，包装也能体现产品的市场定位。例如，定位于高端市场的产品通常拥有精美、豪华的包装。

3) 创造价值

包装创造价值的作用主要体现在以下两个方面：

① 包装提高了产品的附加价值，消费者愿意购买包装精美、富有创意的产品；

② 包装能够体现品牌形象，漂亮的包装是无声的广告。

4) 提供便利

不同的包装可以帮助消费者很方便地识别不同的产品，从而节约了消费者的时间和精力。另外，便利的包装也能够方便消费者携带和储存产品。

7.4.4 产品包装策略

鉴于产品包装在产品营销上的巨大作用，企业对产品的包装工作必须给予足够的重视。对企业来说，可供其选择的包装策略包括以下 7 种。

1. 类似包装策略

类似包装策略是指企业在各种类型不同的产品上使用外形类似、图案类似、具有共同特征的包装，使企业各种产品具有统一类似的包装，从而使得消费者从外观上就可以直接判断出企业的系列产品。类似包装策略的优点在于：壮大企业声势，扩大企业影响，特别是在新产品初次上市之时，可以借助企业原有的声誉迅速使消费者接受新产品；类似的包装反复出现，无疑增加了企业形象在消费者面前的曝光率，客观上起到了宣传企业产品的效果；采用类似的包装可以节省包装设计和印刷成本。

2. 差异包装策略

企业对不同的产品采用风格各异的包装，从而将不同市场定位、满足不同目标市场需求的产品区别开来。这种策略的优点是一种产品的失败不会波及企业的整体形象，但是却增加了企业的成本。

3. 配套包装策略

配套包装策略是指企业将两种或两种以上在消费上具有关联性的产品放在一个包装内出售。这种关联性可表现在使用、观赏或自身系列配套等方面。配套包装策略可以方便消费者的购买和使用，并且还可以帮助企业促销滞销的产品。但是，企业需要注意的是产品的搭售不要引起消费者的反感，或者损害消费者的利益。

4. 重复使用包装策略

重复使用包装策略是指产品的包装在产品被使用之后,可以移作他用。这种包装策略可以引起消费者的购买兴趣,移做他用的产品包装也可以起到宣传企业产品的效果。例如,盛装饮料的瓶子常被用来插花或做其他用途。

5. 等级包装策略

这种包装策略是指企业根据产品的档次和价格给予其不同的包装。这些不同的包装在成本上具有很大的差别,可以丰富消费者的选择。例如,购买产品用来送礼的消费者可能更倾向于购买具有豪华包装的产品,而为了自己使用的消费者则会购买简易包装的产品。

6. 更新包装策略

更新包装策略是指用新的包装来代替老的包装。这种策略常常在企业的销售陷入困境的时候使用,包装的更新就像产品的更新一样,能够给消费者以耳目一新的感觉。在一般情况下,一个企业的品牌和包装要保持稳定性。但是,当出现以下 3 种情况的时候,企业需要更新包装。这 3 种情况包括:第一,产品的质量出现了问题,给消费者留下恶劣的印象;第二,竞争者太多,原有包装不利于打开销售局面;第三,原包装使用时间过长,消费者产生了陈旧感。例如,河南省卫辉食品厂就通过将纸包装改为塑料包装,由一般纸箱式包装改为手提礼品式彩色箱,从而一举打开销售局面,产品远销至我国香港和日本。

7. 附赠品包装策略

附赠品包装策略是指企业在包装中附赠小礼品,吸引消费者购买和重复购买,以扩大产品销量的包装策略。附赠品包括玩具、图片、奖券等,这种策略常被用来开发儿童、青少年或低收入者市场。

案例 7-4

娃哈哈的品牌延伸

1987 年,宗庆后带领两位年老体弱的退休教师靠借款 14 万元在杭州办起了一家只有十几平方米,以经营纸张铅笔等文具为主要业务的校办企业经销部,这就是今日享誉大江南北的娃哈哈集团公司(以下简称娃哈哈)的前身。

20 世纪 80 年代后期,正值改革开放大旗席卷整个中国,人民生活水平普遍提高,人们对物质生活的要求也不断提高。人们要吃饱,更要吃好。于是,各种营养滋补品应运而生。然而市面上五花八门、名目繁多的营养品中唯独缺少一种专门供儿童用的营养液。而那些老少皆宜的全能型产品普遍含有较高水平的性激素的报道不断见诸报端,使家长们避之唯恐不及。

通过调查发现,在被调查的 3 000 多名小学生中,有 1 336 名患有不同程度的营养不良症,缺铁、缺锌、缺钙等营养成分的有 44.4%,主要原因是由于独生子女受溺爱,导致了挑食、偏食、营养不全以致身体素质下降。当时中国有 4 亿多儿童,由于历史原因,20 世纪 60 年代的生育高峰导致 90 年代又一次生育高峰,儿童人数有增无减,目标市场广阔,潜力极大。

打棒球要对准没人的地方打,企业也可以对准被竞争者忽视的市场部分,将产品之球打出去。娃哈哈的创办人宗庆后瞅准了这个市场空当,着手开发儿童营养液。他请来了当时唯一设有营养系的浙江医科大学的教授,运用中国传统食疗理论,结合现代营养学合理营养原则,同时邀请中国有名望的营养学家进行反复论证,进行大量动物和人体试验,取得一系列宝贵数据,推出了中国第一支儿童营养液——娃哈哈儿童营养液。

娃哈哈儿童营养液营养成分齐全,不含性激素,味道可口,更重要的是它切中了独生子女挑食厌食以致营养不良的要害,解决了令家长们头疼不已的问题。为了广泛宣传这一诉求点,从 1988 年起,娃哈哈每晚必在新闻联播前的黄金时间推出广告——活泼健康的孩子蹦蹦跳跳地摇着营养液:"喝了娃哈哈,吃饭就是香。"地毯式轰炸将娃哈哈儿童营养液送入了千家万户,娃哈哈当年就获利38万元。

娃哈哈凭借成功的产品,附以有效的广告宣传,提出了打动人心的独特销售主张,将特别的爱奉献给特别的目标市场,取得了巨大的成功,并为日后的进一步发展奠定了坚实的基础。

娃哈哈儿童营养液在巩固儿童市场的同时,向其他市场发起了进攻。娃哈哈将银耳燕窝营养八宝粥推向中老年市场,广告诉求也从"妈妈我要喝"转变为"送给你的丈母娘"。这暗示着娃哈哈推出的产品不仅针对儿童,而且适合成年人。

娃哈哈1992年开发出果奶系列产品,此前,乐百氏的乳酸奶早已上市,并成为乳酸奶市场第一品牌。娃哈哈运用"给消费者以实惠"的方式,在杭州市首先推出跟进性产品——"甜甜的,酸酸的"的果奶,加入乳酸奶市场竞争队伍。以后随产品结构的调整,其经营重心逐渐转移到果奶上,以至完全取代儿童营养液,成为企业当家产品,果奶市场上升为全国第二位,与乐百氏形成势均力敌的竞争态势。

1995年,在全国乳酸奶市场趋于饱和的情况下,娃哈哈推出了市场前景看好的新产品——纯净水。1996年,偶像歌星景岗山一曲"我的眼里只有你",使人们从他的眼中看见了钟情的娃哈哈纯净水。1998年,毛宁在全国巡回演唱"心中只有你",以其健康的新形象感染了消费者。1999年,"健康,纯净,爱你,爱他"的王力宏,微笑展示娃哈哈纯净水,吟唱着"爱你就等于爱自己"。几乎无人可以抵挡他们的魅力,几乎无人可以抗拒娃哈哈的吸引力。至此,娃哈哈在瓶装水市场"技压群芳",与乐百氏、养生堂三分天下。

1997年娃哈哈推出由国际营养学院推荐,为维护健康和营养平衡,更有利于钙质吸收的新产品——AD钙奶。其后又推出的200毫升的大容量、低价格的AD钙奶,由于消费者得到了经济上的实惠而十分畅销。而后,娃哈哈又推出了非常可乐。所有这些新产品都凭借着"娃哈哈"这一知名品牌打入市场。

本 章 小 结

产品的整体概念是指产品由核心产品、形式产品、扩大产品3个层次组成,每个层次上都可以创造出企业产品的差异化。产品组合即企业产品的搭配,其衡量标准可以分为产品组合的宽度、长度、深度和相关度。产品市场生命周期由市场导入期、市场成长期、市场成熟期和市场衰退期4个阶段组成,各阶段都有独特的特点,须采用不同的营销策略。新产品是一个相对的概念,新产品开发的组织与新产品开发程序是新产品开发管理的重要内容。随着竞争的日益升级,产品的品牌和包装也日益被企业和市场重视,产品品牌及包装的含义和策略构成了该部分的主要内容。

关键术语

产品整体概念——whole product concept　　产品市场生命周期——product market life cycle
产品组合——product mix　　产品线——product line　　产品项目——product item
品牌——brand　　品牌权益——brand equity　　包装——packing

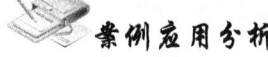
案例应用分析

上海"冠生园"的品牌之争

早在1949年,上海有一家著名的糖果厂——ABC糖果厂,该厂的老板冯伯镇是一位通晓经营之道的生意人,他看到当时《米老鼠》卡通片在上海滩,特别是在儿童中风靡一时、备受喜爱,就灵机一动设计了一种米老鼠包装的糖果,并将其命名为"ABC米老鼠"奶糖,从此,"ABC米老鼠"奶糖就在上海滩一下子走俏,并成为国内最畅销的奶糖。而此时,"米老鼠"的"亲生父亲"沃尔特·迪斯尼还未开始利用他所创造的这一卡通形象来做生意。

1949年以后,ABC糖果厂进行了公私合营和改造,更名为"爱民糖果厂",之后又并入冠生园(集团)有限公司,(以下简称冠生园),其主要产品仍是"米老鼠奶糖"。到20世纪50年代,批判"崇洋媚外"思想盛行,"米老鼠"毕竟产生在国外,难免有所献疑。再加之当时的爱国卫生运动中兴起了"除四害",而老鼠作为四害之首,人人喊打,冠生园不得不担心"米老鼠"的形象会使企业受到损失。他们决定再选择另一种卡通形象,作为产品的品牌,这时他们想到了兔子,形象活泼、幽默风趣、天真善良的兔子无疑是一种"正面形象",于是就请上海美术设计公司设计了一种以大白兔为核心的包装。1956年,"大白兔奶糖"作为冠生园的一个新品牌问世,它立刻受到了消费者的青睐。1959年,冠生园将"大白兔奶糖"作为自力更生的成果向国庆10周年献礼,接着,开始组织产品出口,受到国外消费者的一致好评。当时在国外有一种说法,"把2块大白兔奶糖放到水中就可以泡成1杯牛奶",可见"大白兔奶糖"质量之高,信誉之佳。在此后几十年里,"大白兔奶糖"不断改进质量和包装,形成了独特的配方和稳定保质的工艺流程,产品一直盛销不衰,成为中国的一大特色产品。1979年,"大白兔奶糖"荣获国家银质奖,1992年又被评为中国14大驰名商标,是其中唯一的一个食品类品牌。

1. 痛失"米老鼠"

由于没有产品整体观念,没有品牌意识,冠生园一直没有将"大白兔"和"米老鼠"进行商标注册。有段时间,国内外有不少厂家假冒"大白兔"和"米老鼠",争夺冠生园的市场,这也未能引起该厂的觉醒。1983年,一家来自广州的只会生产硬糖的糖果厂到冠生园"取经",善良的老师傅们手把手地把生产奶糖的技术教给他们,而"徒弟"回去后就开始生产奶糖,并又还从师傅那里顺手牵走了一个品牌形象——一只牵着3只气球的米老鼠。两年后,当冠生园想到要去注册"米老鼠奶糖"时,却意外地收到一张驳回通知书,原来南方的"徒弟"已经抢先一步,在几个月前把师傅的商标注册了。没过多久,又传来一个消息,美国的沃尔特·迪斯尼公司为了夺得"米老鼠"形象在中国的垄断权,以4万美元从广州那家小厂买下了"米老鼠"商标,冠生园这时才痛惜万分,区区4万美元,按当时的汇率只值十几万人民币,而从ABC糖果厂到冠生园,半个世纪为这个品牌付出的心血却一下子付之东流了。沃尔特·迪斯尼本是"米老鼠"名正言顺的"生父",并且又通过法律手段正大光明地夺回了在中国的控制权,这时的冠生园只得忍痛割爱,舍弃了"米老鼠"这个著名的中国糖果品牌。

2. 拯救"大白兔"

美国的沃尔特·迪斯尼公司在买到"米老鼠"商标控制权后,又找到冠生园,表示允许冠生园继续使用该商标,但要求每年分享利润的8%作为商标特许使用费。实实在在的、冷冰冰的数字似一记重槌,使冠生园震惊、痛心、痛定思痛,他们终于从梦中觉醒。值得庆幸的是,当年的"除四害"使冠生园诞生了一只"大白兔",而不至于倾家荡产。更幸运的是,当时的国家工商行政管理局出于深远考虑,为获得质量奖的国优产品保留了注册商标的权利,才使"大白兔"商标幸运地得到了注册。

大梦初醒的冠生园在"米老鼠"的风波中学到了不少东西,他们在考虑如何保卫自己仅存的"大白兔"品牌。当时,对"大白兔奶糖"的假冒侵权行为十分严重,假冒产品遍及全国17个省市,并且跨国假冒,在泰国和菲律宾也出现了假冒的"大白兔奶糖"。另外,还出现"影射侵权",即将与"大白兔"注册商标相同或相似文字、图形作为自己产品的名称和包装装潢,以图混淆视听,愚弄消费者。

针对以上情况,冠生园开始苦苦钻研商标战术,决定把"大白兔奶糖"的整个包装分别作为8种商标注册,使一张糖纸和包装袋的任何部位都具有法律保护。同时围绕主商标,他们又设计出十几种近似商标,包括大白兔、大灰兔、大黑兔、大花兔、小白兔、金兔和银兔等,都进行了商标注册,组成"立体防卫体系",使"大白兔"商标成为一个"家族商标群"。鉴于包装装潢并不受商标保护,但可以申请外观设计专利,于是冠生园又决定建立商标注册与申请专利相结合的一个互补系统,这样就形成了一个开阔的防御体系，防止任何假冒品牌向主商标靠拢。

冠生园又进一步认识到，"大白兔"是一个公认的含金量极高的商标，如果仅仅把它局限在糖果行业而且还是特定的"奶糖"这一品种上，未免显得眼光过于狭窄。从长远利益出发，冠生园开始把自己的"大白兔"商标在与企业发展有关的所有领域进行超前注册，现在，不仅在食品、服装、家具、自行车等行业，就连餐饮、通信、银行和保险等服务性行业，"大白兔"商标都拥有了一席之地。

冠生园的全面出击并不是到此为止，当年的沃尔特·迪斯尼公司对"米老鼠"的垄断，也教会了"大白兔"到境外去"抢滩"，占领国际市场。从痛失"米老鼠"的1985年起，他们就拿出大量外汇在境外注册了"大白兔"商标，先是在华人聚集区，后来企业的决策者又提出："凡是地图上有的国家，'大白兔'都要蹦到那里去。"也就是说要向一切现实的和潜在的出口国家和地区超前注册"大白兔"商标，谋求对"大白兔"的法律保护。今天，冠生园已在工业知识产权"马德里协定"的20多个成员国和另外70多个国家和地区拿到了"大白兔"的注册证。

讨论：
(1) 如何理解市场营销学中产品的整体概念？
(2) 生产企业尤其是名牌产品生产企业应该如何保护自己的品牌？
(3) 案例中提到"大白兔"建立起自己未来的发展空间，如果冠生园将其业务真的扩展到其注册的众多领域，你认为有何利弊？

思 考 题

(1) 如何理解产品整体概念？
(2) 产品组合的概念包括哪些？
(3) 试述企业产品的组合策略。
(4) 简述产品生命周期各阶段的特征与营销策略。
(5) 简述新产品开发的原则与程序。
(6) 品牌的作用有哪些？

第 8 章 价格策略

教学目标与要求

通过本章的学习,学生应对市场营销中的价格策略有一定的了解和认识,能针对不同的案例进行分析并提出自己的解决方案;了解影响定价的主要因素,掌握各种营销环境下定价的基本方法,掌握并灵活运用各种定价策略。

本章知识点

影响定价的 4 个主要因素;3 种定价的基本方法;5 种定价的基本策略;定价方法与策略的应用。

与价格策略有关的现象

(1) 日本的大米在中国要比中国的大米贵很多倍。
(2) 中国的家电企业一次又一次地爆发价格大战。
(3) 相同的商品在不同的地方价格会相差很多。
(4) 使用个人通信工具要交月租费。
(5) 很多商场喜欢在节假日举行促销活动。
(6) 景区内的很多服务会在节假日涨价。

这些例子都与价格策略有关,还有很多类似的例子可以列举。它们其实就发生在我们的身边,那么导致企业选择不同价格策略的根源是什么呢?

8.1 影响定价的主要因素

价格的变动直接影响消费者的购买行为,也关系到生产经营者赢利目标的实现。价格策略是市场营销系统中最活跃的因素,也是企业可控制的市场营销因素中最难把握的因素之一。所以,价格问题是市场的核心问题,选择价格策略是市场营销的核心步骤。在现在的市场环境下,重视价格以及价格策略,是企业实现良好发展的关键。价格制定的步骤如图 8.1 所示。

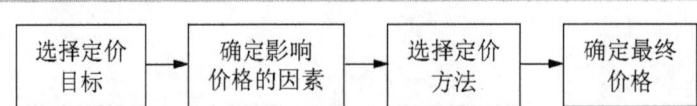

图 8.1　价格制定的步骤

8.1.1　定价目标

在市场经济日益成熟的条件下，价格已成为影响市场需求的主要因素，所有企业都要对其生产或经营的产品制定适当的价格。这样才能扩大销售，提高市场占有率，增加赢利。因此，企业管理部门必须做出合理的定价决策，以保证其实现最佳的经济效益。企业在定价之前，首先要考虑与企业总目标、市场营销目标相一致的定价目标，并把它作为确定价格策略和定价方法的依据。企业的定价目标可分为以下几类。

1. 利润导向定价目标

利润是考核和分析企业营销工作的一项综合性指标。许多企业都把利润作为重要的定价目标，具体有以下 3 种情况。

1) 以获取预期利润率为目标

预期利润率是指投资者将一定时期的利润水平规定为投资额或销售额的一定比率。也就是说，投资者既不追求一时的高利，也不因追求高销售量而放弃利润，而是力图保持长期稳定地获得利润。以一定的预期利润率为定价目标，其关键是确定预期利润率。不同的投资者可根据产品的销售、流动资金等状况，确定不同的利润率。对于占用资金少、资金周转速度快的产品，可以以较低的销售利润率为目标；对于占用资金多、资金周转速度慢的产品，可以以较高的销售利润率为目标。

2) 以获取最大利润为目标

实现最大利润是企业的最大愿望。最大利润是指企业在一定时期内可能并准备实现的最大利润总额，这是常见的定价目标之一。企业在采取以获取最大利润为定价目标时，需具备 3 个条件。

(1) 企业的产品在市场上具有一定优势，且在计划期内不易丧失这些优势。

(2) 同行业竞争对手不强。

(3) 能较准确地掌握本企业产品的需求或成本状况，为实现这一定价目标提供科学依据。

另外，实现以获取最大利润为定价目标的方法就是提高产品的价格，提高单位产品的赢利额，追求短期利润最大化。

3) 以获取合理利润为目标

它是指为了保持销售稳定或减少竞争对手，达到长期占领市场的目的，以获取合理利润为定价目标。以获取合理利润为定价目标是指企业在补偿正常情况下的社会平均成本的基础上，适当地加上一定量的利润作为商品价格，以获取正常情况下合理利润的一种定价目标。合理的标准是既能获得一定的利润，又能减少竞争者的加入。在此种目标下，商品价格适中，顾客乐于接受，政府积极鼓励。以获取合理利润为定价目标常被大型企业采用。

2. 销量导向定价目标

销量导向定价目标是指企业希望获得某种份额的市场占有率而确定的价格目标。市场占有率是指一个企业的产品销售量在市场同类产品销售总量中所占的比重。不断扩大产品销售量是提高市场占有率的主要途径。根据产品需求规律，要增加产品销售量就要降低产品价格。这样，从单位产品来说，利润水平可能降低，但从利润总额看，由于产品销售量增加，有可能弥补单个产品利润量减少的损失，甚至增加利润总量，这是企业制定和调整产品价格时所采用的定价目标之一。销量导向定价目标要求企业具备的条件是：有潜在的生产经营能力，总成本的增长速度低于总销售量的增长速度；产品的需求价格弹性较大，即能够薄利多销。一般来说，这一定价目标要优于以扩大利润为目标。在产品市场不断扩大的情况下，如果只顾短期利润，可能会降低市场占有率，不会取得较好的经济效益和社会效益，不利于长期而稳定地获得利润。为了长远利益，有时需要减少甚至放弃眼前利益。因此，许多资金雄厚的大企业，喜欢以低价渗透的方式建立一定的市场占有率。一些中小企业为了在某一细分市场获得一定优势，也十分注重扩大市场占有率。

3. 适应或避免竞争导向定价目标

适应或避免竞争导向定价目标是指企业在竞争激烈的市场上以适应或避免竞争为目标。在市场竞争中，企业在制定产品价格时，为适应或避免竞争，需要广泛收集有关竞争者价格方面的资料，将本企业的产品质量与竞争者的同类产品进行比较，然后在高于、低于或等于竞争者价格这 3 种定价策略中选择其一。当市场存在领导者价格时，新加入者要想把产品打入市场，争得一席之地，只能采取与竞争者相同的价格。一些小企业因生产、销售费用较低，或某些企业为扩大市场份额，定价会低于竞争者。只有在具备特殊条件时，例如，资金雄厚、拥有专有技术、产品质量优越、推销服务水平高等，才有可能把价格定得高于竞争者。

4. 质量导向定价目标

产品质量导向定价目标是指企业通过在市场上树立产品质量的领先地位而在价格上做出的反应。优质优价是一般的市场供求规则，研究和开发优质产品必然要支付较高的成本，自然要求以较高的价格得到回报。采取这一定价目标的企业必须具备两个条件：①高质量的产品；②提供优质的服务。

5. 生存导向定价目标

当企业生产能力过剩、市场竞争激烈或者要改变消费者需求时，要把维持生存作为自己的主要目标。为了保持工厂继续开工和使存货减少，企业必然要制定一个低价格，并希望市场对价格十分敏感。生存比利润更重要，不稳定的企业一般都会求助于大规模的价格折扣，为的是能保持企业的活力。对于这类企业而言，只要其价格能弥补变动成本和部分固定成本，即单价大于单位变动成本，就能够维持企业的生存。

8.1.2 产品成本

价格是产品价值的货币表现。用货币来表示产品或服务的价值称为该产品或服务的价格。产品成本是价格的最低限度。一般来说，产品价格必须能够补偿产品生产及市场营销的所有支出，并补偿产品的经营者为其所承担的风险支出，且有赢利。成本的高低是影响定价的一个重要因素。根据定价策略的不同需要，对成本可以从不同的角度进行分类。

1. 固定成本

固定成本指支付给各种固定生产要素的费用,如购买机器设备、建设厂房的开支,借贷利息等。这些费用在一定时期和一定的生产能力范围内不随产量的变化而变化,并且通常在产品生产过程中就得支付。

2. 变动成本

变动成本指支付给各种变动生产要素的费用,如购买原材料及电力消耗费用和工人工资等。变动成本随产量的变化而变化,常常在实际生产过程开始后才需支付。

3. 总成本

总成本是固定成本和变动成本之和。当产量为零时,总成本等于固定成本。

4. 平均固定成本

平均固定成本是总固定成本与产品数量之比,虽然固定成本不随产量的变动而变动,但平均固定成本会随产量的增加而减少,这就是规模效益的潜在因素。从长期来看,平均固定成本是企业定价不可忽视的要素之一。

5. 平均变动成本

平均变动成本是变动成本与产品数量之比。在一定的技术熟练程度和生产设备条件下,平均变动成本不会随产量的增加而变动,但当生产发展到一定规模,工人熟练程度提高,批量采购原料价格优惠时,变动成本会呈递减趋势。但若超过某一极限,平均变动成本又有可能增加,主要是因为管理费用的升高。

6. 平均成本

平均成本是总成本与总产量之比。因为固定成本和变动成本随生产率的提高和规模经济效益的作用而下降,所以单位产品成本呈递减趋势。使总成本得到补偿的定价意味着价格一定不能低于平均成本,否则不可能获得利润。

7. 边际成本

边际成本是产品在原有数量基础上增加或减少一个单位数量所引起的总成本的变动量。如果是针对增加产品数量而言,边际成本又称新增成本。除非加以特殊说明,边际成本与平均变动成本在概念上和数值上都是不同的。

例如,某企业生产某种产品的固定成本是 10 000 元,生产一个单位产品的变动成本是 1 000 元,生产两个单位产品的平均变动成本是 900 元,则第二个新增产品的边际成本应为生产第二个产品的总成本的增加额为

$$(10\ 000+2\times 900)-(10\ 000+1\times 1\ 000) = 800(元)$$

8. 机会成本

机会成本是企业为从事某项经营活动而放弃另外一项经营活动的机会,或利用一定资源获得某种收入时所放弃的另一种收入,另一种经营活动应取得的收益或另一种收入即为正在从事的经营活动的机会成本。对机会成本进行分析后,就要求企业在经营中正确选择经营项目,其选择的依据是实际收益必须大于机会成本,从而使有限的资源得到最佳配置。

9. 长期成本

长期成本是企业调用全部生产要素,生产一定数量的产品所消耗的成本,这里的长期是指足以使企业能够根据它所要达到的产量而调整一切生产要素的时间。从长期来看,一切生产要素都可以变动。这样,在长期成本中,只有总成本、边际成本与平均成本之别,而没有固定成本和变动成本之分。企业制定较长期的价格就是为了有别于产品周期短的价格。

8.1.3 市场的需求

1. 市场上的供求关系

商品价格的形成,除了基本因素成本以外,还要充分考虑市场上商品供求关系对价格变化的影响。市场上的商品供求关系反映的是商品供应量与有购买力保证的社会需求之间的状况。在商品本身的价值量不变的情况下,如果供求基本平衡,价格就能够基本稳定;如果出现供不应求,价格就必然呈上涨的趋势。由于价格与市场商品供求的关系非常密切和敏感,因而供求关系是企业定价时必须加以专门研究的一个重要因素。企业应随时了解自己的商品在市场上的供求状况。当商品在市场上供过于求时,应及时地、有区别地适当采用降价决策,以刺激需求、扩大销售,同时,通过下调价格,降低利润幅度,抑制现有和潜在竞争者的生产欲望,减少市场上该种商品的供应数量。另外,当商品在市场上供不应求时,企业应在不打击购买者需求欲望的限度内合理提高价格,以便增加利润,迅速有效地扩张企业实力。

2. 需求弹性

如果说决定企业产品价格下限的是产品成本,那么决定企业产品价格上限的则是消费需求程度。用现代市场营销观念看,市场中的消费者需求是企业定价最主要的影响因素。因为企业所确定的任何价格,最终都由消费者判断是否合理。消费者需求是指有货币支付能力的需要,因此,需求自然受到产品价格和消费者收入变动的影响。在经济学中,把因产品价格和消费者收入等因素而引起的需求的相应变动率称为需求弹性。

需求弹性分为需求的收入弹性、价格弹性和交叉弹性。

1) 需求的收入弹性

需求的收入弹性是指由于收入变动而引起的需求相应变动的比率,反映的是需求量的变动对收入变动的敏感程度。需求的收入弹性是随消费者对产品的需求迫切程度、需求能力和需求层次的变化而变化的。不同需求的收入弹性,其强弱程度主要取决于各项商品支出在既定收入水平的比重和这种商品的重要性。从支出结构分析,支出可分为3种:①固定支出,即消费者维持正常生理需要的开支;②可支配支出,即消费者用于改善日常生活的经常性开支。③可自由支配支出,即消费者用于享受或满足更高层次消费需要的开支。上述3种支出,其重要性是依次递减的,重要性越强,收入弹性越弱;反之,则收入弹性越强。一般来说,高档食品、耐用消费品、娱乐支出的需求收入弹性较大,生活必需品的需求收入弹性较小。也有的产品需求收入弹性为负值,这意味着消费者收入增加后,对这类商品的需求量将减少,不再购买这些低档产品,而转向高档产品。因此企业定价时要注意考虑需求的收入弹性。

2) 需求的价格弹性

在价格与需求的关系方面,营销者需要了解需求的价格弹性,即产品价格变动对市场

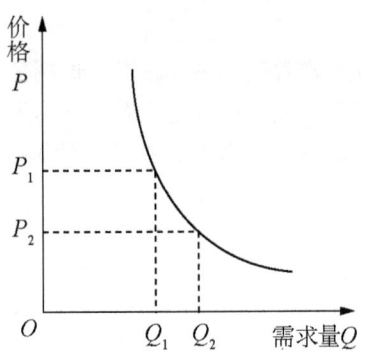

图 8.2 需求价格曲线

需求量的影响，不同产品的市场需求量对价格变动的反应不同，即弹性大小不同。在一般情况下，企业每改变一种产品价格，该产品的需求量都会发生不同程度的变化。通常，价格与需求量成反比例，即价格越高需求量越少(见图 8.2)：

需求的价格弹性=-需求量变动的百分比/价格变动的百分比

需求的价格弹性用 E 表示，则公式为

$$E = -\frac{(Q_2 - Q_1)/(Q_1 + Q_2)}{(P_2 - P_1)/(P_1 + P_2)}$$

式中，P_1 是初始价格，P_2 是变动后的价格，Q_1 是初始销售量，Q_2 是价格变动后的销售量。一般用 E 的绝对值大于 1 或小于 1 来表示。如果 $E>1$，称为价格需求弹性大或富于弹性。如果需求量变化的幅度小于价格变化的幅度，即 $E<1$，称为价格需求弹性小或缺乏弹性。

例如，一个公司把它的产品的价格从 20 元降低到 10 元，而它的销售量从 200 单位上升到 300 单位，则

$$E = -\frac{(300-200)/(200+300)}{(10-20)/(10+20)} = 0.6$$

3) 需求的交叉弹性

需求的交叉弹性是指一种商品的价格变动引起其他相关商品的需求量的相应变动率。在为产品线定价时还必须考虑各产品项目之间相互影响的程度。产品线中的某一个产品项目很可能是其他产品的替代品或互补品，因此，一项产品的价格变动往往会影响其他产品项目销售量的变动，两者之间存在着需求的交叉价格弹性。交叉弹性可以是正值也可以是负值。如果交叉弹性为正值，则此二项产品为替代品，表明如果产品 Y 的价格上涨，产品 X 的需求量必然增加。相反，如果交叉弹性为负值，则此二项产品为互补品，也就是说，当产品 Y 的价格上涨时，产品 X 的需求量会下降。

8.1.4 竞争者的产品与价格

价格竞争是企业经营竞争的重要手段和内容。现实的和潜在的竞争对手的多少及竞争的激烈程度对产品定价的影响很大。竞争越激烈，对价格的影响就越大，特别是那些对资源水平要求不高，或技术、设备要求不高，容易经营的产品，企业面临的潜在威胁就更大。一般情况下，如果企业不是居于竞争主导地位，就不能忽视竞争对手的价格。

在市场需求为价格规定了最高限，而成本为价格规定了最低限的时候，还应该考虑竞争对手的价格。竞争对手的价格以及这些对手对本企业价格变动所作出的反应也是企业定价时需要考虑的一个重要因素。企业必要要对每一个竞争者提供的产品价格及其产品质量情况有所了解，这可以有几种做法：企业可以派专门人员打听行情，比较价格和竞争者所提供的产品；企业可以通过购买竞争者的产品得到竞争者的价格表，然后拆开看，仔细研究；企业还可以询问购买者对于企业竞争者所提供的产品价格和质量的看法。如图 8.3 所示是企业对竞争者的商品价格下降做出的估计和反应。

企业只要了解到竞争者的价格和产品情况，就能把它作为自己定价的基点。如果企业的

产品与主要竞争者的产品类似,那么企业制定的价格也必须与竞争者差不多,否则就失去了市场。如果企业的产品次于竞争者的产品,就不能和竞争者制定相同的价格。如果企业的产品优于竞争者的产品,价格则不妨高于竞争者。而且,企业还必须清楚竞争者对自己的价格会做出什么样的反应。企业就是这样运用价格来给自己的产品定位、同竞争者博弈的。

另外,还要考虑潜在竞争对手加入市场的可能性,并推测其加入市场的时间和竞争实力,从而适当改变本企业的定价策略。应当指出的是,同类产品竞争包括产品功能、质量、规格、花色、成本费用、促销措施、渠道选择、价格水平等方面的竞争。因此,考虑价格竞争因素时,应当看到定价与其他形式竞争的紧密联系,特别要看到价格的变动引起的消费者或用户对产品质量和整体效用做出的新评价,从而使定价对潜在买主未来的购买行为产生深刻的影响。

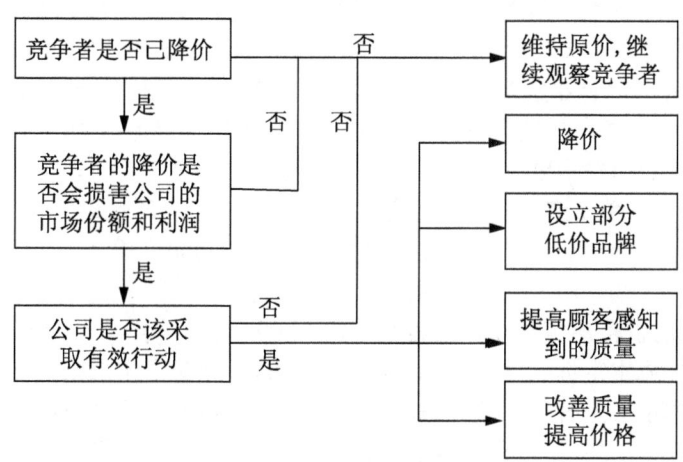

图 8.3 对竞争者降价的估计和反应程序

8.2 定价的基本方法

定价的基本方法是指为实现定价目标而采用的具体手段。影响商品价格的因素很多,但是在现实生活中,总是侧重某一个因素。本节主要介绍定价的 3 种基本方法。

8.2.1 成本导向定价法

成本导向定价法是以卖方意图为中心,以成本为基础的定价方法。定价时,首先要考虑收回企业在生产经营中投入的成本,然后再考虑取得一定的利润。属于成本导向定价法的有成本加成定价法、边际成本定价法和损益均衡定价法。

1. 成本加成定价法

成本加成定价法是指在产品的成本上加上一个标准加价百分比。"加成"即一定比率的利润。其计算公式为

$$P = C(1+R)$$

式中,P 为单位产品售价,C 为单位产品成本,R 为成本加成率。

成本加成定价法是一种采用较普遍的定价方法。其主要优点是计价简便易行,在正常情况下能够补偿企业的全部成本费用,并可获得预期利润,也有利于保持价格稳定。但是

这种方法也有其局限性，表现在只注重维护企业自身利益，定价过于呆板，不能灵敏地反映市场供求状况，缺乏竞争性。但是，这种定价方法在零售业还在被广泛应用。

例如，某服装厂生产服装 10 000 件，固定成本为 20 000 元，每件服装的可变成本为 38 元，预期利润率为 20%，则每件服装的净价为

$$单位产品价格=总成本\times(1+预期利润率)/生产总量$$
$$=(20\ 000+38\times10\ 000)\times(1+20\%)/10\ 000$$
$$=48(元)$$

2. 边际成本定价法

边际成本定价法是指企业在定价时只考虑变动成本，不计算固定成本，而以预期的边际贡献适当补偿固定成本。预期边际贡献是指预计的销售收入减去变动成本后的收益。因为在生产能力范围之内，无论企业生产多少数量的产品，所产生的固定成本都是一样的。仍以上面的服装为例，企业生产 10 000 件服装的 20 000 元固定成本不计，可变成本是 38×10 000 元，此时同类产品的市场价格是 39 元。企业如果仍定价 48 元出售其产品，将无销路而停产，造成的损失将更大。假如以 10 000 元的边际贡献定价，即

$$单位产品价格=(可变成本+边际贡献)/生产数量$$
$$=(380\ 000+10\ 000)/10\ 000$$
$$=39(元)$$

企业以 39 元的价格出售产品，其边际贡献 10 000 元可补偿一半的固定成本损失。

很显然，边际成本定价只是一种为了应付市场的特殊变化才采取的定价方法。也就是说，采取边际成本定价是有条件的，最主要的条件是市场萧条期企业产品供过于求，企业在价格上若不采取灵活措施，可能因没有市场而造成停产，企业将承担固定成本的全部损失。另外，如果企业除满足原市场需求外，仍有剩余生产能力，企业可采取边际成本定价为新市场服务。但新市场与原市场必须是彼此隔绝的，即不会形成新市场向原市场的转手倒卖。这种做法只能是短期的，在总销售额中不应占较大比重。

3. 损益均衡定价法

损益均衡定价法又称目标利润定价法，是以产品的损益均衡或目标利润为依据的定价方法。采用这种方法要使用损益均衡图，如图 8.4 所示。该图表示在不同销售量水平上的总成本和总收入，总收入曲线的斜率反映价格。当产品的销售量达到一定水平时，产品的收入与成本相等，即损益均衡。若产品的销售量低于该水平，企业会收不抵支，出现亏损；若高于该水平，则企业的收大于支，产生收益，即目标利润。在总成本和总收入线之间的虚线截距就是目标利润。因此，先计算损益均衡价格。其计算公式为

$$P=F/Q+V$$

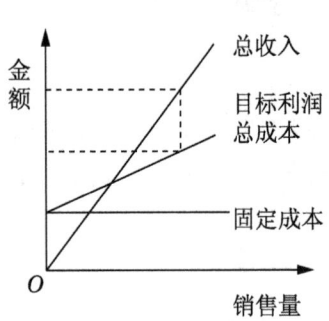

图 8.4 损益均衡图

式中，P 为损益均衡价格；F 为固定成本；Q 为预计销售量；V 为单位产品变动成本。

在此基础上，若要赢利，则计算公式为

$$P=F/Q+V+Z$$

式中，P 为目标利润价格；Z 为单位产品的预计利润；其他同上式。

采用损益均衡定价法，可以帮助企业决定最低价格以抵补预计的成本和取得目标利润，但是这种方法没有考虑到价格和需求之间的关系。它根据预期的销售量来确定价格，但价格恰恰是影响销售量的重要因素。因此，企业在运用这种方法定价时，还必须考虑到每个可能的价格实现预计销售量的可能性。

8.2.2 需求导向定价法

需求导向定价法是以市场需求为基础来确定产品价格的定价方法。这种定价方法在定价时主要考虑顾客对产品价值的理解或对产品价值的需求程度。需求导向定价法是指企业依据市场对产品价值的理解和需求强度来制定价格，又称市场导向定价法。需求导向定价法主要是"理解价值"定价。理解价值又称"感知价值"或"认知价值"，是指买方在观念上理解和认可的价值，不是产品的实际价值。尽管产品成本相同，但只要消费者的需求不同，就可以制定不同的价格，即需求大，定高价；需求小，定低价。

1. 认知价值定价法

认知价值定价法是按照买方对产品价值的认识来确定产品价格。这种定价方法与现代市场定位思想相适应，它强调产品价格的高低不取决于卖方的成本，而取决于买方对产品价值水平的理解程度。定价时，要求以买方所能接受的价格来确定产品的价格。如果以高于买方所能接受的价格来销售产品，就会造成滞销；而以低于买方所能接受的价格销售产品，则会使自身利益受到影响。采用这种定价方法，关键是必须合理地测定和分析市场上买方对产品价值的理解水平。在确定了市场上买方所能接受的价格之后，再根据此价格倒推出产品的批发价格和出厂价格。

为了建立起市场的认知价值，进行市场调研是必不可少的。正确判断顾客对商品价值的认知程度，目前采用的办法主要有以下3种。

1) 直接评议法

直接评议法就是邀请有关人员，如顾客、中间商及有关人士，对商品的价值进行直接评议，得出商品的认知价值。

2) 相对评分法

相对评分法又称直接认知价值评比法，即请顾客等有关人员用某种评分方法对多种同类产品进行评分，然后再按分值的相对比例和现行平均市场价格推算评定产品的认知价值。

3) 诊断评议法

诊断评议法就是用评分法对产品的功能、质量、外观、信誉、服务水平等多项指标进行评分，找出各因素指标的相对认知价值，再用加权平均方法计算出产品总的认知价值。

2. 需求差异定价法

需求差异定价法又称价格歧视，是指对同一产品制定两种或两种以上不反映成本费用的比例差异价格。需求差异定价法有以下4种形式。

1) 按需求产品的顾客不同确定差异价格

例如，对购买力高的顾客定高价，对购买力低的顾客定低价；老主顾定低价，新主顾定高价；批发商定低价，零售商定高价。

2) 按需求产品的不同型号或外观确定差异价格

例如，型号大的价高，型号小的价低；式样华丽的价高，式样单调的价低。

3) 按需求产品的位置不同确定差异价格

例如,酒店、写字楼租价可因所处地段和楼层不同而实行差别价格;影剧院、体育馆因座次不同也可区别定价。

4) 按需求产品的时间不同确定差异价格

例如,景点、饭店因季节不同而实行不同的收费标准,电信收费在节假日和平常日子有差别,甚至在不同钟点也有不同。

采取需求差异定价法必须具备以下一些条件:①市场可以细分,并且各细分市场表现出不同的需求程度;②以较低价格买进产品的顾客没有以较高价格把产品倒卖给别人的可能性;③竞争者没有可能在企业以较高价格销售产品的市场上以低价竞销;④细分和控制市场的成本费用不超过因差别价格所得的额外收入;⑤价格歧视不会引起顾客反感,不会违法。

3. 反向定价法

所谓反向定价法,是指企业依据消费者能够接受的最终销售价格,计算出自己从事经营的成本和利润后,逆向推算出产品的批发价和零售价。这种定价方法不以实际成本为主要依据,而是以市场需求为定价出发点,力求使价格为消费者所接受。分销渠道中的批发商和零售商多采取这种定价方法。

例如,某产品市场可接受的零售价为 15 元,零售商加成 20%,批发商加成 15%,该产品出价推算方法为

批发价=零售价×(1-零售商加成率)=15×(1-20%)=12(元)
出厂价=批发商价×(1-批发商加成率)=12×(1-15%)=10.20(元)

8.2.3 竞争导向定价法

竞争导向定价法是以竞争对手的价格为导向来确定产品价格的定价方法。定价时,不管产品成本或市场需求是否发生变化,只要竞争对手的价格没有变化,企业就保持原来的价格水平;如果竞争对手的价格已变,企业就迅速做出调价反应。

1. 随行就市定价法

随行就市定价法是企业根据行业的平均价格水平来确定自己产品的价格。这是一种简便、稳妥、风险较小的定价方法。一般在企业打算与竞争者和平共处、竞争者不确定、难以估算成本及需求时采用。在随行就市定价法中,企业的定价基础主要是竞争者的价格,而较少关心自己的成本或市场需求。企业的价格可能和竞争者的一样,有时可能低一些,有时也可能高一些。在少数存在垄断市场的行业中,例如,钢铁业、造纸业、化肥业等,企业的价格通常都相同。小企业是"紧跟领先者"的,它们的价格变动,更多的是由于市场领先者的价格变动而产生的,而很少联系自己的供需关系的变动或成本的变动。有的企业实行小额的奖金或折扣优惠,但是这种差异的幅度将是固定的。

企业一般在下列情形下采用随行就市定价方法。

(1) 很难准确估算产品成本,而流行价格水平是同行业共同采用的,大体能够反映出企业生产该商品的消耗和应得报酬。

(2) 要想使消费者了解商品差价的实质很困难,如果另行定价,很难了解消费者和竞争者对产品价格的反应。

(3) 企业打算与同行和平相处,避免在价格竞争中两败俱伤。

2. 主动竞争定价法

主动竞争定价法与随行就市价格定价法相反,不是追随竞争者的价格水平,而是根据企业产品的特征和营销手段,以高于、低于竞争者的产品价格或与竞争者的产品价格一致的价格出售。企业首先对本企业产品的性能、质量、功能、款式、成本等及营销手段与竞争者的同类产品及营销手段进行比较,分析形成价格差异的原因,然后结合本企业产品的特点及其营销手段的优劣势,确定价格水平。下面具体介绍低定价和高定价。

1) 低定价

低定价即企业不论其产品成本或市场需求发生何种变化,总是以低于竞争对手的价格来出售自己的产品。采用这种定价方法的企业必须具备较强的资金实力,能应付竞相降价的后果,且产品需求的价格弹性较大。

2) 高定价

高定价即企业不论其产品成本或市场需求发生何种变化,总是以高于竞争对手的价格来出售自己的产品。采用这种定价方法的企业,必须在社会公众中享有较高的声誉,其产品有明显的质量优势,产品需求的价格弹性较小。

3. 密封投标定价

密封投标定价是指想要赢得某个采购或工程招标合同的企业,在密封投标中根据对竞争者报价和中标率的估计来确定自己的报价。一般来说,该企业的报价应低于竞争对手,但不能定得低于成本,以免恶化企业的经营情况。如果企业报价远远超出成本,虽然潜在的利润增加了,却减少了取得合同的机会。两个相反作用力的作用可以用期望利润来说明。假设 P 为报价,C 为履行合同的估计成本,$f(P)$ 为报价 P 的中标率,$E(Z_P)$ 为报价 P 的期望利润,则

$$E(Z_P) = f(P) \times (P - C)$$

某企业投标时的 5 种方案的基本情况如表 8-1 所示。

表 8-1 不同投标价格下的期望利润

投标价格/万元	利润/万元	中标率/(%)	期望利润/万元
15	6	0.05	0.3
12	3	0.1	0.3
10	1	0.7	0.7
9.5	0.5	0.9	0.45
9.2	0.2	0.95	0.19

对于进行频繁投标的大企业来说,利用期望利润作为一种制定价格的标准,具有很大的意义。适当地做出一些让步,企业将会获得长远的最大利润。对于偶尔投标的企业或者迫切需要签订某项合同的企业来说是无法认识到期望利润给它所带来的好处的。

4. 拍卖品定价法

由卖方预先展示拍卖物品,买方预先看货,到规定时间公开拍卖,买方竞争出价,不再有人竞争的最后一个价格即为成交价格,卖方按此价拍板成交的方法称为拍卖品定价法。

现在,拍卖品定价法已被应用于一些权利和配额的拍卖。例如,中国政府已经开始把一些商品的进出口配额加以拍卖,结果是最有效率的企业获得了这些配额,同时,政府也获得了一笔收入,一举两得。这比先前由政府官员分配的方法要有效得多,同时也避免了企业为了得到一些配额而向政府官员行贿的问题。

竞争导向定价法适用于企业在某一时期、某一市场上以击败某一或某些竞争对手为主要目标时,使价格定得低于或等于竞争价格,并随竞争产品价格的变动而调整,直到击败竞争对手;或者企业初进某一市场,对需求、渠道加成等因素知之不多,只能简单地模仿竞争产品价格定价,待到一定情况下再调整;或者经营的产品属于世界市场上有流行价格的产品,只能随行就市。

8.3 定价的基本策略

8.3.1 新产品的定价策略

新产品在进入市场时,风险非常大,因此,选择正确的定价策略对新产品在市场中的成功至关重要。如图 8.5 所示,为新产品进入市场时的定价决策过程。常用的新产品的定价策略有以下 3 种。

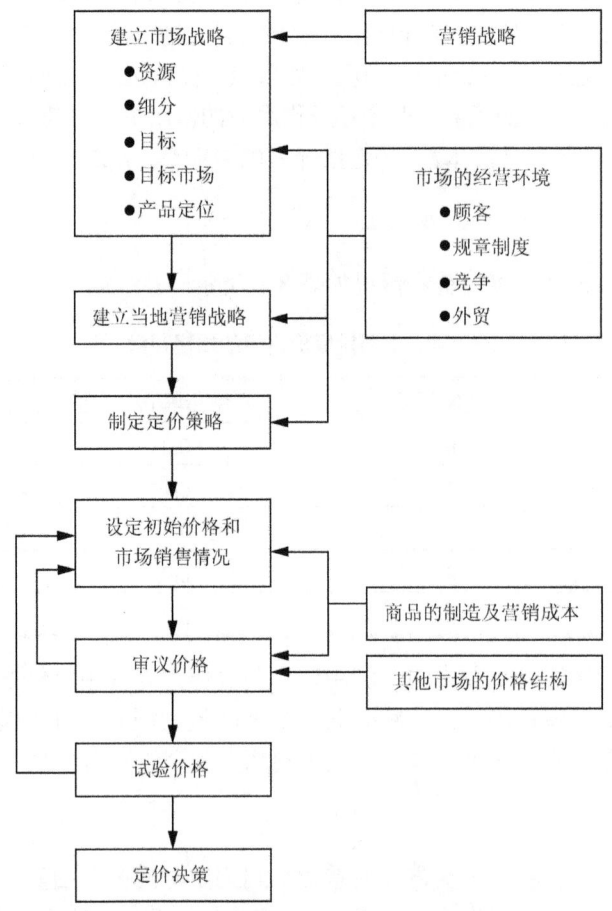

图 8.5 新产品的定价决策过程

1. 渗透定价策略

渗透定价策略是指在新产品投放市场时将产品的价格定得较低，借以获得尽可能高的销售量和扩大市场占有率的策略。实行渗透定价策略是避免激烈竞争或低价挤入市场的有效办法。对需求弹性较大的非生活必需品，尤其是技术密集型生产资料和工业消费品，试销一般成本较高，为了尽快地进入市场，适宜采用渗透定价策略。其缺点是投资回收期长、见效慢、风险大，一旦渗透失利，企业就会一败涂地。

案例 8-1

格兰仕微波炉的价格策略

1996 年 8 月，格兰仕微波炉发动第一次降价，平均降幅达 40%，推动了微波炉在国内的普及。当年格兰仕微波炉产销达 65 万台，市场占有率超过 35%。

2000 年 10 月，格兰仕微波炉第五次大降价，其目标是高端市场，高档"黑金刚"系列微波炉价格降幅接近 40%，高档机型需求迅猛提高。全年国内市场占有率高达 76%，国际市场占有率突破 30%。格兰仕晋升为中国家电企业第二名。

2. 撇脂定价策略

撇脂定价策略是指企业在新产品上市初期以高价销售，以后随着市场情况的变化而降低销售价格的策略。其目的是在尽可能短的时间内获得尽可能多的利润，以收回投资。这如同从鲜奶中取奶油一样，尽快取得精华。采取撇脂定价策略，是利用消费者的求新心理，通过高价刺激需求，适合于需求弹性很小、市场生命周期较短、款式色彩翻新较快的时尚性产品。撇脂定价的优点是高价小批量地逐步推进战略，能让企业随时了解市场反应，采取对策，避免新产品大批量生产带来的风险。撇脂定价策略若运用得当，可以为企业带来丰厚的利润，但撇脂定价策略应用的前提是产品必须能吸引消费者，也就是产品要有新意。其缺点是新产品价格过高，难以开拓市场，同时，高价策略很容易招来竞争者。

电话是高技术、高投入的产业，电话发展是以大量的资金投入为代价的，仅靠通话费收回投资极其缓慢，于是，电话初装费应运而生。当初，中国电信利用一些人对电话因好奇而热衷的心态，采用撇脂定价策略，电话初装费高达 5 000 元，并且装电话仍需要"走后门"。随后，电话初装费逐步下调，但装电话的人数增加，中国电信的收入仍然不低。进入 21 世纪后，中国电信的战略转为尽可能多地争取电话用户，增加电话营运收入，电话初装费也就逐步取消了。

案例 8-2

中国电话初装费大事记

1979 年，国务院发 165 号文件，同意收取电话初装费并制定了征收标准。
1990 年，程控电话初装收费 5 000 元。
1996 年，国家计委部门等联合发文，取消电话初装费下限。
1999 年，电话初装费降到 1 000 元。
2001 年 7 月 1 日，取消电话初装费。

3. 满意定价策略

满意定价策略是指介于渗透定价策略和撇脂定价策略之间的一种定价策略。在新产品投放市场时，企业采用生产者和消费者都满意的合理价格，既能减少激烈竞争和被消费者拒绝的风险，又能较快地收回投资。对价格弹性较小的一般日用生活必需品和重要的生产资料，适合采取满意定价策略。

与撇脂定价策略或渗透定价策略相比，满意定价策略虽然缺乏一定的进攻性，但并不是说它就没有市场竞争力。满意定价策略没有必要将价格制定的与竞争者的产品价格一样或接近市场上产品的平均价格水平，原则上讲，它还可以是市场上最高或最低的价格。与撇脂定价策略和渗透定价策略相类似，满意定价策略也需要参照产品的经济价值而做出价格决策。因此，当大多数潜在购买者认为产品的价格与价值相当时，即便价格很高也属于满意价格。

【拓展期刊】

8.3.2 产品组合定价策略

当产品只是某一产品组合中的一部分时，企业必须对定价方法进行调整。这时候企业要研究出一系列价格，使整个产品组合的利润实现最大化。因为各种产品之间存在需求和成本的相互联系，而且会带来不同程度的竞争。产品组合定价策略分为以下6种。

1. 产品线定价策略

企业通常开发出来的是产品线，而不是单一产品。当企业生产的系列产品存在需求和成本的内在关联性时，为了充分发挥这种内在关联性的积极效应，企业可采用产品线定价策略。在定价时，首先，确定某种产品线中的其他产品；其次，确定产品线中某种商品的最高价格，它在产品线中充当品牌质量和收回投资的角色；最后，产品线中的其他产品也分别依据其在产品线中的角色而制定不同的价格。在许多行业，营销者都为产品线中的某一种产品事先确定好价格点。

 案例 8-3

松下彩色立体声摄像机的定价策略

松下公司设计出5种不同的彩色立体声摄像机。简单型的只有4.6磅，复杂型的有6.3磅，包括自动聚焦、明暗控制、双速移动目标镜头等功能。产品线上的摄像机通过依次增加新功能来获取高价，管理部门要确定各种摄像机之间的价格差距。制定价格差距时要考虑摄像机之间的成本差额、顾客对不同特征的评价以及竞争对手的价格。如果价格差额很大，顾客就会购买价格低的摄像机。

2. 非必需附带产品定价策略

许多企业在提供主要产品的同时，还会提供一些与主要产品密切相关的附带产品。如汽车用户可以订购电子开窗控制器、扫雾器和减光器等。但是，对非必需附带产品的定价却是一件棘手的事。例如，汽车公司就必须考虑把哪些附带产品计入汽车的价格中，哪些另行计价。这就需要根据市场环境、购买者的偏好等因素认真分析。

例如，有的汽车制造商只对其简便型汽车做广告，以吸引人们来汽车展示厅参观。而将展示厅的大部分空间用于展示昂贵的功能齐全的汽车。有些饭店的酒价很高，食品的价格相对较低。食品收入可弥补食品的成本和其他饭店成本，而酒类则可以带来利润。这就是为什么服务人员极力要求顾客买酒水的原因。也有饭店会将酒价定的较低，而对食品制定高价，来吸引饮酒的消费者。

3. 必需附带产品定价策略

必需附带的产品又称连带产品，是指必须与主要产品一起使用的产品。例如，胶卷和照相机、计算机和软件等，都是无法分开的连带产品。生产主要产品(计算机和照相机)的制造商经常为产品制定较低的价格，同时对附属产品制定较高的价格。

柯达照相机的定价策略

柯达照相机的价格很低，原因是它从销售胶卷上赢利。而那些不生产胶卷的照相机生产商为了获取同样的总利润，而不得不对照相机制定高价。

4. 分部定价策略

服务性企业经常收取一笔固定费用，再加上可变的使用费。一般而言，固定收费部分应较低，以推动人们购买，而收益则可以从使用费中获取。

分部定价策略的应用

电话用户每月都要支付一笔最低限额的使用费，如果使用次数超过规定，还要再交费。游乐园一般先收门票，如果游玩的地方超过规定，就再交费。

5. 副产品定价策略

在生产加工肉类、石油产品和其他化工产品的过程中，经常有副产品。如果副产品价值很低、处理费用昂贵，就会影响到主产品定价。制造商确定的价格必须能够弥补副产品的处理费用。如果副产品对某一顾客群有价值，就应该按其价值定价。副产品如果能带来收入，将有助于公司在迫于竞争压力时制定较低的价格。

6. 产品群定价策略

为了促进销售，有时营销者不是销售单一产品，而是将有连带关系的产品组成一个群体，一并销售。例如，化妆品、计算机、假期旅游公司为顾客提供的一系列活动方案。这一组产品的价格低于单独购买其中每一产品的费用总和。因为顾客可能并不打算购买其中所有的产品，所以这一组合的价格必须有较大幅度的下降，来推动顾客购买。假设一家医疗设备公司免费提供送货上门和培训服务，某一顾客可能要求免去送货和培训服务，以获取较低的价格。有时，顾客要求将产品系列拆开，在这种情况下，如果企业节约的成本大于向顾客提供其所需商品的价格损失，则公司的利润就会上升。

8.3.3 折扣定价策略

价格折扣是指企业为了更有效地吸引顾客、扩大销售，在价格方面给予顾客和销售商的优惠。折扣定价策略分为以下 5 种。

1. 数量折扣

数量折扣是根据顾客购买数量或金额的多少分别给予不同比例的价格折扣，即购买的数量越多，金额越大，折扣也越多。数量折扣又分为一次性折扣和累计折扣。

1) 一次性折扣

一次性折扣是按照买主一次性购买产品的数量或金额的多少来确定不同折扣的策略。一次性购买的数量越多，折扣越多。此策略有利于鼓励消费者增加购买量，吸引流动消费者。

2) 累计折扣

累计折扣是按照买主在一定时期内购买产品的数量或金额累计数给予不同折扣的定价策略，累计购买的数量越多，折扣越多。累计折扣有利于吸引老顾客，使企业与老顾客保持长期稳定的联系。

2. 现金折扣

现金折扣是指当顾客提前付清购买商品的款项时，供货方给予顾客的一种折扣。现金折扣一般在生产厂家与批发商或批发商与零售商之间进行。采用现金折扣一般要考虑折扣的比例、给予折扣的时间限制以及付清全部货款的期限。这种定价策略适用于价格昂贵的耐用消费品，尤其适用于采取分期付款的商品。美国通行的做法是：若客户能在 10 天内付清款，可得 2%的折扣，但最迟必须在 30 天内付清全部款项。

3. 季节折扣

季节折扣是生产厂家为了维持季节性产品的全年均匀生产而鼓励批发企业淡季进货的一种定价策略。例如，电扇生产厂家在冬季给予批发电扇的客户以一定折扣，电热毯生产厂家在夏季给批发电热毯的客户以一定折扣。有的零售商店在销售中也采用季节折扣策略。

4. 功能折扣

功能折扣又称为交易折扣，是指根据中间商在产品分销过程中承担责任的大小、风险差异、功能的不同而给予不同折扣的一种定价策略。折扣的多少，主要依据是中间商在分销渠道中的地位、购买批量、完成的促销功能、承担的风险、服务水平以及产品在市场上的最终售价等。功能折扣的结果是形成购销差价和批零差价，主要目的是鼓励中间商大批量订货，扩大销售，与生产企业建立长期、稳定的合作关系，并对中间商经营企业有关产品的花费进行补偿，让中间商有一定的赢利。

5. 以旧换新

以旧换新是生产厂家向消费者，特别是具有节俭习惯的消费者推销产品的一种有效手段。随着生产的发展和人民生活水平的提高,产品的更新换代速度加快,往往老产品还未结束使用寿命,新产品就出现在市场上。在这种情况下,消费者手中的旧产品往往如同鸡肋,食之无味,弃之可惜,而且,收购站还不一定愿意收购这些旧产品。这时,由生产厂家出面开展以旧换新业务,一方面有助于达到旧产品利用的规模经济,另一方面消费者心里也达到了平衡。他们感到,没有因购买新产品而造成旧产品的浪费。

8.3.4 差别定价策略

差别定价策略的理论基础是经济学中"消费者剩余"的概念。最大利润的销售模式是逐渐降低价格。如表 8-2 和图 8.6 所示,得到的最大销售量是 7.8 万件,比任何一种固定价格的销售量都要高很多。

表 8-2 某商品价格和对应的销售量

价格/元	30	20	15	10	5
销售量/万件	0	2.1	3.3	4.6	7.8

显然,如果生产厂家或商店能够设法把消费者剩余攫为己有,则其利润将大大增大。要攫取"消费者剩余",关键是要能够有差别地定出不同的价格,并且能够使不同的消费者分别自愿地接受这些价格;或者,至少要能做到在法律允许的范围内"强迫"某些消费者接受带有歧视性的差别价格。

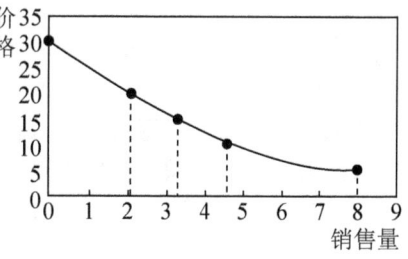

图 8.6 消费者剩余曲线

1. 基于顾客的差别定价

在讨论撇脂定价策略时,已经指出,如果价格先高后低,分别从具有不同求新心理的消费者身上获取利润,就能使总利润大大高于一次性定价的利润。但这样做的缺点是消费者容易产生"合理预期",原来愿意出高价的顾客也因等待降价而拖延购买。因此,一个理想的状况是以高价向富有的顾客出售物品,以低价向中等富裕的顾客出售物品,以更低价向经济拮据的顾客出售物品,各方互不干涉、各得其所。当然,这些是无法绝对实现的。

案例 8-6

基于顾客差别定价的应用

在 20 世纪 80~90 年代,中国的售票员能很快地认出那些大鼻子、蓝眼睛的富有的外国人,并以普通价格的 5 倍向他们卖出门票。当然,随着中国经济的快速发展,进入 21 世纪后这样的价格歧视逐步消失了。

2. 基于产品的差别定价

购买商品的过程是顾客与商品结合的过程。既然很难把顾客按照富裕程度加以分类,并按不同价格向他们推销同一产品,那么,可供选择的办法就是把同一产品做不同的改进后,分别冠以"豪华""超豪华"的头衔,让它们吸引"高价顾客"的自动到来。这就是基于产品的差别定价策略。现在，我国不少耐用消费品都有豪华型与普通型之分，这就是为富裕程度不同的消费者设计的。但有一点可以肯定：豪华型产品所增加的成本，远远低于其售价的增量。否则，基于产品式样的差别定价策略就失去了意义。

3. 基于地点的差别定价

基于地点的差别定价的一个典型例子是剧院或体育馆的前后排座位的票价不同。但是，更有现实意义的例子是，同一瓶饮料在街头的食品店里和在咖啡厅里价格相差甚远。显然，咖啡店的饮料就像冠有"豪华"字样的产品，能自动吸引那些愿意出高价来消费的顾客。

4. 基于时间的差别定价

基于时间的差别定价的主要目的是使已有设施充分而均衡地发挥作用。例如，深夜的长途电话收费较低，淡季的旅游饭店客房打折扣收费，节假日的城市旅游景点加倍收门票费等。

8.3.5 心理定价策略

市场上的每一件产品都能满足消费者某一方面的需求，其价值与消费者的心理感受有着很大的关系，这就使得企业在定价时可以利用消费者的心理因素，采取不同的定价技巧，有意识地将产品价格定得高些或低些，以满足消费者生理的和心理的、物质的和精神的多方面需求。而企业通过消费者对产品的偏爱或忠诚，可以扩大销售，获得最大效益。常用的心理定价策略有以下几种形式。

1. 整数定价策略

产品的价格不仅代表商品的价值，有时也代表着商品的质量，对于市场上那些无法明确显示其内在质量的商品，如高档商品、奢侈品、流行品或礼品，消费者往往通过其价格高低来判断质量的好坏。这时，企业可以采用整数进行定价，即给商品的价格取一个整数，给消费者造成高价的印象。整数定价常常以偶数，特别是"0"作尾数。例如，精品店的服装可以定价为1 000元，而不定为998元。这样定价的好处是：省却了找零钱的麻烦，方便企业和消费者的结算；满足消费者对地位、名牌及精品带来的虚荣心的满足，迎合消费者"一分价钱一分货"的购买心理。

2. 尾数定价策略

尾数定价策略又称"非整数定价"，是指企业利用消费者追求便宜的心理，制定非整数价格，而且常常以奇数作尾数，尽可能让价格不进位。例如，宁可取2.97元，而不定3元，宁可定19.90元，而不定20元。这在直观上可以促使消费者对价格产生认同，激发消费者的购买欲望，促进产品销售。

总体上说，使用尾数定价可以使价格在消费者心中产生以下几种特殊效果。

1) 便宜

标价99.96元的商品和100.06元的商品，虽然仅差0.1元，但前者给消费者的感觉是还不到"100元"，而后者却使人产生"100多元"的想法。因此，前者可以使消费者认为商品价格低、便宜，更易于接受。

2) 精确

带有尾数的价格会使消费者认为企业定价是非常认真、精确的，连零头都算得清清楚楚，进而会对商家或企业的产品产生一种信任感。

3) 中意

由于民族习惯、社会风俗、文化传统和价值观念的影响，某些特殊数字常常会被赋予一些独特的含义。企业在定价时如果能加以巧用，其产品就会因而得到消费者的偏爱。例如，"8"作为价格尾数在我国南方和港澳地区比较流行，人们认为"8"即"发"，有吉祥如意的意味，因此企业经常采用。又如，"4"及西方国家的"13"被人们视为不吉利，因此企业在定价时应有意识地避开，以免引起消费者对企业产品的反感。

3. 声望定价策略

声望定价策略是根据产品在消费者心中的声望、信任度和社会地位而确定价格的一种定价策略。声望定价可以满足某些消费者的特殊欲望，如对身份、地位、财富以及自我形象等方面的虚荣心理。企业还可以通过高价格显示其产品的名贵品质，因此，这一策略适用于一些传统的名优产品、具有历史地位的民族特色产品，以及知名度高、有较大市场影响、深受市场欢迎的驰名商标。例如，我国的景泰蓝在国际市场上价格至少500欧元以上，就是成功的声望定价的典范。

4. 招徕定价策略

一般来说，消费者都有以低于市价的价格买到同质商品的心理要求。企业抓住消费者这一心理，可特意将商品价格定得略低于同行生产者和经营者的价格，以招徕顾客，引导其好奇心理和购买行为，并带动其他价格比较正常的商品的销售，这种策略称为招徕定价策略。这一定价策略常为综合性百货商店、超级市场，甚至高档商品的专卖店所采用。但是用于招徕的降价品，不同于低劣、过时的商品，"招徕"的商品必须是品种新、质量优的适销产品，而不能是处理品，否则，不仅达不到招徕顾客的目的，反而会使企业声誉受损。

本 章 小 结

商品的价格策略是市场营销的一个重要环节，直接关系到商品在市场上的成败和企业赢利。影响商品定价的因素很多，本章主要介绍了4个方面。由于商品属性、市场环境等的不同，影响商品定价的关键因素是不同的。

定价的基本方法包括3种，分别是以成本、需求和竞争为导向的。本章分析和介绍了各种情况下定价的基本方法。

定价的基本策略包括5个方面，本章主要讲述了基于某种特定策略下的各种细化的实用定价策略。

关键术语

定价——pricing　　定价目标——pricing objectives

定价方法——pricing methods　　渗透定价——penetration pricing
撇脂定价——skimming pricing　　折扣——discount
价格弹性——price elasticity　　固定成本——fixed cost
边际成本——marginal cost　　损益均衡定价——break-even pricing
价格歧视——pricing discrimination　　投标——bidding

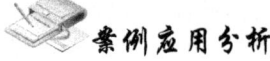
案例应用分析

沃尔玛在德国的价格战

据德国《明镜》周刊报道,从2001年5月下旬开始,沃尔玛在德国发动了一轮声势浩大的价格攻势:遍布各地的沃尔玛超市同时推出笼络人心的"优惠方案",大幅降低了家庭主妇十分重视的奶粉、面粉、白糖、饮料、肉类等80种商品的售价。与德国零售商阿尔迪、利德尔、普鲁斯和诺尔玛等超市的标价相比,沃尔玛标出的优惠价明显便宜一大截。一时间,消费者纷至沓来,有的沃尔玛超市甚至出现了德国罕见的抢购热潮。

沃尔玛似乎并不想掩饰其优惠方案的挑衅意味。例如,在德国的杜塞尔多夫市街头散发的宣传单上,它直言不讳地打出了这样一个咄咄逼人的标题:"这些商品干吗非要去阿尔迪买?——我们的更便宜!"姑且不论这样指名道姓地做比较是否违反德国广告法律,有一点是肯定的:沃尔玛要跟阿尔迪在价格上进行较量。

阿尔迪是德国最大的连锁食品超市,多年来一直是德国家庭主妇的购物天堂,既然被沃尔玛点名下了挑战书,当然没有退缩的道理。沃尔玛母公司虽然是全球最大的零售企业,综合实力非常强大,但它1997年才进入德国,在德国的年营业额刚刚达到55亿马克,还不能与阿尔迪的市场份额相提并论。再说,沃尔玛大幅降价有违反德国反不正当竞争法律的嫌疑,作为德国超市的领袖,阿尔迪也应当站出来主持正义。

于是,从2001年6月初开始阿尔迪开始了还击。据德国《食品报》报道,当自己的市场份额和声誉受到威胁时,阿尔迪准备拿出几亿马克应付价格战。

沃尔玛不是声称本店的牛奶便宜吗?阿尔迪的回答是"我们这里的更便宜":全脂牛奶每升售价从95芬尼降为89芬尼,脱脂牛奶从79芬尼降为75芬尼。除此之外,阿尔迪还把每千克白糖的售价下调了10芬尼,降为1.59马克,39芬尼的可乐本不算贵,但为了应战也下调10芬尼,只售29芬尼。

无独有偶,为了捍卫市场的份额,利德尔、普鲁斯和诺尔等超市也将本店出售的商品降价25%,即一律以七五折的优惠价出售。由于其分店遍布德国各地,于是,到处都在降价,德国的零售市场呈现空前热闹、空前混乱的景象。

一直袖手旁观的德国零售巨人梅特罗开始担心价格战火蔓延会给自己造成损失。他给自己算了一笔账,如果把牛奶售价与阿尔迪拉平,一年下来将少收4000万马克;把白糖价格拉平的代价亦不小,一年将损失约800万马克。据德国一位专家估算,1999年德国的食品交易因打价格战已经损失约10亿马克。

雷威公司也忧心忡忡地关注着价格战的发展。该公司负责商品工作的董事奥托·F.姆巴赫评论说:"优惠价和超值价表明,有几个竞争者在争夺顾客的过程中,定价不计损失。"

毫无疑问,愈演愈烈的价格战最终必然导致政府的介入。6月底,设在波恩的德国卡特尔局开始对沃尔玛是否违反反不正当竞争法进行调查,一同被调查的还有德国超市利德尔、普鲁斯和诺尔玛。根据1999年1月修订的有关法律,商家持续以低于成本价销售商品是违法行为,违反者将被罚款或吊销营业执照。

然而,德国卡特尔局官员在沃尔玛公司扑了个空。在检查了所有优惠商品的进价之后,卡特尔局局长乌尔夫·波格7月4日宣布,没有发现足够的违反竞争法律的证据。在80种优惠商品中,50种商品的销售价没有低于进货价,另外30种商品还需要进一步调查。

事实上,沃尔玛从其供货处得到的商品十分便宜,用来打价格战的商品竟然大多有利可图。德国《食品报》报道说,卡特尔局官员在调查中发现,沃尔玛一些商品的进货价和销售价之间还有不小的空间,不禁连连称奇:"倒是阿尔迪很可能过不了不许低于进货价这一关,这正是沃尔玛的成功之处"。

德国舆论普遍认为,沃尔玛是目前这场价格战的赢家。在 75 000 种商品中,沃尔玛精选出有代表性的 80 种商品以优惠的价格推出,就能把德国零售市场搅得天翻地覆,自己的知名度也相应得到提高。

最倒霉的是无数中小食品零售店,大超市打价格战,客观上分流了自己的客源,从而导致销售额锐减,最终被迫裁员或倒闭。德国零售商协会估计,如果不能遏止销量下跌,德国零售业将出现倒闭潮,当年就可能有 2 万名售货员失业。

讨论:
(1) 沃尔玛的价格大战,你认为它们采用了什么定价策略?
(2) 沃尔玛为何能在德国的价格大战中获胜?
(3) 德国的零售商应采取什么策略应对沃尔玛的价格挑衅?为什么没有成功?

思 考 题

(1) 企业为产品定价时,需要注意哪些影响因素?
(2) 定价的基本方法有哪些?简要阐述各种方法。
(3) 阐述渗透定价策略和撇脂定价策略的不同。
(4) 定价的基本策略有哪些?简要阐述各种策略。

第9章 分销策略

教学目标与要求

通过本章的学习，学生应对分销策略涉及的一些基本概念和基本理论有基本的了解和认识，能针对不同的案例进行分析并提出自己的解决方案；了解分销渠道的概念与类型、中间商的功能与种类、供应链的含义与模式，明确供应链管理与分销渠道的关系，掌握分析渠道的设计和管理理论与方法。

本章知识点

分销渠道的概念与类型；中间商的功能与种类；分销渠道的设计与管理；供应链管理与分销渠道。

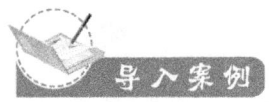

分销渠道

现实世界五彩纷呈，营销渠道的表现也是多种多样的。作为世界上最大的工程机械生产厂家，卡特彼勒公司在中国市场的分销渠道结构与管理模式使分销渠道真正成为卡特彼勒价值方程中的一部分，即分销系统的产品价值增加，用户受惠，分销商获利，卡特彼勒公司也最终获得利润；可口可乐公司非常重视在销售点开展促销活动，其目的就是吸引消费者对产品的注意力，使消费者能够轻而易举地看到产品并产生购买欲望；沃尔玛连锁集团自1993年以来，一直位居世界十大零售商排行榜之首。

分销策略是高层管理面临的重要决策之一。公司所选择的渠道将直接影响其他所有的市场营销决策。公司的价格策略取决于对中间商的培训和鼓励。而且，公司的渠道决策是对其他公司的长期承诺。例如，汽车制造商和独立的中间商签订合同，由后者经销前者的汽车，但前者就不得将后者收购，代之以本公司的销售网点。如果一位药品制造商依靠独立的药品分销商出售其产品，当这些药品分销商反对通过大众化分销网点出售时，它就必须予以重视。

分销系统是一项关键性的外部资源，它的建立往往需要很多年，而且不是可以轻易改变的。它的重要性不亚于其他关键性的内部资源，诸如制造部门、研究部门、工程部门、地区销售人员等。对于众多从事分销活动的独立企业及其为之服务的某一特定市场来说，分销系统代表着公司的承诺。同时，也代表着构成这种基本组织的一系列政策和实践活动的承诺，这些政策和实践将编织成一个巨大的、长期的关系网。

谁拥有渠道，谁能使顾客在最方便的地点、最快捷的时间里购买到产品，谁就取得了市场竞争的主动权，有时甚至还会成为企业制胜的关键。

9.1 分销渠道的概念与类型

9.1.1 分销渠道的概念

分销渠道是指为促使产品或服务能够顺利通过市场交换，转移给消费者(用户)消费的一整套相互依存的组织。它是独立于生产和消费之外的流通环节，同时又是连接生产与消费的桥梁。可以从广义与狭义两个方面理解分销渠道。

广义的分销渠道是指对厂商销售的产品以及生产产品所需要的原料零件进行运输、仓储、分送、调剂的通路及相应为之服务的组织与环节。

狭义的分销渠道是指顾客购买商品的起点与场所，即商品所有权从厂家向商家、顾客转移的过程，期间经历了批发与代理等各种经销商、零售商等，也有不少商品不经过经销与零售等中间环节，直接销售给顾客。

分销渠道具有以下一些特征。

(1) 分销渠道是一个流通体系。它一端连接生产，另一端连接消费，是实现产品从生产企业不断流向消费者(用户)的整个流通过程。

(2) 分销渠道由一群相互依存的组织或个人组成,其成员通常包括生产者、中间商(批发商、代理商、零售商)和消费者，他们共同为解决产品流通问题发挥各自不同的营销功能，形成合作关系；同时也会因不同的利益和其他原因发生矛盾和冲突，彼此之间需要相互协调和管理。

(3) 分销渠道的实体是购销环节。产品在渠道中通过购销活动转移所有权，流向消费者。

(4) 分销渠道是一个多功能系统。它不仅要通过在适当的地点，以适当的质量、数量和价格供应产品和服务以满足需求，而且要通过各成员的促销活动来刺激需求。分销渠道通过完成其系统功能，为最终消费者创造价值。

某企业的分销渠道如图 9.1 所示，能够帮助我们更直观地理解分销渠道的内涵。

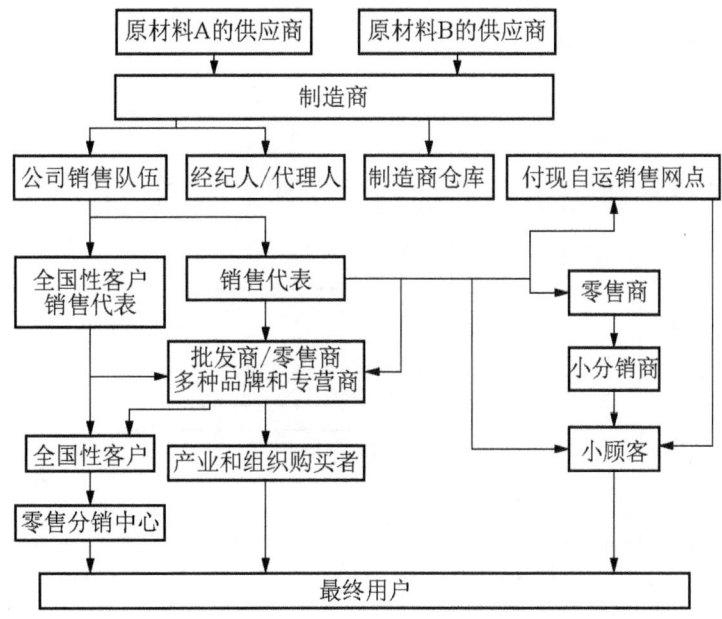

图 9.1 某企业分销渠道

9.1.2 分销渠道的类型

1. 按长度结构划分

分销渠道可以按渠道层次的数目来划分。每个中间商，只要在推动产品及其所有权向最终购买者转移的过程中承担若干工作就是一个渠道层次。由于生产者和最终消费者都承担了某些工作，他们也是渠道的组成部分。可以用中间商的层次数目来表示渠道的长度，即分销渠道可以分为零层、一层、二层和三层渠道，据此还可以分为直接渠道和间接渠道、短渠道和长渠道几种类型。渠道的长度结构如图9.2所示。

(1) 零层渠道是制造商将产品直接销售给消费者或用户的直销类型。其特点是没有中间商参与。常见的方式有上门推销、邮销、互联网直销及厂商自设机构销售。

(2) 一层渠道含有一级中间商。在消费品市场中，这级中间商通常是零售商，而在工业品市场中，它可以是一级代理商或经销商。

(3) 二层渠道包含两级中间商。在消费品市场中，二层渠道的典型模式是经由批发和零售两级转手分销。在工业品市场中则多由代理商及批发经销商转手分销。

(4) 三层渠道包含三级中间商。通常是在批发商和零售商之间增加一级专业性经销商，以便更好地为小型零售商服务。

层数更高的营销渠道也还有，但是不多。从生产者的观点看，渠道层数越高，控制越难，制造厂商一般和最近的一级中间商打交道。零层渠道也称直接渠道，一层、二层、三层渠道则统称为间接渠道。为分析和决策的方便，有些学者将间接渠道中的一层渠道称为短渠道，而将二层、三层渠道称为长渠道。显然，短渠道较适合在小范围中销售产品(服务)；长渠道则能适应在较大范围和更多的细分市场中销售产品。在当今市场，随着信息技术特别是电子商务的发展，分销渠道有逐渐缩短的趋势。

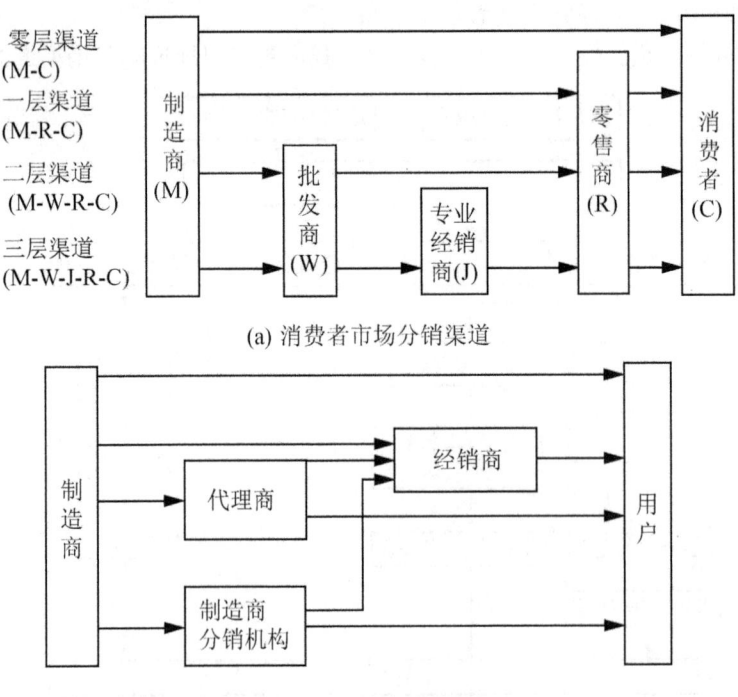

图9.2 分销渠道层数结构

渠道的长度策略是指企业根据产品特点、市场状况和企业自身条件等因素来决定渠道的层数。

一般来说，技术性强的产品需要较高的售前、售后服务水平；保鲜要求高的产品需要较短的渠道；单价低、标准化的日用品需要长渠道。从市场状况来看，顾客数量少，而且在地理上比较集中时，宜用短渠道；反之，宜用长渠道。如果企业的规模较大，拥有一定的推销能力，则可以使用较短的渠道；反之，如果企业的规模较小，就有必要使用较多的中间商，则渠道就会较长。

此外，企业渠道层数的多寡还取决于企业的经营意图、业务人员的素质、国家政策法规的限制等因素。例如，美国施乐公司在全世界销售复印机都采用直接销售形式，但是在中国行不通，只能通过经销商分销。

2. 按宽度结构划分

渠道每一层级所使用同类中间商的多少形成分销渠道的宽度结构。由较多的同类中间商(如批发商或零售商)组成的分销渠道称为宽渠道；反之，则为窄渠道。分销渠道的宽度结构大致有以下3种类型。

(1) 高宽度分销渠道，即制造商通过尽可能多的批发商、零售商经销其产品所形成的渠道。高宽度分销渠道通常能扩大市场覆盖面，或使某产品快速进入新市场，使众多消费者和用户能随时随地买到这些产品。消费品中的便利品(如方便食品、饮料、牙膏、牙刷)和工业品中的作业品(如办公用品)，通常使用高宽度分销渠道。

(2) 中宽度分销渠道，即制造商按一定条件选择若干同类中间商经销其产品所形成的渠道。中宽度分销渠道通常由实力较强的中间商组成，能较好地维护品牌信誉，建立稳定的市场和竞争优势。中宽度分销渠道，多为消费品中的选购品和特殊品、工业品中的零配件等生产厂商采用。

(3) 独家分销渠道，即制造商在某一地区市场仅选择一家批发商或零售商经销其产品所形成的渠道。独家分销渠道是窄渠道，独家代理(或经销)有利于控制市场，强化产品形象，增强厂商和中间商的合作及简化管理程序。独家分销渠道多由其产品和市场具有特异性(如专门技术、品牌优势、专业用户等)的制造商采用。

3. 按分销渠道系统的管理模式划分

分销渠道不是一成不变的，新的批发零售方式、新的渠道系统总会出现，渠道的管理模式也会相应地随之变化。

1) 垂直型分销渠道

垂直型分销渠道的出现是对传统分销渠道的挑战。传统分销渠道是由独立的制造商、批发商和零售商组成的比较分散的网络。每个渠道成员都是一个独立的经济实体，它们为追求自己的利润最大化而自行其是，不惜减少整个渠道的利润，没有一个渠道成员有能力控制其他成员。与之相反，垂直型分销渠道由制造商、批发商、零售商联合成一个统一体，其中的一个渠道成员拥有其他成员的所有权，或实行特许经营，或有足够的实力使其他成员愿意与之合作。

垂直型分销渠道是实行专业化管理和集中控制的网络，事先规定要实现的经济效益和最大的市场影响力。垂直型分销渠道通过控制渠道行为，消除各渠道成员为追求各自利益而造成的冲突。各渠道成员通过规模经济、合作和减少重复服务获得效益。垂直型分销渠道又分为 3 种类型：公司式、管理式和契约式。

(1) 公司式垂直型分销渠道是由同一所有权下的生产和分销部门组成。这种垂直型分销渠道的垂直一体化能向后或向前一体化，能对渠道实现高水平的控制，如假日旅馆正在形成一个自我供应的网络。

(2) 管理式垂直型分销渠道是通过某一规模大、实力强的成员，把不在同一所有权下的生产和分销部门联合起来的市场分销渠道。名牌制造商有能力从再售者那儿得到强有力的贸易合作和支持，因此，柯达、吉利和宝洁等公司能够在有关商品展销、货柜位置、促销活动和定价政策等方面获得其再售者强有力的贸易合作和支持。

(3) 契约式垂直型分销渠道是指由不同层次的独立制造商和分销商在合约的基础上进行联合，以获得单独经营不可能获得的经济效益和销售业绩。有人称为"增值伙伴关系"。契约式垂直型分销渠道有以下 3 种形式。

① 批发商倡办的自愿连锁组织。批发商组织独立的零售商成立自愿连锁组织，帮助他们和大型连锁组织抗衡。批发商制订一个方案，根据这一方案，使独立零售商的销售活动标准化，并获得采购经济的好处。

② 零售商合作组织。零售商可以带头组织一个新的企业实体来开展批发业务和可能的生产活动。成员通过零售商合作组织集中采购，联合进行广告宣传，利润按成员的购买量进行分配。非成员零售商也可以通过合作组织采购，但是不能分享利润。

③ 特约代营组织。在生产分配的过程中，一个特约代营的渠道成员可能连接几个环节。特约代营是近年来发展最快和最令人感兴趣的零售形式。尽管其基本思想没有更改，但是有些特约代营的形式却是崭新的。其方式可分为 3 种：第一种是制造商倡办的零售特约代营系统，如福特公司特许经销商出售它的汽车，这些经销商都是独立的经销人员，但是同时满足有关销售和服务的各种条件。第二种是制造商倡办的批发特约代营系统，如可口可乐饮料公司特许各个市场上的装瓶商购买该公司的浓缩饮料，然后由装瓶商充二氧化碳、装瓶，再把它们出售给本地市场的零售商。第三种是服务公司倡办的零售特约代营系统，由一个服务公司组织整个系统，以便将其服务有效地提供给消费者。这种形式多数出现在出租汽车行业、快餐服务行业和旅馆行业。

2) 水平型分销渠道

水平型分销渠道是由两个或两个以上的公司联合开发的营销机会。这些公司缺乏资本、技能、生产或营销资源来独自进行商业冒险，或发现与其他公司联合开发可以产生巨大的协同作用。各成员间通过暂时或者长期的合作，可以通过共享各自的资金、生产能力和市场资源实现原先单一公司无法实现的超常业绩。例如，许多储蓄银行都会把办公地点或自动柜员机设置在超市附近，以便以较低的成本迅速接近目标市场，而超市则可以因为在店内提供银行服务而获得更多客户的青睐。

3) 多渠道型分销渠道

在过去，大多数公司只通过一条渠道进入一个市场，今天，随着细分市场和潜在渠道的增加，越来越多的公司采用多渠道市场营销。多渠道型分销渠道是指一家公司利用两个或两个以上的渠道到达一个或几个细分市场。例如，麦当劳公司虽然有许多独立的特许经营加盟店构成其主要的商业网络，但它也独自拥有近 1/3 的门店。

通过增加渠道，公司获得了 3 个好处：一是市场覆盖率提高；二是渠道成本降低；三是更好地满足了顾客的需要。为了进入原有渠道不能进入的市场，公司往往增加新的渠道

(如增加农村代理商为分散的农户服务),或降低销售成本(如对小主顾来说,电话推销比人员推销更合适),或更好地满足顾客的需求(如使用专业推销员销售复杂的设备)。

从新渠道中获得利润,并不是没有代价的,新的渠道也会产生冲突和控制问题,当两个以上的渠道为同一细分市场服务时,渠道冲突就产生了;而如果新渠道独立性较强、合作困难时,就会出现控制问题。但无论如何,渠道联合正在使企业从分散无序的"游击战"走向集约规模的"阵地战"。

9.2 中间商的功能与种类

由一个消费者和一个生产者(制造或生产产品或服务的公司或个人)构成的分销渠道,称为直接渠道。它是最简单的分销渠道。例如,从菜农那里购买1千克西红柿,这就是直接渠道。但是营销活动并不是那么简单,渠道一般是间接的,因为渠道包括一个或多个渠道中间商,如批发商、代理商、中介商或零售商等,这些公司或个人通过某一环节将产品转移给消费者或商业用户。例如,菜农可以选择将西红柿卖给蔬菜批发商,然后,批发商再把这些西红柿卖给超市或餐馆,再由它们把西红柿最终卖给消费者。

制造商或生产厂家为什么愿意把部分销售工作委托给中间商呢?这种委托意味着在某种程度上放弃对如何销售产品和销售给谁等方面的控制。虽然制造商看起来是将自己的命脉交给了中间商,但制造商也能得到很多好处。

9.2.1 中间商的功能

在现实的产品销售中,许多企业采用自建营销体系的营销策略,这一策略的选取有其合理性,但从总体的社会资源配置效率看,其不利于社会资源的有效利用,会造成社会资源的浪费。面对国内外产品市场和生产要素市场竞争的进一步加剧,企业的经营战略重点将发生变化。扩大市场覆盖面,开拓新市场,特别是海外市场将成为企业营销工作的重点和现实选择。合理地转移部分营销功能,借助中间商已有的、完善的营销网络,降低渠道成本已成为企业营销策略选择的重要内容。但是,营销功能的转移是一把"双刃剑",成功的转移可以达到扩大市场、提高服务水平、让用户满意的经营目的;相反,也可能破坏整体营销战略和降低营销网络效率。关键是如何选择和培养中间商,如何发挥中间商的协同效应。

1. 调节市场供需平衡

不同企业的生产模式是不同的,其对市场容量的要求也不同。钢铁企业是典型的重工业时代的生产模式。连续的大规模生产是钢铁企业保持低成本和竞争力的基本要求,这一特性客观上要求其产品市场需求量是稳定的、变化不大的。然而由于宏观经济的周期性波动,导致一般消费品市场供求关系的变化,而一般消费品市场波动变化又会引起钢铁产品销售的波动变化,外部市场的不确定性不时地影响着企业的营销工作,导致企业产品销量的波动,从而影响企业的生产组织和产能的发挥。当市场出现波动时,众多的中间商加入并凭借其雄厚的资金实力,可以调节行业的供应,平抑供需矛盾,减轻供求涨落的频率和幅度对生产商带来的压力和影响,从而使钢铁企业保持一般意义上的生产均衡和稳定。这看似是一种过于理想化的假设,但在实际的企业营销过程中,企业将其利益与中间商的利益结合起来统筹,是完全可以实现的。

2. 创造市场效率

(1) 通过减少交易次数使得产品从制造商流向众多顾客，降低交易成本。为了获取大规模分销的经济性，直接市场营销要求许多制造商成为经营互补性产品的中间商。例如，一家口香糖制造商会发现，在世界各国建立口香糖零售店，或者挨家挨户推销口香糖，都是不现实的。中间商承担了大量物流或实物分销作用，这些作用提高了商品从生产商流向顾客的效率。如果没有现代化的超市体系，消费者怎样购买食品呢？消费者不得不从牛奶厂买牛奶，从面包房购买面包，从农场主那里购买西红柿和玉米，从面粉厂购买面粉。这些公司不得不进行百万次的交易才能把产品卖给每一个消费者。如图 9.3 所示是中间商运作模式的一个简单例子，这个简化图包括 5 个生产商和 5 位顾客。如果每个生产商把产品卖给每位顾客，将会出现 25 次不同交易，这种产品分销是无效率的，但是利用一个中间商从 5 个生产商那里购买产品，然后卖给 5 位顾客，交易次数减少到 10 次。如果存在 10 个生产商和 10 位顾客，那么中间商把交易次数从 100 次减少到 20 次。通过计算得出，中间商的存在是有效率的。

(2) 中间商承担着产品运输和储存的作用。零售商和其他渠道中间商把商品从生产地转移到能储存的地方，直到消费者购买这些商品。产品的销售渠道选择得当，中间环节少，运输和仓储费用小，流通速度快，不仅能降低流通费用，而且还能加快资金周转。

(3) 有能力建立自己的分销渠道的制造商通常能通过增加其主要业务的投资而获得更大的回报。如果一个公司在制造业上的投资报酬率是 20%，而零售业务的预测投资报酬率只有 10%，那么它绝不会自己经营零售业务。

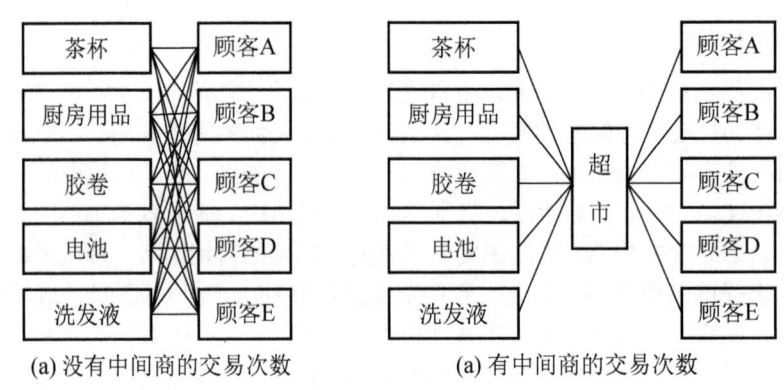

(a) 没有中间商的交易次数　　　　(a) 有中间商的交易次数

图 9.3　通过中间商减少交易次数

(4) 许多制造商缺乏直接进行市场营销的财力资源，因此，制造商会为每个地区或国家选择销售商。例如，某些跨国企业在世界其他国家的销售都由当地国家的中间商来承担，如果这些跨国企业想要把全球为它们服务的销售商都买下来是相当困难的。

3. 市场分销功能

使用中间商是因为其能够更有效地推动商品广泛地进入目标市场。中间商凭借自己的各种关系、经验、专业知识以及活动规模，将比制造商自己干得更加出色。规模经济是企业保持一定经济效益的前提条件。大型钢铁企业一类的企业的产品市场特征是产品品种多、用户行业跨度大、用户地域分布广、客户规模不一。显然，对于较小规模的客户，从渠道成本的角度看，生产厂商通常没有必要全部由自己将产品直接送到最终用户手中，利用中间商在分销渠道、市场信息、用户关系等方面的优势，以及其营销体系，包括营销组织、营销渠道、商业信誉、专业特长等，发挥其资金、客户、专业优势，可以将产品高效率地从生产厂家分流到千万个用户手上，从而实现让用户满意的企业营销目标。从这一层面上看，中间商在整个企业的营销体系中充当了产品的分销角色。尤其是在国际化的分销渠道里，许多制造商缺乏直接进行全球市场营销的财力资源，尤其是许多国家的文化、信仰和基础设施的不同往往使得全球营销成为可怕的事情。因此，某些跨国企业在世界其他国家的销售都是由当地国家的中间商来承担的，在全球化的市场中，即使是一些小公司也能通过依靠熟悉当地文化和法律的分销商而取得成功。

4. 战略合作功能

为了获得最有利的供应竞争优势地位，生产厂家需要与用户的各个方面保持大量实时的、密切的联系，不仅要动态了解用户的生产经营现状，还要从更深层次了解用户的战略发展规划，而这些工作需要大量的人力、物力和良好的人际关系，有着严格的时间、空间和人员素质方面的要求，仅靠生产厂家的资源是远远不够的。在这种情况下，中间商的作用就凸现了出来，中间商可以发挥营销人力和人际关系的优势，随时跟踪了解用户的经营管理变化、生产技术改进、对产品和销售服务的满意程度，及时向企业反馈信息，从而在整体上和长远上使企业与用户保持良好的动态合作关系。从信息反馈层面上看，企业与中间商具有长期的合作关系基础。

9.2.2 中间商的种类

按中间商与消费者的关系，也就是与最终消费者的接近程度可将中间商划分为批发商和零售商两大类。由于中间商的类型越来越复杂，各种中间商互相渗透，因此，这种划分是相对的。

1. 批发商

批发商是商品流通中的大动脉，凡是从事不将产品直接销售给最终消费者的流通业务的中间商就是批发商。按照与生产制造商的隶属关系，可以简单地把批发商划分为独立批发商和制造商自有的批发商。

1) 独立批发商

独立批发商与许多不同的制造商和顾客做业务。因为它们不被任何一家制造商拥有或控制，这就使得很多制造商可以在向全世界的顾客提供产品和服务的同时，维持较低的产品价格。独立批发商大体上可分为商业批发商和代理商两种类型。

商业批发商是专门从事各种批发业务的商业企业，他们是批发业中的主体。独立批发商拥有产品的所有权，即他们从制造商那里购买产品，然后再转卖给零售商和其他顾客。因为他们取得了产品的所有权，产品损坏了、过期了、被偷了或产品滞销积压以至卖不出去，就要承担一定的风险和损失。另外，由于他们拥有产品的所有权，可以自由地制定自己的营销策略，包括给产品定价。他们的利润主要来自批发的数量，通常他们的批发价格相对零售商的价格来说较低，但由于经营的数量大，利润也随之增长。

代理商是指不拥有经营商品的所有权，代理制造商进行经销活动的批发商业企业。由于使用代理商可以在制造商收到货款以后才支付佣金，因此对于财务资源有限的新企业和小企业而言，这种形式就特别有利，而且对于制造商而言，使用代理商有很大的灵活性。例如，一个企业新进入一个地区时，由于不熟悉当地情况，可以利用代理商。当过了一段时间后，制造商可以脱离代理商自己进行市场营销。而制造商与经销商则往往因为签订有较为长期的协议而无法得到这样的优惠。代理商又分为以下几种类型。

(1) 企业代理商。企业代理商也称区域代理商，是指在某一区域范围内为多家制造商代理销售业务的代理商，是代理商中的主要形式。他们代表一家或几家制造商推销商品，与制造商就价格、地区、承接订单程序、运输服务方法、质量保证以及佣金标准等订有书面协议。企业代理商一般人员不多，但都是精明强干的推销能手，因此，一般小厂和新开辟市场的大厂都愿意雇用这样的企业代理商。

(2) 销售代理商。销售代理商是在协议规定的时间和范围内，为某一生产厂商独家代理销售业务的代理商，他们代理制造商销售全部产品，并为制造商提供很多的服务(如设置产品陈列和负责广告费用等)。实力雄厚的销售代理商还以票据或预付款等方式向制造商提供资金方面的资助，他们对于产品价格、交易条件等有很大的影响力。从某种意义上讲，销售代理商就是企业的一个销售部门，他们的命运和制造商紧密相连。该种形式的代理商常见于工业机器和设备、煤、焦炭、化学品和金属品等领域。

(3) 采购代理商。采购代理商一般和买主建有长期关系，为其采购商品，经常为买主收货、验货、储存和送货。该种形式的代理商常见于服装市场。

(4) 佣金代理商。佣金代理商是指为企业临时代理销售业务的代理商，通常是以每一笔生意为单位同生产厂商建立委托代理关系。生意做完委托代理关系也就结束，然后按销售额的多少提取佣金。

(5) 经纪人。经纪人是一种独特的代理商。其作用是为买卖双方牵线搭桥，协助谈判。说它比较特别是因为经纪人往往是针对业务进行代理，而不是针对企业。也就是说，经纪人只负责介绍业务给买卖双方，帮助交易达成。他们一般不与制造商建立固定的联系，今天代表 A 公司，明天代表 B 公司，完全随业务而变化。如房地产经纪人、保险经纪人和证券经纪人等。

独立批发商的种类很多，按照其执行附加服务的程度不同，可将其分为执行完全服务批发商和有限服务批发商两种。执行完全服务批发商向顾客提供广泛的服务，包括送货、信用、产品使用帮助、维修、广告和其他促销支持，甚至市场调研。与此相对应，有限服务批发商则向顾客提供很少的服务，虽然他们与商业批发商一样拥有商品所有权，但一般不会给零售商提供如送货、信用或营销援助这样的服务。

2) 制造商自有的批发商

有时候制造商建立他们自己的渠道批发商。通过这种方式，他们成立单独的业务部门来完成整个独立批发商的作用，同时维持对整个渠道的完全控制。那些生产和零售规模较大、资金雄厚的制造商和零售商为了实现产供销一条龙的发展战略，不通过批发商，自己在各地，甚至在世界范围内建立自己的批发网络，以便对市场有更大的控制力。例如，某些著名跨国公司在进入我国市场的初期，在我国设立了办事处，有些办事处就承担了批发商的功能。他们不仅负责公司在华的产品销售业务，而且也控制产品的批发、销售、仓储和库存以及零配件的发送环节，提高了自己产品在华的整体竞争力。目前在批发业务中出现了批发商、制造商与零售商联合经营的趋势。一种是工业企业参与批发。工业企业参与批发或企业与批发商相互联合共同批发产品，可以发挥各自的优势，以销售带动工业品的生产，对双方都有很大的好处；一种是零售与批发业务相互兼营。许多实力雄厚的大型百货公司、超市、连锁店等零售企业纷纷兼营批发，通过批发来促进销售，扩大销售范围。

2. 零售商

现代零售业是一个投入高、科技含量较高、专业知识较强、风险较大的行业。零售商是将产品直接出售给最终消费者的流通企业,它在一个国家的经济生活中起着越来越重要的作用。零售商的基本职能就是将生产者生产的各种有形和无形产品卖给消费者,完成产品从生产领域向消费领域的最终转变。由于零售商是直接实现产品价值的最后环节,一般来说,其经营风险要比批发商大,因此零售加成比率也比较高。现代零售商业的形式复杂多样,新型的零售形式层出不穷,这主要是由于零售生命周期从其产生到成熟的时间越来越短。零售生命周期是指一种具体的零售形式从其产生到增长、成熟、衰退所经历的全部时间。与产品生命周期不同的是,零售生命周期比它在表现形式上要复杂得多,时间长得多,特别是从其产生到成熟,以及成熟期的时间要长得多。例如,在美国,超市经过20多年才发展比较成熟,而百货商店的时间更长,经过80年才进入成熟期。

零售商业大体上分为店铺零售、无店铺零售和零售组织3种基本类型,每种类型又包含着多种多样的形式。

1) 店铺零售

店铺零售是最早出现,也是目前在零售业中占据着主导地位的零售形式,店铺零售是在一个固定的地点出售商品,又叫商店零售业。

(1) 百货商店。百货商店自20世纪在欧洲诞生以来,就显示出较强的生命力。它是将零售业从小型、分散的阶段推向规模经营的一次革命。规模经营使百货商店的商品门类齐全,价格比较便宜,不仅便于顾客集中购买,节省时间,而且也能满足不同口味消费者的需要。商家也像厂家一样,从这种规模经营获得较多的利润,因而经久不衰。我国的百货商店自改革开放以来,摆脱了计划经济下统购统销的僵硬流通模式后,获得了长足的发展。为了应对其他新的零售形式带来的严重挑战。我国的百货商店采取了以下4种对策。

① 上档次,向高档、豪华的现代化大型商厦方向发展。为了适应人民生活水平的提高,改善与美化购物环境,北京、上海等大城市的一些百货商店投入重金,扩大营业面积,提高装修档次,安装电梯和各种辅助设施,刚开始收到明显的效果,销售额与利润大幅度上升。但是由于各地的百货商店一哄而起,纷纷修建大型商厦,超过了实际需求,结果,效益逐渐下降。这说明百货商店向大型商厦发展一定要适度和量力而行。

② 上规模,一些效益较好、品牌知名度高的百货商店通过建立分店、连锁店扩大经营地域。这种趋势也符合西方各国百货商店的发展规律,但给企业的管理带来了很大的困难。这里的关键在于能否处理好统一管理与分散经营的关系。同其他行业相比,零售业是不可预料因素最多的一个行业,风险很大。例如,河南郑州一家著名的百货公司在全国各地建立了若干分店,声势很大,但由于管理不适应当地的市场变化,分店很快陷入亏损。

③ 多元化经营,有些商店在传统的百货商店业务以外,还建立了以自己品牌命名的超市、名优产品专卖店、批量销售店,还有的参与批发业务。

④ 特色经营,不少百货公司以独特的定位,通过差异化的策略异军突起。有的减少商品种类,专门经营品牌与特色商品,有的面向高端客户群体,有的以服务取胜,还有的承诺无条件退货等。实践证明,差异化的效果较好,它应成为百货公司发展的方向。

(2) 超市。超市指的是从经营食品起步,发展到以经营日用百货为主的大规模开架陈列、顾客自选、集中结算的自我服务式零售商业。它的最大特点是顾客自我挑选、自我服务,这是零售业服务方式的一次革命,极大地激发、刺激了消费者的购买欲望。传统的零售店是通过售货员提供购买服务的,尽管它有许多优点,但是从顾客的角度上看,它使顾客的购物成为一次单纯的购买,限制了顾客的参与,也就限制了顾客的购买。而超市的商品完全开架,任由顾客自由挑选,这样就使顾客从被动变成主动,大大调动了顾客购买的积极性。超市给顾客提供的这种自我选择、自我服务的方式，再加上舒适的购物环境、眼花缭乱的商品，使顾客的购买过程变成一个对商品了解、比较的自我学习过程，一个自我消遣、娱乐的过程。商家就是在这样一个过程中增加了商品的销量。另外，规模经营使得商品齐全、价格便宜，也是促进销量增长的一个重要因素。超市自诞生 60 多年以来，大体上经历了 3 个发展阶段。

① 小规模的食品超市阶段。最初的超市主要是满足人们对食品与杂物的需要，规模也比较小。20 世纪 80 年代中期在我国最早出现的超市就属于这种性质，面积一般为几百平方米。

② 中等规模超市阶段。经营的食品范围扩大到家庭经常购买的鱼肉、蔬菜、水果等生鲜食品，而且生熟食品的包装向着标准化的方向发展。同时，营业的面积扩大了，一般为 1 000 平方米左右。目前，我国绝大多数超市就处在这个阶段。

③ 大型百货超市阶段。它摆脱了超市以经营食品为主的传统，经营的品种扩大到一般性的日用百货，食品只占 1/3，购物环境也朝着清洁、舒适的方向发展。面积扩大到几千甚至上万平方米。目前进入我国的家乐福、沃尔玛等外资超市以及内资的华联超市大体上属于这种类型。

世界超市发展的趋势，一是继续向着超大型化的方向发展，特别是同百货商店相结合；二是连锁经营。像家乐福、沃尔玛等实力雄厚的大型超市都实行跨国连锁经营，在世界各国建立了以自己品牌命名的连锁超市。

(3) 专营店。专营店也叫专卖店，是经营产品比较单一的零售商业，是消费需求差异化发展的必然结果。虽然专营店的规模和销售额比不上百货商店、超市等经营大众消费品的商店，但它以其独特的个性吸引着大批追求某一特殊需求的顾客。这种经营是建立在科学的市场细分的基础之上的，以特定的目标市场作为自己的发展方向，它有着顽强的生命力，而且正以各种形式渗透、蚕食着传统的零售商店。专营店主要有两种类型。

① 产品专营店，是专门经营某一类商品的专营商店。我国计划经济下的各种行业或部门所属的商店就具有这种性质，如鞋帽店、服装店、食品店、药店、粮店等。在向市场经济转轨的过程中，可将它们改变为独立经营的产品专营店，关键是要发挥传统优势，扩大经营规模，以规模取胜。例如，北京图书大厦的营业面积达上万平方米，图书门类齐全，几乎包括了全国所有出版社的图书，加之设在交通便利的西单，每天购书的读者络绎不绝。

② 品牌专营店，即专卖某一品牌的商品，如李宁专卖店等。随着个性消费、时尚消费、品牌消费的兴起，这种商店会越来越多。

(4) 便利商店。便利商店也叫方便商店，它是从超市中分割出来的以经营居民日常生活必需的食品与杂物为主、便于购买的小规模零售商店。便利商店在我国又被称为便民店，它的市场定位是购买方便，地点一般设在居民区或街头巷尾，营业时间比一般的商店要长，有的甚至 24 小时都营业。经营的都是居民每天必需的生活日用品，如食品、饮料、烟酒糖果、文具、洗涤用品等，同时还备有微波炉等加热设备。便利商店的规模比较小，营业面积一般为几十平方米。便利商店在我国有着较大的市场。对于我国绝大多数地区，特别是广大的农村地区，便利商店的发展潜力同连锁店一样，比超市要大得多，因此应把便利商店同连锁店一起，作为零售商业的发展重点。这是由我国居民目前对生活必需品的采购频率决定的。西方发达国家的居民对生活必需品的采购频率是以星期为单位的。他们工作与生活的节奏快，时间宝贵，汽车进入家庭，居室面积较大，每到周末，他们开车到超市，一次将一星期的生活必需品采购齐全，因此他们对超市的依赖性大。我国居民住房面积较小，工作与生活节奏相对较慢，同时保持着传统的饮用新鲜食品的习惯，这就使得我国居民对生活日用品的购买频率以日为单位，经常利用上下班，顺手买下当天的用品。对于多数上班的人来说,基本上是一天一买,而对于空闲在家的人来说,有的是一天买几次。可见,目前我国居民在生活必需品的消费上,对便利商店的依赖性比超市强。

(5) 低价商店。低价商店是以低于商品的正常价格,甚至低于成本价格出售商品的一种零售形式。较低的价格来源于减少流通环节而节约下来的费用,或是借其他形式经营而省下的成本。低价商店的形式多种多样,目前,在我国主要有平价商店、仓储商店两种,国外常见的是折扣商店。

2) 无店铺零售

无店铺零售指不依赖店铺来寻找消费者及完成买卖的零售形态,主要包括电视购物、邮政(邮购)、网上商店、自动售货亭、直销、电话购物等形式。无店铺零售是现今商业市场上一种主要的营销方式。它放弃用固定公开的商业场所进行交易买卖,只需要一个电话号码、传真号码就可以进行交易。随着网络资讯的发展,时下流行的网上购物的营销方式则更能无边无界地与消费者联系,与消费者之间的沟通更趋形象化和具体化。

一般而言,适合于无店铺零售的产品有下列几种类型。

(1) 省力、简便及有效率的产品,如加工罐头食品、冷冻食品、卫生食品、家电、书籍杂志及清洁器材等。

(2) 保健用品,如净水器、健康器材、健康食品、室内运动器材、寝具及化妆保养品等。

(3) 个性化产品,如园艺用品、个人电脑、室内装饰品、生活闲聊品、大型家具、模型组合玩具、钱币、古董、集邮等。

(4) 创造性产品,如家庭工具、手艺材料、书籍、语言教材、音乐、乐器等。

(5) 礼品,如交际送礼用品、应用礼品等。

(6) 娱乐性产品,如出行随身用品、运动休闲用品、各类活动入场券、唱片、音像磁带等。

(7) 其他,如烹饪器具、服装等。

3) 零售组织

虽然大多数的零售商店是独立经营的,但已有越来越多的零售商店采取各种公司形式或契约式组织的合作经营方式。零售组织的类型主要包括:所有权连锁、自愿连锁与零售商合作社、特许加盟组织、商店集团等。

(1) 所有权连锁,即两家或两家以上的零售商店将所有权合二为一。由于规模大,因此可以低价购买大量产品,也有能力聘请专家为公司做整体的定价、促销、存货控制、销货预测的规划,也可以获得更经济的促销方式。连锁店的成功激发许多独立公司组成一种或两种契约联盟。

(2) 自愿连锁是由批发商支持的独立商店集团,从事集体采购与销售。

(3) 零售商合作社是由独立商店共同组成的组织,并成立一个共有的集中采购和促销的规模经济,以便应付所有权连锁店。

(4) 特许加盟组织与其他有契约关系的零售系统的最大差异是,它通常以授特许权者发展出来的某些独一无二的产品或服务、运营方式、商标、商誉或专利权作为基础。

(5) 商店集团是在统一的所有权下组合数种不同的零售方式,并整合部分配销及管理功能。

各种零售类型的特征具体如表 9-1 所示。

表 9-1　主要零售类型的特性比较

零售的类型	产品组合深度	产品组合广度	价格	服务水平	毛利润
百货公司	深	很广	中~高	高	中~高
专卖店	深	狭	高	高	高
便利商店	浅	狭~中	高	低	中~高
超市	中	中	中	低	低
量贩式专卖店	深	狭	低	低	低

9.3　分销渠道的设计与管理

9.3.1　分销渠道的设计

1. 分销渠道设计的概念

分销渠道设计是企业对关系其长期生存和发展的分销模式、基本目标及管理原则做出的规划、选择与决策。其基本目标是向目标市场有效地传达重要消费者价值。企业进行渠道设计需要两个前提：一是要有清晰的产品或服务概念；二是产品或服务必须有明确的目标市场。如果企业的产品或服务对目标市场没有真正价值，最终用户并不认为其产品或服务具有合理的价格、较高的质量或其他更好的特征；如果企业的目标市场十分模糊，分销渠道设计得再好也挽救不了失败。因此，渠道设计必须遵循两个价值原则：一是以合理的价格提供值得信赖的产品或服务，尽量减少消费者的各种不便；二是准确确定各类细分目标市场并能提供合适的产品去满足其需要。

具体地说，分销渠道设计应明确回答以下问题。

(1) 为了使顾客满意，通常需要分销渠道系统提供哪些服务？

(2) 可以用哪些营销或后勤方面的努力去提供这些服务？

(3) 由哪一类机构提供这些服务，可以做得更好并能同时兼顾整体组织的效率和效益？

(4) 潜在的渠道成员更愿意明确分工、各自承担责任，还是以某一组织为核心直接整合共同目标？

2. 影响分销渠道设计的主要因素

(1) 市场性质。目标市场顾客的规模、地理分布、需求特征、购买行为特点等要素，对渠道类型的选择具有决定性意义。面对顾客人数多、分布范围广、多品种小批量购买的市场，企业通常需要选择能充分利用中间商的长渠道；反之，则应倾向于采用短而窄的渠道。

(2) 产品特性。产品特性(如理化性质、单价、式样和技术复杂程度等)对渠道决策有重要影响。易腐易损品、危险品、体积粗大笨重品，要尽可能采用直销或短渠道；单价较低的日用品、标准化的产品可采用较长渠道；专门性产品、需要提供特别服务如专业性安装调试、培训及保养的产品，一般宜用直销。

(3) 中间商状况。可能利用的中间商的类型及其优缺点，是分销渠道设计的制约因素。地区市场现有或潜在的中间商结构、业务素质和财务能力，批发商、零售商在执行产品运输、储存、促销、接触顾客,以及信用条件、送货、退货、人员培训等职能的程度和效率,都是分销渠道设计必须考虑的。

(4) 竞争者状况。竞争者使用渠道的状况是分销渠道设计时模仿或避免的参照系。一些制造商希望以相同或相似渠道与竞争者的品牌抗衡,或将自己的品牌纳入与领导者品牌相同的市场中。另一些企业则要另辟路径,避免与竞争者渠道雷同。

(5) 企业自身状况。企业自身状况是分销渠道设计的立足点。每个企业都要根据其规模、财务能力、产品组合、渠道经验和营销政策来选择适合自己的渠道类型。实力雄厚的大公司有能力和条件承担广泛、直接的分销业务,可以对渠道做更多的垂直整合或一体化工作;弱小的公司只有较少的资源用于分销,通常只能更多地依赖中间商。

(6) 环境特征。环境作为大系统对分销渠道设计有广泛影响。就其最主要方面来说,一是经济形势。经济景气,渠道选择余地较大;经济萧条,渠道就要缩短,以减少渠道费用,满足廉价购买需求。二是科技进步。冷冻技术延长了易腐食品的储存期,信息技术减少了沟通困难,可以提供渠道的更大选择空间。三是法律法规。相关的法律法规,如专卖制度、反垄断法、进出口规定、税法等是分销渠道设计不能不考虑的。

3. 分销渠道设计要点

分销渠道设计的本质是寻求一种适合环境变化、节约交易成本的制度安排,通过获取合作伙伴的互补性资源,聚合彼此在不同价值链环节中的核心能力,创造更大的顾客价值。营销渠道的复杂性(如上述影响因素的复杂性)和渠道战略的长期性决定了分销渠道设计的难度。因此,规范设计原则与要点是必要的。一般来说,设计一个渠道系统要求分析消费者的需要、建立渠道目标及限制因素,确定主要的渠道替代方案和评价方法。

1) 分析消费者需要的服务水平

掌握目标市场上消费者购买什么,在哪里购买和怎样购买,是设计市场营销渠道的第一步,市场营销者必须弄清目标消费者需要的服务产出水平。提供更多更好的服务意味着渠道开支的增大和消费者所支付价格的上升,某些分销商在零售技巧、商品陈列等方面花大力气,但这无法解释商品的出厂价和消费者面对的价格的差距。恰恰相反,在折扣商店中,许多消费者更愿意接受较低水平的服务带来的低价格。然而,还是有不少公司坚持提供高水平服务。

2) 确定渠道目标和限制条件

渠道目标的总体要求是使渠道系统能以最低成本有效地传递目标市场要求的服务产出,形成较强的竞争力。目标设计的关键是确定渠道系统合理的服务产出水平。为此,设计人员要研究预测目标市场消费者对渠道服务产出的需求水平,然后根据客观条件测算渠道系统可能达到的服务产出供给水平,并依据对渠道竞争力的预期在两者之间进行平衡,设定服务产出水平。在设计中,要防止渠道的服务产出供给不足或过剩两种偏差。前者指渠道提供的服务低于目标消费者要求,这会导致顾客不满,降低渠道竞争力;后者指渠道提供的服务高于目标市场要求,这会导致渠道成本的浪费。因此,合理的服务产出水平,应当设定在恰好能满足消费者需求的基准线上或附近。在确定限制条件时,要充分考虑影响分销渠道战略设计的主要因素对渠道设计的限制。

3) 进行渠道规划

进行渠道规划即从战略高度规划渠道蓝图,确定渠道成员之间的基本关系是交易关系、合作关系,还是战略伙伴关系。这需要根据外部条件、企业战略目标及拥有资源,综合分析选择渠道的战略模式和基本策略。规划选定的渠道战略形态、企业战略目标及拥有资源，综合分析选择渠道的战略模式和基本策略，规划选定的渠道战略形态，是渠道构建和管理的纲领。

4) 明确主要渠道设计方案

渠道设计方案涉及以下3个因素：中间商的类型、中间商的数量和每个渠道成员的交易条件及责任。这一过程主要决定是以使用企业自身资源为主来建立分销网络还是更多利用外部营销资源——中间商来进行产品的分销；采用较短的分销渠道还是较长的渠道模式；采取密集营销网络，还是采取选择型或独家型网络。

为确保渠道的正常运行，必须确定渠道成员的条件与责任，这就是渠道运作与管理策略方面的设计。包括确定企业对渠道的控制程度的设定；渠道系统的商流、物流、资金流、信息流以及成员基本分工的原则设定；建立分销网络资料库；协调中间商关系；激励及对渠道冲突管理的原则等。

5) 评估主要渠道设计方案

如果制造商需要从几个渠道设计方案中挑选最佳方案，那么每一渠道设计方案都必须从经济性标准、可控性标准和适应性标准3个方面加以考察。

(1) 经济性标准。每一个方案都有其特定的成本和销售额指标，要达到这些指标需要考虑的首要问题是选择本公司的推销部门还是销售代理商。许多制造商认为，本公司推销员的销售业绩更好，因为他们专注于推销公司的产品，在推销本公司产品方面受过良好的训练，并且由于这些推销员的未来与公司的发展有密切的关系，所以都比较积极肯干，成功的可能性较大，而且消费者更愿意与制造商直接打交道。

但是，销售代理商也完全有可能干得更好。首先，他有较大的销售代表团队；人数比公司的推销员人数要多2~3倍；其次，他们的工作积极性也可能与公司的推销员不相上下，这要看公司提供佣金的多少；再次，有些消费者喜欢与经营几家产品的代理商打交道，而不是一家公司的推销员；最后，代理商有着广泛的社会关系和多年的市场营销经验，而公司的推销员不得不从头开始一项困难的工作。

接下来是评估每一渠道方案的不同销售额的成本。如图9.4所示，雇用销售代理商的成本一开始低于公司设立销售处的成本，但销售代理商的成本增加较快，因为它收取的佣金比公司的推销员要高。在销售额达到S_B点之前，应雇用销售代理商，大公司在小地区的销售额不足以支付推销员薪金时也会采用这种方式。

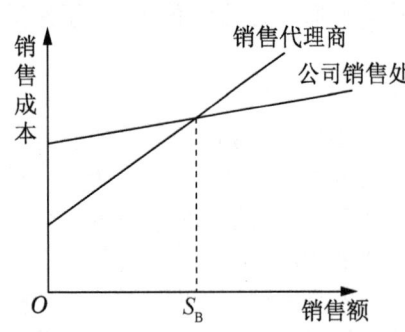

图9.4 在公司销售处与销售代理商间进行选择的损益平衡成本图

(2) 可控性标准。在设计渠道方案时必须把控制问题考虑在内，使用销售代理商容易产生控制问题。因为销售代理商是一个独立机构，以追求自己的利润最大化为目标，他会将注意力集中到消费者最想购买的商品上，而不是制造商的产品上。销售代理商很可能对制造商产品的技术细节缺乏兴趣，也不会有效地利用制造商提供的促销资料。

(3) 适应性标准。在一个渠道中，每一个成员都必须承诺在一定期间内承担一定的义务。但如果市场环境发生变化，这些承诺将降低制造商的适应能力。在变化迅速、不确定性大的市场上，制造商应增强对渠道的控制力，以适应迅速变化的市场营销战略。

9.3.2 分销渠道的管理

分销渠道策略是企业营销策略的重要组成部分。自20世纪90年代以来,企业界认识到,通过内外资源的垂直整合,建立富有创意、高绩效的分销渠道,是提升企业竞争力的有效手段。各国企业纷纷加强分销渠道管理,运用价值链理论、交易成本理论、组织行为理论等,对分销系统做了全面的战略设计与调整,使传统的分销渠道管理进一步适合现代营销的需要。

1. 分销渠道成员的选择和培训

1) 分销渠道成员的选择

根据渠道设计方案要求,招募合适的中间商是渠道管理的重要环节。通常,企业需要具体框定可供选择的中间商的类型和范围,综合考察、比较其开业年限、经营商品的特征、赢利、发展状况、财务、信誉、协作愿望与能力等。对代理商,还要进一步考核其经营产品的数量与特征,销售人员的规模、素质和业务水平。对零售商则要重点评估其店址位置、布局、经营商品结构、顾客类型和发展潜力。

渠道成员的选择是双向互动行为。不同企业对中间商的吸引力有很大差异,在不同区域,市场的选择难度也不尽相同。渠道管理者应当根据本企业及当地市场的具体情况,把握和考核选择伙伴的标准,做出最合理的选择。当企业同意以渠道关系来共同经营时,他们之间就形成了渠道伙伴并承担长期责任。对于制造商和中间商来说,精心挑选渠道成员也是很重要的。在评价中间商时,制造商会考虑以下几个问题:渠道成员能带来实质性的利润率吗?渠道成员有能力为顾客提供所需服务吗?潜在中间商对渠道控制有什么影响吗?例如,中小型企业都愿意让零售巨头沃尔玛来分销它们的产品,将沃尔玛作为公司的渠道伙伴,小型公司业务量将会出现2倍、3倍或4倍的增长。

2) 渠道成员培训

选定的中间商通常以合同或协议方式明晰双方的合作内容和权责关系。为使渠道能够顺利运作和更有效率,需要对代理商或经销商提供训练方案并进行必要的培训。

2. 激励渠道成员

1) 了解中间商的需要

渠道管理者必须以对待其最终使用者的方式看待中间商,加强沟通,提供支持,激励各成员达到最佳绩效。一般来说,独立的中间商首先会从自身利益出发,视自己为顾客的采购代理人,向供应商讨价还价,然后才考虑供应商的期望。中间商十分重视已形成最佳销售业绩的商品组合,个别商品(品牌)项目订单只有在有利于其整个商品组合时才会得到额外重视。对此,供应商必须了解并给予有效和足够的激励。

激励中间商的基本要求是:站在对方的立场上了解现状,设身处地为对方着想,采取适当的激励方式,防止激励过度与激励不足的情况发生。

2) 激励方式

当然,渠道成员关系并不总是和谐,没有矛盾的。因为每个成员都有自己的目标,渠道冲突可能威胁到制造商的分销战略。渠道冲突经常会出现在同一分销渠道不同层次的公司之间。目标不协调、缺乏沟通、责任和作用不一致将会导致渠道冲突。例如,生产商会认为如果中间商仅经营他的一种品牌,公司能取得更大成功和获得更多利润率,但是,许多中间商会认为如果经营多种品牌将会更有利。

激励的基本点是了解中间商的需要,并据此采取相应的激励措施或手段。

(1) 开展促销活动：主要包括广告宣传、商品陈列、产品展览和操作表演、新产品信息发布会等。

(2) 资金支持：给中间商在付款上的优惠措施，以弥补中间商资金的不足，如分期付款、延期付款等。

(3) 管理支持：协助中间商进行经营管理，培训营销人员，提高营销效果。

(4) 提供情报：生产商将市场情报及时传递给中间商，将生产与营销的规划向中间商通报，为中间商合理安排销售计划提供依据。

(5) 与中间商结成长期的伙伴关系：分销商的动力来源于获利，其所做出的每一项承诺都在于生产商为他做了多少。经验丰富的公司都设法与分销商建立长期的合伙关系。

3. 评价渠道成员

制造商必须定期评估中间商的业绩，评估标准有销售配额完成情况、平均存货水平、送货时间、对次品与丢失品的处理情况、在促销和培养方面的合作、为消费者提供的服务等。有时制造商会发现支付给某一中间商的报酬与其实际为公司创造的价值相比过多；有时制造商为中间商提供补贴，鼓励其在仓库里保持本公司一定水平的存货，而事实上存货却被放在中间商货栈而并没有销售，但费用却由制造商支付。制造商应建立类似于这样的制度：对于完成协议的任务，支付中间商一定的报酬；如果中间商完不成任务就需要予以建议、重新培训或重新激励；如果中间商还是无法完成任务，则应考虑与其终止合作关系。

4. 调整分销渠道

1) 增减渠道成员

根据企业的整体战略规划和对中间商的评估，对那些不能完成生产商的分销定额，并且不积极合作，影响生产商市场形象的个别中间商，应终止与其的购销关系。

2) 增减销售渠道

销售渠道有多种方式，随着形势的发展和变化，原有的销售渠道会在很多方面表现出不适应，而仅仅增减个别的渠道成员已经不能解决问题。这时，往往需要对渠道进行大规模的调整，如增加一些新的渠道，或减掉一些不适应形势要求的渠道。

随着市场环境的变化，生产商要对渠道的结构进行调整，以提高产品的竞争力。调整分销渠道是企业市场营销组合和市场政策的重大变革，要十分谨慎。

5. 渠道的合作、冲突与竞争

不管渠道设计如何精良，渠道成员如何优秀，总会存在冲突，因为总是存在利益不同的主体。解决渠道冲突问题是渠道管理的重要内容。

1) 渠道冲突与竞争的类型

如果一个制造商建立了由批发商和零售商组成的垂直渠道，制造商总希望彼此之间能够互相合作，因为合作能使整个渠道获得比各行其是更多的利润。通过合作，渠道成员对目标市场能够有更好的了解，能提供更好的服务，能更好地满足需求。

但是，垂直、水平和多渠道的市场营销系统冲突总会发生。因此，渠道冲突按渠道类型可以分为以下 3 种类型。

(1) 垂直渠道冲突。垂直渠道冲突是指同一条渠道中不同层次之间的冲突。例如，一家公司要求其经销商执行它制定的服务、价格和广告策略时，就可能产生冲突。

(2) 水平渠道冲突。水平渠道冲突是指某渠道内同一层次的成员之间的冲突。例如，某公司的特许经销商太多，距离又太近，以致压低了彼此之间的利润。为了控制水平渠道冲突，渠道领导者必须建立明确有力的政策，并迅速采取行动。

(3) 多渠道冲突。多渠道冲突是指一个制造商建立了两条或两条以上的渠道向同一市场出售其产品。例如，当李维斯允许它的牛仔裤通过精心选择的几家百货店销售时，经营李维斯品牌的专业店就会十分不满。电视器材制造商决定通过大型综合商店出售其产品也总会招致独立的专业电视器材商店的不满。当一条渠道的成员销售额较大而利润较少时，多渠道冲突将变得更加激烈。

2) 渠道冲突的起因

区分引起渠道冲突的原因是十分必要的。解决某些起因比较简单，但某些则很困难，一个主要的原因是目标不同。例如，一家制造商希望通过低价政策获得调整增长，而零售商则希望获取高利润，追求短期利益，这种冲突就很难解决。有时冲突来自于目标和权力的差异，例如，IBM公司利用自己的销售人员将计算机销售给大客户，同时它的特许经销商也在努力向大客户推销。另外，地区划分权、销售信用也是产生冲突的起因，冲突也可能起源于对预期的形势判断存在差异，例如，制造商预测近期经济形势比较乐观，希望经销商经营高档商品，但经销商对经济形势的预期并不乐观。冲突还可能源于中间商的对制造商的过度依赖，特许经销商(汽车经销商等)的经营状况受制造商的产品设计和定价策略的直接影响，这就很可能产生冲突。

3) 管理渠道冲突

某项渠道冲突是结构性的，这些冲突刺激渠道随着环境的改变而改变。但许多冲突是因为功能失调，问题在于如何管理而不是消除冲突。下面有几种有效管理冲突的措施。

(1) 确立共同目标。有时渠道成员发现其有共同的目标，如生存、市场份额、高品质、消费者满意度，这种情况通常发生在渠道面临外来威胁时，如出现了强有力的竞争渠道、立法的改变或消费者需求的改变。在这种情况下紧密合作则能够战胜威胁，也可能使各渠道成员明白紧密合作追求共同的最终目标的价值。

(2) 在两个或两个以上的渠道成员之间交换人员。例如，本田公司的经理就可能会在其经销商那里工作一段时间，经销商会在本田的经销商政策部门工作一段时间。这样，当他们回到自己的工作岗位上之后，彼此之间有了更好的了解，更容易从对方的角度考虑问题。

(3) 合作。这里的合作指的是一个组织为赢得另一个组织的领导者的支持所做的努力，包括邀请他们参加咨询会议、董事会等，使他们感到他们的建议被倾听，受到重视。只要发起者认真对待其他组织的领导人总能减少冲突。但为了获得其他组织的支持，该组织不得不对其政策、计划进行修改、折中。

(4) 鼓励在贸易协会内部和贸易协会与贸易协会之间建立成员关系。例如，新加坡的家具设计中心就是家具公司和设计中心成立的协会，目的是使家具公司更好地了解公众，提高本地的家具设计水平。

9.4 供应链管理与分销渠道

供应链管理作为一种新的学术概念首先在西方被提出来，很多人对此开展研究，企业也开始这方面的实践。权威的《财富》(Fortune)杂志就将供应链管理能力列为企业一项重要的战略竞争资源。在经济全球化的今天,从供应链管理的角度来考虑企业的整个生产经营活动,形成这方面的核心能力,对广大企业提高竞争力将是十分重要的。

9.4.1 供应链的含义与模式

1. 供应链的含义

目前,对供应链(supply chain)尚未形成统一的定义,许多学者从不同角度出发给出了许多不同的定义。

有些人认为供应链是制造业中的一个内部过程,是指将采购的原材料和收到的零部件,通过生产转换和销售等活动传递到用户的一个过程。传统的供应链概念局限于企业内部操作,注重企业自身的利益目标。

有些供应链的概念更注重与其他企业的联系,注重供应链的外部环境,认为供应链是一个通过链接不同企业的制造、组装、分销、零售,将原材料转换成产品到最终用户的转换过程,它是更大范围、更为系统的概念。例如,全球供应链论坛(Global Supply Chain Forum)认为:"供应链是为消费者带来有价值的产品、服务以及信息,从源头供应商到最终消费者的集成业务流程。"美国资源管理协会(the American Production and Inventory Control Society,APICS)认为:"供应链指用一个整体的网络来传送产品和服务,从原材料开始一直到最终客户(消费者),都凭借一个设计好的信息流、物流和现金流所构成的网络来完成。"

美国供应链协会(Supply Chain Council,SCC)对供应链的概念给出了权威性解释:"供应链,目前国际上广泛使用的一个术语,它囊括了涉及生产与交付最终产品和服务的一切努力,从供应商的供应商到客户的客户。供应链管理包括管理供应与需求,原材料、备品备件的采购、制造与装配、物件的存放及库存查询、订单的录入与管理、渠道分销及最终交付用户。"

美国学者哈里森认为:"供应链是执行采购原材料,将它们转换为中间产品和成品,并且将成品销售到用户的功能网链。"这种定义注重围绕核心企业的网链关系。如核心企业与供应商、供应商的供应商乃至一切前向的关系,与用户、用户的用户及一切后向的关系。

我国学者马士华认为:"供应链是围绕核心企业,通过对信息流、物流、资金流的控制,从采购原材料开始,到制成中间产品以及最终产品,最后由销售网络把产品送到消费者手中的将供应商、制造商、分销商、零售商直至最终用户连成一个整体的功能网链结构模式。"

中华人民共和国国家标准《物流术语》对供应链的定义是:"供应链是生产和流通过程中,涉及将产品或服务提供给最终用户活动的上游与下游企业所形成的网链结构。"

尽管上述各种定义不尽相同,表述也不尽一致,但还是能够从中理解供应链的基本内容和实质。

供应链的范围比物流要宽,不仅将物流系统包含其中,还涵盖了生产、流通和消费。从广义上讲,供应链涉及企业的生产、流通,并连接到批发、零售和最终用户,既是一个社会再生产的过程,又是一个社会再流通的过程。狭义地讲,供应链是企业从原材料采购开始,经过生产、制造,到销售直到终端用户的全过程。这些过程的设计、管理、协调、调整、组合、优化是供应链的主体;通过信息和网络手段使其整体化、协调化和最优化是供应链的内涵;运用供应链管理实现生产、流通、消费的最低成本、最高效率和最大效益是供应链的目标。供应链是由各种实体构成的网络,网络上流动着物流、资金流和信息流。这些实体包括一些子公司、制造商、仓库、供应商、运输公司、配送中心、零售商和用户。一个完整的供应链始于原材料的供应商,止于最终用户。核心企业的网链结构如图 9.5 所示。

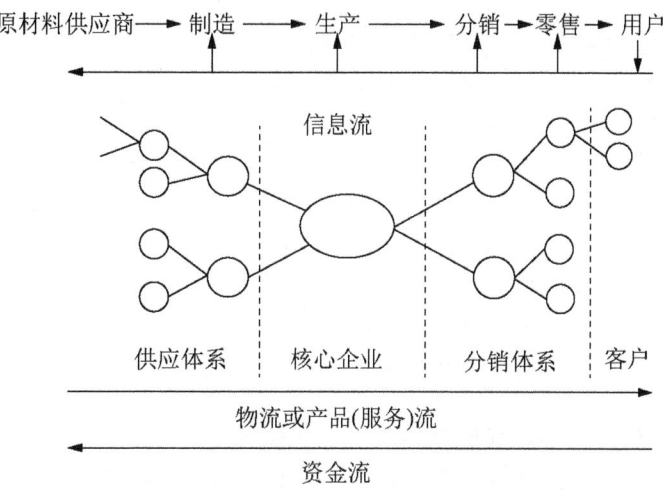

图 9.5 核心企业的网链基本结构模型

从图 9.5 中可以看出,供应链由所有加盟的节点企业组成,其中一般有一个核心企业(可以是产品制造企业,也可以是大型零售企业),节点企业在需求信息的驱动下,通过供应链的职能分工与合作(生产、分销、零售等),以资金流、物流或服务流为媒介实现整个供应链的不断增值,供应链中的伙伴必须相互协调活动。例如,供应链上的每一个节点必须加强信息沟通,即它们想购买哪种商品,计划执行哪种渠道销售以保证因促销而实现的需求增长,以及物流信息。通过这些信息流,公司能有效地管理供应链上的所有环节,从原材料来源到商品零售。

供应链上的每个公司的作用将根据不同的观察角度来确定。例如,假定从 A 公司的供应链角度看,B 公司是它的供应商,C 公司是它的渠道分销商之一;从 B 公司的角度看,A 公司是它的客户;从 C 公司的角度来看,A 公司是它的供应商。在这个例子里,B 公司采购原料,通过生产转变成产品来增加价值;B 公司再把产品运给 A 公司,A 公司再把他与其他产品或零部件进行组合,再一次增加产品价值;C 公司购买 A 公司产品,然后通过展示、销售、维修服务、融资等方式为顾客增加价值。

现在,已经基本介绍了供应链的基本含义,下面将更深入地研究它的模式。

2. 供应链的模式

供应链中存在两种基本模式,即推式(push) 供应链和拉式(pull) 供应链。

1) 推式供应链

推式供应链是以企业自身产品为导向的供应链,有时也称为产品导向或库存导向。这种供应链起始于企业对市场的预测,然后制造所预测的产品,并推向市场。在工业经济时代,许多制造商采用推式供应链来经营企业。它们采用市场预测的方式,获得生产某种产品的优先级顺序,再制定和设置一定的产品生产数量和存货标准。最后进行促销,将产品批发给零售商,再由零售商向客户推销。推式供应链方式以制造商本身的预测为依据,如果能成功地销售产品,企业就获得成功;如果不能成功销售产品,企业就意味着失败。当一种商品不能获得市场销售的成功时,就会层层退货,导致企业负担加重。推式供应链的模式是以制造商的生产计划、分销计划进行的,分销商和零售商处于被动接受的地位,各个企业之间的集成度较低,通过采取提高安全库存量的办法应付需求变动,因此,整个供应链上的库存量较高,对需求变动的响应能力较差。虽然也进行过市场预测,但并不能十分准确地把握市场,所以,这种供应链的运营模式所产生的商业风险是不可低估的。

2) 拉式供应链

拉式供应链是以企业获得订单为前提的。企业根据所获得的订单来进行生产,所以又称为客户导向或订单导向。这种供应链起始于企业收到客户的订单,并由此引发一系列供应链运作,是"以销定产"的模式,所以,其重点是"拉"到客户,以客户需求为导向进行生产、采购原料、组织货源、外包业务等。例如,当客户给企业下订单,就会引发供应链的各种动作,制造商的发货仓库组织产品配送,原料提供商补足制造商生产该产品所需的生产原料库存,制造商生产以补足产品的最佳库存,制造商的生产计划与分销计划得到修正,制造商与原料提供商的采购计划也进行修正等。这一系列企业行为的驱动力都产生于最终用户,整个供应链的集成度较高,信息交换迅速,可以根据用户的需求实现定制化服务,采取这种模式的供应链系统库存量较低。拉式供应链有许多优点,可以使企业适应复杂多变的市场,能准确把握产品的种类和数量,改进产品质量和降低产品的单位成本,使企业运营处在一种良性状态,增加了企业控制市场的能力,节约企业商业运营所需的资金量,从而节约了企业运营成本,有效地增进了客户服务。

推式供应链和拉式供应链模式具体如图 9.6 所示。

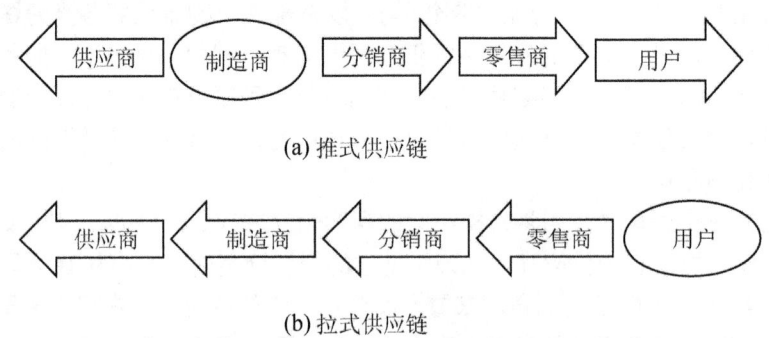

图 9.6　推式供应链和拉式供应链

综上所述,本节探讨的供应链管理,是整合的供应链管理,是"横向一体化"的、"拉式"的供应链管理模式。它不但注重企业内部资源的优化,更注重企业间系统的优化、供应链关系、供应链伙伴的协作等,这一切都是为了企业能够获得市场竞争优势。作为供应链管理战略的内容之一,就是要选择适合于企业实际情况的运作方式。企业采取什么样的供应链运行方式与企业系统的基础管理水平有很大关系,切不可盲目模仿其他企业的成功做法,因为不同企业有不同的管理文化,盲目跟从反而会得不偿失。

9.4.2　供应链与分销渠道的关系

供应链与分销渠道之间存在着不可割裂的联系,供应链的管理最终要以企业内部的分销渠道管理为基础和保障,企业必须与其原料供应商、产品分销商、第三方物流服务者等结成持久、紧密的联盟,共同建设高效率、低成本的供应链,才可以从容应对市场竞争,取得较大的市场份额。可以说,供应链是分销渠道由内部一体化向外部一体化发展的产物。但二者之间又存在本质的区别,不可混淆。

供应链与分销渠道的区别有以下几点。

(1) 二者的成员数目和作用不同。供应链范围较广,主要是由以下公司构成的:原材料供应公司、零部件公司、供应生产产品或服务等必需品公司和把产品或服务便利地转移到最终用户的公司,即分销渠道。供应链管理是分销渠道管理的延伸和扩展。

(2) 从供应链的概念来看,分销渠道是供应链的一部分,供应链是通过综合从供应者到消费者的供应链运作,使供应链中的分销渠道达到最优化。相应地,分销渠道管理也是供应链管理的一个子集,两者并非同义词。供应链管理是一种集成的管理思想和方法,它执行供应链中从供应商到最终用户的物流的计划和控制等职能,不仅仅是节点企业、技术方法等资源简单的连接。供应链管理实际上是把分销渠道管理和企业全部活动(如生产制造活动等)作为一个统一的过程来管理。

(3) 二者的目的不同。分销渠道是以到达消费者为目的,但供应链的目的远远超越了这一单纯的目的。例如,某企业的核心竞争力是其科研创新能力,在产品开发过程中,需要涉及方方面面的业务关系,包括营销理念、研发组织形式、制造能力和物流能力、筹资能力等,这些业务关系不是一个企业内部的,往往还涉及分销渠道的中间商,以便缩短新产品进入市场的周期,这些都是供应链上的环节。显然,单单从一个企业的分销渠道来理解其企业或产品的竞争力是不全面的。换一种角度讲,作为一种战略概念,供应链也是一种产品,而且是一种可增值的产品。其目的不仅仅是降低成本,更重要的是提供用户期望以外的增值服务,以产生和保持竞争优势。从某种意义上说,供应链是分销系统的充分延伸,是产品与信息从原料到最终消费者之间的增值服务。各种物质原料从购买到制造到分销,是一个不断增加其市场价值或附加值的增值过程,各环节的价值增值也不尽相同,一个环节的重要程度主要取决于它带来的增值价值的大小。

本 章 小 结

分销渠道是指为促使产品或服务能顺利通过市场交换,转移给消费者(用户)消费的一整套相互依存的组织。它是独立于生产和消费之外的流通环节,同时又是连接生产与消费的桥梁。分销渠道按长度结构可划分为零层、一层、二层和三层渠道;按宽度结构可划分为高宽度分销渠道、中宽度分销渠道和独家分销渠道;按分销渠道系统的管理模式可划分为垂直型、水平型和多渠道型分销渠道。

中间商按与消费者的关系,也就是与最终消费者的接近程度可划分为批发商和零售商两大类。中间商具有调节市场供需平衡、创造市场效率、市场分销、战略合作等功能。

分销渠道设计是企业对关系其长期生存和发展的分销模式、基本目标及管理原则所做的规划、选择与决策。其基本目标是向目标市场有效地传达重要消费者价值。影响分销渠道战略设计的主要因素有市场性质、产品性质、中间商状况、竞争者状况、企业自身状况和环境特征。

分销渠道的管理主要包括分销渠道成员的选择和培训、激励渠道成员、评价渠道成员、调整分销渠道以及渠道的合作、冲突与竞争。

关键术语

分销渠道——distribution channel   渠道管理——channel management

中介机构——intermediaries　　整合渠道——integrated distribution
中间商——middleman　　批发商——wholesaler
零售商——retailer　　无店铺零售——non-store retailing
物流管理——logistics management　　供应链管理——supply chain management

案例应用分析

国美全线"封杀"格力空调

2004年3月11日,国美总部向全国分公司下达通知,要求各门店清理格力空调库存。事情源于2004年2月成都国美和格力成都分公司爆发的争端,原因是国美在没有提前通知厂家的情况下,突然对所售的格力空调大幅降价。对此格力表示,国美的行为严重损害了格力在当地的既定价格体系,也引起其他众多经销商的强烈不满。此前,事发地成都的6家国美卖场已彻底撤出了格力空调。

1. 格力对国美模式的冲突,产业链上利润该给谁

"董姐(格力总经理董明珠)做得对,不该向国美低头。国美的低价靠的是挤兑厂家,空调价格国美定,还要独占12%的利润,售后服务甩给我们经销商,国美的纯利比我们的毛利都多,凭什么?"官辉在接受记者采访时说,"我怎么想也觉得这事儿不合理。"官辉,北京源动力制冷设备有限公司总经理,1997—2004年专营格力空调。

官辉所指的事情当然是格力被国美清出卖场的事件。从发展趋势上来看,格力与国美两种分销体制的矛盾与冲突终不可免,"新兴连锁销售"和"传统代理商销售",谁将主导家电流通渠道?其结果将决定于双方的博弈。

国务院发展研究中心的陆刃波认为:"当务之急是建构新型厂商关系,最终形成扁平化平台。"

1) 起因:收购经销商股份把控渠道主动权

"国美不是格力的关键渠道,格力在北京有400多个专卖性质的分销点,它们才是核心。谁抛弃谁,消费者说了算。"格力北京销售公司副总经理金杰一再声称,"格力的销售公司接受格力珠海总部的直接管理,目的不是为了赚钱,而是把空调市场做大。"

格力珠海总部新闻发言人黄芳华在电话里对记者强调,"在渠道策略上,格力不会随大溜儿。格力空调连续9年全国销量第一,渠道模式好与坏,市场是最好的检验。"

事实上,从2001年格力北京销售公司成立,官辉和另外5名京籍经销商入股,官辉的个人股份是12%左右。2003年9月,或者主动或者被动,包括官辉在内的6名经销商先后全部退股,原来的销售公司注入大量资金,通过劝说原经销商退股以及收购经销商股票等形式来扩大企业在销售公司的自主权,据说格力将在原股份制销售公司中占据80%以上的绝对股权。格力由此加大了控制市场、控制经销商的力度,试图扭转过去受价格制约的被动局面。这似乎表明,格力的"股份制区域性销售公司模式"逐步在向传统的企业分公司和区域级代理模式回归。

事发之后,格力方面的态度很坚决:如果有违格力自身的营销规则,格力宁愿退出。事实上,格力一直是中国家电业的一个另类,在国美、苏宁等全国性连锁大卖场势力渐大的今天,格力依然以依靠自身经销网点为主要销售渠道。据北京格力内部人士透露,格力是从2001年下半年才开始进入到国美、苏宁等大型家电卖场中的。但与其他家电企业完全依赖大卖场渠道不同的是,它们只是把这些卖场当作自己的普通经销网点,与其他众多经销商一视同仁。

2) 争论:产业链上的利润该给谁?

让格力格外闹心的是,沿袭多年的"销售公司模式"正在相当广泛的范围内遭受着质疑。

"渠道模式陈旧,格力空调将输掉未来。"国内知名的家电营销研究专家、帕勒咨询公司资深董事罗清启这样评价。

格力与国美的矛盾实际上是两种分销体制的矛盾。罗清启说,"以前海尔集团(以下简称海尔)视国美

为异端渠道,是扰乱自己全国价格体系的不安全因素,但 2004 年海尔迅速调整,成立了直接对接国美的大客户部,主动和国美合作,产品直供,省去了中间链条,估计 2004 年海尔能在国美卖 20 多亿元。买方市场下,控制渠道的不再是厂家,而是商家。最终格力会低头。"

"大规模生产需要大规模流通,但并不意味着大规模制造需要长链条的大规模流通,任何时候需要的都是买者与卖者,点对点的直接交易。"罗清启点出了格力空调分销渠道的特殊性,"格力空调散布各地的销售公司是总部、经销商共同出资注册的,它要参与利润分配。利润给国美还是给销售公司?这是格力在渠道抉择上无法解决的问题。"

国美总部销售中心副总经理何阳青认为,格力奉行的"渠道模式"与国美的渠道理念是相抵触的。当然,也有不同观点,一位不愿透露姓名的业内人士说:"近年来,'新兴连锁销售'成长很快,'传统代理商销售'和它较量往往以失败告终。这说明一个问题,那就是以新兴家电连锁销售为代表的大型商业资本具有良好的成长性,但渠道的主导力量仍是'传统代理商销售',大型家电连锁企业的销售额仅占整个市场份额的不足 30%。大型家电连锁企业要想成为市场渠道的主导力量,还得等 3~5 年。"

3) 趋势:新型厂商关系加速流通渠道的全面整合

"现在一种普遍的认识是渠道商的利润来源于对制造商的索取,如靠多开门店、签大单赢得利润。这种经营模式最终会损害整个行业。"国务院发展研究中心市场咨询中心副主任陆刃波称,"无论是渠道终端还是制造企业,最终的利润来源一方面来自于消费者的消费,另一方面来自于双方合作成本的降低。"

"国美、格力,不能随意断言哪一种渠道模式优或劣。分手是一时的,合作是永久的,说不定不出半个月格力、国美就会言归于好。"陆刃波呼吁建立新型厂商关系。何谓新型厂商关系?陆的解释是"家电供应链的整合,包括信息共享、物流合作和服务的无缝衔接,最终形成消费者需求、企业研发生产到销售商销售的扁平化平台"。

目前中国家电连锁的强势主要体现在一级市场即大城市。国务院发展研究中心市场经济研究所组成的中国家电市场调查课题组 2003 年的调查显示,在一级市场,家电连锁占整个家电零售市场的比重超过 65%。但在二、三级市场上,家电连锁的比重低于 20%,其市场影响力较低。陆刃波对本报记者说:"从 2004 年的情况看,二、三级市场的营销渠道还不够健全,国美这些家电连锁也在寻找进入二、三级市场的最佳方式。对于制造企业来说,如何调整其在二、三级市场的渠道模式,将成为其未来市场竞争生存的关键。"

"随着流通领域对外资放开的临近,我国家电流通渠道的全面整合已经开始。"国美总部销售中心总经理华天说。确如此言,目前我国家电流通企业的数量超过了 3.2 万家,而美国家电流通企业已经少于 1 000 家,美国的前三大家电零售商的市场占有率已经超过了 80%,这说明中国家电零售流通业的渠道资源将进一步整合。

2. 格力无奈重返国美客船

2007 年国美广州分公司与格力广州分公司同时宣布,即日起格力空调全面进入广州国美旗下 33 个门店销售。这种"复合"在天津、北京及华东等地区也低调展开。由此,业界判断国美向格力低头,结束了长达 3 年的冷战。在目前双方利益互不让步的条件下,双方的合作仅是小范围的、短暂的,尚不具备全面长久合作的利益基础。

从 2004 年 3 月起,国美、格力各自从销售体系中清除出对方后,双方一直剑拔弩张,格力董事长朱江洪及总经理董明珠态度强硬,表示与国美"分手"绝不后悔。而国美与永乐合并之后年销售额达 800 亿元,成为国内当之无愧的家电巨无霸,在面对格力这样一个单产品品类时,让国美作出让步无疑也是非常困难的。

在中国家电企业中,格力的渠道模式是较为特殊的一个,实际上这种渠道模式并不复杂,它是制造公司与省级主力空调经销商组建的一个股份制销售公司,而其他公司的区域销售公司完全是自己的二级法人公司。格力的股份制公司的主要特点是把区域内大的经销商捆在了自己的船上,这在产品相对短缺、渠道为王的时代具有重大意义,它可以最大限度地利用当地的渠道资源强化自己的销售。

但到了产品过剩时代,竞争就像刮刀一样,把产品的利润一层一层地刮掉了。微薄的空调利润目前已经没有可能让空调厂家有更多的资金来维系一级直到多级的漫长代理链条渠道体系了。以国美、苏宁为代表的家电连锁实际上是对"小农分销模式"的一种直接否定。从这个意义上讲，国美和格力在渠道利益上依然存在着不可调和的矛盾，并不会因为某些地区性的合作而转移。

如果说国美迫于当前空调市场的压力，在部分地区向格力抛出"橄榄枝"是可以理解的。大家都知道，国美是以经营黑色家电起家，在经营像空调这样的白色家电方面与主要竞争对手苏宁还有差距，这种状况在格力空调强势的南方市场表现得尤为强烈。当前空调旺季即将到来，国美在这个时候选择与格力合作有"临时抱佛脚"之嫌，也是为了夺取南方空调市场的被动之举。

从这里也可以看出，国美在经营空调产品方面与空调企业自建渠道还有一定的差距。对空调产品来说，素有"三分质量、七分安装"之说，国美等综合性家电连锁企业与专业性的空调渠道相比，在产品的售后服务方面还有差距。连锁商店采用的均为服务协议外包，并不具备自身的售后服务队伍，一旦在旺季就会遭遇售后服务瓶颈，与专业渠道相比，竞争的差距就会凸显出来。而厂商的专业销售渠道则可以很好地解决这个问题，这也是格力在很长一段时间内都依靠代理商与连锁商进行操作，而不是采取统购分销模式的原因之一。

但从根本上说，国美的部分渠道接纳了格力，并不能代表国美渠道商和格力制造商的全面讲和，毕竟渠道商还是以商业为目的。因此，双方能走在一起只是为了某一阶段性的共同目标，在这个时间节点上双方找到了共同的利益点，但离双方真正、全面、系统地合作还需要一些时日，毕竟历经3年的恩怨需要双方作出更大的让步，从目前来看国美和格力谁都不想迈出第一步。

讨论：

(1) 格力空调和国美电器之间的渠道冲突反映了新时期厂商和渠道商之间新型的博弈关系。你认为现在厂商和渠道商之间的力量对比如何？二者之间的关系应当如何处理？

(2) 格力空调现在所采取的渠道策略正确吗？你认为可以从什么方面加以改进？

思 考 题

(1) 试分析一个采用多渠道市场营销策略的生产者所面临的优势和劣势。
(2) 分销渠道的特点主要有哪些？
(3) 影响分销渠道设计的因素主要有哪些？
(4) 概述零售商的种类。
(5) 自选一个类型的企业，画出渠道模式的详细图示。
(6) 供应链的含义与性质是什么？供应链管理同物流管理有什么不同？

第 10 章 促销策略

教学目标与要求

通过本章的学习，学生应对产品促销的原理和方法有一定的了解和认识，能针对不同的案例进行分析并提出自己的解决方案；了解促销的概念、作用和促销的4种主要手段；掌握4种促销手段的具体方式、实施步骤和决策方法。

本章知识点

促销的概念、作用和组合策略；商业广告的概念、作用和管理；人员推销的概念、作用和管理；营业推广的概念、作用和管理；公共关系的概念、作用和管理。

与促销相关的现象

(1) 康师傅方便面中放入各式各样的"小玩意"。
(2) 企业总是喜欢参加各式各样的与自己的产品有关的博览会。
(3) 知名企业总是喜欢参加慈善或者扶贫活动。
(4) 国外品牌在中国几乎都是走高档路线。
(5) 银行总喜欢把自己的门面装修得整洁、豪华。
(6) 我们周围无处不在的广告。
(7) 企业总是自己组织或者赞助各类比赛。

以上现象还可以列举很多，它们和企业的产品或者服务的促销息息相关，却给了人们不一样的感觉。这些现象的背后就是企业依据不同的情况而选择不同的促销策略。

10.1 促销与促销组合

10.1.1 促销的概念与作用

1. 促销的概念

促销是指通过人员或非人员的方式将产品或服务信息传递给消费者或用户，帮助、影响及说服其购买某项产品或服务，或至少引起潜在消费者的兴趣，激发其购买欲望的活动。

促销与一般的销售活动有很大的区别,销售是通过商品货币关系将产品让渡给购买者,完成商品价值形态的转移,促销则是为促成销售的实现而不断告知和说服消费者的过程。

促销的概念包括以下几个方面。

(1) 促销的目的是吸引消费者对企业的形象或产品产生注意和兴趣,激发其购买欲望,促使其采取购买行为。在一般情况下,消费者的态度直接影响和决定着其行为,所以,要促进消费者购买行为的产生,就必须充分利用各种方式,通过信息传播和沟通,影响或转变消费者的态度,使其对本企业的产品产生兴趣和偏爱,进而做出购买决策。

(2) 促销的本质是信息沟通,企业通过信息的沟通和传递,将产品或服务的存在、性能和特征等信息传递给消费者,激发消费者的购买欲望,促使其产生购买行为,同时,企业通过市场调研获得反馈信息。信息沟通过程如图 10.1 所示。在促销的信息沟通过程中,市场营销管理机构是"信息发出者",其基本职能是对促销活动进行计划、组织和控制。"信息接收者"是指消费者和潜在消费者。在信息沟通的过程中,信息接收者对媒体传递的信息做出反馈。信息发出者可以通过反馈检验促销的效果,并以此为依据改进或调整企业的营销计划和实施方案。

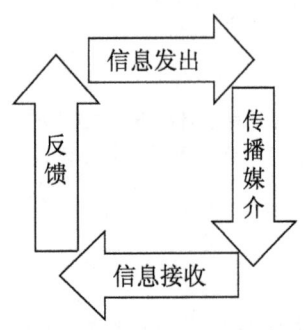

图 10.1 信息沟通过程

(3) 促销的方式分为人员促销和非人员促销。人员促销是指派出推销人员直接与消费者面对面地洽谈,非人员促销是指企业借助某种媒介传递企业、产品或服务的信息,包括广告、营业推广和公共关系等多种。在促销活动的过程中,企业通常将人员促销和非人员促销结合运用,即促销组合。

当今社会是感性消费时代,人们追求能体现自己个性的消费方式。因此,情感促销已越来越受到企业的重视。所谓情感促销,就是指企业通过各种形式,加强与消费者的感情交流,巧妙地利用消费者的情感,根据消费者的新感受来生产和推销产品。企业产品能否给消费者带来新的感受,最关键的一点,就是看企业与消费者之间的沟通是否有效,是否能触动消费者的心灵。

2. 促销的作用

促销作为市场营销的一个重要环节,有着不可替代的作用。

1) 指导消费,增加消费需求

消费者的需求不仅具有多样性和多变性,而且还具有可诱导性。有效的促销活动不仅可以诱导和激发消费者的消费需求,在一定条件下还可以创造需求。通过一定的促销形式,不仅可以使更多的消费者对本企业的商品产生信任,形成偏爱,达到增加需求的目的,而且当某种商品的销售量下降时,可以使需求得到某种程度的恢复。当某种新产品准备投放市场时,企业有效的促销措施可以激发消费者的购买欲望,刺激需求,尽快占领市场。

2) 提供商品信息

在现代市场经济社会里,一方面企业需要及时向经营者和消费者提供有关商品的信息,同时希望通过经营者和消费者的信息反馈来引导和促使生产者改进商品结构,以适应市场需求,扩大商品销路。另一方面,商品琳琅满目,消费者往往会产生茫然不知所措的感觉,他们非常希望能获得有关商品的信息,以帮助自己进行购买决策,使自己在这方面获得满足。促销正是通过人员和非人员的方式,进行信息的单向或双向沟通,增进消费者对企业及其商品的了解,扩大企业的社会影响。对中间商来说,也需要向零售商和消费者介绍商品,争取使其成为现实的购买者。

3) 突出商品特点,诱导需求

在同类商品竞争激烈的情况下,许多产品在价格、质量等方面大体相当,此时消费者更愿意选择那些能带来特殊利益的商品。市场上不同生产者生产的同类商品,通常在客观上存在种种差别,消费者往往不易觉察。企业通过促销活动,着眼于满足消费者的特殊需求,宣传自己商品的特点,使消费者认识到本企业商品将给他带来特殊利益,从而使消费者在众多同类商品中乐于购买本企业的商品。

4) 稳定市场销售

由于市场竞争日趋激烈,产品的销售量可能起伏较大,企业通过促销活动,使更多的消费者形成对本企业和特定产品的偏爱,达到稳定销售的目的。一些专家认为,促销的重要使命就是稳定企业产品的市场地位。事实上,企业如果长期不进行促销活动,其产品就会渐渐被人遗忘,甚至有可能退出市场。

10.1.2 促销组合策略

1. 促销组合策略的影响因素

所谓促销组合,就是有目的、有计划地把商业广告、人员推销、公共关系和营业推广等促销形式配合起来综合运用,形成一个完整的销售系统。

促销手段主要有人员推销、广告、营业推广、公共关系 4 种形式,这 4 种形式各有利弊。人员推销可直接接触消费者,便于互相沟通信息,容易激发兴趣,促成即时交易,但费用较大,且推销人员不易培训,尤其是优秀推销人员难以选拔;广告手段宣传面广,能多次运用,在树立企业产品的长期形象方面有较好的效果,但因人而异,很难说服消费者进行即时购买,而且广告费用十分昂贵;营业推广吸引力强,激发需求快,但接触面窄,局限较大,如果时间过长或过于频繁,容易引起消费者的疑虑和不信任;公共关系是利用公共媒体传播有关信息,其影响面广,较令人信服,但组织工作量大,且企业难以把握机会和控制宣传效果。

在考虑选择何种促销手段以达到既经济又有效的目的时,需要考虑以下几个方面的影响因素。

1) 市场条件

企业目标市场的不同特征影响着不同促销手段的选择,并达到不同的效果。从市场范围看,小规模的本地市场,应该以人员推销为主;对广泛市场如全国市场和国际市场,广告有着重要的作用。从市场集中程度看,如果消费对象相对集中,可采用人员推销;反之,宜选择广告、营业推广等形式。从不同类型的潜在顾客的数量看,用户行业集中和顾客人数少的,可用人员推销;用户行业广泛和人数众多的,应以广告宣传为主。从市场竞争的角度看,在选择何种的促销手段时,还要根据竞争对手的促销活动来确定本企业的相应对策。

2) 产品特性

不同类型产品的消费者在信息的需求、购买方面的要求是不相同的,需要采用不同的促销手段。一般来说,工业用品的技术性强,构造复杂,需要由专人示范操作及讲解,因此适宜用人员推销的形式;而日用消费品的销售面广,性能简单,所以用广告和营业推广的方式进行促销更经济。此外,价格低、适用性强的商品,宜采用广告促销;而价格高、利润大的产品,更适合用人员推销的方式。

3) 产品市场生命周期

在产品不同的生命周期阶段，企业的营销目标及重点各不相同，因此促销手段也不相同。在导入期，要让消费者认识和了解新产品，可利用广告与公共关系广为宣传，同时配合使用营业推广和人员推销，鼓励消费者使用新产品。在成长期，要继续利用广告和公共关系来扩大产品的知名度，同时用人员推销来降低成本。在成熟期，利用广告及时介绍产品的改进，同时使用营业推广来增加产品的购销量。在衰退期，营业推广的作用更为重要，同时配以少量的广告来保持消费者的记忆。

4) 促销预算

促销预算的多少直接影响促销手段的选择，预算少，就不能采用开销大的促销手段。预算开支的多少，要视企业的实际能力和市场目标而定。不同的行业和企业，促销费用的支出也不相同，如化妆品行业，促销费用在整个营业额中所占的比重就远高于机械行业。

这 4 种主要的促销方法各自有着自身的特点，适合特定的市场环境。其优点和缺点如表 10-1 所示。

表 10-1　4 种促销方法的优点和缺点

促销方法	优点	缺点
商业广告	传播范围广，渗透性强，影响力大，适用范围广	单向传播，说服力弱，费用高
人员推销	方法灵活，针对性强，买卖双方交流方便	费用较高，影响面小，推销人才缺乏
营业推广	容易促成交易，效果明显	时间短，不能频繁使用，影响收益
公共关系	影响力大，作用持久	不易控制，见效慢

2. 促销组合策略

1) 推式策略

推式策略是指企业利用人员推销，以中间商为主要促销对象，把产品推向分销渠道，最终推向消费者。这种推销策略要求推销人员针对不同的消费者、不同产品采用与其相适应的推销方法。常用的推式策略有示范推销法、走访销售法、网点销售法、服务推销法等。推式策略的运作过程如图 10.2 所示。

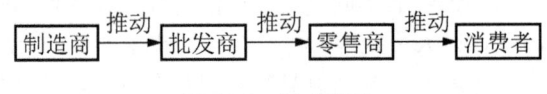

图 10.2　推式策略

(1) 示范推销法。例如，技术讲座，实物展销，现场示范，试穿和试用等。
(2) 走访销售法。例如，带着商品和产品目录走访顾客，或者巡回销售。
(3) 网点销售法。例如，建立、完善分销网点，采用经销、联营等方式扩大销售等。
(4) 服务推销法。例如，销售前根据客户的要求设计产品、制定价格；在销售中向客户介绍产品，教授调试、安装知识；做好售后服务。

2) 拉式策略

拉式策略是指企业利用广告、公共关系和营业推广等促销方式，以最终消费者为主要促销对象，设法激发消费者对产品的兴趣和需求，促使消费者向中间商、中间商向制造企业购买该产品。常用的拉式策略有会议促销法、广告促销法、代销或试销法、信誉销售法等。拉式策略的运作过程如图 10.3 所示。

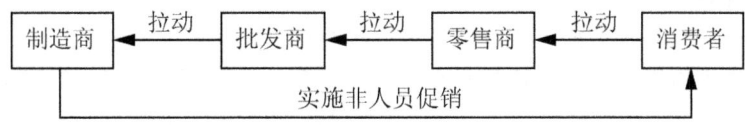

图 10.3 拉式策略

(1) 会议促销法。会议促销法主要是通过组织商品展销会、订货会、交易会、博览会等，邀请消费者和客户前来订货。

(2) 广告促销法。广告促销法主要是通过电视、电话、广播、报纸、杂志及各种信函、订单等，向消费者介绍产品的性能、特点、价格以及订货方法，吸引消费者购买。

(3) 代销、试销法。新产品问世时，委托他人代销或者试销，促进产品尽快进入和占领市场。

(4) 信誉销售法。信誉销售法主要是通过实行产品质量保险、赠送样品、开展捐赠和慈善活动等，增强用户对企业及产品的信任，从而促进销售。

3) 混合策略

在市场营销的实践活动中，更多采用的是推、拉结合的混合策略，也就是促销组合 4 种方式的综合使用，多方面影响、多途径地接近消费者。混合策略的运作过程如图 10.4 所示。

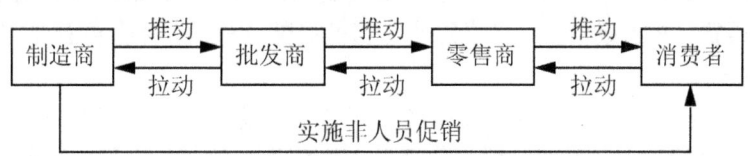

图 10.4 混合策略

10.2 商 业 广 告

10.2.1 广告的概念与作用

1. 广告的概念

广告是以付费为原则，运用一定的艺术形式，通过一定的媒体广泛传递商品、服务信息，以达到增加信任、促进销售的一种经济活动。

广告发展到现代，人们已无法回避它无处不在的影响。在电视里，广播里，在报纸上，在街头巷尾，在地铁车站，人们无时无处不在接触各种各样的广告。广告正在影响着人们的消费观念，影响着人们的购买行为，甚至影响着人们的学习、工作和生活。

1) 广告的特点

广告作为一种独特的促销手段，具有以下特点。

(1) 信息性。广告的基本功能是通过信息传递实现沟通。

(2) 渗透性。广告是一种覆盖面广、渗透力强的促销方式，但广告信息的传播是一个动态过程，侧重于长期沟通。

(3) 表现性。广告的表现手法多种多样,它可以把感情、兴趣、知识、信息等感性因素和理性因素结合起来融为一体,使其更具表现力和说服力。

2) 广告的主题

在广告活动中,企业必须了解对消费者、用户和社会公众说些什么才能使消费者产生预期的认识、情感和行为反应,这就是广告主题,也称广告诉求或广告构思。一则广告必须能鲜明地、突出地表现广告主题,让人们在接触广告之后,很容易就理解广告告诉他们什么,期望他们做些什么。如果人们看完广告后感到"丈二和尚摸不着头脑",这种广告主题就注定了广告主的投入必将是竹篮打水一场空。一般来说,广告主题的形式通常有3类:理性主题、情感主题、道德主题。

(1) 理性主题是指直接向目标消费者或公众诉说某种行为的理性利益,或产品功能产生的人们所需要的功能利益与要求,以促使人们产生既定的行为反应。通常,产品购买者对理性主题的反应最明显。

(2) 情感主题是指试图向目标消费者诉诸某种诸如恐惧感、罪恶感、羞耻感等消极因素,或诸如幽默、喜爱、自豪、快乐等积极因素的情感因素,以激起人们对某种产品的兴趣和购买欲望。这类广告主题一般适用于化妆品、饮料、食品、服装等消费品。

(3) 道德主题是指以道德诉诸广告主题,为了使广告接受者从道义上分辨出什么是正确的或适宜的,进而规范其行为。这种广告主题通常用于规劝人们支持某种高度一致的社会运动,对消费品较少采用。

在确定广告主题时,一定要符合广告接受者的心理需要,否则,这个主题就不适用。如果不能引起消费者的心理共鸣,那么这个广告就必然会失败,并会对企业利益造成损害。

3) 广告的分类

(1) 告知性广告。其目的是为产品创造最初的基本需求,常在产品的介绍期用来介绍新产品、开拓新市场,因此又称创牌广告或开拓性广告。告知性广告主要是向市场告知有关新产品的情况,提出某项产品的若干新用途,说明新产品如何使用,描述所提供的各项服务,树立公司形象等。

(2) 对比性广告,又称劝说性广告或竞争性广告。它是在市场激烈竞争阶段,企业常用的有力武器,一般多用于处在成长期和成熟期的产品的宣传。企业实行差异性营销策略时也常使用对比性广告,其目的是为特定品牌确定选择性的需求,促使消费者产生品牌偏好。市场上的大多数广告都是这类广告,其诉求的重点是宣传本产品同其他产品相比的优异之处,使消费者能认知本产品并能指名购买。在发达国家,对比性广告被广泛地用于清洁剂、快餐食品、牙膏、轮胎、汽车等竞争激烈的产品。由于对比性广告是通过直接或间接地与同一类产品的某一个或某几个品牌的对比来建立本品牌的优越性,因此,企业使用这类广告,一定要确保该广告能证明其产品或服务有优势,才不致招致更强大的其他相关品牌产品的攻击。

(3) 提示性广告。使用提示性广告的目的是使顾客保持对某品牌产品的记忆,巩固已有的市场阵地,并在此基础上深入开发潜在市场和刺激购买需求。人们耳熟能详的知名品牌的产品使用的广告大多在强化消费者对品牌的记忆。那些经常出现在各种媒体的品牌广告,往往既不是宣传新产品,也不是劝说消费者,而只是提示人们该品牌随时等待为消费者提供满意的服务。提示性广告的用意在于:提醒消费者可能最近需要某种产品,提醒他们在哪里可以购买某种产品,并使消费者在淡季也可以记住这些产品,保持最高的知名度。广告诉求的重点是着重保持消费者对广告产品的好感、偏爱和信心,因此又被称为保牌广告。

2. 广告的作用

广告以其独特的作用而成为促销的主要手段之一,广告的作用主要包括以下几个方面。

(1) 介绍产品。广告能使顾客了解有关产品的存在、优点、用途及使用方法等,有助于顾客根据广告信息选择适合自己需要的产品。同时,广告信息的传播,对培养新的需求和新的消费方式有一定作用,对扩大销售量和开发新产品具有重要意义。

(2) 促进尝试性购买。顾客使用产品是广告要达到的目的,广告有刺激、鼓励人们做第一次尝试购买的作用。顾客通过尝试性购买和使用产品,才可能成为企业的忠实顾客。

(3) 开拓新市场、发展新顾客。企业要发展壮大,就需要谋求扩大市场,拓展产品销路。对于新的细分市场,由于广告能广泛、经常地接近顾客,因而能起到开路先锋的作用。广告是进行市场渗透的有力武器。

(4) 保持或扩大市场占有率。广告可以让消费者经常感觉和认识到某种产品的存在,这是企业保持一定市场占有率的有效手段。

(5) 树立或加深企业商标的印象。顾客购买产品时,企业的名称和商标往往是其选择的重要依据。因此,企业名称和商标是否能赢得顾客的好感和信赖,直接关系到产品的销售。广告是确立理想的企业与商标印象的重要途径。

(6) 消除对产品的偏见,改善对产品的评价,确立好感。

(7) 支持中间商,改善与中间商的关系。

总之,广告的作用是多方面的,在现代商品市场上,广告已经成为企业在竞争中取胜的必要手段。

10.2.2 广告决策

1. 广告媒体决策

1) 广告媒体种类

【拓展期刊】

广告媒体是广告主与广告接收者之间的连接介质,是广告宣传必不可少的物质条件。广告媒体并非一成不变,而是随着科学技术的发展而发展的,广告媒体主要有以下几种。

(1) 报纸、期刊等印刷类广告媒体。各种报纸、期刊是最有效、最普遍的传播媒体。报刊广告最大的优越性是读者比较稳定,宣传覆盖率高;传播迅速,反应及时;能对产品进行较详细的说明;制作简单、灵活;费用较低。但也有一定的局限性:保存性较差;内容庞杂,易分散注意力;画面清晰度差。

(2) 电台、电视、电影等视听传播媒体。电台主要是用语言来吸引听众,由于它不受文化水平的限制,传播对象较为广泛。电视、电影广告的优点是宣传作用较大;涉及范围广泛;生动、灵活、形式多样,观众记忆深刻。缺点是费用高,竞争者较多。

(3) 邮寄广告媒体。广告主将印刷的广告物,如商品样本、商品目录、商品说明书、商品通告函等,直接寄给消费者、中间商或代理人,称为邮寄广告。邮寄广告最大的优点是广告对象明确,选择性好、传递较快。缺点是传播面小。

(4) 户外广告媒体。户外广告通常有招贴、广告牌、交通广告及霓虹灯广告等。户外广告经常作为辅助性推广的媒体。

(5) 网络广告媒体。网络已经发展了很多年,就广告来讲,网络是一种重要的媒体形式,尤其受年轻人喜欢。

2) 选择广告媒体的影响因素

(1) 商品的特性及信息传递的目标。对于需要表现外观和质感的商品，如服装、化妆品等，应选用电视、杂志、互联网等具有强烈视觉效果的可视媒体，以增加美感和吸引力；对于技术性要求较高的商品，可能要求选用专业性杂志或目录邮寄方式；如果仅仅是一条促销活动的告知性信息的发布，广播或报纸是广告效益较高的媒体选择；对于只需听觉就能了解的商品和信息，则适宜选用广播作为广告媒介。

(2) 目标消费者的媒体习惯。有针对性地选择广告媒体，使用目标消费者易于接受并随手可得的媒体，是增强广告效果的有效措施，也是实现广告效益最大化的必要手段。如果广告信息的传播对象是城市里悠闲的高收入家庭主妇，毫无疑问，《都市妇女》之类针对性强的杂志是最佳的媒体选择，而专业性、学术性的杂志就不适宜选为该广告的广告媒体。

(3) 媒体的影响力。企业所选媒体的影响力应尽可能到达企业拟定的目标市场的每一个角落，而且所选媒体的信誉度越高，社会公众形象及口碑越好，其所发送信息的可信度就越强。报纸、杂志的发行量，广播、电视的听众、观众数量，媒体的频道和声誉，以及各种媒体的覆盖范围和相对固定的顾客群等，是媒体影响力的标志。

(4) 媒体成本。从一次性的广告投入总额看，电视是最贵的媒体，相比之下报纸比较便宜。但衡量某一媒体成本高低的指标，往往是成本与目标对象人数之间的比例，而不是成本的绝对数字，因此，若按每千人成本计算，电视广告又可能是最划算的媒体。企业应谨慎考虑广告效果与成本的关系，尽量实现广告投入销售效益的最大化。

(5) 竞争状况。假如企业基本能够垄断某一市场，则完全可以根据自身实力较为自如地选择媒体形式。如果企业竞争对手少，并且不能构成大的威胁，则企业只需在交叉的媒体上予以重视。倘若企业被竞争对手重重包围，那么，在财力允许的情况下企业可以使用更大的广告投入，通过类似地毯式的广告轰炸来进行正面交锋，以压倒众多存在或潜在的竞争对手，当然，如果财力无法支撑庞大、持久的广告投入，则可采取迂回战术。

2. 广告市场策略决策

(1) 广告目标市场策略。为配合无差异性市场策略，要求广告主利用各种媒体组合做统一主题内容的广告；为配合差异性市场策略，要求广告主根据各个细分市场的不同，分别选择不同的媒体组合，做不同主题内容的广告；为配合集中性市场策略，要求广告主根据所选择的目标市场，做有针对性的广告。

(2) 广告竞争策略。广告是竞争的重要工具，因此，可以利用和其他产品或企业对比的方法，做比较广告；还可在产品推出之前，进行密集性的广告宣传，即抢先广告策略。

(3) 广告促销策略。将广告与其他手段相结合，以提高广告促销效果。如将广告与举办文娱活动相配合，可以激发平常不关心广告的消费者对广告的兴趣；将广告与抽奖、摸奖活动相结合，可以利用消费者希望得到奖品的心理来提高广告的阅读量；将广告与公益活动相结合，可以使消费者增加对企业的好感，从而促进销售。

3. 广告产品策略决策

(1) 广告产品生命周期策略。在产品生命周期的投入期和成长前期，以告知性广告为主，以创牌为目标；在产品生命周期的成长后期和成熟前期，以说服性广告为主，以保牌为目标；在产品生命周期的成熟后期和衰退期，以提示性广告为主，以维持品牌为目标。

(2) 广告产品定位策略。为配合企业的产品定位，广告可以突出宣传产品的特殊功效、优良品质、低廉价格或主要消费者，也可以利用人们的心理特点，采取逆向的思维方式进行广告宣传。

4. 广告效果评价

规划和控制广告的关键是对广告效果的评价。合理的广告促销应先在一个或几个城市开展小规模的广告活动，评价其效果，然后再投入大笔费用在全国范围内铺开。广告效果评价包括沟通效果评价和销售效果评价两个方面。

1) 沟通效果评价

沟通效果评价是指广告是否有效地将信息传递给了消费者，可分为事前测试和事后评估。

(1) 事前测试有3种方法：①直接评分法，即让消费者观看本企业产品的各种备选广告，请他们给不同的广告打分，以此来测试广告效果；②组合测试法，即请消费者看或听一组广告，不限制时间，然后请他们回忆广告内容，其结果可表明广告内容中突出的地方以及广告的易懂性、易记性；③实验室测试法，即用仪器测试消费者对于广告内容的生理反应，但这类试验只能测量广告的吸引力，无法衡量消费者的信任、态度和意图。

(2) 事后评估是在广告发布后对消费者进行的测试。一种是回忆测试，即让接触过广告媒体的人回忆最近几次媒体刊播的广告及其产品，其结果可说明广告为人注意和容易记忆的程度；另一种是识别测试，即让接触媒体者从若干广告中辨认哪个广告是他们曾经看过的，由此可说明广告在消费者头脑中留下的印象。

2) 销售效果评价

评价沟通效果可以帮助企业了解广告传递信息的结果，但却无法揭示其对销售额的影响，那么销售效果评价就是直接评估广告使销售额增加了多少。这比沟通效果的测量更为困难，因为销售额的增长不仅受制于广告，而且还受到其他各种因素的影响，如产品、价格、收入、渠道等。评价效果的难易取决于影响因素的多少，例如，直销方式下销售效果比较容易衡量，而在运用品牌广告或企业形象广告时，销售业绩则很难衡量。

(1) 历史资料分析法，这是由研究人员按照同步或滞后的原则，利用最小平方回归法求得企业过去的销售额与企业过去的广告支出两者之间关系的一种测量方法。在西方国家，不少研究人员在应用多元回归法分析企业历史资料、测量广告的销售效果方面，取得了重大进展，尤以测量香烟、咖啡等产品的广告效果最成功。

(2) 实验设计分析法，用这种方法来测量广告对销售的影响，可选择不同地区，在其中某些地区进行比平均广告水平强50%的广告活动，在另一些地区进行比平均广告水平弱50%的广告活动。这样，从150%、100%、50%三类广告水平的地区销售记录，就可以看出广告活动对企业销售究竟有多大影响，还可以导出销售反应函数。这种实验设计法已被美国等西方国家广泛采用。

10.3 人员推销

10.3.1 人员推销的概念与作用

1. 人员推销的概念

人员推销是指企业通过派出销售人员与可能成为购买者的人进行交谈，说服他们并推销商品，促进和扩大商品销售。从事推销工作的人员通常称为推销人员，有时也称销售顾问、客户主管、地区代理、代理商、行销代表和厂家代表等。随着推销活动的发展，现在多采用推销人员或销售人员来称呼从事此项工作的人。

2. 人员推销的特点

(1) 机动灵活、适应性强。推销人员本身即为信息传递的媒介，所以他可以根据面对的具体情况随时调整信息传播的方式和内容，适应各种不同的情况。

(2) 区别对待、针对性强。推销人员可以根据选定的不同对象，制定不同的推销策略，并配合广告和其他促销手段，从而使推销效果提高。

(3) 双向沟通、反馈性好。非人员推销的最大缺点就是意见不能直接反馈，所以有时会造成决策错误，信息传递不当，又由于意见不能及时反馈，因此其错误不能得到纠正，会造成极为不利的后果。但人员推销属于信息的双向沟通，意见可以迅速地在双方之间交换，一方面可以使推销人员对消费者的意见进行解释和说服；另一方面也可以及时将意见反映给有关部门，使其做出适当的调整。

3. 人员推销的作用

人员推销作为一种与消费者直接沟通的促销方式，其主要作用如下所述。

1) 引导和影响消费，更好地满足消费者的需求

消费者一般是在接受了推销人员的价值观念、商品知识以后才接受产品的，推销人员要在推销活动中起到传递这些信息、引导购买和消费的作用。

2) 实现社会再生产

推销作为连接生产和消费的桥梁，能实现商品的价值和使用价值，能促进社会再生产的实现和不断进行。

3) 推动社会经济发展

推销是社会经济发展的重要推动力，在市场经济下，社会经济的繁荣与发展取决于市场供求矛盾的解决。通过推销，解决了商品供求的数量、结构、时间和空间上的矛盾，引导企业进行合理的生产，使社会资源得到合理的利用，使人们的需求不断得到满足，从而使社会经济处于良性的循环发展状态。

4) 实现产品的价值

产品的价值需要在市场上通过交换来实现，通过推销，可以使顾客认识到商品的效用，实现商品从生产领域向消费领域的转移，从而实现商品的价值，使企业再生产得以顺利进行。

5) 优化产品，增强企业的竞争力

通过推销，推销人员可以了解顾客的需求现状和趋势，了解竞争对手的产品优势，促使企业调整产品结构，增强产品的市场适应能力和竞争能力。

6) 提高企业的经济效益

通过推销，可以不断提高推销人员的素质和工作水平，减少产品的积压和推销费用，加速资金周转，减少贷款损失，直接提高企业的经济效益。

7) 树立良好的企业形象

推销人员的形象是企业形象的直接反映，推销是塑造企业形象的重要窗口。推销人员在与广泛的顾客的接近和推销过程中，可以扩大企业的影响，在社会公众心目中树立起良好的企业形象。

8) 有利于企业正确决策

企业决策的正确性取决于信息是否充分、及时、正确和有效，推销人员可以得到市场的一手资料和信息，可以为企业的各种生产经营决策提供可靠的信息。

10.3.2 人员推销的方式与步骤

1. 人员推销的方式

企业在组织推销活动时，必须合理地安排布置推销人员，使之能在适当的时间，以适当的方式，访问适当的顾客。因此，企业在确定推销人员接触顾客的方式时，应根据具体情况而定，一般有以下几种方式可供选择。

(1) 一对一的推销。这种方式就是由一名推销人员与一位顾客进行面对面、单对单的洽谈。

(2) 一组对一组的推销。这种方式就是由推销小组(如由企业主管人员、技术人员、销售人员构成的小组) 向一组顾客介绍产品。

(3) 一个对一组的推销。这种方式就是由一个推销人员向一组顾客介绍产品。

(4) 推销会议。这种方式就是通过召开会议方式向顾客进行推销。

(5) 推销讲座。这种方式就是由企业专门组织有关新产品、新技术的讲座，使顾客对企业了解，增强他们的购买信心。

2. 人员推销策略

(1) 试探性策略。试探性策略是指推销人员在不了解顾客情况时，同顾客进行试探性接触，观察顾客的反应，有针对性地根据顾客的反应采取一定的方法激发顾客的购买欲望，促使顾客购买产品。

(2) 针对性策略。针对性策略是指推销人员在基本掌握和了解顾客的情况时，有针对性地根据顾客的需求进行宣传介绍和劝购的策略。

(3) 诱导性策略。诱导性策略是指推销人员从顾客的角度分析产品能给顾客带来的利益和好处，当好顾客的参谋，诱导顾客需求并满足顾客需要的策略。

(4) 公式性策略。公式性策略是指推销人员用公式化的语言，指导和吸引顾客购买产品的策略。

3. 人员推销的步骤

1) 详细阐明推销内容以及谁最有可能购买

市场营销学认为，推销内容不仅仅是产品的物理性质，也不仅仅是产品或服务的特点，即在市场上的竞争优势，甚至不仅仅是顾客购买了产品或服务之后所享受的利益，还必须解释产品或服务的概念、思路、系统以及系统内要素间的关系。

在对推销的内容是什么以及它如何适应市场有了明确的概念后，必须确定谁将购买，谁将是最有可能的潜在买主。依照推销内容的不同，根据人口统计数据和个人方面的信息，描述出自己心目中的理想顾客，他们是谁？从你手中购买的频率是多少？是什么促成你对他们的推销？他们的消费能力有多大？是什么使他们成为你最好的顾客？对这些问题描绘得越细致，找出的答案越精确，对未来的潜在顾客的寻找越有利。

2) 确定新顾客数量以及何时需要他们

要推断出自己需要多少新客户，要回答以下问题。

(1) 从现在起，以后相当一段时间内自己想赚多少钱？

(2) 赚那么多钱必须推销多少产品或服务？

(3) 自己有能力联系那么多数量的顾客吗？假如不能，能联系多少？

(4) 这个数量中有多少能够通过正常的业务渠道达到？从预期数量中减去这个数字，剩余的客户数量是为了获得预期收入必须创造新顾客的数目，这些数量的客户必须由自己独自寻找。

(5) 基于当前的正常情况，要获得这么多新的生意必须访问多少目标顾客？这是自己必须寻找到并且与之联系的新的目标顾客的数目。

(6) 在自己限定的时间之内能达到这个目标吗？会不会超过这个限定的时间段？

3) 为确定新的目标顾客进行资料调查、收集、分析和整理

推销人员必须花时间去寻找和积累一些材料，如目标顾客何时具有购买意向，何时顾客对产品和服务感兴趣等，才有利于确定新的目标顾客名单的资料，从而把所需的、新的目标顾客从实际生活中找出来，这对实现实际销售是关键的一步。

4) 从潜在顾客中筛选出目标顾客

从许多可能的目标顾客中发现一个就可以确定他肯定会购买你的产品或服务，这纯属运气。实际上，调查寻找出的尽管都是一些最有可能购买的潜在客户，但是并不能保证他们肯定会购买。所以，必须对大多数新的目标顾客加以确定。

确定了潜在顾客名单的一定规模后必须考虑自身的竞争情况，寻找那些不使用或不喜欢本企业产品的顾客，将他们从名单中剔除，也就是从名单上选择出最适合的目标顾客并且对他们进行推销。

5) 访问目标顾客并向他们提供购买机会

这一步是推销的中心内容也是难点。它包括访问、提示、协调、处理反对意见、建立良好关系、成交等具体步骤。每一步又有自己的特点、操作程序及推销技巧。总之，这一步是推销人员在确定目标顾客后，按照访问目标对顾客进行走访，从中了解顾客的行为反应，适当的时候帮助顾客解决消费中的疑难问题，提供满足需要的购买机会的过程。

6) 售后工作

售后工作是保证顾客满意的重要方面，让顾客继续订货、建立长期业务关系的必不可少的一步。推销人员应该确保交货时间与其他购买条件的严格实现，准备回访，及时提供指导与服务等。

10.3.3 人员推销的组织与管理

1. 人员推销的组织结构

人员推销规模、区域的确定为组织结构的选择奠定了基础。人员推销的组织结构主要有以下 4 种。

(1) 产品结构式，即按产品分类进行组织。对于那些产品品种繁多、技术比较复杂、市场差异较大的企业，可按产品的性质分类，每位推销人员负责推销某几种或是某几类产品。其主要优点是有利于实行销售业务专业化，有利于推销人员熟悉产品，有利于销售人员对顾客提供高质量的服务，从而促进企业的产品销售；其不足之处是对掌握区域性的市

场行情不利。

(2) 区域结构式,即按产品的销售区域进行组织,企业的某一位推销人员负责某一区域的产品销售工作。其主要优点是有利于掌握这一地区的顾客情况和市场动态,可以节省产品销售费用。其不足之处在于,只适合那些产品品种单一、市场相似程度较高的企业。

(3) 顾客结构式,即按照顾客分类进行组织,企业的每一位推销人员负责向一定的顾客销售产品。这种组织结构又有多种形式,如按顾客对象的性质组织、按企业的规模组织、按销售渠道组织等。其主要优点是有利于加强对顾客的了解,有利于建立稳定的顾客队伍,同时能较好地、有针对性地满足顾客的需要;其不足之处是,如果顾客区域过于分散、销售路线过长会相应地增加销售费用。

(4) 综合式,即按综合需要进行组织。当企业处于产品品种多、顾客复杂、市场分散的情况时,可以将以上几种组织结构形式有机地结合起来,如区域产品混合式、产品顾客混合式、顾客区域混合式等。其主要优点是适应性和灵活性较强,但对推销人员的要求很高,且推销人员的管理也比较复杂。因此,在一般情况下,不宜采用这种组织结构。

2. 对推销人员的管理

1) 推销人员的要求

(1) 道德品质方面,要求推销人员遵纪守法,遵守商业道德,有良好的敬业精神。

(2) 文化知识方面,要求推销人员了解市场营销学等方面的知识,特别是经济学、心理学等方面的知识。

(3) 业务技能方面,要求推销人员熟悉本企业及本企业产品的有关情况,熟练掌握所推销产品的有关技术指标和实际的安装操作及使用方法,并对市场上同类竞争产品的情况了如指掌。

【拓展期刊】

(4) 待人接物方面,推销人员要衣着干净整齐,谈吐谦恭礼貌,有良好的风度,并能掌握有关推销洽谈和接待顾客的技巧和艺术。

(5) 身体素质方面,要求推销人员有良好的体质和健康的身体,能够适应各种恶劣的推销条件。

2) 确定推销人员的数量

推销人员的数量与销售额之间存在相关关系,一般来说,推销人员增加会使企业销售额得以增加,但销售额的增加并不随着销售人员的增加而成比例增加。销售人员的数量确定,一般采用以下两种办法。

(1) 工作量法,是指根据企业的销售工作量来决定推销人员的数量,其计算公式为

$$S = \frac{(C_1 + C_2)VL}{T}$$

式中,S 为销售人员数;C_1 为现有顾客的数量;C_2 为潜在顾客的数量;V 为平均每年访问顾客(现有和潜在)的次数;L 为每次访问的平均时间(以小时计);T 为每位推销人员用于推销的有效工作时间(以小时计)。

如果对现有顾客与潜在顾客每年访问的次数和每一次访问平均所需要的时间不相同,并用 V_1 和 V_2 表示对现有顾客和潜在顾客每年访问的次数,L_1 和 L_2 分别表示对现有顾客和潜在顾客每次访问平均所需要的时间,则上述计算公式改为

$$S = \frac{C_1V_1L_1 + C_2V_2L_2}{T}$$

(2) 增量法。是指随着销售地区的扩大或销售量的增加而逐步增加推销人员数量。但这种增加并不是按直线关系，而应根据企业的实际情况决定。这种方法适用于原有销售力量比较薄弱，而销售地区和销售量日益增加，需要不断增加销售力量的情况。

3) 推销人员的培训

在选聘工作结束之后和新推销人员上岗之前，必须进行系统的培训，使其具备本企业产品销售的基本知识和技能，尽快熟悉和掌握推销工作。培训内容要根据企业市场营销策略的特点和学员的实际来确定。一般来说，培训包括以下几个方面内容。

(1) 职责与任务。进行职业道德的培训，提高觉悟，树立远大的理想和坚定的信念，增强使命感和责任感。

(2) 企业情况。包括企业的发展历史、经营方针和各项策略、组织机构和人事制度、经营现状和利润目标及长远发展规划等，使推销人员了解企业面貌，以激励他们更好地为企业发展服务。

(3) 产品知识。讲解产品的制造过程、质量、技术性能和主要特点，产品的用途和使用方法等。只有全面掌握这些知识，才能向顾客准确地宣传本企业的产品，回答顾客疑问，有说服力地劝说客户购买。

(4) 市场情况。介绍本企业各种类型的客户及其需要、购买动机和购买习惯，客户的地区分布和经济收入情况及市场竞争状况，只有让他们掌握这些情况，才能保持同老客户的关系，并积极寻找新客户，提高推销效率。

(5) 推销技巧。对新入职的推销人员要进行推销理论和推销技巧的培训。其主要内容包括如何制订销售计划；如何分析顾客心理；如何访问潜在的顾客；如何运用语言艺术和人际交往技巧；如何处理顾客争议；如何听取顾客意见和收集市场信息等。

4) 推销人员报酬的确定

推销人员的工作具有很大的独立性、流动性和自主性，他们同其他部门工作人员的工作有很大差别，因而，其报酬制度也要有别于其他部门。一般来说，推销人员报酬的确定采用以下几种形式。

(1) 固定工资制。即无论推销人员的业绩如何，都按照固定的工资标准支付报酬。这种报酬形式使业绩和所得脱节，不易调动和发挥推销人员的积极性，目前企业采用较少。

(2) 分成制。就是从销售额中提取一定比例作为推销人员的报酬，能把推销人员的业务成绩和收入紧密结合起来，鼓励推销人员努力工作，不断提高销售量。采取这种方法时，可将推销人员在推销过程中的各种费用均计入分成部分，也可实行费用包干，然后按净收入分成等。

(3) 混合制。多数企业为兼顾企业、个人利益，常采用基本工资加分成的报酬制度作为对推销人员的报酬方式。

在实际中，企业应注意合理确定分成标准、比例，然后根据推销人员的具体情况选择合适的报酬方式。

5) 对推销人员的考核

推销人员的工作流动性、变化性较大，对其工作的考核也较复杂。一般对推销人员的绩效考核采用多种方式、多个指标的综合考核。考核推销人员的基本方式有工作报告制度和成绩比较制度两种。通过定期、文字性的工作报告，管理部门能了解推销人员的业务进展状况、访问次数、拜访新客户的数量、推销额等，同时，也可了解市场信息、顾客特点、竞争状况等，为考核推销人员、评估推销业绩等提供一些客观依据。成绩比较则是将推销人员的业绩进行相互比较，根据每个人的定额、以往业绩、所负责地区等对推销人员的绩效加以评价，具体的评价指标可参考如下。

(1) 推销定额完成率=(实际销售额/推销定额)×100%。
(2) 访问次数完成率=(实际访问次数/计划访问次数)×100%。
(3) 新顾客销售率=(新顾客销售额/总销售额)×100%。
(4) 新顾客访问率=(对新客户的访问时间/总访问时间)×100%。

此外，企业还可通过用户反映等途径来考核推销人员，将各种指标加以综合，对推销人员的绩效做出较为客观、公正的评价。

10.4 营业推广

10.4.1 营业推广的概念与作用

1. 营业推广的概念

营业推广是指在一个比较大的目标市场中，为了刺激需求而采取的能够迅速产生激励作用的促销措施。当然，营业推广的最终目的还是为了实现企业的营销目标。营业推广实际上是企业让利于购买者，可以使广告宣传的效果得到有力的增强，破坏消费者对其他企业产品的品牌忠诚度，从而达到本企业产品销售的目的。

同其他的促销方式不同，营业推广多用于一定时期、一定任务的短期特别促销，具有相互矛盾的特点。

1) 促销强烈

营业推广的许多方式，对消费者和中间商具有相当大的吸引力。特别是对那些想买价格低廉的商品的消费者更具有特殊的吸引作用。因为营业推广给消费者提供了一个特殊的购买机会，使其有一种机不可失的紧迫感，促使其当机立断，马上购买。因此，营业推广能够很快收到成效。

2) 贬低商品

由于营业推广的许多做法示出了销售者急于出售商品的意图，因此，有时会降低商品的身价。如果频繁使用或使用不当，会使消费者怀疑商品的质量有问题，或价格定得不合理等。

3) 非正规性和非经常性

营业推广是促销组合中其他促销方式的补充措施，任何企业都不能仅靠营业推广生存，因其只具有暂时而特殊的促销作用。

营业推广在近些年得到了迅速发展，特别是在消费者市场，营业推广的发展尤为迅猛。这既有企业内部因素的影响，也有外部环境因素的作用。

2. 营业推广的作用

营业推广作为促销的主要方式之一，有不同于其他促销方式的作用。

(1) 刺激购买行为，在短期内达成交易。当消费者对市场上的产品没有足够的了解并做出积极反应时，通过营业推广的促销措施，如赠送或发放优惠券等，能够引起消费者的兴趣,并刺激其购买行为,在短期内促成交易。

(2) 向消费者提供特殊的优惠条件,有效地抵御和击败竞争者。当竞争者大规模地发起促销活动时,营业推广是在市场竞争中抵御和反击竞争者的有效利器,如减价、试用等,能够增强企业经营的同类产品对顾客的吸引力,从而稳定和扩大自己的消费群,抵御竞争者的介入。

(3) 与中间商保持良好的业务关系。制造商常常通过营业推广的一些形式,如折扣、馈赠等鼓励中间商更多地购买,同厂商保持稳定的业务关系,从而有利于双方的中长期合作。

(4) 吸引和鼓励推销员努力推销本企业的产品,创造推销佳绩。

10.4.2 营业推广决策

1. 营业推广的目标

营业推广的目标主要由企业的营销目标决定,一般有以下3个方面的内容。

1) 以消费者为目标的推广

以消费者为目标的推广主要是刺激消费者购买,如鼓励现有产品使用者增加使用量,吸引未使用者试用,争取其他品牌的使用者等。

2) 以中间商为目标的推广

以中间商为目标的推广是鼓励中间商购买、销售企业产品,提高产品库存量,打击竞争品牌,增强中间商的品牌忠诚度,开辟新的销售渠道等。

3) 以推销人员为目标的推广

以推销人员为目标的推广是鼓励推销人员推销企业产品,刺激其去寻找更多的潜在顾客,努力提高推销业绩等。

2. 营业推广方式

1) 针对消费者的营业推广

(1) 赠送或试用。通过向消费者赠送小包装的新产品或附赠其他便宜的商品,来介绍产品的性能、特点、功效或企业的有关信息,既可以使顾客得到实惠,又可以刺激顾客的购买行为。赠送的渠道灵活多样,主要有在特定的时间或地点向目标市场的顾客无条件赠送、随货赠送、批量购买赠送、随货中奖赠送。

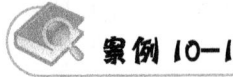

"西铁城"表的营业推广

以石英技术闻名于世的"西铁城"手表早先并不畅销。为摆脱滞销局面,生产厂家在报纸上发出一条消息,说有一架飞机将于某时在某地抛下若干手表,谁捡归谁。人们纷纷聚于某地等候,发现从百米高空抛下的"西铁城"手表走时正常,无一只摔坏,便惊叹不已,奔走相告,各媒体也争相报道。"西铁城"手表也因此名声大振,销路大畅。

(2) 发放优惠券产品。推销人员事先通过多种方式将优惠券发放到消费者手中,持有此优惠券的消费者在购买本企业的商品时,可以得到一定的价格折扣。其实这种方式的本质是减价,但比减价要灵活。减价给人以处理、产品滞销的感觉,而且减价后就难以再提价。而发放优惠券，得到优惠券的人有一种优越感，因为不是人人都可以得到优惠券，而且只要不发优惠券，价格就可以又提上来。

(3) 赠券或印花。当消费者购买某一商品时，企业给予一定张数的交易赠券或印花，购买者将赠券或印花积累到一定数额时，可到指定地点换取赠品。该方式特别适合于购买频率较高的商品。

(4) 有奖销售。有奖销售形式多样，如发放奖券、赠送奖品等，现为很多企业所采用。但企业应本着诚信、透明的原则进行，不能欺骗消费者。

(5) 折扣或减价。即明码折扣与减价。

(6) 提供信用。常发生在消费信贷的销售活动中，一般采取赊销、分期付款等形式。

(7) 商品展销。通过展销会的形式，使消费者了解商品，增加销售的机会。常用的商品展销形式有：为适应消费者季节性购买的特点而举办的"季节性商品展销"；以名优产品为龙头的"名优产品展销"；为新产品打开销路的"新产品展销"等。

(8) 现场演示。"耳听为虚，眼见为实"，在销售现场为顾客演示产品的使用，使顾客亲身感受到产品的效果，甚至让顾客亲自操作、使用，促使其购买。

(9) "俱乐部"制或"金卡"制。"俱乐部"制是指顾客交纳一定数量的会费给组织者后，即可享受到多种价格服务优惠的促销方式。"金卡"制是指顾客交纳一定数量的现金后，即可取得有期限的"金卡"，从而可享受价格折扣的促销方式。

2) 针对中间商的营业推广

制造商策划与掀起的促销活动，如果没有中间商的响应、参与和支持，是难以取得促销效果的。劝诱中间商更多地订货的最有效办法是给予价格折扣，主要是数量折扣；或者是当中间商的订货达到一定数量之后，就免费赠送其一部分产品；为中间商培训推销人员、维修服务人员，使中间商能更好地向顾客示范介绍产品、提高产品售后服务质量，对于有效地促进中间商的营销工作，吸引顾客购买生产企业的产品具有积极的作用。

针对以上的推广目标，有以下几种常见的营业推广方式。

(1) 购买折让。这是最有代表性的一类方法。具体形式有：批量折扣、季节折扣、现金折扣等，以鼓励经销商多购、付现金和非季节性进货。

(2) 推广津贴。为经销商提供商品陈列设计资料，付给经销商陈列津贴、广告津贴、经销新产品津贴，以鼓励经销商开展促销活动和积极经销本企业的产品及新产品。

(3) 经销竞赛。组织所有的经销本企业产品的中间商进行销售竞赛，对销售业绩较好的中间商给予某种形式的奖励。

(4) 代销。代销是指中间商受生产厂家的委托，代其销售商品，中间商不必付款买下商品，而是根据销售额来收取佣金，商品要是销不出去，则将其返还生产厂家。代销可以解决中间商资金不足的困难，还可以避免销售不利的风险，因此很受中间商的欢迎。

3) 针对推销人员的营业推广

企业可以通过推销竞赛、推销红利、推销回扣等方式来奖励推销人员，鼓励他们把企业的各种产品推荐给消费者，并积极地开拓潜在市场。以下是几种具体方法。

(1) 红利提成或超额提成。具体做法有：①从企业的销售利润中提取一定比例的金额作为奖励发给推销人员；②推销人员按销售利润的多少提取一定比例的金额，销售利润越大，提取的百分率越大。

(2) 开展推销竞赛。推销竞赛的内容包括推销数额、推销费用、市场渗透、推销服务等。规定奖励的级别、比例与奖金(品)的数额，用以鼓励推销人员。对成绩优异、贡献突出者，给予现金、旅游、奖品、休假、提级晋升、精神奖励等。

(3) 特别推销金。企业给予推销人员一定的金钱产品，以鼓励其努力工作。

3. 企业进行营业推广时应考虑的因素

营业推广的形式多种多样，各有其使用的范围和条件。企业进行营业推广时应考虑的因素主要有以下几点。

1) 市场类型

在不同类型的目标市场，营业推广的目的各不相同，如对消费者、中间商、推销人员的推广，有不同的目的和方式。企业在选择营业推广时必须适应市场类型的特点及相应要求。

2) 营业推广的对象

各种营业推广的手段对不同对象的作用是有很大差别的，要区分对象，灵活对待。营业推广对那些随意型的消费者、相对价格敏感度高的消费者是起作用的，但对于品牌忠诚度高的、已养成固定习惯的消费者作用不大，企业要在选择时区别对待。

3) 营业推广的媒介

企业必须考虑通过最佳途径来实施营业推广。例如，打算给消费者发放优惠券，既可在购买商品时当场分发，也可以放在商品的内包装里赠送，或附在报刊广告中给予，还可以通过本厂职工分发给各自的亲朋好友。其中，在购买商品时当场分发或放在商品的内包装里，只能到达现实的买主手里，但费用较省；附在报刊广告中邮寄，可以吸引潜在的消费者，但费用较高；让职工分发，得到者有优越感，愿意兑现，费用也较省，但得到的范围有限。这就要求企业根据媒介的普及程度和费用支出加以权衡，选择最佳媒介。

4) 营业推广的期限

营业推广的持续时间必须符合市场营销的整体策略，如果时间太短，促销效果不显著；如果时间太长，会给消费者造成一种误解，以为这不过是一种变相减价，而使其失去吸引力。因此，实施营业推广，要选择最佳的持续时间，既要有"欲购从速"的吸引力，又要避免草草收场。

5) 促销时机的选择

一般由品牌经理制订年度促销计划，事先规划一年内的促销时间安排。在特殊情况下，企业也会安排临时的促销活动。促销时机的安排应注意使生产、分销、推销的时机和日程协调一致，从而使各部门通力合作。

6) 促销的总预算

确定促销预算的方法主要有两种：一是自下而上方式，即市场营销人员根据全年营业推广活动的内容、运用的促销工具及相应的成本费用来确定总预算。一项特定促销活动的成本等于管理费用(如印刷费、邮寄费、促销费)与激励成本(如赠奖、折扣)之和乘以交易中出售的预期单位数量。二是按习惯比例确定各项促销预算占总预算的比率。在不同市场上，不同品牌商品的促销预算比率是不同的，这个比率还会受到产品生命周期和竞争者促销预算的影响。经营多品牌的企业应将其营业推广预算在各品牌间进行协调，以取得尽可能大的效益。

4. 营业推广的基本策略

营业推广的基本策略包括有盈利策略、有限时间策略、有限规模策略、推广途径策略等。

1) 有盈利策略

在营业推广中，不论是减价还是赠送都是为了获取一定利润，都是改变盈利的方法。畅销品降价是为了薄利多销；促销品减价、赠送样品是以赠送代广告；先尝是为了后买等。所以，在确定方案时应掌握好界限。

2) 有限时间策略

实行各种营业推广方式都应当是有限的。期限长短应适度，过短会使部分潜在顾客来不及接受推广的好处，影响推广效果；过长又使顾客不以为然，不能刺激其需求，收不到预期效果。

3) 有限规模策略

推广规模与推广费用成比例，即规模越大，费用越多，但有时刺激规模过大，不一定能对产品销售有太大帮助，甚至得不偿失。因此，应按目标市场的实际情况，选择适当的推广规模，以促使销售额上升。

4) 推广途径策略

营业推广所采取的途径不同、费用不同，达到的目的也不相同，效果也各异。例如，一张优惠券，可通过包装、邮寄广告、商店 3 条途径发出去，但这 3 种途径的普及面与费用都不相同。所以，在制定推广方案时，应权衡得失，针对目标市场的消费者，选择既节省费用又高效的推广途径。

5. 营业推广方案的测试和执行

营业推广方案确定以后，若条件允许，应进行测试，以验证所定方案是否合适，能否达到预订效果等。一般的测试基本都在小范围内进行，以节约时间和成本。

测试通过后，企业还应制订执行计划，以有效地执行推广方案并进行控制。执行计划中要包括两个关键的时间因素：前置时间和后延时间。前置时间是指推出方案之前的准备时间，这段时间的工作包括推广的设计、修改、批准、制作、传送等；后延时间是指从营业推广活动开始到推广的产品 95%已到达消费者手中的这段时间，其间进行的是实际的推广运作和管理。

6. 营业推广评估

为了改进营业推广方法，需要对推广方案进行评估。事实上，很多企业往往会忽视这项工作。制造商对营业推广进行评估时，有 4 种方法。

(1) 将推广之前、推广期间和推广之后的营业情况进行比较。这是最普通的一种方法。

(2) 对那些在推广时购买本企业产品而事后又转向购买其他品牌商品的顾客进行调查。

(3) 如果企业还需要进一步研究，可以对消费者进行调查，考察有多少消费者还记得这次营业推广活动，他们的做法如何，多少人从中得到了好处，以及这次推广对于他们以后选择品牌起了什么作用。

(4) 企业还可以针对营业推广的作用、期限等进行细致的分析。有些大企业在有选择的地区之内，对它们在全国范围使用的营业推广方法逐一进行评判，以便对不同策略的效果进行评估。

10.5 公共关系

10.5.1 公共关系的概念与作用

1. 公共关系的概念

公共关系(简称公关)是企业利用传播的手段,促进企业与公众之间的相互了解,达到相互协调,使公众与企业建立良好的关系,树立企业良好形象,求得社会公众对企业的理解和支持,提高产品和企业声望的一系列活动的总称。

2. 公共关系的内容

(1) 企业公共关系是指企业和与其相关的社会公众的相互关系。这些社会公众主要包括供应商、中间商、消费者、竞争者、信贷机构、保险机构、政府部门、新闻传媒等。企业不是孤立的经济组织,而是相互联系的社会大家庭中的一分子,每时每刻都在和与其相关的社会公众发生着经济联系和社会联系。所谓企业公共关系,就是指要同这些社会公众建立良好的社会联系。"银客户,金邻居"就是这个道理。

(2) 企业形象是企业公共关系的核心。企业公共关系的一切措施,都是围绕着建立良好的企业形象来进行的。企业形象一般是指社会公众对企业的综合评价,表明企业在社会公众心目中的印象和价值。在激烈的市场竞争中,一旦企业建立了良好的形象,就会拥有不凡的商誉,供应商愿意提供货源、甚至赊欠货款也可提供,中间商和消费者愿意购买产品,信贷机构和投资者愿意提供资金,企业也容易寻求合作伙伴以开拓市场,从而使企业在竞争中占据有利地位;反之,一旦企业在公众中形成不良形象,则会逐步被市场淘汰。

(3) 企业公共关系的最终目的,是促进商品销售,提高市场占有率。从表面上看,企业公共关系仅是为了建立良好的形象,与其他促销方式相比,企业公共关系活动的促销性似乎不存在。但从本质看,企业作为社会经济生活基本的经济组织形式,赢利性是其基本特性。公共关系的最终目的,无疑仍然是促进商品的销售。正因为如此,公共关系才成为促销的一种重要方式,只不过它是一种特殊的促销方式。通过企业公共关系达成促销目的,首先经历了一个树立企业形象的环节。企业首先推销了自身,从而促进自身产品的销售。

3. 公共关系的特点

(1) 从公共关系目标看,公共关系注重长期效应。公共关系要达到的目标是树立企业良好的社会形象,创造良好的社会关系环境。实现这一目标并不强调即刻见效,而是注重长期效应。企业通过各种公共关系策略的运用,能树立良好的产品形象和厂店形象,从而能长时间地促进销售,占领市场。

(2) 从公共关系对象看,公共关系注重双向沟通。公共关系的工作对象是各种社会关系,包括企业内部和外部公众两大方面。它是全方位、立体化的关系网络,强调企业与公众之间的真情传播与沟通。在企业内部和外部的各种关系中,如果有一种关系处理不善,就可能带来许多责难和纠葛;如果处理得当,企业定会左右逢源,获得良好的发展环境。

(3) 从公共关系手段看,公共关系注重间接促销。公共关系的手段是有效的信息传播,而这种信息传播并不是直接介绍和推销商品,而是通过积极参与各种社会活动,宣传企业营销宗旨以联络感情,扩大知名度,从而加深社会各界对企业的了解和信任,达到促进销售的目的。

4. 公共关系的作用

1) 建立信誉

企业在提供优质产品和优质服务的基础上树立并维护企业良好的信誉是公共关系工作的主要职能之一。企业信誉分为以下两个层次。

(1) 商品信誉。商品信誉是较低层次的信誉,只是部分公众对商品生产者和经营者的信赖关系。它是在多次商品交换过程中形成的,只是企业技术和经济素质的反映。

(2) 企业信誉。企业信誉是较高层次的信誉,是包括消费者在内的、企业外部公众对商品生产者和经营者的信赖关系。企业信誉是在企业的经济、技术、社会交往的过程中产生的,是企业作为社会一员履行社会责任的标志。

2) 争取谅解

争取谅解是要预防企业与公众发生公共关系的纠纷。一旦纠纷发生就要与公众充分交流意见,达成相互谅解。

常见的公众关系纠纷有 5 种,即企业内部关系纠纷、企业与消费者关系的纠纷、企业之间的纠纷、企业与政府关系的纠纷和邻里关系纠纷。如果处理不好公共关系纠纷,则一害企业、二害公众、三害社会。因此,要时常调查各种意见,建立报警系统,如信访制度、企业自查制度、公关调研制度等。公共关系人员在处理公关纠纷时,要实事求是,超然于具体事件之外,多听少说,积极行动,妥善协调纠纷双方的关系。

3) 增进效益

这里所说的增进效益,包括企业的经济效益和社会整体效益。有效地开发应用新闻媒介信息资源是增进效益的重要途径。公共关系人员要善于监测新闻媒介,选择、整理出企业所需的信息,这是公共关系人员的一项专业技能。

10.5.2 公共关系的对象与方式

1. 公共关系的对象

公共关系的对象是公众,但不是单一的公众,而是社会各方面公众的组合。企业一般的公共关系对象有企业内部公众、媒介公众、顾客公众、政府公众、社区公众及业务往来公众。

1) 企业内部公众

企业内部公众是指企业内部的职工和有关人群。企业要树立良好的形象和声誉,首先得从内部做起。只有内部关系融洽协调,职工对企业才会产生认同感、归属感,从而产生向心力、凝聚力。只有这样,才能发挥职工的主人翁责任感,树立企业的整体形象,追求"团体存在的价值",这是企业内部公共关系工作的根本任务。

2) 媒介公众

对企业来说,媒介公众一方面是一种工具,通过新闻大众媒介,如报刊、电台、电视台与公众取得联系;另一方面,新闻大众媒介本身也是一种公众,他们掌握着宣传大权,对企业有重要影响,只有处理好与这一公众的关系,才能有效地提高企业的知名度。

3) 顾客公众

企业和顾客之间的关系是最重要的关系,企业应经常注意企业行为在顾客头脑中产生什么样的企业形象，企业为顾客提供商品的满意程度，顾客对产品的反应。因为失去了顾客，企业就失去了生存的基础。

4) 政府公众

政府是国家权力的执行机构，对企业有间接的控制权力，正确处理企业与政府的关系，就必须贯彻执行政府颁布的政策法规，使企业的经营方针和营销活动适应政府的政治法律环境。

5) 社区公众

社区是企业所在的区域。正确处理好与所在区域的行政机关、社区团体及居民之间的关系，处理好左邻右舍的关系，尽可能为社区提供一些帮助和服务，这是企业获得良好环境、得到社区内各单位和居民爱护、合作与支持的关键。

6) 业务往来公众

业务往来公众主要是指企业经营活动中的供应商、批发商、零售商、金融保险等业务往来单位。它们是企业经营顺利进行的关键角色；企业应与它们经常互通信息，履行有关合同，平衡与协调同它们之间的矛盾。这类公众也是企业公共关系对象中较为重要的公共关系对象之一。

2. 公共关系的方式

从国内外的运作实践看，常见的公关活动有两大类型：功能型公关活动和结构型公关活动。

1) 功能型公关方式

功能型公关方式是指根据公关活动的功能和目标的不同来界定的公关方式。其表现形式如下。

(1) 宣传型公关。宣传型公关是指企业运用各种传媒及沟通方法，向公众传递组织信息，使之了解企业的价值观念、产品特色、经营方针等，从而对内增强凝聚力，对外扩大影响、提高美誉度。常用的方式有新闻发布会、开业庆典、周年纪念、形象广告、宣传图册、影视作品等。

(2) 服务型公关。服务型公关是通过提供优质服务来增进公众对企业良好印象的公关活动，如免费安装、终生保修、提供保险、热线导购、代看婴幼童、出借雨具等。例如，小天鹅推出的5项服务、荣事达奉行的红地毯服务，都是典型的服务型公关活动。

(3) 交往型公关。交往型公关是以人际交往为主要方式的公关活动，其目的在于通过相互联络提供彼此接触的机会，以利于双方感情的交流。招待会、舞会、茶话会、座谈会、春节团拜、中秋赏月等都是被实践证明的有效且易于操作的活动形式。

(4) 公益型公关。公益型公关活动的特点是注重社会效益，展现企业关心社会、关爱他人的高尚情操。其常见的活动形式有赞助文体赛事、资助公共设施建设、捐资希望工程、向慈善机构捐献、宣传社会新风尚、参与再就业创造工程等。

(5) 征询型公关。征询型公关活动以采集信息、了解民意为主要内容，其目的是通过征询这种特殊方式，加强双向沟通，加深公众印象。活动形式有民意测验、舆论调查、群众信访、监督电话、征询广告等。每年3月15日消费者权益日前后，是企业进行征询型公关活动的良好时机。

2) 结构型公关方式

结构型公关方式是根据公关活动的复杂程度和规模大小来区分的公关活动类型，其表现形式如下。

(1) 单一型公关。单一型公关是指公关目标集中、表现形式单一、公众类别统一的公关活动。其突出特点是目标明确、操作简便、开支小、易评估,如内部迎新晚会、新产品演示、端午节赛龙舟等。单一型公关活动的不足是影响范围有限,难以产生震动性反响。

(2) 复合型公关。复合型公关是指在总目标下设置若干分目标,面对多重公众,在时空上有较大跨度的公关活动。企业组织实施这类活动,一定要准备充分、计划周密、人财到位。

案例 10-2

蒙牛联手"超级女声"

2004 年,湖南卫视的"超级女声"成功播出,此时,蒙牛决定进入乳酸奶市场。2005 年 2 月,蒙牛与湖南卫视宣布共同启动"2005 超级女声"。

蒙牛以 1 400 万元赢得了"超级女声"的冠名权,然后追加 2 亿元帮助推广"超级女声"。根据调查显示:冠名"超级女声"的蒙牛酸酸乳在北京、上海、贵州和成都四地销售超过 1 亿升,是 2004 年同期的 5 倍。

(3) 依附型公关。企业自身没有重彩文章可做时,可以捕捉时机,借外界轰动性人和事来宣传自己,借此提高自己。

案例 10-3

法国白兰地酒的公关

法国白兰地酒进军美国市场,选用的就是依附型公关模式,借美国总统艾森豪威尔 67 岁的生日,由身着法国皇家官廷卫队礼服的士兵,抬着封藏了 67 年的白兰地酒,招摇地进入当时万人瞩目的白宫草坪。

本 章 小 结

促销是企业向消费者提供本企业的产品及其他信息,吸引消费者的注意,激发消费者的购买欲望,最终实现商品的销售。促销一般包括人员推销、广告、营业推广和公共关系等具体活动。促销其实就是企业和消费者之间的信息传递、沟通的过程。

促销组合是有步骤、有计划地将各种促销方式结合起来,形成最有效的促销策略。商业广告是一种企业为了某种目的,而利用大众媒体传播相关信息的活动。人员推销就是企业运用自己的推销人员向消费者直接提供某种产品或者服务。营业推广是企业在一定的时期、一定的任务下,运用广告和人员推销达到短期目标。公共关系运用的手段很多,都是为了改善社会关系和社会形象,最终实现销售目的。

关键术语

促销——promotion 　广告——advertising　　促销组合——promotion mix
人员推销——personal selling　　公共关系——public relation　　媒体选择——media selection
推动策略——push strategy　　拉动策略——pull strategy

 案例应用分析

美国在线的成功促销

美国在线服务公司(以下简称美国在线)从一无所有发展成为了美国最大的互联网接入服务提供商,它为 2 100 万用户服务,销售收入达 20 亿美元。与一些历史悠久的传统企业相比,如可口可乐公司,美国在线只能算是小孩子,但在使用互联网的美国家庭中,美国在线为其中的 42%提供接入服务。它与时代华纳公司合并后,正在成为美国第一大媒体公司,但这还只是开始。

只要消费者对接入互联网感兴趣,美国在线就无处不在。美国在线将其促销战略的所有方面联系在一起,通过各种媒体和各种形式的促销活动传达出一个清晰、一致的信息。

美国在线成功的基石是邮寄数以百万计的试用光盘,让潜在的用户毫无风险地体验它的服务。这些光盘也出现在计算机商店、杂货店和音像店的柜台上,让愿意给这家公司一个机会的人们免费取用。尽管分发光盘与其他促销方式相比代价更加高昂,但美国在线公司的营销总监知道,只要能让人们把这张光盘放入他们的计算机中,他们就会明白美国在线究竟能给他们带来什么。这个计划取得了明显的效果,1999 年,美国在线公司吸引了 600 万名新用户,比其他互联网接入服务的用户总额还多。

此外,美国在线公司每年大约花费 5 000 万美元通过各种媒体进行广告宣传。有线电视获得它的大部分广告预算,其次还有杂志和电视网。美国在线的广告非常简洁明了,主要展示公司的服务以及一些满意用户的推荐书。尽管它的主要目标市场是一些对互联网还不熟悉的消费者,但这个促销战略还是取得了非常好的效果。一些电台和电视台的节目中甚至提供给消费者免费的号码,让他们打电话与美国在线签订接受服务的合同。

一部由梅格·瑞恩和汤姆·汉克斯主演的浪漫喜剧电影《网上情缘》为美国在线赢得了口碑。在影片中,男主角是家书店的老板,他通过美国在线的 E-mail 坠入爱河。这部电影帮助美国在线确立了作为流行文化一部分的地位,而在这种流行文化当中,E-mail 地址就像电话号码一样普通。

美国在线取得巨大成功的一个主要因素是其销售人员与公司其他员工的合作。美国在线的 120 名销售人员负责争取非订阅业务,主要来自广告销售、电子商务和营销伙伴。销售代表按行业分工,如健康护理、房地产和包装消费品等,并要求他们对待业务伙伴的生意就像对待自己的一样。美国在线的销售人员观察客户目前的营销体系,并向客户展示互联网将如何使他们获益。美国在线这种极具进攻性的销售力量已经使其与可口可乐公司等签订了大笔的广告和营销合同。

讨论:
(1) 美国在线都采用了哪些促销工具?每种促销工具的主要作用是什么?
(2) 影响其对促销工具选择的主要因素有哪些?
(3) 结合上述案例说明组合促销的作用大于单一的促销方法的原因。

思 考 题

(1) 试述促销的概念和作用。
(2) 如何选择、培训推销人员,以及如何对他们进行激励和考核?
(3) 简要说明推式策略和拉式策略的原理,并说明它们有何不同。
(4) 简述人员推销的方式,并举列说明。

第 11 章 市场营销整合策划与实施

教学目标与要求

通过本章的学习,学生应对市场营销管理的策划与实施过程有基本的了解和认识,能根据企业的实际情况对整个营销活动提出有效的计划、组织和控制方案;了解市场营销管理的过程和营销管理系统,掌握市场机会分析技术和确定营销组合的方法,了解营销组织的演变过程、组织形式及营销控制的基本形式;掌握市场营销计划的分析方法和内容。

本章知识点

市场营销管理的过程和主要内容;管理市场营销活动所需的 4 个管理系统;市场营销计划的分析方法和内容;市场营销组织的含义、演变和形式;市场营销控制的原则、形式及其方法。

蒙牛酸酸乳的营销管理

酸酸乳是蒙牛集团(以下简称蒙牛)2004 年推出的产品,其市场定位为 12~24 岁的年轻女孩,这与"超级女声"的参与者和受众十分吻合,于是 2005 年,蒙牛以约 1 400 万元取得了"超级女声"的冠名权。蒙牛大力推广酸酸乳的背后实际是传统纯鲜奶发展的窘境。几个乳业巨头之间的竞争已经升级为价格战,随着定价持续走低,销售纯鲜奶基本上没有什么利润。对于未来的发展趋势,蒙牛提出了纯鲜奶和乳饮料都要发展的计划。那么,如何使乳饮料的销售份额在蒙牛整体销售额中有所提升?

作为一档大众参与的娱乐节目,"超级女声"在 2004 年首次举办之时,就已经取得了比较好的社会反响。"超级女声"体现的"想唱就唱,自我主张"的时尚精神与蒙牛一直力图打造的时尚乳饮料的形象不谋而合。正是这种内在元素的契合促使蒙牛选择"2005 超级女声"作为合作伙伴,以此为平台推广蒙牛酸酸乳。蒙牛为了扩大这次"超级女声"的传播力,推出了 20 多亿包印有"超级女声"字样的产品。在"超级女声"举行的前后,蒙牛以最快的速度对店铺、超市内的堆头做了统一形象处理,最大限度地宣传活动。同时,蒙牛第一时间在自己的官方网站开通了关于"超级女声"夏令营的窗口,吸引了更多观众和"超女"迷们的注意。2005 年 4~5 月,蒙牛在 300 多个城市完成了近 600 多场路演,利用路演活动将"超级女声"活动从 5 大唱区扩展到全国各地。各式各样印有"超级女声"和"蒙牛酸酸乳"字样的产品和海报几乎一夜之间覆盖全国。

蒙牛务实的工作态度,以及超强的执行力,保证了"超级女声"的超级策划能够完整地体现,也使蒙牛酸酸乳的销售量从 2004 年的 7 亿元人民币飙升到 30 亿元人民币。"2005 蒙牛超级女声"令蒙牛完成了一个质的营销整合。

11.1 市场营销管理过程

市场营销管理是人们进行规划并执行理念，对产品和劳务进行定价、促销和分销，借此满足顾客需要和实现组织目标而产生交换行为的活动。市场营销管理过程是指在企业的战略计划下制订和实施市场营销计划的过程，如图11.1所示，包括企业战略、市场营销计划、营销计划的实施等。

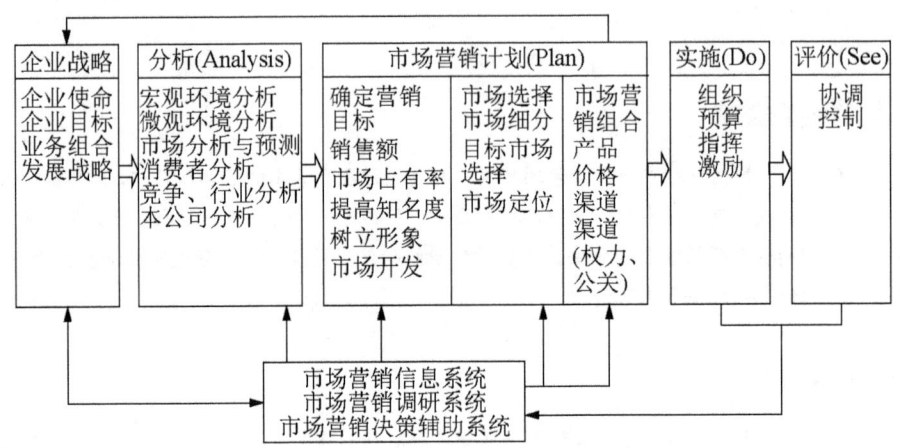

图 11.1　市场营销管理过程

11.1.1　分析市场机会

分析市场机会是市场营销管理过程的第一个步骤，其目的是选择既有发展潜力又有比较优势的营销机会。所谓市场机会，就是做生意赚钱的机会，即市场上未满足的需要。所谓企业营销机会，就是对这个企业的营销活动具有吸引力的、享有竞争优势的市场机会。市场上未满足的需要是客观存在的市场机会，是否能成为企业的营销机会，要看其是否适合于企业的目标和资源(资金、技术、设备等)，是否能使企业扬长避短，比竞争者和可能的竞争者为顾客提供更大的价值。因此，企业营销人员对于已发现和识别的市场机会，还要根据自己的目标和资源进行分析评估，从中选出对本企业最适合的营销机会。

1. 发现和识别市场机会

企业可采取以下方法来发现和识别市场机会。

1) 收集市场信息

营销人员可通过经常阅读报纸、参加展销会、研究竞争者的产品、召开献计献策会、调查研究消费者的需要等来寻找、发现和识别未满足的需要和新的市场机会。

2) 产品/市场分析矩阵

营销人员也可利用产品/市场分析矩阵来寻找、发现市场机会，如表11-1所示。

第 11 章 市场营销整合策划与实施

表 11-1 产品/市场分析矩阵

市场＼产品	现有产品	新产品
现有市场	市场渗透 1	产品开发 2
新市场	市场开发 3	多元化 4

区域 1 对应的状态为现有市场、现有产品，企业分析的重点是消费者对现有产品的需求及满足程度，并由此决定市场渗透的程度。若消费者对现有产品需求较旺，则可对现有市场渗透扩张；反之，可进行适度收缩。

区域 2 对应的状态为现有市场、新产品，企业分析的重点是现有市场中是否仍有其他未被满足的相关需求存在。若存在，则说明现有市场中存在机会，企业可以通过开发新产品来满足这种市场需求。

区域 3 对应的状态为新市场、现有产品，企业分析的重点是新市场中是否存在对企业现有产品的需求，若存在，则说明企业营销中存在机会，企业可以扩大生产满足新市场对产品的需求。

区域 4 对应的状态为新市场、新产品，企业分析的重点是新市场中是否存在未被满足的消费者需求，若存在，则采取多元化经营战略。

3）进行市场细分

营销人员还可通过市场细分来寻找、发现最好的市场机会，拾遗补缺。市场细分的原则和方法详见本书第 5 章。

营销人员不仅要善于寻找、发现有吸引力的市场机会，而且要善于对所发现的各种市场机会加以评估，决定哪些市场机会能成为本企业有利可图的企业机会。

2. 评估市场机会

在现代市场经济条件下，某些市场机会能否成为某企业的企业机会，不仅取决于这种市场机会是否与该企业的任务和目标相一致，而且取决于该企业是否具备利用这种市场机会、经营这种业务的条件，取决于该企业是否在利用这种市场机会、经营这种业务方面比其潜在的竞争者有更大的优势，因而能享有更大的"差别优势"。

此外，还要进一步对每种有吸引力的企业机会进行评价。也就是说，还要进一步调查研究：谁购买这些产品？他们愿意花多少钱？他们要买多少？顾客在何处？谁是竞争对手？需要什么分销渠道？通过调查研究这些问题，营销人员要分析研究营销环境、消费者市场、生产者市场、中间商市场和政府市场。此外，企业的财务部门和制造部门还要估算成本，以确定这些市场机会能否转变成为给企业带来利润的企业机会。

11.1.2 选择目标市场

任何一个企业的资金总是有限的。为了实现企业目标，就需要对企业现有的战略事业单位进行分析和评价，并作出相应的资源配置决策。其分析评估方法主要有两种：一是波士顿咨询集团法，即市场增长率/相对市场占有率矩阵法；二是 GE 法，即多因素矩阵法。

1. 波士顿咨询集团法

波士顿咨询集团法又称波士顿矩阵法、四象限分析法、产品系列结构管理法等,是由美国大型商业咨询公司——波士顿咨询集团首创的一种规划企业产品组合的方法。该方法产生于20世纪60年代中后期,美国在经历了第二次世界大战后普遍的繁荣时期之后,进入了一个低速、缓慢的增长阶段。多数企业面临的问题是市场容量逐渐趋于饱和;市场需求变化大,产品寿命周期缩短;劳务费用上升,资金流动性差,使企业面临的经营不确定性与不稳定性增强;竞争的加剧导致企业的平均收益下降。而其中对跨行业、多种经营类型的企业的影响最为显著。为了寻找其中原因,波士顿咨询集团对美国57个公司的620种产品进行了历时3年的调查,从中发现一个普遍规律,即市场占有率高的公司,质量好,研究开发及促销费用占销售额的比重高,资金利润率也高;反之,市场占有率低的公司,资金利润率也低。而在差别较大的行业中,可能存在市场占有率低而收益高,或者市场占有率高而收益低的企业类型。因此,可用波士顿咨询集团法对企业的战略事业单位或产品进行分类和评估,如图11.2所示。

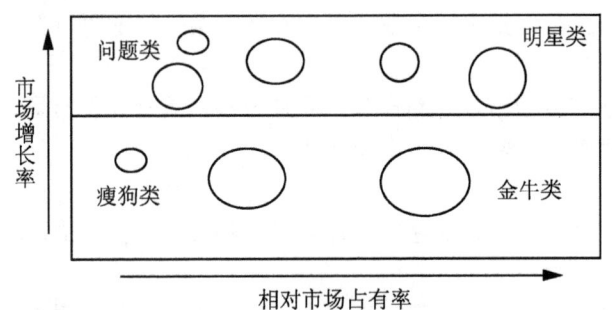

图 11.2　波士顿矩阵示意图

图11.2中,纵向表示市场增长率,即产品销售额的年增长速度,以10%(也可以设为其他临界值,视具体情况而定)为临界线分为高低两个部分;横向表示业务单位的市场占有率与最大竞争对手市场占有率之比,称为相对市场占有率,以1.0为分界线分为高低两个部分。如果相对市场占有率为0.1,则表示该业务单位的市场份额为最大竞争对手市场份额的10%;相对市场增长率为10,则表示其市场份额为最大竞争对手市场份额的10倍。市场增长率反映产品在市场上的成长机会和发展前途;相对市场占有率则表明企业竞争实力的大小。区域图中的圆圈代表企业的各个业务单位,圆圈的位置表示该业务单位市场增长率和相对市场占有率的现状,圆圈的面积表示该业务单位销售额的大小。

区域图中的4个象限分别代表4类不同的业务单位或产品。

(1) 问题类业务单位或产品,是指市场增长率高但相对市场占有率低的业务单位或产品。大多数业务单位最初处于这一象限,这一类业务单位需要较多的资源投入,以赶上最大竞争者和适应迅速增长的市场。但是它们又都前程未卜,难以确定远景,企业必须慎重考虑,是对其继续增加投入,还是维持现状,或进行精简乃至断然淘汰。

(2) 明星类业务单位或产品,问题类业务单位或产品如果经营成功,就会成为明星类。该类业务单位或产品的市场增长率和相对市场占有率都较高,因其销售增长迅速,企业必须大量投入资源以支持其快速发展,待其市场增长率降低时,这类业务单位或产品就由"现金使用者"变为"现金提供者",即变为金牛类业务单位或产品。

(3) 金牛类业务单位或产品,是指市场增长率低、相对市场占有率高的业务单位或产品。由于市场增长率降低,不再需要大量资源投入,又由于相对市场占有率较高,这些业务单位或产品可以产生较高的收益,支援其他类业务的生存与发展。金牛类业务单位或产品是企业的财源,这类业务单位或产品越多,企业的实力越强。

(4) 瘦狗类业务单位或产品,是指市场增长率和相对市场占有率都较低的业务单位或产品。该类业务单位或产品多处于成熟后期或衰退期,只能获取微利、保本甚至亏损。

图 11.2 中有 8 个业务单位或产品,其中问题类 3 个,明星类 2 个,金牛类 1 个,瘦狗类 2 个。这表明该企业的经营状况不容乐观,因为问题类和瘦狗类业务单位或产品偏多,企业发展后劲不足。

在对各业务单位或产品进行分析之后,企业应着手制订业务组合或产品计划,确定对各个业务单位或产品的投资策略。

(1) 发展策略,是指投入资金,以提高其相对市场占有率。此策略特别适用于明星类及某些有发展前途的问题类业务单位或产品,并尽快使那些有发展潜力的问题类业务单位或产品转化为明星类业务单位或产品。

(2) 维持策略,是指保持原有的资金投入规模,以维持相对市场占有率。该策略适用于金牛类业务单位或产品,特别是其中的大金牛类业务单位或产品。

(3) 缩减策略,是指减少投资、减少促销费用,以求短期内获取尽可能多的利润。此策略适用于弱小的金牛类业务单位或产品,也适用于问题类和瘦狗类业务单位或产品。

(4) 放弃策略,是指清理、变卖现存产品,处理某些业务单位,使企业资源转移到那些盈利的业务单位或产品上。此策略适用于给企业造成负担而又没有发展前途的问题类和瘦狗类业务单位或产品。

2. GE 法

GE 法,即多因素矩阵评价法。该矩阵是由美国通用电气公司在波士顿矩阵法的基础上创立的,如图 11.3 所示。在多因素组合矩阵中,按行业吸引力和企业业务实力将企业的产品分为几类。为了确定行业吸引力和企业业务实力的大小,可逐项列出影响它们的因素。

		企业业务力量	
	强	中	弱
行业吸引力 大	1	4	7
行业吸引力 中	2	5	8
行业吸引力 小	3	6	9

图 11.3 多因素矩阵评价示意图

图 11.3 中,纵轴表示行业吸引力。行业吸引力包括以下 8 个方面:①市场规模,即市场规模愈大,吸引力愈大;②市场增长率,即市场增长率愈高,吸引力愈大;③利润率,即利润率愈高,吸引力愈大;④竞争程度,即竞争愈激烈,吸引力愈小;⑤周期性,即受经济周期影响愈小,吸引力愈大;⑥季节性,即受季节影响愈小,吸引力愈大;⑦规模经

济效益，即单位产品成本随生产和分销规模的扩大而降低的行业，吸引力大，反之，吸引力小；⑧学习曲线，即单位产品成本有可能随经营管理经验的增加而降低的行业，吸引力大，反之，如果其积累已经达到极限，单位成本不可能因此再下降的行业，则吸引力小。

图 11.3 中，横轴表示企业的战略业务单位的业务力量，业务力量由以下 6 个因素构成：

① 相对市场占有率。业务力量与相对市场占有率成正比，即相对市场占有率越高，业务力量越强。

② 价格竞争力。业务力量与价格竞争力成正比，即价格竞争力越强，业务力量就越强。

③ 产品质量。产品质量较竞争者越高，业务力量越强。

④ 顾客了解度。对顾客了解程度越深，业务力量越强。

⑤ 推销效率。推销效率越高，业务力量越强。

⑥ 地理优势。市场位置的地理优势越大，业务力量越强。

企业根据上述两大类因素的各具体项目评估打分，再按其重要性分别加权合计，得出行业吸引力和企业业务力量的数据，然后利用多因素矩阵评价法加以分析，分成 3 个区域。1、2、4 为 I 区，最佳区域；3、5、7 为 II 区，中等区域；6、8、9 为 III 区，两者均低的区域。

上述评估和划分区域，目的是有针对性地进行投资决策。其策略包括以下 3 种。

(1) 发展策略，即对于 I 区应该增加投资，促进其发展。

(2) 维持策略，即对于 II 区应维持现有投资水平，不增不减。

(3) 收缩或放弃策略，即对两者均低的 III 区应采取收缩或放弃策略，不增加投资或收回现有投资。

11.1.3 确定市场营销组合

市场营销管理的第三个步骤是确定市场营销组合。市场营销组合是为了满足目标市场的需求，企业对自身可以控制的各种市场营销要素如质量、包装、价格、广告、销售渠道等的优化组合。

企业可控制的市场营销要素有很多，为了便于分析运用，最流行的分类方法是美国的 E.J.麦卡锡教授提出的分类方法。他把各种市场营销要素归纳为四大类：产品(Product)、价格(Price)、地点(Place)、促销(Promotion)，简称"4Ps"。所谓市场营销组合，就是这 4 个"P"的搭配与组合。它体现了现代市场营销观念指导下的整体营销思想。

(1) 产品是表示有关企业提供给目标市场的"货物和劳务"的一个总概念，包括产品质量、外观、款式、品牌、规格、型号、包装以及各种服务保障，如送货、退货、安装、维修等。

(2) 价格是表示有关顾客购买产品时所支付价钱的一个总概念，包括价目表上所列出的价格、折扣、支付期限、信用条件等。

(3) 分销地点是表示有关企业协调渠道系统中的其他成员，使其产品接近和到达目标顾客的活动的总概念，包括渠道选择、销售模式、商品储存、运输等。

(4) 促销是表示有关企业宣传其产品并且说服目标顾客购买其产品时所进行的一系列活动的总概念，包括广告、人员推销、营业推广、宣传报道等。

11.1.4 市场营销管理系统

市场营销管理的最后一个程序是对营销活动的管理。因为分析市场机会、选择目标市场、确定市场营销组合等活动，在实际的操作与运行中都不能离开营销管理系统的支持。

对市场营销活动而言，需要以下4个管理系统的支持。

1. 市场营销管理信息系统

市场营销管理信息系统是计划、组织和控制系统的基础，如果企业不能及时、准确地掌握有关的市场信息，就不可能制订正确的计划，更谈不上计划的执行与控制。

市场营销管理信息系统从事搜集、整理、分析和评估有关的市场信息，并适时、准确地提供给营销决策者，有助于市场营销计划的制订、执行和控制。市场营销管理信息系统包括以下4个子系统。

(1) 内部报告系统。专门向管理者提供有关销售、存货、现金、应收应付账款等信息。
(2) 营销情报系统。负责调查营销环境中日常的发展情况和变化趋势。
(3) 营销调研系统。协助管理者进行某一专项营销调研。
(4) 营销分析系统。运用现代统计与模型，对调研的有关情况和问题进行综合分析和研究。

通过以上4个子系统的操作与运行，实现市场信息管理系统在市场营销管理中的职能与作用。

2. 市场营销计划系统

现代营销管理，既要制定长期的战略规划，决定企业的发展方向和目标，又要有详细的市场营销计划，具体实施战略计划目标。因此，企业应依靠两个计划系统的支持，即战略计划系统和市场营销计划系统。

市场营销计划是对每一项业务、产品线或品牌的具体营销方案与计划。战略计划决定了各项战略业务单位的目标与方向，然后，每项业务还需要制订一个具体的市场营销计划。例如，战略计划认为某一个品牌有增长潜力，应发展该品牌，这时就需要制订该品牌具体的市场营销计划以实现战略目标。

市场营销计划包括以下两种。

(1) 长期计划(5年计划)，即描述5年内影响该品牌的主要因素，5年的目标以及市场占有率、销售增长率等主要战略目标和投资计划等。
(2) 年度计划，即根据长期计划而逐年制订的详细计划，主要分析当前的营销环境，面临的机会与挑战，年度内的市场营销战略、计划项目、预算等。

3. 市场营销组织系统

计划制订之后，需要一个强有力的营销组织来执行市场营销计划。根据不同的规模，企业的市场营销组织系统可由几个人或几个层次的若干专业人员组成。典型的营销机构是在负责市场营销的副总经理领导下设销售经理、广告经理等部门经理。市场营销副总经理具有两方面任务：一是领导与协调所有的市场营销工作，二是负责和分管与其他部门经理的协调配合。

4. 市场营销控制系统

在市场营销计划实施的过程中，可能会出现很多意想不到的问题。因此，需要一个控制系统来保证市场营销目标的实现。市场营销控制系统包括以下3个子系统。

(1) 年度计划控制。年度计划控制的基本任务是保证年度计划中提出的销售利润和其他目标的实现。可以通过 4 个步骤实现：一是在年度计划中给每个季度、每个月规定具体目标；二是随时掌握营销计划在市场上的实施情况；三是及时发现实际工作与计划目标的差距，并找出原因；四是缩小目标与实际的差距，确定最佳修正方案。

(2) 赢利控制。赢利控制是指企业定期对产品、顾客群、分销渠道、订货合同等各方面的实际获利水平和能力进行分析和评价。营销获利能力分析并非单纯分析其现有的赢利水平，而是比较不同品牌的活力及发展潜力，以此进一步决策营销费用在不同品牌、市场的分配比例，取得最佳的市场营销效益。

(3) 战略控制。企业除了年度控制和赢利控制外，还必须经常审核它们对市场的总方针，即战略控制，其重要性超过年度控制和赢利控制。因为环境的不断变化，可能导致企业战略目标出现不同程度的问题或偏差，必须及时予以修正与调整，否则将会造成被动。

总之，市场营销管理的 4 个系统相互联系、相互制约。营销信息是制订营销计划的基础，营销组织负责实施营销计划，而实施的结果又被考察与控制。这 4 个子系统构成了完整的市场营销管理体系。

11.2　市场营销计划

11.2.1　市场营销计划的分析方法

制订市场营销计划前，应先对宏观环境、微观环境、市场、消费者、竞争者、行业动向、公司本身状况等进行调研、分析、预测。一般常选用的分析方法和工具如下。

(1) 宏观环境分析：PEST 分析法、SWOT 分析法。

(2) 企业自身分析：对业务组合的分析可采用波士顿矩阵法；对投资策略的分析可采用多因素矩阵评价法；对企业的优劣势、环境机会与威胁的分析可采用 SWOT 分析法；对企业市场地位的分析主要研究企业的品牌、企业形象、市场占有率等方面。

(3) 消费者分析：消费者行为分析。

(4) 竞争者分析：主要运用波特模型。

(5) 行业动向分析：主要运用波特模型。

(6) 市场分析：目标市场分析、市场定位。

11.2.2　市场营销计划的内容

1. 计划概要

市场营销计划的概要是对本计划的目标和内容做扼要概述。该项内容无须过于细致复杂，因为具体目标与内容在计划的其他部分会有更具体的描述。

2. 目前市场营销形势

目前的市场营销形势应提供有关市场、产品、竞争、分销及宏观环境方面的有关背景数据。

(1) 市场形势：提供目标市场的数据。

(2) 产品形势：过去几年产品线中主要产品的销量、价格、边际收益、净利润等。

(3) 竞争形势：明确主要的竞争对手及其规模、目标、市场份额、产品质量、营销战略及其意图和行为特征。

(4) 分销形势：提供有关各分销渠道规模与重要性的数据。

(5) 宏观环境形势：与产品线未来有关的宏观环境趋势，即人口统计、经济、技术、政治、法律、社会文化。

3．机会与问题分析

机会与问题分析主要包括产品线面临的主要机会与威胁、优势与劣势和主要问题。

(1) 机会与威胁分析：明确业务所要面临的主要机会与威胁。

(2) 优势与劣势分析：明确产品优势与劣势。

(3) 问题分析：利用前面发现的情况确定计划中必须强调的主要问题。

4．目标

实现营销目标是营销计划的最终目的，是营销计划所有内容的服务指向。目标分为财务目标和营销目标两类，这两类目标都必须明确量化。

(1) 财务目标：投资收益率、净利润、净现金流量等。

(2) 营销目标：销售额、销售增长率、销售量、市场份额、品牌知名度、美誉度、分销网点、销售价格等。

5．营销战略与策略

营销战略与策略提供将用于实现计划目标的主要营销手段。它们的制定并非仅仅是营销计划制订者的任务，而是需要组织各个部门、领域的人员共同参与，如采购人员、制造人员、销售人员、广告人员、财务人员等，否则，等到产品下线才为其准备营销策略，会给企业带来灾难性的后果，如产品缺乏市场需求或出现定位偏差等。

一般而言，营销战略在营销计划中常常以下列条目来加以描述：目标市场、产品定位、产品线、产品定价、分销网点、销售队伍、广告、营业推广、产品研发、市场调研等。

6．行动方案

营销战略表明了企业为实现营销目标而明确的总体思路与措施，而行动方案则是开展营销行动的具体手段与途径，是实现营销战略与目标的根本保证。营销计划中的行动方案主要解决将要做什么、谁去做、什么时候去做、怎么做、费用是多少等问题。

7．促销方案

促销方案包括针对经销商和针对消费者的两部分促销方案。

8．预计盈亏报表

预计盈亏报表包括预测计划中的预期财务开支，还应从收入和费用两方面预计，其中收入主要预计销售量、平均实现价格；费用主要考虑生产、物流、营销成本。

9. 控制

指明如何控制计划，监测计划的进度，有时也包括应急计划。

11.3 市场营销组织

11.3.1 市场营销组织的含义

市场营销组织是指企业内部涉及营销活动的各个职位及其结构。有时，市场营销组织也被理解为各个营销职位中人的集合。由于企业的各项活动总是由人承担的，所以，对企业而言，对人的管理比组织结构的设计更为重要。有的组织看起来完美无缺，运作起来却出现了问题，这主要是由于有人的因素介入。正是在这种意义上，判断市场营销组织的好坏主要是看人的素质，而不单单是组织结构的设计。这就要求营销经理既能有效地制订营销计划和战略，又能使下级正确地贯彻执行这些计划和战略。

11.3.2 市场营销组织的演变

企业的市场营销部门是执行营销计划、服务购买者的职能部门。市场营销部门的组织形式主要受宏观营销环境、企业营销管理哲学，以及企业自身所处的发展阶段、经营范围、业务特点等因素的影响。

企业的市场营销部门是随着营销管理哲学的不断发展演变而来的，大致经历了单纯的销售部门、兼有附属职能的销售部门、独立的营销部门、现代营销部门和现代营销企业 5 个阶段，如图 11.4 所示。

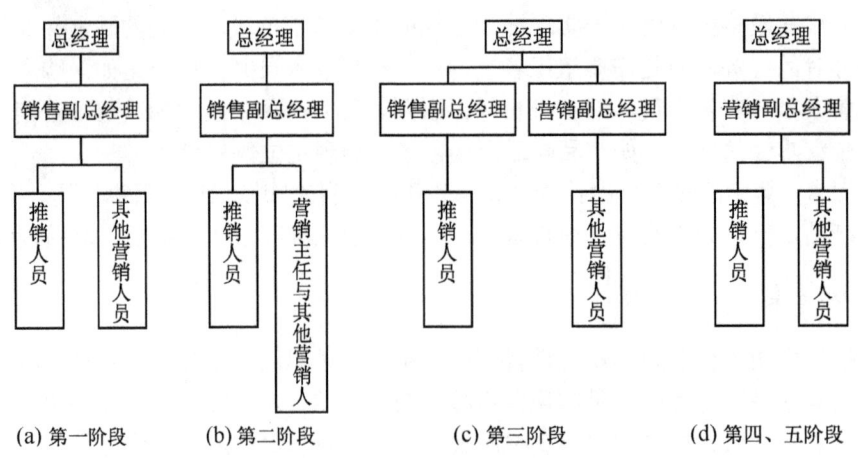

图 11.4　市场营销部门的演变

1. 单纯的销售部门

20 世纪 30 年代以前，西方企业以生产观念作为指导思想，大部分都采用单纯的销售部门的形式。一般来说，所有企业都是从财务、生产、销售和会计这 4 个基本职能部门开始发展的。财务部门负责融资，生产部门负责制造，销售部门通常由一位副总经理负责，管理销售人员，并兼管若干营销调研和广告宣传工作，如图 11.4(a)所示。在这个阶段，销售部门的职能仅仅是推销生产部门生产出来的产品。产品生产、库存管理等完全由生产部

第 11 章 市场营销整合策划与实施

门决定,销售部门对产品的种类、规格、数量等问题,几乎没有任何发言权。

2. 兼有附属职能的销售部门

20 世纪 30 年代经济大萧条以后,市场竞争日趋激烈,大多数企业以推销观念作为指导思想,需要进行经常性的营销调研、广告宣传以及其他促销活动。这些工作逐渐变成专门的职能,当工作量达到一定程度时,便会设立一名营销主任,负责这方面的工作,如图 11.4(b)所示。

3. 独立的营销部门

随着企业规模和业务范围的进一步扩大,营销调研、新产品开发、广告促销和客户服务等营销职能的重要性日益增强。于是,营销部门成为一个相对独立的职能部门,作为营销部门负责人的营销副总经理同销售副总经理一样直接受总经理的领导,销售和营销成为平行的职能部门,如图 11.4(c)所示。但在具体工作中,这两个部门是需要密切配合的。这种安排常常被许多企业采用,它向企业总经理提供了一个全面的、从各角度分析企业面临的机遇与挑战的机会。例如,销售出现问题后,总经理会询问销售经理解决问题的办法,销售经理常常会推荐雇用更多业务员,提高销售费用,开展销售竞赛或降低成本以利于产品销售,而总经理从营销经理那里得到的答案则可能与销售经理大相径庭。营销经理常常从消费者角度而不仅仅是从当前产品的价格和销售人员的角度入手分析解决问题的办法,如企业的市场定位是否正确;和竞争者相比较目标市场的消费者是怎样看待本企业及其产品的;在产品的特点、风格、包装、服务、配送及促销手段等方面是不是有变化;这些变化是否合理。显然这样分析对解决问题更为有效。

4. 现代营销部门

尽管销售副总经理和营销副总经理需要配合默契和互相协调,但是他们之间实际形成的关系往往是一种彼此敌对、互相猜疑的关系。销售副总经理趋向于短期行为,侧重于取得眼前的销售量;营销副总经理则多着眼于长期效果,侧重于制订适当的产品计划和营销战略,以满足市场的长期需要。销售部门和营销部门之间矛盾冲突的解决过程,形成了现代营销部门的基础,即由营销副总经理全面负责,下辖所有营销职能部门和销售部门,如图 11.4(d)所示。

需要注意的是,营销人员和销售人员是两个截然不同的群体,尽管营销人员多来自销售人员,但还是不应将他们混淆,并不是所有的销售人员都能成为营销人员。事实上,在这两种职业之间有着根本的不同。从专业性而言,营销经理的任务是确定市场机会,准备营销策略,并计划、组织新产品进入,促使销售活动达到预期目标;而销售人员则是负责实施新产品的进入和销售活动。在这一过程中常出现两个问题:如果营销人员没有征求销售人员对于市场机会和整个计划的看法和见解,那么在实施过程中可能会导致事与愿违;如果在实施后营销人员没有收集销售人员对于此次行动计划实施的反馈信息,那么他很难对整个计划进行有效控制。

5. 现代营销企业

一个企业若仅有现代营销部门,还不是现代营销企业。现代营销企业取决于企业内部各种管理人员对待营销职能的态度,只有当所有的管理人员都认识到企业一切部门的工作都是"为顾客服务","营销"不仅是一个部门的名称而且是整个企业的经营哲学时,这个企业才能算是一个"以顾客为中心"的现代营销企业。

11.3.3 市场营销组织的形式

为了实现企业目标,营销经理必须选择合适的营销组织。营销组织大体可分为专业化组织和结构性组织两种。

1. 专业化组织

专业化组织包括以下 4 种类型。
1) 职能型组织

职能型组织是最古老也是最常见的营销组织形式。职能型组织强调营销的各种职能如销售、广告和调研等的重要性。如图 11.5 所示,该组织把销售职能当成营销的重点,而广告、产品管理和调研职能则处于次要地位。当企业只有一种或很少几种产品,或者企业产品的营销方式大体相同时,按照营销职能设置组织结构比较有效。但是,随着产品品种的增多和市场的扩大,这种组织形式就暴露出发展不平衡和难以协调的问题。既然没有一个部门能对某产品的整个营销活动负全部责任,那么,各部门就会强调各自的重要性,以便争取到更多的预算和决策权力,致使营销经理无法对营销进行协调。

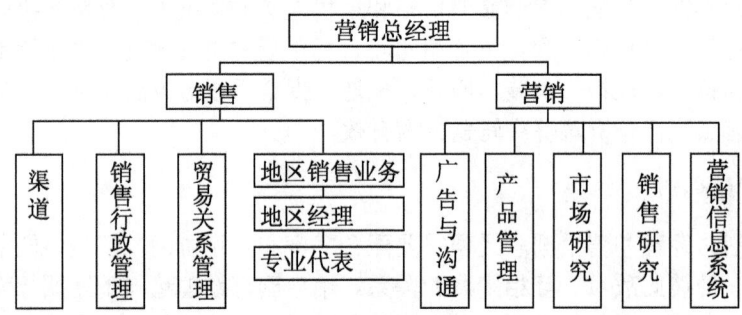

图 11.5 职能型组织

2) 产品型组织

产品型组织是指在企业内部建立产品经理组织制度,以协调职能型组织中的部门冲突。在企业所生产的各产品差异很大、产品品种太多,以致按职能设置的营销组织无法处理的情况下,建立产品经理组织制度是适宜的。其基本做法是,由一名产品营销经理负责,下设几个产品大类经理,产品大类经理之下再设几个具体产品经理去负责各具体的产品,如图 11.6 所示。

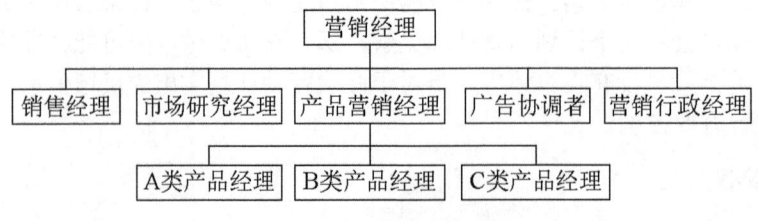

图 11.6 产品型组织

产品营销经理的职责是制订产品开发计划,并付诸实施,监测其结果和采取改进措施。具体可分为以下 6 个方面:①发展产品的长期经营和竞争战略;②编制年度营销计划和进行销售预测;③与广告代理商和经销代理商一起研究广告的文稿设计、节目方案和宣传活动;④激发推销人员和经销商经营该产品的兴趣;⑤搜集产品、市场情报,进行统计分析;⑥倡导新产品的开发。

产品型组织形式的优点在于产品营销经理能够有效地协调各种营销职能,并对市场变化做出积极反应。同时,由于有专门的产品经理,那些较小品牌的产品也不会被忽视。不过,该组织形式也存在不少缺陷。

(1) 缺乏整体观念。在产品型组织中,各个产品经理之间相互独立,他们会为保持各自产品的利益而发生摩擦,事实上,有些产品可能面临着被收缩和淘汰的威胁。

(2) 部门冲突。产品经理未必能获得足够的权威,以保证他们有效地履行职责。这就要求他们得靠劝说的方法取得广告部门、销售部门、生产部门和其他部门的配合与支持。

(3) 多头领导。由于权责划分不清楚,下级可能会得到多方面的指令。例如,产品的广告经理在制定广告战略时要接受产品营销经理的指导,而在预算和媒体选择上则要受制于广告协调部门。

3) 市场型组织

当企业拥有单一的产品大类,面对各种不同偏好的消费群体,以及使用不同的分销渠道时,建立市场型组织是可行的。许多企业都在按照市场系统安排其营销机构,使市场成为企业各部门服务的中心。

市场型组织的基本形态是一名市场主管经理管理几名市场经理。市场经理开展工作所需要的职能性服务由其他职能性组织提供并保证。其职责是负责制订所辖市场的长期计划和年度计划,分析市场动向及企业应该为市场提供什么新产品等。他们的工作成绩常用市场占有率的增减来判断,而不是看其市场现有的赢利水平。市场型组织的优点在于营销活动可以按照满足各类不同顾客的需求来组织和安排,这有利于企业加强销售和开拓市场。其缺点是权责不清和多头领导,这与产品型组织很类似。

4) 地理型组织

如果一个企业的营销活动面向全国,那么企业会按照地理区域设置其营销机构。该机构设置包括一名负责全国销售业务的销售经理,若干名区域销售经理、地区销售经理和地方销售经理。为了使整个营销活动更为有效,地理型组织通常是与其他类型的组织结合使用。

2. 结构性组织

专业化组织只是从不同角度确立了营销组织中各个职位的形态,至于如何安排这些职位,还要分析组织结构与职位之间的相互关系。企业设计组织结构不是最终目的,而只是实现营销目标的一种手段。既然各个企业有着不同的目标、战略、目标市场、竞争环境和资源条件,那么就可以建立起不同类型的组织结构。

1) 金字塔型组织

金字塔型组织是一种较为常见的组织结构形式。它由经理至一般员工自上而下建立垂直的领导关系,管理幅度逐步加宽,下级只向自己的上级直接负责。按职能专业化设置的组织结构大都是金字塔型组织。其特点是上下级权责明确,沟通迅速,管理效率较高。不

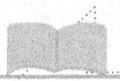

过，由于每个员工尤其是下层员工权责范围有限，往往缺乏对总体营销状况的了解，因而不利于员工的晋升。

2) 矩阵型组织

矩阵型组织是职能型组织与产品型组织相结合的产物，它以按直线指挥系统为职能部门组成的垂直领导系统为基础，又建立一种横向的领导系统，两者结合组成一个矩阵，在营销管理实践中，矩阵型组织的产生大体有两种情况。

(1) 企业为完成某个跨部门的一次性任务(如产品开发)，从各部门抽调人员组成由经理领导的工作组来执行该项任务，小组的有关人员一般受本部门和小组负责人的共同领导。任务完成后，小组撤销，其成员回到各自的岗位。这种临时性的矩阵型组织又称为小组制。

(2) 企业要求个人对于维持某个产品或品牌的利润负责，把产品经理的位置从职能部门中分离出来并加以固定，同时，由于经济和技术因素的影响，产品经理还要借助于各职能部门实施管理，这就构成了矩阵。

矩阵型组织能加强企业各部门之间的协作，能集中各种专业人员的知识技能又不增加编制，组建方便，适应性强，有利于提高工作效率。但是，由于双重领导，过于分权，稳定性差和管理成本较高的缺陷又抵消其一部分效率。

3. 网络经济下企业营销组织结构的新变化

进入 21 世纪以来，营销环境发生了巨大的变化。计算机和无线通信的不断进步，全球性竞争的日趋激烈，消费者和企业购买经验的日益丰富，服务性企业的迅速发展等，都要求企业重新考虑该如何组织自己的业务。为适应这些变化，许多企业将自己的业务重心放在主要业务或有竞争力的业务上，也有不少企业将业务拓展到其他不熟悉的领域以求新的发展。其中有的成功了，但多数还是失败了，即使所投身的是一个新兴行业或极具发展潜力的行业。究其原因，大多是由于企业缺乏在该领域的激烈竞争中应具有的技能和知识。

随着网络经济下企业营销的新特点以及营销组织的环境、战略、职能等权变因素的变化，企业营销组织在结构上必然有与之相适应的变化。企业营销组织结构的变化主要体现在管理层次与幅度、分工形式、关键职能、集分权程度、规范化程度、制度化程度、工业化程度以及人员结构等特征因素上，总的来看有以下特点。

(1) 企业营销管理信息化、网络化。在企业内部网或企业电子商务系统的平台上，构建企业营销管理子系统和营销数据库，并与互联网连接，各业务单元可以通过网络进行快捷的交流与沟通，组织结构处于网络化状态。同时，营销组织也可借此与客户方便地实现双向沟通。

(2) 企业营销结构扁平化。在网络环境下，高层管理人员可以通过网络及时而准确地获得更多的直接信息。扁平化、网络状的组织结构有利于企业抓住市场时机，更果断地决策。

(3) 企业营销组织结构无边界化。由于信息技术的广泛应用，以及企业营销组织管理网络化，使人们能够跨越组织界限进行交流和工作转换，导致营销组织内部与企业内其他业务部门之间的界限逐渐被打破，企业营销组织与客户之间的障碍被消除。

(4) 企业营销组织虚拟化。在网络环境下，企业营销组织更有条件在掌握营销的核心能力的基础上，依靠其他组织来进行产品的设计、制造、分销、物流配送等非核心营销业务。掌握核心营销能力或者核心营销资源，如企业品牌、营销传播等，可以使企业营销组织将营销资源集中到高附加值的业务上，从而使企业的信息流支配企业的物流成为可能。

(5) 企业营销组织管理分权化。为适应多变的市场需求，营销组织将过去高度集中的决策组织改变成分散的多中心决策组织，决策常由多部门、多组织单元共同参与制定，而网络技术的发展也为分权化提供了技术上的保障。

(6) 企业营销结构柔性化。在网络环境下，由于技术水平和人员素质的提高，导致了工作单元的合并以及业务流程的并行处理。为了与动态的环境相匹配，常常成立一些临时性的、以任务为导向的团队式组织，快速有效地围绕目标与任务合理配置各种资源，充分地体现企业营销组织的灵活性，并由此导致组织结构的柔性化。

11.4 市场营销控制

11.4.1 市场营销控制的原则

市场营销控制原则的核心内容是适度，使组织营销活动的目标和规模与组织的资源相协调，既充分发挥现有资源的创造力，又把营销风险控制在合理的水平上，保持组织平稳与持续地发展。

1. 目标匹配原则

目标匹配原则是指营销规模要与营销目标相匹配。营销目标是组织目标体系中的一部分，与组织的整体目标是一致的、协调的。组织整体目标体系决定了营销目标的水平，而营销目标的水平又决定了营销规模的大小。在给定了营销目标水平下，营销规模过小，不易达到组织目标；而营销规模过大，会形成资源浪费，甚至给组织经营造成混乱，破坏组织形象。

广州麦当劳餐厅的促销

2001年5月，广州的麦当劳餐厅推出了一个促销活动，凡是购买麦当劳套餐者，即可获得一个"史努比狗"玩具。在促销期间连续6天购买套餐者可以获得全套6个"史努比狗"玩具。这种"史努比狗"玩具是麦当劳特别定制的，在市场上买不到。一些父母为了给孩子买到"史努比狗"玩具，一大早就在麦当劳店外守候，并且许多人是请假来排队的。但是，到了第四天，场面变得非常混乱。麦当劳各个分店开门仅一个多小时，就告诉消费者当天的促销"狗"已经送完了。排在后面的消费者非常气愤，认为麦当劳应该多做一些促销"狗"，还有的消费者连跑了4家店都没有买到"狗"，而排在前面的人，有的一下买了几十份套餐，得到几十只"狗"，其中的以10元的促销价买到"狗"后，当场以50元的高价出售。为了达到促进销售的目的，麦当劳的营销力度太强，致使促销品价值高又易获得而促销品数量少，因此引起混乱和招致消费者不满，破坏了麦当劳的形象；另外，营销规模大而经营规模有限影响了需要用餐的正常消费者，降低了服务质量。

还有的组织过度依赖广告的作用，没有把精力放在生产质量与服务质量上，使广告规模与组织生产能力和服务能力、广告力度与组织生产质量和服务质量不匹配，这样的组织最终会被市场抛弃。20世纪90年代以来，这样的例子在中国市场上并不少见，以广告起家的人，并不能靠广告生存下去。所以，营销规模一定要与营销目标一致，与组织的生产能力、服务能力和其他资源条件相一致。

2. 现金流动原则

现金流动原则是指组织营销活动所需要的资源支持应符合组织当前可以承担的财务能

力，而不是依赖组织的总财产状况做出营销决策与营销计划。现金流动原则也是许多其他组织活动决策的主要依据之一。比尔·盖茨曾说过，只要微软有足够的现金支付员工一年的工资，他就不用担心公司的生存问题。只有现金才是当前营销活动的经济基础，变现力弱的资产是不可以作为现阶段营销活动的资金保障的。因此，组织总资产多并不表示其可以支持大规模的营销活动，而组织总资产少、现金多，却可以支持现阶段规模较大的营销活动。

3. 例外事件原则

强调例外可使组织保持灵活性，能提高组织各级管理人员和营销人员的工作效率。例外事件原则产生的根本原因是管理者不能对未来营销计划的执行环境进行充分、完全地预测。一些例外事件是可以包容于既定的营销计划之下的，不会削弱组织达到目标的能力，而一些例外事件却会使组织营销活动走上与目标不一致的道路。处理这种事件的方法是在计划制订的初期确立标准时，留下应付未来事件的足够的空间。组织可以预测营销活动可能面对的最好与最坏的结果作为波动空间的上下限。合理的决策权分配可以帮助组织有效地处理例外事件，如果例外事件的影响力较小，不会对组织目标产生较大的影响，就可以由较低层的管理人员自主处理；如果例外事件的出现已经严重影响了组织的营销活动，就要上报给高层管理人员，由他们来处理问题。这种分权可以处理所有的意外事件，也能提高各级管理人员的工作效率，节约高层管理者的时间，使其有更多的时间来解决更为复杂的、全局性的问题。

4. 持续发展原则

营销活动需要持续不断地进行，各个时期都要有营销活动，并且需要营销创新。各个营销活动既可以是相互衔接的，也可以是相互独立的。例如，建立一个品牌的过程就是一个持续营销的过程，通过一系列的广告宣传和树立形象的活动，组织品牌逐渐为消费者所熟悉和认知，并建立对品牌的忠诚。与营销活动的持续发展相适应，营销预算也是持续的，各个时期都要有一定的营销预算。从总体来看，组织可按照一定的标准，如销售额、利润额的百分比或者竞争对等法等，制定组织的总营销费用，然后，按照每年的营销活动计划，把营销预算分配给各个营销活动。不同类型的组织对营销活动持续性的需求是不一样的，商业领域和日用消费品领域的经营者需要不断地进行各种营销活动。例如，在劳动节、国庆节及元旦等节日，营销活动是必不可少的。另外，在组织生命周期的不同阶段，营销活动有不同的特点。在成熟的组织中，营销活动有许多经验借鉴，但先前的经验也是一种束缚，而且随着组织规模的扩大，营销反馈机制、反馈速度等也有不同，因此，持续的营销创新是很重要的。

5. 标准合理原则

市场营销控制标准应该是合理的，即营销人员通过一定的努力是可以达到的。若营销目标过高，营销人员压力过大，挫折感会较强，从而会抑制营销人员的工作积极性和工作热情；反之，若营销目标过低，且不具有挑战性，则不能激发营销人员的斗志，不能起到鼓励他们的作用。一套合理的标准应该是富有挑战性，并能鼓励员工表现得更好，而不是让人感到沮丧或动力不足。

6. 多重目标原则

管理者和营销人员都希望自己的工作成绩看起来更好,因此,除了努力工作提高绩效外,也会用其他方式对工作成绩进行修饰。如果使用多重的市场营销控制标准,营销人员就难以对工作成绩进行修饰,这样可以防止其做表面文章。另外,在实际工作中,使用单一的工作标准也是不客观的,只有用多个控制标准才能对实际工作绩效进行全面的衡量。

11.4.2 市场营销控制的基本形式

1. 年度计划控制

任何企业都要制订年度计划,然而,年度市场营销计划的执行能否取得理想的成效,还需要看控制工作进行得如何。所谓年度计划控制,是指企业在本年度内利用控制手段,检查实际绩效与计划之间是否有偏差,并采取改进措施,以确保市场营销计划的实现。许多企业每年都制订相当周密的计划,但执行的结果往往与之有一定的差距。事实上,计划的结果不仅取决于计划制订得是否正确,还有赖于计划执行与控制的效率如何。可见,年度计划制订并付诸执行之后,做好控制工作也是一项极其重要的任务。

年度计划控制的主要目的包括:①促使年度计划产生连续不断的推动力;②控制的结果可以作为年终绩效评估的依据;③发现企业的潜在问题并及时予以妥善解决;④高层管理人员可借此有效地监督各部门的工作。

年度计划控制系统包括以下 4 个主要步骤。①制定标准,即确定本年度各个季度(或月)的目标,如销售目标、利润目标等;②绩效的测量,即将实际成果与预期成果相比较;③因果分析,即研究发生偏差的原因;④改正行动,即采取最佳的改正措施,努力使成果与计划相一致。

企业经理人员可运用 5 种绩效工具以核对年度计划目标的实现程度,即销售分析、市场占有率分析、市场营销费用与销售额对比分析、财务分析、顾客态度追踪分析。

1) 销售分析

销售分析方法主要用来衡量造成销售差距的不同因素的影响程度。

例如,一家企业年度计划某种产品第一季度销售 4 000 件,单价为 10 元,总销售额为 40 000 元。季末实际售出 3 000 件,售价降为 8 元,总销售额为 24 000 元,比计划销售额少 40%,差距为 16 000 元。这既有售价下降的原因,也有销量减少的原因。二者各自对总销售额的影响程度又是多少呢?计算过程如下:

$$售价下降的差距=(10-8)\times 3\,000=6\,000(元)$$
$$售价下降的影响=6\,000\div 16\,000=37.5\%$$
$$销量减少的差距=(4\,000-3\,000)\times 10=10\,000(元)$$
$$销量减少的影响=10\,000\div 16\,000=62.5\%$$

从上面的计算过程可以看出,有近 2/3 的差距是由于销量下降所造成的,所以,该企业应该在销量方面进行更多的研究。

此外,还可进行微观销售分析。微观销售分析可以找出未能达到预期销售额的特定产品、地区等。假设企业在 3 个地区销售产品,其预期销售额分别为 1 500 万元、500 万元和 2 000 万元,总额为 4 000 万元。实际销售额分别为 1 400 万元、525 万元、1 075 万元。就预期销售额而言,第一个地区有 7%的未完成额,第二个地区有 5%的超出额,第三个地区有 46%的未完成额。主要问题显然在第三个地区。造成第三个地区不良绩效的原因有以下可能:一是该地区的销售代表工作不努力或有个人问题,二是有主要竞争者进入该地区,三是该地区居民收入下降。

2) 市场占有率分析

销售额说明了一个组织经营的绝对量水平,市场份额则说明了一个组织经营的相对量水平,即与其他竞争者相比组织的经营水平。假设在某时期,组织的销售额上升了。上升的销售额并不能充分说明组织的状况得到改善,因为组织的市场份额可能会下降,组织处在更弱的市场位置上,相对经营状况变差。

(1) 分析市场份额的第一步是根据组织的目标来选择合适的市场份额衡量标准。市场份额衡量标准有 4 种,即总体市场份额、服务市场份额、相对(与 3 个最大竞争者相比) 市场份额和相对(与最大竞争者相比) 市场份额。

① 总体市场份额,指组织的销售额或销售量占总体市场销售额或销售量的百分比。在这种市场份额的计算方式下,组织市场份额的绝对值与组织所确定的总体市场有关。例如,一个保健品公司要计算自己的市场份额,可以保健品市场为总体市场,也可以把保健品市场与滋补市场两个市场作为总体市场。显然,在前一种计算方式下得出的市场份额比在后一种计算方式下得出的市场份额的数值要大。

② 服务市场份额,指组织的销售额或销售量占其所服务市场的总体销售额或销售量的百分比。一般来说,组织的服务市场份额要大于组织的总体市场份额。

③ 相对(与 3 个最大竞争者相比) 市场份额,指组织的销售额(或销售量) 除以 3 个最强大的竞争者的综合销售额或销售量的百分比。假设某公司的年销售额为 100 万元,最强大的 3 个竞争者同期的年销售额分别为 500 万元、200 万元、200 万元,那么该公司的相对市场份额就是 11%。

④ 相对(与最大竞争者相比) 市场份额,指组织的销售额或销售量占最大的竞争者的销售额或销售量的百分比。如果这个相对市场份额超过 100%,则表明公司是市场的领先者;如果这个相对市场份额正好是 100%,则意味着公司与最大的竞争者在市场中的实力相当;如果公司相对市场份额在上升,则表示公司正在占领最大的竞争者的市场。

总体市场份额比较容易计算,因为只需要总的行业销售额,这一资料可以从政府或贸易机构、出版部门得到。服务市场份额比较难计算,因为不仅受公司产品线和地区市场分布及其他因素变化的影响,而且波动比较大。相对市场份额计算更难,因为公司需要具体的竞争对手的销售额,但竞争者对公司的销售额等关键数据是严加保密的。

(2) 分析市场份额的第二步是解释市场份额的变动。市场份额的变动可以通过产品线、品牌、顾客类型及地区等因素来观察。根据菲利普·科特勒的研究,分析市场份额变动的公式为

$$总的市场顾客=顾客渗透率×顾客忠诚度×顾客选择性×价格选择性$$
$$顾客渗透率=选择购买组织产品的顾客/所有顾客×100\%$$
$$顾客忠诚度=顾客购买组织产品的数量/他们从其他竞争者那里购买的产品数量×100\%$$
$$顾客选择性=顾客购买本组织产品的平均量/他们购买其他一般组织产品的平均量×100\%$$
$$价格选择性=组织产品的平均价格/所有公司产品的平均价格×100\%$$

根据上面的公式,如果某组织的市场份额下降了,可能有 4 种原因:一是组织失去了

部分顾客；二是顾客的忠诚度下降了；三是组织保留的顾客规模下降了；四是组织的价格竞争力减弱了。以上任何一个因素都可能导致组织的市场份额下降，也可能是几个因素的共同作用导致了组织市场份额的下降。

3) 营销费用与销售额对比分析

营销活动在达到组织目标时，是否投入了过多的成本？营销成本过高，即使营销活动是有成效的，却也是低效率的。判断营销活动效率的标准有很多，如推销队伍与销售额之比、广告与销售额之比、促销与销售额之比、营销调研与销售额之比和销售管理费用与销售额之比等。营销活动管理者需要对营销支出进行控制，当这些支出在正常范围内波动时，或者只有偶然异常时，可以不做重大调整，但是如果波动幅度超过了正常范围就应该进行严格控制，并作出相应的调整。

4) 财务分析

营销费用与销售额之比应该放在组织总体财务框架之中进行分析，用来帮助组织决定如何支出，以及在哪些方面投资。现在营销管理者经常使用财务分析来发现更有价值的利润增长点。管理者通过财务分析来研究影响组织资本净值报酬率的各种因素，资本净值报酬率与两个比率有关，它们是资产报酬率和财务杠杆率。

5) 顾客态度跟踪分析

前面 4 个控制工具侧重于数量标准和财务分析，除此之外还需要一些定性的分析，如顾客态度分析。组织应该建立专门的机构对顾客、经销商和营销系统中的其他参与者的态度进行跟踪分析，在这些顾客的态度发生变化之前采取措施。几种常用的顾客态度追踪的方法有：①意见和建议制度；②顾客固定样本调查小组；③顾客调查。

营销管理者也需要对顾客做以下一些检测：①目标市场意识；②目标市场偏好；③相对的产品质量；④相对的服务质量。

最后，营销管理者需要对利益相关者进行检测，包括员工、供应商、银行、分销商、零售商和股东等。当某个利益相关者出现不满意时，管理者应该采取相应的措施。

2. 赢利能力控制

赢利能力控制是指企业需要衡量各产品、地区、顾客群、分销渠道和订单规模等的获利能力。市场营销赢利能力分析显示了不同渠道、产品、地区或其他市场营销实体的相对盈利能力。它既不证明最好的行动方案是放弃没有赢利能力的市场营销实体，也不是说如果放弃这些刚好够本的市场营销，实体就一定会有可能提高利润。赢利能力分析的目的在于找出妨碍获利的因素，以便采取相应措施排除或削弱这些不利因素的影响。企业可采用的调整措施很多，必须在全面考虑之后做出最佳选择。

营销赢利能力分析的主要步骤如下。

(1) 测定每一项活动需要的费用，确定功能性费用。

(2) 测定通过每种渠道销售产品各自所需要的功能性费用，将功能性费用指定给各市场营销实体。

(3) 为每个市场营销实体编制一份损益表。

评价赢利能力的主要指标有：销售利润率、资产收益率、净资产收益率、资产管理收益率等。

3. 效率控制

日常生活中关于效率控制的例子很多。当某企业发现其在若干个产品、地区或者市场中的赢利不好时，它是否有有效的办法来对相关营销活动的推销员队伍、广告、促销及分销渠道等进行管理。一些公司有市场营销控制员，专门帮助营销人员提高营销效率。大公司的市场营销控制员用一种复杂的方法来计算营销支出与营销效果，他们检查营销活动与营销赢利计划是否一致，帮助品牌经理制订预算，测量促销效果，分析媒体成本，评估消费者和地区赢利，以及培训营销人员理解营销计划的财务意义。

1) 销售队伍效率

各级销售经理应该掌握其销售队伍的工作效率。控制指标包括：①每个推销员平均每天的推销访问次数；②平均每次推销访问所需要的时间；③平均每次推销访问的收入；④平均每次推销访问的成本；⑤平均每次推销访问的交易费用；⑥订货单数与推销访问次数之比；⑦每一时期新增加的顾客数；⑧每一时期失去的老顾客数；⑨推销队伍成本占总销售额的百分比。

只要组织利用控制指标进行调查，总会发现可以改进的地方，从而提高营销效率。

2) 广告效率

广告效率是难以具体衡量的，但是可以通过以下指标来判断：①每一媒体的千人广告成本、广告注意率、阅读率；②消费者对广告有效性和广告内容的意见；③测量广告前后消费者对产品态度的改变；④由广告引发的消费者咨询次数以及每次咨询成本。

管理者可以通过一系列步骤来提高广告效率，如对产品做更好的定位、明确广告目标、预试广告信息、利用计算机技术来选择广告媒体、寻找较好的媒体和做广告反馈调查。

本 章 小 结

市场营销管理过程包括企业战略、市场营销计划、营销计划的实施等。市场营销管理的前期工作主要是：分析市场机会、选择目标市场、确定营销组合。为更好地管理市场营销活动，企业需要市场营销管理信息系统、市场营销计划系统、市场营销组织系统、市场营销控制系统这4个管理系统的支持。

在制订营销计划之前，应对宏观环境、企业自身、消费者、竞争者、行业动向、市场等选用合适的方法进行分析。市场营销计划的主要内容应包括：计划概要、目前市场营销形势、机会与问题分析、目标、营销战略与策略、行动方案、促销方案、预计盈亏报表和控制。

随着营销环境的变化，营销组织也按单纯的销售部门、兼有附属职能的销售部门、独立的营销部门、现代营销部门、现代营销企业这样的方向演变。营销组织大体可分为专业化组织和结构性组织两种，专业化组织主要包括职能型、产品型、市场型、地理型这4种组织类型，结构性组织主要有金字塔型、矩阵型等类型。

市场营销控制的原则主要有：目标匹配、现金流动、例外事件、持续发展、标准合理及多重目标原则。市场营销控制可用年度计划、盈利能力控制、效率控制等形式来管理市场营销活动。

第11章 市场营销整合策划与实施

关键术语

波士顿咨询集团矩阵——BCG matrix
成本收益分析——cost benefit analysis
扁平型组织结构——flat organizational structure
职能营销组织——functional marketing organization
通用电气公司法——General Electric approach
市场增长率——growth rate of market
市场增长率/市场占有率矩阵——growth-share matrix
营销计划的执行和控制——implementation and control of marketing programs
市场吸引力/业务地位矩阵——market attractiveness/business position matrix

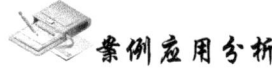

丰田公司的销售管理

"有路必有丰田车"这句广告词已是尽人皆知,但对于拥有近10万员工的"丰田销售军团"恐怕知之不多。丰田汽车驰骋神州,除产品质量上乘之外,其独特的销售策略也功不可没。

在丰田公司,人们信奉"用户第一,销售第二,制造第三"。为贯彻这一销理理念,丰田公司制定了一系列的配套措施。

在丰田汽车销售公司下设"计划调查部",配备了数学、统计、机械工程等方面的专家,准确及时地汇集、筛选各地的调查资料,为决策提供依据。调查内容多达60多项,不仅对丰田汽车本身的销售数量、品种、油耗、部件等动态需求做周密调查,对其他公司的车辆类别、颜色、车型、销售情况也十分关注,同时还对社会情况,如城市设施、道路状况、人口、户数、机关团体、工厂、企事业数、收支情况等,都做了广泛的调查。

丰田公司将汽车产品全部批发给丰田销售公司,销售公司用银行贷款和一部分期票作结算,而销售公司再用销售现款和用户支票作抵押,取得银行贷款,完成资金短期折借与还款,使汽车生产和销售顺利进行。

为确保客户满意,丰田汽车公司制定了与众不同的规定:一是每售出一辆汽车,都要相应建立"车历卡片",登记汽车故障等各种资料,并迅速反馈到制造公司,促使其改进制造技术,提高质量;二是新车售出后,规定保修期为2年或5万千米,修理费用全由制造部门负责,同时,在保修期内还为客户提供代用车辆,尽量避免因检修停驶给客户带来的不便和损失;三是每当一种新型汽车上市,在售出后的3个月之内,必须挨家挨户进行质量调查,听取用户意见。

为了让丰田汽车深入到社会各个阶层以至每个家庭,销售人员挖空心思在人们经常接触到的小物件上做文章,比如在香烟、火柴盒、打火机、小玩具上,印上设计精美的"丰田标志",作为销售人员联系客户的馈赠礼品;买车时为用户拍摄照片留作纪念等,花样繁多,不胜枚举。

丰田汽车公司的销售人员主要以大学毕业生为主,也有少量具备特殊推销能力的高中生。录用后,销售人员在进入公司的3天前,先被送进丰田汽车公司的培训中心培训,以后每年的4~6月份定期参加培训。在培训期内,销售人员要吸收从推销入门到交货全部过程的知识。随后进入实践阶段,此时不规定销量,主要工作是每天必须拜访20~30位客户,把访问内容写在"销售日记"上。如此1个月之后,开始下达一个月销售1辆车的指标。到了第二年,增加到每月销售2辆车,从第三年起,每月目标增加为3辆,此时,销售人员才算可以独当一面。经过3年,仍未能保持每月平均销售3辆车的销售人员,则会自动辞职。与此同时,从第二年起,销售人员要编制"客户卡"。这类卡片分为三级:第一级只知道客户姓名、住址和使用车辆,采用红色卡;第二级还要知道客户眷属的出生日期,采用绿色卡;第三级要加上现在所使用汽车的购买日期、前一部车的种类、下次检车时间、预定何时换车、要换哪种车、现在汽车是从哪家经销商处购买等更详细的资料,使用金色卡。

正因为丰田汽车公司深谋远虑的销售策略和精明干练的销售队伍,为丰田公司创造了"无债经营"、"零库存"产销和"有路必有丰田车"的神话。

讨论:
(1) 丰田公司采用了哪些计划分析的方法?
(2) 丰田公司对销售活动进行控制时,采用了哪些控制原则?
(3) 丰田公司的销售管理活动给你带来了哪些启示?
(4) 请根据丰田公司的销售模式,试画出营销组织结构图。

思 考 题

(1) 一般而言,一个企业的市场营销管理过程是怎样的?
(2) 市场营销管理包括哪些系统?它们分别有什么作用?
(3) 营销计划应包括哪些内容?
(4) 什么是营销组织?建立营销组织的目的是什么?

第12章 国际市场营销

教学目标与要求

通过本章的学习，学生应对进入国际市场的方式和方法有基本的了解和认识，能针对不同国际市场环境进行分析并提出国际市场营销的解决方案；了解国际市场营销的概念、国际市场环境的主要构成因素，掌握进入国际市场的模式和方法，以及国际市场营销组合策略的运用。

本章知识点

国际市场营销的概念及其与国际贸易的关系；国际市场营销环境；进入国际市场策略的要素、模式及其策略；国际市场营销的产品、价格、分销和促销策略。

麦当劳的印度营销

尽管麦当劳模式久经考验、屡试屡爽，但进入印度这样一个以杀牛为忌的国家时，则必须调整相应的对策。印度有四成之多的素食主义者，其余的肉食消费者中，有的排斥牛肉，有的忌食猪肉，还有的对冻鱼冻肉敬而远之，而且印度人几乎吃什么都放香料。为了满足其种种口味，麦当劳发现者只提供汉堡还远远不够。素食顾客要确信所购汉堡是在厨房专区、专用器皿中加工而成。另外，还要新增 Mcmasala 和 Mclmli 酱，并推出香料口味的薯条，来满足印度人视香料如命的独特口味。

尽管与其他亚洲国家相比，麦当劳在印度的发展速度尚可，但绝对谈不上发展迅速，当然，麦当劳的处境要比其他一些美国大牌公司在印度市场的遭遇好得多。印度南部的班加罗尔爆发的由食品质量问题引发的强烈抗议曾一度迫使所有出售炸鸡的肯德基(KFC)关门歇业；克罗格(Kellogg)试图推出一种健康麦片早餐来取代较为油腻的印度式早餐，可印度人并不买账，导致克罗格公司债台高筑，损失惨重，不得不转向西化的利基市场。

这些外国公司在印度犯了3个错误：高估了被夸大的印度中产阶级的规模及其可支配收入；低估了市场上本地产品的竞争力；再有就是对自己品牌的知名度过于自信。印度消费者似乎并不为西方品牌的魅力所动，于是食品企业纷纷收缩其在印度的市场计划。

12.1 国际市场营销概述

12.1.1 国际市场营销的概念

国际市场营销是企业为了向国外(或境外)市场销售其商品及劳务,通过识别和确定国外消费者和用户的需要，并提供满足这些需要的商品和劳务而组织的跨国营销活动的整个管理过程。美国国际营销学者菲利普·凯特奥拉(Philip R.Cateora)认为："国际市场营销指对商品和劳务流入一个以上国家的消费者或用户手中的过程进行计划、定价、促销和引导以便获取利润的活动"。另一位学者米高 R.史高达(Michael R.Czinkota)将国际市场营销解释为："国际市场营销是为满足个人或机构的需要，策划及执行跨越国界的交易活动。"虽然以上定义的侧重点不同，但这些定义都包括以下 3 个要点：第一，国际市场营销是跨国营销活动。因此，产品和劳务只有销往国外(或境外)才能算作是国际营销；第二，国际市场营销是企业的营销管理过程，其主体是跨国公司、出口企业等经济实体；第三，国际市场营销是为了满足国外消费者和用户的需求，这说明企业开展国际市场营销活动时必须十分注意与当地环境相适应。

12.1.2 国际市场营销与国际贸易

国际市场营销是指超越国界的市场营销活动，是国内市场营销在国际市场的延伸。而国际贸易是指世界各国之间的产品和服务的交换，由各国的对外贸易所组成，为一定时期世界贸易的总和。

两者之间既存在共性，也存在较大的差异。其共性为国际市场营销与国际贸易都是以国际市场为活动场所，并都是以获得利润为目的而进行的超越国界的经济活动，而且这两种活动又是息息相关、密不可分的。国际市场营销必然是世界各国之间的产品和服务交换得以顺利实现所必须进行的经济活动，如按不同国家的进口需求，开发适销对路的产品和服务、建立相应的分销渠道、制定相应的价格策略、采取相应的促销手段等，也就是说，开展国际贸易必然要借助于一套完善、科学的国际市场营销活动，才能实现各国特定的国际贸易任务和目标。

国际市场营销与国际贸易之间的差异主要有以下几个方面。

1. 主体不同

国际贸易是各国之间的商品和劳务的相互交换，主体是国家。国际贸易包括购进和售出两个主要方面；而国际市场营销虽然也涉及购进，但主要是售出方面，其主体是企业。国际市场营销中产品和劳务的卖主是企业，买主则可以是国家，或是这个国家的企业或个人，还可以是本企业的海外子公司或附属机构。换言之，国际市场营销活动一般是由企业组织的。

2. 职能不同

国际贸易主要是商品买卖，其中包括部分营销活动，即使有些贸易活动涉及不同的中间商，也往往不是在统一的营销计划的指导下进行的。而国际市场营销则涉及整体营销过程与企业发展战略问题，从市场分析与市场机会的寻求、市场营销目标的确定到市场营销计划的制订、执行和控制等，都有一套行之有效的战略、战术、措施和方法。所有相关的市场营销手段都要根据营销目标加以整合运用。

3. 理论基础不同

国际贸易所依据的理论基础是国际价值理论和比较利益理论，而国际市场营销的理论基础是企业的宗旨和经营目标。

4. 地理位置不同

在国际贸易中，商品和劳务的交换必须跨越国界，而国际市场营销指市场营销活动跨越国界，其产品可能并不需要跨越地理国界。例如，企业输出资本后在当地设厂生产，当地市场出售，尽管产品并未发生跨越国界的交换，但营销活动却是跨越国界的。

5. 所依赖的信息来源不同

国际贸易所依赖的信息源于国际收支状况，而国际市场营销所依赖的信息来源主要是企业的市场营销记录。

从国际贸易与国际市场营销的上述差异来看，作为企业产品或劳务不断适应国际市场的一个动态过程，国际市场营销要比国际贸易具有更多的优势。

12.2 国际市场营销环境

12.2.1 国际政治法律环境

在每个国家，市场营销管理人员在制订营销计划时，往往会受到本国和外国法律的某些限制。由于目前世界上没有单一的国际政治法律体系，因此，国际市场营销的政治法律环境既包括各国的法律、政府意识和司法体系，也包括某些地区的和国际的法律、条约和惯例。

1. 国际政治法律体系

1) 本国政治法律体系

本国的政治法律体系是国际市场营销政治法律环境的重要因素，国际市场营销企业将受到大量国内法律的影响。

大多数国际市场营销企业都是由国内公司发展起来的，国际企业的总部通常集中了企业的大部分资产，因此，本国政府可以通过引导和法规影响整个跨国企业的营销活动，如可以改变资金流量、变更贸易方式、控制技术交易、建立产业竞争结构、改变公司内部定价方式及限制人员流动等。再则，国际市场营销企业的最高行政管理人员通常是本国公民，他们与本国政府官员之间往往有着紧密的关系和接触，易于在官方和企业之间进退，从而在行事中带有一定的官方色彩。

2) 外国政治法律体系

外国政治法律体系涉及国际市场营销企业所在东道国的政治法律、法规及宪法。由于文化不同，不同国家的法律和政治思想体系之间存在着极大的差异。以下是国际市场营销企业应注意的不同国家的相关领域的法律。

(1) 金融方面，应注意管理投资、股票发行、股票市场交易、商品和货币交换及利润转换等方面的法律。

(2) 公司结构方面，应注意有关独资经营、合作企业、不同类型的公司及特许权的法律。

(3) 所有权方面，应注意有关东道国允许外国所有权所占比例的法律。

(4) 税收方面，大多数国家都利用其税收权来管理、控制、促进或限制商业活动，因此在税收方面应考虑税法和税率两方面的问题。所有国家的税收一般都包括国内消费税、增值税、个人所得税、销售税和公司税。

(5) 保护工业产权方面，应考虑有关专利、版权和商业秘密等方面的法规。现在世界上有 100 多个国家都有管理专利和商标的法律，其保护的范围和力度因国家的不同而不同。如专利和商标的保护期限,不同国家之间可能相差 10~20 年;对商业秘密的保护范围,各国之间的设置相差也较大。此外,某些没有保护工业产权法律的国家,就给制假者和商标侵权者提供了乐土。如某些东南亚国家对专利和商标很不重视,致使造假者每年都能制造大量假冒的服装、手表、计算机设备和软件等。

(6) 反托拉斯方面,应考虑有关反垄断和反固定价格的法律。但某些国家却允许竞争的公司在外国市场上进行协调,例如,美国国会 1918 年通过的对外贸易法案有意允许在对外贸易中竞争的公司可以进行协调,该法案称,竞争公司在开拓外国市场进行协调时,将不会被起诉违背反垄断法。这些法规的目的在于增强美国公司在世界市场上的实力和优势。

(7) 行贿和受贿方面,应注意区别有关分赃和受贿与正常送礼或促销回报的法规。给政府高层官员馈赠贵重礼物或给予现金报酬,在某些国家是很平常的事,但用报酬或礼物作为得到照顾、许可或大笔订货的回报,在大多数国家则被认为是受贿。由于 20 世纪 70 年代美国跨国公司行贿丑闻被揭露,美国国会制定了外国行贿法案,但该法案对所谓合法的报酬与行贿之间并没有做出明确的区分。美国司法部曾建议他们可以对某些不管用什么名目进行的行贿报偿进行控诉,但有些专家不同意外国行贿法案的这项规定,因为当其他跨国公司在东道国可以给付这种报偿时,将使美国的跨国公司在该国处于不利地位。此外,人们也注意到,在某些情况下的送礼往往是某些社会文化的习惯做法,如阿拉伯国家和伊朗第一次拜访时的送礼,通常被认为是一种习俗。不过从总的趋势看,世界各国对贪污腐败现象越来越深恶痛绝,反贪污贿赂的法制越来越健全,对贪污贿赂的认定越来越严格,打击惩罚力度越来越大。2003 年 10 月第 58 届联合国大会通过的《联合国反腐败公约》,首先以联合国公约的形式规定了腐败行为的定罪,并创设了腐败犯罪所得资产的追回法律机制。

(8) 环境保护方面,应考虑废料处理、空气和水源污染、杀虫剂使用等方面的法规。因为随着现代工业发展带来的严重的环境污染问题,以及人们环境意识的增强,世界各国都制定了大量有关环境保护的法规。如美国在环保方面制定了《国家环境政策法》《洁净空气法案》《洁净水法案》《有毒物质管理法案》《联邦杀虫剂、杀菌剂与杀鼠剂法案》《资源保护和恢复法》《综合性环境反应、赔偿与责任法案》等一系列法规。

(9) 市场营销组合策略方面,应考虑控制产品物理化学成分含量及其纯度、安全、性能的产品法规,以及公开包装和产品内含物的法规。政府常利用最高或最低限价、建立控制物价机构等方法来控制价格。各国在管理分销渠道、分销合同、独家分销的合法性方面的法规也是不同的,如挨家挨户推销在法国是非法的,传销在中国也是被禁止的;广告和促销也受到法律和广告业自律条款的限制,如芬兰的法律限制含酒精饮料、淫荡文学作品、政治刊物、宗教预言和减肥药做广告。

2. 政治法律风险

1) 政治法律风险因素

国际市场营销企业的经营会因受到各个不同国家出台或出现的政治法律措施或事件的影响而加大风险。东道国政府可以通过大量的行动影响国际市场营销企业的业务和经济利益,这些行动的目的在于控制外国直接投资的实际或想象的危险和削弱跨国企业的实力。常见的政治法律风险因素有以下几个方面内容。

(1) 干预无差别待遇。干预无差别待遇包括制定某些货币法规,或使货币不能自由兑换,要求本地的人员任董事长,加强价格管制,要求只能使用本地的原材料或产品零部件等。虽然这种温和的法规形式不是专门针对外国控制的子公司，但合资企业、本地公司与跨国公司之间的许可证协议也可能会受影响。

(2) 干预差别待遇。干预差别待遇包括限制外国个人或公司所有权的数量，只允许合资企业与本地的个人或公司合资，限制为跨国企业工作的外派经理的数量，要求缴纳特种费用和税金，要求额外提供更多的许可证或文件，制定控制进口的价格法规等。这些行动的目的在于使本地企业比跨国企业更受益。

(3) 资本本国化。资本本国化的目的在于逐步控制外国投资，最终收归己有。如把外国企业的全部所有权或部分所有权逐步转移到本地，由本地居民逐渐控制企业的经营管理，阻止外国企业的资本或利润流出本国，要求过去不平等的赔偿等。这些措施对外国企业极其不利。

(4) 没收和征用。根据国际法，没收或征用是主权国家的权力，往往会给予一定的补偿，但这种补偿与被征用企业的财产价值并不相等，甚至是象征性的。

(5) 进口限制。对进口原料、机器及备用零件实施选择性的进口限制措施。如采用许可证制度、进口配额、进口关税、结汇制度、检验条款等，这些措施促使外国出口东道国的商品成本提高，而在东道国的外国企业在成本上涨的压力下，不得不购买东道国的原料和零部件。

(6) 税收管制。在税收管制下，当地政府有时会突然提高税金，破坏原有的税率协定，这样会因税金负担加重而使外商的利润水平下降。东道国采取这一措施的主要目的不在于限制进口，而是为弥补政府资金的不足，但这种歧视性的税收政策往往会影响外资的流入，反而使该国的总税收减少。

(7) 政治报复和制裁。当一国为了政治目的必须对另一国采取抵制或报复行动时，往往会停止两国之间的所有贸易往来，这样首先会殃及国际企业的利益。有时，社会问题也可能造成其他国家不愿与之来往，如南非政府由于实施种族隔离政策，而成为许多国家共同指责的对象，美国政府和其他一些国家对南非采取了政治报复，并限制货物运送到南非，直到南非政府解除了种族隔离政策之后，才又恢复货物运送，这使得国际市场营销企业因本国的政治行动遭到损失。

2) 降低政治法律风险的措施

(1) 塑造良好的公民形象。为确保东道国政府及其国民意识对东道国的经济、社会或人类发展做出贡献，国际市场营销企业必须在国外市场上处理好外部事务。如果跨国企业在投资时能做到以下几点，那么通常都能与政府维持积极的关系。如通过增加出口，或通过进口替代来减少进口，改善东道国的国际收支状况；使用当地的资源；向东道国转让资本、技术或技能；创造就业机会；向东道国纳税。除了对东道国做出经济贡献之外，公司的慈善行为也有助于树立企业在公众心目中的正面形象。

(2) 有计划地实现本国化。有计划地实现本国化就是外资企业逐步让当地人参与、控制或投资企业的各项营运业务。实行此策略的跨国公司，在投资外国之初，就应将以下几点纳入投资计划：以公平、合理的价格向当地人出售股份；聘请当地人出任高管职务；鼓励当地公司参与公司的世界营销项目；培养当地厂商为原料供应的来源；依靠自己稳固的经济基础，不依赖任何本国政府的特权作为投资成功的先决条件。

(3) 扩大投资基础。由数个投资者与银行等金融机构一起参与东道国的投资也是降低政治风险的一种策略。这样做的优点是不管何时受到何种政府接管或干扰的威胁，都会有银行等金融机构的加入。如果这些银行已贷款给东道国，那么这一策略尤其具有威力。如果政府以征用或其他形式的接管相威胁，参与投资融资的银行对东道国政府会起很大的左右作用。

(4) 颁发许可证。有些公司发现，如果某项技术独一无二且风险很高，通过颁发许可证将技术有偿转让可消除风险。当然这一方法也有一定的风险，因为许可证获得者有可能拒绝支付应付的费用，但却继续使用该技术。

(5) 正确处理政治贿赂。为降低政治风险，一些跨国公司往往以政治分红的名义向东道国政府及有关官员和人员进行贿赂，其目的在于避免被征收没收性税赋或被驱逐；向代理商行贿，以确保销售合约被接受；向有能力影响公司运营的人员进行贿赂，以求得各种通融和好处。贿赂会给国内外的营销者带来难题，因为即便政治贿赂在某些国家是一种普遍的做法，但在很多国家仍属于违法行为。这些行贿方法也许产生了一定的短期效益，但从长期来看，它的风险很高，所以投资者应避免采用。

12.2.2 国际经济环境

探讨国际市场经济环境时，企业最关心的是市场潜力及其发展趋势。分析国际经济环境既包括分析一个具体国家或地区的经济特征，也包括对该国家或地区所加入的国际经济联盟的状况进行分析。

1. 国家或地区市场容量

企业在分析进入的国家和地区时，首先要分析其市场的规模和容量，即分析其人口、收入和经济发展水平。

1) 人口

当前的人口总量、农村人口向城市移居、人口增长率、年龄结构以及人口控制等因素都会影响到对各种商品的需求。

(1) 人口总量。人口总量虽不是唯一的决定因素，但却是评估潜在消费市场的重要因素。对于许多生活必需品，如食品、药品、教学用品等来说，人口总量是决定市场潜力的第一个指标。世界人口过亿的 10 个国家人口总量超过世界人口的一半。正是考虑到人口总量因素，许多国家的营销人员才视中国为世界上最大的潜在市场。

(2) 人口增长。许多营销决策都着眼于未来，所以国际营销人员不但要关心国外市场的人口现状，更应了解未来的人口状况。统计表明，一国的人口增长类型和该国的经济发展水平有一定联系，经济越发达、生活越富裕的国家，其人口增长率越低。人口增长对国际市场营销的意义是，在人均收入不变的条件下，人口增长率反映该国或地区的市场潜量的发展趋势，即人口增长导致经济增长。反之，如果该国或地区的国民生产水平保持大体不变时，则人口增长意味着人均收入下降，导致市场吸引力下降。

(3) 人口分布。国外市场人口的分布状况主要是指人口的密度和集中度，将影响国际市场营销人员对目标市场和分销渠道的选择及有关产品运输的决策。

2) 收入

市场不但需要消费者，而且更需要具有支付能力的消费者。在分析国外市场经济状况时，对各国的收入加以衡量是必要的。从宏观的角度看，收入分析常用以下 3 个指标：人均收入、国民生产总值、收入分布状况。

(1) 人均收入。人均收入就是按人口计算的收入量，它不但表示国家经济发展水平，同时也反映现代化程度，以及社会在健康、教育、福利等方面的进步情况。国际市场营销人员以这一指标评估国外经济状况、市场规模和水平是理所当然的。但由于很多国家贫富不均现象严重存在，国际市场营销人员在使用人均收入指标时应注意它有一定的误导性，因为人均收入不一定反映购买力水平，在不同国家之间也缺乏可比性。

(2) 国民生产总值。评估国外市场的另一个有效方法就是比较各国的国民生产总值(GNP)或国内生产总值(GDP)，特别是在研究特定商品的市场潜量时，GNP 比人均收入更为有效。在分析国外市场的潜在需求时，以 GNP 衡量的结果有时会与用人均收入衡量的结果相反。例如，1988 年科威特人均收入为 13 890 美元，而印度只有 290 美元，相差约 47 倍，但是印度同年的 GNP 是科威特的 14 倍。所以，正确选用分析资料是十分重要的。

(3) 收入分布状况。要更深入了解市场规模必须探讨国外市场的收入分布状况。一般来说，一个国家中最富和最穷的两极所形成的消费群体，其需求差别也很大，在研究产品潜在需求量时，尤其是对收入敏感性产品更应注意对个人收入阶层间差异性的分析。

3) 经济发展水平

国外市场的经济发展水平影响着国际市场营销决策。西方国际营销学认为，世界各国的经济发展状况可以分为以下 4 种类型。

(1) 自给自足经济。这种经济状况的国家多数以农业为主，生产的产品大部分为自己消费，从事制造业和其他产业的人数很少。目前不发达国家，如阿富汗、孟加拉国、尼泊尔等。这些国家发展经济的主要任务是维持人们的基本生存，因而其从事国际贸易的能力是有限的。

(2) 原料出口经济。这种状况的国家都拥有一种或几种丰富的天然资源，其收入大部分来自资源出口，属于经济"单一经济"国家。例如，智利出口锡、铜，刚果(金)出口橡胶，沙特阿拉伯出口石油等。这些国家的外汇出口收入较高，市场潜力很大，而且有改变单一经济的欲望。因此，是国际市场营销人员争取的主要对象。

(3) 工业过程经济。这种经济状况的国家有埃及、新加坡、菲律宾、巴西、阿根廷等，其制造业占有重要的地位，生产增长比较迅速，出口总额中半成品的比重不断增长。在制造业迅速增长的同时，对纺织原料、钢铁等原材料的进口依赖程度增大；而对纺织品、纸制品等制成品的进口需求量日趋减少。这类国家是国际贸易中最具活力、最有发展潜力的市场，它们对发展国际贸易有着浓厚的兴趣。

(4) 工业化经济。处于这种经济状况的国家，其工农业高度发展，有实力雄厚的工业基础，往往成为商品和资金的重要输出国。美国、日本以及西欧等国家和地区都属于这一类型。这些国家生产力发达，经济水平较高，因而成为各类产品的倾销市场。

针对不同经济状况的国家，国际市场营销人员应根据实际情况，采取不同的市场营销对策。

2. 国家或地区经济特征

国家或地区经济特征是指除了反映市场潜量的指标以外，反映国外市场经济最本质的因素，如自然资源、基础设施、商业基础服务能力、城市化、通货膨胀率、外国投资状况等基本特征。

1) 自然资源

一个国家的自然资源包括矿产、水、土地、地形地貌、气候等一切实际及潜在的财富。在进入国外市场之前，国际市场营销人员必须了解该国的自然资源状况，因为它们都将在不同程度上对国际营销产生影响。如石油的发现改变了利比亚和阿尔及利亚的经济状况；19 世纪 60 年代澳大利亚重要矿产的发现带来了蓬勃的经济发展等。

2) 基础设施

基础设施主要指交通运输、能源供应和通信条件。

(1) 交通运输包括公路运输、铁路运输、水路运输和航空运输。显示一个市场区域内部运输能力的主要指标有汽车保有量、吨/千米运量。在考虑该市场区域与他国的交通运输问题时，可将集装箱运力单独列表调查。

(2) 能源供应状况与许多重工业息息相关，例如，电力机械与设备、家电业对整个市场的电力使用情况十分关心。人均能耗量是一个重要指标，可以用来表示市场潜在需求量和当地能源建设所具有的供应能力。此外，还需注意能源供应的情况，因为在能源很低的国家，一般只有大城市才有供电能力，而人口居住较多的乡村供电却相当缺乏。

(3) 通信条件也极为重要，因为除了商品运输以外，国际市场营销人员必须与他人交换意见。通信媒体的种类很多，现代国际营销业务要求各国市场之间拥有准确、迅速和方便的通信渠道，如电话、传真、快邮等。

3) 商业基础服务能力

商业基础服务能力主要指该地区的商业设施状况和服务水平，如银行和其他金融机构、广告代理商和广告媒介覆盖能力、分销机构的分布水平，以及从事支持性服务组织的状况。在一个商业基础服务能力较弱的国家开展国际市场营销，首先会造成运营成本上升和营销效力下降。此外，当地从事支持性营销服务(如市场营销、营销策划等)的从业人员的数量和水平也直接影响国际市场营销人员取得商业情报，进行迅速准确的市场调查的可能性。

4) 城市化

城市化是国家经济活动的重要特征之一。国际市场营销人员要了解都市与乡村的人们在职业类型、习惯、生活方式、购买行为等方面的差异，目标市场区域城市化的程度，它将反映该市场的收入与消费形态、分销渠道的分布状况、交通的基础设施水平。以美国为例可说明城市化与经济发展水平密切相关。美国地域广大但人口密度低，3/4 的人口居住于城市，所以全国性的分销渠道相对很有效率，即只需较少的运输投入就可以将产品运送到大部分市场。所以，城市化是市场吸引力的一个重要指标。

5) 通货膨胀率

通货膨胀对国际市场营销决策的影响主要体现在定价策略上。通货膨胀往往伴随着社会经济发展的高增长率，营销人员容易产生一种错觉，以为畅销和赢利的机会来临，因为通胀期的人们往往急于将手中的货币换成不会贬值的商品。事实上不是那样简单，原因如下：①厂家的成本可能比商品价格上涨得更快；②当地政府往往容易采取价格管制来抑制通货膨胀；③对实行外汇管制的国家，利润汇出的困难和滞留将不得不接受贬值的侵蚀。

6) 外国投资状况

在分析外国经济环境时，国际市场营销人员还应了解其他国家投资者在该国的投资状况，了解国际性企业在该市场的数量、投资规模、经营业务的性质和范围等。这些信息能比较客观地反映当地政府对外国企业所持的态度，以及国际市场营销人员所面临的竞争环境。如果一个国家很少有国际性企业投资，可能说明：①是进入该市场的极好机会；②该市场难于进入；③该市场无利可图。反之，则可能说明该市场是一个开放、易进入而又竞争激烈的赢利市场。

12.2.3 国际社会文化环境

文化是人类自己造就的生存环境，既包括物质的成分又包括精神的成分，是人类知识、信仰、艺术、道德、习俗及后天所获得的一切能力和习惯的总和。人类怎样消费，如何满足自己的需要和欲望，这些都取决于他们的文化。国际市场营销人员只有了解国际市场的文化环境，才能真正了解市场的消费行为，拟定正确的国际市场营销策略。

1. 物质文化

一个社会的产品和技术构成了这个社会的物质文化。当谈论"技术差距"时，主要是指两地间物质文化的差异。

物质文化是精神文化的基础。历史上许多重大新产品的问世，都创造出人们的新需求，改变了人们的生活方式。西方发达国家的汽车给人们的生活方式带来了一次巨大的冲击，职业人员流动性加大，城乡发展加速，购物与消费方式的巨变都与汽车广泛进入人们的日常生活相关。而精神文化又反作用于物质文化，人们的需求或潜在需求是一切发明创新的原动力，科技创新总是产生于特定的文化环境。

国际市场营销人员对物质文化的评估主要有：经济基础设施的状况，财务基本条件，行业及相关行业的生产工艺能力与水平，行业中劳动密集或技术密集的程度。

2. 语言

语言是人类交流思想的工具，也是一个国家或地区社会文化的缩影。语言还是国际市场营销人员在业务活动中相互沟通的主要工具。想要在他国市场做好营销工作，就应当具备驾驭当地语言的能力。掌握当地语言不仅是表达思想、相互交往所必需的，而且较容易在当地市场创造一种亲切感，使营销活动更具渗透力。一个公司在其国际化的过程中，也是公司在包装文字、取名、广告主题、商标选用等方面运用语言的能力经受国际检验的过程。日本的索尼公司、美国的可口可乐公司就是这方面的典范。

当不同国家和地区使用同一语言时，语言的许多成分，如词义、语法、习语都会受到不同地区文化的影响。例如，英语在英国、美国和加拿大使用时存在一些不同；汉语在中国大陆、中国香港和中国台湾地区的应用也有一些区别，更不用说在海外华人和新加坡的变化。这种差异不仅表现在书面语言中，尤其表现在口语中，而口语的变化总是比文字的变化快，而且能更直接地反映当地的文化特征。

3. 宗教

从宏观层面看，宗教会影响语言、社会结构、经济体系和一系列其他社会文化因素；从微观层面看，宗教经常是造成社会中个人和群体不同行为的原因。可以说，对宗教的了解意味着对人类信念的了解，也就可以更好地看透人们表现在外部文化诸方面的心理和行为。

掌握某些主要宗教的有关知识，将有助于营销人员更好地了解为何人们的态度和行为会因文化的不同而不同。此外，宗教对国际市场营销的影响还有以下几个方面。

(1) 宗教节假日造成季节性消费浪潮。流行基督教的国家在圣诞节前的几个月开始圣诞消费，有关圣诞礼仪和装饰的产品形成西方世界最强的消费浪潮。意大利有 13 个宗教节日，形成不同的季节消费。了解当地的宗教节假日，国际市场营销人员可以利用商品节日季节性需求的高潮，做好商品的储运和推销工作。

(2) 宗教禁忌影响人们的消费行为。例如，印度教徒禁食牛肉，穆斯林和犹太人禁忌猪肉和烈酒。了解宗教禁忌，不仅可以在国际市场营销中避免触犯当地教规，而且可以寻找新的营销机会，例如，伊斯兰教国家对含酒精度高的饮料的禁忌为可口可乐成为当地畅销品制造了机会。

(3) 宗教可以成为一个国家或地区市场细分的重要依据。在一个多宗教共存的社会里，有几个宗教就有几个细分市场，因为它们往往有较大的需求特征。国际市场营销人员在进入当地市场或扩展现有市场时,应十分注意市场的这种格局。

4. 态度和价值观

人对事物的态度以及由此产生的价值观念对其消费方式、消费行为有很大作用。国际市场营销人员尤其要关心当地人的时间观念、成就感、工作态度、财富观等,以及与此有关的长期形成的风俗。

1) 时间观念

时间观念是指人们对时间耗用的看法。不同国家人们的时间观念往往不同。美国人很看重时间,认为"时间就是金钱",提倡做事的效率,因此省时省力的产品和行业广受欢迎,人们普遍接受一种较快速的生活节奏。但在那些不很看重时间的国家,家庭妇女宁愿购买普通咖啡,而不买速溶咖啡,否则容易被人视为懒惰的主妇。

2) 对变革的态度

对变革、创新、新产品,各国消费者的接受态度是不同的,它影响着国际市场营销人员对新市场的开拓。例如,美国人容易把"新"和利益、前途联系起来,新产品试用期往往比较短,创新和变革容易被接受。有的国家比较尚古,对创新和变革的接受速度较慢。

3) 风险意识

在一个较保守的国家或社会,消费者的风险意识往往较弱;反之,在一个较开放的国家,风险意识则较强。国际市场营销人员可以采用各种提高产品安全感的促销措施,如提供退货保证、更长的保修期、小样试用品,适应较保守区人们的风险意识。

4) 习俗

从事国际市场营销工作,熟悉异国文化、了解异国的风俗习惯是至关重要的。例如,各种颜色在不同国家具有不同的意义,所以在产品的设计和包装,及广告宣传等方面必须加以注意。就营销业务而言,日本人在生意洽谈中很少当面做出拒绝或否定的表示,这往往使对方感到困扰,不知所措;而美国人谈生意喜欢开门见山,日本商人却认为这样是不礼貌的。与沙特阿拉伯的买主谈判,绝不能问及对方的妻子,因为沙特阿拉伯的男子歧视女性;如果和墨西哥人洽谈生意,问候对方的夫人是必需的礼节。在美国,明码实价和言不二价现象极为普遍,但在黎巴嫩、菲律宾、泰国这些国家则必须大费口舌,讨价还价才能获得公平的价格,在这种情况下,美国人与黎巴嫩人面谈生意,如果不了解对方习俗,势必会造成误会。

每个国家或同一国家不同地区的人民常有自己的文化、传统、偏好及禁忌,所以,国际市场营销人员必须小心研究,免受困扰或难堪。

12.3 进入国际市场的策略

任何企业都不能保证将来仍拥有不断增大的国内市场,为了将来的繁荣,不得不成为全球环境里的竞争者,或者不能放弃高级市场中某些地区巨大赢利潜力的诱惑,去参与国际市场的竞争。为了进入国际市场,需要有资源保证并承担一些新的风险,而且需要制定能够成功进入国际市场的战略。

12.3.1 进入国际市场策略的要素

进入国际市场的策略是一个综合计划,主要包括目标、任务、资源、政策 4 个方面的内容。这些方面将长期指导公司的国际经营业务，以实现在世界市场上的持续发展。公司进入国际市场的策略不是单一的，只有将产品与市场计划有机地结合起来，才能成为进入国际市场的完整的战略计划。

制定国际市场进入策略的要素包括：①目标市场与产品的选择；②目标市场的对象和任务；③目标市场的进入模式选择；④目标市场营销计划；⑤国际营销的控制系统。企业进入国际市场的组织行为与决策以及彼此之间的逻辑关系，如图12.1所示。

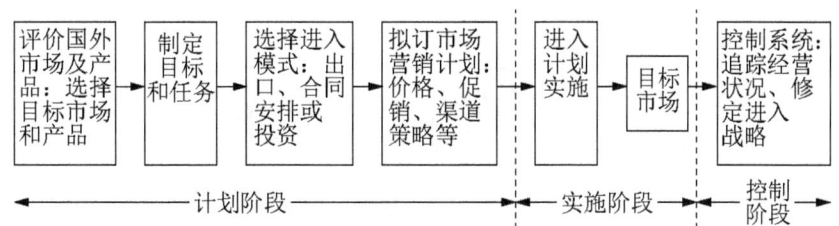

图 12.1　国际市场进入策略要素

在实际操作中，国际市场进入策略的程序设计是各要素资料的综合运用，各行为和决策之间互有影响。例如，评价产品和国际市场要参考拟订市场营销计划的要素资料，选择进入模式也要考虑控制系统中追踪经营及修订进入策略要素的各种资料。在挑选最佳进入模式的评估过程中，公司可能修正目标市场的目标与任务，甚至提出新的目标市场。总之，国际市场的进入策略是一个连续的、可以变更的和灵活的程序。

12.3.2　进入国际市场模式的类型

进入国际市场模式是指国际市场营销企业进入国外市场可供选择的各种标准化的方式。初次进行国际市场营销的企业应根据本国及进口国的多种影响因素、企业内部条件选择适当的进入国际市场的方式；已从事国际市场营销的企业，也应根据上述内部和外部影响因素的变化适当调整或综合采用进入国际市场的方式。

一般来说，一家公司进入国际市场只有两个途径：一是从目标国家外部的生产基地向目标国家出口产品；二是能够将技术、资本、人力等企业资源转移到国外，自己生产或结合当地资源制造产品在当地市场出售。而这两种进入途径可进一步细分为几种不同的进入模式，如图12.2所示。这些进入模式为国际市场营销企业提供了不同的收益和成本。

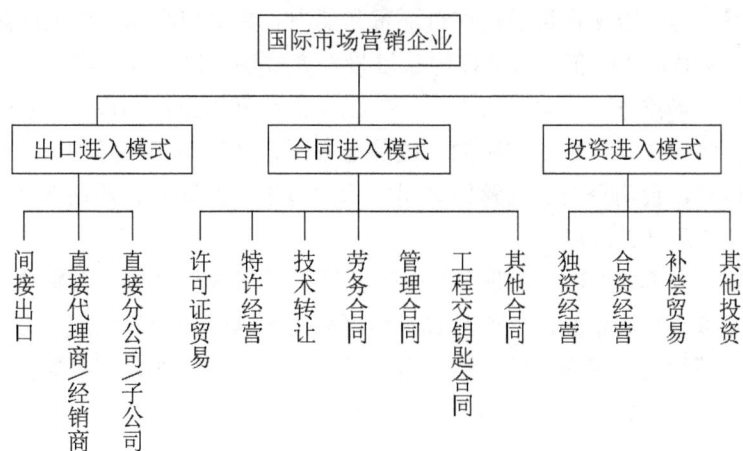

图 12.2　进入国际市场模式

12.3.3 进入国际市场模式的选择

企业从国际市场营销开始，可以逐步改变其进入模式决策。一般来说，随着企业介入国际市场营销程度的加深和国际业务量的增大，企业将选择更能扩张国外市场营销活动的进入模式。与此同时，为了获得更大的控制权，企业就必须增加国外市场的投入并因此承担更大的风险。这一循序渐进的过程如图12.3所示。

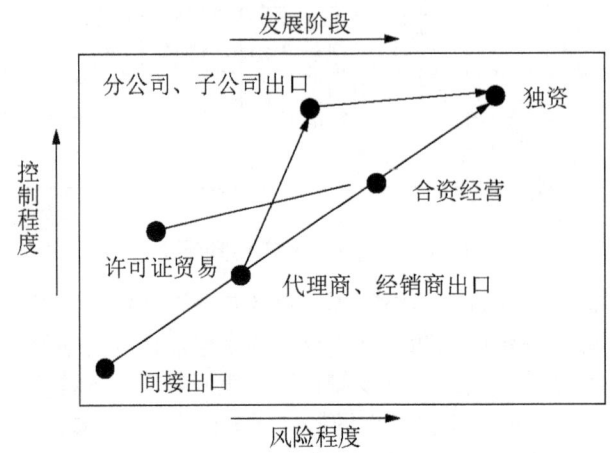

图 12.3　国际市场营销企业进入模式转移过程

以制造业为例，进入国际市场模式的转移过程大致可分为以下几个发展阶段。

(1) 以间接出口为主。企业主要通过国内中间商出口产品或向国外顾客提供临时性服务。但国内市场还是主要的目标市场，企业的产品外销有限，无须设立专门的出口机构。这一阶段也可能会为满足顾客对许可证的要求，向国外市场做少量的投入。

(2) 以直接出口为主。企业主要通过国外中间商出口产品或在国外设立分销机构，积极、主动地向目标国家市场渗透。这时企业面向国内、国外两个明显的目标市场，因此在经营指导思想上要把国内市场营销与国际市场营销区别开来。为了适应国外生产需求，企业应对产品进行适应性改进或专门为国外生产开发新产品，并专门设立为外销产品服务的出口机构。当然，这一阶段也可通过许可证贸易的方式来出口产品，扩大国际市场。

(3) 以投资为主。企业在一些目标国家以投资方式进入制造业，在当地生产和销售产品，努力向国外市场渗透。同时，可在另一些国家混合采用出口和许可证贸易的方式。在这一阶段，企业将设立具有独立权威的、能覆盖各国营销活动的国际部或附设国际公司来取代原有的出口部，说明企业已向跨国公司的形式迈进。但这时企业还保持原有的国内营销战略，并实施国际营销战略。

(4) 全面跨国生产与营销。企业实行全球营销，采用各种模式进入整体的世界市场，以跨国的资源服务于世界市场。以产品式、地区式的全球性组织机构或子公司取代原有的国际部；国际营销战略与国内营销战略完全一体化，形成统一的营销战略；本国只是作为国际市场的一个组成部分，公司只不过是具有协调能力的总部。

12.4 国际市场营销策略

12.4.1 国际市场营销产品策略

1. 国际产品的标准化与当地化

1) 国际产品标准化

国际产品标准化策略是国际市场营销企业进入国际市场的产品策略之一,即国际市场营销企业把标准化(包括造型、包装、商标、功能等)设计的产品推向世界各国市场的策略。这一产品策略的实施可采用两种途径:一是专门设计、开发出适合于世界各国市场的产品,一开始便可大批量地生产并向世界各国市场推广;二是把本国产销的产品直接推向世界各国市场,使本国产品转变为全球产品。

国际产品的标准化,具有显著的优越性。

(1) 可以极大限度地节省成本。包括产品开发、宣传推广、经营管理等方面的费用都可大大减少,同时降低了单位产品成本,可取得规模经济效益。以美国 3M 公司为例,过去它一直在不同国家采用有差异的商品包装、规格、品牌和广告,使得营销成本激增,最终导致价格上升,使其于 20 世纪 80 年代初期在北美、欧洲、日本等主要的国际市场上失去竞争力,市场份额逐步下降。自 3M 公司实施以产品标准化为基础的全球营销战略后,立即采用全球性品牌"Scotch",以此象征产品的高质量;无论各国的特征是否一致,都采用一致性的包装,花巨资拍摄了一则全球性广告,展示公司的新标志,并同步在目标国家进行宣传广告。结果 3M 公司明显降低了营销费用,收复了失去的市场。

(2) 可以扩大产品的影响力。相同的产品特色、设计、品牌、包装等,可使产品在国际市场上建立统一的全球形象。获得世界认同的品牌名称或公司标志,必将提高广告的效率和效果,扩大企业及其产品在全球市场的影响力和知名度。随着卫星转播技术的进步、国际互联网的发展,人们可接受的信息越来越繁杂,这就使统一的全球形象显得越来越重要。

(3) 可以加强营销管理与控制。一则全球性广告在数以百计的国家播放,比用不同风格的广告在多个国家宣传同一产品要简单得多,也容易管理得多。相同的产品标准、促销手段、包装与品牌,便于使用统一的管理技术、经验,贯彻公司的全球营销战略和执行各项具体政策。

(4) 便于在全球市场转移、分享专有技术。即各国子公司利用新技术开发研制的产品可转换为全球产品,如联合利华公司曾成功地推出了两种全球性产品:一是刺激身体的喷雾器,由南非子公司开发研制;二是用于清除硬水的清洁剂,由欧洲分公司研制。

2) 国际产品当地化

国际市场营销企业进入国际市场时还可选用国际产品当地化策略,即国际市场营销企业专门为某一国家目标市场开发出国内未曾生产过的产品的策略。企业采用这一产品策略的原因:企业的标准化产品虽然驰名于国际市场,但不能被某一目标国家的消费者所接受;企业现有的产品无法满足某一目标国家的潜在需求,专门为该国市场开发新产品便能扩大市场;企业为了适应目标国家的市场竞争、迎接竞争者的挑战等。

显然,国际产品当地化强调了目标国家市场的差异需求,使产品具有适应市场的优势,但对跨国公司而言，产品的市场相对狭窄，可能因此而增加成本费用。同时，如果在多个国家都采用国际产品当地化策略，会加大营销管理、控制的难度。

3) 国际产品标准化和当地化的选择依据

国际产品标准化和国际产品当地化这两种产品策略都有各自的优缺点，因此营销企业应遵循具体情况具体分析的原则，考虑以下3种相关因素对产品策略加以选择。

(1) 企业的类型。本国市场扩张导向的企业，会将本国成功产销的产品直接推向国际市场，当这一产品被各个目标国家市场接受时，便成为全球性标准化产品。多国市场导向的企业，会根据各国市场的特殊需求，开发具有适应性的产品，或对现有产品进行修正，实现产品当地化。全球化市场导向的企业，则会为全世界市场开发标准化产品或相对标准化产品。

(2) 成本与效益。当修正现有产品或专门开发产品进入某一目标国家市场，扣除成本后仍有利可图时，可考虑采用产品当地化策略；当目标国家市场对标准化产品有足够的需求量，使企业能享受节省成本的利益时，则可采取产品标准化策略。但如果产品当地化无法弥补所增加的成本，这种当地化是得不偿失的；同样，如果标准化产品的销量远远低于竞争者的当地化产品，这种标准化也是没有意义的。

(3) 产品的特性。一般而言，能体现某一国家特色的产品、质量标准化程度高的产品，或在国际市场上享有盛誉的名牌产品时，可采用产品标准化策略；能体现异国文化的同一性的产品时，可采用产品标准化或产品相对标准化策略；当某一国家的文化背景不能接受标准化产品时，则应采用产品当地化策略。

当然，国际市场营销企业在选择产品策略的实际操作时，应充分考虑策略的可行性与效率。例如，可口可乐在某些国家就曾调整过其甜味及二氧化碳气体含量，而该公司专门为日本市场开发的"雪碧"等饮料也逐步向其他国家推广，这些灵活的做法并不是注重策略的规范化，而是侧重于实际效果。

2. 国际产品的适应性调整

为了消除各国接受产品的障碍，许多国际产品必须要进行调整，使其与东道国的文化、心理需求相适应。国际市场营销人员可根据整体产品的概念进行适应性调整。

1) 核心产品的适应性调整

核心产品的适应性调整必须注意研究各国文化，包括价值观念、行为准则、生活习惯等。例如，雀巢公司在日本销售谷类食品和甜爆米花时，发现当地小孩并没有将这些产品作为早餐，而是零食。为使这两种产品成为早餐主食，该公司重新调整产品口味，发展以海草、胡萝卜、南瓜、椰子为原材料和木瓜口味的谷类食品，使其获得了12%的市场占有率。

核心产品的适应性调整还要注意产品档次与目标国家的经济发展水平、消费习惯相适应，而不是档次越高越好。例如，雨伞在不同经济发展水平的国家就有不同的需求，在中国市场雨伞被视为耐用品，必须提高质量档次，但在美国市场，雨伞只不过是一次性使用的产品，用完即扔的低档伞反而适销对路；电动牙刷在许多国家都是普通的便利品，但对一些经济落后的非洲国家而言，却被认为是奢侈品。

另外，核心产品的适应性调整还应考虑各国法律、自然条件等因素的限制。例如，瑞典法律禁止喷雾器用于除臭剂、空气清洁剂等产品，以避免环境污染。通用汽车公司的雪佛兰汽车刚进入中东市场时，无法适应那里的炎热气候和多灰尘的环境，后来通用汽车公司在汽车内加装辅助空气清洁器及更换离合器后才解决了这一问题。

2) 形式产品的适应性调整

(1) 产品的规格、型号与外观造型。首先，必须按国际通用的标准或按目标国家的标准来设计、调整产品。以机电产品为例，美国的电压是110V，我国企业曾在美国展销220V的电器产品，结果一件也销不出去；各国对量度单位的要求也是一个重要的影响因素，有的国家习惯采用英制单位，有的国家则采用公制单位。其次，应注意目标顾客的审美观念，在中国龙是吉祥的象征，但在西方国家以龙的形象为外观造型的商品并不被认同，因为他们认为龙是魔怪之类的事物。此外，还要与目标市场的消费环境、习惯相适应。例如，韩国某家具公司在开拓日本市场时遭到失败，原因很简单，日本人体型矮小，住房并不宽敞，而韩国公司推出的是大型号的家具。

(2) 产品的包装、标签。各国对进口产品的包装、标签都有严格的法律限制和特殊规定，对此应加以了解并与之适应，不然可能遭受损失。许多国家限制使用陶瓷、玻璃制作的包装容器。美国、日本、加拿大等国禁止使用稻草、干草、木屑、报纸等作包装物，违反规定可课以重税、禁止进口或当场销毁商品。包装的文字说明通常应标明成分、使用方法、功能用途、生产企业名称及地址、生产日期、禁忌使用事项等。此外，更需了解差异的要求。例如，瑞士规定衬衫的衣领必须附上洗涤、熨烫的图示，否则不许进口。可口可乐公司把产品成分说明印在瓶盖上，结果被意大利禁止产销，因为他们认为盖子可被丢弃，未达到告知目的。

包装要尊重国外消费者的风俗习惯，特别是他们的宗教信仰、禁忌。在伊斯兰教国家，许多出现在包装物上的女士形象可能与古兰经教义相抵触。另外，包装必须考虑目标国家的经济发展水平。特别是在发达国家，包装的精美程度往往代表商品档次的高低，高档商品使用粗劣包装不但会影响销路，而且只能以低价推销。一件貂皮大衣若使用普通的塑料包装，在美国市场就可能被摆在地摊上销售。

(3) 产品的品名、品牌、商标。产品的品名、品牌、商标都是文化的象征，在国际市场营销中须格外重视，以免引起文化冲突。适应性调整的重点是法律法规、风俗习惯、译名译音等。曾有一家公司的产品以红圈图形为商标，结果被亚洲部分国家禁销，原因是这个商标图案与日本国旗过于相似。

3) 延伸产品的适应性调整

延伸产品是脱离产品实体而存在的整体产品的一个重要组成部分。延伸产品的适应性调整主要体现在为顾客提供售前、售后服务的任务和计划方案上。在国际市场营销中，包括对服务项目、服务网点、服务时间、服务人员培训、零配件供应等方面的合理安排。企业应按目标国家的商业习惯进行必要的调整，使服务工作与之相适应。例如，美国的维修服务不仅可找原生产者负责，还有许多专业维修公司可提供类似的服务，消费者有多种选择的余地。美国市场的维修零件也相当齐全，无论是出厂公司、授权厂商还是各地的相关商店均可找到所需的零件，在某些不重视维修和定期保养的目标国家，企业在设计产品时，就必须充分考虑产品使用的简便性，以防消费者为维修问题而伤脑筋，使企业及其产品的声誉受损。

3. 国际产品生命周期理论

"国际产品生命周期"的概念是美国哈佛大学教授雷德蒙·弗农以产品生命周期理论为基础，对世界贸易和投资方式提出的一个新概念。根据这一理论，从国际市场上看，产品同样要经历投入、成长、成熟和衰退4个发展阶段。但由于各国在经济和技术方面发展不均衡，产品生命周期在不同国家，发生的时间和过程是不一样的，如图12.4所示。

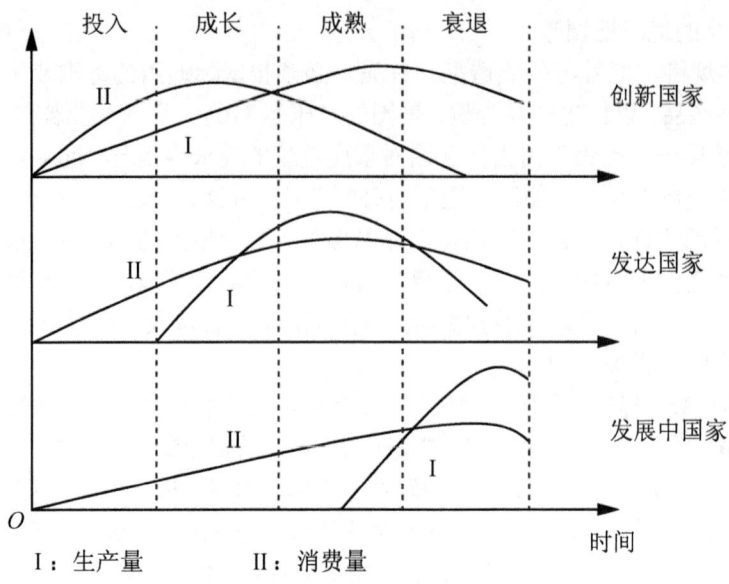

图 12.4　国际产品生命周期

(1) 产品投入期即新产品阶段。这一阶段，创新国通过研究和开发新产品，并引入本国市场。由于产品尚未定型，技术还不完善，竞争对手没有出现，在本国生产是最佳选择。当生产发展到一定水平，产品将逐渐出口到其他发达国家。

(2) 产品成长期。在这一阶段，技术日臻完善，产量扩大，创新国的出口量亦日渐扩大。同时，其他发达国家开始涉入同一领域，并可能利用自己在技术、质量、成本等某一方面拥有的某些优势与创新国竞争，争夺本国市场。

(3) 产品成熟期。此时，发达国家与创新国的竞争不仅表现在本国市场，而且进一步波及发展中国家。而且由于产品标准化程度的加深，竞争者会越来越多。创新企业将面临两种选择：一种是任凭竞争对手抢占新市场，蚕食现有市场，在市场竞争中退避；另一种是对外投资，设立国外子公司或分公司，通过在国外直接生产和销售的方式，保持其在国外市场的份额，从而进行更有力的竞争。

(4) 产品衰退期。这是指该产品在创新国由于机会成本等原因导致的产量上的衰退，而非产品将逐渐退出市场。当外国公司(包括创新企业的国外子公司和分公司) 由于生产成本降低等因素而在本国市场和出口市场建立了强有力的地位时，就会逐渐将产品出口到创新国，与创新企业的产品竞争。

国际产品生命周期的概念是对一般产品的市场周期理论的补充和完善，是产品生命周期理论在国际市场上的运用。其投入、成长、成熟和衰退 4 个阶段是针对创新国而言的，而不是针对整个国际市场。例如，创新国的产品衰退期可能正好是发展中国家的产品成长期。国际产品生命周期概念说明了国际营销的进步和国际产业结构的变化和转移，但这仅仅反映了一种趋势，并不是对任何产品、任何国家在任何时间和条件下都适用。

从国际市场上产品周期的变动情况来看，发展中国家在产品的发展阶段相对于工业发达国家存在滞后的现象，因而，这也为发展中国家的生产、出口提供了机会。运用国际产品生命周期概念，可以利用不同产品在不同国家市场所处的不同阶段，调整出口产品的地区结构，将在甲市场处于下降阶段的产品转向尚处于上升阶段的乙市场，从而延长产品的生命周期；还可以因势利导，及时接产发达国家转移或即将淘汰的产品，填补其他区域的市场空白。

12.4.2 国际市场营销价格策略

1. 国际市场定价的影响因素

在国际市场营销活动中,企业对产品的定价是一个复杂、重要而又敏感的问题。说其复杂,是因为国际市场营销活动中的定价会受到较国内市场定价更多因素的影响和制约,由此造成所应采取的定价策略与方法是复杂多变的;说其重要,是因为价格既是产品在海外市场竞争能力的体现,又是为企业创造利润的一大要素,产品价格制定得适当与否,往往与企业的生存与发展息息相关;而敏感性则反映在低价可能招致的反倾销制裁以及企业利用转移定价牟取高额利润等问题上。

国际市场商品价格受到国际市场价值规律、供求规律、竞争规律、商品流通规律等的影响。由于世界商品要素在国际市场间不能充分流动,世界市场是垄断竞争性市场,具有强大经济实力的垄断企业往往具有操纵价格的长期优势,加上各国政府对外贸政策的干预和汇率、税率等金融、财政调控措施,使国际市场商品价格的形成受到诸多因素的影响。

1) 成本要素

成本是国际市场商品价格的重要组成部分。从事国际市场营销的企业,在核算产品成本时,可以采用不同的成本构成。若以成本导向、市场竞争价格为目标,则可使用变动成本构成,使企业着重关注国际市场商品的边际成本或增值成本,使价格成为强有力的市场竞争手段。如果企业以国际市场整体为目标,希望努力扩大国际市场的商品销售量,则可以使用完全成本构成,使企业利润的实现有可靠保证。

2) 市场供求与竞争

在国际市场上,商品价格往往是根据产出国的需求而定的,但应当分析这个价格水平在国际市场上的可行程度,还应考虑国外消费者的欲望与需求的满足程度,只有这样才能实现国际市场的商品交换。

国际市场的竞争状况很复杂。从市场环境看,存在完全竞争市场、不完全竞争市场、寡头竞争市场和垄断市场,因而,企业生产商品的价格主导权是极不相同的。从市场主体来看,则有直接竞争和间接竞争之分。直接竞争是指两家产品相同或相似的企业之间的竞争,这时价格成为买方购买哪家产品的一个首要因素;间接竞争是指不针对现行产品为满足用户需求而产生的竞争,这种竞争在不同文化背景和生活方式的国家和地区有重要意义,如在劳动力丰富的不发达国家里节省劳动力的产品往往不具有竞争优势,企业必须采取间接竞争手段,生产适应该国家或地区特点的产品,才能在市场竞争中取得优势地位。企业如何制定国际市场竞争价格,应当慎重分析国际市场环境后再确定。

3) 税收与关税

税收与关税会影响国际市场商品的最终消费价格,从而左右消费者的购买行为。国际市场商品的关税,是指商品从一国进入另一国时所课征的费用,其目的在于保护本国市场或增加政府收入。关税的征收有从量税、从价税或综合税的方式。有的国家出于不同的需要,还会加收进口许可证费、消费税、增值税、零售税等,这些税费的征收使得国际市场的商品价格大幅度上升。

4) 货币与汇率

国际市场商品价格的币值是按一定的汇率折算的。现今的汇率制度大致分固定汇率制与浮动汇率制,而所有重要的外币都实行了浮动汇率制。因此,从事国际市场营销的企业必须重视外币汇率变动的影响,以免造成额外损失。

汇率与币值密切相关。币值的变动，无论是升值还是贬值，对国际市场的经营效益都有重要影响。一般认为，本国货币的贬值，对出口商来说提供了一个增加利润的机会，可以使商品在国际市场的售价降低，扩大销售额，获得更多的利润，可以在不增加费用的情况下提高边际利润。本国货币的升值，对出口商带来的影响恰好相反。由于货币升值，即以外币表示的商品价格会上涨，在这种情况下出口商可以采取的措施，或是降低国内价格，或是降低营销费用，减少利润水平，以抵消价格上涨的部分，或者将价格上涨转移到国外消费者身上。不同的措施会带来不同的效果。

5) 通货膨胀

通货膨胀是商品价格总水平的上涨现象，在企业营销人员确定商品价格时有重要影响。企业确定国际市场的商品价格时，必须考虑产品成本和重置成本，以避免商品售价不能弥补费用支出，甚至造成亏损现象。如果企业销售合同规定延期付款，或者按长期合同计算，则应将通货膨胀的变动因素计算到价格中。

6) 中间商环节

国际市场商品交换距离较远，流通渠道长度与销售模式复杂多样，中间商发挥着较大作用，加上商品的长途运输、装卸与储存，办理进出口保管、纳税、保险等手续和费用，各国货币的结算与汇率多变等因素，国际市场上商品的生产成本、流通费用较高，某些在国内市场上价格平平的商品，在国际市场上却十分昂贵。

7) 政府干预

在国际市场营销中，政府干预对商品价格水平有重要影响。

(1) 制定最高、最低价格。有的国家法律明文规定商品售价不得低于其成本费用；有的国家则采取临时性的价格冻结来限制通货膨胀；有的国家规定商品价格变动要接受管制措施，不能随意变动。

(2) 实行政府补贴，使出口商品在世界市场竞争中处于有利地位。政府补贴有直接补贴和间接补贴两种。直接补贴是政府对出口制成品的补贴；间接补贴则是政府对出口制成品中的零部件、原材料的补贴。关税和贸易总协定倾向于取缔出口补贴，但在一般情况下，并不禁止间接补贴。

(3) 政府垄断。如巴西政府曾资助巴西咖啡协会垄断咖啡的购销活动和价格。一些国际组织，如石油输出国组织(OPEC)在世界石油价格变动方面起到了重要作用。

2. 国际市场的价格管理与控制

国际市场营销企业的出厂价是可控的，而目标市场的最终价格则难于控制。由于最终价格直接影响产品在国际市场上的竞争力和市场拓展，因此有必要采取各种对策来加强管理和提高控制程度。

1) 外销产品的报价

外销产品的报价具体反映在国际销售合同的价格条款上，合同的价格条款必须明确划分商品运输中各方的责任，说明由谁支付运费和从什么地方开始支付；明确商品的数量、质量和单价的计量单位、贸易术语、单位价格、计价货币，如有佣金和折扣应说明其百分比率。所有这些，在国际贸易实务等相关学科都有详尽介绍，在此重点讨论报价技巧问题。

外销产品的报价不但影响着目标国家市场的最终价格，而且反映了国际市场营销企业与外国中间商的关系，因此报价应有一定的原则性与灵活性，可把它看成是一种技巧。国际市场营销企业运用报价技巧要着重考虑以下几个因素。

(1) 与客户的关系。作为本企业的国际销售渠道系统成员的老客户，在正常情况下可按原价格条款报价，以便巩固与老客户的良好关系，维护国际市场营销企业的商誉；对新客户可参照与老客户交易的当时价格报价，使渠道系统的价格政策保持一致。

(2) 产品的竞争力。产品的竞争力可通过与同一市场的相同、类似或替代商品相比较，这就要求国际市场营销企业在报价时适当调整价格条款(包括单价、支付条件、交货期等)，使本企业产品能在这种比较中显示出较强的竞争力。

(3) 市场环境的变化。当目标国家市场的供求变化有利于买方时，可参照竞争对手的价格报价，或采取适当削价的措施，或在原报价的基础上辅以较优惠的交易条件，以便维护渠道系统和原有市场；当市场供求出现有利于卖方的情况时，应及时提出提价要求，从中获取应得的利润。

(4) 新产品。刚进入国际市场的新产品难以准确、合理地报价。当发现报价偏高不能为买方所接受时，卖方可做出适当让步，如提供较优惠的价格条件甚至适当压低价格等，使新产品能顺利进入目标国家市场。当报价偏低买方迫不及待地要求立即成交时，可通过降低交易优惠条件、控制交易数量等办法来挽回损失，待将来使价格恢复到合理的程度。总之，新产品价格偏高或偏低在所难免，其技巧在于谈判开始时使交易条件模糊，以便在谈判过程中掌握讨价还价的主动权。

(5) 有效期限。由于通货膨胀、市场竞争、价格和汇率波动等因素的影响，合理的价格应随着这些因素的变化而变化。在国际市场营销中，应警惕买方为此大做文章。买方往往会在市场不明朗时推迟对报价的答复，利用时间因素衡量有利或不利时机做出接受或拒绝报价的决定，把各种因素变化的风险推给卖方。为此，报价一定要注明有效期限，把主动权留给自己。

2) 价格升级

同一产品的价格在出口国与进口国有差异，在国际市场营销中通常把这一现象称为价格升级。人们常会惊讶地发现，本国市场相当便宜的商品到了其他国家却贵得惊人。事实上，在这一价差中，生产企业所获取的利润只是一小部分，绝大部分是将商品从一国出口至另一国所产生的附加成本。商品的装运、保险、包装、关税以及较长的销售渠道、中间商毛利、特殊税金、管理成本、汇率波动等所产生的附加成本，足以把目标市场的最终价格升级到某一可观的水平上。

价格升级现象是国际市场营销企业所面临的主要的定价障碍之一，高昂的价格只适合于对价格反应灵敏程度低的富裕消费者群这一狭小的细分市场，产品从生产成本高的国家出口到购买力低的国家就很难找到顾客。另外，高价的产品销量少，中间商为维护自身利益便会提高毛利水平，结果使价格再次升级。国际市场营销企业为在国际市场上成功地赢得竞争，应该采取适当的对策控制国外市场的最终价格，尽量降低价格升级的幅度。

(1) 降低商品生产成本。如果能通过降低商品生产成本来降低出厂价，就能有效地抑制价格上扬的幅度，这是解决价格升级问题的根本途径。国际市场营销企业可采取在外国生产产品的办法来降低生产成本。

减少成本高昂的功能特性或降低整体产品的品质，是降低产品生产成本的另一办法。在发达国家市场中所需的某些品质与额外的功能，当产品外销到发展中国家时就可能是多余的。如洗衣机的洗涤剂和衣物护理剂盒、变温装置、预约洗衣装置等，在美国市场是有必要的，但在其他许多国家就可能没有这一需求。降低产品生产成本不但可降低出厂价，同时还可降低关税,因为报价低所征收的从价税也随之减少,可见它具有双重利益。

(2) 降低关税。关税是产生价格升级的主要原因之一,如能降低关税,自然可降低价格升级的幅度。在国际市场营销中,可采用许多办法来人为地降低关税。

① 产品重新分类。不同类别产品的税率不同,某一具体产品属何种类别有时模棱两可,这就有利于营销企业争取把自己的产品归入低税率的类别上。例如,美国某公司在澳大利亚销售的通信设备被归类为计算机设备,税率高达 25%;后说服澳大利亚政府把这一产品归类为电信设备,税率便随之变为 3%。

② 修改产品。即按较低税率的标准来适当修改产品。在鞋类工业里,运动鞋上"鞋面皮"与"似鞋面皮"在征收关税时就有实质的差异。为保护国内鞋类工业免受外国便宜的胶底帆布鞋的进攻,美国的关税表上列明:任何帆布鞋或塑胶鞋若鞋面 1/4 以上使用鞋面皮,征收 48%关税;鞋面 1/4 以下使用鞋面皮,则以"似鞋面皮"征收 6%的关税。这样,许多出口生产企业在设计鞋面时都以少于 1/4 鞋面皮为标准,争取低关税出口到美国市场。

③ 改变商品形式。一般而言,零部件与半成品的关税税率都比较低。为此,可外销零部件和半成品,然后在进口国组装和深加工,以达到降低关税的目的。有时甚至重新包装也有助于降低关税。龙舌兰酒进入美国时,以 1 加仑左右的容器盛装的关税是每加仑 2.27 美元;而用较大的容器盛装时,关税仅为 1.25 美元。如果再装瓶的成本每加仑少于 1.02 美元,也就等于降低了关税。

(3) 降低渠道成本。缩短渠道则有可能使价格扬升得到控制。设计一条中间商较少的渠道,一方面可减少中间商的加价,另一方面又可减少整体税金。许多国家对进入分销渠道的商品要征收增值税,增值税可以是累积的,也可以是非累积的。累积增值税按总销售价格计征,商品每换手一次都要征收一次;非累积增值税则是按中间商进货成本和销售价格之间的差额来计征。为此,在征收累积税的国家里,为了少纳税,人们都乐于缩短分销渠道。但缩短分销渠道并不是在任何情况下都能节省成本,也不是分销渠道越短越好,因为某些中间商在某些市场里可能发挥着某些特殊的功能,这时就要对取消这些中间商后自己所要付出的代价进行具体的分析,或对取消这些中间商前后的成本进行比较,然后再做出正确的决策。

(4) 利用国外贸易区降低成本。某些国家为促进国际贸易,纷纷建立了一些国外贸易区或自由贸易区或自由港,在我国则称为保税区。产品进入这些区域时不必征税,只有当产品离开这些区域正式进入其所在国时才征收所有的关税。国际市场营销企业将未装配的零部件运至进口国的自由贸易区从而能降低成本的原因有:零部件与半成品的税率通常较低,因此关税可以降低;当进口国的生产成本较低时,最终产品成本则可随之降低;未装配的商品的运费较低;可减少因先纳税而造成的资金占用和利息支出,从而降低产品出口成本;如进口国的包装物或部分组件用于最终装配,关税会进一步降低。

3) 平行进口的管制

平行进口是指同一生产企业的同一产品通过两条通道输入某一国家市场。这两条通道分别是正规的分销渠道系统和非正规的分销渠道系统。导致平行输入的根本原因是同一产品在不同国家市场上存在价格差异,当价格差异大于两个市场之间的运费、关税等成本时,就可能产生这一贸易行为。

平行进口会导致目标国家市场产生恶性的价格竞争,这不仅会损害正规分销渠道成员的利益,还会损害顾客的利益。顾客无意中购买了未经授权的进口商品,就不能取得该产品的品质保证以及售后服务、更换零件的保证。当产品维护得不到保证时,顾客责怪的是出口生产企业,产品的形象也会受到损害。为此,国际市场营销企业必须加强对平行进口的管制，建立强有力的监视控制系统，以维护正规分销渠道成员的利益。其中，最有效的措施是授权经营，即明确规定各国持证人的经营范围，一旦发现持证人超出经营范围或非持证人有侵权行为，便能借助法律解决问题。此外，要堵塞商品流通的漏洞，一方面不要把外销产品交给信誉欠佳的中间商经营；另一方面尽量加强对持证人以下层次的管理与监督，降低其范围和程度。跨国公司的内部贸易也可有效地管制平行进口。

3. 跨国公司的定价策略

1) 统一、多元与协调定价策略

(1) 统一定价策略。统一定价策略指跨国公司的同一产品在国际市场上采用同一价格的策略。这里所指的"同一价格"，可理解为母公司与各国子公司的同一产品出厂价折合为同额的母国货币或同额的可兑换货币。例如，某一跨国公司在美国生产的产品的出厂价为每件 100 美元，在德国和日本子公司生产的同一产品的出厂价是与美元市场汇价相等的欧元和日元，这就是同一价格。采用统一定价策略的好处是简单易行，跨国公司不需要调查掌握市场竞争等信息，有利于其在国际市场上建立跨国公司及其产品的统一形象，便于公司总部对整个国际市场营销活动的控制，可减少公司内部产品竞争带来的麻烦。但统一定价策略的缺点是很明显的：现实市场中汇率是波动的，因此确定统一价格比较困难；各个子公司生产的产品出口到其他国家时，因各国的税赋、税种、税制、中间商毛利水平等不一致，就会使最终价格产生实质性的差异，难于实现统一价格的目标；由于各国的生产成本、需求水平、竞争程度等均不相同，为此统一定价在某些东道国可能会失去获取最大利润的机会，而在另一些东道国则可能缺乏竞争能力。综上所述，跨国公司较少采用统一定价策略，当产品的竞争力强且竞争地位稳定，或所生产的产品是国际市场的新产品，或不通过任何中间环节直接销售产品时，则有可能采用这一策略。

(2) 多元定价策略。多元定价策略指跨国公司允许其国外子公司的同一产品制定不同价格的策略。采用这一策略时，跨国公司对国外子公司的定价不加以干预，不提出硬性的要求，各个子公司完全可以根据当地、当时市场的具体情况自行做出价格决策。多元定价策略兼顾了各个子公司的利益。除独资方式外，跨国公司拥有各国子公司的股权可多可少，母公司与子公司之间、子公司与子公司之间的利益不可能完全一致，各个子公司自主定价，就能按预定的目标实现自己应得的利益。多元定价策略的最大优点是体现了各国市场实际存在的差异性，它充分考虑了各国生产成本、竞争、供求、税收等定价的影响因素，有利于实现利润最大化。例如，在成本低的国家定低价、在成本高的国家定高价是合情合理的，如果以统一价格进行控制，就可能出现低成本高价格或高成本低价格的不合理现象，最终将失去市场或应得的利润。多元定价策略的致命弱点是可能导致平行进口。这种跨国公司内部的价格竞争，不但给相关的子公司带来营销困难，也损害了跨国公司的整体利益。

(3) 协调定价策略。协调定价策略指跨国公司对同一产品既不采用统一价格，也不完全放手各个子公司独立定价的策略。采用这一策略的目标是利用统一定价策略与多元定价策略的优点，克服其缺点，以跨国公司的价格政策协调各个子公司的定价行为，对同一产品的定价既有计划性又有灵活性，以维护跨国公司的整体利益和各个子公司的特殊利益。协调定价策略允许多个子公司根据当地的生产成本、收入水平、竞争状况和营销目标等进行灵活定价，以便提高产品的竞争能力。但对跨国公司的子公司之间的价格竞争则进行必要的管理，如划定商圈范围、统一控制分销渠道的政策，适当调整可能发生平行进口的子公司的定价方法等。有时则要求某些子公司贯彻公司总部的政策，如在某国市场实行低价渗透，以便开拓和长期占有该国市场；而在另一国家市场实行高价撇脂，在短期内占有这一特殊市场，待该国这一产业成熟后及时降低价格或撤出市场。跨国公司采用协调定价策略时会增大管理的难度和需要花费较大的精力。

2) 跨国公司的转移定价策略

转移价格是跨国公司运用的特殊的定价策略，有时被称为划拨价格、调拨价格等，是指跨国公司为实现其全球战略和谋求最大利润，由上层决策者人为确定的内部贸易的价格。跨国公司运用转移价格总是围绕获取最大利润的总目标，其具体的目的主要有以下内容。

(1) 逃避税收。所得税收的高低直接关系到产品的成本和获利水平。由于各国的所得税税率和税则的规定有所不同，因此跨国公司可以利用转移价格来逃避税收。高所得税国子公司以低价出售产品给低所得税国子公司，或以高价向低所得税国子公司购买产品，从而把利润从高所得税国子公司转移到低所得税国子公司，降低整个跨国公司的纳税总额。有时，把利润移入经营亏损的子公司用于弥补亏损额，也可达到同样的目的。

跨国公司的内部贸易跨越国界时一般不需要交纳出口关税，但必须征收进口关税。跨国公司的母公司只要以偏低的转移价格向设在高进口关税国的子公司发货，就能降低进口关税。跨国公司也可利用区域性关税同盟的优惠规定逃避关税。例如，跨国公司在欧洲自由贸易区外的子公司以低价提供半成品给区内的成员国子公司。只要制成品的价值一半以上在区内增值，那么，产品在区内各成员国运销便可免交进口关税。

跨国公司逃避税收往往会综合考虑转移价格对进口关税和所得税的影响。当进口商品的子公司所在国既是相对高所得税又是高进口关税时，低价进口商品虽然可降低进口关税，但却提高了所得税，这时就要进行综合平衡。一般而言，所得税负要比进口税负重，跨国公司在进行转移价格决策时，所得税负因素会优先得到考虑。

(2) 调节利润。跨国公司的子公司利润过高可能会带来一些麻烦。例如，东道国怀疑高利润是偷税漏税、投资条件对跨国公司过于有利的结果，要求重新谈判跨国公司进入的条件而多享其利；东道国雇员要求分享企业赢利的权利、增加工资和福利开支；东道国占有多数股权会增加分配的红利。这时，转移价格便成为调节利润的重要手段，跨国公司的高利润子公司以低价向其他子公司出售产品，或以高价从母公司和其他子公司那里取得设备、原材料、无形产品等，使高利润子公司的利润率降到预期的水平。

有时跨国公司会利用转移价格调高某些子公司的利润率。例如，为了扶持新建的子公司，使其在竞争中具有较高的信誉，跨国公司往往会以高价向其买进商品，或以低价向其提供生产资料、无形产品，使该子公司显示出较高的利润率。当某些子公司需要扩大市场或遇到强大的竞争对手时，也可以低价取得生产资料、无形产品，以降低生产成本、增强其竞争能力。

(3) 转移资金。跨国公司向国外直接投资建立子公司，总是希望能及时、安全地收回投资资本及利润，但许多国家一方面鼓励外资进入，一方面又对资本的回收在时间上和金额上设置种种障碍。针对这些障碍，跨国公司可运用转移价格策略，让这些国家的子公司以低价卖出产品或以高价买进商品，顺利地调回资金；或根据各国贷款和利息的汇出一般没有限制的有利条件，减少直接投资额，其余所需资金则运用转移价格向子公司提供高息贷款，以收取高利息的办法在较短的时间里将资本调回本国。

(4) 避免风险。跨国公司的营销会遇到各种风险。其中，运用转移价格可适当减少或避免下列主要风险。

① 价格管制风险。如上所述，各国政府为了保护本国市场的稳定和发展民族工业，会

借助反倾销法限制廉价倾销。为此，跨国公司可由出口产品改为在当地设立子公司直接生产产品，只要以低价向这些东道国的子公司提供生产资料及无形产品，就能通过降低生产成本来制造产品，以低廉的价格在当地市场直接销售，提高产品竞争能力。有的可以高价向这些东道国的子公司提供生产资料、无形产品，有意识地提高产品的生产成本，再以高价在当地市场销售。这样，高成本高价格不但合法，而且还可提高整个公司的利润水平。

② 外汇风险。跨国公司的子公司设立在世界各个国家，在业务活动中需要涉及多种货币，而各国货币汇率又在不断地浮动，这就给跨国公司的营销活动增加了很大的压力，处理得不好往往会损失惨重。一般而言，跨国公司会利用内部贸易支付时间上的灵活性来解决这一问题。例如，要求货币汇率下跌国家的子公司提前支付专利使用费、租赁费、管理费、研究开发费，以及应付的贷款、货款等各项应付款项，以减少因货币贬值带来的损失；反之，则要求货币汇率上升国家的子公司错后支付各项应付款项，获取汇率差价的利益。然而在实际操作中将会遇到很大困难，因为它是建立在准确预测货币汇率波动方向和幅度的基础上所应用的策略，预测错误则会带来相反的后果。

③ 通胀风险。东道国通胀会使该国货币贬值，跨国公司在该国的金融资产的购买力会随之下降，从而蒙受损失。依靠转移价格把通胀东道国的子公司的多余资金或利润尽快地移入母公司或其他子公司，便可减少货币贬值的不利影响。

④ 政治风险。某些东道国出现政治、经济危机时，往往会把跨国公司视为出气筒，采取极端措施没收征用跨国公司的子公司。针对这一政治风险，跨国公司可利用转移价格，以高价向这些国家的子公司提供商品，或索取高昂的服务费等，从而耗空其积蓄，使其陷入财政赤字状态，即使被没收征用也不会带来太大损失。

12.4.3 国际市场营销的分销策略

1. 国际销售渠道的结构

所谓国际市场销售渠道，是指商品从一个国家的生产企业流向国外最终消费者或用户的流程，是商品所有权的转移必须经过的途径以及相应设置的中间机构。也就是说，出口产品从本国生产企业流转到国外最终的消费者，不仅要通过本国的销售渠道，而且还要通过输入国的销售渠道。在社会制度不同的国家，其经济和文化的发展情况有很大差别，销售渠道的特点也不一样。国际市场营销活动中常见的销售渠道如图 12.5 所示。

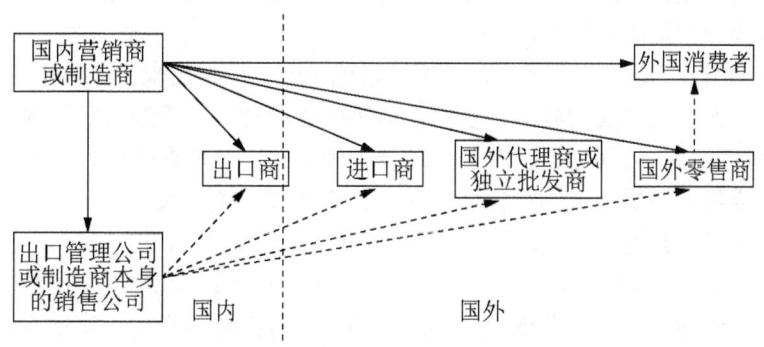

图 12.5 国际市场营销活动中常见的销售渠道

2. 国际分销渠道的成员

在企业的国际市场营销过程中，国际中间商承担了重要的中介作用，因而需要进一步将中间商进行分类，以便掌握不同类型中间商的特点，充分发挥各类中间商在国际市场销售渠道中的作用。

1) 出口中间商

(1) 进出口公司。进出口公司承担着进口商品和出口商品的双重任务。具有悠久历史的西方发达国家的国际贸易公司便属于这种类型的中间商，它们过去主要向落后国家推销制成品，又从落后国家买回初级产品和原材料。出口生产企业主要是利用进出口公司出口商品的职能。一般而言，进出口公司在国外都拥有庞大的分销网络、信息网络，具有丰富的国际营销知识、经验和良好的商誉、公共关系，还有完备的设施和其他物质条件。所有这些对于无能力进入国际市场的中小企业和初次进入国际市场的企业来说，应是一条很好的路径。

(2) 出口行。出口行实际上是本国专门从事出口业务的批发商。其经营特点是：从众多的出口生产企业那里购买商品后运销国外，直接从事营销活动；其分销网络可以是自设机构或其他中间商；可以经营不同企业生产的竞争性产品；根据赢利高低经营供应商的商品，并不企求与某一供应商建立长期的合作关系。

(3) 独家外销代理。独家外销代理是根据合同被授权对外销售某一出口生产企业的所有产品，起着厂商出口部门的作用，专门负责对外商务谈判及产品在国际市场的分销、定价、促销等营销活动。

(4) 本国经纪人。经纪人的业务活动具有代理性质，但与上述的代理人又有一定的区别：经纪人是为买主和卖主牵线搭桥的中介，不进行具体的促销活动；经纪人与服务对象不是长期稳定的、连续的关系；大多数经纪人经营的都是大宗商品，且专注于一种或几种商品；经纪人的佣金比较低。

(5) 联合外销机构。联合外销机构是多家参加联合的出口生产企业的代理人。美国出口贸易公司、销售集团、韦伯-波默林出口协会等均属这种性质的代理。这些出口代理机构的产品可以是竞争性产品，也可以是互补品、非竞争性产品。多家企业共同拥有一个外销机构，可以取得规模经济效益，避免在国外市场上企业之间的恶性竞争，减少市场调研、产品出口、促销等方面的费用，还可以避免或减少贸易障碍。

2) 进口中间商

(1) 进出口公司。从商品流通的方向来分析，出口生产企业主要是利用本国的进出口公司出口商品的职能，以及外国的进出口公司进口商品的职能。因此，出口国与进口国的进出口公司是同一类型的中间商。

(2) 国外包销商。国外包销商的特点可从包销合同中反映出来，即包销商在一定时间、区域里拥有委托人指定产品的独家经营权，但不能在同时、同地经营其他来源的竞争性产品，也不能把这种商品向其他地区转售，还要保证在这一时期内完成一定数量或金额的订购任务，并为委托人提供一定的情报服务和宣传服务等；委托人不得在同时、同地自行销售或把这一商品卖给其他中间商。

(3) 国外定销商。国外定销商与国外包销商的区别在于：定销商不享有独家经营权利，委托人在同时、同地可自行经营或交由几家定销商经营指定的产品。定销方式可弥补包销商因垄断经营带来的麻烦和"包而难销"的缺陷。但定销商的经营积极性较低，这就有必要挑选、采用合适的定销商。

(4) 独家代理商。独家代理商与包销商具有许多相同点，其最大的区别在于独家代理商与委托人是委托代理关系，没有商品所有权，不承担经营风险，其经营报酬是按一定比例所提取的佣金。另外，允许委托人在合同规定的区域内推销商品，但必须向独家代理商交付佣金。当进口国的独家代理商承担其所在国全国范围的销售责任时，则可称为"总代理"。

(5) 一般代理商。一般代理商不享有独家经营权，不承担销售定额义务；委托人在某一地区可自己经营或交由几家代理商经营特定的商品。同时，一般代理商的主要业务活动是代表委托人招揽客户，成交合同多由委托人亲自与买主签订，或根据委托人所规定的各项条件由一般代理商同买主洽谈成交。这种方式对委托人有较大的好处，可控制自己的商品在进口国的销售，但一般代理商的经营积极性不高，容易出现"代而不理"的消极现象。

(6) 国外经纪人。国外经纪人与本国经纪人是同一性质的中间商，只是所在国不同，为出口生产企业服务的内容也仅在于出口商品与进口商品之异。

12.4.4 国际市场营销的促销策略

1. 国际广告

国际广告是国际市场产品促销的重要手段之一，但是在国际市场上通过国际广告进行促销宣传，会比国内广告受到更多因素的制约和影响，而且国际广告代理商和国际广告媒介的选择也更为复杂，国际广告信息的传递也更为困难，因此，国际广告决策要比国内广告决策困难和复杂得多。国际市场营销企业必须认真分析影响国际广告决策的因素，做好国际广告决策。进行国际广告决策时，应考虑的因素如下。

1) 国际广告的语言

世界各国的消费者都使用本国的语言交流信息，这就产生了国际市场中国际广告的语言差异。就是那些使用同一种语言的不同国家和地区，也会因存在各自的方言而不一致，从而导致有些言词因地区性差异而含义相反的现象。这就要求企业在制作国际广告时首先要过语言关，选择符合当地习惯的语言和大家都懂的词汇，以提高国际广告的传播效果和销售效果。

2) 国际广告的主题

不同国家的人民由于社会经济文化的差异形成的沟通障碍，对国际广告主题的理解形成巨大的差异。由于不同国家有不同的语言文字，国民的受教育水平也有较大差距，文化习俗等方面的差异更是突出，因此，同样一则国际广告可能在不同国家会产生不同的影响。例如，戴比尔(DeBer)公司在全球许多国家都使用同一个国际广告版本：一对西方夫妇身着晚礼服，丈夫将钻石送给妻子，妻子微笑接受并亲吻丈夫。这则国际广告在西方国家播放时取得了巨大成功，但在日本却收效甚微，因为在日本人看来这是不现实的。在日本，妇女在接受钻石时往往会落下几滴眼泪，假装对丈夫花费一大笔钱而感到恼怒。于是戴比尔公司对这一则国际广告进行了修改，设计了这样的场景：一位疲惫的工薪者和他努力工作的妻子待在他们的小屋里，在接受礼物时，妻子愤怒地对奢侈浪费的丈夫大声咆哮。这个国际广告在日本获得了巨大成功。

3) 国际广告的内容

世界上许多国家对国际广告宣传的内容有严格的限制，大多数国家不允许香烟、药品、烈性酒、私密生活用品等产品在大众媒体上进行国际广告宣传。例如，国际商业广告从业准则规定："在发行国际广告国家法律规定内，不应鼓励或提倡滥用酒精饮料，亦不应以少年为国际广告对象"；"不应鼓励或提倡滥吸香烟及烟蒂，亦不应以少年为国际广告对象"。

美国的国际广告法规定:"用蒸馏法酿造而成的烈酒,其国际广告不得接受";"香烟国际广告,禁止播映";"暗含不良引诱用意的商品国际广告,应避免接受";"国际广告措辞应高雅有利,避免使人厌恶拒听"。英国国际广告法规定:"禁止使用未经证实或无法证实的国际广告叙述"。在德国,禁止做与竞争者相比较的国际广告。不仅如此,各国的文化差异决定了消费者对国际广告内容的接受程度,各国的习俗和禁忌又使各国国际广告的图案、色彩等各不相同。例如,在美国已经出现了整个画面上没有汽车的汽车广告,在有些国家就必须展示产品。在国际广告的图案、色彩上,不能触犯当地的禁忌,即使标准化国际广告也必须适合当地的要求。对国际广告宣传方式的限制主要表现为对国际广告所运用的语言、场景等的限制。

【视频案例】

4) 国际广告媒体

世界各国的国际广告媒体发展程度和管理方式等均存在一定差别,企业在刊播国际广告时必须对媒体进行选择。有些国家禁止大众传媒进行商业国际广告宣传。例如,比利时、挪威、丹麦、瑞典等国禁止电视、电台做国际广告,禁止电台做国际广告的国家还有瑞士、法国、葡萄牙(国营电台)等国。而大多数国家限制电视、电台做广告,主要是限制国际广告的投放时间。如荷兰法律规定每个电视台、电台每天的国际广告节目时间必须控制在15秒内。另外,在有些国家,设立国际广告牌也要经过政府审批。

5) 国际广告费用

目前世界上许多国家和地区的国际广告费较高,另外特别的税收制度也会对国际广告形成限制,如意大利对白纸广告征收4%的税,对广播电视广告收15%的税。许多外国政府对广告费也做了限制规定,如印度规定广告费不得超过销售额的4%。

6) 国际广告代理商

许多国家都实行国际广告代理制,即国际广告必须通过国际广告代理商才能进入媒体对外发布。同时,多数厂商对东道国媒体是不熟悉的,且对国际广告的创意和制作缺乏专门的经验和技术,因此,它们需要国际广告代理商提供相应的服务。

国际市场广告代理商种类很多,根据其业务活动范围,基本上可分为以下两大类。

(1) 国际性广告代理商。这类代理商分支机构遍布世界各主要国家,易于协调企业的全球广告促销活动,以获得最佳的整体促销效果;选择一个国际性广告代理商,可避免在多国市场选择多个广告代理商的困难与麻烦;若由同一个广告代理商承接多国广告业务,不仅可以得到广告代理商的重视,而且其收取的佣金也相对较低;国际性广告代理商熟悉国际广告的业务,有丰富的国际广告策划经验,而且通过国际知名的国际性广告代理商来宣传产品,往往会提高产品的声誉。但是国际性广告代理商可能在与国际广告主和国际广告媒体的沟通方面都存在障碍,有时既不了解国际广告主的产品内涵,也不了解东道国的市场。此外,国际性广告代理商的收费相对较高,使国际广告成本会有所提高。

(2) 东道国广告代理商。这类代理商通常以承接国内业务为主,以承接国外企业业务为辅,虽然其营业规模不及国际性广告代理商那么大,但在国内拥有较为完整的分支机构网络,对当地社会文化环境更加了解,能够提供更为深入的市场渗透和更为优质的服务;东道国广告代理商在当地市场拥有众多的社会联系和更好的民族形象,更易于为当地消费者所接受,能根据东道国市场的具体特点进行国际广告策划,国际广告创意更易合乎当地大众的心理;东道国广告代理商与当地媒体关系密切,便于与媒体进行沟通。但东道国广告代理商与国际广告主之间可能存在着沟通障碍;东道国广告代理商往往不能准确了解国际广告主的意图和产品的理念，在国际广告策划中易出现偏差，有时在东道国往往会很难找到合适的东道国广告代理商。

2. 国际市场推销人员管理

国际市场人员推销是指企业派出推销人员，或委托、聘用当地人员，向国外顾客介绍商品、洽谈贸易，以达到传递产品信息、促进产品销售目的的活动。在国际市场上，人员推销与国际广告、营业推广、公共关系等其他促销手段相比，受国际环境的限制相对较少。此外，就产品类别的特性来看，工业品由于其品质及操作方式，不容易在大众传播媒体上充分表现；顾客对于工业品有其专业知识和较高的判别能力，不易受到国际广告宣传的影响。因此，对工业品的促销，一般采用人员推销的策略。

1) 国际市场推销人员的选拔

由于工作性质、市场结构和营销环境的差异，对于国际市场推销人员的选拔标准也难以有一个统一的界定。一般来说，国际市场的推销人员除了要具备推销员的基本素质之外，还应当具备以下能力。

(1) 独立工作的能力。国际市场推销人员远在海外，面临的风险与机遇通常比在国内时大，难以及时得到国内领导或专家的指导与帮助，往往需要独立做出决策，处理各种问题。

(2) 推销产品的能力。推销人员的基本任务是向顾客推销产品、提供服务并收集信息等，所以国际市场推销人员应当善于处理顾客关系，说服顾客订购产品。

(3) 文化适应能力。国际市场推销人员要在陌生的社会文化环境中展开推销工作，应当易于适应不同民族的社会心理与文化特征。其中，对国际市场推销人员的语言掌握能力要求较高。

(4) 积极主动的态度。国际市场的推销是项挑战性很强的工作，不喜欢推销工作或者不积极迎接挑战的推销人员是难以获得成功的。

(5) 对推销事业的忠诚。国际市场的推销工作独立性强，监督与管理难度大，工作努力与否在很大程度上取决于推销人员对事业的追求和对公司的忠诚。

2) 国际市场推销人员的来源

国际市场的推销人员主要来自3个方面。

(1) 企业派国内的业务人员到产品进口国去推销。自派业务人员的优点是他们了解公司和产品，能及时收集国外市场的信息，可以对用户进行技术服务等；缺点是成本较高，并存在文化障碍，很难找到足够的合格者。

(2) 使用进口国的推销人员。其优点是费用低和没有文化上的障碍，因而越来越多的企业开始使用当地推销人员；但由于这些国家与生产国在文化上的差异，对这些人员的管理要比对国内推销人员的管理困难得多。

(3) 使用第三国的推销人员。这类人员主要是营销方面的专家，有较高的推销艺术和能力，但使用第三国推销人员的费用较高。

3) 国际市场推销人员的培训

国际市场推销人员培训的重点，除了商品知识和专业推销技能外，还必须增加其他内容。当然，对于不同来源的推销人员，其培训重点应有所不同。一般来说，对来自本国的推销人员，应重点培训其对东道国市场的了解、把握和适应性；对来自东道国的推销人员则应加强其对企业所在母国、母公司的了解；而对第三国的推销人员，则在以上两方面都应加强培训。

4) 国际市场推销人员的评价

由于不同国家或地区存在市场潜力、市场结构、竞争强度、推销成本或费用等方面的差异，对于人员推销效果的评估标准或考核方法应当依据评估国别或地区的差异做相应的调整，使得评估结果具有相应的可比性。例如，根据市场特征对海外市场分组考核，比较在相似的市场条件下，不同国家或地区的人员推销绩效。又如，根据市场推销的难度或费用水平，相应降低某些市场的推销限额，或者相应调高某些市场的推销费用比例等。

5) 国际市场推销人员的激励

对于国际市场推销人员的激励，应当综合运用不同的激励方法，以求达到最佳的激励效果。国际市场的推销人员可能来自不同的国家或地区，具有不同的文化背景、行为规则和价值观念，同样的激励措施可能会激起他们不同的反应，产生不同的激励效果。例如，美国的文化价值观认为，人们能够影响未来并掌握自己的命运，雇员挑选、提拔或解雇的依据应当是其工作绩效，努力奋斗、创造业绩，就能得到奖赏；而工作马虎应付，给公司带来损失，应当受到惩罚。据此，对于来自北美的推销人员，直接的金钱奖励或晋升机会等个人激励措施可能更为有效。但这种个人激励方法对于来自日本的推销人员可能就难以奏效，他们强调的是集体主义、论资排辈和终身雇佣等价值观念，不愿因过于突出或与众不同而招来麻烦。此外，有些国家的文化价值观还认为友情与家庭关系是社会发展的基石，远比企业的发达更为重要，对雇员的挑选或提升是以人际关系与友情为基础，而非个人的工作绩效。

3. 国际市场营销中的营业推广

营业推广属于非正规、非经常性的促销活动，具有强烈的刺激性，常能引起顾客的快速反应。但促进的作用短暂，因而常被用作广告和人员推销的补充措施。

对于在国外开展营业推广活动的公司来说，应重点考虑以下3个方面的因素。

(1) 法律限制。如许多国家对奖励和有奖销售限制十分严格，有的国家甚至会全面禁止；也有的国家对营业推广的规模和种类加以限制，有的国家甚至对免费赠物的价值、种类与所售产品种类的关系都有严格规定。公司要查核每一项推广措施是否违反当地法规。

(2) 中间商的能力。营业推广往往需要在很多方面得到中间商的支持。如发放折价券、赠券、奖品或礼品的包装；安排展览设施及素材等。如果中间商的能力较差，缺乏必要的设施，或零售商规模小，市场覆盖能力有限，则往往不能按公司的要求处理有关事务。

(3) 竞争者的做法。营业推广也是对抗竞争者的一种手段，当市场上的主要竞争对手在广泛开展营业推广活动时，公司往往被迫采用相应的手段与之抗衡，以避免自己的市场份额被侵吞。

在国际市场营销中，参加国际商展是一种重要的推广形式。国际商展的参观者多是工商界人士，如企业经理、采购代理商、销售代表和工程师以及其他有关人士。国际商展成为一种在特定时间和地区云集不同国家的买主与卖主的特殊场合，可以有效解决买卖双方在信息沟通中长期存在的时间、距离和成本问题，还可通过现场示范表演克服许多沟通障碍。因此，国际商展成为许多国际企业角逐的重要场所。

【拓展期刊】

本章小结

国际市场营销是跨越国界的市场营销活动,它与国际贸易有一定的联系,但比国际贸易更广泛。

在开展国际市场营销活动前,首先应对国际市场的政治法律、经济和文化环境进行分析。分析国际政治法律环境时,应了解本国及国外的政治法律体系,运用相应的方法预测国际政治法律风险,选择并采取降低政治法律风险的措施;分析经济环境时,应充分了解该国家或地区的经济特征、自然资源、基础设施、商业基础服务能力、城市化、通货膨胀率和外国投资状况等因素;分析国际社会文化环境时,应了解其物质文化、语言、宗教、态度和价值观等因素。

制定国际市场进入策略应包括:目标市场与产品的选择、目标市场的对象和任务、目标市场的进入模式选择、目标生产的市场营销计划和国际市场营销的控制系统五大要素。进入国际市场主要有出口进入、合同进入、投资进入 3 种模式类型。进入模式的转移过程大致可分为以间接出口为主、以直接出口为主、以投资为主和全面跨国生产与营销这几个发展阶段。

国际市场营销中的产品策略主要解决国际产品的标准化与当地化,以及国际产品的适应性调整问题。国际市场的营销价格策略需了解影响国际市场定价的因素,掌握国际市场的价格管理与控制方法和跨国公司的定价策略。国际市场销售渠道策略应了解渠道的结构,有哪些分销渠道的成员。国际市场营销的促销策略应掌握如何做国际广告,如何进行国际营销人员的管理和开展营业推广活动。

 关键术语

国际市场营销——international marketing 全球意识——global awareness
国际合资企业——international joint venture 许可证协议——licensing
特许经营——franchising 出口管理公司——export management company
贸易公司——trading company 平行进口——parallel imports
价格升级——price escalation 倾销——dumping
转移定价——transfer pricing

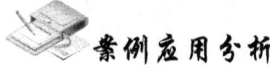 案例应用分析

星巴克东征

只用了 15 年,星巴克从西雅图一条小小的"美人鱼"进化到今天分布在全球 30 个国家和地区,连锁店总数达 6 000 余家的"绿巨人"。星巴克连锁店每年递增数超过 500 家,平均每周超过 1 亿人在店内消费。其品牌形象也已经在全球得到认同。今年《商业周刊》再次将该公司评为世界 100 个最知名的品牌之一。10 年间,星巴克股票经历了 4 次分拆之后攀升了 22 倍,收益之高超过沃尔玛、通用电气、百事可乐、

可口可乐、微软以及IBM等大公司股市收益的总和。

尽管美国还有8个州没有星巴克的连锁店，但大城市已经没什么发展空间。西雅图平均每9 400人就有1家星巴克，星巴克之父霍华德·舒尔茨认为这已经是最密的限度了，再在西雅图建店就将是一种浪费。鉴于店面分布高度集中，如果公司寄希望于销售额的年均增长率达到10%，甚至更高，按照星巴克员工的说法，这是一个难以实现的目标。欧洲的发展可能更难，在欧洲同行看来，星巴克不过是一种价格昂贵的貌似咖啡的仿制品，无论在咖啡文化传统方面还是在价格上都不具备竞争优势。约有330家星巴克连锁店的英国，星巴克大杯拿铁咖啡售价为2.93美元，同量的同种饮品，它的竞争对手之一雷诺咖啡有限公司只售2.12美元。在这种情况下，如果还想继续维持20%的营业额增长率，"绿巨人"不得不选择新的扩张道路。

最终，舒尔茨选择了亚洲，结果星巴克咖啡在亚洲市场非常畅销，发展也很迅速。星巴克在亚洲的运营成功，"口味独特"是因素之一。在这里，人们不仅可以享受到15种以上享誉全球的高原咖啡及综合咖啡，还可品尝各式各样新鲜烤制的糕点，并可买到与咖啡制作有关的器具及相关的小商品。这在一般咖啡店是难以见到的。但更重要的是，同有着悠久咖啡文化传统的欧洲市场相比，定位新潮的星巴克在亚太市场上能赢得更多掌声。它不必理会欧洲同行们对"百无禁忌"地喝咖啡方式的嘲笑，也无须顾忌它们带来的竞争压力，唯一要担心的是亚洲消费者哪天会厌烦了它。

无论从零售还是原料资源方面看，亚洲都为星巴克公司的咖啡业务提供了巨大的拓展空间。首先，扩张计划可以延伸到目前尚未进入的市场，即越南、文莱和印度；而已进入的数个市场仍有潜力可挖，包括中国、泰国、菲律宾、印度尼西亚、马来西亚、新加坡、韩国、澳大利亚和新西兰。

除放眼扩大咖啡零售业务的市场占有率外，星巴克还在考虑把亚洲作为向其客户提供优质阿拉伯咖啡豆的原料来源地。从今年开始，星巴克依照其"咖啡原产地承诺"计划购买了泰国产的阿拉伯咖啡豆。这个讨巧的计划，按照星巴克的说法，旨在支持当地的咖啡农、社团和环境。到底支持的结果如何，目前还不得而知。不过，星巴克借此打了一张绝好的人情牌。

此外，亚洲合作者们对星巴克的创新更让舒尔茨赞叹不绝。自2002年中国台湾的统一星巴克推出一举狂卖5万盒的月饼后，统一星巴克的咖啡月饼，就此奠定地位。2003年中秋节，星巴克乘胜追击，从8月底到9月3日开始接受预购。推陈出新的"月宴"及"秋飨"两款冷藏月饼，因其独特的口味、上乘的选料、时尚的包装成为首推的节日礼品。舒尔茨极爱这个创意，尤其是提前接受预购可避免处理存货的风险。他正在考虑把这个创意运用到美国的父亲节、母亲节上。

但到目前为止，占星巴克23%的1 532家海外分店的入账只有总赢利的9%，纯粹是只赔不赚的买卖。因此，上个月星巴克公司重申的至少在全球开设1.5万家分店的计划已受到质疑。欧洲星巴克面临的启动资金过高、竞争环境恶劣、扩张遭遇排斥等大量问题会不会同样考验星巴克在亚洲的扩张计划？2003年初日本星巴克曝出的财务亏损，多少印证了人们的猜测，也给星巴克带上了过度扩张的阴影。尤其是去年增开的100余家分店大都与原有店面近在咫尺，更让人指责新店抢了老店的生意。

事实上，巨大的投资压力是开设分店的第一个门槛。这些投资主要包括从美国进口设备、报关费用、场地租金、人员招募、培训费用等。虽然说星巴克把每家店几乎都开在租金极高的昂贵地段是为了吸引客流和打造精品品牌，但这种"圈地"的做法被有些人看作是在"烧钱"。这是星巴克刻意推行的，却同时成为了星巴克潜在的风险所在。

此外，投资与合作模式也不被看好。同麦当劳的全球扩张一样，星巴克很早就开始了跨国经营，在全球普遍推行3种商业组织结构：合资公司、许可协议、独资自营。由于大多数海外连锁店是与当地合伙人合作经营，星巴克在每家店中的赢利有所减少。尽管合作经营使它更轻松地立足于海外市场，但公司利润分成的比例却下滑到了20%～50%。而且30多年来，星巴克对外宣称其整个政策都是坚持公司直营店方式，在全世界都不要加盟店。

比在欧洲的处境好不了多少,亚洲星巴克也拥有了越来越多的竞争对手,除了中国台湾的上岛咖啡、日本的真锅咖啡以及后来的加拿大百怡咖啡,跟风而来的仿效者也不容小视。同时,要将非本土的咖啡文化融入亚洲人的生活并非易事。例如,让习惯喝茶的日本人和中国人普遍喝咖啡就有很长的路要走,它挑战的是千年历史的茶文化传统。至于那些亚洲星巴克寄望的主要顾客群——年轻的白领阶层和追逐时尚的青少年消费者,谁能保证他们对星巴克的热爱不会转移到另一个随时到来的新潮替代品上。毕竟,他们不是伴随着根深蒂固的咖啡文化成长的。

不过在公司财务总监迈克尔·卡西看来,"绿巨人"仍有胜算:目前几乎没有债务,年现金流超过 3 亿美元,从中还可拿出部分来满足它在亚洲的野心。

讨论:
(1) 星巴克面临的主要威胁与挑战是什么?讨论其解决方案。
(2) 星巴克进入亚洲市场采取了哪些营销策略?
(3) 对星巴克的总体经营战略进行评论。
(4) 星巴克如何提高其在亚洲的利润率?

思 考 题

(1) 国际市场营销与国内市场营销以及国际贸易有何联系和区别?
(2) 国际营销企业在国外市场将面临哪些政治法律风险?又将如何降低这些风险?
(3) 试讨论进入国际市场的各模式的利弊,以及适用条件。
(4) 销售队伍和分销渠道有何关系?
(5) 在制定公司内部转移价格时,可选择哪几种目标?

第13章 服务营销

教学目标与要求

通过本章的学习,学生应对服务营销有一定的基本了解和认识,能针对不同的案例进行分析并提出自己的解决方案;了解服务的概念和特征、服务质量及其测定、服务营销的7Ps组合,掌握提高服务质量的策略。

本章知识点

服务的分类与特征;服务质量的测定与提高服务质量的策略;服务营销的7Ps组合及特点分析。

微笑是属于顾客的阳光

希尔顿酒店被誉为当今世界的"饭店之王",这座辉煌大厦的一块奠基石是"微笑服务",这是希尔顿的母亲在他成功之路上授予他的秘诀。这秘诀是如此的平常,却又是那样的深奥。希尔顿刚在其位于得克萨斯州的第一家旅馆经营中稍有成效的时候,他母亲对他取得的成绩却不屑一顾。希尔顿的母亲指出要使经营真正得到发展,只有掌握一种秘诀,这种秘诀简单、易行,不花本钱却又行之有效。希尔顿冥思苦想,终得其解。这秘诀不是别的,就是微笑。他发现只有微笑才能同时满足以上4个条件,且能发挥强大的功能。此后,"微笑服务"就成了希尔顿饭店经营的一大特色。几十年来,希尔顿向饭店工作人员问得最多的一句话就是"你今天对客人微笑了吗?"。希尔顿的成功秘诀,说明了一个道理,那就是服务质量是服务企业的生命线。这是因为服务直接与顾客打交道,顾客从它们那儿得到的不只是有形的商品,而主要是无形的服务。完善的服务设施、舒适的服务环境、齐全的服务项目,能令顾客"宾至如归";热情的服务态度、周到的服务项目、精湛的服务艺术更能使顾客"流连忘返",并因此对企业留下深刻的印象。所以,希尔顿酒店的微笑魅力就不可低估了。希尔顿说过,"微笑是属于顾客的阳光",受阳光沐浴的顾客当然不会忘记温暖着他们的太阳。

13.1 服务营销概述

服务营销学于20世纪60年代兴起于西方,缘于服务业的迅猛发展和产品营销中服务日益成为竞争焦点的客观实际。区别于经济学界的研究,市场营销学者以把服务作为一种产品为基础来进行研究。1960年，AMA最先给服务下定义："用于出售或者是同产品连在一起进行出售的活动、利益或满足感。"

美国学者富克斯(V. Fuchs)在他的经典名著《服务经济》一书中"宣布"：美国在西方发达国家中已率先进入"服务经济"社会。所谓服务经济，是指服务业的产值在国内生产总值(GDP)的比重超过60%的一种经济状态。根据此标准，日本、德国和加拿大等发达国家都已纷纷进入了服务经济时代。与服务业的快速发展相对应，制造业的"服务化"趋势也初露端倪，主要体现在以下3个方面。

(1) 服务业与制造业正在趋于"同化"。产品价值中，服务的比例越来越大，越来越多的制造商成为服务提供者。例如，KONE电梯公司的总收入中，50%是来自产品维修和升级换代。

(2) 服务已经成为企业间竞争最重要的手段和工具。

(3) 由于制造业的"服务化"，很多企业现在面临的不再是狭义的产品问题，而是服务问题。例如，在企业所有的质量问题中，真正属于产品质量问题所占的比重每年都是30%左右，而服务问题，如送货不及时、装箱错误、订货系统问题等所占的比重总和远远大于50%。所以企业现在面临的真正挑战是服务，而不是原来意义上的产品。因此，服务营销成为当今营销研究的热点问题。

13.1.1 服务的分类与特征

1. 服务的分类

服务依据不同的划分标准，可以进行不同的分类。下面介绍4种典型的服务分类方法。

1) 洛夫洛克分类

洛夫洛克(Lovelock，2001)的分类较为权威。按照洛夫洛克的观点，服务可以从服务活动的对象、服务传递方式、服务经历要素、服务组织同顾客的关系、服务过程中定制化程度等几个方面进行分类，这种从不同的切入点对服务进行分类的方法，对于深入了解服务的特殊性、了解如何通过把握服务特性提高服务管理水平具有积极的意义。

洛夫洛克所做的第一种分类是根据服务对象和服务活动的有形性或无形性来进行的，由此将服务分为针对人体的服务、针对商品或其他实物的服务、针对人的思想的服务和针对无形资产的服务4类。洛夫洛克所做的第二种分类是根据服务组织同顾客的关系，将服务分为会员制持续传递型服务(如银行、大学等)、持续传递但没有正式关系的服务(如电台、高速公路等)、会员制间断服务(如长途电话用户、保修期内的修理等)和间断的没有正式关系的交易型服务(如公共交通、餐馆等)。

2) 萧斯塔克分类

萧斯塔克(G. L. Shostack)对服务分类的视野与其他学者不同，他是从实体产品与服务相结合的角度进行服务分类的。

(1) 纯粹的实体产品(如盐、牙膏等)而不附带明显的服务，销售的标的物是实体物品。

(2) 附带服务的实体产品，所提供的是附带服务的一些产品(如汽车、电视机等)，但销售的标的物是实体物品。

(3) 伴有产品的服务，所提供的服务附带有产品或是服务或是产品服务都有(如航空旅行、在医院做手术等)，但销售的标的物是一种非实体性的物品。

(4) 纯粹的服务，所提供的是服务(如信息)，销售的标的物是非实体性的物品。

萧斯塔克分类法曾被许多学者采用，如科特勒(Kotler，2000)。不过，科特勒的分类比萧斯塔克分类更深化，科特勒将整个服务分为纯粹的有形商品、伴随服务的有形商品、有形商品与服务的混合、主要服务伴随小物品和小服务及纯粹的服务5类。

3) 蔡斯分类法

美国亚利桑那大学蔡斯(Richard B.Chase)教授是根据顾客和服务体系的接触程度来划分服务体系的。接触程度是指服务体系为顾客服务的时间与顾客必须留在服务现场的时间之比。这个比率越高，在服务过程中，顾客与服务体系之间的接触程度越高。在接触程度高的服务行为中，顾客参与服务过程，会影响服务需要的时间、服务的性质和服务质量。因此，这类服务行为较难控制，较难提高生产效率。在接触程度低的服务行为中，顾客与服务体系之间的相互交往很少发生，或相互交往时间相当短暂。在服务过程中，顾客对服务体系几乎没有什么影响，因此，这类服务行为可实现与工业企业类似的生产效率。

服务体系可划分为3种类型：纯服务体系、混合服务体系和准制造体系。纯服务体系与顾客直接接触，其主要业务活动需顾客直接参与；混合服务体系将面对面服务工作与后台辅助工作松散地结合在一起；而准制造体系与顾客几乎没有面对面的接触。

4) 罗杰·施米诺分类

罗杰·施米诺(Roger Schmenner)设计了一个服务矩阵，在该矩阵中，他根据影响服务传递过程的两个主要维度，对服务进行了分类，如表13-1所示。

表13-1 服务过程矩阵

项目		交互和定制程序	
		低	高
劳动力密集程度	低	服务工厂 航空公司 运输公司 旅馆 度假胜地与娱乐场所	服务作坊 医院 机动车修理厂 其他维修服务
	高	大众化服务 零售业 批发业 餐饮业 教育	专业服务 私人医生 律师、会计师 商业咨询 网络信息商

为了反映不同服务的性质，服务过程矩阵的4个象限被赋予不同的名称。

"服务工厂"提供标准化的服务，具有较高的资本投入，更像是一家流水线生产厂。"服务作坊"则允许顾客得到更多的定制服务，但它们是在高资本的情况下经营的。"大众化服务"的顾客可以在劳动力密集的环境里得到无差别的服务。那些寻求"专业性服务"的顾客会得到经过特殊训练的专家为其提供的个性化服务。

2. 服务的特征

1) 无形性

(1) 服务的特质及组成服务的元素在许多情况下是无形无质的，让人无法触摸或凭视觉感到其存在。

(2) 消费者消费服务后所获得的利益很难被察觉，或是要经过一段时间后，消费服务的享用者才能感觉出利益的存在。

服务的无形性决定了消费者在购买之前，无法以对待实物商品的办法(如触摸)等判断服务的优劣，而只能以收集信息的办法，参考多方意见及自身的历史体验来做判断。对企业而言，服务的无形性要求其通过服务人员、服务过程及服务的有形展示，并综合运用服务设施、服务环境、服务方式和服务手段等来体现。

2) 生产和消费的不可分离性

有形的产业用品或消费品从生产、流通到最终消费的过程，往往要经过一系列的中间环节，生产与消费的过程具有一定的时间间隔。而服务则与之不同，它具有不可分割性的特征，即服务的生产过程与消费过程同时进行。也就是说，服务人员提供服务给顾客时，也正是顾客消费服务的时刻，二者在时间上不可分割。由于服务本身不是一个具体的物品，而是一系列的活动或过程，所以在服务的过程中消费者和生产者必须直接发生联系，从而生产的过程就是消费的过程。

服务的这一特征需要企业将顾客参与生产的过程纳入管理，而不只局限于对员工的管理。因而向顾客宣传服务知识、引导顾客参与服务生产过程、及时沟通服务人员与顾客之间的关系，对保证服务过程亦即顾客的消费过程高质量地完成具有十分重要的意义。

3) 差异性

服务产品的差异性是指服务的构成成分及其质量水平经常变化、难以统一认定的特性。服务的主体和对象均是人，人是服务的中心，而人又具有个性，人涉及服务提供方和接受服务的顾客两个方面。服务品质的差异性既由服务人员素质的差异所决定，也受顾客本身个性特征的影响。不同素质的服务人员会产生不同的服务质量效果；同一服务人员为不同个性的顾客服务，也会产生不同的服务质量效果；即使是同一服务人员为同一顾客提供服务，由于顾客在不同时间里的情绪不一样，其感知的服务效果也会不同。

服务品质的差异性会导致加盟连锁店的不同"形象"。虽然连锁店的产品与环境没有区别，但是由于服务人员的不同，消费者在不同的店里消费会感受到不同的服务。这种企业形象或企业的服务形象缺乏一致性，将对服务的促销产生严重的负面影响。

4) 不可储存性

服务的不可储存性是指服务产品既不能在时间上储存下来以备未来使用，也不能在空间上转移其服务，如果不能及时消费，即会造成服务的损失。如车船、电影、剧院的空位现象，其损失表现为机会的丧失和折旧的发生。

服务的不可储存性是供给与需求矛盾的主要来源，而服务营销人员必须设法对供给与需求加以平衡。因此，控制和调节需求成为服务营销人员的营销重点。价格促销可以拉动需求，常常被高尔夫球场、滑雪场、电影院、酒店和饭店等服务机构所采用。控制需求的另一个手段，是采取预订或预约服务，如美发、牙医、法律咨询等，一旦服务人员能根据预约情况大体预测需求，也就能根据需求情况来合理安排服务的产出(如时间、空间、服务人员的数量等)。

服务的无形性、不可分离性、差异性和不可储存性是服务的基本特征，同时也是其与商品的主要区别，这一点被学者加以普遍引用。但是这种简单的概括无疑已经不能再适应今天不断涌现的服务新形势。

服务还有如下一些特征：①缺乏所有权，是指在服务的生产和消费过程中不涉及任何东西的所有权转移；②服务产品的复杂性，服务业是一个门类繁杂的产业群，在整个服务市场上销售的产品复杂多样、特点各异；③服务产品的相互替代性，一是服务产品同其他工农业实物产品之间有着很强的相互替代性，二是各类服务产品之间往往可以相互替代；④服务产品生产中应用科技的不平衡性，尤其是一些生活服务业，即使是在科技高度发达的今天，也很难从手工操作中解脱出来。

13.1.2 服务市场营销组合

越来越多的证据显示，产品营销组合要素的构成并不完全适用于服务营销。因此，有必要重新调整市场营销组合以适应服务市场营销。1981年，布姆斯和比特纳在传统的"4Ps"营销组合的基础上，将服务营销组合扩充为 7 个要素：产品(Product)、价格(Price)、渠道(Place)、促销(Promotion)、参与者(Participants)、有形展示(Physical Evidence)和服务过程(Process of Service)，简称 7Ps。

(1) 产品。服务产品必须考虑的要素是提供服务的范围、服务质量、服务水平、品牌以及售后服务等。服务产品的这些要素组合的差异相当大，例如，一家供应数样小菜的小餐厅和一家供应各色大餐的五星级大饭店的服务产品要素组合就存在着明显差异。

(2) 定价。价格方面要考虑的因素包括价格水平、折扣、折让和佣金、付款方式和信用。在区别一种服务和另一种服务时，价格是一种识别方式，顾客可从一种服务的价格感受到其价值的高低。价格和质量之间的相互关系，也是服务定价的重要考虑因素。

(3) 渠道。提供服务者的所在地以及地缘的可达性在服务营销上都是重要因素。地缘的可达性不仅是指实物上的，还包括传导和接触的其他方式，所以分销渠道的形式以及其涵盖的地区都与服务的可达性有密切关联。

(4) 促销。促销包括广告、人员推销、销售促进或其他宣传方式等各种市场沟通方式，以及一些间接的沟通方式，如公关等。

(5) 参与者。在服务企业担任生产或操作性角色的人，在顾客看来其实就是服务产品的一部分，其贡献也和其他销售人员相同。大多数服务企业的特点是操作人员可能担任服务表现和服务销售的双重工作。因此，市场营销管理必须和作业管理者协调合作。企业工作人员的任务极为重要，尤其是那些经历"高度接触"的服务业务的企业。所以，市场营销的管理者还必须重视雇佣人员的筛选、训练、激励和控制。此外，对某些服务业务而言，顾客和顾客之间的关系也应引起重视。因为一位顾客对一项服务产品质量的认知，很可能是受到其他顾客的影响。在这种情况下，管理者应面对的问题是在顾客与顾客之间相互影响方面的质量控制。

(6) 有形展示。有形展示会影响消费者和客户对一家服务企业的评价。有形展示包括的要素有实体环境(如装潢、颜色、陈设、声音)以及提供服务时所需要的装备实物(如汽车租赁公司所需要的汽车)，还有其他的实体性线索，如航空公司所使用的标志或干洗店将洗好衣物加上的"包装"。

(7) 服务过程。人的行为在服务企业很重要，而过程(即服务的递送过程)也同样重要。表情愉悦、专注和关切的工作人员，可以减轻顾客必须排队等待服务的不耐烦的感觉，或者平息顾客在技术上出问题时的怨言或不满。整个体系的运作政策和程序方法的采用、服务供应中的机械化程度、员工裁断权的适用范围、顾客参与服务操作过程的程度、咨询与服务的流动等，都是市场营销管理者需特别注意的事情。

13.2 服务质量管理

13.2.1 服务质量的定义

服务是一种主观体验过程。在这个过程中,生产和消费是同步进行的。顾客和服务提供者之间是一种互动关系,这种互动关系就是买者和卖者的服务接触(关键时刻),它对感知服务质量的形成具有非常重要的影响,也就是说,服务质量是由顾客感知的质量。顾客通常主要是从技术和职能两个层面来感知服务质量,从而服务质量也就包括技术质量和职能质量两项内容,如图13.1所示。

技术质量(结果质量)是指服务过程的产出,即顾客从服务过程中所得到的东西。对于这一层次的服务质量,顾客容易感知,也便于评价。不过,技术质量并不能概括服务质量的全部。既然服务是无形的,而且提供服务的过程也就是同服务人员打交道的过程,服务人员的行为、态度、穿着等将直接影响到顾客对服务质量的感知。所以,顾客对服务质量的感知不仅包括他们在服务过程中所得到的东西,而且还要考虑他们是如何得到这些东西的,这就是服务质量的职能层面,即职能质量(过程质量)。显然,职能质量难以被顾客客观评价,它更多地取决于顾客的主观感受。

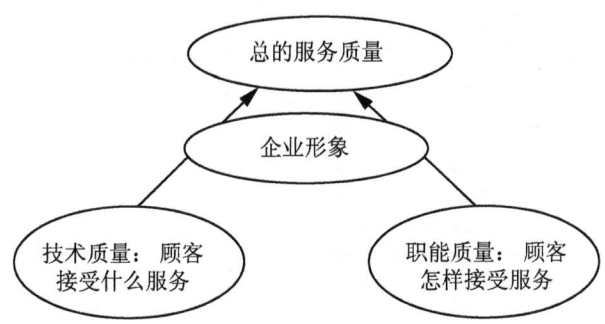

图 13.1 服务质量的两个构成要素

企业形象对于服务企业来说是最重要的,可以从多方面影响顾客感知服务质量的形成。如果在顾客的心目中企业是优秀的,也就是说企业形象良好,那么即使企业的服务出现了一些微小的失误,顾客也会给予原谅。但是如果失误频频发生,企业的形象将遭到损害。进一步说,如果企业的形象很糟,那么服务失误对顾客感知服务质量的影响就会很大。在服务质量的形成过程中,可以将企业形象视为形成服务质量的"过滤器"。

13.2.2 服务质量的测定

服务质量由技术质量和职能质量两个基本要素构成,但是顾客感知服务质量并非取决于这两个要素,而是取决于顾客所预期的质量和所体验到的质量之间的差异。

自20世纪80年代开始,美国学者白瑞、帕拉苏拉曼、西斯姆就开始了对服务质量决定因素和顾客如何对服务质量进行感知等问题的研究。他们最初的研究成果列出了决定服务质量的10个因素:可靠性、响应性、能力、可接近性、礼貌、沟通、可信度、安全性、理解和有形性。在进一步的研究中,上述10个标准被归纳为5个维度,即有形性、可靠性、响应性、保证性和移情性。这5个维度包括了22个项目,服务质量的测定就是用这5个维度22个项目组成的调查表来进行,即Servqual(Service Quality)量表,如表13-2所示。

表 13-2 Servqual 量表

维　度	组成的项目
有形性	① 有现代化的服务设施 ② 服务设施具有吸引力 ③ 员工有整洁的服装和外表 ④ 公司的设施与它们所提供的服务相匹配
可靠性	⑤ 公司向顾客承诺的事情都能及时地完成 ⑥ 顾客遇到困难时，能表现出关心并提供帮助 ⑦ 公司是可靠的 ⑧ 能准时提供所承诺的服务 ⑨ 正确记录相关的服务
响应性	⑩ 不能指望他们告诉顾客提供服务的准确时间* ⑪ 期望他们提供及时的服务是不现实的* ⑫ 员工并不总是愿意帮助顾客* ⑬ 员工因为太忙以致无法立即提供服务，满足顾客的需求*
保证性	⑭ 员工是值得信赖的 ⑮ 在从事交易时顾客会感到放心 ⑯ 员工是有礼貌的 ⑰ 员工可从公司得到适当的支持，以提供更好的服务
移情性	⑱ 公司不会针对不同的顾客提供个别的服务* ⑲ 员工不会给予顾客个别的关怀* ⑳ 不能期望员工了解顾客的需求* ㉑ 公司没有优先考虑顾客的利益* ㉒ 公司提供的服务时间不能符合所有顾客的需求*

注：① 问卷采用 7 分制，7 分表示完全同意，1 分表示完全不同意，中间分数表示不同的程度。问卷中的问题随机排列。

② *表示对这些问题的评分是反向的，在数据分析前应转为正向得分。

对各个项目的服务质量测定一般采取评分量化的方式进行，其具体程序如下。

第一步，测定顾客的预期服务质量分数。

第二步，测定顾客的体验服务质量分数。

第三步，确定服务质量，即服务质量分数=体验分数-期望分数。

推而广之，评估整个企业的服务质量水平实际上就是计算平均 Servqual 分数。假定有 n 个顾客参与问卷调查，根据上面的公式，单个顾客的 Servqual 分数就是对其所有问题的 Servqual 分数加总再除以问题数目，然后，把 n 个顾客的 Servqual 分数加在一起除以 n 就是企业平均的 Servqual 分数，即测定的服务质量水平。

13.2.3　提高服务质量的策略

为了提高服务质量，首先需要对服务质量的现状有清楚的认识，并评价其好坏。对于无形的、缺乏明确的评价标准的服务来说，如何描述其质量本身就是一件不太容易的事。为此，可利用服务质量差距模型，如图 13.2 所示，分析出现服务质量问题的关键所在，在此基础上对这一差距进行弥合，以实现对服务质量的改进和提高。

1. 服务质量差距模型

确定服务质量的好坏显然会遇到许多困难。首先，对服务质量好坏的感知依赖于顾客对既定服务质量内容的期望和实际得到的服务之间的不断比较。对于一种服务而言，无论服务提供者对它多么精心，如果不能满足顾客的期望，也会被顾客看成是一种低质量的服务；其次，在工业产品市场中，用户一般只是对最终产品的好坏进行比较和评价，而对于服务业来说，顾客不但要对最终得到的服务内容进行评价，而且要对服务的"生产"流程进行评价，这是服务质量差距 5。

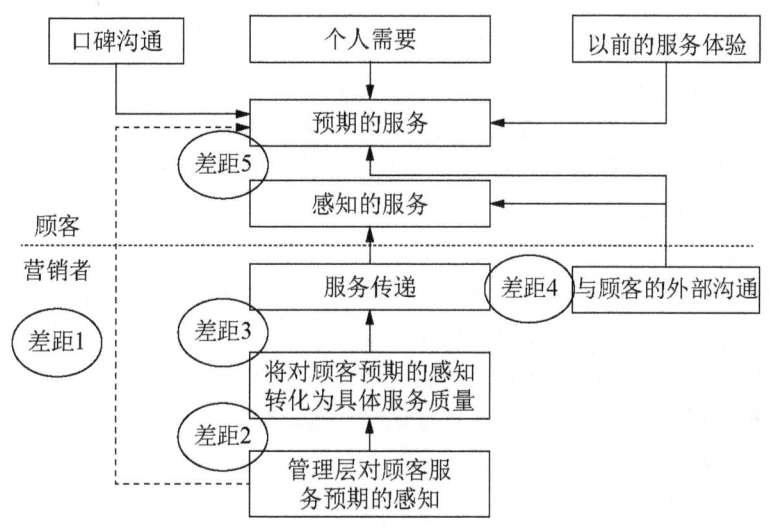

图 13.2　服务质量差距模型

当然，差距 5 是另外 4 种差距的综合反映。这一差距的大小往往取决于其他几种差距的情况，也就是说，可以用下面的公式来表示它们之间的关系：

$$差距5 = f(差距1，差距2，差距3，差距4)$$

式中，差距 1，不了解顾客的真正期望；差距 2，未能选择正确的服务设计和标准；差距 3，未按服务标准提供服务；差距 4，服务组织未能履行承诺；差距 5，顾客感知的服务与顾客期望的服务不匹配。

2. 弥合差距提高服务质量

1) 弥合差距 1——不了解顾客的真正期望

这个差距的含义是指企业不能准确地感知顾客的服务期望，产生差距 1 的原因如下。

(1) 市场调研和需求分析信息不准确。

(2) 对顾客期望的解释不准确。

(3) 顾客信息从与顾客接触的员工传递到管理者处时产生扭曲。

(4) 管理层次过多以致阻塞了信息的传递或改变了信息的真实性，特别是对流向管理层以做出科学决策的信息来说。

感知差距的消除有许多方法。如果问题产生的原因是管理不善，就必须提高管理水平或是让管理者更深刻地理解服务和服务竞争的特性。一般来说，后一种情况更具有适用性，因为感知差距产生的原因并不一定是缺乏服务竞争力，而是管理者缺乏对服务竞争的深刻认识。

任何解决方法都离不开更好地开展市场调研活动，唯有如此才能更好地了解顾客的需求和期望。从市场和与顾客的接触中获取的信息是远远不够的，企业还必须提高内部信息的管理质量。对于服务组织来说，这具有非常重要的意义。

2) 弥合差距 2——未能选择正确的服务设计和标准

服务质量标准差距是指服务提供者所制定的服务标准与管理层所认知的顾客的服务期望不一致而出现的差距。该差距出现的原因如下。

(1) 服务设计不明确、不系统，没能实现服务定位。
(2) 缺少服务标准或标准没能反映顾客的期望。
(3) 不适宜的有形展示和服务场景。
(4) 服务质量计划缺乏高层管理者的有力支持。

弥合这一差距的措施包括：建立顾客定义的服务标准并使之反映顾客的期望；制定明确系统的服务设计；明确服务定位；建立有利于服务传递的有形展示与服务场景；高层管理者大力支持服务质量计划。

3) 弥合差距 3——未按服务标准提供服务

即使服务组织已经准确地理解了顾客的需求，制定出反映顾客期望的服务标准，但是有时也无法提供标准化的服务，原因如下。

(1) 服务质量标准规定得过于复杂和僵硬。
(2) 员工不赞成这些标准，所以不执行这些标准。
(3) 服务质量标准与企业文化不相容。
(4) 服务运营管理水平低下。
(5) 缺乏有效的内部营销。
(6) 服务技术和系统无法满足标准的要求。

弥合差距 3 的方法主要是员工的培训问题，加强员工的服务态度和提高员工的服务技能；同时，还要对现有的监控系统进行改革以使它们与服务质量标准相匹配。

4) 弥合差距 4——服务组织未能履行承诺

差距 4 是服务组织实际传递的服务与其宣传的服务之间的差距。组织通过广告、媒体、销售人员以及其他沟通手段做出承诺，顾客则以此作为评价服务质量的标准，结果企业实际提供的服务无法达到承诺的水平。造成差距 4 的原因如下。

(1) 市场沟通计划与服务运营未能融合在一起。
(2) 传统的外部营销与服务运营不够协调。
(3) 组织没有执行市场沟通中大力宣传的服务质量标准。
(4) 过度承诺。

可以将上述原因分为两类：一类是市场沟通的计划与执行不力；另一类是企业在广告宣传和市场沟通中过度承诺的倾向。

对于第一类问题，解决的途径是建立服务运营与传递和外部市场沟通的计划和执行的协调机制。例如，每一次市场推广活动的推出必须考虑到服务的生产和传递，而不是各行其道。通过这种机制至少可以达到两个目的：第一，市场推广中的承诺和宣传可以更加现实和准确；第二，外部沟通中所做的承诺可以顺利实现，而且可以承诺得相对多一些，因为双方相互合作，承诺的实现就有了坚实的基础。至于第二类问题，解决的办法是利用更科学的计划手段来改善市场沟通的质量。当然，管理监督体系的合理运用对此也会有所帮助。

5）弥合差距 5——顾客感知的服务与顾客期望的服务不匹配

感知服务质量差距说明的是顾客感知的或实际体验的服务质量与其所期望的不一致。该差距出现的原因如下。

(1) 顾客实际体验到的服务质量低于其期望的服务质量或者存在服务质量问题。
(2) 口碑较差或企业形象较差。
(3) 服务失败。

弥合此差距的措施包括：正确理解顾客的期望；选择正确的服务设计和标准；服务传递遵循顾客定义的标准；提高企业现象，形成良好的口碑等。

13.2.4 服务质量与顾客服务

对于特定的服务来说，究竟应当达到什么样的水平才比较理想？首先，取决于企业所采取的策略和顾客对服务的期望，这两个因素相互影响。如果服务提供者想成为市场的佼佼者并试图满足潜在顾客对优异服务质量的追求，那么，服务提供者就必须首先使顾客建立起较高的服务期望，然后为他们提供能感知到的优异服务质量。与此相对应，另外一家企业可能采取的是与之相反的策略——低质低价。在这种情况下，服务质量水平相对较低，但它至少应在顾客期望的服务水平之上。当顾客的服务期望与实际体验重合时，顾客感知的服务质量依然是良好的。

总体上来说，顾客感知服务质量的结果有 4 种：低于期望水平、等于期望水平、高于期望水平和超越期望水平，如图 13.3 所示。良好的服务质量至少应当等于或大于顾客期望的服务质量水平，只有这样才能满足顾客的期望。可接受的服务质量是最起码的要求，但如果企业想让顾客愉悦，可接受的服务质量就远远不够了。

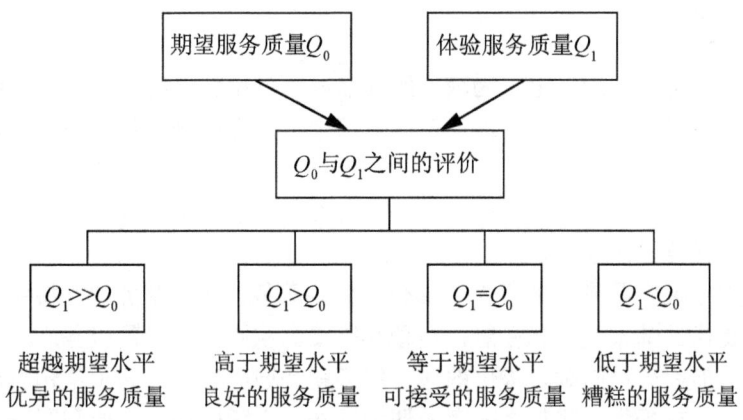

图 13.3　服务质量评价模型

顾客服务中，企业应当追求高于顾客期望的服务质量，尽管这样做有一定的风险。如果服务质量过高，服务生产的成本也会过高，收益就会减少甚至变成负值。从经济学的角度来看，这是不合理的。更重要的是，过高的服务质量还会被顾客认为是正常的服务质量，如果稍微有所波动，就会引起顾客的不满，从而形成不良口碑。另外，服务质量过高还会给顾客造成"宰客"的感觉，尽管事实并非如此。

在服务界有一个经常被引用的原则，即服务质量要略微高于顾客的期望。可接受的服务质量所提供的服务正好等于顾客的期望，它并不会引起顾客的不满，但顾客也不会产生与企业建立长期关系的强烈愿望。在这种情况下，顾客不愿意向他的朋友、邻居或同事传播对这个企业的好口碑。只有当服务提供者所提供的服务超过顾客期望并使顾客愉悦时，好的口碑才会产生，顾客也愿意与企业保持长期的合作关系。顾客会记住他的服务体验，并乐于向他人谈起这种美好的服务体验。

对于服务提供者来说，最忌讳的是先给顾客一个惊喜，然后再回到原来的服务水平。因为即使一次的服务质量提升，也会导致顾客服务预期的上升，而顾客服务预期的上升会使得企业下一次服务更加困难，顾客绝不会像第一次那样，那么容易被"感动"。处理不好，会引起顾客的不满，这种不满的影响远远大于服务质量提高使顾客感到的惊喜的影响。为此，企业必须时刻努力，每一次都给顾客以惊喜，从而保持顾客始终处于被"刺激"的状态。

总之，服务质量与顾客服务中，应该注意以下几点：①服务质量是顾客感知的服务质量；②服务质量无法从服务过程中剥离出来；③服务质量是由一系列的关键时刻和服务接触及互动关系积累而成的；④企业所有人员对顾客感知服务质量的形成都有责任；⑤必须在整个组织内倡导服务质量观念；⑥要将内部营销纳入服务质量管理的范畴。

13.3 服务营销策略的特点分析

13.3.1 服务营销的产品策略

服务最大的特征就是在生产、消费过程中看不到有形的物质，服务不是事先生产出来后再进行分销和消费，而是在顾客参与、感知和评价的过程中生产出来的，因此，服务产品在重视技术质量的同时，更要重视服务的功能质量。

1. 服务产品组合

基本的服务组合表示的是组织为满足顾客需要而推出的一组服务，服务组合决定了顾客可以从组织中获得的东西，一个恰当的服务组合可以保证顾客从组织中获得较好的服务结果。但是，即使再好的服务结果，也可能被糟糕的服务过程所破坏。因此，广义的服务产品组合将企业与顾客间的互动过程和服务过程都包括进来了。也就是说，服务产品既要保证结果质量，又要保证过程质量。

服务产品的结果质量基本包括 3 个部分：核心服务、便利服务和支持服务。核心服务是企业向顾客提供的基本效用和性能，是顾客需要的核心部分，是服务产品组合中最主要的内容。例如，航空公司向顾客提供的核心服务就是城际往返；为了使顾客能够接受核心服务，企业必须同时提供一些与之配套的便利服务。之所以称其为便利服务，是因为它们使顾客对核心服务的使用更加便利。如果没有便利服务，顾客就没有办法消费核心服务。例如，航空公司的送票服务；与便利服务一样，支持服务也是一种附加的服务，但它的功能与便利服务不同，支持服务的作用不在于使顾客对核心服务的消费或使用更加便利，而在于它能够增加服务的价值。例如，飞行旅途中航空公司提供的免费饮料。

服务过程质量包括 3 个部分：服务的可获得性、顾客与组织的互动性、顾客的参与情况。其中服务的可获得性取决于员工的数量及其技术的熟练程度，营业时间的长短、营业时间的选择及用来完成不同工作的时间；信息技术对方便顾客接受服务的作用等。例如，如果一家维修公司的电话接线员很长时间不接顾客打来的电话，或者是接了电话但找不到能够为顾客提供咨询的技术人员，那么，顾客就会感到这家维修公司的服务的可获得性很差。在整个服务过程中，顾客会同员工、设备、其他顾客接触和互动，如果这些互动过程被认为过于复杂或者是不友好，顾客对一个很好的服务组合的质量感知很可能是很低的。顾客的参与表明顾客对他感知的服务具有反作用，如果顾客不愿意进行一些企业所要求的自助服务，如提供信息、利用网站、操作自动售货机等，那么，服务质量就有可能由于顾客的参与不积极而有所下降，如图13.4所示。

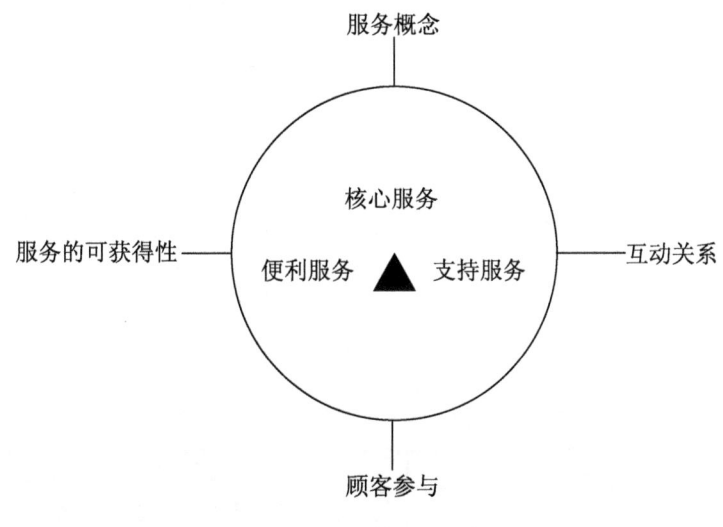

图 13.4　服务产品组合

2. 服务蓝图

服务蓝图是详细描绘服务系统的图片或地图，服务过程中涉及的不同人员可以理解并客观地使用它，而无论他的角色或个人观点如何。服务蓝图直观上同时从几个方面展示服务：描绘服务实施的过程、接触顾客的地点、顾客雇员的角色以及服务中的可见要素，如图13.5所示。

服务蓝图的主要构成包括顾客行为、前台员工行为、后台员工行为和支持过程。其中，顾客行为部分包括顾客在购买、消费和评价服务过程中的步骤、选择、行为和互动。与顾客行为平行的部分是服务人员行为。那些顾客能看到的服务人员表现出来的行为和步骤是前台员工行为；那些发生在幕后，支持前台行为的雇员行为称作后台员工行为。蓝图中的支持过程部分包括内部服务和支持服务人员履行的服务步骤和互动行为，具体如图13.6所示。

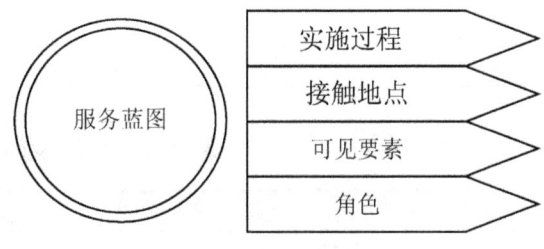

图 13.5　服务蓝图

3. 服务标准

以往企业只是从自身角度出发，制定企业定义的服务标准。众所周知，服务质量是顾客感知的，因此，也必须以顾客的需求和期望为基础制定服务标准，即顾客而非企业定义服务标准。顾客定义的服务标准可以概括为两大类：一是"硬性"标准，即那些能通过计数、计时或观测得到的标准,如表 13-3 所示;二是"软性"标准,即以感性表示的标准,如表 13-4 所示。

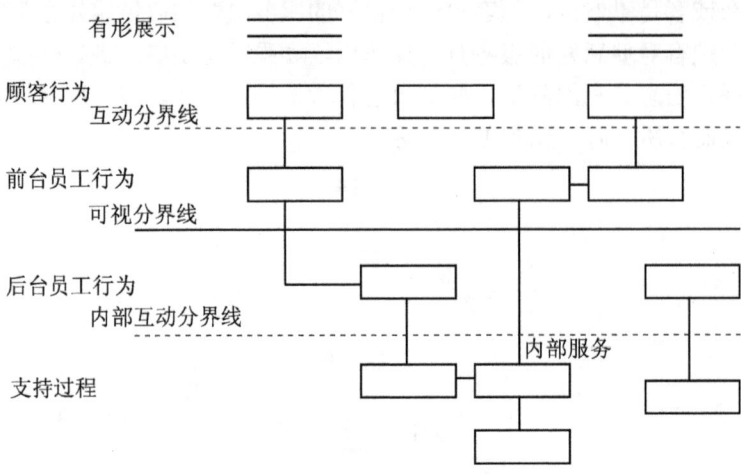

图 13.6 服务蓝图的构成

表 13-3 顾客定义的"硬性"标准示例

公 司	顾客目标取向	顾客定义的服务标准
联邦快递	准时投递	① 送货日期正确但送迟的包裹数 ② 送货日期错误且送迟的包裹数 ③ 忘记取件的包裹数
戴尔电脑公司	准时送货 计算机正常工作	① 准时精确送达 ② 最初故障率 ③ 遗失、错误和损坏率
西南航空公司	可靠性	准时到达
南部太平洋公司	19 个客户定义的关键特征	与 19 个关键特征是否相符的运营测评
德州仪器	与承诺一致	① 准时送货 ② 产品符合需求

表 13-4 顾客定义的"软性"标准示例

公 司	顾客目标取向	顾客定义的服务标准
通用电气公司	接线人员的人际交往技能:通话声音、解决问题、总结事件、总结通话	做通话中的主动者,做出承诺,文明有礼,信息灵通,理解顾客的问题和要求
丽嘉	尊重人	"金制标准",即服务干净,一尘不染;穿着得体,系紧鞋带;佩戴姓名卡;尊重培训标准,遇紧急情况向主管汇报;使用礼貌的电话用语;不准拦截电话
美国运通	解决问题 对待顾客 营业代表的礼貌	顾客找到谁,谁解决问题;善于沟通,能提供足够的指示;利用所有必需的时间聆听,提供一切可能的帮助;得体的安慰,耐心解释结账过程;帮助持卡成员

4. 服务生产率

服务生产率通常是指一种生产过程的产出相对于投入总值的比率。提高服务生产率对于各种服务企业都是一项重要的工作，可以从以下几个方面来提高服务生产率。

(1) 增强员工技能。高质量服务意味着员工知道如何正确行事，如果员工缺乏技能，服务过程所产生的技能质量就会受到损害，与此同时，顾客可能被迫等待更长的时间，被迫接受一些刚能接受的服务质量。

(2) 员工的服务态度和行为。员工不友好和冷淡的态度对感知服务质量中的功能质量方面有显著的负面影响。而且，它对生产率有反作用，被员工的行为激怒的顾客容易给员工制造麻烦，使服务过程放慢。

(3) 让内部价值观支持良好的服务生产率。组织中的内部价值观系统以常规行动为荣，反对冒险，禁止可能无助于服务生产率的行动。内部价值观的发展一方面是提高生产率的一种方式，另一方面可以使员工意识到明智使用资源的必要性。

(4) 使系统和技术更加支持员工及顾客参与。如果运营系统和常规行动很复杂、难以控制或不易理解，就可能给员工和顾客带来问题。例如，如果顾客服务帮助平台收到过多的不恰当的电话，例如，那些寻求一般信息的电话，就可能产生生产率和服务问题。对员工来说，这可能会给满足顾客服务需求带来障碍，因而无法给顾客足够的关注。对顾客来说，需要等待很长的时间来寻求支持，服务生产率和服务质量就会受损。在这种情况下，完全自动化的装置能较好地解决此类问题，因而对服务质量和生产率都有积极影响。

(5) 使服务运营工业化。有人在 20 世纪 70 年代提出把制造业的运营方法作为改进服务的方式。一般来说，服务的工业化意味着用技术和自动化替代人的位置。自动取款机、网上银行、网上商店等就是这种方法的实施。在某种情况下，以恰当的方式进行服务的工业化是可以同时提高服务质量和生产率的方法。

(6) 应用互联网和信息技术。互联网和信息技术提供了许多机会，可以让服务提供者在创造服务的过程中投入更少的资源并产生更高的顾客感知服务质量。电子商务、互联网商店和银行就是用不同的投入来降低成本并为许多顾客提供高质量服务的典范。电视商店是应用信息技术为基础的资源结构减少成本并为欣赏这种服务方式的顾客提供高质量服务的另一个例证。以移动商务为基础的通信技术和数字电视可能具有同样的潜在机会。

(7) 在服务生产过程中增强与顾客的合作。提高服务生产率的另一种方法是观察顾客对服务过程的影响。原则上有两种方式：第一种方式是导入自助服务要素。但是，极为重要的是不要仅仅出于提高内部效率的考虑才这样做。顾客需要看到自己参与到自助服务过程中的收益。如果他们无法看到收益的话，其感知到的服务质量就会受损。一定要激励参与到服务过程中的顾客，让他们受到激励后继续自己的行为。另一种方式是要提高顾客的参与技巧。有时候顾客并不能确切地知道他们要做什么或说什么，掌握更多信息的顾客会感到更加安全、会更少出错，这些顾客不需要员工的密切关注，他们会对服务相当满意。同时，这种做法对服务有双重影响：顾客通过他们对服务过程的投入加速了服务生产；员工可以为更多的顾客提供服务。

(8) 增强供给和需求间的匹配程度。当需求降低的时候，有形产品可以存储在仓库里，但服务却不能这样。如果需求曲线既有高峰又有低谷，那么需求处于低谷时的服务质量可能会较好。但在需求高峰期过多的顾客在同一时间出现，他们或许会排起长队，等候很长的时间而且基本上没人关注，这时企业的能力效率很高。另一种情况是需求小于供给，在这种情况下，企业会因资源闲置而导致能力效率低下。因此，增强供给与需求间的匹配程度是可以同时保证质量稳定和提高生产率的方法之一。

13.3.2 服务营销的价格策略

在服务营销市场上，各种有形产品定价的概念和方法均适用于服务产品的定价。但是，由于服务受产品特征的影响，企业与顾客之间的关系通常比较复杂，企业定价不仅是给产品一个价格标签，服务定价战略也有其不同的特点。因此，必须重视定价在服务营销中的作用，研究服务产品定价的特殊性，同时，也要对传统定价方法在服务市场营销中的应用给予一定的重视。

1. 服务产品定价的方法

影响服务产品定价的因素主要有 3 个方面，即成本、需求和竞争。成本是服务产品价值的基础部分，决定着产品价格的最低界限，如果价格低于成本，企业无利可图；市场需求影响顾客对产品价值的认识，决定着产品价格的上限；市场竞争状况调节着价格在上限和下限之间不断波动的幅度，并最终确定产品的市场价格。因此，服务产品的定价主要有 3 种方法：成本导向定价法、需求导向定价法和竞争导向定价法。

(1) 成本导向定价法。在成本导向定价法中，企业根据原材料和劳动力，加上间接成本和利润，以确定价格。此方法广泛用于公用事业、承包业、批发及广告业中。成本导向定价方法的基本公式为

$$价格 = 直接成本 + 间接成本 + 利润$$

式中，直接成本包含与服务有关的材料和劳动力；间接成本是固定成本的一部分；利润是总成本的百分比。

成本导向定价法的优点是简洁明了，企业得到合理的利润。其缺点是成本难以确定，劳动力比原材料更难以定价。

(2) 需求导向定价法。需求导向定价法的本质是从消费者的角度出发，了解消费者可以接受的价格，然后企业将成本控制在价格之内，在此基础上获得相应的利润。

服务与商品在需求导向定价法上的一个主要区别是在计算顾客的感受价值时必须考虑非货币成本和利益。当服务需要花费时间、带来不便以及增加心理和搜寻成本时，货币价格必须做相应的调整予以补偿。而当服务节省时间、提供便利、节省心理及搜寻成本时，顾客会愿意支付较高的货币价格。服务与商品在需求导向定价法上的另一个主要区别是顾客对服务成本的信息知之甚少，这使货币价格的作用在初次选择服务时不像在购买商品时那么显著。

(3) 竞争导向定价法。竞争导向定价法注重同行业或市场中其他公司的收费情况。当然，竞争导向定价法也并不总是意味着与其他公司收取相同的费用，而是将其他公司的价格作为本公司定价的依据。因此，竞争导向定价法主要有两种：通行价格定价法和主动竞争型定价法。

竞争导向定价法的缺点有两个：一是小公司可能收费太低而无法生存。例如，许多夫妻店，像干洗店、小卖铺等，不能以连锁店那样低廉的价格提供服务。二是服务的异质性限制了可比性。

2. 服务产品的定价技巧

在 3 种基本定价方法的指导下，企业也应该灵活地使用一些定价技巧，主要有以下几种。

(1) 尾数定价。尾数定价是在整数价格之下制定一个带有零头的价格，以使顾客感到他们获得了较低的价格。例如，店主将洗一件衬衣的价格定为 9.9 元而不是 10 元。尾数定价暗示了折扣和廉价，而且会吸引那些认为有零头就意味着低价格的顾客。

(2) 声望定价。声望定价是提供高质量或高档次服务的公司采用的一种特殊的需求导向定价形式。某些服务，如餐馆、健身俱乐部、航空公司及旅店，对经营中提供的奢侈品索要高价。实际上，声望定价中需求或许会随价格的提高而增长，因为较昂贵的服务在表现质量和声望方面更具价值。

(3) 折扣定价。折扣定价是指服务商以打折或减价的方式提醒对价格敏感的买主，以此促进销售。例如，广告代理商对立即付款所提供的现金折扣，干洗服务店提供短期降价等。

(4) 渗透定价。渗透定价是指新的服务以低价导入市场以刺激试用或广泛使用的一种战略。

(5) 撇脂定价。撇脂定价是以高价和大量的促销投入推出新服务。这是当服务相对以往的服务有很大改进时的有效方法。这种情况下，许多顾客关心更多的是获得服务而非服务的成本，使得服务商能够在最愿意支付最高价格的顾客身上得到更多的利润。

(6) 互补定价。互补定价包括 3 种相关的策略：俘获定价、双部定价和为招揽顾客而削本出售。高度相关联的多种服务可用其中一种定价法进行平衡。俘获定价中，公司提供一种基本服务或产品，而后提供继续使用该服务所需的供给或外围服务。这种情况下，公司可以将基本服务的一部分价格转移到外围服务中去。例如，有线服务通常把初装费降得很低，而后以收取足够多的外围服务费来弥补收入的损失。对服务公司来说，此策略通常称为双部定价，因为服务价格被分为固定费用和可变费用。为招揽顾客而削本出售常用于零售店，将熟悉的服务以较大幅度的特价推出来吸引顾客光顾，然后再展示必须支付更高的价格才能享有的其他服务，所以此定价法又称招徕定价。

13.3.3 服务营销的分销策略

服务分销是指服务从生产者转向消费者，所涉及的一系列企业或机构。在服务销售中，最普遍的是直销，即一种短渠道形式。虽然直销在服务市场中很常见，但仍有许多服务业的分销渠道包括一个或一个以上的中介机构。因此，认为直销是服务业市场唯一的分销方法是不正确的。有些中介机构承担了所有权风险；有些是承担所有权转移的中介角色；有些是担当实体转移的任务等。

1. 服务产品分销渠道的形式

(1) 直销。由于服务产品的不可分割性和不可储存性，所以从绝对意义上说，它只能采取直销的分销形式，即没有中间商的销售渠道，换句话说就是服务提供者直接推销自己的服务产品。从某种意义上讲，主动地采取直销渠道可以使企业获得某种特殊的经营优势：①对服务的提供数量和质量可以保持较好的控制；②能提供真正意义上的个性化服务，在标准化市场的基础上开发新的差异化市场；③可以与顾客直接接触，从市场中直接反馈需求信息、环境变化和竞争状况。

(2) 代理。代理形式一般是在观光、旅游、旅馆、运输、保险、信用、雇佣和工商业服务业市场出现。

(3) 代销。代销是由直销方式下的分支服务提供演化而来的间接渠道，主要表现为以特许经营权授予为基础的服务分销形式。

(4) 经纪。在标准化程度或实物性程度较高的服务行业，可能产生大量的经纪人和媒介服务销售行业，如证券业、广告制作业等。

(5) 批发和零售。根据分销形式、销售数量以及联结对象的不同，可以将批发商和零售商这两种传统形式的中间商有区别地引入到服务分销渠道中。服务批发商采取服务批发形式，以大量、整批销售为主，联结大规模的服务提供商和服务零售商；服务零售商直接进入消费者市场，整合零散的个别的需求，可以直接与中小服务提供者联系，也可与服务批发商联系。这种批发零售的中介模式在商业、银行业、照相馆、干洗店等服务领域得到广泛应用。

2. 服务分销渠道的创新

最近几年来在服务分销的方法上产生了许多创新，这说明服务业营销者在运用创新性营销实务上并不落后。

1) 租赁服务

服务业经济的一个有趣现象，就是租赁服务业的增长，也就是说，许多个人和公司都已经而且正在从拥有产品转向产品的租用或租赁。采购也正从制造业部门转移到服务业部门。这也意味着许多销售产品的企业增添了租赁和租用业务。此外，新兴的服务机构纷纷出现，投入租赁市场的服务供应。在产业市场，目前可以租赁的品种包括汽车、货车、厂房、飞机、货柜、办公室装备、制服等。在消费品市场则有公寓、房屋、家具、电视、运动用品、帐篷、工具、绘画、影片等。还有些过去是生产制品的企业，开发了新的服务业务，提供其设备作为租用和租赁之用。在租用及租赁合同中，银行和融资公司以第三者身份，扮演了重要的中介角色。

2) 特许经营

在可能标准化的服务业中，特许经营是一种持续增长的现象。在一般情形下，特许经营是指一个人(特许人)授权给另一个人(授许人)，使其有权利用授权者的知识产权，包括商号、产品、商标、设备等。

在英国，特许经营过去基本是以与制造业业务相关者为主，通常是以代理机构形态或是以经销方式出现，即一般人熟知的垂直特许经营，其所涉及的经营机构是由两种或两种以上的经销层次构成的。而最近新发展的是"水平特许经营"，通常是产品或服务的零售商和其他在同一分销渠道的机构间有特许经营关系，这种形态又被称为"服务主办者零售特许经营"。最近这方面的增长相当迅速，在发展上方兴未艾的行业有干洗服务、就业服务、工具和设备租用业以及清洁服务。目前，许多服务业公司都在积极利用特许经营作为企业的增长策略。

3) 电子渠道

电子渠道是唯一的不需要直接人际互动的服务分销渠道，其功能对象是那些事先设计的服务，并由电子媒介传递这类服务，如大家都很熟悉的电话和电视、互联网和网络，也许还有一些目前尚未开发出来的电子媒介。通过这些媒体，可以为消费者和企业提供服务，包括所需要的电影、互动信息和音乐、银行和金融服务、多媒体图书馆和数据库、远程学习、桌面电视会议、远距离健康服务和互动式网上游戏等。

一种服务的生产越依赖于技术和设备，就越不依赖于和服务供应商面对面的接触，越缺少不可分割性和非标准化的特征。利用电子渠道克服了与服务的不可分割性相关的问题，形成了一种以前对大多数服务来说都不可能的标准化形式。

3. 服务位置的选择

在我国一直流传着"一步差三市"的说法，国外营销专家更是创造性地提出了地理位置是服务本身的一部分。别说对旅游业而言，山川、古迹等就是服务的内容；就是对商业、交通运输业而言，地理位置也是决定企业经营成败的关键。

服务企业的地理位置定位包含从地域到地区再到地点 3 个层次的定位。

(1) 地域定位，是确定服务商圈的最大范围。一些结合经济学和数学的定位模型，如霍利的"零售引力法则"和茨巴斯的"商圈境界线模式法则"等，经常被用于分析和确定服务的地域定位。

(2) 地区定位，是在选定地域中选择最利于经营的地区或街区，如繁华区、商业中心、专业街等。地区定位主要考虑该地区的人口密度、服务企业密度以及服务企业之间的结合力等。

(3) 地点定位，是指最狭义的服务设施和店铺的位置选择。虽然客观上地理定位往往由于先入者对地点的垄断性占据而受到局限，但主观上，以下两点定位原则却是必须遵循的。

① 服务地点的选择必须尽可能地接近顾客，同时考虑到同行业的集中情况和交通的便利情况等。

② 地理位置定位必须按"地域—地区—地点"的顺序进行。有些企业先考虑地点，对地区乃至地域的现状和发展趋势分析不够，结果当地区人口外迁、地域经济中心转移时，造成投资失败。

13.3.4 服务营销的促销策略

服务无形性的特点，使服务企业促销策略的实施比工业企业困难得多。然而，近年来服务业的迅猛发展和服务竞争的不断升级，又使得成功的促销策略成为企业经营制胜的必由之路。

1. 服务促销的目标

服务市场营销与产品市场营销的促销目标大致相同，其主要促销目标如下所述。
(1) 建立对该服务产品及服务企业的认知及兴趣。
(2) 使服务内容和服务企业本身与竞争者产生差异。
(3) 沟通并描述服务带来的各种利益。
(4) 建立并维持服务企业的整体形象和信誉。
(5) 说服顾客购买或使用该项服务。

总之，任何促销努力的目标都在于通过沟通、说服和提醒等方法，最大限度地增加服务产品的销售。当然，这些目标也会因服务产品性质的不同而有所差异。而且，任何服务的特定目标在不同的产品/市场状况中都要有所变动。因此，企业在服务时使用的促销组合因素也应有所不同。

2. 服务产品促销组合

促销能够帮助企业进行顾客服务的定位，沟通企业与顾客之间的联系。企业的促销活动是由一系列具体的活动所构成的，服务产品促销组合包括多种元素。

1) 广告

对无形的服务产品做广告与对有形物品做广告具有很大的不同。基于服务的一般特征，市场营销学家提出了服务广告的原则。在服务广告方面，首先要认识到服务是行为而不是物体。因此，广告就不能只是鼓励消费者购买服务，而是应把雇员当作第二受众，激励他们提供高质量的服务。因此，为了达到这个目的，服务企业在做广告时要使用自己公司的雇员，而不使用模特。同时还应该提供一些有形的线索来冲销服务的无形特征——不只是展示员工，还包括物质设施，如提供服务的场所。

2) 人员推销

关于服务业的人员推销，人们提出了一个包括 6 项指导原则的模式。这个模式是从对具有代表性的产品和服务厂商进行调查，发现推销产品和服务有所不同的实证资料中总结出来的。例如，该模式中的一条原则是将服务实体化，其具体内容是教导买主应该寻求什么服务；教导买主如何评价和比较不同的服务产品；教导买主发掘服务的独特性。

3) 营业推广

有些服务营销学者对营业推广并不太重视，他们认为，营业推广在传统观念中的样品、展示、购买点陈列都受到严格限制。然而，在过去的 10～15 年，许多服务市场的营业推广活动都在不断增加，从整体而言，会员制、抽奖、参观等营业推广方式都适合服务营销。

4) 公共关系

服务与产品的公关工作基本上无差异，都是建立在 3 项具有显著性要素的基础之上的。第一，可信度。新闻特稿和专题文章往往比直接花钱买的报道具有更高的可信度。第二，解除防备。公关是以新闻方式表达，而不是以直接销售或广告的方式，因而更容易被潜在顾客或使用者所接受。第三，戏剧化。公关工作可以使一家服务业公司的产品戏剧化。

5) 口碑传播

由于服务业一般规模小，服务范围有限，不适合做大覆盖面的广告宣传，所以人员宣传和"口碑"传播在宣传策略中至关重要，尤其是良好的"口碑"对服务营销的成功大有裨益。

3. 服务促销遵循的思路

针对服务行业的特点，服务企业进行促销宣传时一般应该遵循以下几种思路。

(1) 进行形象化、有形化的宣传。服务的无形性特征增加了顾客购买行为的知觉风险，因此，服务宣传策略应当为服务提供有形的线索，以消除顾客的疑虑，增强顾客对服务产品的青睐、信赖和品牌忠诚度。近年来，在服务营销中被广泛推崇的"有形展示"策略便是这一思路的体现。一般而言，企业可以通过对服务环境、品牌标志、员工形象和业务信息的有形展示，使顾客抓住服务的有形线索。

(2) 注重企业形象的树立和服务提供者的宣传。服务企业在业内的声望不只是服务定价的依据，更是不少消费者选择服务的依据。企业形象越好、声望越高，顾客越认同其服务水平，对其管理水平也越有信心。至于对服务提供者宣传的重要性，从选择律师、会计师、医生、美容师和经纪人的例子中显而易见。

(3) 着重宣传服务带给顾客的利益。这比宣传服务形式、品质或特征更事半功倍。

13.3.5 服务营销的人员策略

在服务营销的 7Ps 组合中，"人"的要素是比较特殊的一项。对于服务企业来说，人的要素包括两个方面的内容,即服务员工和顾客。本节着重讨论服务员工的问题,即内部营销。服务营销的成功与人员的挑选、培训、激励和管理的联系越来越密切,人员在服务营销中的作用显得越来越重要。

1. 服务人员的地位及服务利润链

在提供服务产品的过程中,人是一个不可或缺的因素。尽管有些服务产品是由机器设备来提供的,如自动售货服务、自动提款服务等,但零售企业和银行的员工在这些服务过程中仍起着十分重要的作用。对于那些要依靠员工直接提供的服务,如餐饮服务、医疗服务等来说,员工因素就显得更为重要。一方面,高素质、符合有关要求的员工的参与是提供服务的一个必不可少的条件;另一方面,员工服务的态度和水平也是决定顾客对服务满意程度的关键因素之一。

一个高素质的员工能够弥补由于物质条件的不足给消费者带来的缺憾感,而素质较差的员工则不仅不能充分发挥企业拥有的物质设施上的优势,还可能成为顾客拒绝再消费该企业服务的主要缘由。服务业的营销实际上由外部营销、内部营销和互动营销3部分组成。

其中,外部营销包括企业提供的服务准备、服务定价、促销、分销等内容;内部营销则指企业培训员工及为促使员工更好地向顾客提供服务所进行的其他各项工作;互动营销则主要强调员工向顾客提供服务的技能。员工在服务营销中的重要地位如图13.7所示。

在服务营销组合中,要处理好人的因素,就要求企业必须根据服务的特点和服务过程的需要,合理地进行企业内部人力资源组合,合理调配好一线队伍和后勤工作人员。以一线员工为"顾客",以向顾客提供一流的服务为目的,开展好企业的内部营销工作。前面已经提到,顾客对企业服务质量评价的一个重要因素是一线员工的服务素质和能力,而要形成并保持一支素质一流、服务质量优异的一线员工队伍,企业管理部门就必须做好员工的挑选和培训工作,同时要使企业内部的二线、

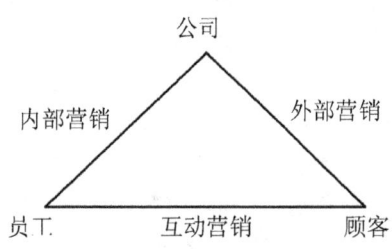

图 13.7 服务业 3 种类型的营销

三线队伍都围绕着为一线队伍的优质服务提供更好的条件这一中心展开。只有为一线员工创造了良好的服务环境,建立了员工对企业的忠诚,才能实现为顾客服务的热忱,从而通过较高的服务质量赢得顾客对企业的忠诚。服务利润链对这一思路做出了很好的说明,如图13.8所示。

2. 建立一支以顾客为导向、以服务为理念的员工队伍

为了建立一支以顾客为导向、以服务为理念的员工队伍,企业需要做好以下4个方面的工作。

1) 雇用正确的员工

选择正确的服务传递人员,意味着在招聘服务人员的问题上要非常用心谨慎。这不同于许多服务行业的传统做法,在这些行业,服务人员是公司的最底层,而且工资最少。现在,即便在这些行业,经理们也开始关注更有效率的招聘活动。在专家式服务的情况下,最重要的招聘标准有技术培训、资格培训和专业培训。但是更多的组织在留意申请人的技术资格之外,还关注他们的顾客和服务价值取向。

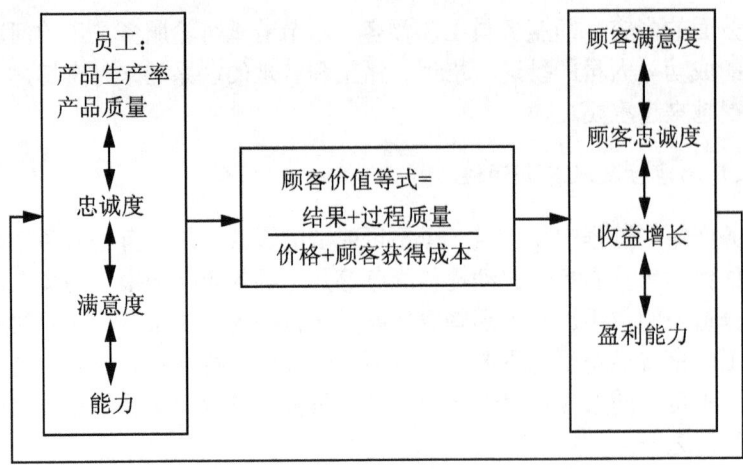

图 13.8　服务利润链

2) 为提供优质服务开发员工

要维护和发展一支以顾客为导向、关注服务质量的员工队伍，组织必须为提供优质服务开发员工。一旦招聘到正确的员工，组织必须着手培训并与这些人员一起工作，从而确保服务绩效。

(1) 技术和互动能力培训。为提供优质服务，员工需要进行必要的技术技能与知识的培训以及操作或互动技能的培训。

(2) 授权给员工。许多组织业已发现要真正做到对顾客需求的及时反应，就必须授权给一线员工，使其能对顾客需求做出灵活反应，并在出现差错时及时补救。授权意味着把为顾客服务的意愿、技能、工具和权力交给员工。尽管授权的关键是把决定顾客利益的权力交给员工，但只是权力的给予还不够。员工需要掌握相应的知识和工具才能做出这些决定，而且还要有激励措施以鼓励员工做出正确决定。例如，一位顾客入住青岛海景花园酒店，由于是冬天，早晨他的车子无法启动，酒店门卫问他是否需要帮忙。顾客就问门卫如何帮忙，门卫说可以打电话叫车队人来。顾客又问门卫："这么早，有人肯来吗？"门卫说："只要是客人的问题，就是总经理，我也可以叫来。"

3) 提供必要的支持系统

要使服务员工的工作富有成效，必须建立内部支持系统，该系统向以顾客为中心的员工需求看齐。实际上，没有以顾客为中心的内部支持和顾客导向的系统，无论员工意愿如何强烈，也不可能传递优质服务。举例来说，一位银行出纳员要在银行业务中分毫不差，同时使顾客满意，需要很容易地得到顾客的近期资信资料，而且要求银行人员配备完整，以及有意愿支持他以顾客为导向的上司与后勤人员。

4) 留住最好的员工

一个组织雇用到正确的人员、培训以开发其传递服务质量的能力，并且提供了所需的支持系统，还必须着手留住那些最好的人员。员工的流动，尤其是最好的服务人员的流失，可能会对顾客满意度、员工士气和整体服务质量造成严重影响。然而，正如一些公司对其员工所做的那样，它们花很多时间、精力吸收员工来工作，然后就把员工的有无不当回事，甚至使一些优秀员工寻找机会跳槽。

13.3.6 服务营销的有形展示策略

服务因其无形而不同于货物。货物以物质形态存在，服务以行为方式存在。服务的非物质特性对于顾客如何形成深刻印象和做出购买决定，以及服务市场营销人员如何完成市场营销任务有重要启示。顾客看不到服务，但是能看到服务工具、设备、员工、信息资料、其他顾客、价目表等，所有这些有形物体都是看不见的服务的线索。这些线索能增加顾客对有关服务的认识，并增添整个市场营销战略的活力，也被称为有形展示。

1. 有形展示的类型

对有形展示可以从不同的角度进行不同的分类。不同类型的有形展示对顾客的心理及其判断服务产品质量的过程有不同程度的影响。其中，根据有形展示的构成要素进行划分，有形展示可以分为3种类型，即物质环境、信息沟通和价格，如图13.9所示。如同图13.9中相交的圆环表明的那样，这几种类型不是完全排他的。例如，价格是一种不同于物质环境和说服性信息交流的展示方式，然而，必须通过多种媒介将价格信息从服务环境传进、传出。

1) 物质环境

物质环境有三大类型：周围环境、设计因素、社会因素。

(1) 周围环境，这类因素通常被顾客认为是构成服务产品内涵的必要组成部分。周围环境的存在并不会使顾客感

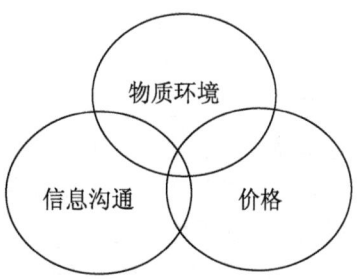

图 13.9　有形展示的类型

到格外的兴奋和惊喜，但是，如果失去这些要素或者这些要素达不到顾客的期望，就会削弱顾客对服务的信心。周围环境因素是不易引起人们重视的背景条件，但是，一旦这些因素不具备或令人不快，马上就会引起人们的注意。

(2) 设计因素，即被用于改善服务产品的包装，使产品的功能更为明显和突出，以建立有形的、赏心悦目的产品形象。设计因素是主动刺激，它比周围环境因素更容易引起顾客的注意。因此，设计因素有助于培养顾客的积极感觉，且鼓励其采取接近行为，有较大的竞争潜力。设计因素又可以分为两类：美学因素(如建筑风格、色彩)和功能因素(如陈设、舒适)。设计因素既应用于外向服务的设备，又应用于内向服务的设备。

(3) 社会因素，是指在服务场所内一切参与及影响服务产品生产的人，包括服务员工和其他在服务场所同时出现的各类人士。他们的言行举止皆可影响顾客对服务质量的期望与判断。服务员的言行举止在服务展示管理中也特别重要，因为在一般情况下顾客并不会对服务和服务提供者进行区分。

2) 信息沟通

信息沟通是另一种服务展示形式，这些来自公司本身以及其他引人注意的沟通信息通过多种媒体传播，展示服务。从赞扬性的评论到广告，从顾客口头传播到企业标记，这些不同形式的信息沟通都传送了有关服务的线索。有效的信息沟通有助于强化企业的市场营销战略。

3) 价格

市场营销经理对定价有特殊的兴趣，因为价格是市场营销组合中唯一能产生收入的因

素，而其他的因素则招致成本增加。但是，无论如何，价格之所以重要还有另一个原因，即顾客把价格看作是有关产品的一个线索。价格能培养顾客对产品的信任，同样也能降低这种信任。在服务行业，正确的定价也特别重要，因为服务是无形的，而价格是对服务水平和质量的可见性展示。

2. 有形展示的效应

服务有形展示的首要作用是支持公司的市场营销战略。在确定市场营销战略时，应特别考虑对有形因素的操作，以及希望顾客和员工产生什么样的感觉，做出什么样的反应。有形展示作为服务企业实现其产品有形化、具体化的一种手段，在服务营销过程中居重要地位。但是，有形展示能被升华为服务市场营销组合的要素之一，所起的作用及其战略功能当然不会局限于评估品质，具体来说主要包括以下几个方面。

(1) 通过感官刺激，让顾客感受到服务给自己带来的利益。消费者购买行为理论强调，产品的外观是否能满足顾客的感官需要，将直接影响到顾客是否真正采取行为购买产品。同样，顾客在购买无形的服务时，也希望能从感官刺激中寻求到某种东西。服务展示的一个潜在作用是给市场营销战略带来乐趣优势。利用服务展示增加乐趣的市场营销人员总是寻求在顾客的消费经历中注入新颖的、令人激动的、娱乐性的因素。这些市场营销人员总是以非同寻常的方式来完成交易，从而消除顾客的厌倦情绪，他们把服务环境当作舞台，把服务传递看作剧场。

(2) 引导顾客对服务产品产生合理的期望。顾客对服务是否满意，取决于服务产品所带来的利益是否符合顾客的期望。可是，服务的不可感知性使顾客在使用服务之前，很难对该服务做出正确的理解或描述，他们对该服务的功能及利益的期望也是很模糊的，甚至是过高的。不合乎实际的期望又往往使他们错误地评价服务，或做出不利的评价。而运用有形展示则可让顾客在使用服务之前能够具体地把握服务的特征和功能，较容易地对服务产品产生合理的期望，以避免因顾客期望过高而难以满足所造成的负面影响。

(3) 影响顾客对服务产品的第一印象。对于新顾客而言，在购买和享用某项服务之前，他们往往会根据第一印象对服务产品作出判断。既然服务是抽象的、不可感知的。有形展示作为部分服务内涵的载体无疑是顾客获得第一印象的基础，有形展示的好坏直接影响到顾客对企业服务的第一印象。

(4) 促使顾客对服务质量产生"优质"的感觉。服务质量的高低并非由单一因素所决定。根据西方学者对多重服务的研究，大部分顾客会从10种服务特质来判断服务质量的高低，而"可感知"是其中的一个重要特质，有形展示正是可感知服务的组成部分，有形展示像服务产品的包装一样，包装质量较高，就能使顾客对服务质量产生"优质"的感觉。

(5) 帮助顾客识别和改变对服务企业及其产品的形象。有形展示是服务产品的组成部分，也是最能有形地、具体地传达企业形象的工具，企业形象或服务产品的形象也属于服务产品的构成部分。形象的改变不仅是在原来形象的基础上加入一些新东西，而且要打破现有的观念，所以它具有挑战性，服务的无形性增加了这一挑战的难度。没有有形产品作为新设计形象的中心载体，服务市场营销人员必须寻找其他有形因素作为代理媒介。

(6) 协助培训服务员工。前面已经指出，服务市场营销学区别于传统市场营销理论的一个重要方面在于，它承认"服务员工"也是企业顾客的事实。既然服务产品是"无形无质"的，而且顾客难以了解服务产品的特征与优点，那么，我们也有理由假设"服务员工"

作为企业的内部顾客也会遇到同样的难题。倘若服务员工尚未能完全了解企业所提供的服务，企业的市场营销管理人员又该如何保证他们所提供的服务符合企业所规定的标准呢？所以，市场营销管理人员利用有形展示突出服务产品的特点及优点时，也可利用相同的方法作为培训服务员工的手段。

13.3.7 服务营销的过程策略

服务过程是指一个产品或服务交付给顾客的程序、任务、日程、结构、活动和日常工作。服务产生和交付给顾客的过程是服务营销组合中的一个主要因素，因为顾客通常把服务交付系统感知成服务本身的一部分。服务业公司的顾客所获得的利益或满足，不仅来自服务本身，同时也来自服务的传递过程。因此，服务体系运行管理的决策对服务营销的成功十分重要。

1. 服务作业管理的定义

在制造领域，作业管理被称为生产管理，着重强调的是制造。现在，越来越多的银行、航空公司、旅馆、货运业主、准零售业者、休闲中心、保险公司和许多其他类型的服务业公司，都认识到作业管理已经成为成本控制、制度改善和顾客服务水平方面的重要投入因素。所谓"作业"，是指运用某种手段将资源投入，经由合并、重塑、转化或分割等方式，引导出有用的产出。作业管理的目的在于探讨和协调各种系统设计、作业规划、执行与控制之间的关系。

2. 服务作业的程序

作业管理包括规划、组织及控制这些资源的转化过程，其过程如图 13.10 所示。

转化过程的目的是为了取得系统的投入，以及在进行转化过程中所发生的一切成本或成本外的效用或价值。为了管理转化过程，有必要了解传统的作业管理领域。

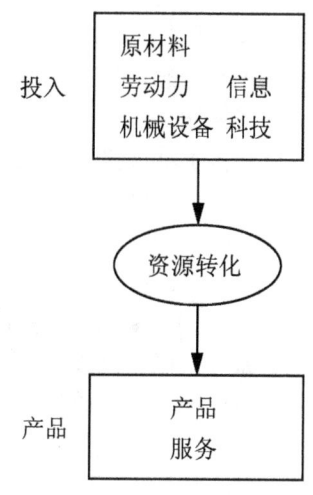

图 13.10 作业管理过程

(1) 过程规划与控制。作业选择和规格化的目的，在于使服务产出在质量、数量、传送方式和成本方面能适应顾客的要求。

(2) 作业规划。作业规划即使每项作业详细规格化，其目的在于使服务能符合所要求的质量、价格和成本。

(3) 装备设计、陈设布局、材料处理和维护。有关的设计、所在地点、布局、与各种材料有关的处置以及任何有关设备的维护保养，旨在通过作业系统使各种材料和人员的流动更加顺畅。

(4) 日程。日程是指作业推进的详细时间规划，在于能使服务在约定的递送期内完成，同时符合资源利用和经济效用原则。

(5) 库存规划与控制。库存的规划和控制，是为达到服务所期望和约定的水平。

(6) 质量控制。质量控制对服务系统的有关重点采取适当的检查和控制技术以及程序，以确保达到预定的质量水平。

(7) 作业控制。作业控制是指各种服务系统的信息流出与流入务必畅通，以确保各项作业的进行，可以按照约定日程去执行；同时，配合监测服务系统内的工作，依照必要的程序完成工作。

(8) 预测及长期规划。预期服务业公司的未来需求量，并预测必须纳入服务系统的各种产能。

当然，并非所有的服务业公司都必须完成以上各项。不过，有些服务机构则有必要兼顾其他事项，如采购、自制或外购等决策。以上的各项工作任务，应仅被视为作业管理者职责范围内的要点。因为作业管理和其他很多功能层面的关联都非常密切，因而很难界定作业管理者在所有情况下的确切职责范围。不过，以上每一项目领域都需要有一系列的技术来协助增进服务业的质量，如网络建立、预测和模拟。

3. 服务作业系统

服务作业系统可以从很多研究角度来予以分类，主要是从过程形态和接触度两个角度来划分。

1) 从过程形态来认识

服务业按其过程形态可以分为以下三大类。

(1) 线性作业。所谓线性作业，是指各项作业或活动按一定顺序进行，服务是依循这个顺序产出的。在制造业中，家电产品的装配线是这种作业过程的标准形态；而在服务业，自助式餐厅是这种作业顺序的标准形态，在自助式餐厅顾客依顺序做阶段式移动，当然，顾客维持不动并接受一系列服务也并非不可。线性作业的各种不同构成要素之间的相互关系，往往使整体作业受到连接不足的限制，甚至因此造成停顿现象，如自助餐厅的结账员动作迟缓。但这也是一种具有弹性的过程，过程中的工作项目可经由专门化、例行化而加快绩效速率。线性作业过程最适合于标准化性质的服务业，并且有大量的持续性需求。

(2) 订单生产。订单生产过程是使用活动的不同组合及顺序制造出各式各样的服务。这类服务可以特别设计定制，以适合个别不同顾客的需要，并提供事先预订的服务。餐馆及服务业即属于订单生产过程。虽然这种形态的优势关键在于有弹性，但仍然存在有时间不易安排，以及用资本密集取代劳动密集不易的困难，同时也不易估算系统产能。

(3) 间歇性作业。间歇性作业是指各服务项目独立计算，做一件算一件，或属于非经常性重复的服务。例如，各种新服务设施的建造、一个广告宣传活动的设计、一个大型电脑系统装置或制作一部大型影片等，都可说是间歇性作业。这类项目的工作浩繁，对管理层而言，作业管理是复杂而艰巨的。这类项目最有助于项目管理技术的转移及关键途径分析方法的应用，这类项目的规模及其间断性与前两种方式大不相同。

2) 从接触度来认识

在服务递送与顾客接触度高的服务业进行作业管理与在接触度低的服务业进行作业管理差别很大。对作业管理者而言，顾客接触度的高低往往影响到他们不同层面的决策。按照服务制造过程中与顾客接触的程度来分类，与顾客接触度高低不同的服务业在作业上差异较大，从而对管理者的定义也各不相同。

(1) 高接触度服务业比较难以控制，因为顾客往往成为服务过程中的一种投入，甚至会扰乱过程。

(2) 在高接触度服务业中，顾客也会妨碍需求时效，同时其服务系统在应付各种需求上较难均衡其产能。

(3) 高接触度服务业的工作人员，对顾客的服务印象有极大影响。
(4) 高接触度服务业中的生产日程较不容易编制。
(5) 高接触度服务业比较难以合理化，如用技术取代人力。
(6) 将服务系统中的高接触度构成要素和低接触度构成要素予以分开管理将较为有利，同时，可因此激励员工们在各种不同功能中尽量专门化。

4. 服务过程控制

如图 13.11 所示，这是一个反馈控制系统，在系统中不断将输出结果与既定标准对比，将偏差反馈给输入，通过系统调整使输出保持在一个可接受的范围内。这一策略在服务企业中最为常用，但也存在不尽如人意的地方，即输出结果只有待消费结束后才能实现反馈。当然，实践中也提出了解决方法，如以顾客等候时间、顾客投诉数量等为标准。至于那些由若干阶段组成、延续时间较长的服务，这一策略的投入产出效率是非常高的。

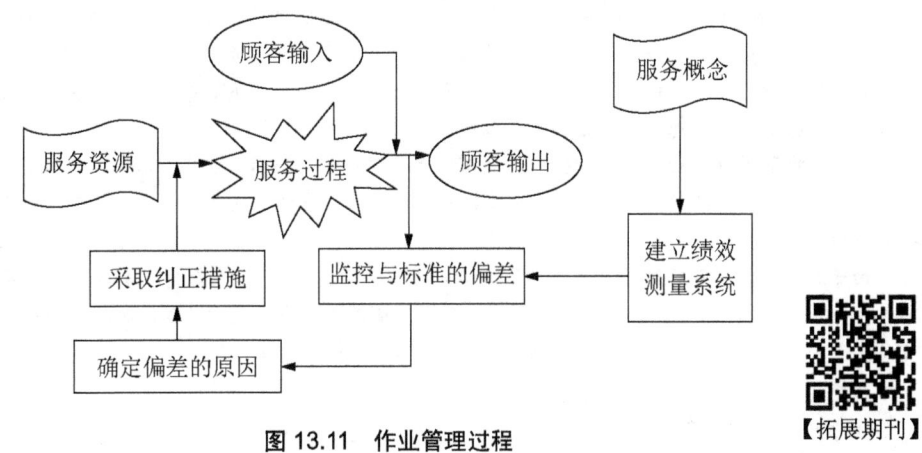

图 13.11　作业管理过程

本 章 小 结

服务与有形产品相比有许多不同的特点，因此服务营销必须注意到这些特点。在传统营销 4Ps 组合的基础上，服务营销又加了参与者(Participants)、有形展示(Physical Evidence)和服务过程(Process of Service)3 个因素，因此服务营销提出了 7Ps 组合。

本章主要介绍了服务的分类与特征、服务市场营销组合的概念、服务质量的定义、服务质量的测定、提高服务质量的策略。在服务营销策略的特点与分析方面，详细分析了服务营销的 7Ps 策略，即服务营销产品策略、服务营销价格策略、服务营销分销策略、服务营销促销策略、服务营销人员策略、服务营销有形展示策略、服务营销过程策略。

关键术语

服务营销——service marketing　　感知服务质量——perceived service quality
技术质量——technology quality　　功能质量——functional quality

关键时刻——moments of truth　　服务过程——service process
服务管理——service management

海尔服务营销创造"神话"

海尔集团,以下简称海尔,"真诚到永远"的服务口号,被广大消费者广为传颂。的确海尔做到了,海尔人用汗水书写着种种服务传奇。

海尔1994年的无搬动服务,1995年的"三免"服务,1996年的先设计后安装服务,1997年的"五个一"服务,1998年的星级服务一条龙,其核心内容是从产品的设计、制造到购买,从上门设计到上门安装,从产品使用到回访服务,不断满足用户新的要求,并通过具体措施使开发、制造、售前、售中、售后、回访6个环节的服务制度化、规范化。1999年海尔专业服务网络通过ISO 9000国际质量体系认证,2000年星级服务进驻社区;2001年海尔空调的无尘安装,2003年海尔推出了全程管家365。自1994—2003年的10年间,海尔的服务已经历了10次升级,每次升级和创新都走在了同行业的前列。

海尔凭借出色的服务能力,不仅成为中国家电行业的领头羊,还跻身世界家电企业十强,在世界最受尊敬的企业排名中间,海尔已经连续多年位居中国企业第一位。

海尔是中国家电企业中最早重视向终端消费者提供个性化服务的公司。海尔认为服务也是产品,只有通过持续性的服务产品的创新和造势,才能提升海尔形象,才能形成消费者的忠诚度,从而拉开与竞争对手的差距。

由于海尔在提供星级服务方面达到了国际先进水平,1996年海尔获得了美国优质服务科学协会颁发的五星钻石奖。在2000年全国消费服务信誉度调查结果中,海尔空调又以绝对领先的得票数获得消费者满意度第一,奠定了海尔坚持打"价值战"不打"价格战"的基础。

讨论:
(1) 为什么海尔如此重视服务?
(2) 海尔服务是怎样一步步升级的?有什么特点?
(3) "价值战"与"价格战"相比,有什么优势?

思 考 题

(1) 简述服务的概念及特征。
(2) 如何理解服务质量?服务质量由哪些要素构成?
(3) 假如要你测定移动通信公司的服务质量,你将如何进行?
(4) 提高服务质量的策略有哪些?
(5) 服务营销的7Ps组合的内容是什么?与传统营销组合相比,为什么要提出7Ps组合?

第14章 网络营销

教学目标与要求

通过本章的学习，学生应对网络营销有一定深度的了解和认识，能在实践中设计网络营销方案和利用网络开展营销工作；了解网络营销的概念和特点，通过网络消费者调查，在掌握网络消费者购买行为的基础上理解和掌握网络营销的组合策略。

本章知识点

网络营销的概念和特点、内容和层次；网络消费者购买行为分析；网络营销的组合策略。

戴尔公司的网络营销

谁是最赚钱的电子商务网站，答案无疑是戴尔网(www.dell.com)。戴尔公司将网络融入基本业务之中，通过网络把顾客和公司的距离拉近。

戴尔计算机公司是由年仅19岁的迈克·戴尔在1984年创立的，当时的注册资金为1 000美元。目前，戴尔公司已成为全球领先的计算机系统直销商，跻身业内主要制造商之列。在2000年1月28日以前的4个会计季度中，戴尔公司的收益达到270亿美元，成为位居全球第二、增长速度最快的计算机公司。戴尔公司在全球有35 800名雇员，在34个国家设有销售办事处，其产品和服务遍及170多个国家和地区。戴尔公司总部位于得克萨斯州，并在以下地方设立地区总部：中国香港，负责亚太地区的市场业务；日本川崎，负责日本的市场业务；英国布莱克内尔，负责欧洲、中东和非洲的市场业务。另外，戴尔还在中国厦门设有生产全线计算机系统的企业。

当迈克·戴尔接触网络时，网络交易还仅限于订购T恤。但他立刻想到，既然可以在网络上订购T恤，那就表示什么都可以订购，电脑也不例外。最棒的一点是，网络交易要先有电脑才办得到！也就是说一笔交易可以带来两个以上的商业机会。凭着对新技术的敏锐，迈克·戴尔率先搭上了最新的互联网班车。

"我们就应该扩大网站的功能，做到在线销售。"迈克·戴尔在出席董事会时，坚定地表示，"网络可以进行低成本、一对一而且高品质的顾客互动，在线销售最终会彻底改变戴尔公司做生意的基本方式。"1996年8月，戴尔公司的在线销售开通；6个月后，网上销售每天达100万美元；1997年高峰期，这个数目已突破600万美元。Internet商务给戴尔的直销模式带来了新的动力，并把这一商业模式推向海外。在前6个月的时间里，戴尔电脑的在线国际销售额从0增加到了占总体销售额的17%。到2000年，戴尔公司收入已经有40%～50%来自网上销售。

目前，戴尔公司利用互联网推广其直销订购模式，再次使其处于业内领先地位。戴尔 PowerEdge 服务器运作的 www.dell.com 网址包括 80 个国家的站点，目前每季度有超过 4 000 万人浏览。客户可以评估多种配置，即时获取报价，得到技术支持，订购一个或多个系统。

14.1 网络营销概述

网络营销是伴随着互联网进入商业应用领域而逐渐产生的，尤其是随着万维网(WWW)、电子邮件、搜索引擎等得到广泛应用之后，网络营销的价值也变得越来越明显。电子邮件(E-mail)虽然早在 1971 年就已经诞生，但在互联网应用及普及之前，它并没有被应用于营销领域。直到 1993 年才出现了基于互联网的搜索引擎，1994 年 10 月网络广告诞生，1995 年 7 月全球最大的网上商店亚马逊成立。1994 年被认为是网络营销发展的重要一年，因为在网络广告诞生的同时，基于互联网的知名搜索引擎如 Yahoo、Webcrawler、Infoseek、Lycos 等也相继诞生，另外，由于曾经发生了"第一起利用互联网赚钱"的"律师事件"，促使人们开始对 E-mail 营销进行深入思考，也直接促成了网络营销概念的形成。从这些事实来看，可以认为网络营销诞生于 1994 年。

网络营销是以互联网为主要手段的一种新型营销手段，尽管历史较短，但已经在企业经营策略中发挥着越来越重要的作用，网络营销的价值也越来越多地为实践所证实。

14.1.1 网络营销的内涵

迄今为止，学术界对网络营销还没有一个统一的定义。在国外使用的词有 Cyber Marketing、Internet Marketing、e-Marketing、Network Marketing、Online Marketing 等。这些不同的概念之间没有本质的区别，只是从不同角度反映了网络营销的特点，而网络营销的概念和内涵还在不断的发展之中。其中，Cyber Marketing 主要是指在计算机上构成的虚拟空间中进行营销；Internet Marketing 是指在 Internet 上开展营销活动；Network Marketing 是指包括 Internet 在内的可在计算机网络上开展的营销活动，这些网络可以是专用网或增值网；而 e-Marketing 是目前比较习惯并经常采用的表述方法。"e-"具有电子化、信息化、网络化的含义，既简洁又直观明了，而且与电子商务(e-Business)、电子虚拟市场(e-Market)等相对应，所以 e-Marketing 是指在电子化、信息化、网络化环境下开展的营销活动。

综合起来，可以将网络营销更全面地定义为：网络营销是指企业以现代营销理论为基础，利用互联网技术和功能，最大限度地满足客户需求以达到开拓市场、增加赢利目标的经营过程。网络营销是企业整体营销战略的一个组成部分，作为企业的经营管理手段，网络营销是企业电子商务活动中最基本和最重要的网上商业活动。

准确理解网络营销的含义，应注意以下几点。

(1) 网络营销不是网上销售。网上销售是网络营销发展到一定阶段的产物，网络营销是为实现网上销售的目的而进行的一项基本活动，但网络营销本身并不等于网上销售。这可以从两个方面来说明：一是网络营销的效果表现在多个方面，如提升企业品牌价值、加强与客户之间的沟通、作为一种对外发布信息的工具等，网络营销活动并不一定能实现网上直接销售的目的，但是很可能有利于增加总的销售额；二是网上销售的推广手段也不仅仅是网络销售，它往往还要采取许多传统的方式，如传统媒体广告、发布新闻、印刷宣传册等。

(2) 网络营销不仅限于网上。这样说也许有些令人费解，不在网上怎么叫网络营销？

这是因为互联网本身还是一个新生事物，在我国，上网人数占总人口的比例还很小，即使对于已经上网的人来说，由于受种种因素的限制，在互联网上通过一些常规的检索办法，也不一定能顺利找到所需信息，更何况，对于许多初级用户来说，可能根本不知道如何去查询信息。因此，一个完整的网络营销方案，除了在网上做推广之外，还很有必要利用传统的营销方法进行网下推广。

(3) 网络营销不应该被称为虚拟营销。"在互联网上，没有人知道你是一条狗"，这是一句广泛流传的话，它最早出现在 1993 年美国著名杂志《纽约人》的一幅漫画里，以此来说明互联网的虚拟性。一些文章中喜欢用"虚拟营销"来描述网络营销，其实这是不合适的。因为所有的网络营销手段都是实实在在的，而且比传统营销方法更容易跟踪、了解消费者的行为。例如，借助于网站访问统计软件，可以确切地知道网站的访问者来自什么地方，在多长的时间内浏览了哪些网页等。

(4) 网络营销不是孤立存在的。网络营销建立在传统营销理论的基础之上，因为网络营销是企业整体营销战略的一个组成部分，网络营销活动不可能脱离一般营销环境而独立存在，所以网络营销理论是传统营销理论在互联网环境中的应用和发展。

14.1.2 网络营销的特征

市场营销中最重要、最本质的内容是组织和个人之间进行的信息传播和交换，如果没有信息交换，交易也就成为无水之源、无本之木。正因为如此，互联网具有营销所要求的某些特性，从而使得网络营销呈现以下一些特点。

(1) 跨时空。营销的最终目的是占有市场份额。互联网具有的可以超越时间约束和空间限制来进行信息交换的特点，使得脱离时空限制达成交易成为可能，企业能有更多的时间和更多的空间进行营销，可每周 7 天、每天 24 小时、随时随地地提供全球的营销服务。

(2) 多媒体。互联网被设计成可以传输多种媒体信息的载体，如文字、声音、图像等信息，使得为达成交易而进行的信息交换能以多种形式进行，可以充分发挥营销人员的创造性和能动性。

(3) 交互式。互联网可以展示商品目录、联结资料库、提供有关商品信息的查询，可以和顾客做互动沟通，可以收集市场情报，可以进行产品测试与消费者满意度调查等，是产品、设计、商品信息提供以及服务的最佳工具。

(4) 拟人化。互联网上的促销不仅是一对一的、理性的、消费者主导的、非强迫性的、循序渐进式的促销，而且是一种低成本与人性化的促销，避免了推销人员强势推销的干扰，并通过信息提供与交互式交谈，与消费者建立长期良好的关系。

(5) 成长性。互联网使用数量快速成长并遍及全球，使用者多半是年轻人，他们大多属于中产阶级，具有较高的教育水平。由于这部分群体购买力强，而且具有很强的市场影响力，因此这是一个极具开发潜力的市场。

(6) 整合性。互联网上的营销可由商品展示至收款、售后服务一气呵成，因此它也是一种全程的营销渠道。另外，企业可以借助互联网将不同的营销活动进行统一规划和协调实施，以统一的传播资讯向消费者传达信息，避免由于不同的传播渠道中的不一致性产生的消极影响。

(7) 超前性。互联络是一种功能强大的营销工具，它同时兼具渠道、促销、电子交易、互动顾客服务以及市场信息分析与提供等多种功能。它所具备的一对一的营销能力，恰好符合定制营销与直复营销的未来趋势。

(8) 高效性。计算机可存储大量的信息供消费者查询，可传送的信息数量与精确度远远超过其他媒体，而且它能顺应市场需要，及时更新产品或调整价格，因此能及时有效地了解并满足顾客的需求。

(9) 经济性。通过互联网进行信息交换已代替以前的实物交换，一方面可以减少印刷与邮递的成本、进行无店销售、免交租金、节约水电与人工成本，另一方面可以减少迂回多次交换带来的损耗。

(10) 技术性。网络营销是建立在以高技术作为支撑的互联网的基础上，企业实施网络营销必须有一定的技术投入和技术支持，改变了传统的组织形态，提升了信息管理的部分功能，引进了了解营销与电脑技术的复合型人才，只有这样才能在未来具备市场竞争优势。

14.2 网络营销的内容与层次

14.2.1 网络营销的内容

网络营销作为实现企业营销目标的一种新的营销方式和营销手段，内容非常丰富。一方面，网络营销要针对新兴的网上虚拟市场，及时了解和把握网上虚拟市场的消费者特征和消费者行为模式的变化，为企业在网上虚拟市场进行营销活动提供可靠的数据分析和营销依据。另一方面，网络营销通过在网上开展营销活动来实现企业目标，而网络具有传统渠道和媒体所不具备的独特特点，即信息交流自由、开放和平等，而且信息交流费用非常低廉，信息交流渠道既直接又高效，因此在网上开展营销活动，必须改变传统的一些营销手段和方式。网络营销作为在互联网上进行的营销活动，其基本营销目的和营销工具与传统营销方式是一致的，但在实施和操作的过程中与传统方式有着很大区别。下面是网络营销中的一些主要内容。

1. 网上市场调查

网上市场调查主要是利用互联网交互式的信息沟通渠道来实施调查活动。它包括直接在网上通过问卷进行调查，通过网络来收集市场调查中需要的一些二手资料。利用网上调查工具，可以提高调查效率和加强调查效果。互联网作为信息交流渠道，所具备的信息发布来源广泛、传播迅速等特点，使其成为信息的海洋，因此在利用互联网进行市场调查时，重点是如何利用有效的工具和手段实施调查、收集和整理资料。获取信息不再是难事，关键是如何在信息海洋中获取想要的资料信息和分辨出有用的信息。

2. 网上消费者行为分析

互联网用户作为一个特殊群体，有着与传统市场群体截然不同的特性，因此要开展有效的网络营销活动必须深入了解网上用户群体的需求特征、购买动机和购买行为模式。

互联网作为信息沟通工具，正成为许多兴趣、爱好趋同的群体聚集交流的场所，并且形成一个个特征鲜明的网上虚拟社区，因此了解这些虚拟社区的群体特征和偏好是进行网上消费者行为分析的关键。

3. 网络营销策略的制定

不同企业在市场中处于不同的地位。在采取网络营销实现企业营销目标时，必须采取与企业相适应的营销策略，因为网络营销虽然是非常有效的营销工具，但企业实施网络营销时需要进行投入并且具有风险。同时，企业在制定网络营销策略时，还应该考虑到产品周期对网络营销策略制定的影响。

4. 网上产品和服务策略

网络作为信息的有效沟通渠道，可以成为一些无形产品(如软件和远程服务)的载体，从而改变传统产品的营销策略——特别是渠道的选择。进行网上产品和服务营销，必须结合网络特点，重新考虑传统产品策略中产品的设计、开发、包装和品牌。

5. 网上价格营销策略

网络作为信息交流和传播的工具，从诞生开始实行的便是自由、平等和信息免费的策略。因此，在制定网上价格营销策略时，必须考虑到互联网对企业定价的影响和互联网本身独特的免费思想。

6. 网上渠道的选择与直销

互联网对企业营销渠道的影响最大。美国戴尔公司借助互联网的直接特性建立的网上直销模式获得了巨大成功，改变了传统渠道中的多层次选择、管理与控制问题，最大限度地降低了营销渠道中的费用。但是，企业在建立网上直销渠道时必须考虑到重建与之相适应的经营管理模式的问题。

7. 网上促销与网络广告

互联网作为一种双向沟通渠道，最大的优势是可以让沟通双方突破时空限制，直接进行交流，而且简单、高效、费用低廉。因此，在网上开展促销活动是最有效的沟通渠道，但网上促销活动的开展必须遵循网上的一些信息交流与沟通规则，特别是遵守一些虚拟社区的礼仪。网络广告作为最重要的促销工具，主要依赖互联网的第四媒体的功能。目前网络广告作为新兴的产业得到迅猛发展，作为在第四类媒体发布的广告，具有报纸、杂志、无线广播和电视等传统媒体发布广告无法比拟的优势，即网络广告具有交互性和直接性。

8. 网络营销的管理与控制

网络营销作为在互联网上开展的营销活动，必将面临许多传统营销活动没有碰到过的新问题，如网上销售的产品质量保证问题，消费者隐私保护问题，以及信息安全与保护问题等。这些问题都是网络营销必须重视和进行有效控制的问题，否则网络营销的效果可能适得其反，甚至会产生很大的负面效应。这是由于网络信息传播速度非常快，并且网民对反感问题的反应比较强烈而且迅速。

14.2.2 网络营销的层次

根据美国企业应用网络营销状况的研究，网络营销可以划分为以下 5 个层次。

1. 企业上网宣传

企业上网宣传是网络营销最基本的应用方式。它是在把互联网作为一种新的信息传播媒体的认识的基础上开展的营销活动，建立企业网站是企业上网宣传的前提。互联网让企业拥有一个属于自己而又面向广大网民受众的媒体，而且这一媒体的形成是高效率、低成本的，这是其超越传统媒体的一个特点；企业网站信息由企业定制，没有传统媒体的时间、版面等限制，也可伴随企业的进步发展不断实时更新；企业网站可应用虚拟现实等多媒体手段吸引受众并与访问者双向交流，及时有效地传递并获取有关信息。这些都是吸引企业上网宣传、使其由内部或区域宣传转向外部和国际信息交流的重要因素。媒体宣传的关键在于是否被受众注意并留下印象。与传统媒体相比，互联网上浩如烟海的信息很可能使企业网站成为浪花一朵，目前已有超过 40 万家企业在互联网上安家建站，并且各式各样的网站还在争分夺秒地创建着，因此，企业网站如何让人知晓并让网民留步成为上网宣传的难题。尽管企业可以通过在 ISP 或网址搜索工具中留下链接网址以帮助网民进入，或者以新颖的媒体形式引人注意，但要真正获得长期宣传效果，仍必须回到现实经济世界，在现实世界形成特色，创立让消费者接受的声誉，这样才可能充分发挥网络的威力，实现借助网络宣传扩大市场影响力的目标。

2. 网上市场调研

网上市场调研是指调研市场信息，从中发现消费者的需求动向，从而为企业细分市场提供依据，是企业开展市场营销的重要内容。网络首先是一个信息场，是企业开展网上市场调研的便利场所。软件业对此已经进行了较为充分的利用，如各种软件测试版、共享版在网上发布，供上网者下载使用；通过留言簿、E-mail 等手段收集软件使用信息，从而为确定软件性能、市场对象等提供强有力的依据。这一无形的调研过程是高效而低成本的，同时还能起到提高网站和企业知名度的作用。一般企业开展网上市场调研活动有两种方式。

(1) 借助 ISP 或专业网络市场研究公司的网站进行调研。这对于那些市场名气不大、网站不太引人注意的企业是一种有效的选择。企业制定调研内容及调研方式，将调研信息放入选定的网站，就可以实时在委托商的网站获取调研数据及进展信息，而不仅仅是获得最终调研报告，这与传统委托市场的调研方式截然不同。这些站点网民众多，扩大了调查面，专业市场研究公司所具备的市场调研能力也将提高调研效果。这种方法的弊端是，由于这些网站内容繁多，企业市场调研对网民的吸引力可能会降低；同时，上网者如果想与企业交流，必须重新链接进入企业网站，从而增加了操作步骤，这可能是网民不太愿意的。

(2) 企业在自己的网站进行市场调研。就知名企业而言，其网站的常客多是一些对该企业有兴趣或与企业业务有一定关系的上网者，他们对企业有一定的了解(也便于直接在网站上了解)，这将有利于为访问者提供更准确、更有效的信息，也为调研过程的及时双向交流提供了便利。总之，网上市场调研作为一种新的市场调查方式已经受到一些国内企业的重视，一些网络服务企业开展了一系列网上调研，但如何在大量信息的包围中吸引网民参加调研并积极配合，仍需做出更多的探索。

【拓展期刊】

3. 网络分销联系

电子商务尽管在迅猛发展，但相对于传统的营销渠道而言，其份额仍然是很小的。传统的分销渠道仍然是企业的宝贵资源，但互联网所具有的高效及时的双向沟通功能的确为加强企业与其分销商的联系提供了有利的平台。企业通过互联网构筑虚拟专用网络，将分销渠道的内部网融入其中，可以及时了解分销过程的商品流程和最终销售状况，这将为企业及时调整产品结构、补充脱销商品以及分析市场特征、实时调整市场策略等提供了帮助，从而为企业降低库存、采用实时生产方式创造了条件。而对于商业分销渠道而言，网络分销也开辟了及时获取畅销商品信息、处理滞销商品的巨大空间，从而加速了销售周转。从某种意义上看，通过互联网加强制造企业与分销渠道的紧密联系，已经使分销成为企业活动的自然延伸，是加强双方市场竞争力的一股重要力量，这种联系方式已经成为美国企业生存的必然选择，并迅速向国际化发展。中国的制造企业和商业企业必须抓住这个机会，在建造大型豪华商厦的同时，更应注意建立加强沟通的网络。否则，华美的商厦只能是一件增加营销成本的外衣。利用互联网构筑商家与供货商的新型实时的联系框架，是企业提高市场竞争力的最佳路径。

4. 网上直接销售

数量众多的无形商场已经在互联网上开张营业，这就是从事网上直接销售的网站，如亚马逊、京东商城等。互联网是企业和个人相互面对的乐园，是直接联系分散在广阔空间中数量众多的消费者的最短渠道。它排除了时间的耽搁和限制，取消了地理的距离与障碍，并提供了更大范围的消费选择机会和灵活的选择方式。因此，网上直接销售为网民创造了实现消费需求的新机会。网上直接销售不仅是面向网民个体的消费方式，也包含企业间的网上直接交易，它是一种高效率、低成本的市场交易方式，代表了一种新的经营模式。国外有人称这类公司为漩涡式公司：一旦某个网站通过提供有用的产品信息吸引到大批购买者，销售者便会蜂拥而上，他们的产品就会以一种快速循环的方式吸引更多的顾客。由于网上直接销售合并了全部的中间销售环节并提供更为详细的商品信息，购买者能更快、更容易地比较商品特性及价格，从而在消费选择上居于主动地位，而且与众多销售商的联系更为便利。对于销售者而言，这种模式几乎不需销售成本，而且即时完成交易，这种好处也是显而易见的。

5. 网络营销集成

互联网是一种新的市场环境，这一环境不只是针对企业的某一环节和过程，还将在企业组织、运作及管理观念上产生重大影响。一些企业已经迅速融入这一环境，依靠网络与原料商、制造商、消费者建立密切联系，并通过网络收集和传递信息，从而根据消费的需求，充分利用网络伙伴的生产能力，实现产品设计、制造及销售服务的全过程，这种模式称为网络营销集成。应用这一模式的代表有思科、戴尔等公司。在思科公司的管理模式中，网络无孔不入，它在客户、潜在购买者、商业伙伴、供应商和雇员之间形成丝丝入扣的联系，从而成为一切环节的中心，网络使供应商、承包制造商和组装商队伍浑然一体，成为思科的有机组成部分，其 70%的产品制造通过外包方式完成，并由外部承包商送至顾客手中，而且对于寻求技术支持的要求，有 70%是通过网络来满足的，这些客户的满意程度比人际交往的方式要高，不仅节约了开支，也节省出更多的人力资源充实到研发部门，进一步加强了竞争优势。1998 年，思科在互联网上销售的网络设备产品超过 50 亿美元。按用户订单装配电脑的戴尔公司利用互联网进一步加强了效率与成本控制。戴尔公司通过互联网每隔两小时向公司仓库传送一次需求信息，并让众多的供货商了解生产计划和存货情况，以便及时获取所需配件，从而在处理用户定制产品和交货方面取得了无人能比的速度，就这样，每天约有价值 500 万美元的戴尔计算机在网上卖出，而且由于网络实时联系合作伙伴，其存货率远远低于同行。网络营销集成是对互联网的综合应用，是互联网对传统商业关系的整合，它使企业真正确立了市场营销的核心地位。企业的使命不是制造产品，而是根据消费者的需求，组合现有的外部资源，高效地输出一种满足这种需求的品牌产品，并

14.3 网络消费者购买行为分析

14.3.1 网络消费需求特点分析

由于互联网商务的出现，消费观念、消费方式和消费者的地位正在发生着重要的变化，互联网商务的发展促进了消费者主体地位的提高；网络营销系统巨大的信息处理能力为消费者挑选商品提供了前所未有的选择空间，使消费者的购买行为更加理性化。网络消费需求主要有以下 8 个方面的特点。

1. 消费者消费个性回归

在近代，由于工业化和标准化生产方式的发展，使消费者的个性被湮没于大量低成本、单一化的产品洪流之中。随着 21 世纪的到来，这个世界变成了一个计算机网络交织的世界，消费品市场变得越来越丰富，消费者进行产品选择的范围全球化、产品的设计多样化，消费者开始制定自己的消费准则，整个市场营销又回到了个性化的基础之上。没有一个消费者的消费心理同别人是一样的，每一个消费者都是一个细小的消费市场，个性化消费成为消费的主流。

2. 消费者需求的差异性

不仅是消费者的个性消费使网络消费需求呈现出差异性，对于不同的网络消费者因其所处的时代环境不同，也会产生不同的需求；不同的网络消费者，即便在同一需求层次上，他们的需求也会有所不同。因为网络消费者来自世界各地，有不同的国别、民族、信仰和生活习惯，因而会产生明显的需求差异性。所以，从事网络营销的厂商，要想取得成功，就必须在整个生产过程中，从产品的构思、设计、制造，到产品的包装、运输、销售，认真思考这些差异性，并针对不同消费者的特点，采取相应的措施和方法。

3. 消费的主动性增强

在社会化分工日益细化和专业化的趋势下，消费者对消费的风险感会随着选择的增多而上升。在许多大额或高档的消费中，消费者往往会主动通过各种可能的渠道获取与商品有关的信息并进行分析和比较。或许这种分析、比较不是很充分和合理，但消费者能从中得到心理的平衡，以减轻风险感或减少购买后产生的后悔感，增加对产品的信任程度和心理上的满足感。消费主动性的增强来源于现代社会不确定性的增加和人类需求心理稳定和平衡的欲望。

4. 消费者直接参与生产和流通的全过程

传统的商业流通渠道由生产者、商业机构和消费者构成，其中商业机构起着重要的作用，这是因为生产者不能直接了解市场，消费者也不能直接向生产者表达自己的消费需求。而在网络环境下，消费者能直接参与到生产和流通中来，与生产者直接进行沟通，这就减少了市场的不确定性。

5. 追求消费过程的方便和享受

在网上购物，除了能够完成实际的购物需求以外，消费者在购买商品的同时，还能得到许多信息，并能得到在各种传统商店没有的乐趣。今天，人们对现实消费过程的追求出现了两种趋势：一部分工作压力较大、紧张程度高的消费者以方便性购买为目标，他们追求的是时间和劳动成本的尽量节省；而另一部分消费者，由于劳动生产率的提高，自由支配的时间增多，他们希望通过消费来寻找生活的乐趣。今后，这两种相反的消费心理将会在较长的时间内并存。

6. 消费者选择商品的理性化

网络营销系统巨大的信息处理能力，为消费者挑选商品提供了前所未有的选择空间，消费者会利用在网上得到的信息对商品进行反复比较，以决定是否购买。对企事业单位的采购人员来说，可利用预先设计好的计算程序，迅速比较进货价格、运输费用、优惠、折扣、时间效率等综合指标，最终选择有利的进货渠道和途径。

7. 价格是影响消费心理的重要因素

从消费的角度来说，价格不是决定消费者购买的唯一因素，但却是消费者购买商品时肯定要考虑的因素。网上购物之所以具有生命力，重要的原因之一是网上销售的商品价格普遍低廉。尽管经营者都倾向于以各种差别化来减弱消费者对价格的敏感度，避免恶性竞争，但价格始终对消费者的心理产生重要的影响。因为消费者可以通过网络联合起来向厂商讨价还价，所以产品的定价逐步由企业定价转变为消费者引导定价。

8. 网络消费具有层次性

在网络消费的开始阶段，消费者偏重于精神产品的消费；到了网络消费的成熟阶段，即消费者完全掌握了网络消费的规律和操作，并且对网络购物有了一定的信任感后，消费者才会从侧重于精神消费品的购买转向日用消费品的购买。

14.3.2 影响消费者网络购买的主要因素

1. 产品的特性

（1）由于网上市场不同于传统市场，网上消费者有着区别于传统市场的消费需求特征，因此并不是所有的产品都适合在网上销售和开展网上营销活动。根据网上消费者的特征，网上销售的产品一般要考虑产品的新颖性，即产品是新产品或者是时尚类产品，比较能吸引人的注意。追求商品的时尚和新颖是许多消费者，特别是青年消费者重要的购买动机。

（2）考虑产品的购买参与程度，一些产品要求消费者的参与程度比较高，消费者一般需要现场购物体验，而且需要很多人提供参考意见，这些产品不太适合网上销售。对于需要消费者购买体验的产品，可以采用网络营销的推广功能，辅助传统营销活动进行，或者将网络营销与传统营销进行整合。厂商可以通过网络来宣传和展示产品，使消费者在充分了解产品的性能后，再到相关商场进行选购。

2. 产品的价格

从消费者的角度看，价格不是决定消费者购买的唯一因素，但却是消费者购买商品时肯定要考虑的因素，而且是一个非常重要的因素。对一般商品来讲，价格与需求量之间经常表现为反比关系,同样的商品,价格越低,销售量越大。网上购物之所以具有生命力,重要的原因之一是网上销售的商品普遍价格低廉。

此外,消费者对网上商品有一个免费的价格心理预期,那就是虽然网上商品也是要花钱的,但价格也应该比传统渠道的价格要低。一方面,因为互联网的起步和发展都依托了免费策略,所以不仅互联网的免费策略深入人心,而且免费策略也得到了成功的商业运作。另一方面,互联网作为新兴的市场,可以减少传统营销中的中间费用和一些额外的信息费用,大大削减了产品的成本和销售费用,这也是互联网商业应用的巨大增长潜力所在。

3. 购物的便捷性

购物的便捷性是消费者选择购物的首要考虑因素之一。一般而言,消费者选择网上购物时考虑的便捷性包括两个方面:一是时间上的便捷性,即可以不受时间的限制并节省时间;二是可以足不出户,在很大范围内选择商品。

4. 安全可靠性

网络购买另外一个必须考虑的因素是安全性和可靠性问题。由于在网上消费时,消费者一般需要先付款后送货,这时过去购物的一手交钱一手交货的现场购买方式发生了变化,网上购物中的时空发生了分离,所以消费者有失去控制的离心感。为减少网上购物的这种失落感,必须增强网上购物各环节的安全措施和控制措施,保护消费者购物过程的信息传输安全和个人隐私,从而树立消费者对网站的信心。

14.3.3 网络消费者购买过程分析

网上购物是指用户为完成购物或与之有关的任务而在网上虚拟的购物环境中浏览、搜索相关商品信息,从而为购买决策提供所需的必要信息,并实现购买决策的过程。电子商务的热潮使网上购物作为一种崭新的个人消费模式,日益受到人们的关注。消费者的购买决策过程,是消费者需要、购买动机、购买活动和买后使用感受的综合与统一。网络消费的购买过程可分为以下 5 个阶段:确认需要→收集信息→比较选择→购买决策→购后评价。

1. 确认需要

网络购买过程的起点是诱发需求,当消费者认为已有的商品不能满足需求时,才会产生购买新产品的欲望。在传统的购物过程中,消费者的需求是在内外因素的刺激下产生的,而对于网络营销来说,诱发需求的动因只能局限于视觉和听觉。因而,网络营销对消费者产生吸引力是有一定难度的。作为企业或中间商,一定要注意了解与自己产品有关的实际需要和潜在需要,掌握这些需求在不同时间内的不同迫切程度以及刺激诱发的因素,以便设计相应的促销手段去吸引更多的消费者浏览网页,诱导他们的需求欲望。

2. 收集信息

当需求被唤起后,每一个消费者都希望自己的需求能得到满足,所以,收集信息、了解行情成为消费者购买的第二个环节。

收集信息的渠道主要有两个方面:内部渠道和外部渠道。消费者首先在自己的记忆中搜寻可能与所需商品相关的知识经验,如果没有足够的信息用于决策,他便要到外部环境中去寻找与此相关的信息。当然,不是所有的购买决策活动都要求同样程度的信息和信息搜寻。根据消费者对信息需求的范围和对搜寻需求信息努力程度的不同,可分为以下 3 种模式。

(1) 广泛问题的解决模式。广泛问题的解决模式是指消费者尚未建立评判特定商品或特定品牌的标准，也不存在对特定商品或品牌的购买倾向，而是较广泛地收集某种商品的信息。处于这个层次的消费者，可能是因为好奇、消遣或其他原因而关注自己感兴趣的商品。这个过程收集的信息会为以后的购买决策提供经验。

(2) 有限问题的解决模式。处于有限问题解决模式的消费者，已建立了对特定商品的评判标准，但尚未建立对特定品牌的倾向。这时，消费者有针对性地收集信息。这个层次的信息收集才能真正而直接地影响消费者的购买决策。

(3) 常规问题的解决模式。在常规问题的解决模式中，消费者对将来购买的商品或品牌已有足够的经验和特定的购买倾向，其购买决策需要的信息较少。

3．比较选择

消费者需求的满足是有条件的，这个条件就是实际支付能力。消费者为了使消费需求与自己的购买能力相匹配，就要对各种渠道汇集而来的信息进行比较、分析、研究，根据产品的功能、可靠性、性能、模式、价格和售后服务，从中选择一种自认为"足够好"或"满意"的产品。由于网络购物不能直接接触实物，所以，网络营销商要对自己的产品进行充分的文字描述和图片描述以吸引更多的顾客，但也不能对产品进行虚假的宣传，否则可能会永久地失去顾客。

4．购买决策

网络消费者在完成对商品的比较选择之后，便进入到购买决策阶段。与传统的购买方式相比，网络购买者在做购买决策时主要有以下 3 个方面的特点：首先，网络购买者理智动机所占比重较大，而感情动机的比重较小；其次，网络购物受外界影响小；最后，网上购物的决策行为与传统购买决策相比速度要快。

网络消费者在决定购买某种商品时，一般要具备 3 个条件：①对厂商有信任感；②对支付有安全感；③对产品有好感。所以，网络营销的厂商要重点抓好以上工作，促使消费者购买行为的实现。

5．购后评价

消费者购买商品后，往往通过使用产品对自己的购买选择进行检查和反省，以判断这种购买决策的准确性。购后评价往往能够决定消费者以后的购买动向，满意的顾客就是产品最好的广告。

为了提高企业的竞争能力，最大限度地占领市场，企业必须虚心听取顾客的反馈意见和建议。方便、快捷、便宜的电子邮件，为网络营销者收集消费者购后评价提供了得天独厚的优势。厂商在网络上收集到这些评价之后，通过计算机的分析、归纳，可以迅速找出工作中的缺陷和不足，及时了解消费者的意见和建议，制定相应的对策，改进自己产品的性能和售后服务。

14.4 网络营销策略

14.4.1 网络营销的产品策略

一个企业的生存和发展，关键在于其所生产的产品能否满足消费者的需求，因此任何企业制定产品策略时都必须适应消费者的需求及其发展趋势。

1. *产品的整体概念*

1) 传统营销产品的整体概念

按照传统观念，产品就是指某种有形的劳动产物，如服装、家具、电视机等。但从市场营销学的观点来看，市场营销过程不仅是推销产品的过程，还是一个满足顾客需要的过程。顾客的需要是多方面的，不但有生理和物质方面的需要，而且还有心理和精神方面的需要，所以，营销产品应是一个产品整体，它包含3个层次：核心产品、形式产品和扩大产品。

2) 网络营销产品的整体概念

由于网络营销是在网上虚拟市场中开展营销活动并实现企业营销目标，面对与传统市场存在的巨大差异，网络营销必须满足网上消费者一些特有的需求特征。而网络营销产品的内涵与传统产品的内涵之所以有一定的差异，主要是因为网络产品的层次比传统营销产品的层次大大扩展了。

在传统的市场营销中，产品满足的主要是消费者的一般性需求，因此产品相应地分成了核心产品、形式产品和扩大产品3个层次。虽然传统产品中的3个层次在网络营销产品中仍然起着重要作用，但产品设计和开发的主体地位已经从企业转向顾客，企业在设计和开发产品时还必须满足顾客的个性化需求，因此网络营销产品在原产品层次上还要增加两个层次，即期望产品层次和潜在产品层次，以满足顾客的个性化需求特征。

(1) 核心利益或服务层次。核心利益或服务层次是产品最基本的层次，是满足顾客需要的核心内容，也是顾客要购买的实质性东西。例如，消费者购买食品的核心是为了满足充饥和营养的需要；购买计算机是为了将其作为上网的工具等。营销的目标在于发现隐藏在产品背后的真正需要，把顾客所需要的核心利益和服务提供给顾客。有时同一种产品可以有不同的核心需要，如人们对服装、鞋帽的需要，有些以保暖为主，有些则以美观为主，强调装饰和美化人体的功能。所以，营销者要了解顾客需要的核心所在，以便进行有针对性的生产经营。

(2) 形式产品层次。形式产品层次是产品在市场上出现时的具体物质形态，是企业的设计和生产人员将核心产品通过一定的载体，转化为有形的物体表现出来。它包括产品的质量水平、功能、款式、特色、品牌和包装等。

(3) 期望产品层次。网络营销中，为满足消费需求呈个性化的特征，不同的消费者可以根据自己的爱好对产品提出不同的要求，因此产品的设计和开发也必须满足顾客的个性化消费需求。顾客在购买产品前对可购产品的质量、使用方便程度、特点等方面的期望值的汇总，就是期望产品。例如，海尔集团提出了"您来设计我实现"的口号，消费者可以向海尔集团提出自己的个性需求，如性能、款式、色彩、大小等，海尔集团可以根据消费者的特殊要求进行产品设计和生产。现代社会已由传统的"企业设计开发，顾客被动接受"转变为"以顾客为中心，顾客提出要求，企业辅助顾客来设计开发产品，满足顾客个性需求"的新时代。

(4) 扩大产品层次。扩大产品层次是指顾客在购买产品时所得到的附加服务或利益，主要是帮助消费者如何更好地使用核心服务或利益。例如，提供信贷、质量保证、免费送货、售后服务等。例如，美国IBM公司最先发现，用户购买计算机，不仅是购买进行计算的工具设备，而且主要是购买解决问题的服务，用户需要使用说明、软件程序、快速简便的维修方法等。因此，该公司率先向用户提供了一整套计算机体系，包括硬件、软件、安装、调试和教授使用与维修技术等一系列附加服务。美国著名管理学家李维特曾指出：新的竞争不在于工厂里制造出来的产品，而在于工厂外能否给产品加上包装、服务、广告、咨询、融资、送货、保管或顾客认为有价值的其他东西。

(5) 潜在产品层次。潜在产品层次是在延伸产品层次之外由企业提供能满足顾客潜在需求的产品层次，主要是产品的一种增值服务。它与延伸产品的主要区别是在顾客没有潜在产品层次的需要时，仍然可以很好地使用顾客所需产品的核心利益和服务。这是因为随着高科技的发展，有很多潜在需求和利益或服务还没有被顾客认识到。

2. 网络营销产品的特点

一般而言，目前适合在互联网上销售的产品通常具有以下特点。

1) 多为数字化产品

由于网上用户在初期对技术有一定的要求，因此，在网上销售的产品最好是与高技术或与电脑、网络有关的。目前，在网上进行产品销售的企业大多是信息技术类企业，如美国的戴尔公司、思科公司等。由于数字化技术和信息技术的发展，网络可以对许多数字化的产品进行直接配送，一些信息类产品如图书、音乐等，比较适合网上销售。还有一些无形产品如服务、远程医疗，也可以借助网络的作用实现远程销售。

2) 价格低廉

一方面，互联网作为信息传递工具，在发展初期是采用共享和免费策略发展起来的，网上用户比较认同网上产品的低廉特征；另一方面，由于通过互联网进行销售的成本低于通过其他渠道销售的产品成本，因此，在网上销售产品一般采用低价位定价。

3) 质量要求高

网络的虚拟性使购买者在购买前无法尝试或只能通过网络来尝试产品，而不能像传统购买那样直接体会产品的质量及其他特征，所以消费者在进行网上购买时，对产品的质量十分重视，许多消费者只愿意购买标准化的产品，如图书、音乐等。因此，企业在进行网络营销时，一定要非常注意产品质量的宣传。

4) 满足个性化需求

网络的全球性，使得许多网上产品面对的是全球市场。因此，通过互联网对世界各个国家和地区进行营销的产品要符合不同国家或地区的风俗习惯、宗教信仰和教育水平。网上销售的产品还要注意产品的本土化，如宝洁公司在进行网络营销时就很注意这点，它在亚洲地区推出了很多适合亚洲人发质的新品牌，如飘柔、潘婷等。同时，网络营销产品的式样还必须注意满足购买者的个性化需求。

5) 品牌醒目

在网络营销中，生产商与经营商的品牌同样重要，一方面，要在浩如烟海的网络信息中获得浏览者的注意，就必须拥有明确、醒目的品牌；另一方面，由于网上购买者可以拥有很多选择，网上的购买者又无法进行购物体验，因此，购买者对品牌比较关注。根据调查，传统的优势品牌在网上不一定会占有优势，如可口可乐公司的网站就并不吸引网民。所以，企业要加强网上品牌的培养。

6) 包装标准化

作为通过互联网经营的针对全球市场的产品，其包装必须适合网络营销的要求，即产品的包装必须标准化。只有标准化，企业自身才能很好地进行物流配送；也只有标准化，消费者才有可能迅速地对企业产品产生信任感。

7) 目标市场覆盖面大

网上市场是以网络用户为主要目标的市场，网上销售的产品要适合覆盖广大地理范围的特征。如果产品的目标市场比较狭窄，可以考虑采用传统营销策略。

14.4.2 网络营销的价格策略

价格策略是市场营销活动中极为重要的一部分，它与其他营销策略相结合共同作用于营销目标。价格的合理与否会直接影响产品或服务的销路，是竞争的主要手段，关系到企业营销目标的实现。在进行网络营销时，企业应特别重视价格策略的运用，以巩固企业在市场中的地位，增强企业的竞争能力。

1. 网络营销的定价特点

在选择合理的定价策略之前，必须首先了解网上定价的特点。

1) 全球性定价

网络营销市场面对的是开放的和全球化的市场，用户可以在世界各地直接通过网站进行购买，而不用考虑网站是属于哪个国家或者地区的。这种目标市场从过去受地理位置限制的局部市场，一下子拓展到范围广泛的全球性市场，这使得网络营销产品定价时必须考虑目标市场范围的变化给定价带来的影响。

如果产品的来源地和销售目的地与传统市场渠道类似，则可以采用原来的定价方法。如果产品的来源地和销售目的地与原来传统市场渠道差距非常大，定价时就必须考虑这种地理位置差异带来的影响。例如，亚马逊网上商店的产品来自美国，购买者也在美国，那产品定价可以按照原定价方法进行折扣定价，定价也比较简单。如果购买者是中国或者其他国家的消费者，那采用针对美国本土的定价方法就很难面对全球化市场，会影响到网络市场全球化作用的发挥。为解决这些问题，可采用本地化方法，可在不同国家的市场建立地区性网站，以适应地区市场消费者需求的变化。

由于企业面对的是全球性网上市场，所以企业不能以统一市场策略来面对差异性极大的全球性市场，必须采用全球化和本地化相结合的原则进行。

2) 低价位定价

互联网是从科学研究应用发展而来，因此互联网使用者的主导观念是网上的信息产品是免费的、开放的、自由的。在早期互联网开展商业应用时，许多网站采用收费方式想直接从互联网赢利，结果被证明是失败的。成功的雅虎公司通过为网上用户提供免费的检索站点起步，逐步拓展为门户站点，到现在拓展到电子商务领域，一步一步获得成功，它成功的主要原因就是遵循了互联网的免费原则和间接收益原则。

网上产品定价较传统产品定价要低，这有着成本费用较低的基础，上面分析了互联网发展可以从诸多方面来帮助企业降低成本费用，从而使企业有更大的降价空间来满足顾客的需求。因此，如果网上定价过高或者降价空间有限的产品，在现阶段最好不要在消费者市场上销售。如果面对的是工业、组织市场，或者是高新技术的新产品，则网上顾客对产品的价格不太敏感，他们主要是考虑产品的方便性和新潮性，这类产品就不一定要考虑低价定价的策略。

3) 顾客主导定价

所谓顾客主导定价，是指为满足自己的需求，顾客通过充分的市场信息来选择购买或者定制生产自己满意的产品或服务，同时以最小代价(产品价格、购买费用等)获得这些产品或服务。简单地说，就是顾客的价值最大化，即顾客以最小成本获得最大收益。

顾客主导定价的策略主要有顾客定制生产定价和拍卖市场定价。根据调查分析，由顾客主导定价的产品并不比企业主导定价的产品获取的利润低,根据国外拍卖网站 eBay.com 的分析统计,在网上拍卖定价的产品,只有 20%产品拍卖价格低于卖者的预期价格,50%产品的拍卖价格略高于卖者的预期价格,剩下 30%产品的拍卖价格与卖者的预期价格相吻合,在所有拍卖成交产品中有 95%的产品成交价格令卖主比较满意。因此,顾客主导定价是一种双赢的发展策略,它既能更好地满足顾客的需求,同时企业的收益又不受到影响,而且可以对目标市场了解得更充分,从而使得企业的经营生产和产品研制开发更加符合市场竞争的需要。

2. 网络营销的定价策略

网络营销定价的策略很多,这里主要根据网络营销的特点,着重阐述网络营销的一般定价策略,如低价定价策略、定制生产定价策略、使用定价策略和拍卖竞价策略等。

1) 低价定价策略

借助互联网进行销售比传统销售渠道的费用低,因此网上销售价格一般比流行的市场价格要低。由于网上的信息是公开的和易于搜索比较的,因此网上的价格信息对消费者的购买起着重要作用。根据研究,消费者选择网上购物,一方面是因为在网上购物比较方便;另一方面是因为从网上可以获取更多的产品信息,从而以最优惠的价格购买商品。

直接低价定价策略就是由于定价时大多采用成本加很少的利润,有的甚至是零利润,因此这种定价在公开价格时就比同类产品要低。它一般是制造业企业在网上进行直销时采用的定价方式,如戴尔公司的电脑定价比其他公司同性能的产品低 10%~15%。采用低价策略的基础是通过互联网,企业可以节省大量的成本费用。

另外一种低价定价策略是折扣策略,它是在原价的基础上来进行折扣定价。这种定价方式可以让顾客直接了解产品的降价幅度以促进顾客的购买。这类价格策略主要用在一些网上商店,它一般按照市面上的流行价格进行折扣。例如,亚马逊的图书一般都有折扣,而且折扣价格达到 3~5 折。

2) 定制生产定价策略

定制化生产根据顾客对象可以分为两类:一类是面对工业组织市场的定制生产,这部分市场属于供应商与订货商的协作问题,如波音公司在设计和生产新型飞机时,要求其供应商按照其飞机的总体设计标准和成本要求来组织生产。这类属于工业组织市场的定制生产主要通过产业链,从下游企业向上游企业提出需求和成本控制要求,上游企业与下游企业进行协作设计,开发并生产满足下游企业需要的零部件产品。另一类是面对最终消费者的定制市场,由于消费者的个性化需求差异大,因此企业实行定制生产必须在管理、供应、生产和配送各个环节上,必须适应这种小批量、多式样、多规格和多品种产品的生产和销售变化。为适应这种变化,现在企业在管理上采用 ERP(企业资源计划系统,Enterprise Resource Planning)来实现自动化、数字化管理;在生产上采用 CIMS (计算机集成制造系统,Computer Integrated Manufacturing System);在供应和配送上采用 SCM(供应链管理,Supply Chain Management)。

3) 使用定价策略

在传统的交易关系中,产品买卖是完全产权式的,顾客购买产品后即拥有对产品的完全产权。但是,随着经济的发展,人民生活水平的提高,有些顾客对产品的需求越来越多,产品的使用周期也越来越短,造成了浪费,这些状况制约了其他顾客对这些产品的需求。为改变这种情况,可以在网上采用类似租赁的、按使用次数定价的方式。

所谓使用定价,就是顾客通过互联网注册后可以直接使用某公司的产品,并根据使用次数进行付费，而不需要将产品完全购买。这一方面减少了企业为完全出售产品进行大量不必要的生产和包装的浪费，同时还可以吸引那些有顾虑的顾客使用产品，扩大市场份额。顾客每次只是根据使用次数付款，不仅省去了购买产品、安装产品、处置产品的麻烦，也可以节省不必要的开销。

4) 拍卖竞价策略

网上拍卖是目前发展比较快的领域，经济学家认为市场要想形成最合理的价格，拍卖竞价是最合理的方式。网上拍卖由消费者通过互联网轮流公开竞价，在规定时间内价高者赢得。目前国外比较有名的拍卖站点是：www.ebay.com，它允许商品公开在网上拍卖，拍卖竞价者只需要在网上进行登记即可，拍卖方只需将拍卖品的相关信息提交给 eBay 公司，经公司审查合格后即可上网拍卖。

根据供需关系，网上拍卖竞价方式有下面几种。

(1) 竞价拍卖：最大量的是 C to C 的交易，包括二手货、收藏品，也可以是普通商品以拍卖方式进行出售。例如，惠普公司也将公司的一些库存积压产品放到网上拍卖。

(2) 竞价拍买：竞价拍卖的反向过程，消费者提出一个价格范围，求购某一商品，由商家出价，出价可以是公开的或隐蔽的，消费者将与出价最低或最接近的商家成交。

(3) 集体议价：互联网出现以前，这在国外主要是多个零售商结合起来，向批发商(或生产商) 以数量换价格的方式。互联网出现后，使得普通的消费者也能使用这种方式购买商品。集合竞价模式，是一种由消费者集体议价的交易方式。这在目前的国内网络竞价市场中，还是一种全新的交易方式。提出这一模式的是美国著名的 Priceline 公司(www.priceline.com)。在国内，雅宝已经率先将这一全新的模式引入了自己的网站。

14.4.3 网络营销的分销策略

网络营销渠道的选择是整个市场营销组合策略的重要组成部分。合理的网络营销渠道，一方面可以有效地把产品及时地提供给消费者，满足用户的需要；另一方面也有利于扩大销售，加速物资和资金的流转速度，降低营销费用。有些企业的产品质量较好，价格也合理，但缺乏合适的营销渠道或营销渠道不畅，无法扩大销售，这种例子是很常见的。网络营销的渠道可分为直接营销渠道和间接营销渠道。

与之相对应的网络营销的渠道策略可分为直接营销渠道策略、间接营销渠道策略、直接营销渠道和间接营销渠道并用的双道策略(又称双道法)。

1. 网络直接营销渠道策略

网络直接营销是指生产厂家利用互联网，不借助于其他分销渠道所开展的直接销售活动。这种买卖交易的最大特点是供需双方直接见面、环节少、速度快、费用低。网络直销的诱人之处在于它能够有效地减少交易环节，大幅度地降低交易成本，从而降低消费者所得到商品的最终价格。在传统的商业模式中，企业和商家不得不拿出很大一部分资金用于开拓分销渠道。分销渠道的拓展，虽然扩大了企业的分销范围，加大了商品的销售量，但同时也意味着更多的分销商参与利润分配，即企业不得不出让很大一部分利润给分销商，用户也不得不承受高昂的最终价格——这是生产者和消费者都不愿看到的。

网络技术的发展，使遍布全球的网络直接连接到最终消费者，电子商务使消费者能以较低的交易费用与生产者直接交易，为网上直销提供了条件。戴尔公司为网上直销树立了典范：它成为最大的个人计算机供货商，主要原因就在于它"网上直销"战略的成功。戴尔模式取得的巨大成功，使得整个个人计算机行业不得不对它的在线直接销售模式做出反应。越来越多的调查表明，网络直销将会成为未来营销方式的主流。由于网络直销合并了全部的中间环节，并提供更为详细的商品信息，买主能更容易地比较商品特性及价格，从而在消费选择上居于主动地位，并使得买主与众多销售商的联系更加便利。对于卖方而言，这种模式几乎不需要销售成本，而且即时完成交易，好处是显而易见的。目前，越来越多的生产商建立了自己的网站，直接面对消费者销售产品。

【拓展期刊】

2. 网络间接营销渠道策略

由于网络是一个虚拟市场，所以在网络直销时，交易双方都会考虑对方的信誉，担心出现对方"拿钱不给货"或者"拿货不给钱"的问题，进而影响交易的进行。为了克服网络直销的缺点，网络商品交易中介机构(即网络中间商)应运而生。这类机构成为连接买卖双方的枢纽，使得网络间接营销成为可能。阿里巴巴、中国商品交易中心等都是这类中介机构。网络间接营销是指生产者通过融入互联网技术的这类中介机构把产品销售给最终用户。

网络间接营销克服了网络直销的缺点，使网络商品交易中介机构成为网络时代连接买卖双方的枢纽。这种情形之所以会出现，首先，因为专业网络的中介机构知名度高、信誉好，并且可以解决"拿钱不给货"或者"拿货不给钱"的问题，从而降低买卖双方的风险，确保了双方的利益。其次，由于网络中介机构汇集了大量的产品信息，消费者进入一个网站(中介机构)就可以获得不同厂家的同类产品的信息，生产者也只要通过同一个中间环节就可以和消费者发生交易关系，这大大简化了交易过程，加快了交易速度，使生产者和消费者都感到方便。虽然这类机构在发展过程中还有很多问题需要解决，但其在未来虚拟市场中的作用是其他机构难以替代的。所以，那些认为随着网络营销的发展，网络直销将会完全替代间接销售的看法是片面的。尽管未来网络的进步会使网络直销得到充分的发展，但网络间接销售仍有其生存空间。

3. 网络营销渠道的双道策略

网络营销渠道的双道策略，又称双道法，是指企业同时使用网络直接营销渠道和网络间接营销渠道，以达到销售量最大的目的。在西方众多企业的网络营销活动中，双道法是最常见的方法，是企业网络营销渠道的最佳策略。在买方市场条件下，通过两条渠道推销产品比通过单一渠道更容易实现"市场渗透"。

14.4.4 网络营销的促销策略

在网络营销活动的整体策划中，网上促销(Cyber Sales Promotion)是极为重要的一项内容。网上促销是指利用互联网等电子手段来组织促销活动，以辅助和促进消费者对商品或服务的购买和使用。网上促销在目前的开发较为广泛，尤其是网络广告比较受欢迎。网络促销的出发点是利用网络特征实现与顾客沟通，这种沟通方式不是传统营销中"推"的方式，而是"拉"的方式，即"软"营销，这一特色是发掘潜在顾客的最佳途径。

常用的网上促销策略如下。

1. 网络广告

早在1998年5月,联合国新闻委员会年会就宣布互联网为继"报刊""广播""电视"三大媒体之外的第四传播媒体。与报刊、广播、电视这三大传统媒体相比,互联网使得信息在传播技术、传播效率及传播功能等方面产生了前所未有的变化。互联网正在成为重要的广告媒体市场,2014年中国互联网广告的市场规模为1565.3亿元,比上年增长了56.5%。在整体广告行业中,网络广告市场保持高速增长的状态。互联网是一个如此巨大的媒体,又处在高速发展中,因此在互联网上做广告意味着难以估量的商业机会。

1) 网络广告的定义

网络广告是指在Internet上发布、传播的广告。这些广告可以通过超链接的形式链接到广告主的网站上,从而可以让受众了解广告的更多信息,更好地达到网络广告的目的。《Hot Wired》杂志网络版于1994年10月14日在其站点上发布了第一个网络广告。《Hot Wired》杂志并不是通过销售杂志的网络复制来赚钱,它用的是更为传统的方式——向赞助商收取高额的广告费。这本以Web为基础的杂志在1994年10月吸引了AT&T等16家赞助商,每家做广告的公司向该杂志交付3万美元,获得两个月的广告资格。

近几年,我国网络用户对网络广告的态度也发生了转变。CNNIC调查结果显示,在用户对网络广告的看法方面,选择有时点击和经常点击的人有63.4%,比半年前的50%有所增加。在用户是否愿意收到网络广告邮件作为选择物品或服务的参考方面,表示愿意的占36.0%,与半年前的31.3%相比也有所提高。这些数据说明网络广告这种形式正逐渐被人们所接受。

2) 网络广告具备先进的多媒体技术,拥有灵活多样的表现形式

目前网络广告大致有下列几种表现形式。

(1) 旗帜广告(Banner)。企业一般愿意在网站采取旗帜广告的形式投放广告,又称横幅广告,是一幅放置在网页最上端表现商家广告内容的矩形图片,宽度为400~600像素(8.44~12.66厘米),高度为80~100像素(1.69~2.1厘米),以GIF、JPG等格式放置在网页中。旗帜广告又有静态和动态之分,为吸引更多的注意力,往往以动画形式出现。由于位置醒目、图幅大,可以比较自由地以文字图形等形式向浏览者传递信息,引导浏览者与商家深入互动地交流。

(2) 按钮广告(Button)、按钮广告类似于横幅广告,只是所占空间较小,可以被设置在网页的任何位置。通常是一个链接着企业主页或站点的企业标志(Logo),并注明字样"Click Me",希望浏览者主动点击。常用的按钮式广告尺寸有4种:125×125(方形按钮)像素、120×90像素、120×60像素、88×31像素,由于尺寸偏小,表现手法较简单,为了吸引访问者的注意,有把它制成浮动式的,又称浮动广告或浮标广告,此类广告不停地在网页上浮动,有的从上向下,有的从左到右,有的甚至随机浮动。一般情况下浮动广告的大小在80×80像素左右。

(3) 弹出式广告。弹出式广告是在浏览者打开一个新的网页或在浏览某个网页时弹出一个包含广告内容的新窗口。广告主选择在自己喜欢的网站或栏目之前插入一个新窗口显示广告内容,这里弹出的是一个个人网站广告窗口,这种广告的出现具有强迫性,都是自行出现在浏览器上。

(4) 文字链接广告。有些广告发布者,为了节省有限的网页空间,或者节约成本等原

因，常常在网页中只做一段带有特别颜色或者下划线的文字，只要浏览者点击这段文字，就可以跳转到一个广告页面。文字链接广告长度通常为10~20个中文字，内容多为一些吸引人的标题，点击后可链接到指定页面。

(5) 墙纸广告。墙纸广告是将所要表现的广告内容体现在墙纸上，并安排在具有墙纸内容的网站上，以供感兴趣的人下载。

(6) 电子邮件广告。电子邮件广告是以电子邮件为传播载体的一种网络广告形式，有可能全部是广告信息，也可能在电子邮件中穿插一些实用的相关信息，可能是一次性的，也可能是多次的或者定期的。通常情况下，网络用户需要事先同意加入到该电子邮件的广告邮件列表中，以表示同意接收这类广告信息，他才会接收到电子邮件广告，这是一种许可行销的模式。那些未经许可而收到的电子邮件广告通常被视为垃圾邮件。

(7) 电子杂志广告。电子杂志是由国内著名的 ICP(Internet Content Provider)提供，有着内容和信誉的充分保障，它由专业人员精心编辑制作，具有很强的时效性、可读性和交互性，而且还不受地域和时间限制，无论您在全球的哪个地方，电子杂志都可以带给您最新最全的信息。由于电子杂志是由网民根据兴趣与需要主动订阅的，同垃圾邮件(SPAM)有本质区别，所以此类广告更能准确有效地面向潜在客户。此外电子邮件杂志的形式还非常适合目前中国的网络状况，它可以让数百万订户不必花费很多时间和上网费就可以获得大量的中文优质信息。在这类专业杂志上面投放广告，不仅费用低廉，而且效果也非常显著，因为它能够将企业的产品和服务等广告信息在互联网上得到迅速推广传播。

(8) 互动游戏广告。互动游戏广告出现在页面游戏之中，时间可以是游戏开始、中间或者结束之时，其广告形式多种多样。例如，在欣赏完圣诞节的互动游戏贺卡之后，出现一个广告作为整个游戏贺卡的结束页面。通过这种形式，还可以根据广告主产品的特点为之量身定做互动游戏广告。

2. 网络销售促进

广告等促销活动的目的是为了建立产品的品牌形象，使消费者经常购买或长期使用该企业的产品。而销售促进活动则不同，它是为了使原来购买、使用其他品牌产品的顾客能够被吸引到本企业的产品上来，在短期内扩大企业产品的销售。因此，它的作用在短期特殊目标的完成上针对性较强，促销作用比较明显。

1) 网上销售促进的定义

网上销售促进就是在网络市场利用销售促进工具刺激顾客对产品的购买和消费使用。互联网作为沟通渠道和媒体，具有传统渠道所没有的优势，在刺激产品销售的同时，还可以与顾客建立互动关系，了解顾客的需求和他们对产品的评价。

2) 网上销售促进的方法

(1) 电子优惠券。电子优惠券是一种折扣促销方式，是商家为吸引上网族而在线发布的优惠券。所谓折扣，是指企业对标价或成交价款实行降低部分价格或减少部分收款的促销方法。美国亚马逊网上书店对许多种图书都实行了折扣销售，折扣率从5%到40%不等，它将网络信息传递所节省的费用，通过折扣的形式转移到顾客身上，使顾客充分领略到网上交易方法的优越性。电子优惠券可以从网上下载并打印，消费时向商家出示，即可享受商家的优惠打折承诺，这样做既省去了商家印刷和发送传统优惠券的成本，又方便了消费者，有的还可以无限量地复制使用。如麦当劳、肯德基、必胜客等公司的官方网站都在发布电子优惠券,肯德基的电子优惠券分为普通券与会员券,任何人进入网站的电子优惠券页面都可以打印使用普通券,会员券则必须要先注册成为肯德基网友之家的会员,正确输入有效的电子邮箱地址和密码,得到会员资格的确认信后,才可以打印会员专属的电子优惠券。会员券和普通券相比,优惠种类更多,优惠幅度更大,而且是一年不断,随时可以打印使用。还有的是在网上商店购物达到一定数量后,便获赠电子优惠券,下次购物时可按比例使用,如当当网经常提供的优惠券。微软为了销售视窗操作系统曾根据客户的申请提供电子优惠券,获得许可的客户得到半价正版软件,采用这种方式的主要目的是试图把盗版用户逐步拉到正版阵营。

(2) 在线试用品与赠品。在线试用品与赠品多数是虚拟的体验、服务或数字产品。最常见的有软件网站提供可下载试用版,给予一定的试用期限或者使用限制。有的软件商以极低的注册费用在网上推销客户端软件,又以相当高的价格向硬件供应商、系统集成商或网站建立者销售它们的服务端软件,从客户的用户端成功"锁定"客户,从而达到获取利润的目的。Netscape 公司的 Navigator 软件就是这方面一个极为成功的例子。一些在线信息网站出售调研报告等数字资料时,也会免费提供一小部分内容吸引顾客购买。

(3) 在线竞赛与抽奖。许多网站组织竞赛和抽奖不仅是为了吸引眼球和客户的不断光顾,还为了与客户共建网站内容,通过参与让客户对网站生出留恋和感情,从而建立长期的关系,形成良好的口碑。如果定期更新抽奖内容,客户就会时常返回查询是否获奖。三星照相机网站经常组织外景拍摄活动和拍摄作品比赛,虽然奖品只是瑞士军刀、数码相机存储卡、雨伞等,但是自己的作品被刊登、被认可的荣誉感也让客户产生了对网站的归属感。

3. 网络公共关系

针对广告在网络世界的效果,有一个观点值得关注,即"无论公司大小,纯粹的网络广告能产生的效益都非常有限。在网络世界,企业更加要先做公关,再做广告"。网络公共关系是公共关系的一部分,旨在影响公共舆论,并在公众中建立信誉,这种信誉可通过品牌相关活动和不付费的第三方媒体报道建立。公共关系面对的是不同的利益相关者,着眼于品牌形象与远期目标,而非短期和当前的实际收入。

1) 网络公共关系的特点

(1) 网络公共关系主体的主动性增强。网络公共关系的主体可以是网络上的任何社会组织,网络所特有的互动性使企业在网络公共关系中的主动性得以增强。几乎在整个互联网公共关系活动中的任何环节,网络公共关系的主体都可以拥有主动权。企业可通过网络论坛、新闻组、E-mail 等直接面向目标市场及时发布新闻,而且新闻不受篇幅、媒体、时间与空间的限制,不需要通过新闻媒介的审批,从而打破了传统公共关系活动利用新闻媒介的局限性,使利用新闻媒介方面的主动性得到了加强。

(2) 网络公共关系客体的权威性得到强化。网络公共关系的客体即网上消费者,是指与网上企业有实际或潜在利害关系或相互影响的个体或群体。网上企业的消费群体构成了它赖以生存的两大类网络社区:一类是围绕网上企业由利益驱动形成的垂直网络社区,包括投资者、供应商、分销商、顾客、雇员及目标市场中的其他成员;另一类是围绕某一主题形成的横向网络社区,包括生产、销售类似产品或提供相似服务的其他企业或组织等。它们活动的主要场所是各类网络论坛、新闻组、邮件列表等。在网络公共关系活动中,网上消费者对网上企业的影响变得更直接、更迅速。因此,从事网络公共关系的人员必须充分认识到消费群体在网络公共关系活动中的重要性，事先控制信息传播的内容、方向、范围，监控消费群体的反应，及时采取有效措施，化解对企业的不良影响。

(3) 网络公共关系传播的效能大大提高。网络作为公共关系传播的媒体，彻底改变了传统公共关系的信息传播方式。传统的传播方式是单向的 $1:n$ 的沟通，而网络的传播是双向互动式的，是 $1:1$ 的沟通。这种互动式的个体沟通方式使接收信息的消费者群体在阅读信息的同时，可以与企业的有关人员或其他网民开展讨论，还可以对信息内容、信息的传播形式进行控制，使企业在传播信息时有必要根据消费群体的不同需要、不同的反应程度提供个性化的信息服务。

(4) 网络公共关系传播的时空更广泛。开展网络公共关系使传播时空大为扩展。从传播空间上看，企业传播信息不受版面等的限制，有足够的空间传播内容详尽的信息，并可通过与其他相关信息的超链接增加信息容量，实现企业与消费者之间的即时互动。从传播时间上看，网络传播可以全天 24 小时随时发布新闻，一有消息即可播出，不必为传统媒介的时间等问题大伤脑筋。

2) 网络公共关系的形式

网络公共关系包括非广告、促销或交易性的网上内容、在线活动(研讨会、网友见面会)、在线社区、在线客户服务等。例如，栏目赞助就是网络公共关系的一种形式。栏目赞助由企业对其他网站的某些栏目提供赞助，访问者可以通过赞助页面直接连接到企业的网页，从而扩大企业网页的知名度。企业赞助对象一般是一些会议、公共信息、政府或非营利性的活动，如企业可以赞助一个电视剧的展出页面，以吸引观众对自己的企业、产品或服务的注意。

【拓展期刊】

本 章 小 结

网络营销是伴随互联网进入商业应用而出现的一种新的营销模式，尽管历史不长，但已对企业营销模式的发展产生了重要的影响，网络营销的价值也越来越多地为营销实践所证实。

本章首先介绍了网络营销的含义与特征、网络营销的内容与层次，然后，从网络消费需求特点、影响消费者网络购买的主要因素、网络消费者购买过程 3 个方面进行了网络消费者购买行为分析。在网络营销策略方面介绍了网络营销的产品策略、网络营销的价格策略、网络营销的分销策略和网络营销的促销策略。

关键术语

网络营销——internet marketing　　短信营销——short messaging service
分销渠道——distribution channel　　聊天室——chat rooms
核心产品——core product　　网站服务——web service
供应链管理——supply chain management　　旗帜广告——banner aids

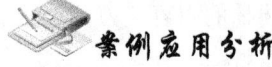

大众汽车的网上推广策略

大众汽车集团在产品推广方面有了个好主意,它在网上发布两款最新甲壳虫系列——亮黄和水蓝,共计2 000辆新车,而且均在网上销售。公司花了数百万美元在电视和印刷媒体上大做广告,推广活动的广告语为"只有2 000,只有在线"。大众汽车e-Business经理Tesa Aragones认为:"大众汽车的用户中有很多人能上网,我们这次市场活动不仅推广了新车型,而且支持了整个在线购车的过程。我们将使之成为一次独特的品牌宣传,大约60%的客户通过互联网来购买我们的产品和服务。"

这是大众汽车第一次在自己的网站上销售产品,推广活动从2003年5月4日延续到2003年6月30日。根据Aragones的说法,网站采用Flash技术来推广两款车型,建立虚拟的网上试用驾车场景。Aragones解释道:"采用Flash技术,将动作和声音融入到活动中,让用户觉得他们就好像是整个广告的一部分。用户可以选择网上试用驾车的不同场景,例如,在城市中、在高速公路上、在乡间田野或其他地方。"

网上试用驾车使得网站流量迅速上升。Aragones指出网站平均月流量为100万人。在推广的第一天,就有超过8万的访问量。在活动期间,每天的独立用户平均为47 000,每个用户花费的时间翻了一倍,达到19分钟,每页平均浏览1.25分钟。网上试用驾车同时完成了主要目标——得到更多的注册用户。用户能够在网上建立名为"我的大众"的个人网页。Aragones指出,在推广期间,超过9 500人建立了自己的网页。他们能够更多地了解自己需要的汽车性能,通过大众的销售系统检查汽车的库存情况,选择一个经销商,建立自己的买车计划,并安排产品配送时间等。

Aragones说:"用户能够就自己的需要,通过互联网、BBS或电话与经销商取得联系。一旦交易成功,用户能直接确定新车型的发送时间。"Aragones还透露,推广活动期间产生了2 500份在线订单,其中60%的用户选择了水蓝车型。"由于水蓝车型有更多的价格选择,所以它卖得较好。亮黄则只有一种型号且较贵。"

这次市场活动对于美国国内大众汽车经销商来说也是成功的。超过90%的经销商参与了活动,虽然Aragones拒绝透露销售的具体情况,但她指出销量是非常高的。她说:"这次活动达到了我们的预期目标,我们向消费者证明了在线买车能为他们提供更多的选择余地。活动也向我们的经销商证明了电子商务的力量所在,让他们为汽车行业在线销售的高速增长做好了准备。"

讨论:
(1) 简述网络消费者的特征。
(2) 大众汽车网络推广的成功之处在哪里?

思 考 题

(1) 网络营销的概念及其特征是什么?
(2) 试述网络营销的内容及层次。
(3) 网络消费者的需求有什么特点?
(4) 试述网络产品的定价策略。
(5) 网络促销组合因素中广告主要有哪些形式?

第15章 市场研究的数据分析方法

教学目标与要求

通过本章的学习,学生应对市场研究的数据分析方法的基本原理有一定的了解,能应用这些方法对不同的案例和市场数据进行分析;了解聚类分析、因子分析、对应分析、多维偏好分析、联合分析的基本思想和数学模型,掌握这些市场研究的数据分析方法。

本章知识点

聚类分析、因子分析、对应分析、多维偏好分析、联合分析等多元统计方法的基本思想和数学模型;以上5种数据分析方法在市场研究中的具体应用。

与市场研究有关的决策

(1) 哪些细分市场是企业的目标市场?涉及的内容包括市场细分和定位。
(2) 目标客户是谁?涉及的内容包括现有消费者分析和潜在消费者挖掘。
(3) 每个细分市场内消费者的需求和欲望是什么?涉及的内容包括消费者偏好分析。
(4) 哪种产品能最好地满足目标市场消费者的需求?如何开发符合市场需求的新产品?新产品进入市场后,哪些消费者将最先购买?其购买原因和反应是什么?新产品的哪些特性能够吸引消费者?涉及的内容包括新产品开发决策。
(5) 现有市场产品的需求量和销售量是多少?市场上的占有率和覆盖率是多少?涉及的内容包括老产品市场分析。
(6) 同行竞争者的地位和作用、优势和劣势是什么?涉及的内容包括竞争对手分析。

15.1 聚类分析

聚类分析是根据研究对象的特征对研究对象进行分类的多元分析技术的总称。本节将结合有关实例,主要介绍和探讨系统聚类分析方法在市场研究中的应用问题。

15.1.1 聚类分析的基本思想

聚类分析又称群分析或点群分析,是研究多要素事物分类问题的数量方法。其基本原理是：根据样本自身的属性，用数学方法按照某些相似性或差异性指标，定量地确定样本之间的亲疏关系，并按这种亲疏关系程度对样本进行聚类。

在聚类分析中，根据分类对象的不同，可将其分为样品聚类(Q型聚类)和变量聚类(R型聚类)两种。样品聚类是对事件进行聚类，或是对观测量进行聚类，是对反映被观测对象特征的变量值进行分类。变量聚类则是当反映事物特征的变量很多时，根据所研究的问题选择部分变量对事物的某一方面进行研究的聚类方法。

在市场研究中，聚类分析的应用很广泛。在市场调查方面，根据一些产品的价格和性能比，如各种厂家生产的电脑及其型号、软硬件配置和价格等，可以发现哪些电脑属于物美价廉型，哪些电脑属于性能差、价格昂贵型，以便于顾客选择。另外，聚类分析还可以用于许多其他的研究，如细分市场消费者行为、选择实验市场、寻找新的潜在市场等。

15.1.2 聚类分析的统计量

设 $x_1, x_2, \cdots, x_n$ 为 n 个分类特征指标，x_{ik} 表示第 i 个样品的第 k 个指标值。为了将样品(或变量)进行分类，首先需要引进表示样品之间相似程度的度量，称为聚类统计量。常用的聚类统计量有3种：匹配系数、距离、相似系数。

1. 匹配系数

当分类指标 $x_1, x_2, \cdots, x_n$ 为类别标度量时，通常采用匹配系数 s_{ij} 作为聚类统计量。第 i 个样品与第 j 个样品的匹配系数 $s_{ij} = \sum_{k=1}^{n} z_k$，其中

$$z_k = \begin{cases} 1, & \text{当} x_{ik} = x_{jk} \\ 0, & \text{当} x_{ik} \neq x_{jk} \end{cases}$$

匹配系数越大，说明两样品越相似，越应该划为同一类。

2. 距离

当指标中有间隔标度变量时，匹配系数已不再适用，此时采用距离来进行度量。距离越小，相似程度越高，两样品越应该划为一类，常用的距离指标有以下几种。

(1) 绝对值距离，计算公式为

$$d_{ij} = \sum_{k=1}^{n} |x_{ik} - x_{jk}|$$

(2) 平方和距离(欧式距离的平方)，计算公式为

$$d_{ij}^2 = \sum_{k=1}^{n} (x_{ij} - x_{jk})^2$$

(3) 明科夫斯基距离，计算公式为

$$d_{ij} = \left[\sum_{k=1}^{n} w_k |x_{jk} - x_{jk}|^q \right]^{\frac{1}{q}}$$

式中，$w_k (k=1,2,\cdots,n)$ 为各个指标的权系数，特别是 $w_k = 1(k=1,2,\cdots,n)$ 时若 $q=1$，则明科夫斯基距离即为绝对值距离。

第 15 章 市场研究的数据分析方法

(4) 切比雪夫距离，计算公式为

$$d_{ij} = \max_{1 \leq k \leq p} |x_{ik} - x_{jk}|$$

(5) 兰氏距离(要求 $x_{ij} > 0$)，计算公式为

$$d_{ij}(L) = \frac{1}{p} \sum_{t=1}^{n} \frac{|x_{it} - x_{jt}|}{(x_{it} + x_{jt})} \quad (i,j = 1,2,\cdots,n)$$

3. 相似系数

在实际问题中，对样品分类常用距离，对变量分类常用相似系数。相似系数可以分为夹角余弦与相关系数。

(1) 夹角余弦，计算公式为

$$\cos\theta_{ij} = \frac{\sum_{k=1}^{n} x_{ik} x_{jk}}{\sqrt{\sum_{k=1}^{n} x_{ik}^2 \sum_{k=1}^{n} x_{jk}^2}}$$

式中，$|\cos\theta_{ij}|$ 越接近 1，样品 i、j 越相似。

(2) 相关系数计算公式为

$$r_{ij} = \frac{\sum_{k=1}^{n}(x_{ik} - \bar{x}_i)(x_{jk} - \bar{x}_j)}{\sqrt{\sum_{k=1}^{n}(x_{ik} - \bar{x}_i)^2 \sum_{k=1}^{n}(x_{ik} - \bar{x}_j)^2}}$$

式中，r_{ij} 实际上是将数据标准化后的夹角求余弦。因为 $-1 \leq \cos\theta_{ij} \leq 1$，因此同样有 $-1 \leq r_{ij} \leq 1$，且 $|r_{ij}|$ 越接近 1，样品越相似。

15.1.3 聚类分析的方法

聚类分析的方法有许多种，应用最广泛的有两类，即层次聚类法和迭代聚类法。

1. 层次聚类法

层次聚类法又可分为两种：聚集法和分解法。聚集法首先将每个案例各自看成一类，先把距离最近的两类合并，然后重新计算类与类之间的距离，再把距离最近的两类合并，这样每一步减少一类，重复这个过程直到所有的案例归为一类为止。分解法和聚集法的过程相反，首先把所有的案例归为一类，然后把最不相似的案例分为两类，每一步增加一类，直到每个案例都自成一类为止。分解法和聚集法相似，只是过程相反。层次聚类法的核心问题就是计算类与类之间的距离，主要有 5 种方法：最短距离法、最长距离法、平均联结法、重心法和离差平方和法。这里就不对这些方法做具体介绍，具体内容可参看相关的统计学书籍。

2. 迭代聚类法

层次聚类法在聚类过程中需要存储距离矩阵，并且在每一并类过程中都需要做大量的计算。这样，当样本量很大时需要占用的计算机内存空间较大，并且耗时较长。迭代聚类法克服了层次聚类法的这两个缺点。它具有占计算机内存空间小、速度快的优点，适用于

大样本的聚类分析。

迭代聚类法聚类过程的基本思路是：首先指定聚类数，对样本进行初始分类并计算每一类的中心；然后计算每个样本点到各类中心的距离，调整样本点的分类，把每个样本点归入与中心距离最近的那一类；重复计算每一类的中心，调整分类直到所有样本点调整完毕为止。

15.1.4 聚类分析的基本步骤

(1) 选择聚类变量。因为聚类分析是根据所选定的变量对研究对象进行分类，聚类的结果仅仅反映了选定变量所定义的数据结构。例如，在市场研究中，当研究人员需要对消费者进行区别归类时，首先要解决的是判断哪些因素是决定分类的关键因素，因为聚类分析本身无法区分哪些因素与分类有关，所以变量的选择在聚类分析中非常重要。

(2) 相似性测度。选定了聚类变量，下一步就是计算研究对象之间的相似性。主要用两种指标来测度：距离和相似系数。

(3) 聚类。选定了聚类变量、计算出相似性矩阵之后，接下来就是对研究对象进行分类。这时主要解决两个问题：一是选定聚类方法；二是确定形成的类数。

(4) 聚类结果的解释和证实。在得到聚类结果后，还应该对结果进行验证和解释，以保证聚类解是可信的，并具有推广的意义。

(5) 偏好图展示。以聚类结果和聚类变量为轴做出研究对象的偏好图，以便直观地考察类别与变量之间的相似性关系。

15.1.5 聚类分析的假设条件和局限性

要进行聚类分析必须满足两个假设条件：第一，作为聚类依据的相似性指标是衡量对象间相似性的正确指标；第二，可以从理论上证明把对象合并成一类是有道理的。

其局限性主要在于要评价聚类分析的质量比较难。由于没有标准统计检验可用，因此无法保证输出的结果不是完全偶然事件。聚类准则指标值、输出结果的合理性和分割样本的可靠性检验都能提供有用的检验信息，但是要确切了解哪些类别非常相似、哪些对象难以分配到类别里去还是很难的。

案例 15-1

聚类分析的应用

欲按价格、质量将不同品牌的计算机分类，其中质量的以百分制进行度量，用质量衡量值表示，看哪些计算机属于物美价廉型，哪些计算机属于性能差、价格昂贵型，以便消费者做出购买决策。表 15-1 是对某几家大型商场的 13 种不同品牌的计算机做价格质量测定，得到的平均数据。

表 15-1　各品牌计算机的价格质量数据

品 牌 代 码	价格/元	质量衡量值
1	4 892.00	93
2	4 560.21	57
3	3 450.50	84

第 15 章 市场研究的数据分析方法

续表

品 牌 代 码	价格/元	质量衡量值
4	5 889.20	99
5	2 310.80	55
6	3 145.50	75
7	5 213.32	62
8	4 430.00	95
9	3 150.80	73
10	6 103.30	68
11	2 890.20	32
12	3 750.61	86
13	2 589.59	55

利用统计软件 SPSS 做 Q 型聚类分析，可得到谱系图如图 15.1 所示。
如果将 13 个品牌的不同计算机分为 4 类，那么由谱系图可见。
第一类为{6，9，3，12}，属于性价比适中的计算机。
第二类为{1，8，4}，属于价格较高、质量很好的计算机。
第三类为{2，7，10}，属于价格高、质量差的计算机。
第四类为{5，13，11}，属于价格低、质量差的计算机。

【拓展期刊】

```
Dendrogram
******HIERARCHICAL   CLUSTER   ANALYSIS*****
Dendrogram using Average Linkage(Between Groups)

                     Rescaled Distance Cluster Combine
    CASE        0        5       10      15      20      25
    Label      Num      +-------+-------+-------+-------+-------+

    Case6       6
    Case9       9
    Case3       3
    Case12     12
    Case1       1
    Case8       8
    Case4       4
    Case2       2
    Case7       7
    Case10     10
    Case5       5
    Case13     13
    Case11     11
```

图 15.1　Q 型聚类分析的谱系图

15.2　因子分析

15.2.1　因子分析的基本思想

因子分析是多元统计分析技术的一个分支，其主要目的是浓缩数据，核心思想是将观测的变量分类，将相关性较高即联系比较紧密的变量分在同一类中。它通过研究众多变量之间的内部依赖关系，探求观测数据中的基本结构，并用少数几个假想变量来表示基本的数据结构。这些假想变量能够反映原来众多的观测变量所代表的主要信息，并解释这些观测变量之间的相互依存关系，我们把这些假想变量称为基础变量，即因子。因子分析就是研究如何以最少的信息丢失把众多的观测变量浓缩为少数几个因子。

在市场研究中，研究人员会面对大量的变量以及复杂的、多维度的关系结构。要进行进一步的研究分析就离不开对数据的简化，研究人员就可以利用因子分析来定义、解释包含在众多原始变量之中的潜在结构或者关系，并且使用一组少量的、有代表性的因子来表示，这样不但降低了分析难度，而且能够比较好地代表原始结构，并透视数据，进而提高分析的准确性。

15.2.2 因子分析的基本模型

1. 基本模型

设有 n 个观测变量，分别为 $x_1, x_2, \cdots, x_n$，其中 $x_i(i=1, 2, \cdots, n)$ 为具有零均值、单位方差的标准化变量，则因子模型的一般表达形式为

$$x_i = a_{i1}f_1 + a_{i2}f_2 + \cdots + a_{im}f_m + \varepsilon_i \quad (i=1,2,\cdots,n)$$

在该模型中：

(1) $f_1, f_2, \cdots, f_m$ 称为公因子，是各个观测变量所共有的因子，解释了变量之间的相关系数。

(2) ε_i 称为特殊因子，它是每个观测变量所特有的因子，相当于多元回归中的残差项，表示该变量不能被公因子所解释的部分。

(3) a_{ij} 称为因子负荷，它是第 i 个观测变量在第 j 个公因子上的负荷，相当于多元回归分析中的标准回归系数。

2. 相关统计量

1) 因子负荷

因子负荷就是第 i 个观测变量与第 j 个公共因子的相关系数，因子负载 a_{ij} 的绝对值越大，公共因子 f 与原始变量 x_i 的关系越强。

2) 相关矩阵

相关矩阵是指由分析的所有变量之间的相关系数构成的矩阵。

3) 共同度

共同度又称公因子方差，表示观测变量 x_i 的方差能被所有公共因子所解释的部分所占的比例，观测变量 x_i 的共同度用 h_i^2 表示，等于因子负荷矩阵中改变量所在行的所有元素的平方和，用公式表示为

$$h_i^2 = a_{i1}^2 + a_{i2}^2 + \cdots + a_{im}^2 \quad (i=1,2,\cdots,p)$$

共同度 h_i^2 越大，用这些公共因子描述变量 x_i 越有效。

4) 特征值

因子的特征值也称因子的贡献，记为 v_n。它等于和该因子有关的因子负载的平方和，表示该因子所能解释的方差，用公式表示为

$$\upsilon_n = \sum_{i=1}^{n} a_{in}^2$$

每个因子所能解释的方差占所有变量总方差的比例称为该因子的贡献率。在实际中更常用因子的贡献率来衡量公因子的相对重要性。一般而言，因子的贡献率越高，表明该公因子越重要。

5) 巴特利特球体检验

该统计量用于检验以下假设的统计量：各变量之间彼此独立，即总体的相关系数矩阵是单位矩阵，每个变量自己完全相关($R=1$)，与其他变量毫不相关($R=0$)。

6) KMO 值

KMO 值指用于检验因子分析是否合适的指标。KMO 值为 0.5～1.0 表示合适，小于 0.5 表示不合适。

15.2.3 因子分析的基本步骤

1. 定义问题

因子分析的开始步骤是确定研究目的和研究问题。因子分析的一般目的是要找到一种"浓缩"信息方式，使得包含在许多观测变量内的信息，能够浓缩到一组新的、数量少的维度或者因子中来，并使信息的损失达到最小。也就是说，要寻找并定义原始变量中假想的基本结构或者维度。具体来说，因子分析主要能满足两个目的：识别数据结构和简化数据。

2. 初步研究设计

确定应该包括哪些变量以及如何测量这些变量。选择与变量个数相适应的样本量，一般情况下样本量至少是变量个数的 4～5 倍。

3. 构造相关矩阵

相关矩阵是因子分析的基础，通过对相关矩阵的考查可以获得有价值的结论，只有观测变量高度相关时才能从中综合出能反映某些变量共同特征的公共因子变量，因子分析才能进行。巴特利特球体检验可用来检验变量之间彼此独立的假设，即总体相关矩阵是单位矩阵这一假设。球体检验统计量是根据相关矩阵行列式的卡方转换求得的，该统计量取值大于 0 时拒绝假设，当不能拒绝原假设时，因子分析就可能不合适了。另一个统计量是 KMO 指数，比较观察变量之间相关系数与偏相关系数的相对大小，KMO 值小时表示每一对变量之间的相关度不能用其他变量来解释，因此因子分析可能不合适。通常要求 KMO 值大于 0.5。

4. 确定因子分析方法

选择合适的数据分析方法之后，还必须选择合适的因子分析方法，不同因子分析方法的差别在于其估算的权重不同，主要有两种基本的因子分析方法：主成分分析和公因子分析。主成分分析考虑全部方差，将全部方差引入因子矩阵。如果主要目的是用最少数目的因子来反映最多的原始信息，就可以采用主成分分析法。公因子分析只根据公因子部分估计因子，其相关矩阵的斜对角线由公因子方差组成。如果主要的目的是识别原始变量所共同分享的潜在因子和维度，那么就采用主因子分析法。SPSS 中抽取因子的方法是主成分分析法。还有最小二乘法、广义最小二乘法、极大似然法、映象因子法等，这些方法比较复杂，不适合没有经验的人使用。

5. 确定因子数

理论上，主成分的数目可以和变量一样多，但这样就达不到简化数据的目的，因此应当提取比变量少的因子来概括原始变量中所含的信息。确定因子数的方法主要有事先确定、碎石图、根据特征值、解释方差百分比、复本信度、显著检验等。这里不进行详细介绍，可参考相关统计学书籍。

6. 因子旋转

为了便于解释因子分析的结果，一般对因子负荷矩阵进行旋转使得每个因子只对其中的某些变量有显著的负荷，而每个变量只在一个因子上有显著的负荷。旋转的方法主要有正交旋转法、斜交旋转法等。

7. 因子分析的有效性评价

评价因子分析的有效性主要包括以下 3 个方面：第一，所抽取的公共因子的累积贡献率和所有变量的共同度是否足够；第二，分析结果是否具有一般性或可推广性；第三，分析结果是否受到某些特殊观测值的影响。

8. 因子分析结果的进一步运用

如果采用因子分析的主要目的是帮助研究人员识别适当的变量，并进一步用于其他统计分析，那么就要考虑采用数据简化技术。数据简化技术一般有 3 种：使用替代变量、使用能够综合若干重要变量的累加量表得到的变量、计算因子得分。如果数据仅在原始样本中使用，或者要求保持正交性，那么应选择因子得分；如果希望有可推广或可转换性，那么累加量表和替代变量法更为适用。

15.2.4 因子分析的假设条件和局限性

因子分析的假设条件是变量背后存在一些潜藏因子，并且这些变量能完整、充分地代表这些因子。也就是说，变量列表应当完整，即它们中的每个因子都至少能被测量到一次，更理想的话，能从不同角度测量多次。

因子分析最大的局限性在于因子分析的过程主观性很强。因子数目的确定、对它们意义的解释和要选择的旋转方法都要用到分析人员的主观判断。

案例 15-2

因子分析的应用

【拓展期刊】

本案例选取计算机、化妆品以及饮料行业的品牌作为研究对象，利用消费者偏好对商品的品牌进行评估。其中，计算机基本属于耐用消费品，消费者选购时受品牌影响较大；饮料一般属于日常消费品，购买主要是习惯性行为；而化妆品基本介于两者之间，既可能受品牌影响,也具备习惯性消费的某些特征。为了全面测量品牌的维度,数据收集内容涵盖了品牌忠诚度、品牌知名度、品牌品质感知、品牌形象、品牌延伸、品牌韧性、品牌扩张、品牌创新、品牌个性、品牌适合度、品牌领导力、品牌国际化、口碑、企业形象等维度。采取主成分分析和方差极大正交旋转方法得到 Bartlett 检验值均为 0.000,KMO 值均大于 0.5 到 0.800,这说明样本非常适合作因子分析。仔细观察分析结果发现,提取前 7 个因子的方案比较合适,结果非常理想(前 7 个因子的特征值均大于 1,从第 8 个因子开始特征值均小于 1),各项指标如表 15-2 所示。

表 15-2 各产品类别因子分析评价指标

类 别	Bartlett 检验值	KMO 值	提取因子数量	累积解释方差比例
电脑	0.000	0.914	7	68.078%
化妆品	0.000	0.896	7	68.615%
饮料	0.000	0.894	7	68.713%

为了对各个因子进行解释,识别各个因子所代表的具体含义,发现所有 34 个变量都在 7 个因子中的至少 1 个因子上的载荷达到 0.45 以上,说明这 7 个因子的可信度较高。将因子按照负荷排序,并删除 0.45 以下的载荷值,分别得到不同产品类别的 34 个变量的正交旋转因子负载矩阵。

通过因子分析,分别得到 7 个基于消费者的品牌评估维度,与电脑产品相关的 7 个基于消费者的品牌评估因子分别为品牌形象、品牌忠诚、品牌支持、品牌创新、品牌韧性、品牌延伸和企业形象;与化妆品相关的 7 个基于消费者的品牌评估因子分别为品牌忠诚、品牌形象、品牌韧性、品牌支持、品牌扩张、品牌创新和企业形象;与饮料相关的 7 个基于消费者的品牌评估因子分别为品牌忠诚、品牌创新及韧性、品牌形象、品牌价值、品牌支持、企业形象和品牌宣传。这 3 种产品类别的公共因子包括:品牌忠诚、品牌形象、企业形象和品牌支持。基本公共因子包括品牌创新和品牌韧性,特殊因子包括品牌延伸、品牌扩张、品牌价值和品牌宣传。

品牌忠诚因子囊括了最多的品牌特征变量。其中包括忠诚、知名度、口碑、感知品质、认知价值、满意度、信任感、亲切感,这些变量实际上都反映了消费者对品牌的忠诚和购买倾向,属于忠诚关系的范畴。

品牌形象因子包括的变量都是关于该品牌的广告宣传、相关报道、品牌形象等,反映了品牌在消费者心目中的形象。事实上,若消费者认为品牌的宣传力度很大,而且对品牌的印象非常深刻,说明该品牌宣传比较有效,形象比较突出。

品牌支持因子反映了消费者对该品牌蕴涵的文化、代表的质量以及在渠道、国际化方面所作支持的认知,其本质是公司对品牌的支持。这种影响关系比较容易理解,即如果消费者心目中认为公司对该品牌的支持程度较高,那么该品牌的扩张力应该是比较强的。这个发现为企业提高品牌溢价提供了理论依据。

品牌韧性反映了消费者即使在经历有可能弱化品牌的危机事件时,仍对该品牌具有较强的正面预期,这也预示着品牌忠诚度是指消费者对品牌的一种依附情感,它反映了消费者与品牌关系的长期性、不易变更性、黏着性,它实际上是一种深层次的品牌忠诚度。品牌创新有助于形成较高的品牌溢价,不断革新、不断引领潮流的品牌最能抓住消费者的眼球,从而在竞争中立于不败之地。

上述几个方面分析了这 3 种产品的相同之处,值得注意的是,对于计算机这种耐用品而言,品牌资产评估还需要考虑品牌延伸因子;对于化妆品而言,还需考虑品牌扩张因子;对于饮料产品来说,还需考虑品牌价值和品牌宣传因子,并且,品牌创新和品牌韧性聚为一个因子。因此,相比较而言,品牌延伸因子对于耐用品品牌资产评估似乎更为重要,品牌价值和品牌宣传因子对于日常类品牌资产评估有重要意义,而品牌扩张因子对于介于其间的产品种类品牌资产评估有显著影响。这说明基于消费者的品牌资产评估方法既存在公共因子,也存在特殊因子。即使对于公共因子来讲,不同因子所起作用也有所差别,在品牌评估时应赋予不同权重。企业可以根据这个研究结果开展有效的市场营销活动,扩大市场份额,从而获取更大的利润。

15.3 对应分析

15.3.1 对应分析的基本思想

对应分析法是在 R 型和 Q 型因子分析基础上发展起来的多元统计方法,又称 R-Q 型因子分析。它是通过对由定性变量构成的二维交互汇总表的频数分析来揭示变量及其类别之间的联系。如果以变量的一系列类别以及这些类别的分布图来描述变量之间的关系,使用对应分析可以揭示同一变量的各个类别之间的差异以及不同变量各类别之间的对应关系。例如,在分析消费者对不同品牌商品的喜好时,可以将商品品牌与消费者的年龄、性别、职业、收入水平等进行交叉汇总,汇总表中的每一项数据都代表着喜欢某一品牌的某一类消费者人数,这一人数也就是这类消费者与这一品牌的"对应"点,代表着不同特点的消费者与品牌之间的联系。通过对应分析,可以把品牌、消费者特点以及这两者的联系同时反映在一个二维或三维的分布图上,消费者认为比较相似的品牌在图上的分布便会靠近在一起。在分布图上根据消费者的特点与每一品牌之间的距离,可以区分消费者的哪些特点与喜好某种品牌的关系密切。

对应分析综合了 R 型和 Q 型因子分析的优点,并将它们统一起来,使得由 R 型的分析结果很容易得到 Q 型因子分析的结果,这就克服了 Q 型因子分析计算量大的困难;更重要的是可以把变量和样品的负荷反映在相同的公因子轴上,这样就把变量和样品联系起来,便于分析和推断。

对应分析被广泛应用于市场研究的各个方面,如目标顾客的识别、市场定位、市场细分、新产品开发等营销活动中。

15.3.2 对应分析的有关统计术语

与对应分析有关的统计术语包括以下几个方面。

(1) 列联表。表中的每一行或每一列分别对应于一个行向量或列向量,分别将行和列的概率看成空间行点与列点的分量,称这些点为行轮廓和列轮廓。

(2) 对应图。通过主成分分析,可以在以两个主成分为坐标的空间中,标出行轮廓或列轮廓,或同时标出行列轮廓,从而分析它们之间的关系。这种近似的表示行轮廓和列轮廓的图形叫作对应图。

(3) 惯量和特征值。惯量是度量行轮廓和列轮廓的变差的统计量。总惯量表示轮廓点的全部变差,主惯量是对行轮廓和列轮廓进行主成分分析时得到的特征值,特征值的平方根叫奇异值。

另外还有一些检验对应分析显著性或近似效果的统计量,如卡方、似然比卡方、法系数、列联系数等。

15.3.3 对应分析的基本步骤

对应分析的基本步骤如下所示。

1. 确定研究的内容

明确研究的目的,选择分析时应包括的原始数据及其属性。

第15章 市场研究的数据分析方法

2. 获取数据

对目标对象进行调查，让被调查者从一组属性中进行选择。

3. 对列联表进行对应分析

利用统计软件对获得的数据进行对应分析，一般的统计软件都可以执行。SPSS 已有现成的菜单命令可供选择，在 Analyze 窗口下选择"Data Reduction"，然后再选择"Correspondence"命令即可进行对应分析。

4. 解释分析结果

对应分析不但可以将行变量或列变量各个类别的分值单独用对应图表示，还可以把行变量类别与列变量类别表示在同一张对应图上，在对应图上越靠近的点越相似。

5. 评价分析结果

首先利用卡方和列联系数等检验行变量和列变量之间的显著相关性，然后根据惯量对所选用维度的累计方差贡献比例进行评价。

案例 15-3

对应分析的应用

【拓展期刊】

本案例是对应分析在房地产市场细分中的应用。房地产开发商面对的消费者不尽相同，其消费需求也千差万别。针对不同的消费者开发不同的户型，是房地产开发商需要解决的一个重要问题。某房地产公司对其所在城市的居民购房承受能力进行了定量分析，力求对当前的住房消费状况有一个清醒的认识，开发出适销对路的住房。该公司对不同背景(如学历、收入、职业等)的消费者与居民购房承受能力进行了相关分析，力图发现消费者的个人特征对居民购房承受能力的影响。使用 SPSS 统计分析软件中的相关分析过程，得到的结果如表 15-3 所示。

表 15-3 相关因素的简单相关系数矩阵

项目		性别	学历	年龄	职业	婚姻状况	工作单位性质	家庭年总收入
可以接受的最高价格	相关系数	−0.52	−0.521	0.398	0.115	−0.35	0.688	0.886
	概率	0.575	0.110	0.049	0.240	0.725	0.005	0.000
	样本容量	100	100	100	100	100	100	100

由表 15-3 可知，消费者可以接受的最高房价与家庭年总收入、工作单位性质间的简单相关系数分别为 0.886 和 0.688，它们的相关系数检验的概率值都近似 0。因此，两个总体间存在显著的线性关系。也就是说，在消费者的诸多个人特征因素中，家庭年总收入对消费者的购房能力起了显著的影响作用，其次是工作单位性质。也可以看出，家庭年总收入最能影响消费者的购房决策。

因此，在上述分析的基础上，进一步对居民购房承受能力与家庭年总收入进行对应分析，以更清楚地了解家庭年总收入是如何影响居民购房决策的。

设家庭年总收入为行变量(用 a 表示)，分类值为 1～6，具体分类如下：a_1 代表 5 万元以下，a_2 代表 5

万~7万元，a_3代表7万~9万元，a_4代表9万~11万元，a_5代表11万~13万元，a_6代表13万元以上。将数据输入SPSS统计分析软件中进行对应分析，结果如表15-4所示。可接受的最高房价为列变量(用b表示)，分类值在1~8之间，具体如下：b_1代表50万元及以下，b_2代表50万~60万元，b_3代表60万~70万元，b_4代表70万~80万元，b_5代表80万~90万元，b_6代表90万~100万元，b_7代表100万~120万元，b_8代表120万以上。调用SPSS统计分析软件中的对应分析过程，得到结果如表15-4所示。

表15-4是家庭年总收入与可以接受的最高房价的交叉列联表，表中的数据为相应的频数。可以看到，在100名消费者中，大部分家庭年总收入为6万~10万元，大多数的家庭可以接受的最高房价为70万元以下。

表15-4 列联表

家庭年总收入	可以接受的最高房价								边缘频数
	b_1	b_2	b_3	b_4	b_5	b_6	b_7	b_8	
a_1	0	0	0	0	0	0	0	0	0
a_2	15	19	5	6	1	0	0	0	46
a_3	3	11	6	4	0	0	1	0	25
a_4	2	0	6	1	1	0	0	0	10
a_5	0	2	1	3	1	1	0	0	8
a_6	0	0	5	0	2	3	1	1	12
边缘频数	20	32	23	14	5	4	2	1	101

由表15-5可知，前两个特征值的累积贡献率已达到80.0%，说明用两个公因子已能解释各类别差异的主要信息，故提取2个公因子。其中的第一公因子占67.2%，第二公因子占15.8%，相应地得到因子分析载荷矩阵。

表15-5 特征值与贡献率

序 号	特 征 值	贡 献 率	累积贡献率
1	0.472	67.2	67.2
2	0.108	15.8	83.0
3	0.071	10.2	93.2
4	0.052	6.8	100.0
5	0.000	0.0	100.0
合计	0.703	100.0	100.0

表15-6中列出了行、列变量各分类在第一、第二个公因子上的因子载荷，它们将成为对应分布图中数据点的坐标。

表15-6 各分类的因子载荷

家庭年总收入	1	2	可接受的最高房价	1	2
a_1	0.0	0.0	b_1	−0.586	0.256
a_2	−0.548	−0.087	b_2	−0.578	−0.378
a_3	−0.258	−0.036	b_3	−0.284	−0.412
a_4	0.469	1.584	b_4	0.572	0.856

续表

家庭年总收入	1	2	可接受的最高房价	1	2
a_5	0.302	-0.954	b_5	1.276	-0.003
a_6	2.038	-0.284	b_6	1.268	-0.465
			b_7	2.374	-1.346
			b_8	2.968	-0.855

图 15.2 是对应分析的一个最主要的统计结果，形象地把行变量和列变量类别分值分布用坐标图表示出来。空心正方形表示家庭年总收入类别间的差异，实心正方形表示可以接受的最高房价类别间的差异；同时也更直观地把家庭年总收入与可以接受的最高房价这两个变量之间的类别联系形象地表现出来。在对应分布图中，特征相似的类别会聚集到一起，差异很大的类别会相距较远。

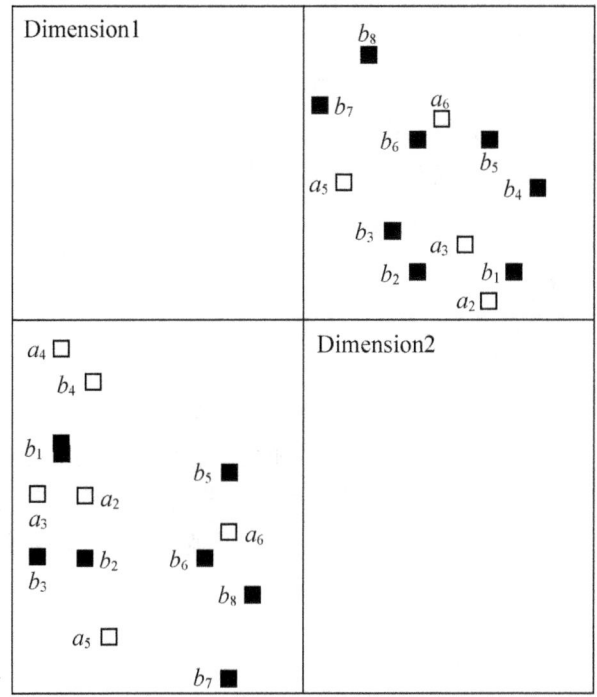

图 15.2　家庭年总收入与可接受的最高房价的对应分布图

从图 15.2 可以看出家庭年总收入与可以接受的最高房价之间的关系：家庭年总收入在 5 万～7 万元(a_2)和 7 万～9 万元(a_3)与可以接受的最高房价 50 万元及以下(b_1)、50 万～60 万元(b_2)、60 万～70 万元(b_3)的距离较小，换句话说，家庭年总收入在 6 万～10 万元的消费者可以接受的最高房价应在 70 万元以下。家庭年总收入在 13 万元以上(b_6)的消费者与可以接受的最高房价在 90 万～100 万元(b_6)和 80 万～90 万元(b_5)，亦即家庭年总收入在 13 万元以上的消费者可以接受的最高房价为 80 万～100 万元。其余家庭年总收入类别对可以接受的最高房价的选择差异不显著。另外，100 万元以上(b_7和b_8)的户型，问津的人不多。

居民对住宅市场的价格承受能力是房地产业发展的关键，由统计分析的结论可知，居民的家庭年总收入与可以接受的最高房价比例为 1：7～1：4，这说明居民对住房价格有一定的承受能力，房地产开发商应根据消费者的普遍收入状况及可以接受的最高房价，从成本核算方面出发多设计利润较高的户型。

15.4 多维偏好分析

15.4.1 多维偏好分析的基本思想

多维偏好分析是 MDS 技术中运用主成分分析方法探索、研究偏好数据的一种专门技术，可以解决以下方面的问题。

(1) 谁是我的用户。
(2) 还有谁应该是我的用户。
(3) 谁是我的竞争对手的用户。
(4) 相对于我的竞争对手的产品，我的产品定位于何处。
(5) 我还应该开发哪些新产品。
(6) 对于我的新产品，我应该将目标指向哪些新的潜在消费者。

在市场研究中，多维偏好分析是指运用多元统计理论中的主成分分析方法对消费者的品牌偏好、细分市场和厂商的产品定位等问题做出数量预测，因此首先简要介绍一下主成分分析法。

15.4.2 主成分分析方法

1. 基本思想

主成分分析是将众多彼此相关的指标化为少数几个彼此不相关的综合指标的一种统计分析方法。其基本思想和方法是根据指标间的相关信息从众多的指标中抽取若干综合成分以代表原来众多的指标。具体来说，就是将各个主成分用各个原来指标的线性组合来表示，使这些主成分既能尽可能地反映原指标的信息量，又彼此不相关，达到削减指标间信息重叠的目的。

2. 基本模型

设有 p 个样品，每个样品观测 n 项指标：x_1，x_2，$\cdots$，x_n，得到观测数据矩阵：

$$X = \begin{bmatrix} x_{11} & x_{12} & \cdots & x_{1n} \\ x_{21} & x_{22} & \cdots & x_{2n} \\ \vdots & \vdots & \vdots & \vdots \\ x_{p1} & x_{p2} & \cdots & x_{pn} \end{bmatrix} \triangleq (X_1, X_2, \cdots, X_n)$$

设

$$X_i = \begin{bmatrix} x_{1i} \\ x_{2i} \\ \vdots \\ x_{pi} \end{bmatrix} \quad (i=1,2,\cdots,n)$$

用数据矩阵 X 的 n 个向量 X_1，X_2，$\cdots$，X_n 作线性组合：

$$Y_i = a_{i1}X_1 + a_{i2}X_2 + \cdots + a_{in}X_n \quad (i=1,2,\cdots,n)$$

其中系数 a_{ij} 要满足的条件为

$$a_{1i}^2 + a_{2i}^2 + \cdots + a_{ni}^2 = 1 \quad (i=1,2,\cdots,n)$$

且系数 a_{ij} 由以下原则确定：

(1) Y_i 与 $Y_j (i \neq j; i, j=1, 2, \cdots, n)$ 不相关。

(2) Y_1 是 X_1，X_2，$\cdots$，X_n 的一切线性组合中方差最大的；Y_2 是与 Y_1 不相关的 X_1，X_2，$\cdots$，X_n 一切线性组合中方差最大的；依此类推，F_n 是与 F_1，F_2，$\cdots$，F_{n-1} 不相关的 X_1，X_2，$\cdots$，X_n 一切线性组合中方差最大的。

3. 主要统计术语

(1) 偏好评分。被调查者对所提供的成分评分，可以根据偏好的程度按 4、7、10 等级数的量表评分。

(2) 特征值。数据的总方差等于 n 个主成分变量的方差之和，每个主成分的方差也叫作特征值。

(3) 贡献。特征值与总方差的比例就是该主成分的方差的贡献。

另外，每个主成分 Y_i 都分别代表特殊意义，能说明样本的某一方面的特征。如果人们只对样本某一特征关心，那么可按照这一主成分对样本进行分析。

15.4.3 多维偏好分析的基本步骤

多维偏好分析的基本步骤包括以下几个方面。

(1) 确定研究的问题。明确研究目的，选择分析中应包括的品牌或其他维度。选择的维度的数量和具体内容决定着最终维度的性质与结构，因而对维度的选择应慎重。

(2) 收集数据。调查收集数据，让消费者对一组品牌或其他刺激维度进行评分、排序。

(3) 进行主成分分析。利用统计软件对偏好数据进行主成分分析，确定主成分的个数。

(4) 绘制偏好图并解释结果的意义。以两个主成分分别为坐标轴，作空间图近似地展示消费者对品牌的偏好，并解释图形的意义。

(5) 评价分析结果。利用所选用的主成分的累积方差贡献比例进行评价。

案例 15-4

多维偏好分析的应用

某汽车制造商想要了解他们的汽车相对于其竞争对手的汽车是如何定位的，于是从自己和竞争对手的车型中挑选了 17 种新车，请 25 位消费者根据他们对这些汽车的偏好按 0～9 的量表评分，其中 9 表示偏好程度最高，原始数据如表 15-7 所示。利用多维偏好分析来回答这一问题。

我们将各汽车品牌依次用变量 $X_1, X_2, \cdots, X_n$ 表示，运用 SPSS 对标准化后的数据进行主成分分析。

对各汽车品牌得分数据的相关矩阵进行 DMO and Bartlett, Test KMO 值等于 0.559，Bartlett 值等于 395.434，$P=0.000$，即相关矩阵不是一个单位矩阵，可以接受主成分分析的结果。

表 15-7　旋转前后的因子(主成分)负荷矩阵

因子 变量	旋转前因子矩阵				旋转后因子矩阵			
	因子 Y_1	因子 Y_2	因子 Y_3	因子 Y_4	因子 Y_1	因子 Y_2	因子 Y_3	因子 Y_4
X_1	0.491	−0.65	0.451	0.123	0.043	−0.205	0.910	−0.149
X_2	0.475	0.265	−0.724	0.058	0.354	−0.685	−0.426	0.054
X_3	0.625	0.610	−0.248	−0.046	0.789	−0.246	−0.288	0.196
X_4	0.810	0.176	0.114	−0.245	0.803	−0.190	0.243	−0.134
X_5	0.692	0.541	−0.004	−0.164	0.888	−0.113	−0.083	0.069
X_6	0.581	0.235	0.458	0.221	0.548	0.022	0.465	0.426
X_7	0.528	0.448	−0.212	0.608	0.446	−0.461	−0.052	0.689
X_8	−0.356	0.558	0.368	0.566	−0.084	0.484	−0.067	0.826
X_9	−0.321	0.768	0.145	0.118	0.178	0.526	−0.468	0.521
X_{10}	0.468	−0.657	0.448	0.103	0.038	−0.212	0.912	−0.184
X_{11}	0.784	−0.121	0.228	−0.423	0.656	−0.142	0.424	−0.385
X_{12}	0.668	0.435	0.126	−0.189	0.823	−0.041	0.038	0.046
X_{13}	0.758	0.456	0.354	−0.087	0.849	0.038	0.209	0.126
X_{14}	0.465	−0.268	0.598	0.232	0.225	0.029	0.754	0.135
X_{15}	−0.686	0.251	0.562	−0.231	−0.233	0.856	−0.118	0.084
X_{16}	−0.458	0.658	0.385	−0.458	0.168	0.861	−0.386	−0.016
X_{17}	−0.591	0.356	0.542	−0.062	−0.189	0.756	−0.123	0.156

由表 15-8 可知前 4 个主成分的累积贡献率已经大于 75%，而且各主成分对原变量的贡献率也较高，所以取前 4 个主成分进行分析。为便于说明主成分的内涵，对主成分进行命名，我们对因子负荷矩阵进行最大方差旋转，旋转前后的因子负荷矩阵如表 15-7 所示。

表 15-8　各主成分特征值、贡献率、累积贡献率和主成分对原变量的贡献率

指标 变量	特征值	贡献率/(%)	累积贡献率/(%)	变量	主成分对原变量的贡献率/(%)
Y_1	5.822	34.325	34.325	X_1	0.856
Y_2	3.776	22.205	56.530	X_2	0.768
Y_3	2.546	15.123	71.653	X_3	0.824
Y_4	1.356	7.988	79.641	X_4	0.756
Y_5	0.785	4.562	84.203	X_5	0.805
Y_6	0.698	4.001	88.204	X_6	0.689
Y_7	0.484	2.852	91.056	X_7	0.859
Y_8	0.423	2.456	93.512	X_8	0.913
Y_9	0.343	2.011	95.523	X_9	0.750
Y_{10}	0.246	1.426	96.949	X_{10}	0.908
Y_{11}	0.211	1.335	98.284	X_{11}	0.786

续表

指标 变量	特征值	贡献率/(%)	累积贡献率/(%)	变量	主成分对原变量的贡献率/(%)
Y_{12}	0.056	0.534	98.818	X_{12}	0.689
Y_{13}	0.056	0.432	99.250	X_{13}	0.854
Y_{14}	0.036	0.301	99.551	X_{14}	0.626
Y_{15}	0.028	0.290	99.841	X_{15}	0.801
Y_{16}	0.015	0.089	99.930	X_{16}	0.903
Y_{17}	0.010	0.070	100	X_{17}	0.658

由表 15-8 可见，前两个主成分提取的信息大于 55%，我们用旋转后的前两个主成分为坐标轴，标出 17 个汽车模型的位置，做出 25 位观测者的向量，得到汽车模型偏好图。由于前 4 个主成分可以解释约 80% 的方差，所以我们只考虑前 4 个主成分。结合表 15-7 旋转后因子矩阵原始数据和汽车模型偏好图，对各主成分按升序排列，进行分析可以得出以下结论。

(1) 各品牌汽车在第一主成分上得分值介于-0.233~0.888，并且正值多，负值很少，得分极差值是 4 个主成分中最小的，得分值平稳上升。沃尔沃、林肯等豪华汽车得分最低，福特等小型汽车得分最高。可以认为，第一主成分反映了对各品牌汽车的购买能力，显示对小型汽车的购买能力最强，对豪华汽车的购买能力最弱。

(2) 各品牌汽车在第二主成分上得分值介于-0.685~0.233，得分正负值对半。日本、欧洲品牌汽车居于正值一端，福特、雪佛兰等美国品牌汽车居于负值一端。可以认为，第二主成分反映了针对日、欧、美品牌汽车的偏好，消费者更偏好日本和欧洲品牌汽车，不喜欢福特、雪佛兰等美国品牌汽车。

(3) 各品牌汽车在第三主成分上得分值介于-0.468~0.912，得分正负值对半，林肯、凯迪拉克等豪华车位于正值一端，雪佛兰等美国品牌小型车位居负值一端。可以认为，第三主成分反映了消费者对汽车质量的偏好。消费者更喜欢高质量的豪华车，而不太喜欢廉价的美国品牌小型车。

(4) 各品牌汽车在第四主成分上得分介于-0.385~0.826，负值得分略少，得分值平稳上升。特别豪华和特别廉价的车型位居负值一端。可以认为，第四主成分反映了消费者在选购汽车时根据自身的经济实力和汽车质量综合决策的消费趋中倾向。

(5) 在汽车模型偏好图中可以看出，消费者很少偏好美国品牌小型车，现实消费主要是日本、欧洲品牌汽车和部分豪华车，有接近一半的消费者指向第二和第三象限，而图中这一部分没有数据标出。这可能暗示一个新的细分市场：更大、更豪华的欧洲和日本品牌汽车市场。

15.5 联合分析

15.5.1 联合分析的基本思想

联合分析方法是由 J.Tukey 和 R.Luce 于 1964 年提出，并在 1971 年经 P.Green 和 Rao 引入市场营销领域，用于描述消费者在多个属性的产品或服务中做出决策的一种重要方法。其基本思想：根据若干现实产品的属性及每一属性的具体水平，组成多种假定产品，然后要求消费者对这些产品排序或评分，运用统计技术对排序或评分结果进行处理，估计每一属性水平的"效用值"，从而对每一属性以及属性水平的重要程度做出量化评价的方法。

从分析的结果中可以看出：顾客对产品的理想期望是什么，顾客对产品的属性是怎样评价的，属性的重要程度如何。例如，在分析品牌、价格和原产地如何影响消费者的购买选择时，可以运用联合分析得到品牌、价格和原产地这 3 种属性在产品选择中的相对重要性，而且可以得到每一属性下的不同水平(如不同价格水平)的效用值，确定消费者对具体的属性水平的偏好情况。

联合分析既可以用于分析单个消费者的产品偏好，也可以用于分析总体或一群消费者的产品偏好。在市场研究中，联合分析主要应用于消费者偏好分析、新产品概念的识别、竞争分析、定价研究、广告研究等领域。

15.5.2 联合分析的基本模型

1. 联合分析的基本模型

联合分析的基本模型如下：

$$y = a + \sum_{i=1}^{m}\sum_{j=1}^{k_i} b_{ij}x_{ij}$$

$$u(x) = \sum_{i=1}^{m}\sum_{j=1}^{k_i} b_{ij}x_{ij}$$

式中，y 是全轮廓的偏好得分；a 为截距；b_{ij} 是第 i 个属性第 j 个水平的效用值或贡献；k_i 表示第 i 个属性的水平；m 表示属性数；x_{ij} 表示不同属性水平的亚变量，如果第 i 个属性的第 j 个水平出现，x_{ij} 的取值为 1，其他情况下 x_{ij} 的取值为 0；$u(x)$ 是全轮廓的总效用。

2. 市场份额预测模型

1) BTL 模型

BTL(Bradley-Terry-Luce)模型假定消费者(个体或群体)选择产品概念组合方案的概率是效用的线性函数。即

$$p_s = \frac{u_s(x)}{\sum_s u_s(x)}$$

其中，s 为产品概念(方案)数。

2) 最大效用模型

最大效用模型(Maximum Utility Model，MUM) 假定消费者总是选择其认为具有最大效用的产品概念组合方案，即

$$\text{当}\, u_s = \max[u_s(x)]\, \text{时}，p_s=1；\text{否则}\, p_s=0$$

3) Logit 模型

Logit 模型假定消费者选择产品组合概念方案的概率是非线性的、严格随效用增加的 Logit 函数，即

$$p_s = \frac{\exp[u_s(x)]}{\sum_s \exp[u_s(x)]}$$

3. 统计术语

(1) 分值函数：也叫效用函数，描述消费者对每个属性的每个水平所赋予的效用值。可以根据效用值的大小定量地了解消费者对属性和属性水平的偏好。

(2) 属性和属性水平：属性指的是研究所选用的产品或服务的主要特征或指标。例如，在一项有关 MP3 的市场研究中，选用了品牌、价格和原产地 3 个属性。水平表示属性所规定的取值，如品牌名称有 3 个水平，取值分别为索尼、苹果和爱国者；价格有 3 个水平，其取值分别为 328 元、289 元、268 元；产地也有 3 个水平，取值分别为日本、美国、中国。

(3) 属性的重要度：用 W 表示，其值表示在消费者做出选择时，属性影响的重要程度。该值是该属性水平的最大效用值和最小效用值之差。

(4) 全轮廓：也叫完全轮廓，由所有属性的全部水平组合构成，一种组合代表了一种可能的产品。全轮廓方法要求消费者对所有属性的组合分别进行评价。

(5) 配对表：被调查的消费者每次对属性的水平进行两两组合评价，直到所有的属性都被评价完毕并形成配对表为止。

(6) 内部有效性：表示预测效用与被调查消费者评价的效用之间的相关程度，用它能评价联合分析的可靠性和效果。

(7) 最大效用模型：模拟估计市场占有率的常用模型，其原理是假定消费者总会选择或购买总效用值最大的产品。

15.5.3 联合分析的基本步骤

联合分析采用了正交分析、回归分析等诸多现代数理统计方法，计算量很大，在实际市场研究中，一般采用专门的软件实现从虚拟产品设计到估计效用模型、预测市场占有率等一系列过程。其基本步骤如下。

1) 确定研究对象

在应用联合分析法时，首先要考虑所研究的市场问题是什么以及这个问题是否适合用联合分析来解决。这些对象必须具有可以识别的基本属性，并且这些基本属性的不同水平会对消费者的偏好产生显著影响。

2) 确定产品或服务的属性和属性水平

联合分析采用的属性应该是能影响消费者偏好的突出属性，一般不超过六七个，属性过多会加重消费者负担，或者降低模型预测的精确性；属性过少，又会因模型中丢失了一些关键信息而严重降低模型的预测能力。确定了属性之后还应该确定每个属性的水平，属性与属性水平的个数将决定联合分析过程中要进行估计的参数个数，也将影响被调查者所要评价的产品轮廓个数。属性水平数目不宜过多，过多的属性水平数不但会增加调查难度，而且会使消费者产生心理上的迟疑。

3) 产品模拟

联合分析将产品的所有属性和属性水平通盘考虑，并采用正交设计的方法将这些属性和属性水平进行完整的组合，生成一系列的虚拟产品。联合分析法的产品模拟主要有两种方法：全轮廓法和配对比较法。目前常用的是全轮廓法。

4) 数据收集

数据收集是联合分析的基础性工作。联合分析发展 40 多年来，数据收集方法的每一次改进都不只是其简易性和操作性上的进步，更是其背后的理论与分析方法的进步。它从一个侧面反映了联合分析发展的轨迹。具体的方法有全部呈现、正交设计或者是正交加随机呈现等，这要视属性及其水平而定。在大多数联合分析任务中，产品轮廓是描述性的，可以让消费者对虚拟产品进行评价，并通过评分、排序等方法，调查消费者偏好或购买可能性等。排序法要对虚拟产品的所有属性水平做相对的评价，要求对每个组合给出一个不同的等级。评分法则要对每一种虚拟产品独立评分,判断可以独立进行。

5) 计算属性的效用

从收集的数据中,可以分析和计算出消费者对每一属性及其水平的效用(偏好值)。分析的模型和方法有多种,一般人们主要应用哑变量回归、多元方差分析等方法。分析的对象既可以是个体的数据,也可以是整个样本或子样本。对每个个体的数据分别进行分析能得到每个被调查者的偏好模式。如果是对群体进行分析,首先要分别估计个体的效用,然后根据效用的相似程度将消费者分类,最后再对每个类别分别进行分析。

6) 评价分析的结果

联合分析的结果主要包括属性的相对重要性、各个属性水平的效用值、每种虚拟产品的总效用和模型评价的统计量。在得出结果后,为了了解在消费者个体层次和消费者集体层次上联合分析模型的准确性,还必须对结果进行解释,并对联合分析的模型进行评价。模型的拟合度、可信度和内部有效性等都是应评价的内容,具体评价方法参见有关书籍。

7) 市场预测

利用结果来预测消费者将如何在不同产品中进行选择,从而决定要采取的措施。

15.5.4 联合分析的假设条件和局限性

联合分析的基本假设条件:消费者是通过加总他们对产品概念各个属性的效用值对该产品概念做出评价并进行选择的。联合分析法假设每个属性都不冗余,并且属性之间不存在相互作用。

联合分析的局限性在于,当品牌形象和名称很重要时,消费者可能不会根据属性对品牌或名称进行评价,即使消费者考虑产品属性,取舍模型可能也不能很好地代表选择过程;数据收集可能非常复杂,尤其是当涉及大量的属性或必须在个体水平下对模型进行估算时。

案例 15-5

联合分析的应用

某公司要开发一种新型轿车,为此进行了一次市场调查,并将调查收集的数据进行联合分析以进行市场细分。该公司调查到新上市的车型配置有标准型、舒适型、豪华型、旗舰型,基于轿车的基本参数配置,该调查小组最终确定了轿车产品概念中最重要的 6 个属性及其对应的属性水平,如表 15-9 所示。

表 15-9 轿车属性及属性水平

产品属性	属性水平		
	水平 1	水平 2	水平 3
轿车配置	标准	舒适	豪华
变速器	四速手动	五速手动	四速自动
每百千米等速油耗/升	5.0(60 千米/小时)	5.1(60 千米/小时)	5.4(60 千米/小时)
排气量/升	1.6	1.8	2.0
价格/万元	15	17	19
维修保证	A(1 年/2 万千米)	B(2 年/4 万千米)	C(3 年/5 万千米)

第 15 章 市场研究的数据分析方法

将以上属性及属性水平进行组合,可得到 729 种可能的产品概念组合方案。在全轮廓法中,采用因子正交设计法,假定属性之间不存在交互作用,既可以减少组合数,又能反映因子的主效应。产品概念组合最小数目 NC=NL−NA+1,其中:NL 为所有属性水平之和;NA 为所有属性数之和。一般推荐的产品概念组合数应该是 NC 的 1.5~2 倍。本例中,NC=6×3−6+1=13,因此,产品概念组合数应为 19~26,经正交设计产生了 27 种轿车产品概念,剔除不符合实际情况的组合方案,选择了 20 种产品概念组合方案,如表 15-10 所示。

表 15-10　正交设计产生的 20 种产品概念和 3 个群体的偏好打分平均值

产品方案代号	属性水平						偏好打分(平均值)		
	装配	变速器	每百千米等速油耗/升	排气量/升	价格/万元	维修保证	配置偏好	价格偏好	变速器偏好
1	标准	四速手动	5.0	1.6	17	B	4.562	5.486	5.186
2	标准	五速手动	5.1	1.8	15	A	5.624	6.012	5.486
3	标准	五速手动	5.1	1.8	17	B	5.216	6.025	5.312
4	标准	五速手动	5.1	1.8	19	C	4.912	5.746	4.518
5	标准	四速自动	5.4	2.0	15	A	5.263	6.126	5.745
6	标准	四速自动	5.4	2.0	19	C	5.011	5.847	5.235
7	舒适	四速手动	5.4	2.0	15	B	5.894	6.314	5.831
8	舒适	四速手动	5.1	2.0	17	C	5.684	6.259	5.347
9	舒适	四速手动	5.1	2.0	19	A	5.435	5.564	4.685
10	舒适	五速手动	5.4	1.6	15	B	6.001	6.546	6.002
11	舒适	五速手动	5.4	1.6	17	B	5.810	6.212	5.362
12	舒适	五速手动	5.4	1.6	19	A	5.268	5.428	5.021
13	舒适	四速自动	5.4	1.8	17	B	6.620	6.845	6.548
14	舒适	四速自动	5.0	1.8	19	C	6.156	6.654	6.259
15	豪华	四速手动	5.4	1.8	17	A	5.542	5.489	5.651
16	豪华	四速手动	5.4	1.8	19	B	6.259	5.469	4.817
17	豪华	五速手动	5.0	2.0	15	C	7.681	6.845	5.729
18	豪华	五速手动	5.0	2.0	17	A	6.917	7.854	5.355
19	豪华	四速自动	5.0	1.6	17	A	6.652	5.815	6.142
20	豪华	四速自动	5.2	2.0	19	B	6.259	5.848	6.028

运用组合分析法的基本模型,可以得到每一位受访者的属性水平效用值、属性相对重要性(偏好权重)和产品概念组合方案的总效用函数等。根据回归分析决定系数 R^2 判断模型的拟合效果;通过计算产品概念组合总效用,将其与受访者的实际偏好打分进行 Spearman 秩相关检验,进而判断模型的内部有效性,最终选择了 120 份有效数据对市场进行研究。

1. 进行 3 类偏好群体的产品概念测试

对 120 个样本采用多属性动态聚类方法,将每个样本的属性水平效用值进行聚类,由此确定哪一类对哪一个属性或属性组的效用最大。由于篇幅所限,市场细分的详细分析过程不再详述。通过聚类分析最终将消费者分为 3 类群体,第一类群体为轿车配置偏好群体,共有 31 个样本;第二类群体为价格偏好群体,共有 62 个样本;第三类群体为变速器偏好群体,共有 27 个样本。

在问卷中分别将这 3 类偏好群体对 20 个产品概念组合方案的偏好打分进行平均,如表 15-10 的最后 3 列所示。对每一偏好群体的偏好打分进行平均,运用联合分析法的基本模型,可以得到每一偏好群体的属性水平效用值、属性相对重要性和偏好权重,如表 15-11 所示。

从表 15-11 可以看出,第一类偏好群体在轿车配置属性上的偏好权重最大,为 44.218%,明显高于其他属性;第二类群体在价格属性上的偏好权重最大,为 32.918%,明显高于其他属性;第三类群体在变速器属性上的偏好权重最大,为 35.621%,明显高于其他属性。因此,联合分析法不仅定量给出了不同群体的属性相对重要性偏好权重,还进一步验证了市场细分结论的正确性。

表 15-11　3 类偏好群体的属性水平效用值和属性相对重要性偏好权重

属性	属性水平	配置偏好群体		价格偏好群体		变速器偏好群体	
		属性水平效用值	属性相对重要性/(%)	属性水平效用值	属性相对重要性/(%)	属性水平效用值	属性相对重要性/(%)
配置	标准	-0.759		-0.287		-0.258	
	舒适	0.025	44.218	0.108	18.025	0.147	17.001
	豪华	0.789		0.186		0.129	
变速器	四速手动	-0.402		-0.197		-0.325	
	五速手动	0.159	17.256	0.124	12.564	-0.134	35.621
	四速自动	0.264		0.065		0.462	
排气量/升	1.6	-0.178		-0.184		0.098	
	1.8	-0.009	10.058	0.068	11.985	-0.035	6.359
	2.0	0.201		0.108		-0.061	
价格/万元	15	0.333		0.389		0.325	
	17	0.025	18.987	-0.006	32.918	0.025	28.654
	19	-0.359		-0.398		-0.354	
维修保证	A	-0.085		-0.298		-0.098	
	B	0.058	3.584	0.085	20.458	0.225	7.951
	C	0.032		0.301		-0.025	

2. 利用联合分析法对市场占有率及其变化进行模拟分析

以轿车配置偏好群体中的 31 个样本为例,说明市场占有率及其变化的模拟分析过程。

1) 市场占有率分析

(1) BTL 模型的应用。本案例中,轿车配置偏好群体共有 31 个样本。首先,根据轿车配置群体的方案总效用函数,确定该群体最偏好的前 5 位产品概念组合方案,它们的产品代码分别为 13、17、19 和 20 号。然后,我们可以得到 31 个样本受访者中第 i 个样本对第 j 个方案的总效用 $u_{ij}=1,2,3,\cdots,35$;$j=1,2,3,4,5$。下一步,估计产品集 $S=\{s,s,s,s,s\}$ 中 5 个产品概念组合方案的市场占有率分别为 19.58%、28.14%、18.73%、16.05% 和 17.02%。由此可知,17 号产品概念组合方案的市场占有率最大,该产品的概念组合是:豪华型、五速手动、每百千米等速油耗 5.0 升、排气量 2.0 升、价格在 15 万元左右、售后服务为 3 年/5 万千米。其中,轿车配置、价格、变速器、油耗均在属性的最优水平上,这与该群体的属性偏好权重的依次分布相一致。

(2) 最大效用模型的应用。该轿车有车型 Ⅰ、Ⅱ、Ⅲ 这 3 种车型,它们的轿车配置依次为基本型、舒适型和豪华型。运用最大效用模型估计市场占有率,得到轿车配置偏好群体中 31 个样本的产品总效用,最大值出现在产品代码上的频率分布如表 15-12 所示。

从表 15-12 中可见,17 号产品概念组合方案占有最大的市场份额,为 21.10%,其次为 18 号和 20 号产品概念组合方案,分别为 14.52%、13.50%,这 3 种产品都是属于豪华型,其他方案的市场占有率都不足 10%。这一结论与该群体轿车配置偏好的特征完全吻合。

2) 属性水平变化对市场占有率的影响分析

假定轿车配置由豪华型配置降级为舒适型配置,表 15-12 中轿车配置为豪华型的产品概念组合方案 15～20 号的总效用需要重新计算。再次运用最大效用模型计算,轿车配置偏好群体中 31 个样本的产品总效用最大值出现在产品代码上的频率分布将发生变化,变化的结果如表 1513 所示。结果显示,若轿车配置由豪华降为舒适型,市场占有率将发生较大变化。标准型配置车型的市场占有率上升了 7.5%;舒适型配置车型的市场占有率变化更为明显,上升了 26.75%,占有最大的市场份额;而由豪华型降为舒适型车型的市场占有率下降了 34.25%。由此可见,对于轿车配置偏好群体而言,轿车配置的变化对他们的购买偏好有显著影响。当轿车配置由豪华型降级为舒适型后,消费者对该车型的偏好明显下降,部分消费者就会选择原舒适型的车型而舍弃由豪华型改为舒适型的车型,最终导致原舒适型车型的市场占有率上升,原豪华型车型的市场占有率大幅下降。

表 15-12 轿车配置偏好群体最大效用模型市场占有率分布

产品方案代号	属性水平						市场占有率/(%)	合计/(%)
	装配	变速器	每百千米等速油耗/升	排气量/升	价格/万元	维修保证	单项占有率	
2	标准	五速手动	5.1	1.8	15	A	6.12	
4	标准	五速手动	5.1	1.8	19	C	3.83	17.61
5	标准	四速自动	5.4	2.0	15	A	3.83	
6	标准	四速自动	5.4	2.0	19	C	3.83	
8	舒适	四速手动	5.1	2.0	17	C	3.33	
11	舒适	五速手动	5.4	1.8	15	B	5.24	17.14
13	舒适	四速自动	5.4	1.8	15	B	5.24	
14	舒适	四速自动	5.0	1.8	19	C	3.33	
15	豪华	四速手动	5.4	1.8	17	A	3.33	
16	豪华	四速手动	5.4	1.8	19	B	3.33	
17	豪华	五速手动	5.0	2.0	15	C	21.10	65.25
18	豪华	五速手动	5.0	2.0	17	A	14.52	
19	豪华	四速自动	5.0	1.6	17	A	9.47	
20	豪华	四速自动	5.2	2.0	19	B	13.50	

表 15-13 轿车配置降级前后市场占有率的变化

	轿车配置	市场占有率(降级前)	市场占有率(降级后)	市场占有率的变化
轿车配置降级前后比较	标准	17.61%	25.11%	+7.5%
	舒适	17.14%	43.89%	+26.75%
	豪华	65.25%	—	
	豪华→舒适	—	31%	-34.25%

假设轿车配置由标准型升级为舒适型。同样利用最大效用模型进行分析，市场占有率的变化结果如表15-14所示。结果显示，升级后，由标准型升级为舒适型和豪华型轿车的市场占有率略有增加，增幅为2.42%，舒适型轿车的市场占有率下降了6.75%，市场占有率的总变化比轿车配置降级产生变化的幅度要小。而且豪华型轿车始终占有最大的市场份额，这与该群体为轿车配置偏好群体的特征完全符合。

本应用案例的研究充分体现了联合分析法在新产品概念开发和测试中的作用。联合分析法既是一种数据收集方法，又是一种数据分析方法，广泛应用于消费品、工业品和商业服务等相关领域的市场研究中，以及新产品概念开发与测试、竞争分析、供应商选择、产品定价、广告、分销、品牌等研究领域，为多属性决策和评价问题提供了有效的方法。

表 15-14 轿车配置升级前后市场占有率的变化

	轿车配置	市场占有率(升级前)	市场占有率(升级后)	市场占有率的变化
轿车配置升级前后比较	标准→舒适	—	20.03%	+2.42%
	标准	17.61%	—	—
	舒适	17.14%	10.39%	−6.75%
	豪华	65.25%	69.58%	+4.33%

本 章 小 结

随着统计软件的普及，多元统计分析已广泛应用于市场研究领域。在市场研究中，聚类分析可以用来细分市场、研究消费者行为、选择实验市场、确定分层抽样的层次和寻找新的潜在市场等。因子分析广泛应用于市场细分、消费者偏好和品牌形象研究、目标顾客和竞争对手的识别、市场定位以及新产品开发等营销活动中。多维偏好分析主要用于研究消费者的态度以及衡量消费者的感觉与偏好。联合分析可应用于分析各种属性在消费者选择品牌时的相对重要性、估计不同属性的市场占有率、确定最受欢迎品牌的属性水平组合以及新产品概念的识别、竞争分析、定价研究、广告研究等市场营销的各个领域。

关键术语

聚类分析——cluster analysis　　层次聚类法——hierarchical cluster Procedures
迭代聚类法——iterative portioning procedures
共同度——communality　　因子的贡献——contribution
巴特利特球体检验——bartlett test of sphericity
对应分析——correspondence analysis
列联表——contingency table　　主成分分析——principal component analysis
因子分析——factor analysis
KMO 值——Kaiser-Meyer-Olkin measure of sampling adequacy
公因子——common factors　　特殊因子——unique factor

因子负载——factor loadings　　多维偏好分析——multidimensional scaling
偏好评分——preference rating　　特征值——eagan values
分值函数——part-worth function　　效用函数——utility function
属性——attributes　　属性水平——attribute level
联合分析——conjoint analysis　　全轮廓——full profiles
配对表——pair wise tables　　内部有效性——internal validity
最大效用模型——maximum utility model

第16章 市场营销综合案例分析

教学目标与要求

通过本章的学习，学生能缩短教学与实际生活的差距，加深对前几章所学知识的理解和运用，激发创造性思维，增强分析能力，同时提高独立思考的能力，能综合运用市场营销的知识，针对不同的案例进行系统的分析，特别是对一些细节和关键问题的分析理解。

本章知识点

本章介绍了几个典型案例，通过对这几个典型案例的分析探讨，能够用前几章所学的理论知识指导现实中可能遇到的营销问题，从而加深对营销的认识和营销知识的理解。这一章既是对前几章所学知识的复习，又是对这些理论的深入理解。

16.1 东方汽轮机厂的战略选择

16.1.1 案例资料

东方汽轮机厂(以下简称"东方厂")位于四川省德阳市，距省会成都50千米，是20世纪60年代建成的重点三线企业。该厂地处地势平坦的川西平原，是宝成铁路的经过之地。

当年建设者们在"备战、备荒、为人民"的号召下，从祖国的四面八方来到这里，经过几十年的艰苦奋斗，将这个厂建设成我国三大汽轮机制造厂之一。目前该企业已拥有固定资产3.24亿元，下设12个分厂，职工人数达7 409人，各类技术人员达1 700余人，拥有国内较强的专业技术力量。建厂以来已累计生产汽轮机217万台，总产值达10.7亿元，实现利润1.3亿元，向国家上缴利税0.85亿元。

由于该厂建在过去工业基础较差的三线地区，企业不得不自己办社会。职工中高达15%的人是服务人员，厂里托儿所、幼儿园、中小学、技校、医院、储蓄所、食品厂等各类设施一应俱全，整个厂区就像是一个小城市。

汽轮机是一种技术含量相当高的机电产品，改革开放以来，由于我国对基础产业和设施进行倾斜投资，建设了许多发电厂，对汽轮机的需求量很大。但是由于我国汽轮机技术相对世界先进水平还有较大的差距，品种也不齐全，许多电厂都从国外进口汽轮机。当时东方汽轮机厂厂长叫郭维藩，上海人，48岁，1962年毕业于清华大学燃汽轮机专业。来到东方汽轮机厂后，当过车间班组长、车间主任、生产处副处长，1982年当上了副厂长，1986

年后升任厂长。郭厂长性格比较内向、稳重、平易近人,对生产技术十分熟悉,威信很高。另有两位副厂长,一位姓杨,另一位姓李。杨副厂长 1955 年毕业于某中等技术专业学校机械制造专业,毕业后曾在社办机械厂当过技术员、副厂长,1974 年调来东方厂,先后任采购员、推销员、销售处长和经营副厂长。李副厂长 1953 年毕业于某大学汽车制造专业,毕业后在洛阳拖拉机厂当技术员,1974 年来到东方厂当技术员、车间主任,后来提升为生产处处长、生产副厂长。李副厂长平时爱钻研业务,办事认真细心,生产经验丰富。

当时全国生产大型汽轮机的厂家共 3 家,其中东方汽轮机厂的效益低于同行业平均水平。有一段时间东方厂收益状况不断恶化,表现为固定成本及变动成本增加很快。原因一方面在于厂里新购置了一些设备;另一方面是车间经费及企业管理费处于失控状态,上升较快,同时原材料价格上涨很厉害。但是汽轮机的价格由国家限定死了,不让涨价,这样企业每生产一台 20 万千瓦的汽轮机就要亏损 37 万元,生产越多亏损越大,国家给予一定的补贴,补贴后大型汽轮机利润率有 14%。所以,企业对生产汽轮机的积极性不高。

东方厂的劳动生产率逐年上升,但与行业平均水平相比还是偏低。东方厂原设计能力是 80 万千瓦,"八五"期间扩建设计能力达到了 140 万千瓦,1995 年实际生产能力只有 100 万千瓦。

我国政府有关部门认识到要保证经济高速、健康地发展,电力建设必须加大力度超前发展。经过多年建设,我国已形成了以水电、火电为主,核电等能源为辅的电力格局,建设电力事业由国家、地方、企业共同承担。近年来,电站建设发展很快,建成、正建或筹建的电站很多,但是我国电力发展现状与发达国家甚至许多发展中国家相比还有相当大的差距。我国的人均装机容量仅 0.1 千瓦,而俄罗斯达到 1.2 千瓦。我国近几年的年平均装机容量增长率为 8.8%,按此速度我国要达到目前俄、日的水平需要 30 年,达到美国的水平需要 43 年。

原四川省计划委员会批准给作为国有大型骨干企业的东方汽轮机厂 2 000 万元贷款。对于如何利用这笔贷款,厂里产生了几种不同的意见。在厂务会上,这一问题引起了热烈讨论。

以杨副厂长为首的一派主张利用这笔贷款多生产一些市场上需求大的、利润高的产品。他们认为同行业的另两家汽轮机厂家之所以效益好,就是由于除生产汽轮机外,还从事多种经营,因此东方厂应该借鉴这种经验,生产一些高利润的产品来弥补低利润的汽轮机产品,做到"堤内损失堤内补"。他们认为,厂里的优势是拥有许多大、精、尖通用设备,但利用率一直较低。1995 年设备利用率只有 40%,如果搞一些多种经营,将设备充分利用起来,完全可以生产经营一些市场上的紧俏产品,提高经济效益。单靠汽轮机来维持全厂利润所带来的教训曾是惨重的。1980 年年初,由于国民经济调整,汽轮机生产指令性计划紧缩,厂里一下子连职工工资都发不出来,有几个月是借钱发工资,那时东方厂几乎陷入绝境。厂里应牢记这一教训,搞多元化经营,分散经营风险。

以生产副厂长李副厂长为首的一派则认为,东方厂效益欠佳是由于生产能力未能充分发挥,而生产能力未能充分发挥的原因又是企业原有生产设备的配置是以中型汽轮机为对象,对于制造大型汽轮机产品很不适应,有几个关键的加工设备不配套,有的关键设备陈旧、精度下降,使汽轮机高压、中压、低压模块生产能力不配套,加工质量得不到保证,工艺设备瓶颈较多,制约了整个厂生产能力的发挥。如果能把 2 000 万元贷款集中投资到关键的瓶颈设备上,提高关键部件和大件的加工能力,提高加工质量,厂里的生产能力就会成倍地增长。

这一派还认为,在 2000 年以前我国的大型汽轮机产品会处于供不应求的状况,汽轮机行业任重而道远。东方厂作为全国三大汽轮机厂之一,决不能放弃生产大型汽轮机产品的方向。这既是国家计划的要求,也是东方厂难得的发展机会。坚守大型汽轮机的发展方向,努力提高汽轮机的生产能力,满足不同地区、不同用途的用户需求,逐步开发空冷机组、供热机组、调峰机组和核电汽轮机组等产品,在同行业中做到人无我有、人晚我早、人少我先的抢先发展战略,这样才能使企业有较大的发展。这一派还批评另一派对汽轮机的生产重视不够,看法有些片面。在东方汽轮机厂,汽轮机是企业的主导产品。他们并不反对多种经营,但认为还不是时候,应当首先把汽轮机这种商品经营好,尽管它在当时还处在供不应求的卖方市场状态,但如果缺乏市场营销观念,对社会需求及发展趋势不做调查研究,不注意制定相应的战略措施,这种产品的生产和经营也会出现失误,这是企业前几年大起大落的经验教训所在。要重视不可控制的环境因素的影响,善于通过市场细分选择好目标市场,重视市场营销组合的策略;同时提高产品质量,努力降低成本,讲究经营战略,这样才能把企业搞好,也才能为国家做出更大的贡献,同时企业的经济效益也才会提高。他们认为如果将 2 000 万元用于发展其他产品,可能还不够用,这样做既不能完全解决发展多种经营的问题,也不能解决汽轮机生产的关键设备问题,没有把钱用在刀刃上,是不恰当的。

杨副厂长那一派则觉得李副厂长在社会主义市场经济条件下思想还未开窍,过于保守。两派之间互不相让,都认为自己的意见是正确的,郭厂长也难以做决断,他思考再三也没有想出一个解决办法,担心问题解决不好,不仅影响领导班子的团结,而且会影响企业将来的发展。

16.1.2 分析

在这里我们除了用我们学过的 SWOT 分析框架来分析外,也可以从分析模型 STP 中的一个方面即市场定位来对本篇案例进行详细理解。

1. SWOT 分析

(1) 优势:汽轮机是一种技术含量相当高的产品,东方厂拥有许多大、精、尖通用设备,拥有各类技术人员,拥有国内较强的专业技术力量,这对提高产品的质量和产品创新是不可忽视的内部优势。在与政府的关系上,原四川省计划委员会很重视该企业的发展,并且还给东方厂贷款 2 000 万元作为发展资金,在中国这个政治对经济影响极大的国家,能受到政府部门的重视,和政府建立良好的关系也绝对是一大优势。

(2) 劣势:在地理位置上,东方汽轮机厂地处四川盆地,交通不方便,这会影响该厂的物流成本;信息相对闭塞,这不利于该厂进行对供应商、顾客、竞争者等信息的收集;科技交流不足,因为汽轮机是一种技术含量高的产品,这很可能会影响东方厂的技术进步和产品创新,而更高技术含量的新产品的推出和产品质量对于建立品牌优势和顾客忠诚都很重要,科技交流不足会成为东方厂的一大劣势。另外,车间费和企业管理费今年来处于失控状态,这说明企业的内部管理上存在问题,管理水平欠佳,东方厂应该首先强化提高管理水平,所谓"攘外必先安内"。该厂劳动生产率虽然逐年上升,但是仍低于行业平均水平,也就是劳动生产率低。最后,东方厂的大、精、尖设备的利用率一直很低,1995 年的利用率只有 40%。

(3) 机会:随着改革开放的到来,我国开始对基础产业和设施进行倾斜投资,建设了许多发电厂,这无疑会加大对汽轮机的需求量,这是该行业发展的一大机会。我国政府有关部门认识到电力发展对保证经济高速、健康发展的重要性,会加大对电力发展的投入,在国家、地方和企业的共同建设下,我国的电力事业发展很快,对汽轮机的需求量也会不断增大。目前,我国的人均装机容量仅 0.1 千瓦,要达到俄、日的水平还需要 30 年,达到美国的水平还需要 43 年，这说明我国的电力事业还有很大的发展空间，电力发展还会持续很长一段时间，那么对汽轮机的高需求也不会在短期内消失。东方厂作为全国三大汽轮机厂之一，坚决不能放弃生产大型汽轮机的方向，这是国家政策和计划给这个行业的机会，一定要抓住。

(4) 威胁：由于我国汽轮机技术相对世界先进水平还有较大的差距，技术水平比较落后，汽轮机的品种也不齐全，许多电厂都从国外进口汽轮机，这使得国内汽轮机生产厂家的市场大大缩小，这对国内汽轮机生产厂家是一个很大的威胁，从根本上应该说国内技术水平落后是该行业面临的现实情况。同时原材料价格上涨，使产品成本上升很多，影响企业利润，这也构成企业发展的威胁。

2. 市场定位

综合以上分析，从企业长期发展来看，作为全国三大汽轮机厂之一，东方厂应该将自己定位于质量卓越的国内汽轮机行业的领先者。在全国，生产大型汽轮机的厂家共 3 家，相对来说竞争并不激烈，但是因为国内汽轮机水平远远落后于世界先进水平，许多电厂都从国外进口汽轮机，这无形中加剧了竞争，东方厂应该从更大的范围内看中国市场的竞争，因为国外的一些厂家确实抢走了一部分市场。而力图满足相同顾客需要或服务于同一顾客群的企业都应被看作竞争者，这样东方厂实际面对的是比国内的两家汽轮机厂更多的竞争者，这就要求东方厂制订更长远的战略计划。要制订长远的战略计划，就必须首先解决企业的定位问题，定位是企业的长远目标，是企业努力的方向。只有定位明确，才能对企业的长远发展作出规划，使做出的决策以东方厂的长期利益为重。从 SWOT 分析中我们了解到了东方厂面对的机会、威胁、优势、劣势，其可以利用技术等方面的优势，减少威胁，同时还应该通过对市场、技术信息的收集，减少自己的劣势。因此，东方厂有足够的条件把自己定位为质量卓越、技术先进的国内汽轮机行业的领先者，然后将有限的资金运用于这一目标，以实现和巩固企业的市场定位。

3. 多元化发展

多元化是增长战略中的一种，分为相关多元化和非相关多元化两种。企业一般采用的都是相关多元化战略，因为企业进入自己不熟悉的行业是有很大风险的。多元化一般都是为了充分利用品牌效应，用一个名牌产品带动同一品牌下其他产品的销量，这可以利用顾客的品牌忠诚和"晕轮效应"，多元化同时为企业的主营业务提供辅助功能。例如，"康师傅"从主营业务方便面做起，具有知名度后又开始推出饮料、水、饼干、沙琪玛等。消费者信任康师傅的方便面，也就会认为康师傅的其他产品同样是质量卓越的产品。但是，现在东方厂连主营业务还没有做好，也就是连一个让消费者忠诚的名牌产品都没有，资金利税率和销售利润率都低于行业水平。在这种情况下，东方厂根本不具备多元化经营的市场优势，如果除了生产外，还要花费很大的成本去做新增产品的市场推广，2 000 万元可能远远不够，而且结果也难以预料，存在很大的风险。东方厂每生产一台 20 万千瓦的汽轮机要亏损 37 万元，可见汽轮机的价格之高，作为一种高价产品，消费者在进行购买时最关心的是质量，而对价格的敏感度可能并不大。随着改革开放的深入，价格的限制也早晚会被取消，只有提高质量，才能在以后的市场中赢得优势、赢得利润。所以，东方厂要想长期发展，就应该将企业有限的资源投入到自己的主营业务上，待其汽轮机已经是一个很受消费者欢迎的名牌产品时再搞多元化也不迟。

16.1.3 讨论

(1) 你觉得东方厂现在最大的问题是什么？
(2) 对东方厂来说，有没有必要做一些广告等促销活动？如果有，该怎么做？
(3) 为了提高汽轮机的技术水平，东方厂应该怎样进行技术创新？

16.2 春都集团沉浮录

16.2.1 案例资料

洛阳春都集团有限责任公司(下属的洛阳春都投资有限公司)的前身是1958年成立的河南洛阳冷冻厂，当时国家投资200万元，职工不足百人。1968年，洛阳地区食品公司与洛阳冷冻厂合并，成立了洛阳食品购销站，1979年2月更名为洛阳肉联厂。在计划经济体制下，洛阳肉联厂平平淡淡地走过了几十个春秋。

1985年，放开生猪经营，肉联企业被推向市场。结果全国1 500多家国有肉联企业中很快有90%以上滑入了亏损困境，洛阳肉联厂也不例外。在国家对肉联企业经营提出"大变小、生变熟、粗变细、废变宝"的4个转变后，洛阳肉联厂于1986年引进了火腿肠生产大国日本的一台火腿肠灌装机，马上投资火腿肠生产项目，改变了原来单纯从事生猪屠宰储藏业务的经营状况，对猪肉进行深加工，发展高温肉制品生产加工业务。1987年8月，中国第一根被命名为"春都"的火腿肠在河南洛阳诞生，并迅速受到市场青睐，销售额从最初的2亿多元猛增到20多亿元，年创利润2亿多元。市场的青睐使洛阳肉联厂成为中国河南肉联厂行业走向辉煌的金色起跑线。"春都"火腿肠的生产能力在短短几年间猛增100倍，生产线由7条、20条、40条直至109条，生产规模由不足万吨扩大到年产20万吨，却依然无法满足市场需求。春都的狂飙突进带动了整个火腿肠产业在国内的迅速崛起，并迅速形成了强大的产业群体优势。看准了这一神奇"多米诺骨牌效应"的郑州肉联厂、漯河肉联厂等河南肉联厂企业乘势而上，相继推出了"郑荣""双汇"等火腿肠新品牌。

由于有洛阳肉联企业作为先行者和参照系，它们起步不久便以事半功倍的后发优势和声势浩大的广告宣传，与春都形成了相互竞争、共同发展、瓜分全国火腿肠市场的态势，骤然形成强大的产业群优势，为河南省带来了巨大的经济效益。20世纪80年代还为本地生猪销路发愁的河南，随着火腿肠的崛起，仅每年就从四川"吃进"生猪近900万头，占生猪基地四川年出栏数的1/9，其中仅春都一家每年就能消化生猪600万头。小小的火腿肠，使河南由生猪调出大省转而成为全国最大的生猪调入大省，这一经济奇迹震动了国内食品行业。1992年，以洛阳肉联厂为核心，以"春都"牌火腿肠为龙头产品组建了洛阳春都食品集团，后逐步改造为春都集团有限责任公司(以下简称春都集团)、1999年3月，由春都集团独家发起成立的洛阳春都食品股份公司在深圳交易所挂牌上市。作为中国最大的火腿肠生产基地，春都集团曾先后被确定为河南省50家重点企业、全国120家大型企业集团试点单位和全国520家大型重点工业企业，并被评为"全国食品行业质量效益型先进企业""中国行业百强企业"等先进单位。

到20世纪90年代初，春都集团成为收入超10亿元、利润过亿元的国内著名大型肉制品生产加工企业。"春都"火腿肠几乎成为中国火腿肠的代名词。

轻易的成功冲昏了春都的头脑，在其主营业务如日中天之际，春都集团患上了"投资饥渴"症，盲目扩张，开始了漫无目的的多元化。

当地领导要求春都集团尽快做大做强，洛阳当地制革厂、饮料厂、药厂、木材厂等一大堆负债累累、与肉食加工不相干的亏损企业被一股脑地归于春都名下，春都集团开始了疯狂地扩张。

在较短的几年内春都集团投巨资增加了医药、茶饮料、房地产等多个经营项目，并跨地区、跨行业收购兼并了洛阳市旋宫大厦、平顶山肉联厂、重庆万州食品公司等17家亏损企业，使其经营范围涉及生猪屠宰加工、熟肉制品、茶饮料、医药、旅馆酒店、房地产、木材加工、商业等，不仅在资产上形成了多元化，而且在经营上形成了多元化，成为名副其实的现代化跨行业企业。

1988年以来，春都集团先后兼并了洛阳食品公司等11家企业，全资收购了郑州群康制药厂等6家企业。与此同时，先后对河南思达科技集团等24家企业进行参股和控股，使集团员工从1 000来人很快突破10 000人。在金融机构的鼎力支持下，数亿资金像胡椒面一样被春都集团撒向这些企业。

1993年8月，春都集团在原洛阳肉联厂的基础上进行股份制改造，组建春都集团股份有限公司，向社会432家股东定向募集法人股1亿股，募集资金近2亿元。春都集团股份有限公司先投资1 000多万元参股经营8家企业，后又投资1.5亿元控股经营16家企业，其结果是这些企业全部变成了累赘。

1994年9月，春都集团股份有限公司与美国宝星投资公司等5家外商合资，吸引外资折合人民币2.9亿元。但合资后外方发现春都集团股份有限公司的问题，于1997年寻找理由提出撤资，按照协议，本息加上红利，春都集团股份有限公司一次损失1亿多元。

1998年12月，已是亏损累累的春都集团股份有限公司决定选择集团公司部分资产重组上市，募集资金4.24亿元。大股东春都集团和上市公司春都食品公司实际上是一套人马、两块牌子，人员、资金、财务根本没有分开。上市后的第三个月，春都集团就从上市公司抽走募集资金1.9亿元用于偿还其他债务，此后又陆续打着"有偿占用"的旗号挪用上市公司数笔资金，合计高达3.3亿元，占上市公司募集资金总数的80%，从而造成上市公司对公众承诺的十大投资项目成为一纸空文，使拥有春都核心主业的上市公司失去了发展的大好时机。

以资产计，春都集团股份有限公司资产平均以每年近6倍的速度递增，由1987年的3 950万元迅速膨胀到29.69亿元。然而，扩张不但没有为其带来收益，还使公司背上了沉重的包袱。由于战线过长，春都集团股份有限公司兼并和收购的17家企业中，半数以上亏损，近半数关门停产，对20多家企业参股和控股的巨大投资也有去无回。

此时，春都集团股份有限公司的成功也惊醒了同类企业的睡梦，"郑荣""双汇""雨润"等火腿肠品牌乘风而起，与其展开了激烈的竞争，形成群雄纷争的局面。

雨润集团原是一家民营企业，创建于1993年。公司起点高、发展快，到2000年，已经发展成为一个集科研、饲养、屠宰、肉类加工、销售经营、建筑安装为一体的科、工、贸综合型企业，固定资产达8亿多元，员工8 000人。公司注重发展，每年拿出赢利部分的90%投入到设备改造、更新和新项目开发方面。它们先后投资数亿元从欧美、日本等地引进400多台先进设备，100多条生产线，达到国际先进水平。它们的低温肉制品加工，通过西方生产技术与国内传统工艺的相互结合，生产出各种风味、适合不同消费者的系列肉制品，产品达10大系列486个品种。"雨润"已成为华东地区最大的综合型肉制品生产基地，在全国建立了200多个销售网络，货物铺满大小商场、超市，1999年实现销售额12亿元，2000年上半年更是突破10亿元。"雨润"更把产品质量提高到了道德高度，提出了食品工业就是道德工业的观念，严守质量关。

双汇集团(以下简称"双汇")和春都集团的背景有着惊人的相似，它们的前身分别是漯河肉联厂和洛阳肉联厂，都是始建于1958年，又都是1984年由省管下放到地方。不同的是，1984年漯河肉联厂的资产总额是468万元，企业累计亏损534万元，而洛阳肉联厂的资产总额是2 000万元，当年实现利税200万元。1986年，中国第一根火腿肠在洛阳肉联厂诞生，而漯河肉联厂生产出第一根火腿肠已是6年之后的1992年。1993年，春都集团实现工业总产值、利税分别达到11.599亿元、1.082亿元，而双汇集团仅为8.57亿元和7 045万元，无论从各方面来看都处于劣势的双汇集团，却在短短几年内成了同行业的排头兵。

1995年年底，双汇挑起了价格战，他们把100克火腿肠中的猪肉成分由85%降到70%，价格也随之由每根1.1元降到了0.9元，但仍有10%的产品保持原有的成分比例及售价。春都立即也调低了火腿肠猪肉比例及售价，但不像双汇保留了10%不动，而是将全部产品都调到了这个档次。

双汇紧接着把猪肉成分又下调到60%、50%、40%，一直调到15%，价格也降到了最低：一根火腿肠卖到了5角钱1根！双汇每调一次，春都便跟进一次，最终春都火腿肠的价格也降到了5角钱1根。但是春都怎么也没有想到：双汇火腿肠里的猪肉成分每调低一次，这种档次的火腿肠产量就减少一些，由最初的90%变为80%、70%、60%……最后当它的价格降到5角钱1根时，这种品质的火腿肠仅占10%。其他90%的火腿肠仍维持在85%的成分比例及原有价格上。这就等于买双汇火腿肠，10位顾客中最多有一个说"不好"，而买春都火腿肠的顾客，10个人就有10个都说"不好"。

待春都醒悟过来，赶紧恢复"高质高价"火腿肠的生产销售时，已是为时已晚——顾客已经不吃春都的火腿肠了，经销商也不进春都的货了！"春都"高质高价火腿肠的销售比例调到10%，就再也上不去了。春都和双汇掉了个个儿：双汇是10%的低质低价产品，90%的高质高价产品，春都是90%的低质低价产品，10%的高质高价产品，春都的市场就这样被双汇夺去了。

正当春都在主营市场上一步步撤退时，2001年7月，春都在国家季度抽查中有两种产品亚硝酸钠超标，被国家质检总局判为"综合不符合"，即轻微不合格。肉质检测中心于8月30日将检测报告寄往春都德可公司(下属分公司)，而该公司质检科长因正在办理调动手续未正常交接，致使春都集团一直认为质检产品合格，直到11月20日《人民日报》第四版公布之日，春都集团才知道检测结果，此时已经陷入被动。

虽然根据国家相关标准，亚硝酸钠在火腿类产品中允许的含量为小于或等于70毫克/千克，而上次抽查的产品为小于或等于35.8毫克/千克，远远低于国家标准，春都集团为提高产品质量，自定企业标准为小于或等于30毫克/千克，对照国家标准，该产品无疑为合格产品；但是对照企业标准，则达不到对消费者承诺的指标值。抽检不合格无疑为春都集团雪上加霜，风光不再的春都集团已经回天无力了。

16.2.2 分析

这是一个失败的案例，我们可以从春都集团的兴衰中仔细理解和体会营销作为一种思想、一种战略和一种过程的巨大作用，并从这个案例中吸取教训，发现营销过程中可能存在的问题。

1. 核心竞争力

企业要生存和发展，核心竞争力是必不可少的重要条件，是一种整合企业内外部资源(技术和知识)的能力。在整合企业内外部资源的过程中，各个企业根据自己的优势围绕某一方面来整合资源，而不是没有目的地盲目强化。核心能力是企业所独有的，具有不可完全模仿性和动态调整性。春都集团作为一个企业必须有自己的主业，在这里春都集团的主业应该就是火腿肠，而且它必须形成自己的核心竞争力。事实证明春都集团从日本进口一台火腿肠灌装机是一个非常正确的决策，这在开始对春都集团来说可能是一种核心能力，但是随着"郑荣""雨润""双汇"火腿肠等的出现，市场环境已经变了。雨润集团也从欧美、日本引进了400多台设备和100多条生产线，并已经达到国际先进水平，这时，春都集团已经没有什么核心能力了，但是却不注意对自己的核心能力进行调整升级。作为企业，必须有自己的主营业务，而且必须形成自己的核心竞争力，春都集团在盲目多元化的扩张过程中，行业跨度过大，战线过长，使其主营业务淡化，核心竞争力被瓦解。企业的资源不是以火腿肠为重点进行整合，而是盲目地扩张。失去了核心能力也就失去了在市场上竞争的优势，在"郑荣""雨润""双汇"等火腿肠品牌不断瓜分市场的纷争中，春都集团首先丢了武器，最后只是"为他人作嫁衣"，为其他企业提供了依靠火腿肠生产发展壮大的机会。

2. 多元化

在春都集团的公司层战略中，它采用的是增长战略。增长可以通过直接扩张、纵向一体化、横向一体化以及多元化来实现。1986年春都集团从日本引进了一台火腿肠灌装机，这是采用了前向一体化的增长方式，这一决策的成功实施使春都集团的销售额猛增了9倍。在增长战略中，春都集团又采取了多元化战略，同时使用了相关多元化和非相关多元化两种战略。一般情况下，如果我们恰当地运用多元化，可以分散企业经营风险，优化企业营销组合，充分利用品牌效应，增强企业的综合竞争能力，为企业的主营业务提供辅助功能，或是为企业进入新领域寻找一个相对较高的起点。但是在做决策的时候，经营者应该注意本企业的原有定位与品牌形象、企业的优势和劣势，还有企业在可能进入的领域中是否拥有丰富的经验等。然而，春都集团在多元化的过程中根本没有做长远打算，也没有注意以上这些应考虑的因素，它的经营范围涉及茶饮料、医药、旅馆酒店、房地产、木材加工等。在企业资源有限的情况下，春都集团在主营业务各个方面的投入就显得不足，而在新兼并的一些企业面前又是外行，没有经验。这种多元化使得春都集团负重而行，在各个行业都落伍也是必然。

3. 竞争者分析

在激烈的市场竞争中，企业要生存不但要不断完善和提高自己的营销战略和技巧，同时也要不断观测竞争者的战略，做到"知己知彼"，这样才能在激烈的竞争中求得生存。富有活力的竞争者将随时间的推移而调整其战略，所以企业也必须及时准确地发现竞争者战略的变化，以对这些变化做出科学、及时的反应。在对竞争者分析时一般包括这样几个步骤。

(1) 首先要识别公司竞争者。广义上说，只要是制造火腿肠的公司都是春都集团的竞争者。在这里，春都集团的主要竞争者应该就是"郑荣""双汇""雨润"等品牌火腿肠的生产企业，它们都是实力比较强的企业。

(2) 辨别竞争对手的战略，由案例可知雨润集团采取的是"高质量"战略，而双汇集团采取的是"低价"策略。

(3) 在辨清战略后，我们必须清楚竞争者的目标，确定每个竞争者在市场上的追求是什么，其行为动机是什么。雨润集团投入巨资购进具有国际水平的生产设备和生产线，更把产品质量提高到了道德高度，提出了"食品工业就是道德工业"的观念，严守质量关，可以推测雨润集团的目标应该是不断提高自己火腿肠的质量，确立"雨润"在消费者心目中的高质量形象，以质量取胜。而双汇集团的降价策略，有可能是为了满足不同收入水平的消费者的需要，或者本来就是为了引春都集团上当。

(4) 评估竞争者的优势和劣势。雨润集团的优势是设备先进、研发能力强、铺货率高；劣势是成立时间短，可能在消费者心中的知名度和忠诚度还没有建立起来。双汇集团的优势是前身是肉联厂，对肉制品市场比较了解，进入火腿肠市场比较容易，也容易被消费者接受；劣势是进入火腿肠市场的时间不长，1992年才进入。

在对竞争者的研究中，一般必须监控这样3个变量：市场份额、心理份额、情感份额。市场份额是指竞争者在相关市场上所拥有的销售份额情况。心理份额是指在回答"举出在这个行业中你首先想到的一家公司"这一问题时，提名竞争者的顾客在全部顾客中所占的百分比。情感份额是指在回答"举出你喜欢购买某产品的公司"这一问题时，提名竞争者的顾客在全部顾客中所占的百分比。在心理份额和情感份额方面稳步进取的公司最终将获得市场份额和利润。当然以上所有情况的获得，都是建立在大量客观信息的基础上的，因此信息的收集特别重要，不但要准确，而且要及时。面对双汇集团的降价策略，春都集团采取的是不断地盲目跟进，而不是对"双汇"火腿肠进行信息的收集，进行竞争者分析。等春都集团醒悟过来时，消费者已经不吃"春都"火腿肠了。春都集团如果提前了解到竞争者双汇集团心理份额和情感份额的上升状况，找出原因，做到信息的收集及时、准确，对竞争者的分析细致入微，那么，作为行业领先者也不至于让双汇牵着鼻子走，最后落个一败涂地的下场。

4. 轻敌思想

骄傲自大、轻视敌人也是春都集团失败的一个很重要的原因，因为从第一根火腿肠生产出来以后，春都集团的销售额从最初的2亿多元猛增到20多亿元，年创利润2亿多元。"春都"火腿肠的生产能力在短短几年间猛增100倍，生产线由7条、20条、40条直至109条，生产规模由不足万吨扩大到年产20万吨，却依然无法满足市场的需求。春都集团的燎原之势可能连它自己也没有想到，过轻易的成功和如此迅猛的发展，使原本亏损的春都一时不知怎样利用这些利润，怎么去经营自己的企业。在出现竞争对手时，它也没有静下心来好好思考企业到底要往哪个方向发展，应该怎样做好营销。也许因为春都集团过于辉煌，它才被巨大的成功冲昏了头，从来不担心自己会被那些后起的竞争对手打垮，只是毫无目的地投资于那些它认为有利可图的行业和企业，而不考虑自身的情况。而且在被国家质检总局判为"综合不符合"，检测报告被寄往其下属分公司的时候，该公司质检科长却因正在办理调动手续而没有正常交接，致使春都集团一直认为质检产品为合格，直到《人民日报》公布之日，春都集团才知道检测结果，此时已经陷入被动。对一个食品企业来说，质量检查不合格是一个非常严重的问题，这会严重影响企业产品在消费者心目中的形象，一旦公布于众，很可能会淘汰一个企业，可是春都集团的质检科长却如此不重视这件事，可见企业对质量的重视程度和营销观念的薄弱。所谓"骄兵必败"，春都集团最后的结果虽然有一定的客观原因，但是它自身的原因可能才是主要原因。

16.2.3 讨论

(1) 你认为春都失败的最主要原因是什么？
(2) 春都在营销管理中存在哪些问题？
(3) 双汇能取得成功的原因都有哪些？
(4) 春都还可以卷土重来吗？如果可以，你有哪些建议？
(5) 春都在品牌形象建设方面有哪些问题？

16.3 General Motors：Cadillac

16.3.1 案例资料

When Executive Vice President Lloyd Reuss took his job as the head of all North American car operations for General Motors(GM) in February 1986, he had a four-item list of goals. One of the four-clearly of the highest priority for GM concerned a single division, Cadillac. The words were strong and simple:"Restore Cadillac products and image to where they are the standard of the world." The task before Reuss was an ominous one. The U.S. auto market, General Motors, and Cadillac had all changed significantly since he joined GM in 1959. At that time, the U.S. market largely belonged to the "big three" domestic producers (GM 42 percent, Ford 28 percent, Chrysler 11 percent), and Cadillac was the "standard of the world". Now, 30 years later, things had changed. The three major domestic producers'market share has fallen to 67.8 percent, and Cadillac's share and reputation in the luxury market is being challenged not only by domestic competition but also by European and Asian competitors as well.

In order to analyze Cadillac's position in the market, Reuss must seek the answers to several questions. For example: Is it selling the right products? Are its products targeted at the right market? Does its image appeal to the buyers Cadillac seeks? Does Cadillac's advertising effectively reach the right market and convey Cadillac's desired image?

1. Cadillac

Cadillac Motor Car Division of General Motors got its start in 1899 as the Detroit Automobile Company and was renamed Cadillac in 1902. The car was named after the French adventurer who founded Detroit 200 years earlier. The force behind Cadillac's early years was Henry M. Leland, the operator of Leland & Falconer Mfg. Co., a precision manufacturer of automotive components. Unlike Henry Ford, who once worked for Leland, Leland was not interested in building an "everyman's" car. Leland and his company were devoted to building the best, and "despite record production of 4 307 vehicles in 1906, Cadillac management disregarded the lure of volume sales and dedicated the company to making quality automobiles. Therefore, Cadillac lost its position as a high-volume producer, but was led to engineering accomplishments that made Cadillac one of the leading fine-car manufacturers."

In 1909, Cadillac was purchased by the young General Motors Corporation. The Lelands, Henry and his son Wilfred, stayed on to run Cadillac exactly as if it was their own. They did so until 1917 when they left to begin the Lincoln Motor Co. which was later sold to the Ford Motor Company.

The Lelands had left their impression on Cadillac.Their commitment to quality and innovation propelled Cadillac's status as the "standard of the world". Innovations that helped to build this reputation included the self-starter in 1912, American first V-8 engine in 1914, synchromesh gear boxes, and safety glass as standard equipment in 1929—1930. In those same years, a V-12 and the world's first production V-16 automobile engine were offered. In the late 1930s, as traditional coach building died out, GM used the Fisher and Fleetwood's names to maintain the quality image of its prestige models.In 1941, Cadillac was the second manufacturer to offer a fully automatic transmission. In the 1950s, Cadillac styling reigned supreme in the art of tail fins. The 1960s brought longer and more powerful luxury cars.And in 1966, Cadillac introduced its first front wheel drive (FWD) vehicle, the Eldorado, years before FWD was offered by any of Cadillac's non-GM competitors.

Through the "longer, lower, wider" years of the 1960s to late 1970s, Cadillac remained a distinguished luxury automobile. The Cadillac de Ville of the day weighed over 5 000 pounds, measured over 230 inches long, and was powered by an 8.2 liter engine. In comparison, the 1988 de Ville, weighing only 3 437 pounds, is 196.5 inches long and is powered by a V-8 engine that is 45 percent smaller than the 1976 model it replaced.

The trend toward smaller Cadillacs began in 1977, in reaction to the first oil embargo of 1973. The new de Villes and Fleetwoods were 8~12 inches shorter and averaged 950 pounds lighter than their 1976 counterparts. These models represented the first of the downsized Cadillacs. In 1979, the Eldorado received similar treatment. For 1979, the Eldorados had been 20 inches shorter and 1,150 pounds lighter than the 1978 models. In 1985 and 1986, respectively, the de Villes and Eldorados underwent yet another round of downsizing to approximate the size they are today.

Cadillac customers are those who have demanded the best in traditional luxury cars. These traditional Cadillac consumers were most often professionals, above average in income and education, and in recent years an average of 58 years of age. These Cadillac buyers had also been accustomed to buying the biggest and most powerful products, This, however, had begun to change over the course of the 1970s and 1980s.

In an effort to appeal to the younger upscale consumers who were not a part of the traditional Cadillac market, GM offered a new Cadillac in the 1970s. In May 1975, the Seville was a smaller, international-size Cadillac. Featuring a fuel-injected 5.7 liter V-8 as standard equipment along with a long list of other features, the Seville was one of the most well-equipped cars in the world. In 1981, GM introduced the smallest Cadillac ever, the Cimarron.Built on the "J" chassis shared by the Chevy Cavalier and Pontiac 2000, the Cimarron was introduced to take on the small "near luxury" imports, such as the BMW 320 and later 325i. In 1985, the standard Cadillac, the Sedan de Ville/Coupe de Ville, was thoroughly redesigned. The de Ville series was shortened and placed on a front-wheel-drive chassis shared with the Buick Electra and the Oldsmobile 98. (Sharing the chassis or platform among car divisions is a common automotive industry practice, particularly among U. S. manufacturers. Henry M. Leland recognized that this sharing of parts, or what he referred to as the "true interchangeability of parts", was the key to a great future for the automotive industry.) In 1986, in a further attempt to appeal to the younger and the more functional-demanding customers, Cadillac began offering a functional luxury version to its de Ville series, the Touring Sedan. The Touring black well performance tires on 15-inch aluminum alloy wheels, higher spring rates, and faster ratio steering.

In 1986, Cadillac downsized its Eldorado and Seville (the Seville had grown larger from the 1979 model to the 1980 model) models back to the international size. These two Cadillacs continued to share common plat forms with Oldsmobile and Buick models.

Speaking of the 1986 Eldorado/Seville(E/S) models, Braz Pryor, Cadillac's general sales manager, says, "We are after a contemporary statement with international appeal for buyers, young and old, who want the luxury of a Cadillac in a more personal package."GM's director of design, Chuck Jordan, calls the fourth-generation Eldorado"Cadillac's youthful sporty car, "adding that" sporty elegance was the design theme."Peter Levin, the director of special marketing projects at Cadillac, offered some pertinent insights about the basic market philosophy behind the E/S models when he said, "Today, we're going through a revolution in customer expectations.We're after buyers of a certain mindset...The challenge we gave our engineers was to create vehicles that were more responsive and refined but still retained out standing comfort, because our buyers demand it."

The 1987 model year, Cadillac debuted one of its most unique automobiles, the Allante. The Allante, a two-seat coupe/convertible, is built on a shortened Eldorado/Seville chassis that is assembled and mated in the United States to bodies and interiors that arrive twice weekly, via 747 cargo jets, from their designer/manufacturer, Pininfarina, in Italy.The Allante assumes the position as the flagship model in the Cadillac line.With a 1988 base price of $57 183 and limited to a supply of 6 000 units, it is the most expensive as well as one of the most exclusive Cadillacs ever produced.

Implementing this new strategy and striving to regain the aura of quality, technology, and exclusivity now associated with European luxury cars is not an easy task.John Grettenberger, Cadillac's general manager states, "We have to be very careful that we offer the right balance. If you go too far in either direction, a manufacturer like Cadillac could lose on either end of the spectrum. If we go too far in the high-tech direction, we could turn off some of our traditional buyers, but if we stick where we are then we won't appeal to the younger ones."

To help achieve Cadillac's strategy of maintaining the traditional, as well as capturing new customers, Cadillac's 1987 advertising emphasized the"Spirit of Cadillac".All Cadillac models shared a number of common themes, including making an"eloquent design statement", providing customers"worldwide Cadillac exclusives"(e.g.transverse-mounted V-8 engine) , balanced performance, a commitment to security, and"the ultimate comfort: peace of mind"via" quality craftsmanship"and extensive warranties.

From this common basis, each Cadillac model has its own individual spirit.For example, the Allante is the"new spirit of Cadillac."The Allante was positioned to create a new class of performance that merges European road manners with Cadillac comfort and convenience. The Sedan de Ville and Coupe de Ville are Cadillac's"contemporary spirits representing Cadillac's belief that today's luxury cars should reflect today's values."The Fleetwood d' Elegance and

Fleetwood Sixty Special are the "sophisticated spirits" of Cadillac. The d' Elegance's formal Cabriolet roof and opera lamps and the Sixty Special's five-inch extended wheel-base make the most luxurious of the Cadillac "C-bodies" (chassis shared with the de Ville, Buick Electra, and Olds 98) . Eldorado is the "driving spirit" while the Sevilles is the "elegant spirit". Sharing the same chassis, the Eldorado is a two-door coupe with a suspension system that delivers control with a minimum of body roll and sway, while the Seville is a four-door sedan that emphasizes supreme comfort and an exceptional array of standard luxury features. The Brougham d' Elegance is the "classic spirit" for this large, rear-wheel-drive Cadillac. It is a carryover from the model that the "C-body" cars were to have replaced. Because it and its competitor, the Lincoln Town Car, are in high demand. The Brougham has lived three years past its originally scheduled termination and will likely live on until the early 1990s. Last and certainly least, in term of size, it is the "sporty spirit" of Cadillac, the Cimarron. In 1988, the Cimarron was discontinued due to poor sales. In 1988, the spirit theme of Cadillac was also discontinued.

In all of 1987, Cadillac spent $35 334 300 on TV advertising to promote the "spirit of Cadillac", 32.5 percent increase from the previous year. However, BMW's TV total was $45 498 700, and start-up Acura was almost even with Cadillac at $34 478 500. Cadillac's TV budget in 1988 increased to $54 126 200.

Cadillac is GM's luxury market division. In 1986, Cadillac was positioned as the highest-priced division, offering the consumer automobiles that are conservative but not far from an even split between conservative and aggressive and family and personal orientations. GM's goals for the 1988—1989 model year showed Cadillac was maintaining its basic position except in terms of price, where it continues to move further upscale. According to General Manager Grettenberger, " Our vision is to move every Cadillac upscale in terms of its expressiveness, image, distinctiveness, and overall content. I don't see us having a sale-weighted average of $43 000~44 000 like Mercedes-Benz. But I would like to see Cadillacs move upscale." Cadillac's 1989 model line ranges in price from approximately $25 000 for a Coupe de Ville, $26 000 for the Brougham, and $30 000~34 000 for the Fleetwood. The Eldorado begins at about $27 000 while the Seville begins at $30 000. The Allante is, of course, the high-price leader at $57 183.

2. The Problem

Throughout most of its existence, Cadillac has been synonymous with the finest in luxury automobiles. In the early years under the Leland family's leadership, the company won the Dewar Trophy from the Royal Automobile Club. Cadillac not only won this coveted prize for engineering excellence and innovation once, but also was the only car company to do it twice.

After the Lelands left, and for quite some time, Cadillac managed to keep its eye trained on building the best luxury cars possibly.

By the 1978 model year, Cadillac sales had hit an all-time record of 350 813 units. At that time and as recently as 1983, Cadillac accounted for over one-third of all luxury car sales. In 1987, Cadillac made up less than one-quarter of all such sales. Models that had been previously very popular were selling poorly. In 1985, the Eldorado and Seville had sales of 66 863 and 32 986 respectively. During the following year, the smaller and redesigned models were only sold 45 percent of the 1985 models they replaced. 1987 sales fared somewhat worse. Sales of the exclusive Allante have also been disappointing. The two-door coupe/convertible was expected to be a sellout during its first year at 6 000 units, but by year's end the Allante tallied just over 2 500 units.

According to the automotive research company J.D.Powers and Associates, Mercedes-Benz owners rated their cars and dealer service higher than Cadillac owners did when they were asked to rate the level of satisfaction of vehicle ownership and dealer service.

What's more important to Cadillac and to Reuss, executive vice president of North American car operations, was the division's steadily declining reputation for luxurious car excellence.On the surface, the cause for the decline was multifaceted. First, Cadillac suffered from what the press called"look-alike cars".The Cadillac de Villes and Fleetwoods looked like Buick Electras and Oldsmobile Ninety Eights. This perception was even played up in a LincolnTown Car television commercial where Cadillac, Buick, and Olds owners can't tell their cars apart at a restaurant when the valets bring the three cars forward. Concedes one GM man, " Cadillac, one could say, is selling 300 000 Buicks."

Cadillac innovation in the late 1970s and early 1980s was also a cause for concern. The availability of a V-8 diesel engine, manufactured from a modified gasoline engine, was discontinued when its reliability proved disastrous. This same scenario played a second time, and in the same time period, with Cadillac's exclusive multi displacement engine.The engine was programmed to run on 8cylinders, 6 cylinders, or 4 cylinders depending on engine load demand. However, as with the diesel, lacking of reliability killed the innovative engine.

On September 27, 1988, consumer activist Ralph Nader issued a report called "Cadillac—The Heartbreak of America". According to Nader, "This re port was written because of the large volume of mail we have received from indignant Cadillac purchasers who expect better quality from a $25 000 investment."GM called the Nader document outdated, unfair, and inaccurate.

As Reuss looks over these problems and others, his task appears not to be an easy one.

Could the quality and design of Cadillac's cars be the sole cause of the division's problems? Maybe advertising and imaging are being directed at the wrong customer, or perhaps the division has lost sight of just who the Cadillac customer is.Seeing the result of the problems may be easy, but finding solutions to their causes will be the real test to restore Cadillac as the standard of the world.

16.3.2 分析

1. 优势/劣势分析

(1) 优势：对凯迪拉克来说，高的质量和工程造诣使它成为一流的好车制造者。凯迪拉克对质量和创新的承诺提升了它作为世界标准的形象，这种创新包括 1912 年的自动式启动装置、1914 年的美国第一个 V8 发动机等。20 世纪 50 年代，凯迪拉克在尾鳍的设计艺术方面占了极大的优势。1983 年，凯迪拉克的销量占豪华车市场的 1/3，大的市场占有率就会有更大的市场知名度。凯迪拉克还有一个优点就是舒适，从凯迪拉克的大部分产品来看，它就是最好的豪华车。

(2) 劣势：1986 年, 更小的重新设计的车型只卖了它们取代的 1985 年车型的 45%, 1987

年，所占豪华车市场的份额更是从1983年的1/3降到了1/15以下。市场份额的严重下降说明在汽车的营销中存在问题，从而引起消费者满意度的降低。另外，有媒体报道说凯迪拉克是"外形相似的汽车"，这会给消费者留下古板、没个性、没特点的形象。凯迪拉克的V8发动机的安全性被证明很差，进而也就没办法使用，对汽车的安全性要求是最基本的要求，如果连安全性都无法保证，那么其他的优点再多也没人敢买。1988年，一位消费者发表报道称凯迪拉克的质量和价格不相称，这说明在消费者心目中，凯迪拉克的质量形象有所下降。还有，汽车研究公司发现，奔驰车主对他们的汽车和经销商服务的评价高于凯迪拉克，这说明凯迪拉克在售后服务上也存在不足之处。而售后服务是促进汽车销售的重要手段，它有着重要的作用，如争取用户，增强竞争力，保证汽车正常使用，收集用户和市场的反馈信息，为汽车企业的正确决策提供依据等。同时，售后服务也是企业增加收入的一种途径，是市场竞争的一个重要因素。

2．目标市场选择

凯迪拉克的消费者是在传统车中要求最高的人，这些传统的凯迪拉克消费者大部分是职业人员，收入水平和受教育程度都处于平均水平以上。他们的平均年龄在58岁左右，这些消费者曾经喜欢购买最大型的、最大动力的汽车。然而随着燃料价格上涨，他们开始改变这种购买要求。20世纪80年代，凯迪拉克开始进入年轻的消费者市场。现在凯迪拉克的市场目标就是既要保持传统市场又要吸引新顾客，其目标市场就是年轻的和年老的个人购买者。随着家庭收入的增多，年轻的消费者可以随意支配的收入也将越来越多，将高收入的年轻消费者定为自己的目标市场是没有错的，这也是市场发展的必然要求。

3．广告策略

1987年，凯迪拉克在电视广告中投资了35 334 300美元，比1986年增加了32.5%，但是和宝马的45 498 700美元相比，只占77.7%。1988年，凯迪拉克的广告费增长到了54 126 200美元，比1987年增加了53.2%。这说明前几年凯迪拉克在广告方面的投入是不足的，但是这几年已经引起了重视，广告费用每年都在增加。广告是公司用以对目标顾客和公众进行直接说服的主要传播工具之一，它可以起到通知、说服和提醒的作用，可以提高和保持产品知名度和市场占有率。增加广告投入是提高广告效果的一个方面，但是，首先一定要确定广告目标，这些目标必须服从先前制定的汽车目标市场、汽车市场定位和汽车营销组合等决策。

4．建议

综合以上分析，现给出以下建议。

(1) 做好细致的市场调研，找出销量下降的真正原因，这是解决问题的根本依据。

(2) 加强售后服务，可以提高顾客的满意度，解除他们的后顾之忧，并且对企业的长远发展也有不可估量的好处。汽车产品被售出只是实现了自身价值的第一次竞争，售后服务将是第二次竞争。在汽车产品趋同的情况下，售后服务成了客户决定取舍的重要依据，也是企业之间相互竞争的关键环节。从心理需求看，消费者需要被重视、被尊重，这需要经营者提供主动、热情、耐心、诚恳的售后服务来满足消费者的这种需求。

(3) 与相关媒体搞好关系，当问题出现时，应该在媒体报道之前及时解决。因为媒体对消费者的影响力非常大，特别是一些负面的报道，有时甚至可能淘汰一个企业。

(4) 针对调研中目标市场的偏好，对现有产品进行创新，但一定要保证产品的安全性。

16.3.3 讨论

(1) 凯迪拉克所面临的情况和我国汽车市场目前的状况有哪些相似之处？
(2) 试用 4Ps 对这篇案例进行分析。
(3) 凯迪拉克是否应该采取低价策略？

16.4　Ford: Lincoln

16.4.1　案例资料

1. Current Environmental Factors

Throughout the 1950s and 1960s, while energy was plentiful and inexpensive, American car manufacturers enjoyed great success building cars that were large and powerful. During the 1970s, energy prices increased-the product of temporary shortages in the supply of oil. As a result, import manufacturers, many of which were building small and fuel-efficient automobiles, were in prime position to take advantage of the situation. With the influx of these fuel-thrifty imports, the domestic portion of the U.S.automobile market began to shrink from approximately 96.5 percent in 1957 to 85 percent in 1973, to 77 percent in 1979, and finally to approximately 68 percent in 1987. Most of these imports were coming from Japan (Toyota, Nissan, Honda, etc.), now the worlds largest producer of motor vehicles.

Western European countries also have been the major suppliers of auto-mobiles to the U.S.market. Makers such as Volkswagen, Mercedes-Benz and BMW from West Germany, Volvo and Saab from Sweden, to a lesser degree, Peugeot and Renault from France, and, sporadically, Fiat, Lancia, and Alfa Romeo from Italy.Also, during the 1980s, the Yugoslavians (Yugo) and the Koreans (Hyundai and partnerships through Ford and GM) began exporting cars to the United States.

Throughout the energy shortage and until the mid 1980s, the Japanese enjoyed favorable yen/dollar exchange rates and were, therefore, in large part able to offer vehicles that cost less than comparable U.S.or West European products. The Japanese manufacturers also had significant success in producing these small, fuel-efficient automobiles with high quality. However, the U.S.government, pressured by GM, Ford and Chrysler, imposed a"voluntary restraint"or quota on the number of Japanese cars which could be exported to the United States. With this quota and with the appreciation of the yen, which occurred in the mid to late 1980s, Japanese manufacturers began to lose their ability to sell large volumes of small cars and still make desirable profit margins. These factors began to force the Japanese to adjust their product mix to a greater percentage of the more profitable, larger, upscale, and special automobiles.

While the Japanese first concentrated on small, fuel-efficient cars, the European car manufacturers, with Volkswagen as the possible exception, have targeted distinct market niches. Mercedes-Benz, BMW, Audi, Saab, and Volvo have all, to vary degrees, concentrated on the upper segments of the market.The Koreans and Yugoslavians have targeted the low-end market and, due to the strength of the Japanese yen against the U. S.dollar and other currencies, have replaced Japan as the low-cost automotive exporters to the U. S.market.

In response to the high cost of fuel in the mid 1970s, the U. S.big three began to downsize their products and increase the number of small and fuel-efficient models. As a result, cars in the 1980s are generally smaller and more fuel-efficient than earlier models.However, when fuel prices in the mid to late 1980s stabilized, manufacturers began to build and consumers began to purchase the larger and more powerful models as they had in previous years. These cars were, however, still more efficient than the vehicles of the 1960s.

Car sales are a function of the economy.When work forces are employed and the economic outlook is favorable, sales will more than likely be healthy. If gasoline prices are perceived as high or not stable, sales of small, fuel-efficient vehicles will rise.In the mid-1980s, during a period of high interest rates and a slow economy, domestic automobile manufacturers offered large cash rebates and attractive low-interest financing (as low as 0 percent on a 24-month term by American Motors) to spur sales. During this period, when customers shopped, they shopped not only for the best model but also for the best sale incentive.

2. Developments in the Luxury Car Market

1) Traditional versus Functional Luxury

The U.S.luxury car market can be classified into two segments, traditional and functional. U.S.manufacturers have typically produced entries to the traditional segment, and the Europeans, the functional segment. Traditional luxury cars have been represented primarily by Cadillacs and Lincolns in the first tier and Oldsmobile, Buick, Mercury, and Chrysler in the second. The functional luxury cars of Europe were primarily made up of German Mercedes-Benz, BMW and Audi; Britain Rolls-Royce and Jaguar ; and certain models of Sweden Saab and Volvo.

Traditional luxury cars strive to make the driving experiences as effortless as possible.This has been accomplished by providing passengers with plush, living-room-style interiors and rides so smoothly that Mercury commercials of the mid 1970s boasted that a Cartier jeweler could flawlessly cut a diamond while riding in the back seat of a Mercury luxury car. The functional luxury car, on the other hand, attempts to put the driver in touch with the road via steering and suspension systems that inform the driver of the immediate environment.

Throughout Lincoln's history, the division has had a variety of competitive products to contend with. In the 1930s, brands, such as Packard, Pierce-Arrow, Auburn, Cord, Imperial, and Lincoln, were vying for a piece of the luxury car market.By the early 1960s, most of these great marques had become memories, with only GM's Cadillac division and Chrysler's Imperial (until 1985) left to offer a measurable amount of domestic competition.

Lincoln, Ford's Lincoln, wasn't far behind as Cadillac plotted its strategy for the luxury car market. In 1979, the Town Car/Coupe, Lincoln's equivalent to the de Ville, was downsized to dimensions similar to the Cadillac. In that same year, the Mark V, competitor to the Eldorado, was also downsized. The new Mark VI (each new design of the Mark series advances one Roman numeral) in fact shared the same platform as the Town Car; therefore, it shared similar overall dimensions and was now for the first time available with four doors. In 1982, Lincoln introduced the Continental, the replacement for the poor-selling Versailles. Both cars were direct competition to Cadillac's Seville and attempted to emulate virtues of the Seville. The new Continental went so far as to borrow certain styling cues from the Seville, particularly the "bustle" style trunk.

In 1984, Lincoln's strategy began to change. This year, Lincoln introduced the Mark VII. No longer built off the Town Car/Coupe chassis, the Mark VII was back to purely a two-door body style and offered two distinct versions: the traditional luxury model based on the Designer Series, and the functional luxury mode the LSC. The Mark VIIs used a newly developed air suspension system not found in any other car in the United States. The LSC version came with upgraded sport-oriented appointments such as European-style seats and a firmer version of the air suspension. Over the following years, a tachometer and a higher-output engine were also added to the LSC to increase its functional appeal.

In 1988, Lincoln introduced an all new design for the Continental. Borrowing heavily on the functional theme of the Mark VII LSC, the earlier to emulate it. According to Maryann N. Keller, the auto-motive industry analyst and vice president of the New York brokerage firm Furman, Selz, Mager, Deltz and Birney, "...Lincoln's new Continental, priced just under $30 000, is demonstrating that an American car maker can produce an automobile that combines appealing features from two continents[Europe and North America]. The body style and interior appointments have a definite European flavor. The size and generous complement of creature comforts are distinctly American. Though it could use a more powerful engine, the Continental signals Ford's arrival as a real challenger in the functional luxury car market."

2) Foreign Competition——European

As Cadillac moved through the 1960s and 1970s, the European luxury cars were emerging as serious alternative types of luxury automobiles. Rolls-Royce of England, long recognized as providing expensive, hand-built luxury cars, was never a Cadillac alternative. Mercedes-Benz, however, was a different kind of luxury car. If Cadillacs were as plush as fine living rooms, the Mercedes-Benz was as functional as a well-appointed study. The Mercedes-Benz mission was not to surround the driver or passengers in cushions of soft velour or provide them with a silky smooth ride, but to provide firm and supportive seating and a controlled ride in an automobile engineered for traveling at high speeds on the German autobahn.

The heritage of today's Merceds-benz can be traced back to 1885 and the streets of Mannheim, Germany. It was then that Carl Friedrich Benz produced the world's first motor car. While others had pioneered and patented the gas engine, Benz applied it to a passenger-carrying vehicle.

Since the very beginning, Mercedes-Benz has stood for solid engineering. All of the company's automobiles are targeted to various price points in the functional luxury segment. While a $30 980 entry-level 190-D 2.5 model may share components with the top-of-the-line $79 840 560-SEC, there are no other "lesser" divisions that might require Mercedes-Benz components. This also affords Mercedes-Benz the luxury of maintaining a single automobile focus. However, the company is also one of the world's largest medium- and heavy-duty truck manufacturers.

As the 1970s progressed and the 1980s approached, additional European manufacturers began to market their products in the functional luxury segment.Bavarian Motor Works (BMW) of West Germany moved from exporting primarily two-door sports coupes to vehicles similar to Mercedes-Benz. BMW's strategy differed from Mercedes in that BMW catered even more for the sport-oriented functional luxury buyer. The BMW product offerings began with the small two-and four-door 3 series, the four-door midsize 5 series, large four-door 7 series, and the two-door 6 series. Over the past few years, BMW has broadened its product offering by introducing the previously mentioned 3 series four-door. The all new 1987 BMW 7 series includes a replacement for the 1986 735i model as well as an all-new model for 1988, the 750iL. The 750iL is the largest, and at $70 000 the most expensive, sedan than the 735i and is the only five-passenger sedan in the world to offer a 12-cylinder engine.

As the functional luxury market has developed, Mercedes-Benz has also become considered by many to be the ultimate car in the luxury market. (However, it is recently being challenged by BMW.) The Mercedes-Benz line is similar to that of the BMW. The 190 Class is similar in size to the BMW 3 series, the 300 Class the 5 series, and the S Class the 7 series. Mercedes-Benz also offers various two-door coupe and convertible models. In 1987, the combined U. S.sales of Mercedes-Benz and BMW reached approximately 178 000 vehicles, over half of Cadillac's current volume.

The third German player in the luxury car market is Audi. Audi reached an all-time-high U.S.sales volume of over 74 000 units in 1985 due in large part to the sleekly styled 5 000 series(48 057 units).The size of a mid-Mercedes and BMW offering the 5 000 was priced lower and could be purchased with one of the first applications of four-wheel drive in a passenger car. However, in 1986, under the reports that 5 000s equipped with automatic transmissions could unintentionally accelerate, sales began to slide. In 1987, sales were off 44.2 percent from just two years earlier.

For the 1988 model year, in an effort to restore Audi's presence in the luxury car market, the company introduced an all new replacement for the 4 000 series, now dubbed the 80 (as it is in Europe).For the 1989 model year, the Audi 5 000 has been relaunched as the Audi 100 and 200 (depending on engine size).The 100 and 200 models do not differ from the 5 000 series before them in exterior appearance. However, the interior has been redesigned, and the Audi engineers are quick to point out the new engineering developments that differentiate the 100/200 Audis from the old 5 000 series.

3) Foreign Competition——Japanese

The mid to late 1980s have been accompanied by generally stable fuel costs. As a result, manufacturers were again offering larger models and more powerful engines. In addition, the late 1980s has also included a weaker dollar against other Western currencies such as the West German mark and the Japanese yen. A weak dollar makes buying West German or Japanese imports more expensive. In an effort to maintain acceptable margins on their automobiles, many of the foreign manufacturers have raised prices. This upscale movement in prices by these manufacturers is accompanied. In many cases, by efforts to market models that are also further upscale in class and content.

In the late 1980s, a strong Japanese yen helped create a situation in which the Japanese were no longer the low-cost producers. No longer were the Japanese able to build entry-level cars and price them as competitively against domestic, Korean, and Yugoslavian entries as they had in previous years. The Japanese, unable to make their desired profit margins on these vehicles, began to expand their product line upward to include a greater proportion of compact and midsize cars. These cars include larger models of Honda Accord, Toyota Camry and Cressida, and Nissan Maxima.

Watching the Germans move further upscale in image and in price, Honda saw an opportunity to provide European-style functional luxury cars, but at the price of traditional domestic luxury models. Acura also places emphasis on dealer service. In combination with product quality, dealer service accounted for the number one rating in the 1988 J.D.Powers Consumer Satisfaction Index.

Acura, and other soon-to-be-released Japanese luxury cars from Toyota (Lexus) and Nissan (Infiniti), hope to appeal to those import buyers that have bought non-luxury imports in the past and now want to move upscale but maintain certain import virtues. Acura models include the midsize Legend. The Legend comes well equipped with four-wheel power disc brakes, air conditioning, power door locks and windows, and stereo radio with cassette tape deck-all standard. Like the European functional luxury cars, Acura also pays special attention to the vehicle's handing and performance. To that end, the Legend carries a high-tech racing-bred multivalve V-6 engine and a suspension not found in any other Honda vehicle. Of the Acura Legend, automotive analyst Maryann N.Keller said, "In less than three years, Honda's Acura division will surpass the magic 100 000-unit mark, which means it will outsell every high-priced European brand in the market."Hans Jordan, the head of the U. S.marketing for Mercedes-Benz, says, " Acura is a legitimate contender in the $20 000~30 000 price range."

As Acura continues to establish itself in the U.S.luxury car market, Toyota and Nissan are in the process of launching their own luxury car divisions: Lexus and Infiniti, respectively. These new offerings will follow Acura's lead by initially introducing two products for each of the new divisions and selling them only in dealerships dedicated to that division.Acura, Lexus, and Infiniti will not share facilities with the lesser Hondas, Toyotas, or Nissans as Lincoln does with Mercury or as Cadillac is allowed with other GM divisions. The Lexus and Infiniti models will also follow Acura by offering a high degree of Lexus/Infiniti"only"content and distinct styling not to be shared by Toyotas or Nissans.

Lexus' initial offering in 1990 will be an all new sedan with a modern multivalve V-8.According to Automobile Magazine, the Lexus LS400 is a large, roomy, rather conservatively styled four-door sedan that appears to be an amalgam of BMW and Mercedes-Benz design cues, given an American spin with a Cadillacesque egg-crate grille, Detroit-style wood trim, and wrinkled leather upholstery. Its drag coefficient makes it the slipperiest of production sedans, and its four-liter, four-cam, 250-horsepower V-8 engine will push that slippery shape through the air at speeds guaranteed to keep Mercedes-Benz, BMW, and Jaguar engineers working late for the next decade or so. The LS400 is expected to be priced at approximately $35 000, roughly half of a comparable-size Mercedes-Benz or BMW.

Lexus will also introduce a midsize sedan derived from an existing Toyota, the midsize Camry. The ES250 will be powered by a high-tech multi-valve V-6 similar to the Acura Legend.A year later, Lexus will debut a new coupe model.

Nissan's Infiniti brand will be introduced at roughly the same ties as Lexus.The introduction of the Infiniti brand will begin with a large sedan similar to the Lexus LS 400. The Infiniti Q45 will be powered by a 4.5 liter V-8 and sell for approximately $35 000.Commenting on the image intentions of the sedan, Takashi Oka, the senior project manager of the Q45, said, "We want to create a new definition of luxury and establish an international image beyond that of BMW and Mercedes."The Q45 will be joined at introduction with a smaller, less expensive two-door model based on the Japanese market Nissan Leopard. The new coupe will be powered by a multi-valve V-6 and sell for around $25 000.A third model will join the Infiniti brand in 1991. A multivalve V-6 powered midsize sedan, based on the Nissan Maxima, will go head-to-head with the Lexus ES250 as well as the Acura Legend.

Both Lexus and Infiniti have targeted to sell approximately 100 000 units each when the full range of models is available. This contrasts to Acura's estimated sales of 300 000~400 000 units by the mid 1990s.

16.4.2　分析

1. SWOT 分析

(1) 优势：林肯车是传统豪华轿车在一级市场的代表，具有品牌优势，并且福特汽车的其他品牌也都具有良好的性能，这也可以提升福特林肯品牌在消费者心目中的形象和品牌价值。1979 年，林肯的 Town Car 开始缩小尺寸，林肯的 Mark Ⅵ第一次提供四门车。1984 年，林肯引进了 Mark Ⅶ，回归到完全二门的样式并且装置了新发展的悬挂系统，这一系统在美国其他任何一个品牌的车上都没有发现，并且林肯的 Continental 综合了欧洲风味和美国特色。

(2) 劣势：制造小型车只有几年的历史，经验技术方面都会有一定的欠缺。林肯虽然是传统型豪华车在一级市场的代表，但是对于林肯正在进入的功能型轿车市场，还需要进行认真的尝试和探索。

(3) 机会：美国政府施加了对日本向美国出口汽车的数量限制，这对美国汽车行业是一个保护措施，也是美国汽车向小型化转型的一个喘息机会。20 世纪 80 年代，燃料价格稳定后，消费者又开始购买更大尺寸、更强动力的车型，而这是美国汽车的强项。

(4) 威胁：20 世纪 70 年代，随着能源价格的上涨，许多汽车进口制造商开始生产小型、节能的汽车。随着进口汽车的流入，美国汽车市场上的国内厂商份额开始收缩。这些进口汽车大部分是从现在世界上最大的汽车制造商——日本进口的，也就是说美国的汽车行业受到来自日本的经济型轿车的威胁。另外，因为美国对日本向美国出口汽车数量限制，日本的产品开始调整为较大型的、高消费阶层的、专业的汽车，这对作为豪华车的凯迪拉克是一个威胁。20 世纪 80 年代中期，经济增长缓慢，而汽车企业经营活动的好坏归根到底取决于国家的经济状况。在国家经济情况良好的情况下，大多数汽车企业的经营效果也好，在国家经济条件较差的情况下，多数汽车企业的经营效果也差。

2. 竞争者分析

知己知彼，百战不殆。有效的竞争战略必须以对竞争对手的分析为基础。可以按以下步骤对竞争对手进行分析。

(1) 辨别企业的竞争者。林肯轿车的竞争对手有很多，美国国内的有通用凯迪拉克，欧洲的有奔驰、宝马和奥迪，日本的有本田、丰田和日产。除了要辨别这些明显的竞争者外，林肯轿车还要注意辨别潜在的竞争者。

(2) 辨别竞争者战略。公司必须辨别竞争者战略的变化，并对自己的战略进行相应地调整。在林肯的竞争者中，奔驰和宝马在豪华车市场上采用的是多元化战略，在外形和价格方面深入高消费阶层；日本丰田采取的是稍低价位的欧式豪华车战略；日产采取的是小型、低价战略。

(3) 判定竞争者的目标。在这里，林肯轿车的竞争者的目标都是提高本企业汽车的销售量和在豪华车市场上的占有率。

(4) 评估竞争者的优势和劣势。各种竞争者能否执行其战略和达到其目标，这取决于每个竞争者拥有和利用资源的能力。公司需要辨认每个竞争者的优势与劣势，并对竞争者的优势、劣势认真地进行市场调研。

3. 建议

(1) 做细致的市场调研，掌握及时、准确的市场资料。林肯轿车面对的是不断变化的竞争和市场，为了更好地了解企业本身和竞争者，为了使企业取得更好的发展并适应环境，必须通过市场调研和预测、掌握市场走势，并从中寻找机会，避开和减少风险。

(2) 作为传统型豪华车在一级市场的主要代表，林肯轿车在进入功能型豪华车市场时，定价也是一个重要方面，应该综合运用需求导向定价法和竞争导向定价法，根据消费者对林肯功能型豪华车所感受的价值水平和竞争对手产品的品质和价格进行综合评定，确定林肯功能型豪华车的价格，不要一味地追求销量而定低价。

(3) 利用美国政府对进口日本汽车的数量进行限制的这段时间，做好竞争者分析和本企业战略的调整。日本汽车的小型、节能优势是不容忽视的威胁，绝不能有轻敌思想。

16.4.3 讨论

(1) 你认为林肯轿车是否应该进入功能型轿车市场？为什么？

(2) 作为传统型豪华车品牌，林肯轿车在进入功能型轿车时，可能会遇到哪些问题？应该注意哪些事项？

(3) 在广告方面，林肯轿车应该注意突出什么？

参 考 文 献

[1] [芬兰]克里斯廷·格罗鲁斯. 服务管理与营销：基于顾客关系的管理策略[M]. 2 版. 韩经纶，译. 北京：电子工业出版社，2005.

[2] [美]菲利普·科特勒，加里·阿姆斯特朗. 市场营销原理[M]. 赵平，王霞，译. 北京：清华大学出版社，2002.

[3] [美]菲利普·科特勒. 市场营销原理(亚洲版) [M]. 何志毅，译. 北京：机械工业出版社，2006.

[4] [美]菲利普·科特勒. 营销管理[M]. 梅清豪，译. 上海：上海人民出版社，2003.

[5] [美]菲利普·R. 凯特奥拉，约翰·L. 格雷厄姆. 国际市场营销学[M]. 12 版. 周祖城，译. 北京：机械工业出版社，2005.

[6] [美]菲利普·科特勒，等. 市场营销管理[M]. 2 版. 洪瑞云，梁绍明，陈振忠，译. 北京：中国人民大学出版社，2003.

[7] 周艳军. 供应链管理[M]. 上海：上海财经大学出版社，2004.

[8] [美]菲利普·科特勒. 营销管理[M]. 10 版. 梅汝和，梅清豪，周安柱，译. 北京：中国人民大学出版社，2001.

[9] [美]纳雷希·K. 马尔霍特拉. 市场营销研究：应用导向[M]. 4 版. 涂平，译. 北京：电子工业出版社，2006.

[10] Bbimani A. Securing the Commercial Internet [J].Communications of the ACM, 1996(5): 29-35.

[11] Benaroch M, Kaufman J.Justifying Electronic Banking Network Expansion Using Real Options Analysis[J]. Mis Quarterly,2000(2): 197-225.

[12] 陈春宝，杨德林. 市场营销学[M]. 北京：中国经济出版社，2005.

[13] 陈顺霞. 市场营销学[M]. 上海：上海财经大学出版社，2004.

[14] 程鹏. 信用风险度量和管理方法研究[J]. 管理工程学报，2002(4).

[15] 方美琪. 电子商务概论[M]. 北京：清华大学出版社，1999.

[16] 方青云，袁蔚，孙慧. 现代市场营销学[M]. 上海：复旦大学出版社，2005.

[17] 费明胜. 市场营销学[M]. 广州：华南理工大学出版社，2005.

[18] 冯丽云. 营销案例的编写与分析[M]. 北京：经济管理出版社，2003.

[19] 冯营健. 网络营销基础与实践[M]. 北京：清华大学出版社，2004.

[20] 符国群. 品牌、价格和原产地如何影响消费者的购买选择[J]. 管理科学学报，2003(12) .

[21] 郭国庆. 市场营销学[M]. 武汉：武汉大学出版社，2004.

[22] 郭国庆. 市场营销学通论[M]. 北京：中国人民大学出版社，2003.

[23] 郭国庆. 营销管理[M]. 北京：首都经济贸易大学出版社，2005.

[24] 郭笑文，等. 网络营销[M]. 北京：机械工业出版社，2006.

[25] 何会文. 基于战略竞争力的服务补救管理体系[M]. 天津：南开大学出版社，2006.

[26] 何立居. 市场营销理论与实务[M]. 北京：机械工业出版社，2004.

[27] 洪楠，等. SPSS for windows 统计产品和服务解决方案教程[M]. 北京：清华大学出版社，北京交通大学出版社，2003.

[28] 黄沛. 新编营销实务教程：真实的人、真实的选择[M]. 北京：清华大学出版社，2005.

[29] 纪宝成. 市场营销学教程[M]. 3 版. 北京：中国人民大学出版社，2003.

[30] 贾新政. 现代市场营销学[M]. 长春：吉林大学出版社，2006.

[31] 金永生. 市场营销管理[M]. 北京：机械工业出版社，2003.

[32] 李纲，等. 网络营销教程[M]. 武汉：武汉大学出版社，2005.

[33] 李强. 市场营销学教程[M]. 大连：东北财经大学出版社，2005.

[34] 李强. 市场营销学教程[M]. 大连：东北财经大学出版社，2003.

[35] 李世嘉. 国际市场营销理论与实务[M]. 北京：高等教育出版社，2005.

[36] 李文国，王秀娥. 市场营销[M]. 上海：上海交通大学出版社，2005.

[37] 林昌杰，李国才. 市场营销[M]. 北京：科学出版社，2004.

[38] 林建煌．营销管理[M]．上海：复旦大学出版社，2003．
[39] 刘德寰．现代市场研究[M]．北京：高等教育出版社，2005．
[40] 刘洪深．加强供电企业人员优质服务意识[J]．大众用电，2007(02)．
[41] 刘金花，彭克明．市场营销学[M]．北京：清华大学出版社，2002．
[42] 卢泰宏．跨国公司行销中国[M]．贵阳：贵州人民出版社，2002．
[43] 逯宇铎．国际市场营销学[M]．北京：机械工业出版社，2004．
[44] 吕化周，等．市场营销学[M]．武汉：武汉理工大学出版社，2006．
[45] 吕一林．现代市场营销学[M]．北京：清华大学出版社，2004．
[46] 马士华，林勇，陈志祥．供应链管理[M]．北京：机械工业出版社，2000．
[47] 梅洪常．市场营销学[M]．重庆：重庆大学出版社，2003．
[48] 苗敬毅．市场研究中的多维偏好分析方法[J]．山西统计，2002(5)．
[49] 钱旭潮．市场营销管理[M]．北京：机械工业出版社，2006．
[50] 乔娟．市场营销学[M]．北京：中国农业大学出版社，2005．
[51] 裘瑜，等．汽车营销实务[M]．上海：上海交通大学出版社，2002．
[52] 宋明哲．现代风险管理[M]．北京：中国纺织出版社，2003．
[53] 万后芬．绿色营销[M]．北京：高等教育出版社，2001．
[54] 万后芬，等．市场营销教程[M]．北京：高等教育出版社，2003．
[55] 万后芬，等．市场营销教学案例[M]．北京：高等教育出版社，2003．
[56] 汪涛．组织市场营销[M]．北京：清华大学出版社，2005．
[57] 王春峰，等．金融市场风险测量模型[J]．系统工程学报，2000(1)．
[58] 王方华，等．市场营销管理[M]．上海：上海交通大学出版社，2003．
[59] 王方华．非营利组织营销[M]．上海：上海交通大学出版社，2005．
[60] 王慧彦．市场营销案例新编[M]．北京：清华大学出版社，2004．
[61] 王淑芬．天津市城市居民的购房承受能力分析[J]．统计与决策，2005(10)．
[62] 王谊．现代市场营销学[M]．成都：西南财经大学出版社，2004．
[63] 韦福祥．服务质量评价与管理[M]．北京：人民邮电出版社，2005．
[64] 吴长顺．现代企业营销管理[M]．广州：中山大学出版社，1998．
[65] 吴健安．《市场营销学》学习指南与练习[M]．北京：高等教育出版社，2005．
[66] 吴健安．市场营销学[M]．北京：高等教育出版社，2004．
[67] 吴健安．《市场营销学》学习指南与练习[M]．北京：高等教育出版社，2003．
[68] 吴世经，等．国际市场营销学[M]．北京：中国人民大学出版社，2004．
[69] 吴涛．市场营销管理[M]．北京：中国发展出版社，2005．
[70] 徐锦华．多元统计分析与运用[M]．广州：中山大学出版社，2005．
[71] 徐育斐．市场营销策划[M]．大连：东北财经大学出版社，2002．
[72] 徐哲，房婷婷，松青，苏文．组合分析法在新产品概念开发与测试中的应用[J]．数理统计与管理，2005(11)．
[73] 杨顺勇，等．市场营销案例与实务[M]．上海：复旦大学出版社，2006．
[74] 叶万春．营销策划[M]．北京：清华大学出版社，2005．
[75] 叶万春．服务营销管理[M]．北京：中国人民大学出版社，2003．
[76] 于坤章．知识经济时代的网络营销[J]．商业研究，2002(1)．
[77] 曾晓洋．市场营销学案例集[M]．上海：上海财经大学出版社，2005．
[78] 张广玲．分销渠道管理[M]．武汉：武汉大学出版社，2005．
[79] 张国方．汽车营销[M]．北京：人民交通出版社，2002．
[80] 张世新．市场营销案例与练习集[M]．兰州：兰州大学出版社，2005．
[81] 张欣瑞．市场营销管理[M]．北京：清华大学出版社，2005．
[82] 张鑫．现代营销学[M]．上海：同济大学出版社，2005．